3rd edition

Public
Economics

公共经济学（第三版）

黄恒学 主 编
高桂芳 刘银喜 郭 喜 副主编

图书在版编目（CIP）数据

公共经济学 / 黄恒学主编. —3 版. —北京：北京大学出版社，2021.11
21 世纪公共管理学规划教材. 行政管理系列
ISBN 978-7-301-32659-6

Ⅰ. ①公… Ⅱ. ①黄… Ⅲ. ①公共经济学—高等学校—教材 Ⅳ. ①F062.6

中国版本图书馆 CIP 数据核字（2021）第 208165 号

书　　　名	公共经济学（第三版） GONGGONG JINGJIXUE(DI-SAN BAN)
著作责任者	黄恒学　主编
责 任 编 辑	梁　路
标 准 书 号	ISBN 978-7-301-32659-6
出 版 发 行	北京大学出版社
地　　　址	北京市海淀区成府路 205 号　100871
网　　　址	http://www.pup.cn
新 浪 微 博	@北京大学出版社　　@未名社科－北大图书
微信公众号	北京大学出版社　　北大出版社社科图书
电 子 邮 箱	编辑部 ss@pup.cn　　总编室 zpup@pup.cn
电　　　话	邮购部 010-62752015　　发行部 010-62750672 编辑部 010-62765016
印 刷 者	天津中印联印务有限公司
经 销 者	新华书店
	730 毫米×980 毫米　16 开本　42.75 印张　825 千字 2002 年 10 月第 1 版　　2009 年 10 月第 2 版 2021 年 11 月第 3 版　　2025 年 7 月第 6 次印刷
定　　　价	118.00 元

未经许可，不得以任何方式复制或抄袭本书之部分或全部内容。
版权所有，侵权必究
举报电话：010-62752024　电子邮箱：fd@pup.cn
图书如有印装质量问题，请与出版部联系，电话：010-62756370

编写人员名单

主　编 黄恒学
副主编 高桂芳　刘银喜　郭　喜

编写人员

黄恒学	高桂芳	刘银喜	郭　喜	云　美	丽
郭佳良	张乔剑	刘亚娜	吴　迪	李圣	鑫
乌　兰	高　红	任　梅	李梅杰	王	伟
刘　星	杨中浩	雷玉琼	马　桑	赵	淼
杨立华					

第三版前言

自《公共经济学》第一版出版发行近二十年来,中国社会、政治、经济、文化和生态发生了巨大变化,世界格局和形势正在经历着一场史无前例的深刻变革,但是,追求幸福美好生活始终是中国人民和世界人民的共同梦想。回顾中华人民共和国成立七十多年和中国改革开放四十多年来的光辉历程,回顾世界各国近百年来的制度变迁史,尽管表面上看起来千差万别,但是,我认为,千变不离其道,万变不离其宗,公私分化以及由此而引起的体制模式变革始终是决定世界各国治理模式的关键所在。

公私关系是一种最基本和最重要的社会关系。公私关系及其分化、进化和变化的过程中,既打下了人与人之间社会关系的烙印,又记录了人类社会文明进步的历程。

我们要实现中华民族伟大复兴的中国梦,就一定要保持国民经济健康持续发展。而要实现国民经济健康持续发展,就必须全面深化改革,建立和完善新时代中国特色社会主义市场经济体系。市场经济体系是一个混合经济体系,是一个公共经济与私人经济相混合的经济体系。我们既不能搞片面化的私有化改革,也不能搞片面化的公有化改革。极端的私有制行不通,极端的公有制同样行不通。

如果没有私人经济主体及其活动的存在和发展,就不可能有高效率的市场经济体系。就这个意义上讲,众多的投资者、经营者、管理者和劳动者的自主性、积极性和创造性,是社会主义市场经济发展的根本动力。

同样,如果没有公共经济主体及其活动的存在和发展,就不可能有良好的市场秩序和市场环境,也就不可能有整个社会经济发展的高效率。就这个意义上讲,只有发展适度的、合理的公共经济体系,才能推动社会整体文明进步,才能不断提高中国特色社会主义市场经济发展的整体效率。

因此,新时代中国特色社会主义市场经济体系应该是一个混合经济体系,是一个公私混合、公私分明、公私适度与公私和谐的经济体系。我们既不能搞"大私无公",也不能搞"大公无私"。没有私人经济活动,便没有市场经济效率和活力;没有私人投资和市场交易,便不能发挥市场在资源配置中的决定性作用。而如果没有必要和适度的公共投资、公共生产、公共分配和公共交易等公共经济活动，没有适度的公共政策引导和调节，便没有稳定的市场发展方向、良好的市场环境和公平的市场秩序，也不可能高效率地提供公共产品和公共服务。

在原始社会里，由于人们认识和改造世界的能力相对低下，人们能够将生产生活资料占为己有的能力也非常有限。当时既没有明确的公有制，也没有明确的私有制。因此，原始社会里人们的公私界限和公私观念也非常淡薄和模糊。随着社会分工和社会生产力的不断发展，私有财产和私有观念也逐步产生和发展起来。社会分工不断推动和加深了社会分化，推动了社会阶层分化和社会公私分化，便产生了各式各样的公有制和私有制，以及与之相适应的公私观念和思想理论。

在人类社会发展的不同阶段，存在着不同形态的公私制度和公私观念。总体来说，随着历史发展，社会公私分化日益细化和深化，公私对象和范围不断变化，公私界限逐步明确和清晰。在现代资本主义社会里，私有制和私有观念迅速扩张，公共产品和公共事务也不断增加。资本主义制度不仅创造了大量的私人财富，而且极大地推动了社会生产力的发展，增进了社会化的大众福利，也催生了各种各样的社会主义思潮和共产主义思想。

从根本上讲，人的实践能力和认识水平决定了人们的公私观念和社会公私关系及其分化、进化与变化。社会分工推动了社会分化，推动了人们的社会角色分化及其权、责、利关系分化。公私关系既反映了人认识、利用和控制自然资源的能力，又反映了人认识、协调和控制社会关系的能力。就这个意义上讲，公私关系及其分化和进化的程度，既具有一定的客观必然性，又具有一定的主观能动性。从人类社会发展史来看，人类的祖先经历过漫长的原始公有制社会。之后，随着社会生产力的不断发展，私有财产以及与之相适应的私有观念逐步形成和发展起来，公私分化不断扩大，公私界限日渐明晰。

现代市场经济体系是一个多元化的公私混合经济体系。市场化的本质特征就是自主化、多元化和社会化。市场的本质是一种供求关系。市场化发展必然会推动社会分工和社会分化，也必然会强化社会联系和社会协同。市场既是公私混合体，又是公私矛盾体。无论市场主体具有什么样的内在动机和私人欲望，都无法阻挡市场所产生的外部效应和社会影响。就这个意义上讲，市场化既带来相对的社会分工，又促进普遍的社会联系；市场既使人与人之间相互分工、相互分开和相互分离，又使人与人之间相互联系、相互合作和相互依存。因此，在市场经济条件下，私人的市场活动必将产生相应的公共效应。

随着中国特色社会主义市场经济的不断发展，公私关系及其界限也将随之发生相应的变化。相信市场化改革必将推动社会化发展，也必将创造更多的大众化社会福利。正确认识当代社会生活中的公私分化及其变化规律,有利于我们正确看待和处理公私关系,适度推进公私分化,合理划分公私界限,以及全面深化改革,建立和完善新时代中国特色社会主义经济体系。

中国已经进入新时代。中国新时代是中国人民的新时代,是中华民族的新时代,也是推动人类文明进步和世界历史发展的新时代。中国新时代,是中国社会的新时代、中国政治的新时代、中国文化的新时代、中国经济的新时代,是中国全面深化改革和扩大开放的新时代,是中华民族从站起来、富起来到强起来的新时代,是中华儿女共同奋斗建设伟大国家的新时代。

从当前世界经济发展和变革的趋势来看,中国既面临着一些问题和挑战,也迎来了许多机遇和机会。一方面,在全球化浪潮的推动下,世界贸易、投资与市场一体化快速发展。另一方面,一些逆全球化与反全球化现象出现,如英国脱欧,美国加大贸易壁垒,双边与多边国际贸易冲突不断。中国改革开放四十多年来,逐步从高度集中统一的计划经济体制,转变为中国特色的社会主义市场经济体制。改革开放初期,我们利用国内资本与国外资本这两种资本,走向国内市场与国际市场两个市场。通过国内改革,逐步培育和发展了国内资本和国内市场;通过对外开放,先后引进了外国技术、外国设备、外国资本、外国管理模式和外国文化,并逐步实现了从商品出口到劳务出口、资本出口、技术出口和文化出口。就这个意义上讲,外资推动和外需拉动曾经是中国经济发展的重要动能。针对当前世界经济发展格局与变革走向,一方面,中国应该积极扩大开放,参与并推动世界经济一体化,推动构建人类命运共同体;另一方面,中国应该适时调整长期以来实行的外向型的经济发展战略,实行中国优先的新经济发展战略,优先培育和发展国内资本,优先开发和发展国内市场。当务之急是要大力发展国内民间资本,进一步对内放开投资领域,鼓励和促进国内民间投资,千方百计培养、激励、保护和发展国内各类市场主体。同时,要积极培育和开发各类国内市场,全面加速国内各项改革,大力培育和发展国内中高端市场体系,合理引导和适度刺激国内中高端市场需求健康发展,全面拉动内需,以满足人民日益增长的美好生活需要,扩大新内需,发展新时代新经济的新动能。要想真正实现新时代的新目标和梦想,就必须进一步解放思想,全面推进理论创新、技术创新、组织创新、制度创新、文化创新及其他各个方面的系统创新,进一步解放和发展科学技术生产力、教育生产力、文化生产力、劳动生产力、艺术生产力、组织管理生产力、自然资源生产力、社会资源生产力、金融资源生产力、精神资源生产力、政策制度生产力及其他一切形态的社会生产力,进一步调动全社会参与和建设新经济体系的主动性、积极性和创造性,全面培育和发展新时代新经济的新动能。

《公共经济学》(第三版)全面吸收了国内外相关学科领域的最新研究成果,

总结提炼了近年来中国公共经济活动发展的主要经验和基本制度，考察和研究了全球公私分化的进程与发展趋势，分析和借鉴了世界各国公共经济制度与政策。总体来说，在保留《公共经济学》（第二版）原有基本内容的前提下，本书在以下三个方面做了较大的改进：

第一，作为第三版的教材，本书对第二版既有内容的修订，既注重对公共经济基本概念与理论的介绍，又注重对学界最新研究动态、最新学术观点的梳理。

第二，公共经济学是一门实践性和操作性很强的学科，学科性质与定位决定了教材在编排上必须坚持理论联系实际的原则。我们在以下两个方面进行了大范围的修订：其一，每一章节的内容、理论、数据与图表等都做了更新与校对，以反映公共经济学的最新发展动态；其二，针对变化了的问题，增订了与公共经济学相关的政策变迁方面的知识，丰富了知识体系。

第三，写作与编排更加规范。章、节的逻辑结构力求合理、清晰，在保留原有基本结构不变的前提下，增订了最新的理论研究与学术观点；直接引文和重要参考文献统一使用脚注的方式标明出处；更新了章节前的【教学目的和要求】与章节末的【关键术语】【复习思考题】和【参考书目】；修订了个别文字错误；更新并增订了英文人名的翻译。

《公共经济学》（第三版）由黄恒学教授主持修订工作，高桂芳副教授、刘银喜教授、郭喜教授主持具体编辑事务，具体的修订分工如下：

导　论　张乔剑（北京大学政府管理学院，博士研究生）；

第一章　郭佳良（西南交通大学公共管理学院，副教授）；

第二章　刘亚娜（首都师范大学管理学院，教授）；

第三章　刘银喜（南开大学周恩来政府管理学院，教授）；

第四章　吴　迪（北京体育大学管理学院，讲师），
　　　　李圣鑫（北京体育大学管理学院，教授）；

第五章　乌　兰（内蒙古大学公共管理学院，教授）；

第六章　高　红（黑龙江大学政府管理学院，副教授）；

第七章　任　梅（天津师范大学政治与行政学院，教授），
　　　　李梅杰（北京大学政府管理学院，博士研究生）；

第八章　云美丽（北京大学政府管理学院，博士研究生）；

第九章　王　伟（福建警察学院，讲师）；

第十章　刘　星（中国政法大学政治与公共管理学院，副教授）；

第十一章　杨中浩（内蒙古师范大学政府管理学院，讲师）；

第十二章　雷玉琼（湖南大学公共管理学院，教授）；

第十三章　马　桑(云南大学政府管理学院,教授);

第十四章　郭　喜(内蒙古大学副校长、公共管理学院教授)。

本书的修订正值全球新冠疫情暴发之时,各位老师和同学不辞辛苦,在非常时期出色地完成了书稿的修订工作,尤其是博士生云美丽担负起了共计三轮的文稿整理、汇总和初审等工作,并在全书修订过程中做了大量的沟通工作。内蒙古大学公共管理学院博士研究生赵淼通读了第三轮的修订稿,并帮忙改进了一些小错误。在本书第三版即将付梓之际,对诸位老师与同学的努力与合作表示感谢。

北京大学出版社编辑梁路女士为了使本书顺利出版,做了大量的工作,她认真负责、勤奋严谨的工作作风给我留下了深刻的印象。在此,我谨代表《公共经济学》(第三版)教材编写组对北京大学出版社的工作人员以及理解和支持我们工作的全体编辑表示由衷的感谢,同时,也对所有为本书的修订、编辑与出版做出贡献的同志表示诚挚的感谢和崇高的敬意。

相信本书第三版的出版,必将进一步推动中国公共经济学理论研究和学科发展,也必将进一步推动新时代中国特色社会主义市场经济体系的建设与完善,进一步解放、保护和发展社会生产力,更好地满足中国人民美好生活需要。

黄恒学
2021 年 7 月 20 日

第二版前言

1978年12月,中共十一届三中全会拉开了中国改革开放、发展中国特色社会主义、实现中华民族伟大复兴的帷幕。三十年风雨兼程,中华民族再次谱写了自强不息、顽强奋进的壮丽史诗。2008年,中国人民战胜了低温雨雪冰冻灾害和汶川特大地震灾害,成功在北京举办了第29届奥运会和2008年残奥会,圆满实现了神舟七号载人航天飞行,而美国次贷危机引起的全球金融危机还在继续。无论是促进和谐还是应对危机,是重大事件还是生活琐事,公共经济行为的作用都日益凸显。

公共经济学是研究公共部门经济行为及其规律的学科。在过去三十年里,公共经济学在研究和教学的性质、内容上都发生了巨大的变化。公共经济学更加注重理论的严谨性和经验实证分析,更加关注公共利益和实际政策,更多涉及政府的支出和税收问题。

一本内容全面、体系清晰、层次分明、深入浅出的教材对于促进全社会对公共经济学的关注和认知具有重要意义。本书自2002年出版以来,受到各类大中专院校师生、政府公务人员、国有企事业管理人员的欢迎,一再重印,被评为"北京高等教育精品教材",2006年又被列入"普通高等教育'十一五'国家级规划教材"。

根据六年来的教学使用情况,大家认为本书在编写上很有特色,也提出了一些修改建议。为了紧跟社会变革和时代发展的步伐,适应公共经济学学科发展的需要,我们继续依据完整性、系统性、实用性和权威性的原则,在保留原有基本内容的前提下,对原版进行了全面修订,并突出了以下几点:

一,体例编排更加科学。每章都单列了关键术语,完善了复习思考题。

二,知识内容更加系统。增加了市场失灵、公共预算、公共规制、经济危机及其调控等内容,对于公共经济政策、公共经济管理等章节进行了调整。

三,学术研究更加严谨,修改了绝大多数章节,增加并更新了数据资料,充实了近年来的学术研究成果和权威理论。

教材编写是一项艰巨的系统工程,公共经济领域的知识点多、知识面广、问题复杂、内容广泛,我们遵循系统全面的原则,在本书中涵盖了公共经济学的基本概念、基本理论、基本方法、主要问题,包括了相关的重点、热点、难点,尤其侧重对重要概念的阐述。由于理论的演进需要一个过程，公共经济领域还存在诸多问题，需要进一步的研究，希望读者多提宝贵意见和建议，以待下一版做补充修改。

再次感谢北京大学出版社各位编辑为本书付梓倾注的大量心血。

愿"百家争鸣、百花齐放"的公共经济研究能为祖国的繁荣富强贡献力量。

编　者

2009年6月

于北京大学政府管理学院

第一版前言

本书的写作恰逢新旧世纪交替之际,世界经济和社会面貌日新月异,而中国正处于这一沧桑巨变的时代浪潮之巅。改革开放以来的二十多年里,中国不仅在社会文化生活水平等方面发生了翻天覆地的变化,而且在政治体制、经济体制等领域也在进行深刻的社会转型和制度变迁。社会主义市场经济体制的确立极大地推动了中国市场主体的丰富和发展,促进了市场主体的分工协作。市场经济要求市场主体责、权、利对等的基本原则客观地促成了各市场主体责任的清晰、权利的明确和利益的分化,使三者在更高层次上实现有机统一。在市场主体不断分化演进的过程中,中国经济领域尤其是公共经济领域出现了一些人们不愿意看到的混乱现象:有些政府部门乱收乱支,部分企业、个人制假贩假,一些公共产品无人提供,社会资源浪费严重。在这种状态下,由谁来代表公共的意志、有效地增进和公平地分配社会资源、组织公共生产、提供公共产品或公共服务等一系列重大的理论与现实问题,亟待学术界和全社会进行系统而深入的研究探索,为中国经济体制、政治体制改革提供理论指导,为进一步发展和完善中国社会主义市场经济体制贡献力量。

然而,在我国学术界尚没有这样的一部系统阐述公共经济学相关理论问题的著作。现在各大专院校所使用的教材和流行的著作,有的直接译自国外公共部门经济学或政府经济学著作,与中国公共经济领域的现实问题距离太远;有的则是国内财政学教科书的翻版,内容陈旧。这一方面说明国内对于公共经济学研究的需求十分迫切,另一方面也说明了我国公共经济学研究的不足。

中国自 2000 年起开始引进和启动公共管理硕士(MPA)的教育和培训计划,所用教材也面临上述问题。为了扭转这种局面,教育部专门组织成立了国家公共管理硕士(MPA)教材建设指导委员会,指导全国 MPA 教材的建设工作。2000 年 10 月,中国 MPA 系列教材的核心课程——公共经济学的教材大纲编写研讨会在北京大学国际交流中心召开。在这次会议上,来自北京大学、复旦大学、中国人民大学和中国人民大学出版社的专家学者们就《公共经济学》的理论框架和相关问题进行了全面、系统而深入的研究论证,初步完成了适合我国国情和学术实际的公共经济学理论与知识体系的架构，决定着手准备《公共经济学大纲》的编写工作。在大纲十个章节的编写工作中，北京大学独立承担了其中四章的编写任务。

这次会议之后，我们召集了一批在公共经济各相关领域长期进行学术研究和实践探索的学者，在进一步研究《公共经济学大纲》的基础上，开始了本书的写作。然而，面对这样一项宏大而深广的学术工程，以及大量的研究文献与著作，即便只是客观综合并略有创新也深感不易，更何况我们面临的是一个在很多方面都需要有所创新的学术体系的构建工作，其难度可想而知。但不管有多艰难，更有可能受到来自各方面的批评和误解，这项拓荒工程总得有人来做，为能有幸担负这项艰巨而重大的使命，我深感自豪。

我从事公共经济学研究多年，先后在北京大学讲授多门相关课程，既培养了一大批优秀的从事公共经济管理与研究的专业人才，又收集了大量的文献资料，积累了丰富的研究经验，取得了大量的研究成果。本书的其他作者也都在各自的专业领域进行了长期的学习和研究探索，积累了一定的实践经验和研究成果，尤其是他们各自有着丰富的学术背景与广泛的研究领域，这使得我们突破传统公共经济学的知识体系成为可能。当然，这也不免带来了它的负面作用：表达方式和写作风格可能会有差异。尽管我们已经尽了最大的努力，但由于水平有限，书中可能存在某些不足、缺点甚至谬误，我们竭诚欢迎广大读者朋友和学术界同人批评指正。

本书由我设计并审定全书编写大纲，主持编写工作；高桂芳同志协助主持具体编辑事务；参加本书编写工作的还有刘银喜、吕恒立、刘宝平、尚志民、曹堂哲、宋震、石义霞、杨雷、王冬欣、刘月梅、赵华、刘星、申瑞华等同志。

在本书的编写过程中，北京航空航天大学的杨立华和目前远在法国留学工作的王馨仪参与了本书第三章的写作，北京大学博士生许红兵参与了本书第五章的写作；北京大学博士研究生薛宝生副教授、管仲军副教授、龙飞、丁伟忠、刘亚娜、胡卫和硕士研究生丁宏梁、陈艳英、刘颖、林俊、史善峰、程霞、肖鲲娟以及北京交通大学马继业等同志参与了本书的讨论工作；华南热带农业大学韦勇教授、山东财政学院郭磊副教授以及戴丽君女士、时荣国先生和李雄武先生也参与了本书的讨论工作，并提出了宝贵建议。此外，北京大学历届参加相关课程学习讨论的博士生、硕士生、本科生和进修教师也提出了一些有价值的观点和材料。谨向他们表示衷心的感谢！

北京大学教材建设委员会为本书的出版提供了资助。北京大学出版社编辑金娟萍女士为了使本书顺利出版,放弃了不少宝贵的节假日休息时间。她认真负责、勤奋严谨的工作作风给我们留下了深刻的印象。在此,我们对北京大学教材建设委员会、金娟萍女士和北京大学出版社理解和支持我们工作的全体编辑表示由衷的感谢! 同时,我们也对所有为本书的写作、编辑与出版做出贡献的同志表示诚挚的感谢和崇高的敬意!

黄恒学
2002 年 10 月 1 日于北京大学

目 录

导 论 ... 1

第一节 公共经济学的学科特点 ... 1
  一、公共经济学的含义 ... 1
  二、公共经济学的兴起与发展 ... 2
  三、公共经济学的研究对象 ... 3
  四、公共经济学与相关学科 ... 4

第二节 本书框架和主要内容 ... 7

第三节 公共经济学的研究方法 ... 10
  一、规范研究方法 ... 11
  二、实证研究方法 ... 12
  三、模型化方法 ... 12
  四、历史研究方法 ... 13
  五、比较研究方法 ... 14
  六、案例研究方法 ... 14

第四节 研究公共经济学的意义 ... 15

第一章 市场失灵与公共经济 ... 19

第一节 资源配置理论 ... 19
  一、资源配置方式 ... 19
  二、资源配置原则：效率与公平 ... 23

第二节 市场失灵与公共经济 ... 28
  一、市场机制与福利最大化 ... 28
  二、市场失灵的具体表现 ... 29
  三、市场失灵与公共部门存在的合理逻辑 ... 36

第三节 现实生活中的混合经济　44
　一、混合经济的含义与特点　44
　二、混合经济与中国经济改革　45
　三、混合经济下公共部门的经济职能　50
　四、公共部门经济职能理论的历史演进　51

第二章　公共经济主体　61

第一节 公共经济主体的多中心趋势　61
　一、公共部门的内涵及功能　61
　二、公共经济主体多中心趋势及其原因　62
第二节 公共经济主体之一：政府　64
　一、政府的概念和基本特征　64
　二、政府的主要职能与公共产品提供方式　66
第三节 公共经济主体之二：私人部门　67
　一、私人部门参与公共经济活动的可能性　67
　二、私人部门参与公共经济活动的形式与影响　70
第四节 公共经济主体之三：社区　71
　一、社区的内涵及供给公共产品的特点　71
　二、社区供给公共产品的方式　71
第五节 公共经济主体之四：非营利组织　73
　一、非营利组织的内涵及兴起　73
　二、非营利组织提供公共产品的优势　74
第六节 公共经济主体之五：公共企业　74
　一、公共企业的含义　74
　二、公共企业的类型　75
第七节 公共经济主体之六：国际组织　76

第三章　公共产品　78

第一节 公共产品的定义与特征　78
　一、公共产品的概念界定与基本特征　79
　二、公共产品的其他特征　82
　三、公共产品的分类　83
第二节 公共产品的需求分析与有效供应　86
　一、私人产品的需求——水平相加　86

二、公共产品的需求——垂直相加　　87
　　三、公共产品最优供给的均衡分析　　88
　　四、公共产品有效提供的方式　　93
　第三节　混合产品　　96
　　一、混合产品的性质　　96
　　二、混合产品的分类　　97
　　三、混合产品的消费　　100
　　四、混合产品的最适规模　　103
　　五、混合产品的提供　　104
　第四节　公共产品的供给与生产　　106
　　一、公共产品的供给与生产的区分　　106
　　二、公共产品市场化供给方式　　106
　第五节　公共产品的外部效应　　112
　　一、外部效应的本质　　112
　　二、外部效应的特征　　112
　　三、外部效应与公共产品　　113
　　四、政府对外部效应的纠正　　114

第四章　公共选择与公共经济决策　　120

　第一节　公共选择理论概述　　120
　　一、公共选择学派产生的历史背景及过程　　121
　　二、公共选择理论的研究方法　　124
　　三、公共选择与私人选择　　129
　第二节　投票机制　　132
　　一、直接民主制下的公共选择机制　　132
　　二、代议制民主中的公共选择规则　　140
　　三、其他显示方法　　143
　第三节　官僚经济理论　　145
　　一、政府失灵论　　145
　　二、政府规模　　149
　　三、寻租　　152
　第四节　公共经济决策　　155
　　一、公共经济决策的内涵　　156
　　二、公共经济决策行为的演变　　159

三、公共经济决策的科学化和民主化　　160
四、我国公共经济决策的现状　　164

第五章　公共支出　　169

第一节　公共支出的概念与原则　　169
一、公共需求与公共支出　　169
二、公共支出的概念界定　　170
三、公共支出的原则　　173
四、公共支出的范围和方式　　176
五、公共支出的意义　　177

第二节　公共支出规模　　178
一、公共支出规模的度量与发展趋势　　178
二、公共支出增长理论　　182
三、公共支出的效应　　190
四、公共支出的体制　　191

第三节　公共支出分类与公共支出结构　　192
一、公共支出的分类　　192
二、公共支出结构分析　　198

第四节　公共支出的效益　　202
一、公共支出效益分析的基本框架　　202
二、公共支出的成本—效益分析　　204
三、公共支出的绩效考评　　211

第五节　我国公共支出分析　　216
一、我国公共财政支出现状分析　　216
二、改革我国财政支出体系的政策建议　　229

第六章　公共收入　　236

第一节　公共收入概述　　236
一、公共收入的产生　　236
二、公共收入与私人收入　　237
三、公共收入与政府收入　　238
四、公共收入的含义　　239
五、公共收入的特征　　240
六、公共收入的原则　　242

第二节　公共收入的主要形式　　245
一、税收收入　　245
二、公债收入　　257
三、公共收费收入　　262
四、国有资产收入　　264

第三节　公共收入合理规模的确定　　268
一、决定公共收入规模的因素　　268
二、税收合理规模的确定　　270
三、公债合理规模的确定　　277
四、公共收费规模的确定　　278
五、国有资产收入规模的确定　　279

第四节　我国的公共收入现状　　280
一、我国公共收入的主要来源　　280
二、我国公共收入的规模　　281
三、我国公共收入的结构　　283
四、我国现行公共收入中存在的问题及政策选择　　284

第七章　公共预算　　291

第一节　公共预算概述　　291
一、公共预算的内涵及特点　　292
二、公共预算的主要分类　　294
三、公共预算的功能　　297
四、公共预算编制的原则　　298
五、公共预算的程序　　299

第二节　公共预算管理体制　　300
一、公共预算管理体制的内涵　　300
二、建立公共预算管理体制的原则　　301
三、公共预算管理体制的内容　　301

第三节　中国公共预算管理体制　　302
一、中国公共预算管理体制的发展历程　　302
二、中国公共预算管理体制存在的问题　　316
三、中国公共预算管理体制的改革方向及完善措施　　318

第八章 公共分配　　323

第一节 公共分配的分类与内涵　　323
一、公共分配的分类　　323
二、公共分配的内涵　　325

第二节 公共分配的形式　　327
一、按劳分配为主体、多种分配方式并存　　327
二、按生产要素贡献分配　　330
三、按劳分配与按生产要素分配相结合　　341
四、公共分配制度的完善　　343

第三节 公共分配与社会公平　　345
一、社会公平的概念　　345
二、评价社会公平的主要指标　　346
三、市场经济条件下的分配不平等　　350
四、社会福利思想的历史渊源和发展过程　　351
五、政府减少不平等的直接方案：社会福利制度　　354
六、政府减少不平等的新方案：负所得税方案　　355

第四节 中国公共分配的现状、成因及改进政策　　356
一、中国公共分配现状　　356
二、中国公共分配现状的成因　　359
三、公共分配的基本原则　　364
四、政策建议　　367

第九章 社会保障　　374

第一节 社会保障概述　　374
一、社会保障的概念　　374
二、社会保障的基本内容　　375
三、社会保障的功能　　377
四、社会保障的基本原则、范围及水准　　379

第二节 社会保障筹资模式的比较分析　　381
一、发达国家社会保障筹资模式及特征　　382
二、社会保障筹资模式的比较分析　　383

第三节 社会保障制度的国际比较与借鉴　　385
一、国外社会保障制度的产生和发展　　385

二、社会保障制度的国际比较　386
　　三、国外社会保障制度对我国的启示　392
第四节　中国社会保障制度　395
　　一、中国社会保障制度建设的历史和现状　395
　　二、中国社会保障制度改革构想　400

第十章　地方公共经济　408

第一节　地方公共产品　408
　　一、地方公共产品的概念与特征　408
　　二、地方公共产品的最佳数量　411
　　三、蒂布特模型　411
　　四、公共产品的集中与分散提供　413

第二节　地方公共支出　418
　　一、中央与地方公共支出的划分原则　418
　　二、地方公共支出的范围　419
　　三、影响地方公共支出的因素　421
　　四、现实的地方公共支出　422

第三节　地方公共收入　423
　　一、地方与中央公共收入的划分原则　423
　　二、地方公共收入的内容　426

第四节　中国地方公共经济的发展　432
　　一、分税制改革　432
　　二、中国地方公共支出的现状　438
　　三、中国地方公共收入的现状　441

第十一章　公共经济管理　456

第一节　公共经济管理概述　456
　　一、管理概念以及考察公共经济的管理学视角　456
　　二、公共经济管理是一种特殊形态的经济管理　460
　　三、公共经济管理的基本原则　462

第二节　宏观经济运行及调控　466
　　一、宏观经济运行的发展历程与宏观调控的类型　467
　　二、总供给与总需求　470
　　三、中国宏观经济运行的问题和宏观调控体系　472

四、中国宏观经济运行的特点和宏观调控体系的完善　　474
　第三节　公共规制　　477
　　一、公共规制的定义　　478
　　二、经济规制　　480
　　三、社会规制　　483
　第四节　公共经济与民主监督　　484
　　一、公共经济的公共性与民主监督的意义　　484
　　二、公共经济活动中民主监督缺失的危害　　486
　　三、加强对公共经济活动的民主监督　　488
　第五节　公共经济效率与效益分析　　490
　　一、公共经济效率辨析　　490
　　二、公共经济低效率的原因　　492
　　三、提高公共经济效率的途径　　493
　　四、公共经济效益辨析与评估　　494
　　五、公共经济效率与效益的统一　　497

第十二章　公共经济政策　　500

　第一节　公共经济政策的原则与目标　　500
　　一、公共经济政策的原则　　500
　　二、公共经济政策的目标　　502
　第二节　公共经济政策的主要工具　　503
　　一、财政工具　　503
　　二、金融工具　　506
　　三、直接控制工具　　509
　　四、制度工具　　510
　　五、国家主权财富基金工具　　511
　　六、公共经济政策工具与公共经济政策目标之间的关系　　512
　第三节　中国公共经济政策的历史回顾　　514
　　一、封建社会时期　　515
　　二、半殖民地半封建社会时期　　523
　第四节　现代中国的公共经济政策　　532
　　一、计划经济时期　　533
　　二、计划经济向市场经济转型时期　　538
　　三、市场经济全面建设时期　　541

四、新世纪开创中国特色社会主义事业新局面时期　　551
　　五、全面深化改革时期　　565

第十三章　市场经济危机与危机管理　　579

第一节　经济周期　　579
　　一、经济周期概述　　579
　　二、经济周期的原因　　581
　　三、经济周期是市场经济的客观存在　　585

第二节　经济危机与金融危机　　586
　　一、经济周期的危险阶段：经济危机　　586
　　二、经济危机产生的原因　　588
　　三、经济危机与金融危机　　589
　　四、金融危机的形成因素　　591

第三节　经济危机与金融危机的历史考察　　594
　　一、1929—1933年的金融恐慌与经济危机　　594
　　二、1997年的亚洲金融危机　　596
　　三、2007年美国次贷金融危机和2008年世界金融危机　　598
　　四、2009年的欧债危机　　602

第四节　危机的防范与治理　　604
　　一、经济危机的一般防范措施　　604
　　二、金融危机的具体防范措施　　605
　　三、金融危机的治理措施　　607
　　四、国家财政和中央银行的职能作用　　610
　　五、2008年美联储应对金融危机的一些手段创新　　611
　　六、2009年欧债危机的启示　　612

第十四章　政府采购　　616

第一节　政府采购概述　　616
　　一、政府采购的相关概念　　616
　　二、政府采购的目标和原则　　619

第二节　中国政府采购的实践运行　　624
　　一、当代中国政府采购制度的建立与发展　　624
　　二、政府采购的组织体系　　627
　　三、政府采购的主要模式　　630

四、政府采购的主要方式 631
五、政府采购的一般程序 634
六、政府采购的其他要求 636
第三节　政府采购的审计与监督 639
一、政府采购的审计 639
二、政府采购的监督 641
三、政府采购的绩效评价 646
第四节　政府采购的国际经验 650
一、美国的政府采购制度 651
二、新加坡的政府采购制度 652
三、韩国的政府采购制度 653
四、国际政府采购制度 653

导 论

【教学目的和要求】

公共经济学是研究社会公共经济活动现象及其一般规律的科学,是一门综合性、交叉性、应用性较强的新兴学科,其研究对象与研究领域非常广阔,研究目标与研究意义十分重要。

学生通过本章的学习,首先,要对公共经济学这一学科有较为全面的了解,包括定义、研究对象、研究范围以及与相关学科的关系;其次,要对全书的内容与框架有大致的了解,其中要特别注意对于公共经济主体及其分化趋势的理解;再次,要掌握公共经济学的研究方法,特别是规范研究、实证研究、历史研究、比较研究、案例研究的方法;最后,要理解和掌握研究公共经济学的现实意义。

第一节 公共经济学的学科特点

一、公共经济学的含义

在市场经济条件下,政府是一个独立的经济主体。西方传统经济学把社会经济主体分为公共部门(Public Sector)和私人部门(Private Sector)两大类。公共部门是指政府及其附属物,私人部门是指企业和家庭,双方都以各自的行为方式参与着国民经济的运行,影响着国民经济的发展方向和进程。

企业和家庭作为私人部门是以效益最大化为前提和目标的。政府则不尽相同,它的经济活动一方面不能忽视成本与效益,另一方面又必须以全社会的公平、公正和可持续为前提和目标。其作用主要表现在三个方面:收入再分配功能、社会资源配置功能、宏观经济稳定功能。

由于政府是公共部门中最主要的和最大的代表者,研究公共部门经济活动的经济学分支,大都侧重于从经济学的角度来解释、分析和规范政府的职能和作用,因此,在西方这一学术分支被称为公共经济学(Public Economics)、公共部门经济学(Public Sector Economics)或政府经济学(Government Economics)。

概言之,公共经济学是研究公共部门经济行为及其效应的学科。

二、公共经济学的兴起与发展

公共经济学是在财政学(Public Finance)的基础上发展起来的。

财政分配作为专门的研究对象,形成系统的财政学说,至今只有两百多年的历史。威廉·配第(William Petty)于1662年出版了《关于税收与捐献的论文》("A Treatise of Taxes and Contribution"),详细论述了各种公共经费、征税方法以及政府筹集资金的方式和手段,为财政学的创立奠定了基础。1776年亚当·斯密(Adam Smith)出版的《国民财富的性质和原因的研究》(An Inquiry into the Nature and Causes of the Wealth of Nations)标志着现代财政学的诞生。书中,在运用价值、货币、价格、社会分工、交换、工资、利润、地租等一系列经济范畴对资本主义市场经济进行分析说明的基础上,亚当·斯密专门列出一篇(第五篇)研究财政问题,论述了君主或国家的费用("经费论")、一般收入或公共收入的源泉("收入论")和国债问题("国债论"或"平衡论"),从而创立了财政学。

之后很长一段时间内,财政学重点研究的是财政收支本身及财政收支对经济的有限影响,而对财政收支的研究又集中于对税收的研究,这是与当时的社会背景有密切关系的。18世纪是资产阶级开始兴起并逐步登上政治舞台的时代。亚当·斯密等人所创立的古典经济学是自由资本主义的学术结晶,其理论基础是"自由经济",主张"最好的政府便是干预最少的政府"。

20世纪初,自由资本主义演变为垄断资本主义,资本主义固有的矛盾逐渐暴露。经济危机开始周期性地袭击和破坏资本主义经济,克服和消除危机成了西方国家经济学家孜孜以求的研究目标。20世纪30年代的世界性资本主义经济危机使经济学发生重大变革。1936年,英国经济学家约翰·M. 凯恩斯(John M. Keynes)在其名著《利息、就业与货币通论》(The General Theory of Employment, Interest, and Money)中对自由经济提出质疑,主张国家(政府)对经济的全面干预。美国罗斯福总统推行的新政(New Deal)为凯恩斯的"国家干预论"提供了完整的注释并成为成功的典范。在理论和实践的推动下,西方主要资本主义国家中,政府的经济活动范围和作用日益扩大,从单向的财政收支扩展到对经济的管理和调控,政府直接介入生产领域并形成一定规模的公共企事业和公共生产,政府收支规模也较前大大扩大。这为财政学提出了许多新的研究课题。这些课题主要有:

第一,公共部门应该从事哪些活动以及这些活动是如何组织的;

第二,尽可能地理解和预测政府经济活动的全部结果;

第三,评价政府的各种经济政策。

显然,这些新问题不是当时的财政学所能回答的,于是公共(政府)经济学便应运而生。上述三个问题也就成为公共经济学的主要研究内容。

1954年,保罗·萨缪尔森(Paul Samuelson)在《公共支出的纯理论》("The Pure Theory of Public Expenditure")一文中,提出了公共产品比较准确的分析性定义,由此奠定了公共产品理论研究的现代基础。

1959年,美国经济学家理查德·马斯格雷夫(Richard A. Musgrave)出版了《财政学原理:公共经济研究》(The Theory of Public Finance: A Study in Public Economy)。该书第一次引入了"公共经济"这一概念,其核心问题是财政收支的归宿和效率,以及对买卖双方所产生的正效应的分析,而不像以前的财政学教科书那样去详尽地描述税收规则或税务管理方面的问题。

20世纪60年代以来,对公共经济学的研究进入高潮。1964年,涩齐-克里斯多芬·科尔姆(Serge-Christophe Kolm)出版了《公共经济学基础:国家经济作用理论概述》(The Foundations of Public Economics)。[1] 1965年,美国学者约翰森(L. Johanson)出版了《公共经济学》(Public Economics),明确界定了公共部门的范围和特征,认为"公共经济"就是"公共性质"的"政府经济",该书为"公共经济"概念的确立和完善做出了贡献。[2] 之后,许多著名的财政学家如费尔德斯坦(M. S. Feldstein)、斯蒂格利茨(J. E. Stiglitz)、阿特金森(A. B. Atkinson)、杰克逊(P. M. Jackson)等纷纷将自己的著述改称为"公共经济学"或"公共部门经济学"。

1966年,在阿特金森主持下,诞生了以"公共经济学"命名的学会和期刊,并定期举行会议,标志着这一学科走向了成熟。

近几十年来,西方经济学中的宏观经济学、微观经济学、福利经济学、计量经济学和政治学的发展为公共经济学的发展提供了理论支持。公共经济学的发展不仅体现在其内容比传统的财政学有很大拓展,而且体现在研究方法的改进上,即定性研究与定量研究结合,注重数理分析,增加实证考察和案例分析等方面。

三、公共经济学的研究对象

公共经济学的研究对象主要是公共部门的经济行为,以及包括官方金融机构在内的所有由中央与地方政府出资兴办经营的企事业的存在意义和经济行为。这里所说的公共部门可以理解为由"公共当局及其通过政治程序设立的机构组成,并在它的疆域内或管辖地区实施强制的垄断权力"[3]。还可以解释为:

---

[1] 黄新华主编:《公共部门经济学》,上海人民出版社2006年版,第5页。
[2] 张向达、赵建国、吕丹编著:《公共经济学》,东北财经大学出版社2006年版,第7—10页。
[3] 国际货币基金组织:《政府财政统计手册》,中国金融出版社1988年版,第3页。

通过政治程序建立的,在特定区域内行使立法权、司法权和行政权的行为实体。

我们可以将公共部门理解为以下三个层次。

第一个层次是中央政府。这是涵盖范围最狭小的公共部门概念。中央政府的组成包括各部(委、办)及其内部各厅局和附属机构。

第二个层次是广义的政府。不仅包括中央政府,而且包括各级地方政府及其附属机构。

第三个层次被称为统一公共部门。这是在广义政府的基础上,又增加了由中央和地方政府出资兴办的各种企事业,如医疗卫生机构、教育机构、金融机构及邮政、通信等公用事业部门。一些国家把中央政府出资兴办的企事业称为国有(国营)企事业,把地方政府出资兴办的企事业称为公营企事业。

概言之,公共经济学主要研究中央政府、地方政府以及包括官方金融机构在内的所有由中央与地方政府出资兴办经营的企事业的存在意义、经济行为及经济关系。

一般而言,对公共部门经济行为的研究也包括三个层次。

一是研究政府的财政收支。根据法律征收税金,根据政治秩序决定预算支出各项费用是政府经济行为的核心。作为一个经济主体,政府的收支也应该讲究成本与收益。

二是研究政府财政收支对国民经济的影响。随着政府规模的不断扩大和凯恩斯主义功能财政思想的影响,财政的作用不只限于维持政府自身的存在和继续,而且已成为调节国民经济的重要手段。

三是研究包括财政收支在内的公共部门经济的合理性与必要性。第二次世界大战后,各国政府出于调节经济和扩大社会福利的需要,出资兴办的企事业不断增加,连同财政收支一起成为国民经济中一个庞大的部门。因此,弄清楚为什么要维持如此庞大的公共经济以及如何使其发挥应有的作用,变得非常重要。

四、公共经济学与相关学科

公共经济学是一门综合性、交叉性较强的新兴学科,本质上是经济学的分支,它的形成和发展与经济学中的既有成果有着密切的关联,同时还受到政治学、公共管理学、社会学等其他非经济学科的影响和渗透。讨论公共经济学与财政学、微观经济学、宏观经济学、福利经济学、政治学、公共管理学等学科的关系,有利于认识公共经济学在经济学乃至社会科学中的地位。

(一)公共经济学与财政学

如前所述,公共经济学是在财政学的基础上发展起来的,但它比财政学具有更完整和更系统的学科体系。二者的区别主要有:(1)在学科体系上,传统的财政学无法把市场机制和非市场机制的资源配置统一到帕累托效率状态,事实上是忽略甚至排斥市场机制作为先决条件研究政府的经济行为。公共经济学则建立起了两者结合的理论模型。(2)传统财政学把政府决策作为既定事实予以首肯,国家和政府被拟人化了,因此,国家的意志和政府的决策是作为外生变量来研究的。在公共经济学中,国家(政府)则是一个组织系统,国家的意志和政府的决策是由一套政治程序决定的,并且运用新古典分析方法分析政治程序的经济效应。(3)从研究侧重点来说,传统财政学侧重对政府财政收支形式和过程的研究,尤其对财政收入予以更多的关注。公共经济学重视政府财政对国民经济的影响的研究,并特别强调政府财政支出的经济分析,因为政府支出是政府行为的成本,更能体现政府决策和行为的意图。(4)从研究方法上来说,公共经济学采用了比财政学更先进的现代经济分析方法,既注重实证分析,又注重规范分析。实证分析主要用于考察公共经济活动的范围和各种经济政策的结果;规范分析则用于评价各种将要付诸实施的公共经济决策。

(二)公共经济学与微观经济学

微观经济学(Microeconomics)以单个经济单位为研究对象,通过研究其经济行为来说明市场经济如何通过价格机制来解决社会资源配置问题。在微观经济学看来,最基本的单个经济单位是居民和厂商,前者是经济中的消费者,后者是经济中的生产者。从每个经济单位的经济行为的基本目标是实现效用(或利益)最大化的经济学理论出发,微观经济学对于居民的研究,是从居民如何将有限的收入用于各种物品的消费上,以实现效用(满意程度)最大化而展开的。微观经济学对厂商的研究是从厂商如何将有限的资源用于生产,以实现利润最大化而展开的。微观经济学通过对居民的效用最大化和厂商的利润最大化的研究,来探索整个社会的资源最优配置。每个经济单位都实现了最大化,整个社会的资源配置也就达到最优化了。

公共经济学与微观经济学之间有两个连接点。第一个连接点是微观经济学研究了价格管理、消费与生产调节及收入分配平均化等政府的直接经济行为。第二个连接点是公共经济学把政府本身也看作一个经济单位,对其经济行为是否实现效用最大化进行分析。在公共经济学看来,政府本身既是消费者也是生产者,它本身需要解决效用最大化问题,研究政府的经济行为也是实现社会资源配置最优化的组成部分。此外,需求与供给理论、成本与收益分析、均衡理论、边际效应理论等微观经济学的主要分析工具也被公共经济学广泛使用。

（三）公共经济学与宏观经济学

宏观经济学（Macroeconomics）以整个国民经济为研究对象，通过研究国民经济中各有关总量的决定及其变化来说明如何充分利用资源。它以资源配置为理论前提，研究现有资源尚未充分利用的原因，探索被闲置的资源充分利用的途径，以实现经济增长。

公共经济学与宏观经济学关系密切。经济发展就是在从非均衡到均衡的过渡中实现量的扩张和质的提高，在微观层次上起主要作用的是价格，而在宏观层面，价格调节相对有限，主要依靠代表全民意志的政府来调节。因此，宏观经济行为在很大程度上表现为政府的经济行为，这也是公共经济学的研究内容。

（四）公共经济学与福利经济学

福利经济学（Welfare Economics）是由阿瑟·庇古（Arthur C. Pigou）创立，希克斯（J. R. Hicks）、卡尔多（N. Kaldor）和勒纳（A. P. Lerner）等发展起来的关于社会福利和个人分配最大化的经济学分支学科。

福利经济学同其他经济学科的共同点是都以研究如何增加社会财富为出发点，但福利经济学更关注个人如何从全社会的财富增长中获得更多的满足，其理论主要围绕三个命题构建，即公共利益问题、公平分配问题和社会福利问题。福利经济学认为，要增加社会福利，首先就要使资源配置达到最优化，从而实现全社会财富的增加；政府作为分配机制的制定者，总要干预资源的分配与再分配。福利经济学的根本任务就是评估各种资源的配置和分配方式。它为我们考察政府的经济行为提供了理论启示。

福利经济学中的帕累托最优（Pareto Optimality）原则提示了资源分配的有效性问题：为了实现社会财富的增长和社会福利的增加，人们不能不在分配问题上不断打破现有的平衡来谋求新的平衡，公共部门的经济行为要致力于全社会福利水平的提高。帕累托最优原则已成为公共经济学理论的重要原则。

（五）公共经济学与政治学

政治学（Political Science）是研究政治关系及其发展规律的科学，它主要研究国家的基本理论和制度，比如国家的起源、构成要素、体制，国家的政治原则、政治权利、政治权力、政治制度等。

公共部门的经济行为既是经济问题，也是政治问题。理论上公共经济行为应当建立在超利益、能够实现真善美的共同目标之上，然而理论与现实并不完全一致，现实中的公共经济行为其实也是在政治权力影响下的政治过程。因此，为了规范政府的经济行为，公共经济学引入了政治学中的公共产品理论和公共选择理论，将政府的经济行为同人们的政治投票联系在一起，由选民用选票决定生产什么公共产品、生产多少公共产品、通过什么方式生产公共产品,来选择合理的政府经济行为、财政收支、公共企事业和经济政策等。这一系列的选择本身就是一个极其复杂的政治博弈过程,毕竟"政治是经济的集中体现"。因此,公共经济学的很多问题涉及甚至基于政治学,而现代政治学也越来越重视经济分析方法的运用,这就决定了公共经济学与政治学之间难以割断的紧密联系。

(六)公共经济学与公共管理学

公共管理学(Public Administration/Public Management)是运用管理学、政治学、经济学等多学科理论与方法专门研究公共组织尤其是政府组织的管理活动及其规律的学科群体系。在西方,它源于20世纪初形成的传统公共行政学和60—70年代流行的新公共行政学,后于70年代末期因受到公共政策和工商管理两个学科取向的强烈影响而逐渐发展起来。如今,它已经成为融合了公共政策、公共事务管理等多个学科方向的大学科门类。

任何管理活动都离不开对经济资源的配置与调剂,公共管理学的研究对象既然是公共管理问题,就必然会牵涉到许多公共经济问题,并与公共经济学形成多方面的联系。近年来兴起的新公共管理更加注重经济学研究方法的应用,进一步加强了公共经济学在公共管理研究中的地位。

第二节 本书框架和主要内容

本书导论部分的第一节主要介绍了公共经济学的含义、研究对象以及与相关学科的关系,第二节介绍了全书的逻辑线索、基本框架与主要内容,起到导读或"提纲挈领"的作用,第三节讲述了规范研究、实证研究、历史研究、比较研究、案例研究等公共经济学的研究方法,第四节探讨了研究公共经济学的意义。

本书第一章讨论了市场失灵与公共经济的关系。经济学原理告诉我们,市场经济的所有活动都是按照市场机制进行的。那么,在市场经济活动中,为什么又会存在另一种并非按照市场机制进行的经济活动——公共经济呢?这种公共经济的存在和发展是合理的吗?这一章由社会资源配置效率的评判入手,分析市场机制的缺陷,揭示了公共部门和公共经济存在的必要性和合理性,并以此为基础,讨论了公共部门的主要职能及其历史演变。

第二章讨论了公共经济主体问题。公共经济主体问题直接涉及公共经济学的研究对象与范围,只有科学、合理地界定公共经济各主体的有关基本理论,对各公共经济主体进行科学的定位,才能在后面的讨论中有针对性地赋之以相应的职责和功能。本章主要分析了公共经济主体多中心发展趋势及其原因,以及公共经济活动的主体（包括政府、私人部门、社区、非营利组织、公共企业、国际组织等）在公共经济活动中的作用和地位。

第三章主要讨论了公共产品问题。公共产品理论是公共经济学理论框架的一个核心内容，西方经济学家历来十分重视对公共产品问题的研究。这不仅因为公共经济活动主要体现在公共产品的提供上，而且因为市场经济体制下政府的公共支出活动也主要以公共产品的提供范围为依据。因此，可以说公共产品理论是公共经济学理论的逻辑起点或基点。第三章界定了公共产品（包括非国家的公共产品）、混合产品和私人产品的含义，分析了公共产品的特性、类别、需求及有效供给条件和方式；围绕公共产品提供中所产生的外部效应及其纠正，剖析了在公共产品的配置上为什么市场机制会发生失灵，为什么政府干预是必要的，为什么公共产品可以成为公共支出的理论依据。

在第四章中，我们主要讨论了公共产品提供方案的决定机制——公共选择理论，以及公共选择理论在公共经济决策中的功能与不足。公共选择理论涉及的内容十分广泛，书中主要是从以下几个方面来阐述的：首先，公共选择理论产生的背景、过程，公共选择行为与私人选择行为的区别以及公共选择产生的必然性因素等，其中重点分析了公共选择理论的理论前提和在方法论上的突破；其次，公共选择行为在民主社会中的具体运行机制——投票规则，重点介绍了几种重要的投票规则，如"全体一致规则""多数规则"，此外，还介绍了实际政治运作过程中政党行为、投票人行为及利益集团行为对公共选择结果的影响；再次，官僚经济理论所分析的是政府本身的行为特征，书中对于政府失灵的原因、政府规模自我膨胀的原因以及寻租行为等内容均做了较为深入的经济学分析；最后，公共选择理论在实际的政府经济决策过程中的运用情况，着重强调了公共经济决策的民主化与科学化要求，这也是我们研究公共选择理论的目的所在。

第五章与第六章分别讨论了公共支出与公共收入问题。公共支出与公共收入理论是公共经济学的核心内容，不少研究公共经济学的国外教科书主要是在公共支出与公共收入两大理论基础上进行讨论的。

第五章首先介绍了公共支出的概念与原则以及市场经济条件下公共支出的供给范围和方式等基本理论知识。在公共支出的分析方面，指出了公共支出具有不断增长的这一整体性规律，然后介绍了公共经济学对此进行的理论分析；在公共支出的效应分析方面，着重分析了其归宿效应和激励效应；在公共支出的体制分析中，侧重于政治角度的分析。在公共支出的结构方面，讨论了公共支出结构的内涵及其影响因素，同时还介绍了公共支出的具体分类标准和各自所包含的基本内容。在对于公共支出效益的分析中，介绍了几种常用的分析方法和工具,尤其是成本—效益分析法。最后,概括了当前中国公共支出中存在的一系列问题和弊端,尤其是其中的结构问题和管理方式问题,同时提出了相应的政策建议。

作为公共经济学的另一重要组成部分,公共收入在本书中也居于核心位置。第六章首先介绍了公共收入的概念、特征与基本原则,重点介绍了公平和效率两大原则;其次,集中讨论了目前公共收入的各主要形式及其属性,即税收、公债、公共收费收入及国有资产收入等,其中,税收由于具有强制性和稳定性等特点,成为公共收入的最主要来源;再次,分析和探讨了在经济发展的一定阶段,一国的公共收入所应具有的规模和水平;最后,就我国的公共收入现状,分析了其重要来源、规模、结构及存在的问题,并相应地提出了一些合理化的建议。

第七章介绍了公共预算。首先,介绍了公共预算的内涵、特点、主要分类和功能;其次,介绍了公共预算的编制原则和编制程序;再次,概括了政府公共预算管理体制的内涵与原则;最后,分析了政府公共预算管理体制的建设和完善。

第八章讨论了公共分配。公共分配是公共经济学的又一个重要组成部分,公共管理的本质与公共利益的实现都要依托于公共分配。第八章首先介绍了公共分配的概念与内涵,以及目前学界对于公共分配的主要形式的主流观点;在此基础上,深入分析和探讨了在市场经济条件下为什么公共分配要坚持公平和效率两大原则,如何正确处理公平与效率原则,以及公平与效率原则在中国目前社会经济条件下的现实意义与存在的问题;最后,针对我国目前公共分配的现状、存在的问题,剖析了其形成的原因,并提出了一些具体的政策建议。

第九章主要介绍了社会保障制度的内容与基本原则,社会保障的范围与水准;阐述了社会保障筹资模式的分类及特征;介绍了国外社会保障制度的各种类型及其优缺点;最后,对于如何构建适合中国国情的社会保障制度进行了较为深入的理论思考。

第十章讨论的是地方公共经济。公共部门不完全是政府部门,更不是由单一的或完全集中的一级政府组成的,政府可以被划分为多个级别和层次,不同级别与层次的政府将组织相应范围内的公共经济。作为地方政府,它的基本职能是为地方居民提供其所需要的公共产品,组织地方公共生产(如果必须的话),征管地方公共收入,并量入为出地安排地方公共支出。本章首先对地方公共产品的定义、特征、提供范围进行了简要的介绍,然后对蒂伯特模型等的内涵及运用做出了分析和阐述,最后讨论了地方公共收入以及地方公共支出的基本内容、方向与相关理论问题。

第十一章从管理学的途径考察公共经济活动和过程,界定了公共经济管理的概念和原则,指出公共经济管理是区别于私人经济管理的特殊形态的经济管理,是对公共经济三大关系的管理,具有一般管理的属性,同时又具有自身的特性——公共性。在此基础上,从宏观和微观角度分别讨论了宏观经济运行和公共规制,着重分析了总供给与总需求的关系,宏观经济运行的问题及其调控,公共规制的思想、实施过程和分类。然后讨论了民主监督对于公共经济的重要意义,分析了公共经济的效率和效益。

第十二章讨论的是公共经济政策。这一章介绍了中国公共经济政策的原则和目标、主要工具及其综合运用,对中国历史各个时期的公共经济政策进行了系统的回顾,读者从中可以对中国公共经济政策的发展历史有一个较为完整的把握。

本书第十三章分析了市场经济危机与危机管理,首先概括了经济周期的含义、阶段、特征、类型、原因及相关理论,得出经济周期是市场经济的客观存在的结论,然后对经济危机和金融危机的基本概念、主要表现、产生原因、传导机制等进行了理论分析和实证分析,之后对经济危机和金融危机做了历史考察,最后探讨了危机的预防办法、预警系统和治理手段。

作为公共经济活动中公共产品的最主要提供者和最大的消费者,政府的行为无疑是社会所关注的焦点。为了对政府消费公共产品的行为进行有效的监督和最大限度地降低政府在购置公共产品过程中的低效率和高成本,人们设计了一套行之有效的制度安排——政府采购制度。本书第十四章就此进行了全面而深入的分析和探讨:介绍了政府采购的基本理论框架;分析了我国政府采购制度的实践框架;探讨了政府采购的监督约束机制的建立;最后,针对我国目前政府采购中存在的问题,提出了创新政府采购制度的可行建议。

第三节 公共经济学的研究方法

公共经济学已经成为一门学科,学科成立的标志之一是具有成熟的学科特有的研究方法。对公共经济学的研究方法的探讨,可以使我们掌握公共经济学的学科内容,有助于我们用公共经济学的方法理解、解释、预测公共经济现象,从而有助于我们对公共经济学实践作用的把握。

作为经济学的一个分支,经济学的一般研究方法对公共经济学同样适用。经济学当中研究方法最常用的区分是实证研究和规范研究的分野。实证研究所提出的问题"是什么",是对客观对象的描述,对经济变量的提取,以及对经济变量之间关系的刻画。规范研究所要回答的问题是"应该怎么样",规范研究与价值判断相关,所谓价值就是依据主体的需要这一尺度去看待客体而形成的一种关系,包括价值标准、价值尺度、价值判断和价值评价等诸多方面。一般来讲,实证研究是排斥价值判断的,它只研究经济变量之间的关系,揭示经济变量之间的联系,即规律性,并根据已有的规律预测经济行为的发展和后果。

一、规范研究方法

规范研究是主观的,与人们的偏好相关。人们的偏好直接构成对经济目标和政策的确定与选择。如果说市场经济条件下,私人经济的成本、效益是对称的,那么公共经济提供的公共产品在消费特征上具有非排他性和非竞争性,因此,提供公共产品的成本、效益是不对称的。公共产品理论需要解决消费者偏好显示问题,偏好显示本身与人们的价值判断相关,而整个社会偏好的确定和显示依赖于社会成员和社会集团对应然的选择和判断。对此问题的研究需要采用规范研究的方法。关于公共部门的目标应该是什么以及如何达到这些目标的讨论,是不能单纯依靠描述、刻画经济变量之间的关系而得出的。公共部门的目标实际上是公共部门或整个社会价值观的体现。规范研究的使命在于如何建立价值观的表达和实现的一般定理。诸如对社会福利函数的研究,对帕累托最优标准的研究都需要采用规范研究。

规范研究不仅表现在目标的确立、社会价值观的表达和实现问题上,实际上,规范研究还体现在公共经济政策的研究上。(一般来说,如何确定政策目标?相同的目标可以由不同的方案、措施来实现,但不同的方案和措施所造成的社会损益是不同的。)如何确定公共经济政策的目标,如何权衡不同方案、措施的社会损益,这些都涉及价值标准、价值尺度、价值权重、价值判断、价值评估问题,需要规范研究方法加以解决。

规范研究也体现在具体的公共经济问题上,诸如公共产品提供得好不好,公共产品的不断增长应不应该,公共产品生产是牺牲效率还是牺牲公平等问题,也是规范研究需要解决的。

规范研究实质上是价值研究。一种社会制度和经济运行机制实质上反映了生产、消费、分配的法则,反映了一种利益格局,而这种利益格局本身构成公共经济的价值前提。公共经济学是在既定的社会秩序下进行,还是为了某种价值而选择新的社会秩序就是一个价值选择问题。比如对政府与市场、国家与社会关系格局的选择,到底是要更多的市场还是更多的政府一直是争论不休的话题,这一话题涉及社会基本格局所反映的价值选择。再如应不应该放权给社会,是否让更多的非政府组织提供公共产品,除了与经济技术事实和能力相关外,还涉及历史文化积淀下来的对于国家、政府、权威、自由、秩序的偏好和价值选择。

公共经济学中诸多问题的争论,更多的不在于具体实证经济变量之间的关系是否正确上,而往往发生于公共经济格局、公共经济运行规则、公共经济评价的价值争议上。比如如何看待公共经济主体的多元性问题:公共经济主体是单一的政府吗？是单一的市场吗？在政府和市场之外还有没有公共经济主体？这些公共经济主体的经济活动是否能反映公共性和民主价值？再如公共经济中的公平与效率之争:到底在什么程度上的公平能够促进效率？等等。这些都是规范研究才能解决的。又如公共经济的权威与自由之争、民主与效率之争，这些都需要一种价值判断进行利益综合，形成公共经济运行的价值基础和制度基础。

二、实证研究方法

实证研究回答是什么以及将会怎样，理论假设是否被证实或证伪的问题。

首先回答"是什么"的问题。经济理论如同物理学等硬科学一样，通过对经济现象的观察，感知经济现象之间的联系的变化，通过反复的归纳和求同存异得出经济变量。变量是可以观察、可以测量、可以变化的量，诸如成本、价格、产品等都是变量。找到变量后，需要挖掘变量之间的关系。变量之间的关系有偶然的，也有必然的，这称作相关性问题。是否相关往往采用统计学的方法进行测量和验证。

相关关系并不能增强我们的预测能力。我们还需要研究变量之间是否有因果关系以及存在何种因果关系。变量 A 的变化引起了变量 B 的变化，而且这种变化是固定的，那么，我们就说 A 是 B 的原因，或者说 A 的变化必然导致 B 的变化。因果关系有许多种，包括一因一果、多因多果、一因多果、多因一果等不同的方式;在变量与变量之间存在着有规律性的关系，我们不能轻易地判定哪一个是因，哪一个是果，要确定"因"与"果"就需要做具体的分析。

从理论层次上说，对"是什么"的回答首先形成变量，然后得到变量之间的关系，这种被反复证明的关系形成定理，由定理可以推出复杂的经济理论。

从实证层次上说，对"是什么"进行回答的重要研究方法之一是实验的方法。实验方法最早来源于自然科学，而经济学作为一门社会科学，借鉴了自然科学的研究方法，进行社会、经济实验。社会、经济实验不同于自然科学实验。自然科学实验的条件可控，可以尽量排除掉不相关因素，而社会、经济实验的条件控制难度大，证据容易"污染"，相关因素也是潜在的，等等。但是社会、经济实验方法还是具有一定的价值，比如在一定的环境条件下，观察经济变量对人们行为的影响，从而得出经济的行为规律。特别是大规模的调查、大规模的控制实验对于经济理论和经济行为的理解和认识都是有所助益的。

三、模型化方法

实证研究当中常用的还有模型化方法。经济学吸收了大量其他学科的研究方法,特别是数学和系统科学的研究方法,使得经济学的研究出现模型化、数量化的趋势,并形成了计量经济学分支。模型化和数量化本身只是一种工具,是建立在对经济事实的认识和刻画基础上的,可以使我们对经济现象的认识更加清晰,更易于推理,并可以通过数学的推导预测经济现象。

模型是与现实相对的概念,模型是代表经济行为的一组方程式,各方程式代表经济变量之间的关系。经济计量模型包括建模、估算、检验分析以及预测等。计量模型的方法作为一种重要的实证研究方法,不但回答了"是什么",而且回答了"将会怎样",理论假设是否被证实或证伪的问题。

经济计量模型的创始人是弗瑞希(R. Frisch)和丁伯根(J. Tinbergen)。第二次世界大战后,经济计量模型的方法被广泛运用于经济学研究领域,对经济的描述、解释和预测起到了重大的作用。

经济计量模型方法的应用一般有以下四个步骤。

(1) 建模。"理论模型是我们企图了解和解释现实生活中的事件时的必要工具。事实上,如果不通过事前设想的结构来观察实际,即使对实际现象做简单的描述和分类,大概都是不可能的或不可行的。"[①]计量经济模型有两种,一种是理论模型,另一种是经验模型。理论模型是指依据理论建立的数学模型,经验模型是依据经验事实建立的模型。两种模型并不是孤立的,往往是交替使用。

(2) 参数估算。所谓参数估算是指用实际统计资料对模型进行估算。参数估算最常用的是最小二乘法。

(3) 检验分析。检验分析是实证研究当中的重要步骤,用于检验模型估算出来的结果是否与实际相符。

(4) 预测。科学研究的重要目的是对未来的现象进行预测。预测有专门的一套方法,比如时间序列分析、马尔可夫模型分析等。预测的准确性成为衡量公共经济计量模型的重要指标。

四、历史研究方法

历史研究方法是公共经济学常用的方法。它是在掌握一定经济史的基础上,着重研究公共经济的历史形态和历史发展,对制约公共经济的广阔社会背景和制度因素进行描述和分析的研究方法。在世界历史上,有许多著名的理财家和精辟的经济思想,他们构成了一座丰富的历史宝库。尽管各个阶段的政府经济活动的背景、条件,乃至活动规模、活动方式等同目前中国的政府经济活动有很大差异,但是通过对古今公共经济条件和现实的比较,通过对中外杰出的经济

---

① 梁小民:《高级宏观经济学教程》(上),北京大学出版社 2000 年版,第 82 页。

学说、理财思想和实践经验的研究可以发现,其中不乏至今仍有借鉴意义的内容。历史研究方法具有全面性、综合性的特点,运用这种方法可以对公共经济的形态做出全面的把握,但不够深刻,容易泛泛而论。在研究中,还要用演绎理论方法来观察解释历史,以便于挖掘公共经济活动当中的新因素、新问题。

五、比较研究方法

比较研究也是公共经济学常用的方法。比较研究方法的出现主要基于以下几点考虑。

首先,一般与个别的考虑。公共经济学的一般理论的形成需要对各国公共经济实践进行描述、分析和解释,提炼出共同点。同时,这些共同的东西是否适用于某个特定的国家和地区,需要比较不同国家和地区公共经济运行的条件和制约因素,找出不同公共经济形态的特殊性。这样才能使个别与一般结合起来。

其次,横向与纵向的考虑。横向比较是指对公共经济各要素的比较,诸如公共经济主体、公共产品、国家预算、地方公共经济的比较。纵向比较是指对公共经济发展的比较,比如不同历史阶段公共经济的形态、结构、运行机制有什么不同,通过比较能够较为清晰地认识不同国家和地区公共经济的特点,从而为采取不同的公共经济模式提供借鉴。

最后,理论与实践的考虑。公共经济学作为现代经济学的分支,是与政治学、管理学、行为科学交叉融合的。从理论上讲,不同国家和地区因为具有不同的学术传统和理论偏好,对公共经济要素之间的解释也不同。有强调市场的自由主义传统,也有强调政府的干预主义传统,两者对公共经济模式的看法是不一致的。理论的不一致导致了公共经济实践模式的不同。通过对公共经济学理论基础、研究对象、研究方法、学术传统的比较,通过对公共经济实践模式的比较,可以形成较为完整的对公共经济的认识。

基于上述考虑,我们认为,所谓公共经济比较研究方法就是对不同的公共经济理论、不同的公共经济实践模式、不同国家的公共经济形态、不同历史时期的公共经济形态进行比较,从而把握公共经济中一般与个别之间的关系,推进公共经济理论建设,提升公共经济的实践能力。

六、案例研究方法

案例研究方法是指一种对发生在自然场景中的某种现象进行探索、描述或解释,并试图从中推导出新的假说或结论的研究方法。案例研究方法是一种综合的研究方法,一个案例可以运用多种方法对其进行描述、解释和说明。在公共经济研究中,我们可以通过一个具体的公共经济事件,对公共经济行为、公共经济政策、公共经济制度等做出详细的描述和深入的剖析。这种方法既可以是纯粹的描述,从大量的历史事实中总结出公共经济规律,也可以是用公共经济理论作为指导,检验理论在具体的公共经济活动中的适用性。通过对公共经济案例的研究可以深化对公共经济理论的认识,并在案例研究中发现理论与实践的差异,找出公共经济问题;在解决问题的过程中,推进公共经济的研究。与其他研究方法相比,案例研究方法具有综合性、直接现实性、真实性、实践性的特征,但在应用中也要充分考虑到案例的代表性和可靠性。

第四节 研究公共经济学的意义

公共经济学作为一门主要研究政府等公共部门经济行为的社会科学学科,尽管其产生的时间不长,但是由于公共经济在整个国民经济中不可替代的地位,对公共经济的研究从其一开始出现就引起了西方经济学界的密切关注,并且一直在发展和完善。

中国作为一个新兴的市场经济国家,从20世纪90年代开始引入和研究公共经济学。伴随着社会主义市场经济体制的建立和发展,我国的公共经济学研究也逐渐深入,并为我国的经济建设做出了巨大的贡献。

随着市场化改革的不断深化和加入WTO后市场的逐步开放,中国的投资主体、消费主体、交易主体、分配主体等经济活动主体也进一步多元化,随之而产生的公共经济活动需要也不断扩大。不难设想,如果没有高效率、高质量、高水平的公共经济协调管理活动作为保障,便没有整个社会经济健康、稳定和可持续的发展。

但是,由于我国的公共经济学研究起步较晚,我国经济体制处于从高度集中的计划体制向市场体制的转轨时期,在总体上,我国的公共经济学研究还比较薄弱。因此,加强我国的公共经济学研究,对于促进社会主义市场经济的持续、稳定、健康和有序发展,指导公共经济管理活动,提升我国公共经济和整个社会经济发展的质量和速度,具有重大的理论与现实意义和深远的历史意义。

具体来讲,研究公共经济学有以下几方面的意义。

第一,研究公共经济学有助于繁荣我国的经济学理论研究。公共经济学作为一门新兴的、产生于西方发达国家的学科,在西方市场经济比较成熟的国家已经发展得相当完善。但是,对于我国来讲,公共经济学仍处在发展阶段。作为公共经济学研究对象的中央政府的经济行为、地方政府的经济行为、公共部门的存在意义及其经济行为等,它们在社会主义市场经济体制中的地位和作用,都是现在和将来我国公共经济学研究中方兴未艾的热点和重点。因此,从理论上来讲,对作为经济学重要分支的公共经济学的研究,将会极大地促进我国经济学的研究,繁荣我国经济学科的发展。

第二,研究公共经济学有助于政府更好地进行微观经济管理。自从20世纪30年代西方经济大危机后,随着凯恩斯政府干预主义的兴起,在西方市场经济国家中,政府开始全面和深入地介入微观经济管理,并成为国家经济管理中必不可少的部分。从某种意义上来讲,政府介入微观经济管理导致了经济学界对政府经济行为的研究,这也是公共经济学产生的原因之一。所以,研究政府的微观经济行为(如政府直接或间接地创办企业或者参股经营,政府利用其国家信用在金融市场上弥补私人资本的不足并为社会成员提供各种风险保险,政府通过在市场上进行购买间接影响社会资源的配置,政府通过制定针对微观经济运行的法律、法规对微观经济活动进行管制以及政府通过价格补贴或发放补贴性贷款来支持某个产业的生存和发展等)将会有助于政府更好地进行微观经济管理。

第三,研究公共经济学有助于政府更好地进行宏观经济管理,维持宏观经济稳定和推动宏观经济增长。由于市场失灵的存在,单纯的市场经济国家的经济通常会出现频繁的经济波动,进而影响到整个国民经济的稳定和发展。因此,现代国家通常借助财政和货币手段来影响产出、就业和通货膨胀,即政府通过使用财政政策和货币政策两种基本的宏观政策工具,来影响本国经济的总支出水平、增长率、产出水平、就业率与失业率、价格水平和通货膨胀。通过采取宏观经济措施,政府可以达到平抑经济波动、减少经济波动带来损失的目的。此外,政府在推动长期经济增长方面也有非常重要的作用。政府可以通过积极的财政政策和积极的货币政策来扩大政府开支或者削减政府开支,以及通过降低或者提高税率等手段来调节社会经济的发展,进而实现宏观调控的目的。所以,研究公共经济学,有利于政府更好地了解和掌握国民经济的运行规律,进行宏观调控,实现经济的稳定和健康发展。

第四,研究公共经济学有助于政府更好地参与社会产品的再分配,维持社会公平和社会稳定。公共部门的一个重要作用就是尽可能地减少由于市场失灵所带来的社会分配不公,消除社会不稳定的经济因素。在实践中,政府通过征收累进所得税、转移支付、进行公共补贴、提出收入增加计划和提供社会保险等方式参与社会财富的再分配,改善市场分配机制造成的社会分配不公问题。政府如何在不影响市场效率和经济发展的情况下实现社会分配的公平,是公共经济学研究的一个重要内容。

第五,研究公共经济学有助于在国际经济领域中为我国创造一个良好的国际环境,维护我国的经济利益。在国际经济中,政府代表一个主权国家的经济利益。在当代世界中,随着国际经济交流和合作越来越频繁,国际贸易迅速扩大,各国金融市场日趋融合,政府在国际经济舞台上代表一国经济利益的关键作用越来越重要。政府通过制定贸易政策来推动本国与其他国家之间贸易的发展,同时也通过制定一些保护性政策和采取保护性措施来保护本国幼稚产业的发展;政府可以结合本国宏观经济管理目标,借助汇率的调节、市场业务的公开和利率变动等宏观管理工具来影响国际贸易收支,甚至达到稳定地区或者世界经济的目的。此外,政府通过参与国际组织,或者与其他国家共同制定国际公约或协议来为本国创造一个良好的国际环境,并积极地参与国际经济的发展。

【关键术语】

公共部门　公共经济学　财政学　规范研究　实证研究　比较研究

【复习思考题】

1. 为什么说公共经济学是经济学的一个特殊分支,它与经济学其他分支有什么不同?
2. 公共经济学与政治学、公共管理学具有哪些区别和联系?
3. 公共部门指的是哪些部门和组织?
4. 在公共经济学的形成和发展中哪些学者起到了重要作用?
5. 规范研究和实证研究的区别是什么?
6. 应用经济计量模型方法的步骤有哪些?
7. 比较研究方法的应用范围是什么?
8. 结合实际,谈谈你对研究公共经济学意义的理解。

【参考书目】

1. 白景明:《公共经济》,人民出版社1994年版。
2. 樊勇明、杜丽编著:《公共经济学》,复旦大学出版社2001年版。
3. 郭伟和编著:《福利经济学》,经济管理出版社2001年版。
4. 黄新华主编:《公共部门经济学》,上海人民出版社2006年版。
5. 李春根、廖清成主编:《公共经济学》,华中科技大学出版社2007年版。
6. 梁小民:《高级宏观经济学教程》,北京大学出版社2000年版。
7. 王传纶、高培勇:《当代西方财政经济理论》,商务印书馆1995年版。
8. 〔美〕阿兰·J.奥尔巴克,马丁·费尔德斯坦主编:《公共经济学手册》,匡小平、黄毅译,经济科学出版社2005年版。
9. 〔美〕奥斯特罗姆等:《公共服务的制度建构:都市警察服务的制度结构》,宋全喜等译,上海三联书店2000年版。
10. 〔美〕保罗·A.萨缪尔森、威廉·D.诺德豪斯:《经济学(第十四版)》,胡代光等译,北京经济学院出版社 1996 年版。

11. 〔美〕鲍德威、威迪逊:《公共部门经济学(第二版)》,邓力平等译,中国人民大学出版社 2000 年版。

12. 〔美〕曼瑟尔·奥尔森:《集体行动的逻辑》,陈郁、郭宇峰、李崇新译,上海三联书店、上海人民出版社 1995 年版。

13. 〔美〕约瑟夫·E. 斯蒂格利茨等:《政府为什么干预经济:政府在市场经济中的角色》,郑秉文译,中国物资出版社 1998 年版。

14. 〔日〕坂入长太郎:《欧美财政思想史》,张淳译,中国财政经济出版社 1987 年版。

15. 〔英〕彼德·M. 杰克逊主编:《公共部门经济学前沿问题》,郭庆旺等译,中国税务出版社、北京腾图电子出版社 2000 年版。

16. 〔英〕尼古拉斯·巴尔、大卫·怀恩斯主编:《福利经济学前沿问题》,贺晓波、王艺译,中国税务出版社、北京腾图电子出版社 2000 年版。

17. 〔英〕亚当·斯密:《国民财富的性质和原因的研究》,郭大力、王亚南译,商务印书馆 1972 年版。

18. 〔英〕约翰·伊特韦尔、〔美〕默里·米尔盖特、彼得·纽曼编:《新帕尔格雷夫经济学大辞典》(第三卷),经济科学出版社 1996 年版。

19. Jean-Jacques Laffont, *Fundamentals of Public Economics*, Mass.: The MIT Press, 1989.

20. Joseph E. Stiglitz, *Economics of the Public Sector*, New York: W. W. Norton & Company, Inc., 1988.

21. William Vickrey, *Public Economics*, Cambridge: Cambridge University Press, 1994.

第一章 市场失灵与公共经济

【教学目的和要求】

经济学原理告诉我们,市场经济的所有活动都是按照市场机制的原则进行的。那么,在市场经济活动中,为什么又会存在另一种并非按照市场机制进行的经济活动——公共经济呢?公共经济的存在和发展是合理的吗?这就是本章要考察的问题。

这一章的基本线索是:由对社会资源配置效率的评判入手,分析市场机制的缺陷,揭示公共部门存在的必要性和合理性。以此为基础,界定公共部门的主要职能。

通过本章的学习,要了解资源配置效率的内涵,市场失灵与公共部门存在的必要性和合理性,公共部门的主要职能及历史演变。

第一节 资源配置理论

资源稀缺问题是经济学研究的逻辑起点,而经济学的核心问题是社会资源的有效配置。在经济学家看来,社会资源的配置状况是否具有效率是最重要的,因为任何社会可用来生产的资源(如土地、自然资源、劳动力和资本)无论在质上还是在量上都是有限的,而这些资源要用来满足的人类需求是无限的、多样的,于是产生了资源如何最优配置的问题。应该用何种方式来做出资源配置的决策,政府应该如何促进社会资源的最优配置,这正是公共经济学要回答的基本问题。

一、资源配置方式

(一) 资源配置的内涵

资源配置(resource allocation),广义上是指社会总产品的配置,狭义上是指生产要素的配置。总的来说,资源配置就是运用有限的资源形成一定的资产结构、产业结构、技术结构以及地区结构,以优化的资源结构生产出更多的产品,满足社会成员的各种需要。在这里,狭义的资源配置问题主要是通常所说的"效率"问题;广义的资源配置要解决的问题包括效率、公平和稳定三方面的内容,这也是评价社会经济活动的三条基本原则。

(二)资源配置方式

在社会化大生产条件下,资源配置有两种极端方式,即完全通过市场力量自发完成所有的资源配置,以及完全依靠政府的计划指令来实现资源配置。前者即市场经济,后者即计划经济。而处在这二者之间,同时存在两种资源配置方式的经济模式,被称为混合经济。[①] 因此,近现代社会存在三类基本的资源配置模式:市场经济、计划经济和混合经济。这三类资源配置模式在解决经济学三大基本问题——生产什么(what)和生产多少(how many),如何生产(how),为谁生产(for whom)——有不同的解决方式。

1. 市场经济

市场经济(market economy),即主要通过市场的供给与需求形成的价格,来决定资源配置的经济模式。在市场经济下,资源的配置以货币为媒介,在价格信号的引导下,自动流向收益最高的领域,从而在全社会范围内实现资源的有效配置,即"帕累托最优"。

这种方式可以使企业与市场发生直接的联系,企业根据市场上供求关系的变化状况,在竞争中实现生产要素的合理配置。但这种方式也存在着一些不足之处,例如,由于市场机制作用的盲目性和滞后性,有可能产生社会总供给和社会总需求的失衡、产业结构不合理以及市场秩序混乱等现象。

具体来说,市场经济对经济学三大基本问题做如下回答:

(1)生产什么和生产多少?——答案:生产利润最高的产品,按照净利润最大化的原则决定生产数量。

(2)如何生产?——答案:按照成本最低的原则组织生产。

(3)为谁生产?——答案:谁取得要素收入并决定如何使用这些收入就为谁生产。

在市场经济的理想状况下,政府等公共部门的行为不对经济决策产生任何影响,市场自动完成资源最优化的配置。这种极端状态又称为自由放任经济。但在过去二百多年里,不平等、大萧条、环境污染、周期性经济危机等事实反复证明,纯粹的市场经济并不像那些狂热信仰者所想象的完美无缺。

2. 计划经济

计划经济(command economy),即计划部门根据社会需要和可能,以计划配

[①] 代鹏编著:《公共经济学导论》,中国人民大学出版社2005年版,第4—7页。

额、行政命令来统管资源和分配资源。

在这种模式下,政府直接决定全社会生产何种产品,这些产品以什么样的价格进行出售,以及出售获得的收入在社会各个阶层中间如何进行分配。在一定条件下,这种方式有可能从整体利益上协调经济发展,集中力量完成重点工程项目。但是,配额排斥选择,统管取代竞争,市场处于消极被动的地位,从而容易出现资源闲置或浪费的现象。

具体来说,计划经济对经济学三大基本问题做如下回答:

(1)生产什么和生产多少?——答案:政府决定企业生产社会最需要的产品,根据对需求的预测决定产品的生产数量。

(2)如何生产?——答案:按照计划指令组织生产。

(3)为谁生产?——答案:政府决定收入如何在各个阶层进行分配,每个阶层能够取得的产品种类由政府通过计划规定。

在计划经济中,政府处于资源配置的核心位置。市场和价格不能起到引导资源流动的作用。计划经济中的帕累托最优能否实现,取决于政府的计划能否实现社会总供给与总需求之间的平衡。

3. 混合经济

混合经济(mixed economy),即主要依靠市场体系中的私人部门通过价格信号来引导资源配置,同时也存在多种形式的政府干预来弥补市场失灵,实现市场的稳定与宏观经济目标的经济模式。混合经济中同时存在以市场为核心的资源配置体系,以及来自政府的对资源配置的干预。混合经济的帕累托最优是通过市场竞争与政府干预共同作用而实现的。

一般而言,混合经济的具体分工如下:市场中的私人部门通过供给与需求形成的价格信号来引导资源配置和决定自己的行为;政府通过税收、购买、转移支付等直接和间接的手段从外部维持市场的运行,并矫正市场内部的失灵现象,通过宏观调控,实现主要宏观经济目标,进而实现资源配置的帕累托最优。

具体来说,混合经济对经济学三大基本问题做如下回答:

(1)生产什么和生产多少?——答案:私人部门生产利润最高的产品,并按照净利润最大化的原则决定自身的生产数量;公共部门提供私人部门不愿提供或无法提供的公共产品。

(2)如何生产?——答案:政府本着社会利益最大化原则对生产方式进行管理,在此基础上私人部门按照成本最低的原则组织生产。

(3)为谁生产?——答案:谁取得要素收入并决定如何使用这些收入就为谁生产,但政府可以通过国民收入再分配,在一定程度上改变生产、消费和收入分配的格局。

通常认为资源配置的定价主要由市场来完成,而政府主要提供国防、治安、司法等公共产品。不直接干预市场中价格形成机制的国家,属于市场经济国家,如美国、英国等西方主要发达国家。定价主要由政府的政策规定,或者政府干预大部分产品的定价,私人部门的生产经营决策受政府指令直接控制的国家,属于计划经济国家,如朝鲜,以及转型前的古巴和中国。

当今世界上几乎所有国家都属于混合经济,但是不同国家的混合经济中,资源配置的市场化程度不同,或者说政府干预的程度不同。完全意义上的市场经济国家或计划经济国家在现实中是不存在的。

(三) 谁能达到社会福利最大化?

人的一切努力都是为了增进个人的福利或自己所认同的其他人的福利。那么,由市场竞争机制支配的私人经济活动和由社会公共需求机制支配的公共经济活动,究竟谁能更好地实现社会公正和资源配置效率最优呢?要对这个问题做出判断,首先需要有一个最基本的判断标准。公共经济学把这个最基本的标准设定为福利最大化,进一步而论,是所有社会成员福利的最大化即社会福利最大化。

"福利"一词源于西方社会,是从英文"welfare"翻译过来的。从词根上去分析,它就是"well""fare"——一种美好的理想状况。所以,其本义可以解释为"一种健康、幸福、无拘无束的令人向往的生活状态",从这个意义上说,它是非常朦胧的、非常理想化的。[1] "welfare"一词是由国外的宗教团体传入我国的,翻译者将它译成了一个富有东方宗教色彩的词——"福利"。20世纪20年代前后,现代社会学和社会工作学传入中国,"social welfare"一词也就相应地被译成"社会福利",以后一直沿用至今。

马歇尔(T. H. Marshall)在解释福利概念时,将主观感觉与客观条件联系起来,认为"福利"这个词比"财富"(wealth)更个人化、更主观。福利与对良好状态(well-being)的体验和形成良好状态的条件有着复杂的联系。说一个人活得好,是指他实际好和感觉好(doing well and feeling well)。[2] 马歇尔对福利的解释包含了三个方面的内容:实际状况良好;个人对自己的状态有良好的判断,即主观感觉良好;形成这种良好状态与一定的客观条件有关。不过,马歇尔对福利概念的解释虽然考虑了这三个方面的内容,但并没有进一步探究它们的具体内涵和相互关系,特别是没有将这些相关的内容以一个更具综合性的概念表达出来。

---

[1] 陆谷孙主编:《英汉大词典》,上海译文出版社1993年版;Owen Watson, *Longman Modern English Dictionary*, London: Longman, 1973。

[2] T. H. Marshall, *Social Policy in the Twentieth Century*, London: Hutchinson and Co., 1985, p. 11.

可见,"福利"一词,其含义可谓包罗万象,但说到底,就是指人们在物质和精神上得到的满足。人类社会的福利有两种类型:一种是精神性和文化性的福利,如获得友谊、金榜题名、遇到故知、拥有财富、事业成功等。这样的福利,来无影去无踪,捉摸不定,无法计量,经济学鞭长莫及。另一种福利是经济性的福利,即用货币收入满足自己需求的程度。这种经济福利是可以衡量的[1],经济学理论研究的福利就是经济福利。

这样,上述问题和矛盾,即市场竞争机制支配的私人经济活动和社会公共需求机制支配的公共经济活动,究竟谁能更好地实现社会公正和资源配置效率最优呢?这个问题可以进一步分解为:市场竞争机制支配的私人经济活动和社会公共需求机制支配的公共经济活动,究竟谁能更好地实现社会福利最大化呢?

要考察这个问题,就必须了解经济学理论的帕累托最优原理。

二、资源配置原则:效率与公平

资源配置的主要目标就是提高效率。经济学中最基本的效率概念是帕累托最优,又称帕累托效率。

微观经济学强调个别经济主体的福利最大化(表现为效用最大化或利润最大化),但是个别经济主体的福利最大化的加总,未必是社会福利最大化。帕累托最优正是研究在怎样一点上个别经济主体福利的增加不会造成其他经济主体的福利的减少,从而实现整个社会福利的最大化。

(一)效率原则——帕累托效率

经济学的目的是全社会福利的最大化,但是用什么指标来衡量全社会的福利总和呢?

对于效率的评定标准,经济学家们进行了长期的讨论,现在被广泛接受的是"帕累托效率"(Pareto efficiency)或"帕累托最优"标准。19世纪意大利经济学家维尔弗雷多·帕累托(Vilfredo Pareto)在《政治经济学讲义》一书中首先提出了生产资源的最适度配置问题。

在经济学上,帕累托最优指的是:在给定现有资源条件下,不存在任何其他

---

[1] 庇古在其代表作《福利经济学》(*The Economics of Welfare*)中提出了"经济福利"的概念,主张国民收入平等化,并建立了效用基数论等,把福利经济学规定为对增进世界或一个国家经济福利的研究。庇古认为,福利是对享受或满足的心理反应,福利有社会福利和经济福利之分,社会福利中只有能够用货币衡量的部分才是经济福利。这样,庇古就把对主观福利的研究,转到对客观的国民收入的研究上去了,这是他对经济学的一个重要贡献。以此为基础,他提出了两个命题:收入分配越平均,社会经济福利越高;国民收入越多,社会经济福利越高。

配置结果使某些人情况更好,而又不使任何其他人处境更坏。

假设我们同时有若干个目标,这些目标彼此独立,又无法加权求和。试问我们如何能实现自己的目标?一般而言,如果突出某一个目标,必定会牺牲其他的目标,所以不可能同时兼顾所有的目标。帕累托最优的意思是尽量改进各个目标,一直达到某一状态,此时任何一个目标的改进要以恶化其他目标为代价。这一状态,就称为帕累托最优。它不是只有一个唯一解,对各个目标照顾的程度不同便有不同的解。但它避免了存在有改进余地而没有利用的不利状态。也就是说,如果任何一种改变现状的资源配置方式或措施都会至少使其中一方遭到损失,那么原来的方式就是帕累托最优。

帕累托最优,通俗地讲,就是"恰到好处"。例如,一辆车可以乘坐40人,如果只坐39人,那么还达不到帕累托效率,因为再增加一个人上车,当这个人的处境变好时,别人也没有什么损失。但是,如果已经满员了,那么,再增加一个人上来,别人的处境就会变差,比如不安全。所以,满员时就是帕累托最优状态。如在生产领域,满足帕累托最优状态的两种情况是:产品在消费者之间的任何重新分配都会至少降低一个消费者的满足水平;要素在厂商之间的任何重新配置都会至少降低一个厂商的产量。就是说,现有的状态已是"恰到好处"。

经济学理论的分析表明,达到帕累托最优是有条件制约的。它必须满足在市场经济和市场交易活动中的三个条件:最优交换条件、最优生产条件、交换和生产同时最优条件。最优交换条件是指消费者从市场交换中得到的满足最大化。最优生产条件是指所有的生产者都最佳地利用资源。交换和生产同时最优是指不仅社会资源得到最优化的配置,而且消费者得到的使用价值也最大化了。这三个条件中任何一个条件不满足,市场都处于无效率状态。而且西方经济学认为,如果要同时满足这三个条件,市场必须是完全竞争,而垄断市场、垄断竞争市场和寡头市场都不能满足这三个条件。就是说,在完全竞争经济中,产品的均衡价格实现了生产和交换的帕累托最优状态。离开充分的市场竞争,帕累托最优的实现就是缺乏条件的。这便是福利经济学第一定理——任何一个帕累托有效配置都能够由完全竞争市场机制来实现。

福利经济学第一定理的重要性在于,它阐述了一种可以保证帕累托最优实现的一般机制——竞争性市场机制。

帕累托最优是一个理想的市场状态,就像物理学中讲的参照系。在现实经济生活中,大多数的经济活动都可能是以其他人境况变坏为条件而使某些人的境况变好。精确的帕累托最优也许永远不可能实现,但尽可能地接近,成为检验社会经济效率的基本准则。在现实中,我们可以将帕累托效率准则的实际含义解释为:经济活动中的任何措施,都应当使"得者的所得多于失者的所失";或者从全社会看,"宏观上的所得要大于宏观上的所失"。如果做到了这一点,资源配置就可以说是具有效率的。① 有了帕累托最优这一理想标准,我们就可以比较、衡量和评价现实世界中各式各样经济制度安排的好坏,看它们离这一理想目标还差多远,从而得知改进经济效益的余地,使资源配置尽可能接近帕累托最优标准。

当尚未处于帕累托最优状态的时候,就存在"帕累托改进"的余地了。帕累托改进是指由一部分人利益的改善引起的群体利益的改善,而且任何人的利益都没有受损,例如一辆车尚未满员,再增加一个人上车,就是一种帕累托改进。现实生活中,我们可以看到很多的帕累托改进。如你早上出去买早餐就是一个帕累托改进:你填饱了肚子,早餐店老板也赚了钱,一个人的处境变好的同时并没有损害任何其他人的利益。

需要强调的是,帕累托最优是指没有进行帕累托改进的余地的状态,而帕累托改进是达到帕累托最优的路径和方法。帕累托最优是公平与效率的"理想王国"。在现实生活中,帕累托最优肯定是不存在的,经济快速发展通常带来的并不都是"帕累托"效应,更多的是一种非均衡发展。

改革中的利益调整,如果是一种帕累托改进,社会将是平衡和谐的。没有人受到损害,所以阻力自然就很小;如果不是一个帕累托改进,即"非帕累托改进",这样的改革会更多地遭受来自利益受损集团的阻挠,因为受到损害的人必然反对这种利益调整。改革开放初期,改革大多是帕累托改进,例如分田到户,搞联产承包责任制,农民获得好处,别人也没有什么损失,所以阻力不大。但国有企业改革、政府机构改革等,损害到一些人的利益,所以阻力重重,进展缓慢。

帕累托改进是一个很严格的标准,它不允许任何人的利益受到损害。但是,现实生活中有很多不满足这个条件的变革。通常的情况是,有人有所得就有人有所失,希望改造社会的福利经济学家们于是提出了"补偿准则",即如果一种变革使受益者所得足以补偿损失者的损失,这种变革就是卡尔多-希克斯改进(Kaldor-Hicksim Provement)。这就是福利经济学的另外一个著名的准则,现在的很多改革都是卡尔多-希克斯改进。

(二) 公平原则

从上面的分析可以看出,福利经济学第一定理着重关注了资源配置中的效率实现问题,但忽视了公平问题。在这里,"效率"准则没有考虑到初始的要素

---

① 在一般人的心目中,所谓效率,无非是以最小的投入换取最大的产出。这虽不像经济学家的定义那样严谨,但也表达了同样的意思。

以及生产成果（收入）如何在人们之间分配的问题。收入应如何在社会成员之间"公平"分配，在很大程度上取决于一个社会的价值判断，这是经济学无法回避的。因此，许多人不同意将效率作为评价经济运行的唯一标准和社会发展的唯一目标。

许多经济学家提出了这样的问题：以肯定现有福利分配标准为合理的判断是不对的，这是一种以分配现状不公平为条件力求达到社会公平的逻辑。在这样的逻辑前提下，判断的标准仅仅是市场经济活动的效率和资源配置效率；社会财富大量聚集在少数人手里，社会贫富差别加剧，仍然可以达到形式上的帕累托最优条件。一个饥肠辘辘的乞丐从一个挥霍无度的富翁处拿走一个面包，当乞丐的福利状况变好而富翁的福利状况并没有因被拿走了一个面包而变坏，这是满足实现社会福利最大化状态的。但是，这不是真正的帕累托最优。要达到真正的帕累托最优，就必须考虑所有社会成员对自己享受福利状况的判断，不但要考虑富人对自己享受福利状况的判断，也要考虑其他人包括穷人甚至流浪汉对自己享受福利状况的判断。社会福利最大化应该是所有人对自己享受福利状况的判断的加总，这才是真正的帕累托最优。就是说，必须所有人对自己享受福利状况都做出满意的判断之后，帕累托最优才会起作用。这就必须考虑改善现有分配标准和分配现状的问题。这个问题的实质就是公平。

因此，必须引入判定社会福利水平的另一个标准——公平。

效率与公平是一个经济机制所追求的两个目标。因此，如何能够在关注效率的同时兼顾到公平的实现，就成为经济学理论所关心的另一个问题，而这正是福利经济学第二定理致力于解答的问题。

那么，如何能够在保证经济效率的同时实现资源的公平配置呢？福利经济学第二定理为了解决这个问题，在社会中引入了政府这一角色。政府可以通过其强制性的收入转移，来实现效率与公平的经济目标。福利经济学第二定理指出，如果某种社会资源配置状况即使满足帕累托最优，但这种分配如果不很公平，政府可以介入，进行收入转移，然后由竞争性市场机制发挥作用，同样能够达到帕累托最优。因此福利经济学第二定理表明，效率问题和公平问题可以分开来处理，即市场机制主要解决效率问题，政府主要解决公平问题。该定理为政府干预市场提供了某种理论基础，也成为公共经济学产生和发展的基础。

然而，另外的问题又出现了。怎样才算公平呢？公平的准则是什么呢？

在这里，经济学家们讲的是以对自己享受福利状况的判断为标准。但不同人的主观价值判断之间肯定存在差异，例如不同收入阶层之间、富人穷人之间、不同利益集团之间等，必定会对自己享受福利状况的判断有差异，那么应该以谁的判断为公平的准则呢？这就出现了对公平的不同理解。我们讨论公平时主要关心的是收入分配结果的公平。因此,衡量社会收入分配结果的不公平程度是必要的。

为了对公平程度进行衡量,经济学家常运用洛伦兹曲线和基尼系数这两个指标作为分析工具(详见第八章公共分配)。

在很多情况下,公平与效率是存在矛盾的,在取得效率时,常常缺乏公平,而追求公平往往以损害效率为代价。对于某一具体的制度,其追求的首要价值目标要由不同的历史时期的不同任务来决定。

对公平与效率谁优先的问题,罗尔斯、弗里德曼和奥肯代表了三种不同的观点。

美国著名的政治哲学家约翰·罗尔斯(John Rawls)于2001年出版了他最后一本著作《作为公平的正义:正义新论》(*Justice as Fairness: A Restatement*)。罗尔斯主张公平优先。无论人们实际所处的社会地位如何,分配制度应该保障人们获得均等的收入。在选择分配方式之前,如果人们既不知道自己现在所处的社会地位的相对高低,也不知道将来的分配结果对自己有利与否,出于规避风险的考虑,人们总是要求均等地分配收入。罗尔斯公平观的实质就是使境况最糟的人的效用最大化。罗尔斯两个正义原则中,第一个原则,即最大的均等自由原则,要优于第二个原则,即机会的公正平等原则和差别原则,而机会的公正平等原则优于差别原则。

米尔顿·弗里德曼(Milton Friedman)主张效率优先。他主张按产品分配,以有效利用资源,反对利用国家手段达到结果的均等。他指出:"生活就是不公平的。"①

阿瑟·奥肯(Arthur M. Okun)主张公平与效率兼顾。奥肯提出了一个著名的"漏桶规则",通过"漏桶"这一收入调节制度,达到既要适当地平均,又不能太多地损失效率。

假定有这样一个社会,富人和穷人分灶吃饭。富人那里人少粥多,许多粥吃不完,白白地浪费掉;穷人那里人多粥少,根本吃不饱,已经有不少人得了水肿。于是政府决定,从富人的锅里打一桶粥,送给穷人吃,以减少不平等现象。奥肯认为,政府的这种愿望是好的,但不幸的是,它使用的那个桶,下面有个洞,是个漏桶。这样,粥送给穷人的路上就漏掉了不少。意思是说,政府如果用税收的办法,从富人那里转移一部分收入给穷人,穷人实际得到的比富人失去的要少一些,比如富人的收入减少了1000元,穷人可能只得到了600元,其余的400元就

---

① 〔美〕米尔顿·弗里德曼、罗斯·弗里德曼:《自由的选择:个人声明》,胡骑等译,商务印书馆1982年版,第132页。

不翼而飞了。为什么会有这种现象呢？因为追求平等损害了效率,从而减少了国民收入。奥肯有一句名言:"当我们拿起刀来,试图将国民收入这块蛋糕在穷人和富人之间做平均分配时,整个蛋糕却忽然变小了。"①

这里所说的蛋糕变小,实际上就是效率的损失,原因主要有两个:一是税收削弱了富人投资的积极性;二是税收影响了劳动的积极性,不仅影响富人,而且影响穷人。比如一个失业工人因为得到了一份月薪并不算高的工作,而失去了政府所有的补贴,他自然也就对找工作不热心了。这样,由于在收入分配的过程中,可供分配的国民收入总量减少了,结果就必然与桶发生了"泄漏"一样,富人失去的多,而穷人得到的少。最终的结果是富人和穷人都不满意。

因此,奥肯主张寻找一种折中,既促进平等,又尽量减少对效率的损害。比如缩小补贴范围,降低补贴标准,就可以控制收入分配对穷人的劳动积极性的影响;调低所得税税率,提高消费税税率,就可以减小收入转移对富人的损害,等等。奥肯特别指出,贫穷的根源是缺乏教育和训练,而要打破这种"贫穷—不良教育—贫穷"的恶性循环,最有效的办法就是向贫穷的人敞开教育大门。

我国改革开放初期,为打破计划经济体制下的平均主义"大锅饭",鼓励一部分人先富起来,强调"效率优先、兼顾公平",即在初次分配时强调效率,二次分配才注意公平。过分追求效率忽视公平的结果是,收入差距不断扩大。要实现社会和谐发展,就要快速发展经济,提高国民平均收入水平,实现充分就业,并在经济发展的过程中,让穷人的收入增长快于富人的收入增长,以缩小贫富差距,在生产过程的初次分配中就要实现公平与效率的统一。因此,党的十七大报告首次强调在初次收入分配中也要实现公平与效率的统一,修正了过去提出的初次分配强调效率所产生的弊病。

第二节 市场失灵与公共经济

福利经济学对市场机制能够导致帕累托最优的论证,是西方微观经济学的核心部分,它告诉我们的是一种效率和公平最优的社会经济状态。那么,怎样才能实现帕累托最优即社会福利最大化呢？

一、市场机制与福利最大化

福利经济学第一定理强调,每一个完全竞争的经济都能够带来帕累托效率,

---

① 〔美〕阿瑟·奥肯:《平等与效率:重大的抉择》,王奔洲等译,华夏出版社1987年版,第115—116页。

要实现帕累托效率是无须政府干预的。第二定理则强调了,每一种公平的最优配置都可以通过政府的再分配和市场机制来共同得到。两个定理都强调了市场机制的作用,政府的作用仅在于初始财富的分配方面。

福利经济学定理不承认存在市场失灵,因此也不强调政府的过多干预,它认为通过政府的禀赋分配和市场的资源配置机制,就能实现效率与公平的共赢。由此可见,福利经济学的基本定理为限制政府干预提供了最有力的理论支撑。

然而,约瑟夫·斯蒂格利茨(Joseph E. Stiglitz)认为,这些定理都是建立在错误的假定之上,因此定理本身也是错误的,而其错误的根源是完全竞争市场的假定是不现实的,是一种理想的市场结构,是建立在一定基础上的。完全竞争的必要条件是:第一,完全竞争要求每一市场有很多的生产者和很多的需求者。这意味着任何一个生产者或需求者都无法操纵价格,所有买卖双方都是价格的接受者。第二,完全竞争要求完全的信息。买卖双方必须对物品的供给、需求、价格等有全面的了解。第三,完全竞争要求各种资源(如人力、物力和财力)都能够自由地在不同企业、行业和地区间转移。在这种经济中,价格的变化引导资源的配置。上述几个条件都极其重要,缺一则无法实现资源配置的效率。但是,这些严格的假设条件也只有在规则严格的经济数理模型中才可能存在。在现实经济生活中,这几个必要条件不可能同时完全具备,而只要缺少其中任何一个条件,市场机制在实现资源配置的效率方面就有可能出现运转失灵。因此,市场失灵和市场失败绝不是极其偶然的现象。

此外,布鲁斯·格林沃德(Bruce Greenwald)和斯蒂格利茨还以较复杂的数学模型证明,当市场不完备、信息不充分、竞争不完全时,市场机制不会自动达到帕累托最优,这就是格林沃德-斯蒂格利茨定理。此定理为政府大范围地干预经济提供了理论支持。为了弥补市场失灵,政府干预应该遍布各个经济部门和领域,而不仅仅是制定法规、再分配和提供公共产品。正是这种市场失灵和市场失败,才成为公共部门(政府)介入社会经济活动的基本理由。政府经济职能正是市场失灵的逻辑延伸。

二、市场失灵的具体表现

市场失灵作为公共经济学中最重要的理论概念,其历史经验源于美国19世纪末20世纪初的进步运动时期。以古典自由主义为基本建国理念的美国,在经历了镀金时代高速的经济增长时期后,产生了大量的社会矛盾和社会问题。这些社会问题具体体现为经济集中与垄断、贫富分化、环境污染、食品药品安全问题等[①],这些具体的社会问题后来被经济学家进行了抽象的理论构建,即基于反思自由放任的市场机制所归纳出的市场失灵的具体表现。

市场失灵的具体表现是多方面的,可归纳如下。

（一）公共产品失灵

市场失灵的一个重要原因是市场无法配置纯公共产品。与私人产品相比,公共产品有两个显著特征:第一,公共产品具有非竞争性,也就是说,当增加一个消费者时,其边际成本为零。例如,国防在为一个社会成员提供保护的同时,其他社会成员也可以受到国防保护而不用增加国防费用。第二,公共产品具有非排他性,即排斥人们享用公共产品的成本非常高昂,甚至难以做到。再以国防为例,要将社会成员中的某一位排斥到国防保护之外,几乎是不可能的。

这两个特性的存在,使得私人不愿意参与公共产品的生产和供给,他们出于自身利益考虑,总希望由别人来提供公共产品,自己"搭便车"。当这种想法在私人中间得到普遍认可时,市场就不可能自发地、有效地提供公共产品。可见,在公共产品领域,市场机制难以提供有效的供给,从而导致市场失灵。

（二）外部效应

外部效应或外部性(externality),是指某些个人或企业的经济行为影响了其他人或企业,却没有为之承担应有的成本费用或没有获得应有的报酬的现象。换言之,外部效应就是未在价格中反映的经济交易成本或效益。

对外部效应可从不同的角度做不同的分类,但从外部效应同经济效率之间的关系来看,最基本的还是依靠外部效应的结果来分类,即正的外部效应和负的外部效应。

正的外部效应,亦称正的外部性或外部效益、外部经济,指的是对交易双方之外的第三者所带来的未在价格中反映的经济效益。在存在正的外部效应的情况下,无论是物品的买者,还是物品的卖者,都未在其决策中计入其间交易可能给其他人或企业带来的益处。比如当你欣赏到邻居家阳台的鲜花时,会有一种美的享受,但却无须付费。

负的外部效应,亦称负的外部性或外部成本、外部不经济,指的是对交易双方之外的第三者所带来的未在价格中反映的成本费用。在存在负的外部效应的情况下,无论是物品的买者,还是物品的卖者,都未在其决策中计入其间交易可

---

① 马骏:《经济、社会变迁与国家治理转型:美国进步时代改革》,《公共管理研究》2008年第3期,第3—43页。

能给其他人或企业带来的损害。例如,周围人吸烟会给你带来危害,但你却不能要求赔偿。

外部效应的分类可以用表1-1来表示。

表1-1　外部效应的分类

分　类	成本与效益的差异	对他人影响
正外部效应	私人收益<社会收益	福利增加
负外部效应	私人成本<社会成本	福利受损

外部效应导致市场失灵。无论是外部正效应,还是负效应,它们都使产品生产的私人成本(收益)和社会成本(收益)之间产生了差异。在完全竞争的市场中,当存在只增加社会福利而不增加个人收益的正外部效应时,行为人从事经济活动的积极性受到打击,如果没有制度对之进行保护,这些经济活动可能日趋减少,这时企业和个人的产量可能会低于社会最优产量;而当存在只增加社会成本而不增加个人成本的负外部效应时,企业和个人的产量可能会超过社会最优产量。因此,外部效应的存在使私人的边际成本或边际收益与社会的边际成本或边际收益发生背离,所以,当个人做出决策时,为了实现个人利益最大化,会忽略其行为带给他人或企业的效益或成本,从而使竞争的结果变得没有效率,资源的配置达不到最优水平,最终导致整个社会福利的下降。显然,外部正、负效应都存在扭曲资源配置有效状态的可能性。

(三) 垄断性失灵

垄断性失灵表现为市场上出现只有为数很少的几家供应商,甚至是独家垄断的局面,垄断厂商通过操纵物价,牟取暴利,使市场均衡作用失灵。

市场本身有一个悖论:市场的良好状态是竞争状态,不管是完全竞争的理想状态,还是垄断竞争这种市场常态,只有保持竞争,市场机制才能有效地发挥作用。可是,在对于规模经济(economies of scale)敏感的部门,市场竞争有一种趋势——生产经营规模越大,效益越高。这种趋势导致积聚和集中,导致垄断,从而抑制竞争。传统上,自来水、煤气、电力、邮政、电信和城市公共交通等行业都被视为自然垄断行业。自然垄断行业的特点是,它们的产品和服务是通过庞大的网络状管线系统提供给客户和消费者的,如果允许竞争,网络的重复建设会造成社会资源的巨大浪费。自然垄断的一个例子是供水。为了向镇上居民供水,企业必须铺设遍及全镇的水管网。如果两家或更多企业在提供这种服务中竞争,每个企业都必须支付铺设水管网的固定成本。因此,如果一家企业为整个市场服务,水的平均总成本就是最低了。此外,就铁路、电力、电信而言,没有必要也没有可能建立两套平行的铁路运输、电力传送、有线通信网。由一个企业提供服务是最有效率的,重复建设只会造成浪费。各国的反垄断法都允许自然垄断存在,认为它是没有办法打破的。国内最激进的改革理论也只是强调要打破在管线网络上营运的各种服务的垄断,从没有人怀疑过基础设施——管线网络营运的垄断的合理性。

如果自由竞争的结果造成由单一厂商生产,则该行业可以算是个自然垄断行业。某些行业的生产,由于规模报酬递增的存在,当企业规模扩大时,它的平均成本会随着产量的扩大而降低。换句话说,一个行业内,如果有一个企业能够比别的企业生产更多的产品,那么,它的平均成本就低于其他企业,这个企业就能在扩大产量的同时降低产品的价格,最终使其他企业在本行业无利可图而退出,于是,该企业就垄断了这个行业。

垄断是市场不完善的表现,垄断市场是一个产量较低而价格较高的市场。它的存在,不仅造成资源浪费和市场效率低下,而且使社会福利减少,并造成寻租。

1. 垄断造成市场效率低下

在垄断市场条件下,垄断厂商为实现自身利益最大化,也会像竞争厂商一样努力使生产定在边际收益等于边际成本的点上,但与竞争企业不同的是,垄断市场的价格不是等于而是大于边际收益,因此,他最终会选择在价格大于边际成本的点上组织生产。垄断厂商不需被动地接受市场价格、降低成本,而可以在既定的成本水平之上加入垄断利润形成垄断价格。所以,垄断市场的价格比竞争市场高,产量比竞争市场低。这样,一方面,导致厂商丧失了降低成本、提高效率的动力;另一方面,抬高的垄断定价成为市场价格,扭曲了正常的成本价格关系,对市场资源配置产生误导,造成一种供不应求的假象,导致更多的资源流向该行业。

2. 垄断造成社会福利损失

为了获取更大限度的利润,垄断企业凭借在市场上的支配地位,实行价格歧视[①](price discrimination),会使产量和质量达不到社会最优水平,造成明显的社会福利损失。垄断对社会福利造成损失主要表现为使消费者剩余[②](consumer surplus)大大减少,具体如图1-1所示。

---

① 价格歧视也称差别价格,是指垄断者就同一成本的商品向不同的消费者收取不同的价格。厂商实行价格歧视的动机是最大限度地掠夺消费者剩余,在一定的条件下获得更高的利润。

② 消费者剩余是指消费者愿意为某种商品或服务支付的最高价格与实际支付的价格之差。

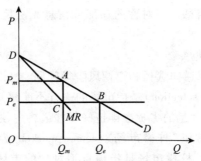

图 1-1 垄断造成社会福利损失

在图 1-1 中，Q 代表产量，P 代表价格，D 是需求曲线，MR 是边际收益曲线。在完全竞争条件下，高于均衡价格 P_e 的价格反映的效用水平就是消费者剩余，即图中 △DBP_e 部分。在垄断条件下，高于垄断价格 P_m 的价格反映的效用水平就是消费者剩余，即图中 △DAP_m 部分。显然，前者大于后者，二者之差即 AP_mP_eB 部分，其中 ACP_eP_m 部分为垄断利润，△ABC 部分就是社会福利损失，即垄断产量限制对社会造成的损失。

3. 垄断造成寻租

寻租(rent-seeking)通常指那些通过公共权力参与市场经济从而谋取非法收益的非生产性活动。在垄断市场条件下，垄断厂商为获取垄断利润，就必须保持其垄断地位，为此而付出的花费和开支就是寻租成本。如向政府游说或贿赂立法者，采取合法手段规避政府的管制，以及进行反垄断调查等发生的费用都属于寻租成本。由于寻租成本未用于生产性经营活动，因此会造成社会资源的浪费和社会福利水平的降低。

需要指出的是，垄断既是社会经济生活中迫切需要解决的现实问题，也是经济理论研究的前沿性问题。特别是在垄断市场结构范式理论诞生的条件下，垄断已不单纯是一个市场失灵的问题，当前阻碍社会经济发展的拦路虎是反垄断立法和垄断规制中的政府失灵。

（四）信息不对称

1. 信息不对称的含义及原因

完全竞争市场上，能够实现帕累托最优状态的一个重要假定就是完全信息，即市场交易双方对交易产品具有充分的信息。然而，在现实生活中，人们对信息的掌握是不完全的，而这种不完全又往往表现为信息的不对称。如果在一笔交易中，某些参与方比其他参与方知道更多的信息，就称存在信息不对称(asymmetry of information)。例如，商品的卖方要比买方掌握更多的关于产品质量和数量等方面的信息。不对称的那部分信息无法反映到价格中,便产生市场失灵。

2. 逆向选择和道德风险

信息不对称会带来逆向选择和道德风险等问题。

逆向选择(adverse selection)是指市场的一方不能察知市场另一方的商品的类型或质量时,市场中大量的劣货会排挤好货并最终占领市场的过程。

信息不对称问题常以"柠檬市场"(lemon market)为例进行说明。在英文中,"柠檬"有次品之意,柠檬市场是指信息不对称的市场,即在市场中,产品的卖方对产品的质量拥有比买方更多的信息。在极端情况下,市场会止步、萎缩或不存在。在信息不对称的情况下,往往好的商品遭到淘汰,而劣等品会逐渐占领市场,从而取代好的商品,导致市场中都是劣等品,这就是信息经济学中的逆向选择。

逆向选择最经典的例子是二手车市场。阿克洛夫(Akerlof)在其1970年发表的《柠檬市场:产品质量的不确定性与市场机制》中,举了一个二手车市场的案例。在该市场上,既有质量较好的二手车,也有质量很差的二手车,但只有卖者掌握车的质量信息,而买者对其缺乏了解。因此,在该市场上,双方的信息是不对称的。购买者此时的出价会介于质量较好的二手车价格与质量很差的二手车价格之间。这样一来,质量较好的二手车,质量高于价格,车主会不愿进入此市场,或他从这个市场退出;质量很差的二手车,价格高于质量,车主愿意进入或留在此市场,最终导致该市场上的车都是质量较差的二手车。但是,当购买者知道他要买到的车是质量较差的二手车时,他会降低自己的出价,这又会使得比质量最差的二手车稍好一些的二手车退出市场,最后质量最差的二手车占据了整个市场。

逆向选择在保险市场也大量存在。保险公司希望获得较为健康的客户,以减少保险公司的理赔,可实际上相对病弱的客户更有投保的积极性。为了避免出现亏损,保险公司将不得不提高保险金。这样,那些不大可能碰到事故的顾客认为支付这笔费用不值得,从而不再投保。于是,高风险类型消费者就会把低风险类型消费者"驱逐"出保险市场。这就是保险市场的逆向选择问题。逆向选择将使医疗保险无利可图。这种情况与信息不对称有关。这时的逆向选择来自保险公司事前不知道投保人的风险程度,从而使保险水平不能达到对称信息情况下的最优水平。如果保险公司完全知道投保人的情况,并要求病弱者多付保费,"逆向选择"也就不会发生。为了解决这一问题,保险公司可以通过提供不同类型的合同,将不同风险的投保人区分开,让买保险者在高自赔率加低保险费和低自赔率加高保险费两种投保方式之间选择,以防止被保人的欺诈行为。

道德风险(moral hazard)指的是人们享有自己行为的收益,而将成本转嫁给别人,从而造成他人损失的可能性。即从事经济活动的人在最大限度地增加自身效用的同时,做出不利于他人的行动。

以保险市场为例。对于有车族来说,他们在购买保险之前,都会十分在意自己汽车的安全问题。他们会采取非常严密的防盗措施,如雇用保安巡逻或将车放在上锁的车库里。如果他们为自己的汽车投保,但赔偿额较低时,他们依然会比较注意做好防盗措施,因为一旦汽车丢失,他们要承担大部分损失;当赔偿额较高时,他们可能会较少地关注汽车安全问题,因为此时大部分损失要由保险公司承担;当保险公司完全赔偿损失时,他们可能会根本不再关心汽车的安全问题,也不再采取任何的防范措施,因为如果此时汽车失盗他们将得到全额赔付,自己几乎没有损失,而采取安全措施除了给他带来费用之外几乎没有任何收益。

"逆向选择"与"道德风险"在信贷市场上表现得最为明显。信贷市场上,银行只有对企业的投资项目有充分、细致的了解,才能有效地选择借款人,保障资产安全。但实际上,企业总要比银行更了解项目的风险,而银行对企业的有关信息无法全面了解,所以在鉴别企业时,利率便成为一种检测机制或信号。

高的实际利率会产生两种效应:一是逆向选择效应。潜在的不良贷款风险来自那些积极寻找贷款的人,较喜欢冒险的借款人将接受贷款人的出价,而不喜欢冒险的较安全的借款人将退出申请人的队伍。这样,银行采取高利率策略的贷款对象主要是高风险的借款投资者。由于逆向选择,贷款成为不良贷款风险的可能性增大,即便市场上有风险较低的贷款机会,放款者也会决定不发放任何贷款。二是道德风险效应。指提高利率可以刺激任何借款人都倾向于改变投资项目的性质,从事高风险、高收益的项目。这两种效应将导致银行资产具有更大的风险,尤其是违约的增加导致银行不良资产的积聚,增大了银行危机的可能性。

在这里要注意,逆向选择是因为信息的事前不对称引起的,即在签订合同或从事交易之前就存在着信息不对称,某些特征被隐藏,所导致的相关经济主体做出的与交易另一方期望截然相反的选择。道德风险是在合同签订之后才发生的,它所对应的是隐藏行为,即签订合同之后的不可观察的行为,这些行为同样是合同另一方所不愿意看到的本来可以避免的行为。

经济生活中的信息不对称,使逆向选择和道德风险问题普遍存在,这一方面造成了交易市场的严重萎缩,另一方面导致社会资源的极大浪费,影响了资源的配置效率。

(五)公平分配失灵

市场经济条件下,尽管市场机制对收入分配有效率,但是它所进行的初次分配是不够公平的,并不能满足社会公平分配的目标。

市场机制之所以难以实现收入和财富的公平分配,其主要原因是:市场分配的标准是要素的功能,即要素的生产能力。在市场机制中,决定居民收入分配状况的因素,一是每个人所能提供的生产要素——如劳动力、资本、土地等——的数量,二是这些生产要素在市场上所能获得的价格。由于人们所拥有或继承的生产要素的差别,人与人之间的收入分配往往会拉开差距。尽管一定的收入分配差距可以提升效率,但差距过大了,不仅本身与社会公平的要求有违,而且会导致诸如贫困、富裕阶层中财富的浪费、社会冲突、低收入者阶层得不到发展与改善自己处境的机会等一系列不好的社会后果,甚至由此引发尖锐的社会矛盾。在市场经济下,当出现社会分配不公状态时,它本身是市场有效配置资源的结果。但是整个社会往往要求社会分配的公正,这是市场所无法做到的,也就是说出现了市场失效。

"看不见的手"没有保证每个人都有充足的食品、体面的衣服和充分的医疗,因此,许多公共政策,例如所得税和福利制度的目标就是要实现更平等的经济福利分配。

(六) 经济周期性波动

经济周期(business cycle,也称商业周期、商业循环或经济循环),就是国民收入及经济活动的周期性波动。持续时间通常为2—10年,它以大多数经济部门的扩展或收缩为标志。

从微观上考察,资源配置的效率是可以运用帕累托效率准则来评判的。但是,若将该准则推广到宏观,就显得有些不够用了。宏观经济领域资源配置效率即宏观经济效率的评判,还需要借助于其他的指标,如就业、物价水平和经济增长等指标。自发的市场机制并不能自行趋向于充分就业、物价稳定和适度的经济增长。经济周期性波动是市场机制运行的基本特征。经济繁荣时期,经济增长速度快、失业率低、通货膨胀率低,宏观经济失衡的种种弊端表现得不甚明显。相反,经济衰退期间,经济增长停滞,失业率高,通货膨胀加剧,给宏观经济失衡带来诸多损失。自由主义者认为,市场机制本身能够自我调节,然而,事实证明,市场机制的自我调节功能依然欠缺,因为它只是一种事后的修正,20世纪30年代的世界性大危机与2006年春季美国爆发的"次贷危机"便是深刻的教训。

三、市场失灵与公共部门存在的合理逻辑

以上分析表明,市场机制的缺陷难以自我调节和修复,弥补市场失灵可能需要借助外部的力量,这个外部力量就是公共部门(政府)的作用。20世纪20年

代,资本主义经济危机促成了以凯恩斯为代表的国家干预主义理论和政策的产生。从此,政府活动与作用的广度和深度都在日益扩大。现代经济发展实践表明,以政府为核心的公共部门在调节市场经济运行过程中一直扮演着非常重要的角色,并发挥了巨大作用。世界上所有国家的经济中都有市场失灵的问题,几乎所有国家都会采取政府干预来纠正市场失灵的问题。

(一)公共部门在提供公共产品方面的优势明显

公共产品具有非竞争性和非排他性特征。市场机制的作用既然在公共产品或服务上发生失灵,那么它的生产或提供自然要另辟他径——非市场的方式。

公共部门在提供公共产品方面的优势是十分明显的。公共部门提供公共产品是为所有消费者服务,不会产生消费者数量的不断增加而带来的心理不愉快,也不必考虑如何防止不愿意付费的消费者存在。这不仅在相当程度上克服了非竞争性和非排他性,也大大提高了公共产品的生产和供给能力,避免了由于公共产品缺乏而造成的公共需求供给不足。

纵观英美德等发达资本主义国家的发展历程可知,在早期的快速工业化与经济增长之后,社会对于公共福利的需要亦快速增长,政府必须通过建立社会保障制度、增加社会福利等方式回应社会的需要,提供相应历史阶段所需的公共产品和服务。这一规律被著名的匈牙利裔政治经济学家卡尔·波兰尼(Karl Polanyi)称作"双向运动",即市场机制的脱嵌、扩张运动与社会自发的反向保护运动。而政府对于公共产品和公共服务的提供正是对于社会反向保护运动的一种回应。

(二)公共部门有助于将外部效应内部化

外部效应的存在降低了资源配置的效率,为此,必须实现外部效应的内部化,也就是说,将生产某种产品所产生的额外成本或者收益由生产者自己来承担或享有。那么,如何实现外部效应的内部化?解决外部效应有两个途径:一是政府干预;二是市场机制。

1. 政府干预

当外部效应使市场达到一种无效率的资源配置状态时,政府可以以三种方式中的一种做出反应。

(1)管制。政府可以通过规定或禁止某些行为来解决外部效应。例如,把有毒的化学物质倒入供水区中是一种犯罪。但是,在大多数污染的情况下,事情并不这么简单。尽管宣布了一些环境保护主义的目标,但要完全禁止有污染的活动是不可能的。实际上各种形式的交通运输——甚至马——都会带来一些不合意的污染副产品。然而,要让政府禁止所有运输方式肯定是不明智的。因此,社会不是要完全消除污染,而是要评价成本与收益,以便决定允许哪种污染与允许污染多少。在美国,环境保护署(EPA)是政府机构,其任务是提出并实施目的在于保护环境的管制。

环境管制可以采取多种形式:有时环境保护署规定工厂可以排放的最高污染水平;有时要求企业采用某项减少排污的技术。

(2)庇古税。政府可以通过对那些有负外部效应的活动征税来使外部效应内在化。用于纠正负外部效应影响的税收被称为庇古税。庇古税方案是英国经济学家阿瑟·庇古提出的解决外部效应问题的,故因此而得名。这位"福利经济学之父"指出:要想使资源得到最优配置,就必须使私人收益和社会收益相等,一旦两者出现偏差,就要设法纠正。工厂污染环境而不加治理,是将自己的生产成本转嫁给了社会,那么它的收益也就高于社会收益。所以政府应对工厂征税,来补偿居民的损失,使他们各自的私人收益都尽可能接近社会收益。

(3)补贴。当存在外部收益(正外部效应)时,政府可以给私人企业提供补贴,降低私人企业的边际生产成本,从而使企业在一定的价格下扩大供给量,达到纠正市场失灵的效果。

有些国家的政府往往要给予个人或家庭一定的绿化补贴。比如人们可以半价从政府那里购置树苗,以此实现植树所带来的正的外部效应的内在化。政府对在校生发放助学金和奖学金,也可以看作是矫正性的财政补贴的一种类型。因为,学生受教育所带来的正外部效应表现在:促进良好的社会风气和生活环境的形成,促进经济较快地发展。

当存在外部成本(负外部效应)时,比如企业排污给附近的河流造成污染,政府也可以向企业提供补贴,鼓励其扩大投入,采取措施改进生产工艺,从而减少向河流排污的量。

当然,不同的解决外部效应的办法的实施成本以及相应的结果不同。在这三种方法中,经济学家一般都偏爱征税。他们认为,如果限定企业的排污数量,企业就没有积极性投入资源去开发能够把污染水平进一步降低的新技术;对降低污染水平的企业实施补贴的方法对纳税人也存在一定的不公平;而税收给工厂所有者一种减少污染的经济激励。环境保护部门可以通过把税收确定在适当的水平上,达到它想达到的任何污染水平。税收越高,减少的污染也越多。实际上,如果税收足够高,工厂将完全关门,污染减少为零。实际上,庇古税规定了污染权的价格。正如市场把物品分配给那些对物品评价最高的买者一样,庇古税把污染权分配给那些减少污染成本最高的工厂。无论环境保护部门选择的污染水平是多少,它都可以用税收以最低的总成本达到这个目标。因此,庇古税是存在外部效应时的正确激励,从而使资源配置接近于社会最优。庇古税增加了政府的收入,也提高了经济福利。

2. 市场机制

工厂污染环境,这是经济活动的外部效应问题。对此,罗纳德·科斯(Ronald Coase)以前的经济学家,几乎无一例外地主张政府干预。但科斯认为,庇古的方案并不高明。在他看来,庇古是只见树木,不见森林,仅仅看到工厂损害了居民健康,却没有想到,如果制止这种损害,同样会使工厂利益受损。科斯认为,不能顾此失彼,而要从社会总体利益来考虑问题。

科斯认为,外部经济从根本上说是产权界定不够明确或界定不当引起的,只要解决了财产权的界定和交易费用过高的问题,就完全可以通过市场交易解决外部效应问题,这就是著名的科斯定理。在科斯看来,只要产权已明确界定并受到法律的有效保护,那么市场的任何一方拥有的产权都能带来同样的资源最优配置的结果,这可以通过双方之间的谈判自愿地实现,产权赋予不同的人只会带来收入分配结果的不同。下面举例说明科斯定理。假设有一个工厂,它的烟囱冒出的烟尘使得附近的5户居民所洗晒的衣服受到污染,由此造成的损失为每户750元,总损失为5×750=3750元。再假设存在2种治理污染的办法:一是在工厂的烟囱上安装一个除尘器,费用为1500元;二是为每户提供一个烘干机,费用为500×5=2500元。

按照科斯定理的含义,不论给予工厂以烟囱冒烟的权利,还是给予工厂附近5户居民以晒衣服不受烟尘污染的权利,只要工厂与5户居民协商时其协商费用为零或者说很小,那么,市场机制总是可以得到最有效率的结果。因此,他认为,外在性不必非由政府管制不可,政府所要做的就是界定产权。

科斯定理的言外之意是:即使外部效应导致了市场失灵,也不需要政府出面干预。科斯定理揭示了通过明确产权从而消除外部效应的理论途径与制度选择。

科斯定理在现实中也有运用。排污指标可以像其他商品一样买卖,这一发达国家为控制污染物总量而被广泛采用的市场运作方式正在被我国运用。

(三)政府部门能够抑制垄断、鼓励竞争

垄断和竞争是市场经济运行过程中的一对矛盾体。无疑,垄断的经济效率要远远低于竞争,因此,维持经济良性运行,就必须抑制垄断,鼓励竞争。针对垄断导致的市场失灵,政府干预的方式主要有:

1. 制定反垄断法

垄断的原意是独占,即一个市场上只有一个经营者。反垄断法,顾名思义就是反对垄断和保护竞争的法律制度。它是市场经济国家基本的法律制度。

美国早在一百多年前就已经颁布了反垄断法。1865年美国南北战争结束后,随着全国铁路网的建立和扩大,原来地方性和区域性的市场迅速融为全国统一的大市场。大市场的建立一方面推动了美国经济的迅速发展,另一方面也推动了垄断组织即托拉斯的产生和发展。1882年1月2日,约翰·D.洛克菲勒(John D. Rockfeller)和他合伙人正式签署了一份"标准石油公司托拉斯协定"从而成为世界上第一个大"托拉斯"。在这个托拉斯中,洛克菲勒合并了40多家厂商,垄断了全美80%的炼油工业和90%的油管生意。为了争取消费者,标准石油公司又向销售市场进军。过度的经济集中不仅使社会中下层人士饱受垄断组织滥用市场势力之苦,而且也使市场普遍失去了活力。在这种背景下,美国在19世纪80年代爆发了抵制托拉斯的大规模群众运动,这种反垄断思潮导致1890年《谢尔曼法》(Sherman Act)的诞生。《谢尔曼法》是世界上最早的反垄断法,也被称为世界各国反垄断法之母。此后,美国还出台了《克莱顿法》(Clayton Act,1914年)、《联邦贸易委员会法》(Federal Trade Commission Act,1914年)、《罗宾逊-帕特曼法》(Robinson-Patman Act,1936年)、《惠特-李法》(Whit-Lee Act,1938年)、《塞勒-凯弗维尔法》(The Saylor-Kevreville Act,1950年)等反托拉斯法。

在美国传统反垄断法里,市场份额是判断被告是否享有市场垄断力最好的证据。根据美国的判例,占80%的市场份额或更多的事实本身就达到了《谢尔曼法》第2条要求的垄断力的程度,只有当被告市场份额占50%到80%之间时,才需要根据一些诸如市场结构、企业政策、行为等辅助因素来综合判断。1911年,美国联邦最高法院判决"石油大亨"洛克菲勒标准石油公司(Rockefeller's Standard Oil)是一个垄断机构,应予拆散。1984年,美国电报电话公司(AT&T Corp.)被肢解,因为政府方面判定该公司垄断了地方和长途电话业务以及通信设备的市场。2000年6月7日,微软被分解为两个独立的公司,一个专营电脑操作系统,另一个则经营除去操作系统外微软当时所经营的其他内容。这次反垄断案是美国政府50多年来掀起的最大一起针对企业的反托拉斯案。

其他发达国家在二战后也纷纷制定了反垄断法,如日本在1947年颁布了《禁止私人垄断和确保公正交易法》,德国于1957年颁布了《反对限制竞争法》。1958年生效的《欧洲经济共同体条约》第85条至第90条是欧共体重要的竞争规则。此外,欧共体理事会1989年还颁布了《欧共体企业合并控制条例》,把控制企业合并作为欧共体竞争法的重要内容。意大利在1990年颁布了反垄断法,是发达市场经济国家中颁布反垄断法最晚的国家。现在,经济合作与发展组织(OECD)的所有成员国都有反垄断法。据统计,世界上目前颁布了反垄断法的国家大约有84个。

20世纪80年代以前,发展中国家对反垄断法普遍不感兴趣,主要原因是这些国家的许多产业部门或者主要产业部门是由国有企业经营的。为了维护国有企业的利益,国家自然就会在这些部门排除竞争。此外,当时所有的社会主义国家实行计划经济体制,不允许企业间开展竞争,自然也没有制定反垄断法的必要性。80年代后期以来,随着世界各国经济政策总的导向变为民营化、减少政府行政干预和反垄断,各国反垄断立法的步伐大大加快了。发展中国家之所以积极制定和颁布反垄断法,主要的原因是国有垄断企业的经济效益普遍不能令人满意。

反垄断法在我国是一种新的法律制度。长期以来,由于我国实行计划经济,把竞争视为资本主义制度下的生产无政府状态,认为竞争对社会生产力会造成严重的浪费和破坏,因此不可能建立一种崇尚竞争和反对垄断的法律制度。随着改革开放进程的加快,我国企业的规模化愈见加强,在许多产业都已经出现垄断现象。1993年,我国制定了《中华人民共和国反不正当竞争法》,1997年又制定了《中华人民共和国反倾销和反补贴条例》,2007年8月制定了《中华人民共和国反垄断法》。2017年对《中华人民共和国反不正当竞争法》进行了修订。

2. 公共管制

在自然垄断行业中,由于企业取得了垄断地位,可以凭借垄断特权制定高于市场均衡价格的价格,并使产量低于均衡数量。垄断企业利用垄断权力操纵市场将导致社会福利的损失。因而,为促进效率改进和社会福利的增加,政府必须对自然垄断进行进入管制与价格管制。价格管制即由政府出面确定自然垄断企业产品或者服务的价格或收费标准,或者规定价格变动的幅度。

20世纪80年代以来,美国、英国、日本等经济发达国家,对电信、电力、铁路运输、管道燃气和自来水供应等具有网络特征的自然垄断行业实行政府管制体制改革,允许一部分新企业进入自然垄断行业,积极培育市场竞争力量,发挥市场竞争机制作用,打破了长期以来由个别企业垄断经营的格局,提高了企业活力和经济效率。90年代以来,我国政府对自然垄断行业进行了初步改革,采取了政企分离、放松进入管制、培育市场竞争力量、推行股份制等改革措施,取得了一定的成效。

(四) 公共部门有助于解决信息不对称问题

在经济运行中,信息不对称问题是大量存在的。这影响了资源配置的效率,产生了一系列消极的经济后果,政府需要通过法律、政策和各种具体措施加以规制。只有举起"看得见的手",发挥政府职能,才能更好地解决信息不对称问题。例如,为了解决我国信贷市场的信息不对称问题,政府建立了中国人民银行征信系统,该系统包括企业信用信息基础数据库和个人信用信息基础数据库。截至2019年6月19日,此征信系统累计收录9.9亿自然人、2591万户企业和其他组织的有关信息,个人和企业信用报告查询量分别达550万次和30万次,成为全球规模最大的征信系统。

政府之所以能较好地解决信息不对称问题,一方面是因为政府是公共权力机关,公共性是其基本的价值取向。它具有促进经济发展、维护公平交易、促进公平竞争等职责,不解决好信息不对称问题,政府就很难履行好这些职责。另一方面是因为政府具有强制性,政府规制具有市场所不具有的一些优势,政府拥有暴力机器,如警察、法院等司法、执法系统和工具,为其强制进行规制提供了保证。政府还拥有强大的宣传舆论工具,可以直接或间接地影响、引导人们的思想、社会的伦理道德等,从而保证规制政策的实施。

(五) 政府部门介入收入分配有利于社会公平

在市场机制的框架内,有效的再分配很难完成。原因在于:(1)在市场中通常不存在以公平分配为目标的再分配机制,或者,即使这样的再分配机制存在,其功能也极为微弱;(2)私人慈善机构或许能进行某些方面的再分配活动,但不能从根本上解决问题;(3)在缺乏相互配合的政策的情况下,一种慈善行为很可能与另一种慈善行为发生冲突。公共部门的资源配置功能使"生产什么"和"如何生产"的问题得到了进一步的解决。然而,收入分配问题作为市场失灵的又一重要表现,所反映出的"为谁生产"问题应同样成为公共部门的重要职能,这既是由改变各社会成员占有或享有生产成果的份额有助于社会稳定所决定的,也是公共部门具备进行收入再分配的能力使然。

政府不仅有校正市场失灵,调节居民收入差距,实现合理社会分配的职责,而且政府在调节居民收入差距,实现合理社会分配上具有明显优势。作为公共权力机构,政府享有其他任何机构和个人都不能享有的立法权、司法权、行政权,以及合法的强制力,因而具有超出任何机构和个人力量的调节社会分配的能力。无论是经济学理论还是经济发展实践,都证明了政府具有影响全社会收入分配和提高社会福利总量的作用。比如,政府可以通过累进税率,调节富人和穷人之间的财富比例;政府还可以通过转移支付来支持落后地区的经济建设等。

(六) 政府具有稳定经济的功能

所谓稳定经济的功能,是指公共部门通过运用各种政策手段,实现充分就业、物价稳定、国际收支平衡和经济增长的目标。

公共部门的资源配置功能和收入分配功能主要缘于市场体系不完善所造成

的市场失灵问题,因此,它们很大程度上属于微观经济学的讨论主题。经济的周期性波动和凯恩斯经济学的提出,使人们认识到在宏观经济领域,通货膨胀、失业率高涨、国际收支不平衡等市场失灵同样存在。

从某种意义上说,市场对社会资源的配置越有效,市场的发展状况越好,则生产相对过剩状态的可能性就越大,出现经济危机的规模就越大,损失就越惨重,对市场经济的威胁也就越大。因此,从理论上说,市场经济在微观上能够达到资源最优配置状态,但在宏观上却无能为力。公共部门有可能对全国范围内的宏观经济活动进行调节控制和施加影响,通过收入制度的设计和支出总量的调节,调节社会的总需求和总供给,实现二者的平衡,促进经济的稳定。

自 20 世纪以来,全球范围内爆发了若干次大规模的金融危机或经济危机,具体包括 20 世纪 30 年代初的美国"大萧条"、20 世纪 80 年代拉美债务危机、20 世纪 90 年代初日本资产价格泡沫破灭、1997 年亚洲金融风暴、2007 年美国次贷危机以及由此演化而来的 2008 年国际金融危机。当经济陷入震荡和不稳定的状态时,政府的经济稳定功能成为走出危机的重要手段,包括凯恩斯主义、供给学派、货币学派、新凯恩斯主义量化宽松、现代货币理论等经济学流派都主张政府通过特定的政策手段来进行宏观的调控和干预。2020 年,在疫情全球大流行所导致的全球经济深度衰退和流动性危机爆发的情况下,政府通过何种方式进行应对成为当下至关重要的主题。

我们说政府有时可以改善市场结果并不意味着它总能这样。公共政策并不是天使制定的,而是由极不完善的政治程序制定的,有时所设计的政策只是为了有利于政治上有权势的人,有时政策由动机良好但信息不充分的领导人制定(政府失灵内容,我们将在"公共选择理论"中论述)。学习公共经济学的目的之一就是帮助你判断什么时候一项政策能促进效率与公正,而什么时候不行。

回顾中国自改革开放以来的历史,我们不难发现,在改革早期"发展是硬道理"的理念支持下,中国经济在高速增长的同时也伴随着若干市场失灵,比如贫富差异、生态环境破坏、食品药品造假、社会保障供给不足等。但随着"科学发展观"与"和谐社会"等治国理念的提出,一大批包括最低生活保障制度、医疗保险制度等社会福利政策在中国落地。[①] 而党的十九大报告将我国社会的主要矛盾界定为"人民日益增长的美好生活需要和不平衡不充分的发展之间的矛盾",这凸显了党和政府对于经济发展与社会福祉之间关系的新的理解,是面对经济增长中的市场失灵所做出的新的战略性回应。

---

① 王绍光:《大转型:1980 年代以来中国的双向运动》,《中国社会科学》2008 年第 1 期,第 129—148 页。

第三节 现实生活中的混合经济

由于市场缺陷和政府缺陷的存在,单纯的市场机制或单纯的政府机制都无法实现理想目标。实际上,世界上还未曾有过纯粹依靠市场机制或纯粹依靠政府机制运行的经济。即使在最为崇尚市场的国家里,人们也可以看到政府在许多方面起着积极的作用;而在高度集中的计划经济中,在某些生产或消费领域仍然保留着个人的决策权。尽管在现实中,市场机制和政府机制都不是完美的,但它们又是不可或缺的,两者都是经济正常运行的必要组成部分。

从这一意义上来说,现代所有的经济都是混合经济。在这种经济中,生产什么、怎么生产、为谁生产的问题部分由私人通过市场机制来解决,部分由政府通过计划机制来解决,整个经济由公、私两个部门构成。各国在经济运行机制上的千差万别全部表现在政府与市场、公共部门与私人部门分工的具体方式和结构上。

那么,混合经济中,市场机制的资源配置功能受到多大程度的限制?公共部门的经济职能如何界定?对这些问题的回答,将有助于认识公共部门的合理行为边界。

一、混合经济的含义与特点

"混合经济"一词源于西方经济学。它最早由凯恩斯提出,他在 1936 年发表的《就业、利息和货币通论》中说:挽救资本主义制度的"唯一切实办法"就是扩大政策的机能,"让国家之权威与私人之策动力相互合作"。这是最初对混合经济的论述。

1946 年,美国后凯恩斯派的经济学家阿尔文·汉森(Alvin Hansen)在《财政政策和经济周期》一书中较系统地解释了"混合经济的含义"。书中指出,自 19 世纪末期以来的西方经济已不是纯粹私人经济,而是双重经济(Dual Economy),政府已参与企业活动。[①] 双重经济并不是私人经济向公有经济的过渡,而是向社会福利为重点的"混合经济"过渡。法国经济学家让-多米尼克·拉费(Jean-Dominique Lafwy)、雅克·勒卡荣(Jacques Lecaillon)在《混合经济》一书中对混合经济进行了详细的阐述:混合经济并不是一种出自事先构想的制度,而是工业社会发展和资本主义制度演化的历史产物,主要是指对由于不受控制的"纯资

---

① Alvin H. Hansen, "The Academic Keynes", in William Breit et al., *The Academic Scribblers*, Princeton, New Jersey: Princeton University Press, 1998, pp. 81-105.

本主义"而定期发生的震荡所做出的适时反应,而不是协调计划的结果。"混合经济的根本思想,就是必须有一个强有力的国家及其计划机制实施市场调控和监督,从而对市场缺陷进行纠正和救治。"①

混合经济论形成于保罗·萨缪尔森,他将凯恩斯的"公私合作"一词发展为混合经济一词。萨缪尔森认为混合经济不仅是政府和私人企业的混合,还是垄断和竞争的混合。当代的混合经济又呈现出多种产权融合在一个企业中。

由此可见,混合经济包括两个层次的含义:从宏观经济上看,它是市场失灵和政府失灵的双重后果导致的"看得见的手"与"看不见的手"结合,共同对经济进行控制;表现为在一个经济社会中,既有私有经济,又有公有经济,既有市场调控,又有计划调控;其目的是实现社会效益与社会福利整体上的帕累托最优状态。从微观经济上说,它是不同的投资主体,包括政府、企业和自然人,通过资本联合或经营联合而形成的一种新型的所有制形式,也是一种产权组合形式,通常表现为股份制、合资、合作、合营等方式,其目的是通过不同生产要素的有机结合,提高企业的竞争力。

历史地看,西方发达国家的混合经济来源路径有两条:一是基于单一的私人所有制经济(或公有制经济)向混合经济的转变而产生的经济需要,其中以法国为代表。1944—1946年,法国根据第一个国家计划,对煤炭、电力和运输部门,以及法兰西银行和四家全国性大型商业银行实行国有化。20世纪80年代初,法国再度实施国有化,国有化的企业不仅涉及基础部门,而且扩大到某些竞争性很强的尖端工业部门,如达索飞机公司等。二是传统的基于市场失灵而进行的国家干预经济,其中以美国和德国为代表。自由竞争的市场机制虽然促进了生产力的高速发展,但这种发展却始终伴随着周期性的经济波动和危机,这种危机甚至可能发展到引起严重的社会动荡。为了对付这场危机,西方各主要资本主义国家被迫采取若干国家干预经济的措施,其中尤以美国"罗斯福新政"最具代表性。这是凯恩斯国家干预经济理论取代自由主义经济理论在国家经济政策上的反映。

二、混合经济与中国经济改革

中国当代的经济改革目标是建立"社会主义市场经济"。所谓"社会主义市场经济",实质上就是混合经济。

中国的混合经济发展经历了曲折历程。西方国家一般表现为单一的私人所有制经济向混合所有制经济的转变,而我国则表现为单一的国家公有制经济向

---

① 转引自何新:《思考:新国家主义的经济观》,时事出版社2001年版,第19页。

混合经济的转变。这是由于两者基于不同的经济改革思路,我国混合经济是基于对所有制的改革,而西方国家干预政策则是基于对市场竞争的调节。具体说来,我国混合经济发展分为四个阶段:

(一) 20 世纪 50 年代初期的国民经济恢复时期:公有经济、私有经济并存的混合经济

在这一时期,"社会主义性质的国有经济""半社会主义性质的合作经济""国家资本主义经济""民族资本主义经济"和"个体私有经济"等 5 种经济成分同时并存、共同发展。这一政策的实行使国民经济得以迅速恢复。

新中国成立初期,中国共产党针对中国社会经济结构提出了不同的经济政策。新中国成立前夕,以四大家族为代表的官僚资本占资本主义经济的 80%,占全国工矿、交通运输固定资产的 80%。国民政府资源委员会拥有 291 个工矿企业,掌握全国钢铁产量的 90%,煤炭产量的 33%,电力的 67%。官僚资本不仅控制重工业,而且还控制了轻工业生产,控制全国的金融机构和铁路、公路、航空运输业等,掌握着国民经济的命脉。1947 年 10 月,中国共产党提出了"没收官僚资本"的口号,新中国成立到 1949 年年底,全国共没收官僚资本工业企业 2858 个,银行 2400 多家①,形成了占领导地位的国营经济。

从中华人民共和国成立到社会主义改造基本完成,是一个过渡时期,即从新民主主义到社会主义的转变时期。在社会主义过渡时期,对私人经济的改造主要是:

(1) 对农业的社会主义改造。对农业的社会主义改造分为三个阶段:第一阶段,新中国成立到 1953 年年底,以发展互助组为中心,同时试办初级社。第二阶段,1954 年到 1955 年上半年,是初级社在全国发展的阶段。第三阶段,1955 年下半年到 1956 年年底,是农业合作化的高潮阶段。

(2) 对手工业的社会主义改造。对个体手工业进行社会主义改造是指通过合作社的形式,把个体手工业的生产资料私有制逐步改造成社会主义集体所有制。对手工业和其他个体经济的社会主义改造采取的步骤和形式是从供销合作小组,到供销合作社,再发展到生产合作社。

(3) 对资本主义工商业的社会主义改造。对资本主义工商业进行社会主义改造,是指通过国家资本主义的途径,用"和平赎买"的方式,逐步把资本主义私人所有制改造成为社会主义全民所有制。对资本主义工商业的改造是通过国家

---

① 中共中央党史研究室:《中国共产党历史》(第二卷,1949~1978),中共党史出版社 2011 年版,第 53 页。

资本主义的过渡形式得以实现的。在具体实施过程中又表现为三个阶段:第一阶段:1953年年底以前,实行初级形式的国家资本主义阶段。对私营工商业实行加工订货、统购包销、经销代销,将它们纳入国家计划轨道。第二阶段:1954年至1955年下半年,实行单个企业公私合营阶段。第三阶段:1955年冬至1956年,全行业公私合营阶段。

(二) 20世纪50年代中期"三大改造"到改革开放之前:让一切私有制"绝种"的纯公有制经济时期

"三大改造"的胜利完成使我国的所有制结构发生了根本变化。到1956年,在国民经济中,国营经济占32.2%,合作社经济占54.4%,公私合营经济占7.3%,资本主义经济下降到0.1%,个体经济则下降到7.1%。总之,在整个国民经济中,公有制(全民所有制和集体所有制)经济占92.9%,这表明,几千年来以生产资料私有制为基础的剥削制度已被消灭,以生产资料公有制为基础的社会主义制度已经建立。

但是,由于受理论上的教条化、方法上的急躁性和路线、方针、政策极端化的影响,这一时期中国对公有制盲目崇拜并对私有制进行简单否定。这种做法虽然极大地扩大了公有经济在经济中的占比——它在工业总产值中的比重超过了99%,但与此同时却使公有经济的质量几乎减弱到了无法再减弱的程度,以至于在后来与非公有经济的竞争中节节败退,深陷危机。

直到改革开放以前,个体经济被认为是"资本主义的尾巴"或"每日每时地产生着资本主义的东西",属于被逐步消灭的对象。即使如此,到1978年,城镇个体工商业者也还有15万人。只是他们大多被迫转入"地下",以不合法的身份存在。

(三) 改革开放的启动至20世纪90年代中期:"公有经济为主体,个体、私营经济作补充"的所有制结构初步调整时期

这一时期,中国所有制结构的演变经历了一个"否定之否定"的曲折变化的历程。这时中国的非国有经济获得了较大的发展,顺利地渡过了起步阶段,同时,非国有经济也大力促进了国内经济的发展。

1981年6月,中国共产党第十一届六中全会通过的《关于建国以来党的若干历史问题的决议》第一次明确指出"我们的社会主义制度还是处于初级的阶段",因此需要发展个体私营经济。就是说,在整个社会主义初级阶段,个体私营经济的存在都是必要的、合理的。

1982年第五届全国人民代表大会第五次会议把发展和保护个体经济写入《中华人民共和国宪法》:"在法律规定范围内的城乡劳动者个体经济,是社会主

义公有制经济的补充。"1984 年 10 月 20 日,中共十二届三中全会通过的《中共中央关于经济体制改革的决定》(以下简称《决定》),特别强调了个体经济的作用。《决定》指出:"我国现在的个体经济是和社会主义公有制相联系的,不同于和资本主义私有制相联系的个体经济,它对于发展社会生产,方便人民生活,扩大劳动就业具有不可代替的作用,是社会主义经济必要的有益的补充。"1987 年 10 月召开的党的十三大指出:"私营经济是存在雇佣劳动关系的经济成份。但在社会主义条件下,它必然同占优势的公有制经济相联系,并受公有制经济的巨大影响。实践证明,私营经济一定程度的发展,有利于促进生产,活跃市场,扩大就业,更好地满足人民多方面的生活需求,是公有制经济必要的和有益的补充。"1988 年 4 月召开的第七届全国人大第一次会议通过了宪法修正案,《宪法》第 11 条增加了"私营经济是社会主义公有制经济的补充"的规定。1989—1991 年,中国的个体私营经济遇到了"寒流",在这三年里,个体私营经济的发展出现了停滞。1992 年邓小平南方谈话之后,中国个体私营经济迅速发展。1992 年 10 月,中共十四大提出要建立"社会主义市场经济体制","国外的资金、资源、技术、人才以及作为有益补充的私营经济,都应当而且能够为社会主义所利用"。"补充论"再次肯定了个体私营经济的地位,廓清了对个体私营经济的思想混乱,为私营经济的发展扫清了障碍,同时也掀起了私营经济发展的新高潮。到 1992 年年底,全国个体工商户达到 1533.9 万户,从业人员达 2467.7 万人。登记注册的私营企业达 13.9 万家,比 1991 年增长 28.8%,从业人员 231.8 万人,比 1991 年增长 26%。1993 年至 1995 年,我国私营经济更获得高速发展,三年平均增速为 66%,最高年份达到 82%,最低年份也有 51%。

(四) 1997 年迄今:公有制为主体、多种所有制经济共同发展的混合所有制经济时期

1997 年 9 月召开的中共十五大明确指出:"公有制为主体、多种所有制经济共同发展,是我国社会主义初级阶段的一项基本经济制度。"同时指出:"非公有制经济是我国社会主义市场经济的重要组成部分。对个体、私营等非公有制经济要继续鼓励、引导,使之健康发展。"至此,个体、私营等非公有制经济从社会主义经济的"补充"地位上升到"重要组成部分"的地位。在党的十五大报告的指导下,中国的所有制改革出现了一个非公有制经济大发展、国有经济大改组、公有制实现形式大变样的新局面。1998 年九届人大一次会议通过的宪法修正案,亦明确个体、私营等非公有制经济为社会主义市场经济基本制度的重要组成部分。1999 年 3 月通过的宪法修正案,对宪法第十一条做了重要修改,规定"在法律规定范围内的个体经济、私营经济等非公有制经济,是社会主义市场经济的

重要组成部分。"删去1988年宪法有关非公有制经济是社会主义公有制经济"补充"的提法。2002年11月召开的中共十六大进一步指出,根据解放和发展生产力的要求,坚持和完善公有制为主体、多种所有制经济共同发展的基本经济制度。《"十一五"规划纲要》提出,国有经济应当探索新的实现形式,除极少数必须由国家独资经营的企业外,积极推行股份制,发展混合所有制经济。

2003年10月召开的十六届三中全会通过的《关于完善社会主义市场经济体制若干问题的决定》也指出,要"大力发展国有资本、集体资本和非公有资本等参股的混合所有制经济,实现投资主体多元化,使股份制成为公有制的主要实现形式"。这段话有三层含义:一是主要强调各种资本的混合,而不只是所有制的混合。资本混合所有制经济是各种不同所有制的资本混合,往往指价值形态,是在一个企业内部不同资本在量上的融合,它不同于混合所有制经济,后者是指生产资料所有制的结构,是多种不同所有制的混合。二是把混合所有制经济定为社会主义所有制的基本形式。这里的混合经济不仅是国有经济和非公有经济的混合,还应包括各种不同公有经济的混合。三是给股份制以新的定性。股份制一定是混合经济,但混合经济不一定都是股份制,如合资企业、合伙企业等。

2013年11月召开的十八届三中全会通过的《中共中央关于全面深化改革若干重大问题的决定》指出,公有制为主体、多种所有制经济共同发展的基本经济制度,是中国特色社会主义制度的重要支柱,也是社会主义市场经济体制的根基。一方面,必须毫不动摇巩固和发展公有制经济,坚持公有制主体地位,发挥国有经济主导作用,不断增强国有经济活力、控制力、影响力;另一方面,必须毫不动摇鼓励、支持、引导非公有制经济发展,激发非公有制经济活力和创造力。

因此,以公有制为主体、多种所有制经济共同发展,是我国现阶段的基本经济制度,也是我国当前的所有制结构。

1. 以公有制为主体

"以公有制为主体",包括两方面的含义:一方面否定了过去在所有制关系上盲目追求"一大二公""纯而又纯"的单一公有制的模式;另一方面,表明中国不能全面实行私有化,而是要坚持公有制的经济基础。

第一,就全国而言,公有资产在社会总资产中占优势。

社会总资产除包括社会投入生产经营的资产外,还包括自然资源、土地资源等。公有资产(而不是国有资产)占优势,是就全国而言的,有的地方、有的领域和产业可以有所区别。

公有资产占优势,既要有量的优势,又要注重质的提高。在对量的优势的理解上,不能以单纯的比重来衡量公有制的主体地位,不要片面强调份额、数量等,公有经济要加强实力,注意提高质量。

过去曾经错误地认为,国有经济越多越好、比重越大越好。我们现在并不是放弃数量,而是确立了"质"与"量"的统一,要坚持公有制经济的主体地位,必须从这两个方面进行资产优化重组,加强其主体的地位。

第二,国有经济控制国民经济命脉,对经济发展起主导作用。

在关系国计民生的关键领域,如钢铁、邮电、铁路、航空、医药、化工等,要由国有经济来控制。国有经济要在国民经济中起主导作用,这种主导作用主要体现在控制力上。在公有制为主体、国有经济的控制力和竞争力不断增强的前提下,国有经济比重少一些,不会影响国家的社会主义性质。

2. 多种所有制经济共同发展

个体、私营等各种形式的非公有制经济是我国社会主义市场经济的重要组成部分,它们在国民经济中有着自己的地位和作用。所以,在坚持公有制经济为主体的时候,不要忘记多种所有制经济共同发展。

多种所有制经济共同发展,就是要鼓励各种非公有制经济的发展,要依法保护各类企业的合法权益和公平竞争,并实行引导、监督和管理。

坚持公有制为主体,促进非公有制经济发展,统一于社会主义现代化建设的进程中,不能把这两者对立起来。各种所有制经济完全可以在市场竞争中发挥各自优势,相互促进,共同发展。六十多年来中国所有制结构演变的实践证明,中国发展混合经济是适应生产力发展的要求的。从最近几年的情况看,混合经济已经成为推动中国经济发展的新力量。在混合经济条件下,如何通过市场"无形之手"与政府"有形之手"来推动和促进社会经济的发展,以实现效率与公平的统一,是我国构建和谐社会的重要内容。

三、混合经济下公共部门的经济职能

公共部门在经济领域应具备哪些职能?政府作为最主要的公共部门,在经济活动中又应起到什么样的作用?人们对此类问题一直都持有各自不同的看法。

马斯格雷夫在其被奉为经典的《公共财政理论》一书中,提出了公共部门活动的三个核心领域,即资源配置功能、收入分配功能和稳定经济功能。这一关于政府职能的三分法被普遍认为是对社会科学分析方法的重大贡献。直到今天,它仍然是划分和理解政府经济作用的最有价值的方法之一。

一般地说,资源配置所对应的是公共部门的效率职能,调节收入分配对应的是公平职能,稳定经济对应的是稳定职能。这三大职能之间的关系是以稳定职能为核心,以资源配置和收入分配职能为两翼,从而促进经济增长与社会发展,

处理好公平与效率之间的矛盾。

对现代市场经济的分析发现,不论在什么国家、什么时期,经济的稳定作用总是排在第一位的,它是经济社会持续发展的基础。但在不同的国家范围内或在同一个国家的不同经济社会发展阶段,是突出解决效率问题还是突出解决公平问题,是有选择性的。

就发达国家与发展中国家而言,发达国家比较注意发挥收入分配的作用,以促进社会公平;而发展中国家则比较注重资源配置作用的发挥,以刺激经济社会效率。对于一个国家而言,在经济起飞以前,政府一般比较注重在其资源配置方面的作用;在经济起飞以后,政府则较为注重收入分配作用的发挥。

四、公共部门经济职能理论的历史演进

西方学者从不同的立场、角度出发,对公共部门的经济职能进行研究,形成了众多的关于公共部门经济职能的理论学说。

对于政府的经济职能,西方学者主要有两种观点,即自由放任主义和国家干预主义。这两大经济思潮不断轮回更替。从16世纪的重商主义到18世纪中叶的经济自由主义,从20世纪30年代出现的凯恩斯经济干预主义,到20世纪70年代出现的以弗里德曼等为代表的新自由主义,以及其后出现的以斯蒂格利茨为代表的新政府干预主义,西方国家关于政府经济职能的理论也在不断地发展变化。其变迁的过程可分为以下四个阶段[①]:

(一) 资本主义萌芽时期的"国家主义经济"阶段——政府采取重商主义的经济政策

重商主义(mercantilism,16—18世纪)是封建统治被推翻之后西欧资本原始积累时期的一种经济理论,是资产阶级最初的经济学说。重商主义主张国家干预经济生活,禁止金银输出,增加金银输入。代表人物为英国的威廉·司塔福特(William Sittaford)和托马斯·孟(Thomas Mun)。

重商主义者认为,政府应当对社会经济活动施加必要影响以增进国家财富。他们把货币视为财富的唯一形式,把商品流通视为财富的源泉,把对外贸易视为增加一国财富的根本途径。为此,他们极力主张政府采取各种干预经济的措施,保护商业利益,发展商品生产,扩大产品出口和货币输入,限制或禁止商品进口和货币输出,并通过国家政权力量(武装力量)对内扫除封建割据对商业资本充

[①] 梁秋云:《西方政府经济职能理论的历史演进及启示》,人大经济论坛,https://bbs.pinggu.org/thread-89096-1-1.html,访问日期:2021年7月22日。

分发展的障碍,以形成国内统一市场,对外则实行殖民扩张,扩大商品销售市场,扩展商业资本的生存空间,以获得更多的财富(金银)。这些主张,反映了资产阶级资本原始积累的愿望。

(二) 资本主义自由竞争时期的"守夜人"阶段——政府采取古典自由主义经济政策

18世纪中叶,资本主义经济日渐成熟,市场机制趋于完善。资本主义通过原始积累,资本短缺现象已基本消除;私有产权制度已牢固确立,并受到法律保护;市场竞争规则健全,整个社会经济活动也已高度商业化;市场机制的自我调节力量已经基本形成,价格机制和竞争机制已在实际的经济生活中发挥着十分重要的作用,这为古典自由主义的出现奠定了必要的社会基础。

对政府行为与社会经济活动关系的系统研究是从亚当·斯密开始的,在他看来,只有实行自由放任即充分发挥市场机制这只"看不见的手"的作用,才能提高个别资本的使用效益,才能促进整个社会利益的提高。以亚当·斯密为代表的古典自由主义关于政府职能的观点,主要体现在他们所坚持的"有限政府"论的学说中。古典自由主义思想家们主张政府实行不干涉政策,并给予个人和企业最大限度的自由,国家的主要职责应当集中在保障个人最大程度的自由及其私有财产权等方面。

亚当·斯密认为,市场是富有效率的,能够自我调节。为了贯彻自由放任原则,斯密反对政府对经济生活的干预。他认为:"如果政治家企图指导私人应如何运用他们的资本,那不仅是自寻烦恼地去注意最不需注意的问题……而且这种管制几乎毫无例外地必定是无用的或有害的。"①

那么,在斯密的学说中,是否没有政府的地位呢? 也不是。在考察政府的起源时,斯密特别强调私有财产与政府之间的联系。他认为政府的作用主要是保护财产,具体说就是三项职能:(1)保卫本国不受他国侵犯;(2)保护社会成员的财产和人身不受他人侵犯;(3)建设和维持一些公共工程和公共事业。另外,政府的收入不能使人民负担沉重,政府应当是节俭的政府。简单地说,政府在社会中扮演的是"守夜人"②和"警察"的角色。由此可见,在斯密的理论中,政府的作用是被限制在相当狭小的范围之内的,政府只要像一个"守夜人"那样防止外来的暴行和侵略,并维持公共治安就行了,没有必要干预具体的经济活动。

亚当·斯密确立的古典自由主义,在19世纪得到进一步系统阐述,并形成

---

① 〔英〕亚当·斯密:《国民财富的性质和原因的研究》,郭大力、王亚南译,商务印书馆1972年版,第27—28页。

② "守夜人"一词并没有出现在斯密的著作中,而是后人把斯密描述的政府形象地比喻为"守夜人"。

纯市场经济学说,该学说认为仅靠市场机制就可以实现资源的优化配置。甚至有人提出"管得最少的政府是最好的政府"。该学说后来逐步演变为新古典经济自由主义。从政府的经济职能的角度来看,它们都强调自由放任,反对政府对经济的过分干预。

(三)垄断资本主义时期的"看得见的手"阶段——政府采取国家全面干预经济政策

西方发达国家在自由竞争的资本主义阶段实行单一的市场经济,运用"看不见的手"调节经济运行,极大地推动了生产力的发展。但随着生产力的发展,资本主义国家的自由竞争导致了私人垄断的产生,私人垄断的出现严重制约了市场机制作用的充分发挥,出现机制失效即市场失灵,也导致贫富悬殊和两极分化,严重地损害了广大劳动者的积极性和创造性,从而损害社会整体效率,同时还造成经济不稳定、社会不安全和政局的动荡,资本主义世界不可避免地发生了周期性经济危机,特别是1929—1933年的世界性经济危机,给各个资本主义国家以沉重打击,整个资本主义国家的生产力水平几乎倒退了近半个世纪。

按照传统的经济学理论,无论经济繁荣或衰退,政府都不应当积极干预经济活动,"看不见的手"会自动地把经济导向稳定状态。但是,这只"看不见的手"在经济大危机中似乎没有起什么作用,自由主义经济理论的缺陷在这场经济危机中充分地暴露出来。

英国经济学家凯恩斯在1936年出版了《就业、利息和货币通论》一书。他在批判自由主义的基础上,提出了现代国家干预主义。凯恩斯指出,古典自由主义背后隐含着一个很重要的假设:市场机制是完全的。完全的市场机制是"看不见的手"充分发挥作用的基础。凯恩斯通过分析,得出完全竞争的市场在现实生活中是不存在的。既然"看不见的手"不能充分有效地对市场进行调节,那么就应当让政府担当起调节供求关系的部分责任。凯恩斯认为应当放弃古典自由主义的政策主张,在市场失灵的情况下政府应当积极干预经济。后人把政府调控经济的行为称为"看得见的手"。凯恩斯在宏观经济理论上的突破,在西方思想界掀起了一场革命。在实践中,政府大规模地广泛参与经济运行始于"罗斯福新政"。正是政府对于经济活动的直接介入,挽救了那次非常严重的资本主义大危机。而且,这次"新政"使同时代的人们相信政府在配置资源方面有足够的能力。

20世纪50年代和60年代,政府全面干预的市场经济使西方国家经历了一段空前繁荣的时期,物价稳定,失业率降低,经济快速增长。人们普遍认为,强大的政府经济职能是解救"市场失灵"的有效手段。凯恩斯主义达到了顶峰,在学术界、政界和商界都占有统治地位。连当时的美国总统尼克松也说:"我们现在都是凯恩斯主义者了。"凯恩斯主义在西方国家的政府经济干预实践中证明了其积极效果。

(四)20世纪70年代以来的"球场裁判"阶段——政府采取"混合经济"政策

然而,进入20世纪70年代,西方各国的经济先后遇到了麻烦:通货膨胀加剧,在物价总水平急剧上升的同时失业也大量增加。"滞胀"的出现使人们对政府干预调节的功效失去了信心,特别是70年代的两次石油危机严重地打击了西方各国的经济,动摇了凯恩斯主义的基础。"政府失灵"的概念开始出现。

由于凯恩斯主义的"看得见的手"失效,凯恩斯的政府干预理论陷入危机,在美英等国家出现了新自由主义学派。新自由主义各派都主张在充分的经济自由基础上有限度的政府干预,认为政府是"球场裁判"的行为角色。新自由主义经济理论继而成为西方资本主义国家的官方经济学。新自由主义思潮主要是由货币学派、供给学派、新制度学派、产权学派和公共选择学派等组成的理论群体。他们针对"政府失灵",积极提倡自由企业制度,强调让市场机制重新成为经济运行的基本调节机制,加强市场的作用。例如,货币主义的代表人物、美国经济学家弗里德曼被人们认为是西方最保守的经济学家之一。他在多本著作中表达了自己对于国家干预主义和福利国家的看法。他认为:"自由市场的存在当然不排除对政府的需要,相反地,政府的必要性在于它是'竞赛规则'的制定者,又是解释和强制执行这些已被决定的规则的裁判者。市场所做的是大大减少必须通过政治手段来决定的问题范围,从而缩小政府直接参与竞赛的程度。"[①]又例如,以詹姆斯·布坎南(James Buchanan)为代表的公共选择学派提出了"政府失灵"的概念,并以此作为分析国家干预行为的基础。他们指出,由于人们在政治活动中同样要追求自己利益的最大化,加上政党政治的竞争性特点,政府与政治本身也具有各种各样的缺陷和不足。因而,政府对于社会和经济领域的干预并不一定能够弥补市场的失效;公共选择理论向人们证明,"市场的缺陷并不是把问题转交给政府去处理的充分理由",政府干预的范围应该尽可能地缩小。

20世纪80年代,斯蒂格利茨在总结了福利经济学关于"市场失灵"理论与公共选择学派关于"政府失灵"理论的基础上,结合当代市场经济中政府干预的实践提出了较为温和的国家干预理论。在斯蒂格利茨看来,市场与政府都不是完美的,二者需要结合。一方面,公共产品、外部效应、垄断等市场失灵现象的存

---

① 〔美〕米尔顿·弗里德曼:《资本主义与自由》,张瑞玉译,商务印书馆1986年版,第16页。

在,需要政府进行干预;另一方面,政府经济行为效率低,需要采取措施增强竞争、削弱垄断、适度分散政府功能,加强政府干预的积极作用。

鉴于现代资本主义经济的特点,无论是新自由主义学派还是凯恩斯学派的经济学家们都在不断修正自己的观念,已经很少有哪个经济学家主张"纯粹的自由经济"或"纯粹的政府干预",都主张在充分的经济自由基础上有限度的政府干预,都认为政府是"球场裁判"的行为角色。在这样的思想指导下,西方社会已悄然完成了政府经济职能的调整,就是综合自由市场经济与政府干预的优点,走向政府与市场结合的"混合型"经济。

从上述分析可以看到,政府的经济干预行为是与经济理论发展演变密切相关的,经济学理论指导了政府干预经济的实践,也左右了政府干预经济行为方式的历史选择。

实践表明,市场经济国家的政府经济管理行为首先要遇到两个不可回避的问题:一是市场失灵,表明政府干预的必要;一是政府失灵,表明政府干预的有限性。市场失灵理论和政府失灵理论是公共经济学中最重要的两个理论。政府与市场、公共部门与私人部门之间的相互联系、相互矛盾和相互均衡,也许是人类经济发展史上永无终结的论题。政府和市场——"看得见的手"和"看不见的手"从来就没有真正分离过。要提高政府经济管理行为的有效性,必须处理好政府与市场的关系。

【关键术语】

资源配置　帕累托效率　外部效应　公共部门职能　混合经济

【复习思考题】

1. 如何理解资源最优配置的含义?你认为要达到帕累托最优即实现资源的最优配置,应让市场机制自发起作用还是采取政府干预的形式?

2. 市场失灵主要表现在哪些方面?

3. 为什么说公共部门是弥补市场失灵的必然选择?

4. 如何理解科斯定理的内涵及意义?请运用科斯定理分析现实生活中的案例。

5. 某个小镇有两个工厂,一个是胶水厂,一个是钢铁厂。这两个工厂在生产中都排放烟雾,这种烟雾中含有一种大量吸入会有害健康的化学物质。该镇政府对这种外部效应应做出何种反应?

【参考书目】

1. 代鹏编著:《公共经济学导论》,中国人民大学出版社2005年版。
2. 黄有光:《社会福祉与经济政策》,唐翔译,北京大学出版社2005年版。
3. 辛宪:《西方经济学形象导读》,中国国际广播出版社1999年版。
4. 〔法〕让-多米尼克·拉费、雅克·勒卡荣:《混合经济》,宇泉译,商务印书馆1999年版。
5. 〔美〕鲍德威、威迪逊:《公共部门经济学(第二版)》,邓力平等译,中国人民大学出版社2000年版。
6. 〔美〕米尔顿·弗里德曼:《资本主义与自由》,张瑞玉译,商务印书馆1986年版。
7. 〔美〕约瑟夫·E. 斯蒂格利茨等:《政府为什么干预经济:政府在市场经济中的角色》,郑秉文译,中国物资出版社1998年版。
8. 〔美〕约瑟夫·E. 斯蒂格利茨:《公共部门经济学(第三版)》,郭庆旺等译,中国人民大学出版社2005年版。
9. 〔英〕C. V. 布朗,P. M. 杰克逊:《公共部门经济学(第四版)》,张馨等译,中国人民大学出版社2000年版。
10. 〔英〕庇古:《福利经济学》,金镝译,华夏出版社2007年版。
11. 〔英〕马歇尔:《经济学原理》,朱志泰译,商务印书馆1964年版。
12. 〔英〕亚当·斯密:《国民财富的性质和原因的研究》,郭大力、王亚南译,商务印书馆1972年版。

西部的两难抉择:要温饱还是要环保①

西部地区是全国的"百水之源",也是风沙源头,是我国重要的生态屏障区,其生态环境好坏,直接关系到中下游及全国广大区域的环境,对维护国家生态环境安全发挥了决定性的作用。但是,由于生态服务的提供者与生态服务的受益者在地理范围上的不对称,且生态环境具有公共产品性质,生态服务提供者无法得到合理补偿,存在着搭便车的现象,生态服务的价值和生态资本在现实中未能反映出来。西部地区由于长期过度开发,生态环境处于快速退化状态,全国一半以上的生态脆弱县集中在西部地区。为了保护西部地区脆弱的生态环境,我国

---

① 董小君:《建立生态补偿机制——实现西部"不开发的发展"》,《中国经济时报》2007年7月23日。

"十一五"规划纲要将西部许多地方列入国家限制和禁止开发区。党的十七大提出了建立"主体功能区"布局的战略构想,将国土空间划分为优化开发、重点开发、限制开发和禁止开发四类。

由于西部兼具生态功能区和欠发达地区的二重性,老百姓要致富自然要利用本地资源优势,但"限制与禁止开发"使得"靠山吃山"的西部农民失去了赖以生存的基础。如三峡水库建成后,国家规定库区所有江段及重要干流都禁止网箱养鱼。而长江沿岸多属坡耕地,农业生产条件恶劣,农民祖祖辈辈都是靠渔业为生,网箱养鱼被禁止无疑是掐断了这部分渔民的生计来源。自国家做出关闭小煤窑的决定后,重庆市奉节县每年不仅失去了10万个就业岗位,30万人面临生存困难,而且减少了近亿元的财政收入。四川的阿坝州一直以木头财政为主,自1999年天然林停采禁运后,很多县财政收入失去主要来源,导致阿坝州全州林业系统欠债98 651万元无法归还。贵州省茂兰国家级自然保护区禁止保护区农民摄取保护区资源,茂兰保护区农民无法像从前那样进行狩猎活动,导致大多数农民因缺少生活来源而陷入贫困。陕北定边县农民石光银治沙20年,总投资2000万元,营造起大片生态效益明显的林地,如果按市场价估算这片林地值1亿元人民币,但禁伐政策使"绿色银行"只能存不能取,"亿万富翁"变成了"千万负翁"。定边县农民杜芳秀、靖边县农民牛玉琴和宁夏回族自治区盐池县农民白春兰,也因类似的境况而不同程度地陷入生态效益好而经济效益不佳的"怪圈"。

西部一方面要保护环境,另一方面要解决经济发展和人民生活问题,因而陷入"要温饱还是要环保"的两难抉择。

案例分析:改革中的利益调整如果是一种"帕累托改进",此时的社会将是平衡和谐的,改革推进的阻力自然就很小。但如果不是帕累托改进,即"非帕累托改进",改革的阻力通常就比较大一些,因为,受到损害的人必然反对。

我国"主体功能区"建设与生态保护政策就是一项"非帕累托改进"。资源配置中的帕累托改进标准与"卡尔多-希克斯"标准为生态补偿机制建立提供了合理逻辑。根据"帕累托改进"和"卡尔多-希克斯改进"原则,一项改革不允许任何人的利益受到损害(帕累托改进);如果受损,受益者必须给受损失者足够的补偿才是合理公平的(卡尔多-希克斯改进)。

限制和禁止开发区的资源价值与生态价值在现实中不能反映出来。该区域老百姓陷入"要温饱还是要环保"的两难抉择。限制和禁止开发区如何实现"不开发的发展"是我国生态保护与经济发展矛盾冲突的一个问题,在我国经济发展中普遍存在。如何建立科学合理的生态补偿机制,以体现这两类开发区的生态价值,既是有效保护生态资源价值的紧迫需要,也是建立和谐社会的重要措施,具有重要的战略地位。

案 例

我国首例跨区域排污权交易——香港出钱广东脱硫[①]

2006年粤港两地就二氧化硫排污权交易于年内签订框架协议。有关该协议的谈判历时三年多,是我国首例跨区域排污权交易。

香港与广东地域邻近,共同面临空气污染问题。早在2002年4月,两地政府发表了《改善珠江三角洲地区空气质素的联合声明》,就加强环境保护的跨界合作达成共识,并表示将展开珠江三角洲地区空气质量的联合研究。

2006年广东实施环境有偿使用制度改革,并逐步推广排污权交易。广东试点在"总量控制"的前提下,实行排污权有偿取得,即通过政府招标、拍卖等方式,将排污权有偿出让给排污者。由此将改变企业随意排污、不顾忌成本的状况,使环保成本完整地反映在企业的生产成本中,使企业形成保护环境的内在压力。

双方交易的具体模式是,按照双方事先协定的交易价格,由香港方面向广东省拨出专项资金,用于广东的脱硫工程建设,而广东省利用这笔资金完成的脱硫量,就算作是香港方面完成的脱硫任务。

根据双方当时的协定,到2010年,两地各自将二氧化硫排放量削减30%。但香港企业在脱硫减污方面面临高成本压力,在限期内难以完成脱硫任务,因此香港才向国务院港澳办提出了跨区交易的申请。而广东的脱硫潜力则相当大。同时,广东省政府也希望通过二氧化硫排污权交易,让广东省内企业能够从排污中获得效益,提高企业减排的积极性。

粤港排污权交易实践历经十年而陷入僵局,主要归因于该试验区计划存在定位不准确、配额法律定性不明、缺乏公众参与和社会监督等制度设计缺陷。相对于跨省排污权交易而言,跨区域排污交易涉及更多复杂因素。毋庸置疑,粤港力推跨区域排污权交易是一项极具挑战性的事业。

---

① 案例来源:《粤港二氧化硫排污权交易谈判:香港出钱广东脱硫》,《人民日报(海外版)》2006年6月27日。案例内容有所改编。

第一章 市场失灵与公共经济

案例分析:粤港两地二氧化硫排污权交易谈判,是科斯定理在中国具体运用的一个标志性事件。

污染是一种比较常见的负外部效应。有多种方式减少或避免污染产生的外部效应。例如利用法律禁止排污,颁布相关的气体或水质标准,或者制定允许的最高污染限量,向那些减少污染排放物的企业提供补贴,或者向那些排放污染物的企业征收特定的排污税等。

除了以上方式之外,国际上比较通行的方式就是排污权交易制度,是政府利用市场机制控制污染总量的方式。政府对企业的生产进行一定程度的管制,给它一定的污染权限,来保护环境免受污染。企业只能在给定的污染权限里进行生产活动,如果超过给定的污染权限,政府将干预它的生产活动。但是这种政府管制会产生新的问题。污染权的限制将使企业的发展受到严格的制约。案例中广东和香港两地企业面临着截然相反的状况:香港企业在脱硫减污方面面临高成本压力,广东的脱硫潜力相当大,排污总量指标有剩余。由于粤港两地污染治理成本存在差异,排污权交易就可能使交易双方都受益。在广东省实施二氧化硫排污许可证及排放总量控制的前提下,排污权交易鼓励企业通过技术进步进行污染治理,最大限度地减少排放总量,而企业节约下来的污染排放指标将成为一种可用来交易的"有价资源"。

这正是科斯解决外部效应的思路。不容否认,粤港两地二氧化硫排污权交易是一种追求使用最少排放指标的市场手段,通过排污权交易控制大气污染是一种社会进步。此项实践表明,排放总量制与排污权交易制度具有显著的环境和经济效果。排污权交易制度也为政府通过买进或卖出许可证进行宏观总量调控提供了可能。

目前,在国际上碳排放权作为一种商品,可以在全球碳市场进行交易。其中以项目为基础的减排量交易有两种形式:一是《京都议定书》中的联合履行(JI),二是清洁发展机制(CDM)。JI项目是在发达国家和经济转型国家之间进行的,CDM则在经济转型国家与发展中国家之间展开。2006年,全球CDM市场的交易额达50亿美元。中国CDM项目开发正面临着一个前所未有的大好环境,中国提供的年度减排量达40%以上,居世界第一。发达国家日益把中国作为其实现《京都议定书》目标、开展CDM项目的战略重点之一。

用污染许可证减少污染看起来可能与用庇古税完全不同,但实际上这两种政策有许多共同之处。在这两种情况下,企业都要为污染付费。使用庇古税时,排污企业必须向政府交税。利用污染许可证时,排污企业必须为购买许可证进行付费。庇古税和污染许可证都通过使企业排污付出成本而把污染的外部效应内在化。

应用科斯定理的机会是有限的:(1)交易成本高时;(2)参与方的数量很大,达成协议需要的组织和谈判工作太多(免费搭车);(3)即使不满足(1)和(2)也并不意味着会达成有利的协议。因此,虽然明确分配产权会解决有些负的外部性问题,但还需要更多的积极的政府干预。

一些环保主义者批评污染经济分析:"我们不能让任何人选择付费污染。"他们认为,清新的空气和清洁的水是基本人权,不应该因经济考虑而被贬低。怎么能给清新的空气和清洁的水确定价格呢?他们声称,环境如此之重要,以至于无论代价多大,我们都要尽可能保护它。

经济学家认为,一些环保积极分子没有从经济学角度思考问题而伤害了自己。实际上,环境是一种奢侈品,富国可以比穷国享有更清洁的环境,因此,富国也有更严格的环境保护。就像其他物品的需求一样,清洁空气和水的需求也要对价格做出反应。环境保护的价格越低,公众也越想要保护环境。用污染许可证和庇古税的经济方法降低了环境保护的成本。因此,它们增加了公众对清洁环境的需求。

第二章　公共经济主体

【教学目的和要求】

公共部门是从事公共经济活动的主体，有着鲜明的特征和价值。随着经济和社会的发展，公共经济活动逐渐出现了多中心趋势并向深入发展。公共领域的多中心化主张建立政府、市场、社会乃至国际社会多维框架下的多中心治理模式。政府在多元治理体系中居于核心和主导地位，同时政府自身也积极进行变革，以应对日益复杂和多元的治理环境。同时，私人部门、社区、非营利组织、公共企业、国际组织等主体参与到了公共经济活动中，并成为重要的主体，发挥着愈来愈重要的作用。

本章教学目的在于使读者初步掌握公共经济主体的不同构成、内涵及功能，把握公共经济主体多中心化及未来治理发展的趋势。重点掌握两个方面的内容：

其一，理解公共经济主体多中心发展趋势及其原因。

其二，理解公共经济活动的主体构成，掌握政府、私人部门、社区、非营利组织、公共企业、国际组织等在公共经济活动中的地位和作用。

第一节　公共经济主体的多中心趋势

一、公共部门的内涵及功能

从事公共经济活动的主体主要是公共部门。传统上，人们认为社会上存在公共部门和私人部门两大部门。私人部门的主体是私人企业，公共部门则是指政府组织。私人企业以营利为目标。私人企业之间相互产生影响和联系的基础是市场机制。

公共部门具有公共性、权威性、稳定性、合法性等特征。其功能主要体现在：一方面，维护市场经济秩序。秩序表现为市场经济各主体服从一整套公认的规则和契约关系。政府所具有的强大权力以及作为公共利益代表的身份使它责无旁贷地担负起制定和维护规则的主要职责。立法、行政、司法机关分别制定、执行和监督执行涉及市场经济方方面面的法律法规。同时,政府还有责任维护市场经济公平竞争的环境,防止因对市场竞争的放任自流而导致垄断行为的出现,在市场经济的公正和效率双重目标之间寻求平衡。另一方面,提供公共产品。公共产品的消费具有非排他性,由于无法对其进行分割,很容易出现搭便车的情况。在私人部门不愿提供公共产品的情况下,这一责任只能由政府及非营利组织来承担。另外,政府还对收入进行再分配以及对宏观经济进行调控。

二、公共经济主体多中心趋势及其原因

在传统认识上,政府被认为是公共经济活动最重要的主体,甚至是唯一的主体。在这种思维模式主导下,政府几乎垄断了公共经济和公共产品供给领域的一切事务。其主要原因在于,公共经济活动,尤其是大规模的公共产品供给,一般具有成本高、规模大、周期长和效益低等特点,且不易将免费搭车者排除在外,因此,私人部门和非营利组织等主体没有能力或没有动力来参与公共经济活动,提供某些公共产品。相比之下,政府一般拥有"暴力潜能"和动员大规模社会资源的能力,同时又具有广泛的社会代表性,具有增进和维护社会公共利益的道德使命感。因此,政府有条件、有能力,也有道德驱动力来从事具有规模经济优势和非营利性的公共经济活动。

随着经济和社会的发展,政府作为公共经济唯一主体的地位和合法性受到挑战,公共经济活动逐渐出现了多中心趋势并深入发展。私人部门、社区、非营利组织、公共企业、国际组织等主体参与到了公共经济活动中,并成为重要的主体,发挥着重要的作用。

公共经济主体多中心趋势出现的原因,可归结为以下几个方面。

第一,公共经济活动中存在"政府失灵"的现象。福利经济学家往往把政府作为一种外生变量,即不存在交易成本问题。而实际上政府作为一种制度安排,同市场制度一样,也是一种内生变量,其自身的运行以及其向公众提供公共服务和公共产品同样存在交易成本问题。由于政府系统缺乏明确的绩效评估制度,其效率和效益较私人部门难以测量。现实中普遍存在政府公共部门效率低下、效益结果不明确的现象。同时,政府政策过程不能有效解决公共产品供给中的信息不对称问题。个人等待搭便车的理性转到公共决策中来就表现为集体非理性和公共产品的生产不足。投票人会有意隐瞒其真实偏好,从而出现公共产品的供给不足。再者,政府官员也是理性的经济人,公共经济活动中也难免存在特殊利益集团的"寻租"现象。因此,以政府为主体的公共经济活动在某种程度上是一个政治过程,其交易成本甚至比市场制度更昂贵,出现公共经济活动中的腐败现象。此外,公共服务领域不断扩大,使得政府财政资源难以为继,导致政府

提供公共服务的有效性程度和品质的下降。正如世界银行所认为的,"在许多国家中,基础设施、社会服务和其他商品及服务由公共机构作为垄断性的提供者来提供不可能产生好的结果"[①]。由此,人们开始思考公共产品的其他供给方式,公共产品的多元化供给理论开始得到发展并逐步付诸实践。

第二,人们对公共经济尤其是公共产品的认识不断发生变化。传统上,人们一般认为公共产品具有非排他性和非竞争性,公共产品只能由政府来提供,私人提供没有优势。事实上,公共产品分为纯公共产品(同时具有非排他性和非竞争性)和准公共产品,其中准公共产品又包括俱乐部公共产品(具有排他性,不具有竞争性)和公共池塘资源公共产品(具有竞争性,不具有排他性)。此外,公共产品的生产和提供是可以分开的,即私人部门可以具体生产某种公共产品,政府部门通过资助或购买等形式将该类公共产品提供给社会公众。公共产品理论的发展为其他主体参与公共经济活动提供了理论基础。

第三,科学技术的进步为其他主体参与公共经济活动提供了技术上的可能性。举例来说,电视节目是一项公共产品,加密技术的应用可以使私人部门通过收费形式来提供此类公共服务。此外,随着金融工具的不断创新及投融资手段的更新等,资本市场日益发达。服务外包、特许权经营、合同出租、BOT 和 BOO 模式、政府采购等方式的出现,推动传统上由政府垄断的公共服务和公共产品开始进入市场,并由其他主体进行多元化经营。

第四,国际合作日益加强。在全球化背景下,一个国家不可能游离于世界体系之外而单独发展,许多国际公共问题如环境保护、国际犯罪、国际互联网等单靠一国的能力无法应对,必须通过有效的国际合作机制以促进众多国家的参与。建立在公正、平等等原则基础上的国际合作机制以联合各个国家参与国际公共经济问题的治理是必然发展趋势。

第五,市场经济的深入发展和社会自主性程度的提高,也为公共经济多元主体的出现提供了现实条件。改革开放以来,我国社会主义市场经济得到了深入发展,市场主体不断发展壮大。同时,社会自主性程度不断发展,社会主体参与社会治理的意愿和能力不断增强。多元市场主体和社会主体有能力、有意愿为政府治理提供有力的补充。

总之,当今公共经济的主体已呈现多中心化的趋势。一方面,在世界范围内,私人部门已广泛参与到航空、能源、道路基础设施、电信、教育等公共产品领域。我国随着改革开放的深入推进,私人部门也已成为公共产品及公共服务供

---

① 世界银行:《1997 年世界发展报告——变革世界中的政府》,蔡秋生等译,中国财政经济出版社 1997 年版,第 4 页。

给领域的重要力量,并发挥着越来越积极的作用。同时,社会的发展仅有企业组织是不够的,需要在公众和私人企业之上,有作为全体公众代表的权威组织存在,维持经济和社会发展的秩序。另一方面,处理公共事务仅仅依靠政府是远远不够的。政府行政手段的效果是有限的,这就需要在政府之外,社会公众自己建立各种组织团体来处理那些政府部门和私人企业都处理不好也不愿处理的公共事务。民间自发形成的组织不以营利为目的,实行自治管理,自愿从事公共事务管理活动,其组织性质、作用手段及活动领域与私人企业和政府组织都有所不同,被称为"非营利组织",它们作为一个整体,又被称为私人部门和政府部门之外的"第三部门"。由于非营利组织的目标和宗旨与政府一样,都是从事公共事务管理,为经济和社会发展提供公共产品和服务,促进公共利益提高。一般说来,非营利组织涵盖了与公民权益、法律、工会、行业协会、经济服务、文体、卫生、教育、社会保障和社会服务、环境保护、社区组织等各个方面相关的非政府组织。此外,为增强政府调控经济的能力、增进公共福利,许多国家都建立了大量的公共企业,它们尽管从事商业活动,但由于承担着公共责任,也构成了公共部门的一部分。

第二节 公共经济主体之一:政府

一、政府的概念和基本特征

作为主要的公共经济主体,无论在历史上,还是在当代,政府都处于主导地位,发挥核心作用。对于政府的含义的理解,中外学者莫衷一是,形成了众多的观点。现代中国对政府的定义有两种说法:一种观点认为,政府就是国家行政机关,是国家机构的组成部分,是一个国家的统治阶级运用国家权力组织和管理国家行政事务的机关。另一种观点认为,政府有广义和狭义之分。狭义的政府就是中央和地方各级国家权力机关和执行机关或国家行政机关。广义的政府包括国家立法机关、行政机关和司法机关。近现代西方关于政府含义比较主流的观点认为:政府是"共同体"和"中间体",一切权力属于人民,政府是权力的执行者;政府是社会控制的杠杆。目前在西方实行总统制的国家中,政府一般是指中央和地方全部的立法、司法、行政机关;对于实行内阁制的国家而言,政府通常是指中央和地方的行政机关。[①]

不同学科对政府的界定有所不同,主要着眼于政府在不同学科框架中的作

---

① 谢庆奎主编:《当代中国政府》,辽宁人民出版社1991年版,第1—45页。

用和功能,以及学科研究的目的和任务。国际法意义上,政府是主权国家的要件之一,是某一国家和某一地区的合法代表。国内法意义上,政府一般是指行政机关,比如,中华人民共和国政府就是国家的行政机关。在政治学意义上,政府是统治阶级实现政治统治的机关、工具和中间体。"政府是国家实体的一部分,即核心部分,它自然也是政治组织的组成部分。"①传统公共行政学所定义的政府则是指建立在马克斯·韦伯科层理论上的行政组织。

本书基于公共经济视角理解政府的内涵。政府是公共经济行为的特定主体,经济组织所具有的一般特征政府都具有,但政府同时具有区别于其他经济组织(比如家庭、企业、社区、非政府公共组织等)的特征。对经济组织的分析可以从经济决策的角度来展开。借鉴 DIM 法②分析政府的决策、信息、动力机制的特征以及对经济行为的影响,就可以得到政府在经济学意义上的具有可操作性的界定。

从决策来讲,政府的决策建立在权力基础之上。权力的普遍性和强制性③,使得政府的决策也具有强制性、公共性和普遍性。因此,政府具有下面的优势④:课税优势、禁止或允许的优势、节约交易成本的优势、遏制搭便车优势、独特的财政货币权力,以及拥有庞大的财政实力,可以承担任何社会组织无法承担的巨额债务和沉淀资本。

从信息来讲,在传统公共行政模式基础上建立的政府采用的是科层组织结构,信息传递是单向度的,自上而下的,主要表现为"纵向信息流"。而市场组织中的市场主体之间是平等的契约关系,信息的收集、传导、处理、储存、取出和分析根据价格相互达成一致和均衡,主要是"横向信息流",对信息的反应是敏感和快速的。因此,政府机构的人员是遵循官僚制的规则办事,而不是根据市场信息办事,对市场价格、市场均衡和效率不敏感。

从动力来讲,政府的动力来源于政治家的政治纲领约束和推动,来源于官僚的升迁欲望。这当中存在复杂的委托—代理关系,从而导致政府动力运行方式

---

① 李景鹏:《权力政治学》,黑龙江教育出版社 1995 年版,第 47—48 页。
② DIM 法是由美国经济学家埃冈·纽伯格和威廉·达菲(Egon Neuberg and William J. Duffy)首先系统阐明的一种决策分析方法。这种方法的倡导者把经济体制看作一种经济决策的机制,由于决策过程包括决策权的分配(决策结构,Decision Maker/Decision Making)、向决策者提供他们能够做出合理决策的信息(信息结构,Information)、决策者借以实现其决策的机制(动力结构,Motionation)三部分,故简称"DIM 法"。
③ Joseph E. Stiglitz, "On the Economic Role of the State", in Joseph E. Stiglitz et al., *The Economic Role of the State*, Oxford: Basic Blackwell, 1989, pp. 21—22.
④ 毛寿龙:《中国政府功能的经济分析》,中国广播电视出版社 1996 年版,第 19—21 页。

的复杂性,使得政府的行为可能沿着多种路径发展。而市场的动力机制在于企业根据价格信号,通过技术进步和节约组织管理费用等途径降低成本以获取利润,在竞争中取得胜利。政府动力机制的特殊性是分析政府经济行为的重要维度。

总之,政府作为公共经济主体,是连接公民和国家的中间体,其最显著的特征表现为强制性和普遍性。从这一基本特征出发,政府在决策、信息、动力方面不同于其他经济组织:在决策上具有强制性、普遍性;在信息上主要是"纵向信息流";在动力机制上对价格和利润不敏感,对选票和升迁敏感。这种特殊的制度安排决定了政府能够提供公共产品,但由于公共产品的多样性,政府需要不同的供给制度安排。

二、政府的主要职能与公共产品提供方式

"政府应该做什么"这样的问题或许构成了政治哲学中人们反复讨论的古老的话题。政府在许多方面介入的程度从根本上说是意识形态的差异。在其他条件相同的情况下,极右派主张政府干预的最小化,而极左派则主张政府对经济实行全面干预。右派认为应让个人为自身利益做出经济决策,而左派则坚信只有集体行动和国家所有制以及国家干预才能解决他们所认为的资本主义固有的社会问题和不平等。在过去的两个世纪中,西方国家不同时期政府的介入程度总是摇摆于两极之间,政府对社会的干预经历了若干重要阶段。[①]

关于政府的职能,世界银行在其 1997 年的《世界发展报告》中指出,每一个政府的核心使命包含五种基本的角色:确立法律基础;保持一个健康的政策环境,包括保持宏观经济的稳定;投资于基本的社会服务和社会基础设施;保护弱势群体;保护环境。安德森提出相对较为实用的政府角色,他总结了七项被其称为"一般角色"的政府基本职能。[②] 一是,提供经济基础。政府为现代资本主义体系的正常运转提供必需的制度、规则和安排,包括对产权的界定与保护,合同的强制执行,为货币、度量衡、公司章程、破产、专利、版权提供标准,法律秩序的维护以及关税体系等。现代经济社会也是政治社会,没有政治体系为其提供的游戏规则和经济生活的框架,经济体系根本无法运行。合同具有法律约束力是由于法律的存在,而这种法律是由国家制定并最终通过国家强制力予以保证实施的。二是,提供各种公共物品与服务。有些有益于整个社会的公共物品对个

[①] 〔澳〕欧文·E. 休斯:《公共管理导论(第二版)》,彭和平等译,中国人民大学出版社 2001 年版,第 106 页。
[②] 同上书,第 119 页。

人而言却很难根据使用的数量而付费,包括国防、道路、桥梁、航行救助、洪水控制、下水道清理、交通管理系统以及其他基础设施。三是,解决与协调团体冲突。政府得以存在的一个基本理由是需要解决和缓解社会冲突,以实现正义、秩序和稳定。四是,维持竞争。竞争在私营部门中并不总能持续进行,这常常需要政府干预以确保企业竞争的真正实现。五是,保护自然资源。不能仅依赖于竞争性力量来防止资源浪费,保护自然环境不受侵害,以及确保后代的利益不致受损。市场活动对环境的破坏是外部性和市场失灵的例证,只有政府才能缓解这种对环境的破坏。六是,确定个人获得商品和服务的最低条件。七是,保持经济稳定。政府通过财政预算、货币政策以及对工资与物价的调控等行为来缓解经济波动。

20世纪80年代以来,政府进行了一系列变革,如削减开支、追求效率以及各种形式的民营化运动等,政府的角色发生了变化,政府变得越来越像掌舵者而非划桨者。政府职能及主要运行方式:一是政府供应。政府通过财政预算提供商品与服务;提供非市场化的商品或服务,如道路、防务、教育、卫生以及社会福利。二是补贴。政府通过资助私人经济领域的某些个体以生产政府所需的商品或服务,其涵盖的范围广泛,包括对农民的补贴、对工业的补贴、对私人公共汽车公司或对私立学校的补贴等。三是生产。政府生产在市场上出售的商品和服务。四是管制。政府运用国家的强制性权力允许或禁止私人经济领域的某些活动,如设定关税、颁发许可证以及管制劳动力市场等。

第三节 公共经济主体之二:私人部门

一、私人部门参与公共经济活动的可能性

关于私人主体提供公共产品的认识,肯尼思·戈尔丁(Kenneth D. Goldin)认为,在公共产品的消费上存在着"平等进入"(equal access)和"选择性进入"(selective access)。[①]"平等进入"指公共产品可由任何人来消费,如公园中的露天音乐会。"选择性进入"指消费者只有在满足一定的约束条件,例如付费后,才可以进行消费,如在音乐厅中举办的音乐会等。可以"平等进入"的公共产品一般是纯公共产品,如国防。而"选择性进入"的公共产品一般是俱乐部产品,如高尔夫球场、音乐厅。戈尔丁认为福利经济学忽视了公共产品供给方式上的"选择性进入"。没有什么产品或服务是由其内在性质决定它是公共产品或不

---

① Kenneth D. Goldin, "Equal Access vs. Selective Access: A Critique of Public Goods Theory", *Public Choice*, Vol. 29, No. 1, 1977, pp. 53-71.

是,有的只是供给产品或服务的不同方式,即"平等进入"和"选择性进入"。产品和服务采取何种供给方式取决于排他性技术和个人偏好。若公共产品不能通过市场手段被充分地提供给消费者,那是因为把不付费者排除在外的技术还没有产生或者在经济上不可行。戈尔丁的分析,特别是他提出的"选择性进入"为探讨公共产品的私人供给问题,尤其为解决准公共产品的"拥挤性"问题指明了方向。继戈尔丁之后,德姆塞茨(H. Demsetz)在《公共产品的私人生产》一文中指出,在能够排除不付费者的情况下,私人企业能够有效地提供公共产品。他认为,若一个产品是公共产品,那么对同一产品付不同价格是满足竞争性均衡条件的。不同的消费者对同一公共产品有不同的偏好,因此可以通过价格歧视的方法来对不同的消费者收费。[1] 德姆塞茨从技术的角度讨论了私人提供公共产品的可能性,即如果存在排他性技术,则私人可以很好地供给某些公共产品。例如,高速公路作为一种准公共产品,就可使用"选择性进入"的方式,即在高速公路入口处设置收费站,通过选择方式将搭便车者排除在外。因此,正是具有这种"选择性进入"的特性,高速公路可以通过私人投资、私人收费的方式来建设和运营。其他学者,如布鲁贝克尔(Earl R. Brubaker)认为,公共产品消费上的搭便车问题缺乏经验方面的科学根据,它忽视了现实中许多影响人们表明自己对公共产品需求的重要因素。例如,社区中某一成员虽然因为搭便车享受了短期利益,但他会失去社区成员的信任而有损于自己的长期利益。出于这一考虑,社区成员搭便车的动机就会大大减弱。[2] 史密兹认为,在公共产品的供给上,消费者之间可订立契约,根据一致性同意原则来供给公共产品,从而解决搭便车问题。[3] 举例来说,某一社区计划兴建一个健身场所,社区成员在一致同意原则下订立契约,规定该健身场所可由某个成员投资兴建,但使用者需向投资者付费。

如果说上述学者是从理论角度论证了私人部门提供公共产品的可能性,那么科斯则从经验的角度开展了论证。灯塔作为一种公共产品,长期以来一直被认为只能由政府提供。科斯在其经典论文《经济学的灯塔》[4]中认为,从17世纪开始,在英国灯塔一直是由私人提供的,并且不存在不充分供给的情况,政府的

---

[1] Harold Demsetz, "The Private Production of Public Goods", *The Journal of Law & Economics*, Vol. 13, No. 2, 1970, pp. 293-306.

[2] Earl R. Brubaker, "Free Ride, Free Revelation, Or Golden Rule?" *Journal of Law and Economics*, Vol. 18, No. 1, 1975, pp. 147-161.

[3] David Schmidtz, "Contracts and Public Goods", *Harvard Journal of Law & Public Policy*, Vol. 10, No. 2, 1987, p. 475.

[4] R. H. Coase, "The Lighthouse in Economics", *The Journal of Law & Economics*, Vol. 17, No. 2, 1974, pp. 357-376.

作用仅限于灯塔产权的确定与行使方面。管理灯塔的机构是领港公会(Trinity House)——一个对公众负责的私人组织。具体来说,私人从国王那里获得修建灯塔的专利权。国王允许私人向船只收费,费用通过港口代理者(通常是海关官员)来收取。在1820年,英格兰和威尔士共46座灯塔,其中34座由私人建造。虽然后来英国政府规定由领港公会收购所有私人灯塔,但领港公会实际上是一个私人组织,而不是政府部门。因此,英国历史上的灯塔基本上是由私人供给的。科斯的研究表明,一向认为必须由政府经营的公共产品也是可以由私人部门提供和经营的。

综上所述,私人部门若要成功地提供某些公共产品,需要具备以下条件:

首先,私人部门提供的公共产品一般是准公共产品。纯公共产品一般具有规模大、成本高的特点,政府可利用其规模经济和"暴力潜能"优势较为经济地提供。而私人部门提供纯公共产品交易成本大,且可能性小。例如产权、收入分配政策等制度安排就不能由私人部门提供。相对而言,准公共产品一般规模小、成本低,涉及的消费者数量有限,容易使消费者根据一致性同意原则,订立契约,自主地通过市场方式来提供。当然,私人部门不能提供纯公共产品并不意味着私人不能涉足这个领域,要把某些纯公共产品的提供和生产区分开来,例如,某些国防产品可以由私人部门生产,但由政府通过采购等方式来提供。

其次,在公共产品的消费上必须存在排他性技术。这就是戈尔丁提出的公共产品使用上的"选择性进入"方式。纯公共产品,如国防,同时具有非排他性和消费的非竞争性,因此很难排除搭便车等外部性问题。公共池塘资源,如公共渔场、牧场等也存在这个问题。而俱乐部产品,因为存在着"选择性进入"方式,即排他性技术(如音乐厅的门票),可以有效地将免费搭车者排除在外,所以能大幅度地降低私人提供产品的交易成本,从而激励私人提供某些公共产品。相反,如果缺乏某种排他性技术,则私人提供的公共产品难免会陷入"公共的悲剧"。在科斯的灯塔案例中,港口即一种排他性技术,进入港口的船只必须缴纳灯塔税。实践证明,这种方式较为成功地将灯塔的搭便车者排除在外。总之,技术性和机构性创新为具有竞争性的私人部门的参与提供了新的机会。

最后,私人部门提供公共产品必须要有一系列制度条件来保障,其中最重要的制度安排是产权。按照阿尔钦(Armen A. Alchian)的定义,产权是一个社会所强制实施的选择一种经济品的使用权利。[①] 产权的一个特点是强制性,只有强制性的产权才能使产权所有者形成对产权的良好预期,从而有足够的激励来行

---

① 〔美〕A. A. 阿尔钦:《产权:一个经典注释》,R. 科斯、A. 阿尔钦、D. 诺斯:《财产权利与制度变迁:产权学派与新制度学派译文集》,刘守英等译,上海三联书店1994年版,第166页。

使产权。因此,只有界定私人部门对某一公共产品的产权,并且有一系列制度安排来保护产权的行使,私人部门才有动力来提供某一公共产品。再以灯塔为例,私人从国王那里取得修建灯塔的专利权,即从法律上获得了对灯塔的产权包括收益权,也就以法律手段保障了私人修建灯塔的权益。

二、私人部门参与公共经济活动的形式与影响

私人部门参与公共经济活动、提供公共产品的形式一般有三种:一是私人部门的独立供给;二是私人部门与政府部门的协同供给;三是私人部门与社区的协同供给。

首先,私人部门的独立供给,是指某种公共产品的生产和提供由私人部门按照市场化方式来单独完成,私人部门通过向消费者收费来获得收益。科斯的灯塔就是很好的例证。再如,香港凤凰卫视在内地的部分电视节目设置了加密频道,只有付费的观众才可收看。

其次,私人部门与政府部门的协同供给,是指在公共产品的生产和提供过程中,私人部门和政府部门由于双方资源的互补性和利益的一致性来共同提供某种公共产品。例如,出于社会公共利益需要,政府部门通过给予补贴和优惠政策的形式来对私人部门提供某种公共产品进行激励。具体来说:政府可以通过补贴形式来支持私人部门治理沙漠,从而形成某种协同供给模式。再如,根据生产和提供相对分离的原则,政府部门和私人部门可以就国防产品的生产签订合同,即私人负责生产,再由政府进行采购后提供给社会公众。

最后,私人部门与社区的协同供给,是指私人部门与社区通过有条件的合作来提供某种公共产品。例如,社区可给予私人部门一些优惠政策,比如提供场地等来从事某项公共活动,私人部门则可以以较低的价格向社区成员提供某种社区公共产品,从而双方均得以受益。

私人部门参与公共经济活动促进了公共服务市场化的发展。公共服务市场化是20世纪80年代以来西方发达国家行政改革实践的核心组成部分,通过重新审视政府在经济和社会发展中的作用和地位,将政府的部分公共服务职能推向市场,由私人部门通过市场化的方式提供。其内容主要包括:将决策和执行分开,即政府主要是"掌舵",而不是"划桨";公共服务的供给者多元并存,打破垄断,竞争发展;公共服务的消费者有在多元供给者之间进行选择的权利和用以选择的资源。[①] 公共服务市场化的形式,一般有业务合同出租、授予经营特许权、

[①] 宋世明:《工业化国家公共服务市场化对中国行政改革的启示》,《政治学研究》2000年第2期,第47页。

公私合作、消费者付费和凭单制度等等。其本质是在明确政府职能限度的基础上,对私人部门参与公共经济活动的可能性以及在此基础上私人部门提供公共服务和公共产品的合法性的承认。

第四节 公共经济主体之三:社区

一、社区的内涵及供给公共产品的特点

社区(community)是进行一定社会活动,具有某种互动关系和共同文化维系力的人类群体及其活动区域。社区的内涵主要包括:社区占有的一定地域,如村落、集镇等;社区的存在离不开一定的人群;社区中共同生活的人们由于共同的利益,面临共同的问题,具有共同的需求而结合起来进行生产和其他活动;社区的核心内容是社区中人们的各种社会活动及其互动关系。

社区是不同于政府或者私营企业的公共产品的提供主体。其特点是,社区公共产品的生产是基于生活聚集区的居民的实际需要,由居民根据协商原则集资完成,居民缴纳的资金并不出于利润的目的。社区与政府的不同在于:社区不具有强制性和普遍性,而是具有自愿基础上的契约性;社区通过自愿筹集资金、灵活的组织形式提供公共产品;社区可以通过自愿协商和产前契约等方式使社区中的个人偏好较好地显示出来;社区公共产品一般只能是社区的人员共享。搭便车在社区中比较容易遏制,因为社区提供公共产品具有小范围内的非排他性,成本—效益偏离不大。社区与私人部门的区别在于:社区决策相对集中,社区中人员行为的信息传递并不单一依靠价格,人员动力也并非单纯获取利润;社区中往往存在捐赠等公共产品的提供;社区有多种组织形式提供公共产品;社区为社区居民自己生产。

二、社区供给公共产品的方式

随着市场经济的发展,国家与社会关系的不断调整,社区提供公共产品的范围、领域、形式等在不断扩展。

一是社区通过产前契约的形式提供公共产品。早在1975年,布鲁贝克尔从偏好显示出发,详细论证了契约前的排他性(pre-contract excludability)可以在社区范围内解决搭便车的问题,形成了社区通过产前契约的方式提供公共产品的理论。所谓产前契约,就是在社区没有某种公共产品而该产品又为社区中的人们所需要的时候,在生产该公共产品前大家进行谈判,如果大家各自表达需求程度不足以生产公共产品,则资金归还社区成员。对于产前契约,社区成员有三种

对策:其他人提供资金,自己搭便车;支付保证其相应份额的费用;整个社区成员都试图搭便车,结果导致全体被排除。布鲁贝克尔证明了在社区中由于人们之间紧密的关系,多次博弈将导致第二种结果,即公共产品能够有效地供给。① 关键人物提供公共产品的方式对社区公共产品供给的实现具有决定意义。关键人物是对社区成员有较大影响,并直接承担生产责任的人。理性经济人在公共产品提供的决策过程中会隐瞒和歪曲真实意愿与评价,使得公共产品的提供陷入决策困境。当社区中对某种决策争议比较大的时候,或者赞成和反对的人势均力敌的时候,关键人物对公共产品的提供起到了一锤定音的作用。关键人物之所以能够成为关键人物,是因为他来自社区,对社区有着长期、深刻的了解,能够根据社区的社会成本进行决策。

二是组建私人管理机构。为减少社区生产公共产品决策时的谈判费用和决策成本,组建私人管理机构(private-government)是可行的办法之一。② 私人管理机构作为一种社会治理的重要形式,具有自愿性、排他性、补充性、竞争性的特点。自愿性是指私人管理机构的组建是建立在社区成员自愿加入的基础上的,不受强制力量的约束,加入和退出基于成员的自由契约。排他性是建立在自愿性的基础上的,组建的私人管理机构提供的公共产品仅仅提供给参加私人管理机构的成员。补充性是指私人管理机构作为政府的补充提供公共产品。竞争性是由于私人管理机构提供公共产品的成本可能小于政府提供公共产品的成本,与政府提供公共产品形成潜在的竞争。私人管理机构一般采用两种形式:居民社会团体(residential community associations)和社区企业促进联合体(business improvement districts)。前者由住户组成,后者由社区中的大小厂商组成,它们的执行能力来源于契约、客观条件对产权交易的限制等。私人管理机构为社区成员排他性地提供公共产品,成为政府和企业提供公共产品的潜在竞争者。当然,社区私人管理机构提供公共产品的初衷在于节约交易费用,作为政府财政不足的补充而出现,但社区私人管理机构是否能够真正做到自愿性是值得探讨的。如果私人管理机构蜕变成为具有专制色彩的机构,将是对民主价值的损害,也有损公共产品提供的效率。此外,私人管理机构替代政府提供公共产品,对于那些被排除在私人管理机构提供的公共产品的消费之外的人来说,既失去了政府原来提供的公共产品,也无法享受私人管理机构提供的公共产品。

---

① J. H. Dreze and D. de la Vallee Poussin, "A Tâtonnement Process for Public Goods", *The Review of Economic Studies*, Vol. 38, No. 2, 1971, pp. 133-150.

② Robert W. Helsley and William C. Strange, "Private Government", *Journal of Public Economics*, Vol. 69, No. 2, 1998, pp. 281-304.

三是自愿供给。公共产品的企业提供关键是解决企业通过市场机制向消费者收费的问题；政府提供公共产品关键是看公共选择如何使真实的偏好显现出来，公共选择的规则是关键。社区中存在一种自愿提供公共产品的方式。自愿者的支付采用多种形式，一般来说有金钱和时间两种形式。在美国，沿海救生艇的服务就是自愿供给的，许多医疗研究是靠捐赠进行的，许多剧院、交响乐团、体育俱乐部都是靠捐赠维持的。在新加坡等地，市民自愿小组、义工等组织和个人提供助残、消防安全、住宅安全、成人教育等公共服务。自愿提供公共产品与社区人员长期形成的社区文化有关。社区文化就是社区经过长期形成的，对社区成员心理、行为、价值具有稳定影响力的精神形态。社区文化有利他主义趋向的，也有利己主义趋向的，还有自由主义趋向的。根据不同的公共产品需求培育不同形态的社区文化，对于减少公共产品提供的搭便车现象、高效地提供公共产品具有重要的意义。

第五节　公共经济主体之四：非营利组织

一、非营利组织的内涵及兴起

非营利组织兴起于美国，原义指私人为实现自己的某种非经济愿望或目标而发起的各种各样的社会机构或组织，其中包括基金会、慈善筹款协会等公益类组织，也包括社交联谊、互助合作等互益组织，以及私人创办的学校、医院、博物馆等服务类组织。著名学者列维特用"第三部门"这个词加以统称。此外，还有一系列名称用以描述世界上出现的这一类民间社会组织，如"非政府组织""第三种类型组织""慈善组织""志愿者组织""免税组织""自治组织""有社会兴趣的民间组织""社会基层组织""民间自愿组织""跨国社会运动组织""社会团体""公民社会部门""独立部门""非国家部门"等。综合学术界的认识，非营利组织定义为，介于政府部门与营利性部门之间，依靠会员缴纳的会费、民间捐款或政府财政拨款等非营利性收入从事前两者无力、无法或无意作为的社会公益事业，从而实现服务社会公众、促进社会稳定与发展的宗旨的社会公共部门，其组织特征是组织性、民间性、非营利性、自治性和志愿性。

传统公共行政一直存在着"政府管制"和"市场机制"这两种相互对立的思维定式，即强调政府和市场非此即彼的作用，忽视社会参与的重要性。20世纪70年代西方公共部门管理的危机引发了普遍的改革浪潮，强调包括非营利组织在内的一系列公共行为主体以多元的模式承担起对社会共同事务管理的责任。这是公共部门管理理念的革命，是对整个公共管理部门格局的重新认识，此后人们开始探讨实现公共部门有效管理中不同的实施主体。非营利组织作为一个重要的公共部门管理主体,为公共服务和公共管理提供了新的途径,越来越受到人们的重视。

非营利组织能提供公共产品的原因有如下几方面。一是,回应公共产品供给的市场失灵与政府失灵。公共产品在消费中具有效益的外部性;生产的规模一般较大,需要较大的投入;生产周期一般比较长,需要运用较高的生产技术并在多方的协作下进行。这些都造成公共产品供给的市场失灵。同时,政府可能因公共政策的失误、公共产品供给效率低下、质量下降或投入不足等原因,造成政府失灵。二是,自由主义的复兴和公民自决意识的觉醒。自20世纪70年代初凯恩斯主义失败以后,以弗里德里希·哈耶克(Friedrich Hayek)、米尔顿·弗里德曼等为代表的自由主义重新在西方国家兴起,他们主张减少政府对市场、社会和公民的干涉,要求政府把原来属于市场、社会和公民的权利重新归还给人民,政府退回到原来的"守夜人"地位。公民的自决意识逐渐觉醒,并且组织起来以改善自己的状况或者寻求权利。非营利组织作为一种介于政府部门和私营企业部门之间的组织形式,成了社会和公民的重要选择。

二、非营利组织提供公共产品的优势

非营利组织在向社会提供公共产品和公共服务方面有自己独特的优势[①]。具体表现为:第一,创新优势,包括技术创新和制度创新,如印度的社区初级保障体系、无烟炉、卫生厕所的发明和推广等都是在非营利组织的主持下完成的。第二,贴近基层。很多非营利组织以社会弱势群体或边缘性社会群体为服务对象,坚持自助、互助、助人的原则和自主解决社会问题的精神,增进人际和谐。第三,灵活优势。非营利组织在组织体制和运行方式上具有很大的弹性和适应性,便于根据不同的情况及时做出调整,对社会基层需求反应迅速。第四,效率优势。在社会管理与发展的一些空白领域和一些传统上由政府从事活动的领域里,非营利组织常常比政府做得更好、更有效。

第六节 公共经济主体之五:公共企业

一、公共企业的含义

公共企业,简单来说,就是指政府为了解决市场失灵问题,出于向社会公众

---

① 王玉明:《第三部门及其社会管理功能》,《中共福建省委党校学报》2001年第7期,第37页。

提供必不可少的公共产品和服务、解决外部效用问题、增进社会公正、调节和平衡宏观经济发展等目的而建立和经营的企业。公共企业为政府所有,属于国有资产。公共企业存在的领域往往需要发挥规模效益,需要巨大投资,即有大量的沉淀成本,这体现为"高投入性";与此同时,产品的价值却不能仅用金钱来衡量,必须考虑社会效益,这又体现为"低利润性"。私人无力也不愿提供这些产品和服务,只能由政府建立公共企业来提供。

公共企业的性质集中体现在它的"公共性"方面,具体表现在:一是企业所有权的公共性。公共企业的所有权不归私人,而是社会成员共同所有,政府代表社会成员来建立和管理公共企业,其所有权的公共性也即国有性。二是企业宗旨的公共性。企业以实现公共利益为目的,其生产经营目标是满足社会的公共需要,为公众服务是公共企业的宗旨。三是生产手段的公共性。公共企业受到政府计划的约束,生产的产品类型、数量、标准都要符合政府的需要,即满足社会公共需要;政府对公共企业进行调节时运用的是公共权威,这是私营企业所不具备的。

二、公共企业的类型

公共企业是一种特殊的法人机构,它向公众大规模地出售商品和服务,盈利首先归其自身所有。多数企业不纳入公共预算,其运作方式从本质上讲是独立的。在许多国家,公共企业提供大量的服务,包括公用事业,如电信、电力、天然气供应、供水与排水系统等;交通运输,如铁路运输、航空运输、水上运输、城市公共交通等;金融服务,如银行、保险公司等;农产品市场等。所有这些公共企业的唯一共同点是政府所有制。这些企业相互之间差别很大,且面临不同的竞争环境。

一是公用事业。公用事业提供的服务包括供水、排水、电力、天然气供应、电信等,它们对整个经济的发展是必不可少的。这些服务往往是通过建立网络,连接住户而实现的。它们具有两个明显的特征:住户式连接意味着存在一种真正的"自然垄断",或者至少是一种自然垄断的趋势,即一旦服务网络建立起来,那么增加其他消费者则其成本会不断降低,同时,竞争受到限制,这主要因为新加入者会面临建立网络的成本,而向新的消费者提供服务的成本会高于现有网络的成本。公用事业的本质特征决定了其提供的服务具有政治敏感性,如果服务提供受阻,则会出现私营企业主和用户的骚乱;如果提供的服务在某些方面不充分,或者价格"不公平",都会迅速地演变为一个政治问题。

二是陆上运输与邮政服务。二者具有共同的特征:它们通常面临着来自相关产业的竞争;都有一种财政上入不敷出的倾向,如果提高价格或削减服务,政府则要付出巨大的政治成本;即使很少的公民使用公共运输系统,他们似乎仍然希望公共运输服务不被缩减。

三是竞争性环境中的企业。这些企业是指政府所有的商贸企业,它们与私营企业在同一市场上进行直接的竞争。这类企业包括银行、保险公司、航空公司、石油公司等。

第七节 公共经济主体之六:国际组织[①]

随着全球化的不断深入,国家之间的联系越来越密切,其政治和经济关系也相互影响、相互作用,国际公共产品日益受到国际社会的关注。国际公共产品是一种原则上能使不同地区的许多国家的人口乃至世界所有人口受益的公共品。依据不同的标准,可以对国际公共产品进行划分。按照产品的内容属性的不同,国际公共产品分为全球条件、自然全球共有和人造全球共有等三种类型。其中第一类和第三类是因人类的存在和发展而产生的,如和平、健康、金融稳定、自由贸易和知识、标准、原则等。第二类公共产品则是自然界本来就已经存在的,如臭氧层、空气等。联合国在《执行〈联合国千年宣言〉的行进图》报告中指出,在全球领域,需要集中供给10类公共产品,即基本人权、对国家主权的尊重、全球公共卫生、全球安全、全球和平、跨越国界的通信与运输体系、协调跨国界的制度基础设施、知识的集中管理、全球公地的集中管理、多边谈判国际论坛的有效性。

国际组织是现代国际生活的重要组成部分,各种国际组织在当今世界发挥着重要的作用。国际组织按照不同的标准可以分为不同的类型。按成员可分为:政府间国际组织,如联合国、欧洲联盟、东南亚国家联盟(东盟)等;非政府国际组织,指未经政府间协议而建立,由独立机构、民间组织、志愿协会等团体组成的国际组织,如国际足球联合会、国际奥林匹克委员会、国际红十字会等。按地域可分为:全球性国际组织,如世界卫生组织、国际劳工组织;区域性国际组织,如亚太经济合作组织、欧洲联盟等。按性质可以分为:政治性国际组织,如联合国;专业性国际组织,如世界贸易组织等。

国际公共产品的受益范围已经超越了国家和世代的界限,因此,对于国际公共产品的供给与消费问题就不可能在一个国家内得到解决,而必须依赖于国际范围内的合作与协调,通过正确处理不同国家、不同群体以及不同世代的利益以保证国际公共产品得到充足供给和充分消费。因此,在国际公共产品的视域下国际组织成为公共经济不可或缺的重要主体之一。

---

① 刘辉:《公共产品供给的理论考察》,北京大学博士学位论文,1999年5月。

第二章 公共经济主体

【关键术语】

公共产品　准公共产品　纯公共产品　俱乐部产品　公共资源　政府　私人企业　非营利组织(第三部门)　社区　公共企业　国际组织　多中心

【复习思考题】

1. 公共经济主体多中心趋势形成的主要原因是什么？
2. 现实中的公共经济主体有哪些？试举例说明。
3. 如何从 DIM 范式理解政府组织的经济特征？
4. 私人提供公共产品的现实条件是什么？
5. 简述私人提供公共产品与公共服务市场化之间的关系。
6. 社区提供公共产品与政府提供以及私人提供公共产品的异同点是什么？
7. 如何理解社区通过产前契约的形式提供公共产品？
8. 如何理解社区通过组建私人管理机构提供公共产品？
9. 如何理解社区自愿提供公共产品？
10. 如何理解非营利组织在提供公共产品和公共服务中的作用？
11. 简述公共企业的主要类型和不同功能。
12. 如何理解公共企业民营化的趋势？
13. 简述公共经济主体多中心趋势对政府治理结构的影响。

【参考书目】

1. 王绍光：《多元与统一：第三部门国际比较研究》，浙江人民出版社 1999 年版。
2. 〔澳〕欧文·E.休斯：《公共管理导论(第二版)》，彭和平等译，中国人民大学出版社 2001 年版。
3. 〔美〕R.科斯、A.阿尔钦、D.诺斯：《财产权利与制度变迁：产权学派与新制度学派译文集》，刘守英等译，上海三联书店 1994 年版。
4. 〔美〕奥斯特罗姆等：《公共服务的制度建构：都市警察服务的制度结构》，宋全喜等译，上海三联书店 2000 年版。
5. 〔美〕丹尼尔·耶金、约瑟夫·斯坦尼斯罗：《制高点：重建现代世界的政府与市场之争》，段宏等译，外文出版社 2000 年版。
6. 〔美〕麦克尔·麦金尼斯主编：《多中心治道与发展》，王文章等译，上海三联书店 2000 年版。
7. 〔美〕约瑟夫·E.斯蒂格利茨：《公共部门经济学(第三版)》，郭庆旺等译，中国人民大学出版社 2005 年版。

第三章 公共产品

【教学目的和要求】

经济学家历来十分重视对公共产品问题的研究。这不仅因为公共产品的供给承载着公共经济学中的资源配置职能,而且因为市场经济体制下政府的公共支出主要以公共产品的提供范围为依据。因此,对公共产品的研究构成了公共经济学理论的一个核心内容。

通过本章的学习,学生应了解公共产品、混合产品和私人产品的定义、内涵及三者的区别,认识公共产品的特性、类别、需求以及有效供给的条件和方式;正确理解公共产品外部效应的产生及其纠正,以及在公共产品的配置上市场机制会发生失灵的原因,从而理解政府干预的必然性以及公共支出的理论依据。

第一节 公共产品的定义与特征

公共产品(public goods)是相对于私人产品(private goods)而言的。其概念最初由林达尔(E. R. Lindahl)提出,后来萨缪尔森在1953年和1954年以两篇精湛的论文加以发挥。[①] 这被看成是"公共财政理论发展的主要突破之一",并决定了之后的研究议程。此后,许多学者深入研究了公共产品理论。公共产品理论主要是为了解决:

(1)如何用分析的方法定义集体消费的产品(集体消费和个人消费难以有意义地加以划分的产品);

(2)如何描述生产公共产品所需要的"最佳配置"特征;

(3)如何评价能给公共部门的支出提供财源的既有效率而又公平的税收体系的设计。

[①] P. A. Samuelson, "The Pure Theory of Public Expenditures", *Review of Economics and Statistics*, Vol. 36, No. 4, 1954, pp. 387-389; P. A. Samuelson, "Diagrammatic Exposition of a Theory of Public Expenditure", *Review of Economics and Statistics*, Vol. 37, No. 4, 1955, pp. 350-356.

第三章 公共产品

一、公共产品的概念界定与基本特征

尽管我们知道,公共产品的概念已经在经济学领域得到了广泛的使用,但是要精确定义公共产品却是困难的。其原因主要有两个方面[①]:

(1) 经济学家们对公共产品有不同的理解,众说纷纭;

(2) 公共产品所包括的范围很广,不同的公共产品在供给和需求特征上具有很大的区别。

考察公共产品理论的发展历史,我们认为有以下三种定义最具有代表性:

(1) 萨缪尔森的定义。按照萨缪尔森的观点,所谓公共产品就是所有成员集体享用的集体消费品,社会全体成员可以同时享用该产品;而每个人对该产品的消费都不会减少其他社会成员对该产品的消费。或者说"公共产品是这样一些产品,无论每个人是否愿意购买它们,它们带来的好处不可分割地散布到整个社区里"[②]。尽管这一定义遭到了不少经济学家的诸多批评,但是后来研究公共经济学的大多数经济学家都接受了他的定义。

(2) 奥尔森(Mancur Lloyd Olson)的定义。奥尔森在《集体行动的逻辑》一书中提出:"任何产品,如果一个集团 $X_1,\cdots X_i,\cdots X_n$ 中的任何个人 X_i 能够消费它,它就不能适当地排斥其他人对该产品的消费",则该产品是公共产品。换句话说,该集团或社会是不能将那些没有付费的人排除在公共产品的消费之外的;而非公共产品是可能做到这种排他的。[③] 这个定义现为很多经济学家所接受。

(3) 布坎南的定义。在《民主财政论》一书中,他指出:"任何集团或社团因为任何原因通过集体组织提供的商品或服务,都将被定义为公共产品。"[④]按照这一定义,凡是由团体提供的产品都是公共产品。"某一种公共产品只可以使很小的团体,比如包括两个人的小团体受益,而另外一些公共产品却可以使很大的团体甚至全世界的人都受益。"[⑤]

但是,为现代经济学所广泛接受的定义(也是在各种教科书中普遍使用的),还是被后来的经济学家所发展的萨缪尔森式的定义。它常常从分析公共

[①] 梁小民等主编:《经济学大辞典》,团结出版社1994年版,第77页。

[②] 〔美〕保罗·A.萨缪尔森、威廉·D.诺德豪斯:《经济学(第十四版)》,胡代光等译,北京经济学院出版社1996年版,第571页。

[③] 〔美〕曼瑟尔·奥尔森:《集体行动的逻辑》,陈郁、郭宇峰、李崇新译,上海三联书店、上海人民出版社1995年版,第13页。

[④] 〔美〕詹姆斯·M.布坎南:《民主财政论:财政制度和个人选择》,穆怀朋译,商务印书馆1993年版,第20页。

[⑤] 梁小民等主编:《经济学大辞典》,团结出版社1994年版,第77页。

产品所具有的两大特征来界定公共产品的概念。这两大特征中,一个是消费的非排他性,它与排他性相对;另一个是消费的非竞争性,它与竞争性相对。

(一) 非排他性

所谓非排他性指的是,产品一旦被提供出来,就不可能排除任何人对它的不付代价的消费(最起码从合理成本的角度来看是如此的)。严格而言,这包含三层含义:(1)任何人都不可能阻止别人消费它,即使有些人试图独占对它的消费,但因在技术上不可行,或在技术上可行但成本过高,因而是不值得的;(2)任何人自己都不得不消费它,即使有些人可能不情愿,但却无法对它加以拒绝;(3)任何人都可以恰好消费相同的数量。① 这里要明确的是,严格定义的非排他性必须坚持"任何人都可等量消费"这一原则,否则,如果在某人消费以后,其他人消费的可能性减少了,那么也就等于部分地排他了。

以国防为例,首先,国防一经提供,即使那些最狭隘自私的人也不可能令国防体系只为他一人服务;其次,即使那些不想得到保护的人也无一例外地会得到这种公共服务;最后,无论是谁,都将同等地得到作为该国公民的尊严和安全保障。

相比之下,私人产品具有排他性,即谁消费,谁享用。以苹果为例,首先,如果我想拥有所有的苹果,只要我付款购买,就可以排斥其他人的消费;其次,如果我不想要,也可以不对它进行消费;最后,一旦我消费了某个苹果,别人就不能够同时获得它,也即可供别人消费的数量减少了。②

(二) 非竞争性

所谓非竞争性指的是,一旦公共产品被提供,增加一个人的消费不会减少其他任何消费者的受益,也不会增加社会成本,其新增消费者使用该产品的边际成本为零。这可以从两个方面来理解:一是,在生产方面不需要追加资源投入;二是在消费方面不会带来"拥挤效应",也就不会减少其他人的满足程度。

还以国防为例。国防一经提供,多保护一个人基本上不需要额外追加资源投入,也不会减少对其他人的保护。

私人产品则不同,谁消费,谁受益。仍以苹果为例,如果只有一个苹果,多一个人分享,其他人所得就必定减少;如果消费者比较多,而苹果有限,后来者肯

---

① 这一点是非常重要的,否则,如果在某人消费之后,别人消费的可能性就减少了,那么所谓的非排他性也就不存在了。
② 参见刘宇飞:《当代西方财政学》,北京大学出版社2000年版,第94页。

定会得不到满足;要想让每个人都能够获得一个苹果,唯一的方式就是增加资源投入,提供更多的苹果。

(三) 非排他性和非竞争性之间的关系

显然,非排他性和非竞争性之间存在着某种相关关系,许多非竞争性的产品也是非排他性的,国防就是如此。但是,这两个特征并不总是同时出现。对有些产品而言,它可能只具有以上两种属性中的一种。例如对某些桥梁而言,从桥上通过是非竞争性的,但是却可以通过收取过桥费而实现排他性。反过来,假设没有收费亭,虽然在大多数情况下这座桥的使用是非排他性的,任何人都可以从桥上通过,但是到了高峰期,由于拥挤,消费则具有了竞争性。对于这一点,任何一个遭受过塞车之苦的人恐怕都深有体会。

至此,在了解了公共产品的两大特征后,可尝试从这一角度对公共产品做如下定义:所谓公共产品,就是那些在消费上同时具有非排他性和非竞争性的产品。国防、灯塔等就是经济学家们经常列举的经典例子。

针对以上的定义,有几点需要注意的地方①:

(1) 等量消费这一特点是不容易满足的,并且即使每个人消费该产品的数量都一样,也不必要求所有的人对这种消费的评价都相同。例如,当一个导弹系统建造好之后,即使有些人不情愿为此付费,但他们也无法选择不消费这项公共服务。对那些认为该系统增加了安全性的人来说,它的价值是正面的;而对那些认为增加导弹只会使军备竞争升级,从而危及国家安全的人来说,它的价值是负面的。

(2) 对公共产品的划分不是绝对的,而是取决于观念、市场、技术、收入水平等条件。以图书馆为例。一个大的阅览室一般而言是公共产品,但是随着读者数量的增加,就产生了经济学上所谓的"拥挤"效应,从而使消费的质量下降了,不利于学术研究。在这种情况下,公共产品的非竞争性条件就没有充分地体现。再如道路堵塞也是一个典型案例。不过,人们现在正在使用的 ETC 收费系统是利用"互联网+实体设备"来扫描经过车辆的车牌号,并且自动从预先付费的账户中扣除路费。这样,从某种意义上来说,它就不是公共产品了,而成了一种可收费产品(或者叫俱乐部产品)。

(3) 许多在传统上不被认为是商品的事物具有公共产品的特征。诚实就是这样。如果每个市民在商品交易时都是诚实的,整个社会就会因为节省了商业

---

① 参见〔美〕哈维·S. 罗森:《财政学(第四版)》,平新乔、董勤发、杨月苏等译,中国人民大学出版社 2000 年版,第 58—59 页。

交易成本而获益。这种成本的减少当然既表现为非竞争性,也表现为非排他性。

（4）在以上定义的前提下,私人产品并不一定完全由私人部门来提供;公共产品也并不一定必须由公共部门来提供。在现实中,很多私人产品往往是由公共部门来提供的,即由政府提供的竞争性产品。例如,在某些场合中,医疗卫生服务和公租房就是由公共部门提供的私人产品。而当一个人把自己的私家花园捐赠给社区的时候,这种公共产品就是由私人来供给的。

（5）公共部门提供某种产品也并不一定意味着必须由公共部门来生产该产品。对政府服务来说,区分其提供还是生产某项服务是很有必要的。例如,就废物回收而言,有些社区是自己生产这项服务,即由公共部门购买垃圾车,雇用工人,安排日程;在另外一些社区,则由政府提供这项服务,而它往往将这项服务外包给私人企业去完成。总之,提供服务和生产服务之间的区别是深刻的。① 这是当代民营化概念的核心,指明了政府所应扮演的角色的前景。考察许多公共产品,政府在本质上是一个安排者或者提供者——一个社会决定什么应该通过公共部门去做,为谁而做,提供到什么程度或者水平,怎么去付费等问题的工具。

二、公共产品的其他特征

通过上述定义可以发现公共产品有两个基本特征:非排他性和非竞争性。除此之外,公共产品还有以下几个特征②:

（1）生产具有不可分性。即它要么向集体内所有的人提供,要么不向任何人提供。国防是一个极好的例子。

（2）规模效益大。规模经济往往是公共产品产生的一个重要的原因。灯塔就是典型例子。

（3）初始投资特别大,而随后所需的经营资本额却较小。通信光缆等就是如此。

（4）生产具有自然垄断性。例如铁路交通。

（5）对消费者收费不易,或者收费本身所需成本过高。

（6）其消费具有社会文化价值。国家对于文化艺术事业的支持就是如此。

需要说明的是,两个基本特征和六个其他特征之间并不是完全相互独立的,它们之间也可能存在着交叉和因果关系。

---

① Vincent Ostrom, Charles Tiebout, and Robert Warren, "The Organization of Government in Metropolitan Areas: A Theoretical Inquiry", *American Political Science Review*, Vol. 55, No. 4, 1961, pp. 831-842.

② 张卓元主编:《政治经济学大辞典》,经济科学出版社1998年版,第207页。

三、公共产品的分类

一般来讲,对于公共产品的分类有三种:第一种是关于纯公共产品和准公共产品的分类;第二种是关于混合产品和公共中间品两种特殊类型的产品的讨论;第三种是关于整个社会共同消费的公共产品和地方公共产品的分类。

(一) 纯公共产品和准公共产品

如表 3-1 所示,根据产品是否具有非竞争性和非排他性两种特性,我们可以将公共产品分为纯粹的公共产品、俱乐部型产品、公共资源三类,其中后两种也被称为准公共产品。

表 3-1　产品分类

		排他性	
		有	无
竞争性	有	[1]私人产品	[3]公共资源
	无	[2]俱乐部型产品	[4]纯公共产品

在表 3-1 中,除了第一类产品是同时具有排他性和竞争性的私人产品外,其他三类产品都是公共产品。其中第四类是纯公共产品(纯粹的公共产品)。第二、三类是准公共产品(不纯粹的公共产品),它们分别是在消费上具有非竞争性,但是可以轻易排他的俱乐部型公共产品(club goods)[1];和在消费上具有竞争性,但是无法有效排他的公共资源(common resources)。

纯公共产品的概念是由马斯格雷夫提出的[2],它指的是严格满足非竞争性和非排他性两个条件的产品。这种纯粹的公共产品很少,但仍可以找到例子,如国防所带来的保护就是一种纯公共产品。此外,公平的收入分配、有效率的政府和制度,以及货币稳定、环境保护等[3],也具有类似的特征。

第一类准公共产品是俱乐部型公共产品,它的特点是在消费上具有非竞争性,但是却可以轻易地做到排他,即将不付费者排除在消费之外。可以收费的公路和桥梁,以及公共游泳池、电影院、图书馆等都是俱乐部型公共产品的例子。

---

[1] 有关俱乐部产品的详细讨论可以参阅 J. M. Buchanan,"An Economics Theory of Clubs", *Economica*, Vol. 2, No. 1, 1965, pp. 1-14.

[2] R. A. Musgrave, "Provision for Social Goods", in J. Margolis & M. Guitton eds., *Public Economics*, New York: St. Martin's Press, 1969, pp. 124-145.

[3] 刘宇飞:《当代西方财政学》,北京大学出版社 2000 年版,第 98 页。

正是由于消费这些产品的使用者数目总是有限的,而这在人们的印象中是和俱乐部中的产品消费一样,所以形象地称之为俱乐部型公共产品。俱乐部型公共产品的使用者数量有限,原因有两点①:(1)当消费成员超过一定的数目时就会发生拥挤现象,从而破坏了其非竞争性特征,所以必须限制其使用者数目;(2)该产品具有排他性,因此可以采取措施限制使用者数目。

第二类准公共产品是公共资源,它的特点是在消费上具有竞争性,但是却无法有效地排他,即不付费者不能被排除在消费之外,公共渔场、公用牧场等就是如此。将这些产品归入准公共产品的原因在于:(1)与纯公共产品一样,共同资源的总量既定,具有向任何人开放的非排他性。这就意味着在公共资源的消费中也会出现不合作的问题,即每个参与者个体按照自己的理性行事却导致了集体的非理性。在纯公共产品的例子中,这将导致其提供的不足;而在公共资源的例子中,将导致过多地提供公共劣等品(inferior goods)。所有这些所显示的是与私人产品不同的特征,而和公共产品相似。(2)公共资源的竞争性意味着个体消费的增加会给其他人带来负的外部效应。也就是说,在对公共资源的消费超过了一定的限度之后,也会出现"拥挤"问题。但需要说明的是,公共资源所产生的"拥挤"问题和负外部效应是有区别的:带来拥挤问题的新增的公共资源的使用者本身也要承担其行为的成本;而在负的外部效应中,带来这种结果的使用者本身却不承担其行为的成本。②

(二) 混合产品和公共中间品

关于混合产品的概念众说纷纭,很多人甚至将混合产品等同于准公共产品。但实际上,混合产品和准公共产品是不同的。一般人们认为,混合产品就是具有较大范围的正的外部效应的私人产品,或者说是同时具有公共产品性质和私人产品性质的产品。③ 这些产品的非竞争性和非排他性是不完全的。这类产品的例子很多,如教育、卫生、科技等。以教育为例,一个人接受良好的教育,首先受益的是个人,如找到更好的工作;同时,教育可以使其他人受益,如提高整体的劳动生产率等。对个人受益而言,教育是私人产品;对社会受益而言,教育是公共产品。教育在给一个人带来较大个体利益的同时,也产生了很大的正外部效应,即将相当大的一部分利益通过受教育者外溢给了社会,这使得教育成为混合产

---

① 刘宇飞:《当代西方财政学》,北京大学出版社 2000 年版,第 98—99 页。
② 同上书,第 99 页。
③ 同上书,第 100 页。

品。再比如,私人接种疫苗首先使本人受益,但同时也为所有他可能接触到的人带来了正的外部效应。当然,对于混合产品,由于个人总是优先考虑私人受益,所以整个社会中,这种产品总是处于供给不足的状态。这类产品和公共产品的区别在于:由于它具有一部分私人产品的性质,所以在供给初期,私人可以得到较为充分的激励提供混合物品,尽管其数量可能是不足的;但是对公共产品来说,这种最初供给的激励是不存在的。①

公共中间品指的是,未被最终消费,而是被投入生产过程的公共产品。它与前面所讨论的公共产品的不同在于:公共中间品的消费主体是生产者,更具体地说一般是厂商,而不是我们通常所说的消费者。但实际上,厂商对于这种产品的消费和一般消费者对于这种产品的消费在特点上是极为相似的,厂商也是一个消费者,只不过是一个特殊的消费者而已。对于此种产品的其他问题在此不再赘述。②

(三) 整个社会共同消费的公共产品和地方公共产品③

萨缪尔森对公共产品的定义表明,所有公共产品的可得性对于所有人来说都是相同的,而且与他们对于私人产品消费的决定无关。所以,在这个意义上,萨缪尔森所言的公共产品是那种由整个社会共同消费的公共产品。但是,实际情况是,有很多公共产品只有居住在特定地区的人才能消费,个人可以通过移居来选择他要消费的公共产品。这种"用脚投票"的分析首先是由蒂布特(Charles Tiebout)在一篇文章中提出的。他说:"正如我们可以将消费者看作是走到一个私人市场地点上购买其产品一样……我们将他置于一个社区的位置上,社区服务的价格(税收)是在这种社区中确定的。这两种途径都将消费者带到市场上。消费者不可能回避显示其在一个空间经济中的偏好。"④这就是人们一般所说的

---

① 有关混合产品的更详尽的分析请参见平新乔:《财政原理与比较财政制度》,上海三联书店1992年版,第51—53页;刘宇飞:《当代西方财政学》,北京大学出版社2000年版,第100—101页;蒋洪主编:《财政学》,上海财经大学出版社2000年版,第94—102页。

② 有关公共中间品的分析请参阅 William H. Oakland, "Theory of Public Goods", in A. J. Auerbach and M. Feldstein, Handbook of Public Economics, Vol. Ⅱ, Amsterdam: Elsevier, 1987, pp. 493-494;刘宇飞:《当代西方财政学》,北京大学出版社2000年版,第101页。

③ 有关这个问题的讨论参考了[英]约翰·伊特韦尔、[美]默里·米尔盖特、彼得·纽曼编:《新帕尔格雷夫经济学大辞典》(第三卷),陈岱孙等译,经济科学出版社1992年版,第1136页;[英]安东尼·B. 阿特金森、[美]约瑟夫·E. 斯蒂格里茨:《公共经济学》,蔡江南、许斌、邹华明译,上海三联书店、上海人民出版社1994年版,第665—713页。

④ 转引自[英]安东尼·B. 阿特金森、[美]约瑟夫·E. 斯蒂格里茨:《公共经济学》,蔡江南、许斌、邹华明译,上海三联书店、上海人民出版社1994年版,第666页。

地方公共产品与市场的相似性。当然,尽管这种观点是用来阐述人们在不同居住地区之间选择的情况的,但是这种观点也可用于分析其他人们感兴趣的领域。例如,在劳动力市场上,工人选择企业要受到企业所提供的特有的工作环境中的公共产品的影响。从国际来看,某个国家特有的公共产品也影响着国际迁移模型。而从这个角度来讲,几乎所有的公共产品都是地方性的公共产品了。因而,萨缪尔森所提出的最初的表达实际上成了一个特例,而在此特例中,人口在地区之间是不能流动的。① 但是,也有人对于这种地方公共产品和市场的相似性提出了质疑。这个问题在此不做过多讨论,有兴趣的读者可以参阅相关书籍。②关于地方公共产品的相关内容将在本书第十章专门讨论。

第二节 公共产品的需求分析与有效供应

在探讨公共产品的有效供应之前,要先明白对公共产品的需求。不论是私人产品还是公共产品都有社会需求,通常来讲,这两类物品的社会需求都是由个人需求相加得出的。但是,通过对公共产品特性的分析可以引出一个重要结论:对公共产品的需求完全不同于对私人产品的需求。

一、私人产品的需求——水平相加

根据私人产品的特性,对某种纯粹的私人产品的市场需求可以通过加总某一时间内市场上所有单个消费者在各种价格水平上对该种私人产品的需求量而得出。只要能计算出每个消费者在一定时间内,在各种可能的价格水平上愿意并且能够购买的某种纯粹的私人产品的数量,又知道市场上有多少消费者,便可得到对这种私人产品的市场需求。也就是说,只要知道每个消费者的个人需求曲线,通过把某种纯粹的私人产品市场上的所有消费者的需求曲线横向相加,即可得出对该种产品的市场需求曲线。图3-1所描绘的是消费者对私人产品——苹果的市场需求曲线。在任何既定的价格水平上,对苹果的市场需求曲线上的任何一点,都可以简单地通过将每一消费者在该价格水平上愿意并且能够购买的数量加总得出。

---

① 〔英〕约翰·伊特韦尔、〔美〕默里·米尔盖特、彼得·纽曼编:《新帕尔格雷夫经济学大辞典》(第三卷),陈岱孙等译,经济科学出版社1992年版,第1136页。

② 例如,〔英〕安东尼·B. 阿特金森、〔美〕约瑟夫·E. 斯蒂格里茨:《公共经济学》,蔡江南、许斌、邹华明译,上海三联书店、上海人民出版社1994年版,第666—668页。

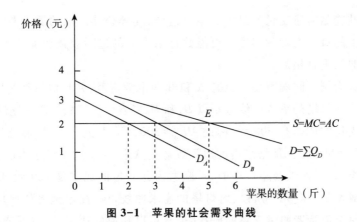

图 3-1 苹果的社会需求曲线

以苹果为例。假设社会中只有 A 和 B 两个消费者,为便于发现加总过程的特点,我们把 A 和 B 对苹果的个人需求曲线 D_A 和 D_B 都画成直线。由于 A 和 B 的收入不同,因此在相同的价格水平下,他们的消费预算约束也不同。当苹果的价格为 2 元/斤时,A 每周购买 2 斤苹果,因为在这个购买量水平上,价格恰好等于其所获得的边际成本,即 $MB_A = 2$ 元。与此类似,此时 B 每周购买苹果的数量为 3 斤,其所得边际效益为 $MB_B = 2$ 元。于是,当苹果价格为 2 元/斤时,2 个消费者的总市场需求量是 5 斤,即 $D = \sum Q_D = 2+3 = 5$(斤)。这恰好是图 3-1 中的市场需求曲线 $D = \sum Q_D$ 与市场供给曲线 $S = MC = AC$ 的相交点 E 所决定的购买量水平。

需要说明的是,当苹果的价格上涨至 3 元/斤时,消费者 B 是唯一的购买者,而只有当价格下降到一定水平时,消费者 A 才会进入苹果的消费市场。

二、公共产品的需求——垂直相加

与私人产品不同,纯粹公共产品具有等量消费、消费的不可分割性的特点,所以如果 A 的消费量是 3 个单位,那么 B 也必须消费 3 个单位。消费者个人没有能力将他们的消费量调整到该种公共产品的价格恰好等于其边际效益的水平。事实上,由于受益的非排他性,纯粹的公共产品是不能定价的。这样,对纯粹公共产品的总需求曲线就只能将每一消费者在每一可能数量水平上的边际效益加总,即进行垂直加总得出。

如图 3-2,纵轴所代表的变量为消费者对某种既定数量的公共产品愿意支付的最大成本,它通常以消费者在既定数量的公共产品或服务上所能获得的边际效益来代表。个人需求曲线上的任何一点都代表着消费者为了获得某一单位数量的公共物品所愿支付的最大成本。这样，纯粹公共产品的需求曲线可以通过将市场上的每个消费者在每一可能数量水平上的边际效益相加得出，也即将个人需求曲线垂直相加。

以灯塔为例。假设市场上只有 A 和 B 两个消费者，并且他们都对灯塔有需求。A 和 B 对灯塔的需求曲线分别以 D_A 和 D_B 来表示。当只提供一座灯塔时，A 愿意为此支付的成本是 300 元，因此 $MB_A = 300$ 元。与此类似，B 愿意为此支付 500 元，$MB_B = 500$ 元。新增灯塔的边际效益是 A 与 B 愿意支付成本的总和 800 元。与此类似，当提供两座灯塔时，A 愿意为此支付的成本是 200 元，B 愿意为此支付的成本是 400 元。所以，对灯塔的需求曲线可以简单地将任何灯塔数量水平上的每个消费者愿意支付的成本（也是可以获取的边际效益）垂直相加，得到灯塔需求曲线上的各个点，再将这些点用一条线连接起来，就可以得到需求曲线 $D = \sum MB_B$。

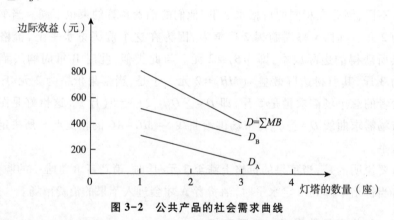

图 3-2　公共产品的社会需求曲线

从对私人产品和公共产品的需求与供给的分析中可以看出，对私人产品来说，每个消费者都是既定价格的接受者，他们所能调整的只是其消费数量，所以私人产品的总需求是通过水平相加个人需求得到的；而对公共产品来说，每个消费者消费的数量是相同的，但是他们愿意支付的价格（边际效益）是不同的，所以需要将消费者个人的需求曲线垂直相加才能得出公共产品的总需求。

三、公共产品最优供给的均衡分析

公共产品的有效供给不仅取决于社会需求，也取决于供需的均衡。国外很多学者从均衡的角度来分析论述公共产品的最优供给，其中以庇古提出的庇古均衡、萨缪尔森提出的局部均衡、一般均衡以及林达尔均衡最具代表性。

(一)庇古均衡分析

英国经济学家庇古在研究税收的规范原则时首先提出了资源如何在私人产品和公共产品之间进行最优配置的问题。庇古从基数效用论出发,认为每个人在消费公共产品时都可以得到一定的正效用;同时,每个人都必须为生产这种公共产品而纳税,因而又会产生税收的负效用。这种负效用在庇古的论述中被定义为个人放弃消费私人产品的机会成本。在做出以上假定的基础上,庇古认为,对于每个人来说,公共产品的最优供给将发生在这样一点上,即公共产品消费的边际正效用等于税收的边际负效用。

有必要指出的是,庇古虽然找到了个人在自己的预算内对公共产品与私人产品进行最佳配置的均衡点,但并不存在将这些个人的最佳配置结果进行加总的机制。而且就其所采用的基数效用分析方法而言,也由于不能明确地揭示人们的偏好强度而使加总变得更加困难。尽管如此,庇古的发现对于研究公共产品的最优供给问题仍然做出了重要的贡献,因为他提出了公共产品理论必须回答的几个基本问题:不同的个人对于公共产品与私人产品的偏好如何进行加总?如何确定一个集体的总的偏好?在一个社会中,边际效用与边际负效用应该如何在不同的社会成员之间进行分配?

(二)局部均衡分析

局部均衡分析包括私人产品的局部均衡分析和公共产品的局部均衡分析两部分。在分析公共产品的局部均衡之前,我们有必要先来分析一下私人产品的局部均衡。

图 3-3 中的 D_A 与 D_B 线分别代表个人 A 与 B 的需求,这两条需求曲线的差异可能是 A、B 两人的收入水平不同所致,也可能是 A、B 两人对该私人产品的偏好不同所造成的。在私人产品场合消费者面对的是同一水平的价格,因而在只有两个人的社会里(纯粹是理论分析所要求的假设),社会对该产品的总需求将为 $\sum D = D_A + D_B$,即不同个人的需求在同一价格水平下的横向加总。如果该产品的供给曲线已定,那么其均衡价格为 P_0,其均衡产量为 Q_0,其中的 OQ_A 为 A 的消费量,OQ_B 为 B 的消费量。图中的 $\sum D$ 线之所以会在 q 点出现拐折,是因为当价格由 P_0 上升为 P_1,A 的需求将为零,这时只有 B 有需求,故 P_1 价格以上的 $\sum D = D_B$。

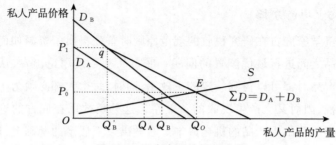

图 3-3 私人产品的局部均衡

在解决了私人产品的社会需求加总和局部均衡分析之后,我们便可以来分析公共产品的社会需求加总和局部均衡问题了。

图 3-4 中 D_A 与 D_B 是个人 A 和 B 对公共产品的需求线,萨缪尔森称其为"虚假的需求线",这是因为在实际生活中,个人并不会表示他对一定数量的公共产品愿意出多少价(税)。然而,借助这种需求线对分析问题却是有帮助的。

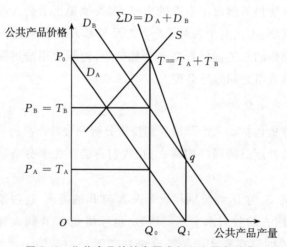

图 3-4 公共产品的社会需求加总和局部均衡

公共产品一旦提供后,任何个人都可支配,全体个人对一定数量的公共产品所愿支付的价格(税)是由不同个人的需求线垂直相加得到的。社会总需求 $\sum D = D_A + D_B$ 之所以为垂直相加,是因为在公共产品场合,每个人所能支配的是同样数量的公共产品,但他所愿意支付或者能够支付的价格是不一样的。在这里,价格(税收)是收入的函数,这一点是由公共产品的定义告诉我们的。

现在假定不存在搭便车的问题,那么当公共产品的供给线确定之后,$\sum D$ 与 S 线(供给线)的交点决定公共产品的均衡价格与产量,其均衡产量为 Q_0,均衡

价格为 $P_A+P_B=P_0$ 或 $T_A+T_B=T$。在公共产品的均衡分析中,我们同样可以看到 $\sum D$ 是一条带有拐点的曲线,其含义是,当公共产品的供给量超过 Q_1 之后,A 将拒绝付税,从而这种公共产品的生产成本将全部由 B 来承担。

从局部均衡看公共产品的有效定价原则。如果上面两图中的供给线 S 同时是两种产品产量增量的边际成本,那么关于两种产品的有效定价的原则将分别为:

在私人产品中, $P_A=P_B=P=MC$;

在公共产品中, $P_A+P_B=P=MC$。

由此可见,公共产品的定价原则与私人产品的定价原则既一样,也不一样。说它们一样,是因为它们都遵守了 $P=MC$ 的原则;说它们不一样,是因为公共产品的价格 P 为个人价格 P_A 与 P_B 之和,而私人产品的价格 P 则等于所有个人所面临的个别价格。

公共产品这种有别于私人产品的有效定价原则告诉我们,公共产品是不能由私人部门利用市场来提供的,这是因为个人对公共产品的支配量是一样的,但评价却是不一样的,从而不能由市场来统一定价。在这里,我们似乎已经可以得出这样的结论:政府在生产公共产品时,应采取区别税收原则才是合乎道理的。

(三) 一般均衡分析

一般均衡分析从以效率为基准的最优配置——两人模型为起点,得出在存在两种产品的二维情况下,公共产品最优供给的一般均衡条件:消费者的边际替代率之和等于生产者的边际转换率,其帕累托最优状态将为由消费者边际替代率之和所构成的社会福利无差异曲线与由生产者边际替代率所构成的生产可能性边界的切点。通过对两人模型的推广得出,政府提供的公共产品数量在边际产量上的边际成本要等于社会上每个人愿意为这种公共产品支付的税金的总和,否则就不是最优的。

现实生活中,公共产品的供给不可能如上述两人模型及其推广模型那样理想,其中税收扭曲和再分配是影响公共产品供给的重要因素。[①]

(四) 林达尔均衡

林达尔解(Lindahl solution)是瑞典经济学家埃里克·林达尔于 1919 年提出的,这一关于公共产品提供的基本思想来自维克塞尔,它尽可能地模仿市场提供

[①] 相关分析可参见华民编著:《公共经济学教程》,复旦大学出版社 1996 年版,第 64—69 页;刘宇飞:《当代西方财政学》,北京大学出版社 2000 年版,第 106—111 页。

私人产品的作用方式——均衡在需求曲线和供给曲线的交点实现,从而找到公共产品供给的全体一致同意的自愿解。

林达尔指出:个人对公共产品的供给水平以及成本分配进行讨价还价,其讨价还价的均衡若能满足边际成本等于边际收益之和的效率条件,那么这一均衡就实现了帕累托最优。也即,林达尔均衡出现在公共产品的社会需求曲线和公共产品的供给曲线的交点上。

乍一看来,林达尔均衡的概念似乎与私人产品的竞争性市场的均衡概念相类似,但实际上存在一个非常重要的差别,即不同个人所支付的价格是不同的,价格不是一个外生变量,而是作为一个内生变量取决于每一个人的边际支付欲望。

林达尔均衡的实现及其与私人产品均衡的区别可用图3-5来解释。在图3-5中,横轴代表公共产品的供给数量,纵轴代表A和B两人对公共产品的提供所做贡献的份额讨价还价的结果,E点为林达尔均衡。这一结果表明:(1)林达尔均衡是A和B二人自愿的贡献刚好分摊了公共产品的成本的理想情况;(2)A与B共享最优公共产品供给数量为G_0的公共产品时,他们所分担的成本份额是不相等的,分别为h_0和$1-h_0$;(3)如果A支付的份额为ad,B支付的份额为cb,那么A和B二人自愿的贡献不足以弥补公共产品的成本,造成供给不足;(4)如果A支付的份额为rm,B支付的份额为qn,那么A和B二人自愿的贡献超过了公共产品的成本,造成供给过度。

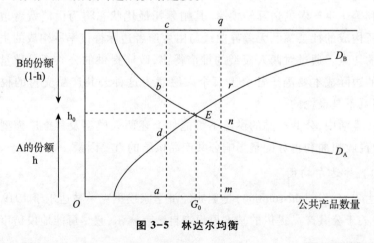

图3-5 林达尔均衡

从以上的分析中我们不难发现,林达尔均衡的实现是以下面两个假设为前提的:

第一,每个社会成员都愿意准确地披露自己可从公共产品的消费中获得的边际效益,而不存在隐瞒或低估其边际效益从而逃避自己应分担的成本费用的动机;

第二,每一个社会成员都清楚地了解其他社会成员的偏好及收入状况,甚至清楚地掌握任何一种公共产品可给彼此带来的真实的边际效益,从而不存在隐瞒个人边际效益的可能。

但上述假设很难实现。由于公共产品的特性——个人无论付费与否,能得到的公共产品量总是相同的,并且增加的公共产品供给需要更多的成本,而这意味着消费者为公共产品所支付的价格会随着他们表露出来的需求的增加而上升,所以人们没有说真话的激励,产生从低呈报其真实的边际效益的动机,公共产品的真正偏好无法显示。可以设想,由于每个人都有将其真正边际支付愿望予以低估的共同动机,林达尔机制所产生的公共产品供给的均衡水平将会远低于最优水平。在另一极端,假设要求每个人陈述他的偏好时,事先告知满足这些偏好的代价与他们所陈述的支付愿望无关,而只与公共产品供给数量有关,这就会诱发其夸大支付愿望,结果则导致过度供给。因此,问题的解决主要在于如何设计一种机制,使之能够保证决策者贯彻效率条件。

四、公共产品有效提供的方式

(一)自愿捐献与成本分担

仍以灯塔为例,实现灯塔供给的一种可选择方式是该地区的所有成员分担为此而产生的成本。假定两个消费者决定在解决他们共同需要的安全航行问题上实行合作,并为此而分担建造灯塔所需要的资金费用,两个消费者可以将其所拥有的资金集中在一起,用于建造灯塔。如果以这种方式可筹措到足够的资金,他们就能够通过享受灯塔导航所提供的安全航行来使自己的境况变好,而这种效益是他们中的任何一个人都无法或不愿意凭借自己的资金实力来实现的。在这种情况下,他们愿意以这种合作方式建造灯塔,并将建造灯塔的数量增加到所集中的资金不再足以承担最后一座灯塔的建造费用时为止。

假设建一座灯塔的成本是 400 元。如果在这个水平下可建设的灯塔数量是无限的,建设灯塔的平均成本将固定为每人 400 元不变。由于平均成本固定不变,其边际成本也就等于平均成本。再假定灯塔提供的安全保障不会带来外部效应,建设灯塔的社会边际成本也将保持在 400 元的水平不变。

倘若社会中只有两个人 A 和 B,他们试图只建造一座灯塔,那么他们以自愿捐献方式筹措的资金数额是多少呢？从图 3-6 中可以看出，A 将为第一座灯塔的建造捐献 300 元，B 将捐献 500 元。这些数额代表着两个消费者在灯塔的建造数量为一座时所获得的边际效益。可以看出，由于自愿捐献的资金总额大于建造一座灯塔的边际成本，A 和 B 会得出结论——增加灯塔的建造数量是值得的。从另一个角度看，如果只建造一座灯塔，用于安全导航的预算肯定会有剩余。这就是说，只要预算存在剩余，那就表明，这个地区所修建灯塔的社会效益超过了其社会边际成本。

那么，建造两座灯塔的情形如何呢？当建造灯塔的数量为两座时，A 将为第二座灯塔捐献 200 元，B 将为此捐献 400 元，捐献的总额为 600 元，而建造第二座灯塔的成本是 400 元，仍有剩余。当建造第三座灯塔时，A 将为此捐献 100 元，B 将为此捐献 300 元，恰好与建造第三座灯塔的边际成本 400 元完全相等。在图 3-6 中，这正是 E 点所决定的最佳建造量水平。在 E 点上，这种公共产品的 $\sum MB$ 曲线与其边际成本曲线相交。

能否将灯塔的建造量增加到大于三座的水平呢？当建造量大于三座时，以自愿捐献方式筹措的资金将不足以抵付其成本。所以通过自愿捐献方式将不能筹措到建造三座以上灯塔所需要的资金。

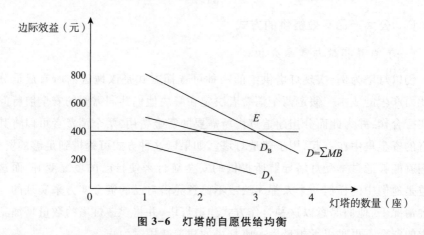

图 3-6　灯塔的自愿供给均衡

由此可见，在成员人数较少的社会中，通过自愿捐献和成本分担的合作方式，有可能使得公共产品的供给量达到最佳水平。

（二）强制性融资——解决搭便车问题

在一个人口众多的社会中，没有谁能做到对其他所有成员的情况无所不知。既然不能准确地掌握社会成员的偏好和经济状况，人们便有可能隐瞒其从公共产品上所获得的真实的边际效益。而且,如果人们知道他们所须分担的公共产品的成本份额,取决于其因此而获得的边际效益的大小,那么从低呈报其真实的边际效益的动机也肯定会产生。这样一来,一方面人们可以通过从低呈报边际效益而减少其对公共产品的出资份额,从而保存其收入;另一方面,由于公共产品的消费不具排他性,人们也不会因其出资份额的减少而失掉公共产品的任何效益。事实上,在这样的社会条件下,人们完全有可能在不付任何代价的情况下,享受通过其他人的捐献而提供的公共产品的效益。这时,在经济学上被称为"搭便车"的人出现了。

搭便车的人是对那些寻求不付任何代价又得到效益的人的一种形象的说法。然而,一个不容回避的事实是,如果所有的社会成员都采取这样的行为方式,那么公共产品将没有任何资金来源,从而也就谈不上公共产品的效益了。

道路维修就是这个问题的一个突出的例子。如果道路维修的资金来源于人们的自愿捐献,那么大部分人可能倾向于这样一种行为方式,即一方面依旧享受道路提供的方便,另一方面却不为此捐献任何资金,或者,按照远远低于其边际效益的数额捐献资金。很显然,如果所有的人都如此,结果就没有任何道路可供人很好地使用,因为道路的维护需要一定的资金。这就是休谟早在1740年就描绘过的"公地悲剧"。

在西方经济学家看来,搭便车对任何人来讲都是一种理性的选择。这就是说,只要有公共产品存在,搭便车的出现就不可避免。所以,在合作性的自愿捐献和成本分担制度下,公共产品的供给量发生不足,而低于其应当达到的最佳产量水平,就是一件不言而喻的事情了。

仍以前面修建灯塔为例,那个地区的两个成员都可通过采用搭便车策略而使自己的境况变得更好。假设B试图成为搭便车者,他就会隐瞒其边际效益,对修建灯塔的捐献额为零。这时,如果A仍然按自己的边际效益的大小做出自己的捐献,第二个灯塔的修建就不可能了。就是说,由于B成为搭便车者,这个地区的灯塔数量由原来可修建两座的最佳水平减少至一座,这一水平显然是缺乏效率的。按照西方经济学的"理性经济人"假设,这个地区的任何人都有可能做出搭便车的选择。如果A也成为搭便车者,其结果就不会有灯塔再修建了,这对于需要灯塔导航的该地区的人们来说,他们没有了安全保障,所有人的境况都会因此而变坏。进一步来看,如果这个地区的成员不是两人,搭便车的行为将更加严重。因为在人数较少的群体中,只要有一个成员不做出捐献,人们就会强烈地感觉到公共产品可供量的减少,这肯定会驱使他们进行合作。而在人口众多的群体中,某一成员或几个成员免费搭便车,对公共产品的可供量的影响就不那么显著了。所以,社会成员越多,人们搭便车的欲望就越是强烈,从而因搭便车者问题而导致公共产品的供给量下降的可能性就越大。

由上述分析可见,由于搭便车问题的存在,自愿捐献和成本分摊的合作性融资方式不能保证公共产品的有效供给。既然公共产品不可或缺,搭便车的问题又不可避免,那就只有依靠强制性的融资方式来解决公共产品的供给问题了。事实上,政府正是一方面以征税手段取得资金,另一方面又将征税取得的资金用于公共产品的供给的。

仍然以建造灯塔为例。既然那个地区修建灯塔的最佳量为两座,实现这一最佳修建量所需的费用为 800 元,那就完全可通过向这两个消费者征税的办法来筹措资金,即可按照他们的边际效益的大小,分别向 A 征收 500 元,向 B 征收 300 元,也可以根据他们各自的收入水平或支出水平的高低,制定相应地征收标准。但不管怎样,其结果是,强制性的融资方法可以保证修建两座灯塔的资金来源,同时也排除了搭便车的可能性。尤其在人口众多的地区或社区,强制性融资是避免搭便车现象的主要手段。

第三节 混合产品

从理论上来说,我们可以按照受益范围把产品划分为公共产品与私人产品,并根据两种产品截然不同的性质采用完全不同的消费方式和供给方式。但是,在现实经济生活中,更为常见的产品则位于这两个极点之间。它们既非纯的公共产品,又非纯的私人产品;既具有私人产品的特性,又具有公共产品的特性。正因为如此,西方经济学界赋予它们一个特殊的名称——混合产品。也有人将其称为"半公共产品"或"半私人产品"。这种产品在消费和供给中具有哪些特点?如何才能实现该产品的有效配置?如何来确定该产品的最适规模?这些将是本节所要讨论的主要问题。

一、混合产品的性质

混合产品在性质上介于私人产品与公共产品之间。它可以分为两类:一类是具有排他性和一定范围内的非竞争性的产品,如桥梁、公园、博物馆、图书馆等。这类产品都有一个饱和界限,在产品还未达到饱和状态时,产品的消费具有非竞争性,增加一个消费者并不会减少其他消费者从该产品中获得的利益,不会因此而增加产品的成本。但是,当产品趋于饱和状态时,再增加消费者就会影响其他消费者对该产品的消费,因而,这类产品的非竞争性是局限在一定范围之内的。这类产品的另一个特征是排他性,以较低的排他成本不让某些消费者消费这种产品,从技术上来说是完全可行的。另一类是非竞争性和非排他性不完全的产品,如教育、卫生、科技等。这类产品在消费中往往存在着较大的外部效益。如教育这种产品,受教育者通过接受教育,学到了知识,获得了技能,从而提高了自身在未来经济活动中的竞争能力,也增加了自己获得收入与享受生活的能力。这是一种内部效益,这种利益完全为受教育者所拥有。从这一角度来看,教育这种产品具有竞争性和排他性。但是,这种产品在给受教育者带来利益的同时,还有相当大的一部分利益通过受教育者外溢给了社会,使得社会劳动生产率得以提高,使得民族文化素养得以提高,使得国家政治制度得以在一个良好的环境中运行,等等。从这种意义上来说,这种产品又具有非竞争性和非排他性。因而,类似于教育这种产品的非竞争性和非排他性是不完全的。

既然混合产品在性质上不同于公共产品和私人产品,那么,在消费方式上也会有别于这两种产品。

二、混合产品的分类

混合产品可分为以下三大类型:

(一)边际生产成本和边际拥挤成本都为零的产品

为了达到社会资源的最优配置,产品和劳务的定价应使单位价格(平均效益)等于边际成本。否则,就会带来效率损失。这种状况可由图 3-7 表示。

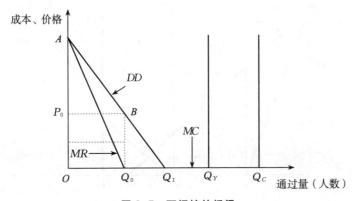

图 3-7 不拥挤的桥梁

图 3-7 表明了一座不拥挤的桥梁的需求情况。用通过人数代表对这座桥梁的需求,它是价格(过桥费)的函数。DD 是需求曲线,它向下倾斜表示价格(过桥费)降低会带来需求(通过量)的增加。Q_C 为通过能力线,在通过量低于 Q_C 的情况下,边际生产成本为零;Q_Y 为拥挤线,在通过量低于 Q_Y 的情况下,边际拥挤成本也为零。Q_Y 与 DD 不相交表明这座桥不拥挤,此时边际成本线 MC 与横轴是一致的。

由于边际成本为零,按照效率准则,价格也应为零,这时桥的通过量达到 Q_1。显然,这座桥的运营效益也将是零,考虑到桥的固定成本无法弥补,所以此时桥的经营者不但赚不到利润,还将蒙受亏损。

然而,排他是可能的,私人公司有可能造这座桥并按它的意愿收费。一座桥的供给方必然是一个垄断厂商,MR 为厂商的边际效益曲线,它在 DD 线的下方。为使利润达到极大,厂商将使其边际效益等于边际成本,这时的通过量为 Q_0,与之相对应的价格则为 P_0。

我们可以看出,由于收费,桥的通过量由 Q_1 减至 Q_0。消费者剩余从 $\triangle OAQ_1$ 减至 $\triangle ABP_0$,梯形 OQ_1BP_0 是消费者剩余的损失,其中 OQ_0BP_0 被垄断者所攫取,而 $\triangle BQ_0Q_1$ 为社会福利的净损失。为避免这种福利损失,这类产品应由政府免费提供,用统一征税的办法筹集资金,以弥补造桥的直接固定成本。

(二)边际生产成本为零边际拥挤成本不为零的产品

有些产品的边际生产成本为零,但随着消费者人数的增加会出现拥挤现象,也就是其边际拥挤成本不为零。我们仍然以桥梁为例,如图 3-8 所示。

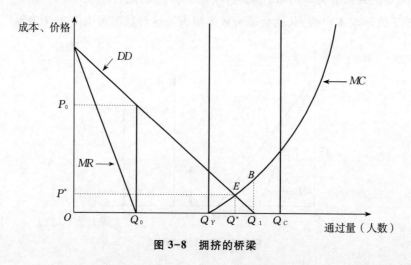

图 3-8 拥挤的桥梁

图 3-8 表明一座拥挤的桥梁的需求情况,其中 DD、MR、MC、Q_Y、Q_C 的含义都与图 3-7 相同;所不同的是,这里拥挤线与需求线相交,表明在一定的价格下,可能产生拥挤现象。

当拥挤现象产生时,厂商的边际生产成本仍然为零,但由消费者承担的拥挤成本却增加了。这时如果仍然免费供应,就会出现过度消费。如图 3-8 所示,当价格为零时,通过量将达到 Q_1,ΔEQ_1B 代表消费者获得的效用不足以补偿他的消费带来的成本而引起的社会福利的净损失。为避免过度消费,当供给量短期内无法增加时,就只有收费。但是,拥挤成本是由消费者而不是生产企业来承担的,所以不应由生产企业来收费,而应由公共部门来提供这类产品,按照边际拥挤成本收费,即均衡价格和通过量应为边际成本线 MC 和需求曲线 DD 的交点 E 所确定的 P^*、Q^*。鉴于边际拥挤成本计量的困难,以及收费的目的是限制过度消费,所以实际收取的价格应以能保证不出现过度拥挤为准。

(三) 具有利益外溢性特征的产品

有些产品所提供的利益的一部分由其所有者享有,是可分的,从而具有私人产品的特征;其利益的另一部分可由所有者以外的人享有,是不可分的,所以又具有公共产品的特征。这种现象被称为利益的外溢性现象,这类产品被称为准公共产品。比如教育,受到良好教育的公民使全社会都受益,这种利益是不可分的,但受到教育的公民也直接受益,这部分利益又是可分的。有些卫生事业、森林公园等也具有这种特征。

在市场机制下,利益的外溢会带来效率损失。如图 3-9,dd 线为准公共产品购买者的边际效用曲线(需求曲线),DD 为社会边际效益曲线,它们之间的垂直距离表示该产品的边际外部效益(边际外部效益往往是递减的,为了讨论的方便,我们这里假定它是常数),供给曲线(边际成本线)为 SS。该产品符合效率准则的产出水平为 DD 线和 SS 线的交点 E_0 所决定的 Q_0。但在市场机制下,人们按照本人获得的利益决定购买量,该产品的产出水平只能达到 dd 线和 SS 线的交点 E_1 所决定的 Q_1,这就会导致效率损失(图中 $\Delta E_0 AB$)。

为了经济效率的实现,政府可以直接提供准公共产品,以较低的价格鼓励人们增加消费,从而达到有效率的消费量。由于某些公民可获得直接的利益,所以也应向他们收取一定的费用,如图 3-9,应向受益人收取的价格为 P_0。如果完全免费供应,其结果必然是过度消费,也会带来损失(图中 $\Delta E_0 CD$)。

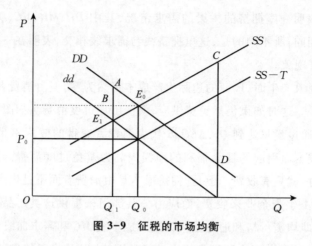

图 3-9 征税的市场均衡

几乎每个国家的政府都参与对教育的直接投资,但一般只提供基本的义务教育。其原因在于,公民达到基本的文化程度对整个社会意义更为重大,而教育程度越高,就越多体现为直接受到教育的公民受益。

三、混合产品的消费

（一）具有排他性和一定范围内非竞争性的混合产品的消费方式

首先,我们来看第一类混合产品。就可能性而言,公共提供可用于任何性质的产品,而市场提供仅适用于具有排他性的产品。第一类混合产品在性质上具有排他性,因而,它应该有两种消费方式可供选择。以桥梁为例,如图 3-10 所示,C 为造桥成本,F 为收费成本,AB 为桥梁的边际效用曲线。OB 为最大车流量,未超过给定的桥梁负荷界限 OQ,因此,增加消费者并不会增加产品的成本,即增加消费者的边际成本为零。因此,边际成本曲线与横轴重叠。

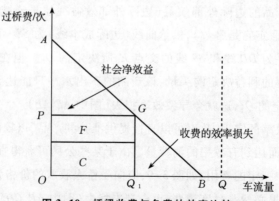

图 3-10 桥梁收费与免费的效率比较

在公共提供的情况下，由于消费者免费消费该产品，换言之，消费者使用该产品的边际成本为零，因而，按照边际效益等于边际成本的原则，消费者将把他的消费量扩大到边际效益为零为止。即消费者选择的消费量为 OB，这时消费者从该产品消费中所获得的消费效益为 AOB。由于是公共提供，造桥的成本必须由政府筹措资金来加以弥补。假定政府通过税收的方式筹措资金，那么，课税过程中还会发生税收成本 D 和税收的效率损失 E。[①] 综合考虑产品的效益和成本以后，我们可以得到下列等式：

$$社会净效益 = AOB - C - D - E \qquad (3-1)$$

在市场提供的情况下，假定通过收费的方式来弥补造桥成本，由于收费本身要产生相应地成本，因此收费标准应能恰好弥补单位造桥成本和单位收费成本。在图 3-10 中收费标准应为 OP。桥梁的使用在未达到饱和状态之前，消费具有非竞争性，因此，增加消费并不会增加成本；相反，增加消费能更大限度地、充分地发挥桥梁的作用，让桥梁为社会带来更多的利益。但是，由于要收取费用，消费者的消费量将由 OB 减少到 OQ_1，由此造成收费的效率损失，在图 3-10 中为 BGQ_1 部分的面积。收费的效率损失是指由收费所引起的消费量的减少，从而引起的社会净效益损失。这样一来，整个社会从该产品的生产和消费中获得的净效益由潜在的消费效益（充分使用该桥梁所能得到的利益）减少为 APG，于是，我们可以得到下列等式：

$$社会效益 = AOB - C - F - BGQ_1 \qquad (3-2)$$

比较等式（3-1）和（3-2），我们发现，这类混合产品究竟应该采用哪种消费方式，实际上取决于税收成本、税收的效率损失与收费成本、收费的效率损失之间的对比关系。一般来说，税收成本主要取决于税务机构的管理水平，其次要受到税收制度复杂程度与征收难度的影响；税收的效率损失主要取决于税收制度合理与否。收费成本主要取决于收费的难易程度。收费的效率损失，一是取决于收费的难易程度，收费管理越困难，收费成本越高，收费标准也越高，进而收费的效率损失也越大；二是取决于产品的需求弹性，需求弹性越大，收费的效率损失也越大，反之亦然。

因此，在税收成本与税收效率损失既定的情况下，这类混合产品消费方式的取舍主要由收费管理的难易程度和产品的需求弹性来决定。当收费管理较为困难，需求弹性较大时，可考虑采用公共提供的方式。反之，可考虑采用市场提供的方式。

[①] 税收的效率损失主要是税收会造成纳税人的超额负担，从而引起征税的效率损失。

（二）具有不完全非竞争性和非排他性的混合产品的消费方式

我们来看第二类混合产品。第二类混合产品具有非竞争性和非排他性不完全的特征，这种特征来自产品的外部效益。如果一种产品具有外部效益，那么购买者个人的边际效用曲线就会与社会边际效用曲线相分离。前者仅反映购买者本人从该产品中的得益，而后者还包括通过购买者外溢给社会的利益。图3-11是外部效益产品不同消费方式的效率比较。假定 AB 为购买者的边际效用曲线，CD 为社会边际效用曲线，AB 与 CD 之间的垂直距离代表了每单位产品的外部效益。EF 为产品的边际成本曲线。假定产品的边际成本等于平均成本，等于产品的价格，并保持不变。

从自身利益的角度出发，购买者将选择 OQ_1 的消费量，这时，他的边际效益等于产品的价格。这样，购买者在给定的价格条件下，以最小的代价实现了最大的效用，他的净得益为 AEG，而社会的净得益为 $CEGH$，这之间的差额为产品的外部效益。但是，进一步分析我们会发现，从社会的角度来看，按照社会边际效益等于社会边际成本的原则，最佳的消费量应该是 OQ_2。这时，社会从产品消费中所获得的净效益为 CEI，社会的净得益增加了 GHI，增加的净得益实际上就是市场提供外部效益产品所损失的效率。其中的原因在于，市场上产品价格仅仅反映产品的内部效益。当一种产品具有外部效益时，产品的价格并没有反映产品的全部效益，因而，由这一价格所引导的资源配置就会显得相对不足。例如，由于产品的价格仅仅反映了产品的内部效益，当产品的价格为 OE 时，所引导的消费量为 OQ_1。这时，社会边际效益处于大于产品的价格、大于产品边际成本的状态，这意味着社会在这种产品的消费中还没有获得最大的满足。因此，具有外部效益产品的市场提供会导致资源配置不足的效率损失。

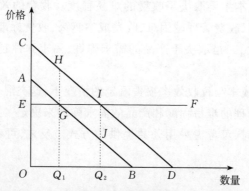

图3-11 外部效益产品不同消费方式的效率比较

如果采用公共提供的方式，事情则会走向它的反面，资源将由于消费者的过度消费而被极大地浪费。

在产品存在外部效益的情况下，如何引导购买者的行为，使得他的购买量既符合自身利益，又符合社会利益？一种可行的办法是，根据最佳产量上产品的外部效益，对购买者进行补贴，以鼓励购买者增加购买量，从而扩大社会净效益。我们把这种方式称为部分公共提供。如图3-11所示，由于对每单位产品向消费者补贴 IJ，购买者的边际效用曲线就会由 AB 上移到 CD，与边际成本曲线 EF 相交于 I 点，产品价格保持不变。这样，购买者的购买量就会从 OQ_1 增加到 OQ_2。在 OQ_2 的产出水平上，购买者的边际效益等于产品的价格，社会边际效益等于社会边际成本。边际成本中的 Q_2J 部分由消费者付款来弥补，IJ 部分由政府补贴来弥补，于是，社会净效益由 $CEGH$ 增加到 CEI，净增加了 GHI。这意味着部分公共提供的方式弥补了市场提供所损失的效率，这样，购买者利益和社会利益均实现了最大化。

以上分析表明，混合产品或因为其一定范围内的非竞争性，或因为其非竞争性不完全而导致了市场提供的效率损失。因此，诸如教育、卫生、科技、桥梁、公园、图书馆、博物馆等混合产品应该成为公共支出的一个组成部分。当然，与公共产品不同的是，这类混合产品由于具有排他性或具有较大的内部效益，我们可考虑采用市场提供与公共提供相结合的方式（部分公共提供的方式）。其中，公共提供的份额应该建立在成本—效益分析的基础之上，从而既能较好地避免市场提供可能造成的消费不足的效率损失，又能有效地防止公共提供可能造成的消费过度的效率损失。

四、混合产品的最适规模

我们讨论了公共产品、私人产品和混合产品三种情形。从这三种产品消费中的外部效应（这里指外溢的效益）来看，公共产品的效益是完全外溢的，混合产品的效益是部分外溢的，而私人产品的效益则是完全内在的。因此，三种产品的差别主要体现在外部效应的程度有所不同，而产品的消费方式或者说政府提供的份额主要取决于产品的外部效应。

图3-12是对混合产品最适规模的说明。假设一种产品，例如教育服务，同时具有内部效益和外部效益。图3-12(a)说明私人对教育服务内部效益的需求。消费者可以在给定的价格下购买不同数量的产品，因此消费者 A 和消费者 B 的个人需求曲线的横向加总就形成了只反映内部效益的总需求曲线 D_{A+B}^P。图3-12(b)说明社会对教育服务的外部效益的需求。A 和 B 两人在给定的外部效益的情况下对它有不同的评价，因此，代表了社会需求的总需求

曲线 D_{A+B}^{S} 应是 A 和 B 两人个人外部效益需求曲线的纵向加总。图 3-12(c) 中的 S 曲线表示教育服务的供给曲线。纵向加总 D_{A+B}^{P} 与 D_{A+B}^{S}，我们得到 D_{A+B}^{S+P}（即 $D_{A+B}^{S} + D_{A+B}^{P}$），即整个社会（包含私人部分）对教育服务的需求曲线。该产品的最适产量为 OQ_0。在单位成本 Q_0E 中，Q_0F 由消费者来支付，EF 由政府以补贴的形式来支付。如图 3-12(a) 所示，在市场价格为 OP_0，A 购买 OQ_A，而 B 购买 OQ_B。如图 3-12(b) 所示，A 缴纳的税款等于 Q_0H，而 B 缴纳的税款等于 Q_0F，在图 3-12(b) 中的 Q_0F 等于图 3-12(c) 中的 EF。纯粹私人产品的情况下，图 3-12(c) 中的 EF 等于零，而在纯粹公共产品的情况下，Q_0F 等于零。至此，关于公共提供最适规模的理论，不仅可以说明纯粹的公共产品和纯粹的私人产品两种极端的情况，也可以用来说明一般的混合产品的情况。①

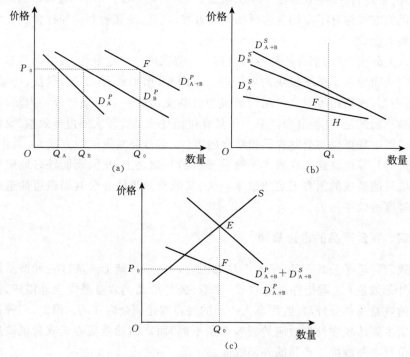

图 3-12　混合产品最适规模分析

五、混合产品的提供

混合产品具有公共产品与私人产品的双重性质，由此决定它可以采取政府

---

① 相关分析可参见蒋洪主编：《财政学》，上海财经大学出版社 2000 年版。

与市场相结合的提供方式。

（一）具有非竞争性和排他性的混合产品的供应方式

在通常情况下，只要这类公共产品的消费不过量（公路、桥梁的车流量在设计能力范围内），增加消费者（增加车流量不影响其他车辆通行），并不需要增加公路、桥梁的维护费用。从这个意义上讲，该类公共产品具有非竞争性。但是，如果出现公共产品使用过量，即车流量超过设计的能力范围，出现拥挤现象，引起公路、桥梁的维护费用增加，就可以设卡限制通过。从这个角度讲，该类公共产品又具有排他性。正是混合产品的这种双重性，使其提供方式有政府提供和市场提供两种。前者是由政府财政预算提供，消费者免费使用；后者是设卡收费，由使用该公共产品的消费者负担公路、桥梁的成本费用。究竟采取哪一种方式更好呢？在实践中，需要进行成本—效益分析。

首先来看采取政府财政投资生产免费提供的方式。消费者从使用该公路、桥梁中得到的效益即消费效益；修建该公路、桥梁的财政预算的投资来源即税收。一方面，政府征税要投入一定的人力、物力和财力，即征管成本；另一方面，纳税人依法纳税也要耗费一定的人力、物力和财力，即缴纳成本。另外，还有因为征税而引起的社会福利损失，即为了弥补公路、桥梁的成本费用而向其他产品征税，所以纳税产品形成的社会福利受到损失也就是税收效率损失，也应计入成本。通过以上分析可以得到，政府提供某一公共产品时，该公共产品（某公路、桥梁）的净效益应是消费效益扣除生产成本、税收成本及税收效率损失之后的余额。

其次来看采取市场提供的方式。它是通过向消费者收费来弥补该类公共产品成本的方式。收费需要付出收费成本，同时收费会使得通过该公路、桥梁的车流量减少，从而造成了一部分消费效益损失，这称为收费的效率损失。而该公共产品的净效益是消费效益（充分利用该产品的应得利益）扣除生产成本、收费成本与收费效率损失以后的余额。

该类公共产品是采取政府财政提供方式，还是采取市场提供方式，要对税收成本、税收效率损失与收费成本、收费效率损失进行比较后，择优而定。

（二）具有外部效应的混合产品的提供方式

混合产品中有许多属于具有外部效应的产品，如教育、科学及卫生保健等，其提供方式可采取政府补助与收费相结合的方式。就教育来看，良好的教育有利于提高全民整体素质，使社会受益，具有明显的外部效应；同时，受到教育的公民具有了较丰富的知识和较强的能力，自己也直接受益。因此，为了提高公民素质,政府通常直接提供有外部效应(正效应)的公共产品。世界上几乎所有国家都对教育有直接投资,特别是对基础教育实行义务教育,保证公民都达到基本的文化程度。同时,教育可以使公民获得直接的利益,所以也要收取一部分学费,甚至鼓励直接采取市场提供方式办私立学校,政府给予适当补助。这就是说,具有外部效应的混合产品不应由政府财政全部包揽,而应采取政府提供与市场提供相结合的方式,这样更有利于这类公共产品的有效提供。

第四节 公共产品的供给与生产

一、公共产品的供给与生产的区分

政府提供某种产品或服务并不一定意味着必须由政府来生产该产品或服务。如前所述,对政府来说,区分其提供还是生产某项服务是很有必要的。例如,对废物回收来说,有些社区是自己生产这项服务,即由公共部门主管购买垃圾车,雇用工人,安排日程;在另外一些社区,由政府提供这项服务,但它往往雇用私人企业来做这项工作。再比如,政府可能通过征税来为人行道的清洁付费,或者可能要求各单位"各人自扫门前雪",都是这方面的例子。总之,提供一项服务和生产这项服务之间的区别是深刻的。它是整个当代民营化概念的核心,给出了政府所应扮演的角色的前景。公共产品供给与生产分开的理念,为公共产品市场化供给提供了依据。因此,公共产品的市场化供给成了公共经济学的前沿和热点。

二、公共产品市场化供给方式

(一)签订协议或合同

与私人公司签订协议或合同来提供公共产品是发达国家采用的最普遍、最广泛的一种形式。适用于这一形式提供的公共产品主要是具有规模经济效应的自然垄断型产品,大部分为基础设施,还包括一部分公共服务行业,如公路维护、垃圾清扫、街道照明、自来水供应、桥梁维修、图书馆管理、蚊蝇控制、公园管理等的工作。在签订合同之前一般都由市政主管部门进行招标,招标方式主要有:公开招标、单一来源招标、邀请招标。中标后双方签订为期若干年的承包合同。许多发展中国家也采取了这种方式。例如,巴西、尼日利亚、南斯拉夫等国就对公路养护、自来水供应等公共服务项目实行招标承包制。发达国家中许多高科技工作也是采用这种方式,如美国国防部就与私人公司签订合同进行潜水艇的研制。一般来说,合同签订后,政府都给予私人公司一定的津贴优惠政策,并规定双方违约的处罚措施。

在美国,即使是大型的高科技公共项目,也多采取政府与民营企业签订委托合同的形式来生产。最典型的例子是美国在20世纪60年代初期实施的阿波罗登月计划。在这次行动中,美国国家航空航天局改革了管理体制,将设备的布局、各级火箭的技术规格等方面的工作,都以签订协议或合同的形式转包给了民营企业。

(二)授予经营权

在发达国家,许多公共领域的事务都以这种方式委托私人公司经营,如自来水、电话、供电等。此外,还有很多公共项目也是用这种方式生产经营的,如电视台、广播电台、航海灯塔、电影制作、报纸、杂志、书籍等。例如,在美国,要想开办电台和电视台,必须到联邦通信委员会去申请。申请的信息包括:申请者国籍及身份、开办资金、技术资料、台主、台位、拟用功率、频率或波长、白天或其他时间拟开机时数等。根据法律,申请者必须承诺不得使用猥亵性语言、公布节目提供者与节目经营资助者的姓名、未经首播台同意不得重播其节目等。经核准,该委员会给申请者(公司)下发执照,授权经营。执照发放后,未经联邦通信委员会许可,不得转让给任何人。我们前面提到过的灯塔也是一个很典型的例子。据科斯的研究,英国航海业的浮标、信标和灯塔是1514年由亨利八世向领港公会颁发许可证授权建造和管理的,于是领港公会在这个公共领域的权威得到了承认。领港公会是一个以航海业为主要公共服务对象的私人组织,曾一度垄断了灯塔的建造与经营活动。后来另一些私人组织向国王申请建造灯塔并得到了国王的授权。19世纪初,在英国总共的56个灯塔中,领港公会管理42个,另外14个由其他私人组织经营。到19世纪中期时,议会的法令规定将英国所有的灯塔经营权都授予领港公会,所有的私人灯塔被领港公会购买。从那以后,除"地方性的灯塔"以外,在英国不再有其他私人组织经营的灯塔了,只有领港公会独家具有经营权。

(三)经济资助

欧美国家对民营公共产品经济资助的途径和方法非常之多,主要的形式有补助津贴、优惠贷款、减免税收、直接投资等。

科学技术是典型的公共产品。在西方任何一家大型生产公司里都设有一个研究开发部,负责高精尖技术的基础研究和实用技术的超前性开发。以日本最大的20家化学原料企业为例,将生物工程作为重点研究开发项目的有9家,将电子作为重点研究开发项目的有5家,还有2家将新型陶瓷、2家将机能性高分子作为重点研究开发项目。一个新的课题,从基础研究到实用开发,再到设计生产,其周期往往为几年甚至几十年。例如,类似波音767这样的大型飞机,从市场调查到开始计划需5年,从制订计划到接受订货需3—5年,从接受订货到试制需3—4年,由试飞到投产需3年,再加上15—20年的生产时间,一共需30来年的漫长岁月;仅开发所用人力就需2000万人/小时以上。所以,一般来说,没有足够的人力与财力是难以进行高科技开发的。对高科技资助的领域包括宇航、生物工程、计算机、机器人、电子等。精密陶瓷是热动力机的关键原材料,在1979—1986年间,美国承包精密陶瓷研究开发这一项目的民间研究机构和企业(通用汽车公司、福特汽车公司等)所用经费高达6亿多美元,而美国政府则补贴了三分之一。同期,美国政府对人工智能的研究开发项目投资了4000多万美元。日本在1947—1950年间从财政支出中付给各民间钢铁企业的价格补助金高达988亿日元。

住宅是各国政府给予经济补助的又一主要的优效型公共产品。大致说来,日本的补助方式是由政府用公共资金贷款来支持住宅建设,国营与公团等用公共资金建设的住宅起着相当大的作用。1983年日本住宅竣工的总户数为113万户,其中公共住宅占42%。西欧各国则主要是由政府直接进行住宅建设。美国主要是通过税制来补贴住宅取得者,如从所得税中扣除全部住宅贷款利息,或大幅度减免不动产取得税,对买卖房产的利润实行免税等;对生活贫困者等特殊阶层提供优惠的公共住宅。

财政补贴的公共领域还包括义务教育、就业服务、养老保险、医疗保障、基本卫生计划、生活救助等。联合国教科文组织的世界教育不平等数据库显示,86个国家(见表3-2)中,20—24岁年龄组平均受教育年限为8.91年,最长的为格鲁吉亚15.7年,最短的为尼日尔1.94年,中国平均受教育年限为10.96年,美国为12.53年。如按地区划分,中亚和南亚的20—24岁年龄组平均受教育年限为9.21年,东亚和东南亚为10.79年,撒哈拉以南的非洲为8.04年。从图3-13可知,2015年OECD国家平均公共教育投资占GDP的3.2%。其中,在捷克、爱尔兰、意大利、立陶宛、卢森堡,公共直接投资占GDP的份额不到3%,而北欧国家如挪威将其GDP的将近5%用于教育机构的公共直接支出。而与此同时,中国的国家财政性教育经费占国内生产总值的比例为4.26%[1],远远超过了大部分OECD国家的公共教育财政投入。

---

[1] 《教育部 国家统计局 财政部关于2015年全国教育经费执行情况统计公告》,http://www.moe.gov.cn/srcsite/A05/s3040/201611/t20161110_288422.html,2021年9月17日访问。

表 3-2　各国 20-24 岁年龄组平均受教育年限

序号	国家	年限	序号	国家	年限	序号	国家	年限
1	尼日尔	1.94	30	尼泊尔	7.78	59	菲律宾	10.37
2	布基纳法索	2.82	31	海地	7.88	60	多米尼加共和国	10.43
3	马里	3.38	32	科摩罗	8	61	阿尔巴尼亚	10.43
4	布隆迪	4.15	33	几内亚比绍	8.08	62	土库曼斯坦	10.55
5	马达加斯加	4.3	34	尼加拉瓜	8.09	63	墨西哥	10.81
6	乍得	4.41	35	莱索托	8.19	64	秘鲁	10.9
7	阿富汗	4.53	36	洪都拉斯	8.2	65	哥伦比亚	10.96
8	贝宁	4.9	37	赞比亚	8.32	66	中国	10.96
9	科特迪瓦	5.01	38	坦桑尼亚	8.4	67	哥斯达黎加	11.02
10	塞内加尔	5.12	39	刚果	8.5	68	阿塞拜疆	11.07
11	几内亚	5.24	40	埃斯瓦蒂尼	8.67	69	厄瓜多尔	11.21
12	摩洛哥	5.36	41	喀麦隆	8.73	70	巴拉圭	11.37
13	塞拉利昂	5.46	42	南苏丹	8.83	71	阿根廷	11.62
14	埃塞俄比亚	5.54	43	加纳	8.87	72	摩尔多瓦共和国	11.84
15	圣多美与普林西比	6.18	44	加蓬	9.04	73	亚美尼亚	12.12
16	卢旺达	6.26	45	索马里	9.07	74	泰国	12.16
17	巴基斯坦	6.34	46	东帝汶	9.25	75	约旦	12.33
18	莫桑比克	6.49	47	印度	9.34	76	玻利维亚	12.36
19	利比里亚	6.69	48	纳米比亚	9.54	77	吉尔吉斯斯坦	12.45
20	冈比亚	6.72	49	肯尼亚	9.57	78	美国	12.53
21	孟加拉国	6.93	50	马尔代夫	9.59	79	加拿大	12.61
22	缅甸	7.07	51	圭亚那	9.71	80	澳大利亚	12.64
23	多哥	7.26	52	津巴布韦	9.79	81	韩国	12.77
24	马拉维	7.38	53	刚果共和国	9.89	82	智利	13.36
25	乌干达	7.43	54	土耳其	10	83	塞尔维亚	13.53
26	柬埔寨	7.46	55	巴西	10.16	84	乌克兰	14.12

(续表)

序号	国家	年限	序号	国家	年限	序号	国家	年限
27	尼日利亚	7.74	56	印度尼西亚	10.25	85	北马其顿	14.26
28	危地马拉	7.76	57	埃及	10.33	86	格鲁吉亚	15.7
29	越南	7.77	58	塔吉克斯坦	10.33	87	平均受教育年限	8.91

资料来源：联合国教科文组织世界教育不平等数据库，https://www.education-inequalities.org/indicators/eduyears#?sort=disparity&dimension=all&group=all&age_group=eduyears_2024&countries=all，2021年7月21日访问。

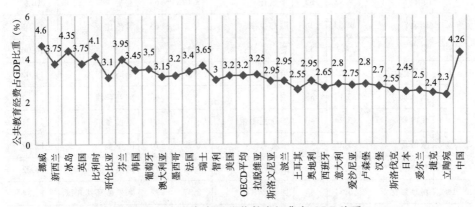

图 3-13　2015 年各国公共教育经费占 GDP 比重

资料来源：OECD，"Education at a Glance 2018：OECD Indicators"，http://dx.doi.org/10.1787/eag-2018-en，2021 年 7 月 21 日访问。

（四）政府参股

政府参股的方式主要有四种：效益分享债券、收购股权、国营企业经营权转让、公共参与基金。政府参股的方法主要应用于桥梁、水坝、发电站、高速公路、铁路、电信系统、港口、飞机场等领域。比较引人注目且效果较好的参股领域之一是高科技开发研究。20 世纪 70 年代中期英国政府对电子部门的支持远远不如法、美、日等国，所以英国的电子产业技术落后，无竞争能力。鉴于此种落后情况，英国工党政府于 1975 年建立了国家企业管理处（the National Enterprise Board，NEB），试图通过这个部门获取和扩大电子行业的股权，刺激厂商进行技术创新。到 1975 年，英国厂商还是只能生产"定做"或"特种"硅片，而"标准"硅片只能在美国市场上购买，处于严重不利地位（美国硅片占据了英国硅片市场的 90%，后来日本政府投资 3.5 亿美元在研究和开发上赶上了美国）。英国的国家企业管理处为了促进通用硅片的开发与生产，在 1978 年总共为 7000 万英镑的投资计划中拿出5000万英镑购买了新建立的英莫斯厂商,使之成为全国唯一生产通用硅片的厂家。国家企业管理处被看作前工党政府的象征,20世纪80年代保守党政府认为生产通用硅片是私人厂商的活动,决定出售政府在英莫斯的股份,一年多以后,该厂商陷入了严重的资金困难。英国政府通过参股的方式为科学技术的基础研究和应用研究解决了资金的困难,为技术创新注入了生机,推动了这一领域的发展,取得了较大的成功。

(五) 政府提供法律保护

第二次世界大战以后,无论是发达国家还是发展中国家,公共福利部门的财政补贴负担越来越重。据统计,苏联1965—1980年的种种补贴占同期国家预算支出总额的8.4%,1983年上升到12%,1988年高达19%。各主要资本主义国家的财政补贴增长也十分迅速,1956年,财政补贴占意大利、法国、联邦德国、日本和美国的财政支出比重分别为8.3%、6.9%、1.5%、1.8%、1.0%,至1980年,相应地比重变为8.4%、11.6%、10.3%、10.1%、1.9%。我国20世纪80年代以来财政补贴支出占财政收入的比重一直在30%左右,最高年度曾达到43.41%。[1]面对巨大的财政负担,主要发达国家纷纷采取措施,对公共部门各行业的亏损企业进行整顿,颁布法律,制止公共部门的垄断,允许和促进更多的民营厂商进入公共部门,实行优胜劣汰的竞争性政策,调动社会积极力量,发挥厂商的积极性,甩掉财政包袱。

美国从20世纪70年代后半期开始对交通运输领域进行制度性的改革,试图通过最大限度的自由竞争实现资源的最佳分配,即在形成最佳价格和确保供给量的同时,通过自由竞争实现适者生存,增强全行业的活力,提高竞争能力。进入80年代以后,放宽运输限制的浪潮从空运领域波及陆地和海上运输领域,其中有代表性的法案有:《航空货物运输限制缓和法》(1979)、《运输事业者法》、《家庭行李运输法》《斯塔格斯铁路法》(1980)、《海运法》(1984)等。上述法律实施以后,美国公共运输的"拥挤"现象得到很大改善,价格也大幅度下降,无竞争能力的厂商纷纷退出,从而实现了公共产品的非国家供给。

用法律的手段允许、促进并保护非国家部门进入公共产品的生产经营领域不但减轻了国家的财政负担,而且能提高服务质量和消费效率。这个办法不仅适用于"拥挤型"公共产品,而且适用于某些"优效型"公共产品,如教育、医疗等。

---

[1] 李杨:《财政补贴经济分析》,上海三联书店1990年版,第1—3页。

第五节 公共产品的外部效应

外部效应(externalities)亦译作外部性、外在性、外部化等,是西方经济学分析市场缺陷的一种理论。外部效应产生的直接原因是公私利益的冲突。在前面我们已经简要介绍了外部效应的概念和分类,下面我们进一步分析它的本质、特征和纠正等问题。

一、外部效应的本质

所谓外部效应,指的是一个经济单位的活动所产生的对其他经济单位的有利或有害的影响。假设 j、k 表示不同的经济单位,当经济单位 j 的目标函数 O_j(比如厂商的生产函数或成本函数以及消费者的效用函数)如公式(3-3)所示,不仅取决于其自身可以控制的变量 $Z_{ij}(i=1,\cdots,n)$,而且取决于某些不受市场变换影响的、其自身无法控制的变量 Z_{mk} 时,则对单位 j 而言,存在单位 k 带给它的外部效应。

$$O_j = O_j(Z_j, Z_{2j}, \cdots, Z_{nj}, Z_{mk}), j \neq k \tag{3-3}$$

在分析竞争市场的帕累托最优时,将外部效应排除指的是任何消费者的偏好次序是独立的,与任何生产过程以及任何其他人的决策无关;同时,任何生产者的选择也是独立的,与任何其他生产过程无关。之所以这样要求是因为外部效应的最主要的特点是,它不仅存在于有关当事人决策的"外部",而且也存在于市场定价制度之外。外部效应所指的仅仅是那些无法通过市场交易为它付费的效益或无法通过市场交易获得补偿的损失。

简而言之,外部效应就是指个体生产或消费活动对其他个体或总体模式的间接影响所产生的生产或效用函数,它不是生产者的主观愿望,也不受价格体系的支配。

二、外部效应的特征

(1)外部效应独立于市场机制之外,这是最重要的一个特征。外部效应的影响不是通过市场发挥作用,它不属于买者与卖者的关系范畴,换句话说,市场机制无力对产生外部效应的厂商给予惩罚。

(2)外部效应产生于决策范围之外而具有伴随性。

(3)外部效应与受损者之间具有某种关联性。外部效应所产生的影响不一定能明确表示出来,但它必定有某种福利意义。当受损者关心外部效应时,它就是相关的;否则,就不是相关的。

（4）外部效应可以是正的，也可以是负的。当外部效应为正时，造成外部效应一方的活动总是不能提供得足够多，称为外部经济，或正的外部性；当外部效应为负时，又总是提供得过多，称为外部不经济，或负的外部性。

（5）外部效应具有某种强制性。在很多情况下，外部效应加在承受者身上时具有某种强制性，如附近飞机场的轰鸣声，公路上的拥挤现象和汽车废气污染现象等。这种强制性是不能由市场机制解决的。

（6）外部效应不可能完全消除。如同工业污染是不可能完全消除一样。既然市场机制的作用无能为力，那么政府干预的作用也只能是限制污染，使之达到人们能够接受的某种标准。它广泛存在于生产和消费领域，百分之百的消除是不可能的。

（7）公共产品可以被看作外部效应的一种特例。特别是当一个人创造了一种有益于经济中每个人的正的外部效应的时候，这种外部效应就是纯公共产品。有时公共产品和外部效应的界限会显得有点模糊。虽然从学术的观点来看，正的外部效应和公共产品颇为相似，但在实际应用中，把它们区分开来还是有用的。

三、外部效应与公共产品

公共产品的特征之一是可以同时让不止一个人受益，即可以同时进入许多人的效用函数或许多厂商的生产函数。这与刚才讨论的外部效应十分相似，所以在市场提供方面也会出现数量不足的问题。不同的是，对于公共产品而言，市场提供的不充分尤其严重。这主要是因为，外部效应不过是个人或厂商自利行为的副产品，充分的激励促使个人或厂商出于私利在产品供给初期提供这些产品。而个人或厂商从公共产品中得到的利益相对于公共产品的提供成本而言，却往往太小而不足以产生激励，从而使任何个人望而却步。

与公共产品的"共同消费"特点一致的是它不具备任意可分性。商品的任意可分性的假定保证了在帕累托效率条件未被满足时，有关生产者和消费者能够有效地进行微小的调整，而公共产品的不可分性使得这种微调成为不可能，从而一般说来无法满足竞争市场有效性的要求。

与公共产品的上述特点相伴随的是它的另一大特点——非排他性，这一概念可以与私人产品消费所具有的"排他性"相对照来加以把握。一件私人产品，如苹果，在被某人消费的同时就排除了其他人对它的消费，并且做到这一点很容易；而公共产品就不然，如国防，在被某人消费的同时并不排除其他人消费相同的数量，并且也无法或者无法低成本地排除不付费者的使用。所以，对于自利的个人而言，总存在着搭便车的激励，从而进一步强化了公共产品市场提供的失灵。

四、政府对外部效应的纠正

政府对外部效应的纠正措施可分为五大类:行政的、经济的、法律的、协商的和教育的。

(一)行政措施:管制与指导

当采用经济的和法律的手段不能纠正由外部效应引起的资源配置不当时,就存在国家行政调节的可能性。政府机构将确定资源的最优配置,从行政上指令生产者提供最优的产量组合,调整电力和石化等高污染工业布局,严格限制厂址的选择,有时还可指令把产生外部效应和受外部效应影响的双方厂商联合起来,使外部效应"内在化"。以污水排放工厂为例,如果它与下游工厂合并,污水净化成本将变成联合企业的私人成本,这样,作为利润最大化的自然结果,外部效应也将受到限制。

当然,以政府行政命令为主要形式的国家调节手段只有在产生外部效应的厂商缺乏将其污染量控制在社会最优污染水平上的内在动力时才成为不得不采取的措施。这一方法的主要缺点是强制执行和制定政策的成本可能相当高,还存在大量的计算私人成本和社会成本等一系列信息方面的问题,而这些都是进行国家调节所必需的。此外,直接管制还会遇到行政效率和官僚主义方面的困难,地方行政机关容易产生不公正和长期拖延等问题,造成"管制幻觉"。

在公共产品领域和市场上,有些发达国家正在建立含有行政计划因素的制度框架。在个人消费领域和一些公共场合,政府行政机构也可以颁布一些禁令和规则。著名经济学家斯蒂格勒(George Joseph Stigler)认为政府的行政措施在纠正外部效应因素中应发挥更大作用:第一,政府可以利用权力来签订协约;第二,政府可以坚持自己在处理一些外部效应上采取的正确行动;第三,政府要采取积极行动或提供与外部效应相对抗的服务措施。

(二)经济措施:税收与津贴

与政府的行政措施一样,政府利用经济手段解决外部效应问题也是一种传统的方法。庇古提出了著名的修正性税,即税收/津贴,其目的是促使私人成本与社会成本相一致。例如,如果对外部效应的产生者征收相当于外部不经济性价值的消费税,它的私人成本就会与社会成本相等,这样,利润最大化原则就会迫使生产者将其产出水平限制在价格等于社会边际成本之处,这正好符合了资源有效配置的条件。相反,对产生外部经济性价值的补贴,会鼓励生产者把产量扩大到社会的最有效率的水平。在庇古看来,这样就可以达到资源配置的帕累托最优,同时这也是庇古认为政府干预经济的重要方面。

庇古税的基本原则与现行有关国际组织、国家政府及大多数经济学家所认同并倡导的"污染者付费原则"(polluter pays principle)是相一致的。可以这样说,征收污染税是目前各国政府所采纳的最普遍的控污措施之一。

最常见的抑制外部效应的税收是"消费税",但它是以"货物税"的形式出现的。它征税的对象和目的非常明确:主要对烟、酒、石油产品这三种货物征税,因为它们对个人、家庭和社会都有一定的负外部效应。

一般说来,学术界认为征税的办法比政府直接管制的行政办法更为可行,尽管人们对税收或公路使用费这些属于价格制度的措施存在较大争议。这是因为,税收的办法可以避免行政上的低效率和官僚主义的产生,比行政措施更为方便和快捷;并且无论是污染费,还是公路使用费,对于产生外部效应者而言,其边际税率都是一样的,都是均衡税率,而均衡税率就是最低税率。

津贴的情况有三种:首先,对外部效应中受损者给予津贴,如庇古所举的受火车火花影响的车轨旁的种田者应该受到政府的补贴。其次,产生外部经济性的一些厂商或公共产品应当受到政府或社会给予的津贴,如考古队、博物馆、医院等。最后,给外部效应生产者以津贴。有人把这种津贴称为向污染者行贿。我们知道,利润最大化原则使公司不愿意且没有动力花钱去减少污染,因为降低污染不能给公司带来多少直接利益,这样,从全社会观点来看,就会出现在减少污染方面开支不足的问题。但许多经济学家认为,这种方法实施的结果并不能达到社会资源的最优配置,因为厂商在决定其产出水平时所考虑的仅仅是私人边际成本,所以,厂商的社会边际总成本包括了政府对控污补助的津贴成本。就津贴与税收来说,厂商偏好的当然是前者,而不愿意缴纳税金,道理很简单,获得津贴能够获得较高的利润,而且没有使厂商的股东们产生控污的压力,但在税收制度下,总产量减少,价格升高,产品的消费处境变坏。

基于上述分析,我们认为,当税收和津贴两种办法都可行时,前者可达到帕累托最优,而后者则难以达到。因此,从效果来说,税收比津贴更可取:第一,产生污染者虽然得到了津贴,但产生污染的活动在经济上仍然是有吸引力的,尽管个别公司将减少其污染,但可能会出现更多的产生污染的公司。第二,津贴对采用新的控制污染技术的刺激较小,所以,现有产生污染的公司将会扩大其规模,这样,津贴制度不是导致更少的污染,反而有可能刺激产生更多的污染。第三,污染者将千方百计地提高补贴前的污染水平,以得到更多的补贴金额。

(三)法律措施:制定规则

通过立法来定义产权以解决和处理现代社会产生的各类外部效应有两个优

点:一是它不受利益集团压力的影响;二是它可以通过审判过程得到恰当的阐述。

发达国家在政策实践方面将立法引入外部效应的处理之中,取得了可喜的成绩。但必须注意,通过法律来解决外部效应会受到以下五个方面的限制。

第一,诉讼的交易成本较大,而有些外部效应的损失较小,不值得动用法律武器。况且,行政措施和经济措施在处理外部效应时,其交易成本主要由公共部门负担,而在法律系统中由私人负担。

第二,由于诉讼费用昂贵,厂商会把外部效应的影响削减到接近但稍小于受损者诉讼的成本,这就意味着产生了较大的效率损失。

第三,诉讼的结果具有未来不确定因素,如果诉讼成本很大,受损者就不太情愿运用法律手段来解决外部效应。

第四,由于诉讼过程中存在着成本较高与未来结果不确定的因素,这就意味着与公平、正义相冲突。

第五,在存在较多外部效应的受损者的情况下,作为个人来讲,如果其损失价值较小而不足以使他去起诉,就会出现搭便车的现象:每个人都想让别人去起诉,如果他人成功了,自己就可以坐享其成。

总而言之,虽然法律系统为我们提供了解决外部效应的重要补救办法,但它难以解决各种不同类型的所有外部效应,也有其局限性。

(四) 资源协商:科斯定理与确立产权

科斯认为,不管权利属于谁,只要产权关系予以明确界定,那么,私人成本和社会成本就不能产生背离,而一定会相等。虽然权利属于谁的问题会影响财富的分配,但是,如果交易费用为零,无论权利如何界定,都可通过市场的交易活动和权利的买卖者互订合约而达到资源的最佳配置。这就是科斯定理的含义。在科斯看来,这种资源协商性质的外部效应解决办法实际上是一种市场交易,是市场规律本身在起作用。结论是,只要有人分配到产权,有效的解决方案与谁获得产权无关。它意味着产权一旦确立,就不需要政府干预来处理外部效应问题。但是,至少有两个原因使得社会不能总是依靠科斯定理来解决外部效应问题。

第一,科斯定理要求讨价还价的成本不会阻碍双方协商以找出有效率的解决方法。但是,像空气污染这样的外部效应牵涉到成百上千甚至更多的人(既包括污染者,也包括被污染者),很难想象能以足够低的成本让他们聚在一起谈判。

第二,科斯定理假定资源的所有者能够鉴别对自己财产的破坏的来源,并合法地防止破坏。再考虑一下空气污染这个重要例子,即使空气的产权是确定的,我们还是不清楚空气的主人如何能够从几千个可能的污染者中认出谁对污染空气负有责任,并确知每个人对破坏应当负多大的责任。

所以,科斯定理最适用于只牵涉几方的、外部效应来源清楚的情况。

(五)社会准则:良心效应与黄金率

经济学家黄有光认为,任何一件外部效应事件的产生,都或大或小地存在着良心效应,即"良心"发挥着一定的作用。一般说来,良心效应在下述两种情况中会产生不同的作用:第一,当外部效应产生者给他人的福利带来不利的影响,而且不给予补偿时,良心效应将会降低自身的整体福利水平。第二,由于良心效应的缘故,庇古税实际上可能反而会提高产生外部效应活动的水平。

斯蒂格利茨认为,进行社会准则的教育是解决外部效应的一种方法。这种教育的具体内容就是"黄金律"教育。他认为,用经济学的语言来解释黄金律的内容就是:"要产生外部经济性,不要产生外部不经济性。"人们的行为是互相影响的,所以人们要时时刻刻用社会准则要求自己,并且父母也应该引导自己的孩子按"社会可接受的方式"行事,那就是不产生外部效应。这种"黄金律"在家庭中一般来说成功地避免了外部效应;但就社会化过程来说,却没有成功地解决现代社会所产生的各种各样的外部效应问题。

实际上,社会准则和黄金律都是一种道德教育,即属于"精神文明"教育。运用这种"思想教育"的方式来解决外部效应问题在某种范围内可发挥很大的作用,毫无疑问,这也是管理者普遍采用的对付外部效应的重要手段之一。

【关键术语】

公共产品　私人产品　混合产品　非竞争性　非排他性　搭便车问题　外部效应

【复习思考题】

1. 公共产品的基本特征有哪些?
2. 请用图示的方法来阐释公共产品与私人产品的需求与供给的区别。
3. 如何理解公共产品供给与生产分开?
4. 请试比较公共产品政府提供与市场化供给的效率。
5. 如何理解公共产品的外部效应及其纠正?

【参考书目】

1. 白景明:《公共经济》,人民出版社 1994 年版。
2. 高培勇编著:《公共经济学》,中国人民大学出版社 2004 年版。
3. 高培勇、杨之刚、夏杰长主编:《中国财政经济理论前沿(5)》,社会科学文献出版社 2008 年版。
4. 蒋洪主编:《财政学》,上海财经大学出版社 2000 年版。
5. 李杨:《财政补贴经济分析》,上海三联书店 1990 年版。
6. 刘宇飞:《当代西方财政学》,北京大学出版社 2000 年版。
7. 毛程连主编:《中高级公共经济学》,复旦大学出版社 2006 年版。
8. 平新乔:《财政原理与比较财政制度》,上海三联书店 1992 年版。
9. 沙安文、沈春丽主编:《地方政府与地方财政建设》,中信出版社 2005 年版。
10. 王传纶、高培勇:《当代西方财政经济理论》,商务印书馆 1995 年版。
11. 吴俊培、许建国、杨灿明编著:《公共部门经济学》,中国统计出版社 1998 年版。
12. 张卓元主编:《政治经济学大辞典》,经济科学出版社 1998 年版。
13. 郑秉文:《市场缺陷分析》,辽宁人民出版社 1993 年版。
14. 朱柏铭编著:《公共经济学理论与应用》,高等教育出版社 2007 年版。
15. 〔美〕保罗·A. 萨缪尔森、威廉·D. 诺德豪斯:《经济学(第十四版)》,胡代光等译,北京经济学院出版社 1996 年版。
16. 〔美〕鲍德威、威迪逊:《公共部门经济学(第二版)》,邓力平等译,中国人民大学出版社 2000 年版。
17. 〔美〕哈维·S. 罗森:《财政学(第四版)》,平新乔、董勤发、杨月苏等译,中国人民大学出版社 2000 年版。
18. 〔美〕罗纳德·哈里·科斯:《企业、市场与法律》,盛洪、陈郁译,上海三联书店 1990 年版。
19. 〔美〕曼瑟尔·奥尔森:《集体行动的逻辑》,陈郁、郭宇峰、李崇新译,上海三联书店、上海人民出版社 1995 年版。
20. 〔美〕约瑟夫·E. 斯蒂格利茨:《公共部门经济学(第三版)》,郭庆旺等译,中国人民大学出版社 2005 年版。
21. 〔美〕詹姆斯·M. 布坎南:《民主财政论:财政制度和个人选择》,穆怀朋译,商务印书馆 1993 年版。
22. 〔英〕安东尼·B. 阿特金森、〔美〕约瑟夫·E. 斯蒂格里茨:《公共经济学》,蔡江南、许斌、邹华明译,上海三联书店、上海人民出版社 1994 年版。
23. 〔英〕马歇尔:《经济学原理》,朱志泰译,商务印书馆 1981 年版。
24. 〔英〕斯蒂芬·贝利:《地方政府经济学:理论与实践》,左昌盛、周雪莲、常志霄译,北京大学出版社 2006 年版。
25. 〔英〕亚当·斯密:《国民财富的性质和原因的研究》,郭大力、王亚南译,商务印书馆

1972年版。

26.〔英〕约翰·伊特韦尔、〔美〕默里·米尔盖特、彼得·纽曼编:《新帕尔格雷夫经济学大辞典》(第三卷),陈岱孙等译,经济科学出版社1992年版。

27. Vincent Ostrom, Charles Tiebout, and Robert Warren, "The Organization of Government in Metropolitan Areas: A Theoretical Inquiry", *American Political Science Review*, Vol. 55, No. 4, 1961.

28. William H. Oakland, "Theory of Public Goods", in A. J. Auerbach and M. Feldstein, *Handbook of Public Economics*, Vol. Ⅱ, Amsterdam: Elsevier, 1987.

第四章 公共选择与公共经济决策

【教学目的和要求】

公共选择理论作为目前政府行为研究的一种理论工具,第一次把政府这一政治实体纳入经济分析的对象范围,并进行了系统的分析,开创了政治经济研究的新视角,具有划时代的意义。由于公共选择理论涉及内容广泛,学生应着重掌握以下几个方面:

第一,要了解公共选择理论产生的背景、过程,公共选择行为与私人选择行为的区别以及公共选择产生的必然性因素等,其中应重点了解公共选择理论所建立的理论前提和在方法论上的突破。

第二,要掌握公共选择行为在民主社会中的具体运行机制——投票规则,即在区分两种民主模式(直接民主制和间接民主制)的前提下,重点掌握几种重要的投票规则,如全体一致规则、多数规则等。此外,还有必要了解实际政治运作过程中政党行为、投票人行为及利益集团行为对公共选择结果的影响。

第三,官僚经济理论所分析的是政府本身的行为特征,通过学习应掌握政府失灵的原因、政府规模自我膨胀的原因以及寻租行为所涉及的一系列内容。

最后一节论述了公共选择理论在实际的政府经济决策过程中的运用情况,同时也体现了公共选择理论研究的目的所在。对此,应着重掌握公共经济政策制定过程中一些共性的东西,尤其是其民主化与科学化的要求。

第一节 公共选择理论概述

公共选择理论产生于20世纪中期的美国,既是当代西方经济学的一个分支,也是一个极其重要的现代政治学研究领域,"是对非市场决策的经济学研究,或者可以定义为应用经济学去研究政治学"①。所谓公共选择理论,就是以

---

① 〔美〕丹尼斯·C.缪勒:《公共选择理论(第3版)》,韩旭等译,中国社会科学出版社2010年版,第1页。

现代经济学的基本假设("理性人",即所有个人都追求自身利益的最大化)为前提,依据自由的市场交换能使双方都获利的经济学原理,来分析政府的决策行为、民众的公共选择行为及两者关系的一种理论流派。其突出特点是,将政治过程看作某种特殊的"经济活动",在这个"经济活动"中,政府是"生产者",选民是"消费者",选票是"货币",而选举制度则可等同于"市场制度"。正如公共选择学派代表人物布坎南所说:"公共选择理论的宗旨是把人类行为的两个方面(经济决定与政治决定)重新纳入单一的模式,该模式注意且认为承担政治决定之结果的人就是选择决策人的人。"[①]此理论研究的特色在于,它运用了现代经济学的逻辑和方法来研究政治问题,第一次将政府这一政治实体纳入经济分析的对象范围,并进行了系统的分析,从而开创了政治经济研究的新视角,具有相当程度的划时代意义。

一、公共选择学派产生的历史背景及过程

公共选择理论发源于20世纪中期的美国。当时的美国理论界正是凯恩斯主义处于支配地位的时期,建立在个人自由基础之上的非市场决策理论研究,无疑与当时经济学界的主流观念差异太大。事实上,公共选择理论的研究学者也受到了官方和大学的干预。例如,创立"非市场决策制定委员会"的著名学者詹姆斯·布坎南和戈登·塔洛克(Gordon Tullock)的学术研究就受到校方的干预。尽管如此,公共选择理论在20世纪70年代以后发展十分迅速,成为一种新兴的政治经济学。它不仅受到学术界的重视,而且为许多国家制定公共经济决策提供了一个新的参考视角。

(一)公共选择学派产生的历史背景

一种新理论的产生和发展绝非偶然,无论从现实需要还是从理论发展上来看,都具有特定的历史背景,公共选择学派的产生与发展也是如此。具体可以从三个方面探求该学派兴起的历史背景。

1. 凯恩斯主义指导下国家干预的失败

第二次世界大战以来,尤其是1929年到1933年席卷西方世界的经济危机,使得人们逐渐认识到完全放任的自由市场经济并不能有效地维持经济体系的运行,市场这只"看不见的手"越来越需要政府这只"看得见的手"的干预和调节。由此,实际经济运行的需要和观念意识的转变,也使得以政府干预为核心理论的凯恩斯主义应运而生。此后,在凯恩斯国家干预思想的主导下,国家对

---

① 〔法〕亨利·勒帕日:《美国新自由主义经济学》,李燕生译,北京大学出版社1985年版,第122页。

市场的干预越来越多,尤其是一些福利型的国家,甚至对社会事务无所不包,无所不管。

国家干预的加强,一方面使得政府部门与公共经济活动领域逐渐扩大,刺激了对公共经济活动的理论分析;另一方面,过度的国家干预引发了各种各样的弊端,如通货膨胀、失业等,这种非市场的集体决策即国家干预的失败,也促使人们像分析市场失灵的原因一样,把用以研究市场经济失灵和缺陷的经济学方法应用于国家和公共经济的一切部门,从而探讨国家干预失败的原因。

2. 政府经济理论的缺乏

在传统的关于政府与市场关系的经济理论中,如果把经济的运转体系比作一台机器的话,政府就是这台机器的维护人员。在机器运转过程中,政府可以充当两种角色:当机器正常运转时,政府只是一个看护人,或充当一个公正的裁判;当机器运转不正常时,也即市场失灵时,政府则可以代替或弥补机器的某些功能,甚至被看作超凡至圣的"超级机器",其中的官吏则被看成是别无他求的公共利益的追求者。

由于受传统的自由市场经济的影响,经济理论的研究很少涉及国家与政府行为的研究。然而,随着政府干预的加强,公共经济活动领域的扩张,先前的政治经济学以及现代宏观经济学所探讨的政府经济事务的政策选择相关理论,已满足不了政府公共经济运行的需要。这是因为,在这些理论分析中,作为政策制定者的国家与政府被看成是经济体系的一个外生变量,即被看作系统外的一种因素;而且这些理论认为,政府的经济管理活动是以促进公共利益为目的的。由此可见,这种观点在分析政府的各种经济政策及其效果时,完全忽视了对经济政策制定过程的分析;同时认为,政治过程与经济过程是截然分开的。

实际上,政府经济政策的失误,并不完全是经济理论的缺陷以及政策执行者的失误。在公共选择学派看来,经济政策的制定过程或者说政治过程才是决定经济活动的内在因素。此外,在政策制定过程中,应抛弃政府为公的幻想,政府官员也是追求利益最大化的经济人。

3. 新福利经济学的影响

20世纪30年代以来,新福利经济学针对公共产品和外部效应存在的情况下实现资源最优配置的条件所进行的探讨,以及对资源非市场配置问题的分析,激起了公共选择理论对资源配置的非市场决策过程的关注。

此外,公共选择学派还在两个方面受到福利经济学的影响:一是福利经济学中社会福利函数所探讨的将个人偏好次序加总并实现福利最大化的问题,很自然地刺激了人们对在不同的投票规则条件下集体选择将会产生怎样结果的兴趣；二是凯恩斯主义指导下国家过多干预的失败，使福利经济学开始考虑政府决策本身所存在的问题，这也在某种程度上促使了公共选择学派对非市场决策的研究。

（二）公共选择学派产生的过程

公共选择学派正是在这种背景下得以产生和发展的。但由于受当时主流思想的影响，公共选择理论的发展与壮大经历了一个曲折的过程。

1. 发源阶段

公共选择学派发源于20世纪50年代。邓肯·布莱克（Duncan Black）被称为"公共选择理论之父"[1]，其发表的关于公共选择理论最早的文献是《论集体决策原理》(1948)。布莱克于1958年发表的代表作《委员会与选举理论》是公共选择理论的经典文献，开创了公共选择研究的先河。从此，政治学领域中增加了一种新的研究方法——公共选择研究方法。

2. 逐渐形成阶段

20世纪60年代是公共选择学派逐渐形成的阶段。在这一阶段，做出较大贡献的是布坎南和塔洛克等人。布坎南以在弗吉尼亚大学创立的托马斯·杰斐逊政治经济学研究中心为研究基地，主张把政治因素纳入经济分析之中，并强调规则和制度对经济发展的重要影响。在这一阶段，布坎南等人的研究涉及的范围较广，实际上是一种新的政治经济学，但由于研究方法的不同，也在一定程度上促成了公共选择理论的诞生。值得一提的是，布坎南和塔洛克在1962年合著的《同意的计算——立宪民主的逻辑基础》一书成为现代公共选择理论的经典著作。

3. 影响日益扩大阶段

20世纪70年代，公共选择理论的影响不断扩大，并传播到欧洲和日本。1969年，布坎南和塔洛克在弗吉尼亚科技学院创建了"公共选择研究中心"，同时创办了《公共选择》杂志。布坎南的一系列努力最终促进了公共选择理论的迅猛发展。

4. 迅猛发展阶段

20世纪80—90年代，越来越多的学者和政治家受到公共选择理论的影响。1982年，公共选择研究中心从弗吉尼亚科技学院迁到乔治·梅森大学。目前，该学校被称为公共选择理论的大本营。1986年，布坎南因为对公共选择理论所

---

[1] 方福前：《公共选择理论——政治的经济学》，中国人民大学出版社2000年版，第3页。

做的杰出贡献而获得诺贝尔经济学奖。此时,公共选择理论成为各国学者分析市场失灵、政府失灵及政府经济决策等问题不可缺少的理论方法。

二、公共选择理论的研究方法

公共选择理论的研究方法包括以下三要素:

(一)经济学与政治学的"交易"性质

传统经济学把研究重点放在企业的生产过程上,认为在经济发展过程中,资源的最优配置和效率的提高起着决定性的作用。自20世纪二三十年代旧制度经济学在美国经济学界占主流地位以来,只重生产而把制度作为外生变量的传统经济学,就受到了前所未有的挑战。随着20世纪70年代中期新制度经济学的兴起,出现了一种全新的经济学研究视角——制度经济学。制度经济学重点研究制度而不是技术,并且把分析的单位落实在交易而不是生产上。

这种经济学研究重点的转变,得到了公共选择学派的认可和应用。公共选择理论认为,经济学中的基本命题不再是"选择",而是交换,即不同经济个体之间的"交换"。而在交易发展的过程中,经过交易双方复杂的博弈,交易最终会达到一种所谓的"帕累托最优"状态,此时,交易任何一方的任何变动都不可能在不损害他人利益的前提下而使自己的利益有所增加。

公共选择理论最大的突破是,它认为从交易的角度看,经济学和政治学并没有什么不同。在政治活动领域里,重要的命题也不是社团、党派和国家等基本行为主体,而是这些行为主体之间及主体内部各个成员之间出于自利动机而进行的一系列交易过程。因为在政治市场上,投票人和政治家都是追求利益最大化的理性经济人,他们在追逐利益的过程中,行为的本质也是一种交易。而政治实质上是人们相互之间的一种复杂交易结构,人们之所以在这个结构中行动,原因在于他们想通过这个结构达到一种个人的目标,这一目标必须借助集体的形式才能实现。因此,在理性经济人本性的驱使下,人们在经济市场和政治市场上行为的区别仅仅在于他们追逐个人利益时所选择的方法不同而已。由此,布坎南认为,经济学的研究领域应扩展到对政治制度、政府以及公共部门的研究,在经济学研究交易制度的基础上,"使用或多或少自然地扩大交换经济学的方法,经济学家便能按照交换范式来观察政治和政治过程"[1]。

当然,经济过程中的市场决策和政治过程中的非市场决策存在很大不同,尤

---

[1] 〔美〕詹姆斯·M.布坎南:《自由、市场和国家:20世纪80年代的政治经济学》,吴良健等译,北京经济学院出版社1988年版,第19页。

其是非市场决策并不是一个简单的交换过程。首先,从交易本身来讲,市场中的经济交易基本上是一个由经济人和商品组成的简单交易过程,往往是一次性的行为;政治交易却是一个十分复杂的过程,它并不局限于买和卖的行为方式上,而是更多地强调了人们之间达成协议的复杂性。其次,从交易过程来看,市场决策是一种自由的个人决策,不包含任何强制性的成分;而非市场决策则存在着强制性的不平等因素,即一旦决策做出,尽管损害了某些人的利益,他们也无法改变或者取消该决策。为了保证个人的利益追求不受他人的阻碍,同时也不妨碍他人对利益的追求,保证政治过程中理性经济人的交易能够顺利进行,公共选择学派认为,一个社会必须制定合理的政治行为规则。具体来说有三个方面:一是该规则必须保证个人参加政治交换所付出的"成本"与获得的"效益"之间具有等值性,即个人对通过纳税所获得的政治环境满意;二是在该政治规则的作用下,良好的社会秩序能够得到保障,即经济方面的繁荣和政治方面的稳定与平等;三是规则必须具体化,不能过于笼统。

(二)"经济人"假定

与经济学一样,公共选择理论也将"经济人"作为其理论分析的出发点,即以人的"自利"为出发点来解释人类行为,特别是政治家的行为。"经济人"的一般理论认为,人都是理性的自利主义者。"一方面,人的行为动机是自利的,任何个人,不论他是购买商品的消费者,还是提供商品的生产者,或者是某一政治团体的领袖,他的行为动机都是自利的,时刻关心的是他的个人利益;另一方面,在行动上,他又是理性的,能够最充分地利用他所能得到的,关于所处环境的信息,诸如价格、品质等,来最大化自身利益。"[①]这种理性的自利主义者,就是经济市场与政治市场所讨论的理论基础——"经济人"。

对于传统的"经济人"假定,布坎南有自己新的认识。在他看来,"经济人"这一基本假定同样适用于公共领域,因为从本质上讲,政治家和官僚的行动与经济学家所研究的其他人的行动并无本质上的不同。从这一认识出发,布坎南对秩序、法律的起源进行了新的分析。他认为,"文明秩序的基础是交换",秩序和法律的产生并不是人们愿意从道德的角度遵循这些规范,而是因为人们从交往中认识到只有合作与秩序才能给他们带来更大的好处。"交易的任何一方可能会突然停止最大限度地利用其私人的优势,并不是因为他仁慈地关心交易伙伴的福利,而是出于这样的认识,即所有各方的互利是稳定文明秩序的绝

[①] 汪翔、钱南:《公共选择理论导论》,上海人民出版社1993年版,第37页。

对必要条件。"①

把"经济人"假定应用于政府领域,可以说是公共选择学派的一大创举。对于"经济人"假定的具体分析,布坎南是从两个方面来论述的:一是"个人的行为天生要使效用最大化,一直到他们遇到抑制为止"②;二是"只要有适当的法律与制度构架,个人追逐他们自己利益的行动可以无意识地产生有利于整个'社会'利益的结果"③。可见,布坎南实际上推崇的是建立在理性经济人指导下的自由市场经济,他相信市场这只"看不见的手"的有效作用。

公共选择学派认为,在政治市场上,存在着三种"经济人":作为投票者的经济人、作为选民代表的经济人、作为政治家的经济人。

1. 作为投票者的经济人

在政治市场上,作为投票者的经济人,其个人决策是在给定的选举规则和程序下,依据自己利益最大化的追求,从多种候选方案或候选人中,选出能给自己带来最大满足预期的对象来。总的说来,投票经济人的选择行为可分为四个方面:

首先,是目标。投票人在进行投票时,有两个方面的目标。一个是投票者个人所追求的目标,如工资待遇、政治前途等,不管何者,其追求的都是自身利益的最大化。另一个是投票人所在或所代表团体的利益,这个团体可大可小。在这两个目标的共同作用下,投票者的自利特性决定了他会选择对自己和对他所在团体最有利的方案或候选人。然而,当这两个目标出现冲突时,受经济人本性的影响,投票人会优先满足个人的利益。

其次,是候选方案。一般来说,候选方案越多,投票人的选择余地就越大。候选方案多,可以代表更多数人的利益表达需求,照顾到少数人的利益;反之,候选方案如果很少,会忽视掉一部分人的利益,但却有利于选举结果的快速出现。

再次,是选举规则和程序。集体选择要有一定的规则和程序。选举规则即人们常说的投票规则,如一致通过规则、多数同意规则等。不同的选举规则会产生不同的选举结果,甚至会使结果完全相反,这也就决定了其在公共选择理论中的特殊地位。关于选举程序,有直接选举和代表代为选举的间接选举两种主要形式。具体到现实中,直接选举如法国的全民公决;间接选举如我国的人民代表大会的层层选举。

---

① 〔美〕詹姆斯·M. 布坎南:《自由、市场和国家:20 世纪 80 年代的政治经济学》,吴良健等译,北京经济学院出版社 1988 年版,第 19 页。

② 同上。

③ 同上。

第四章 公共选择与公共经济决策

最后,是约束选举人的外部条件。这种约束有来自个体的约束和集体的约束两个方面。来自个体的约束,指的是个人偏好、税收支付能力的大小以及其他政治意识取向等。来自集体的约束,从小的方面来讲,它可以是投票人所在团体的利益追求,或是为此公共决策所要付出的成本大小;从大的方面来讲,它可以是整个国家的经济状况和全民纳税的承受能力。

由此可见,政治市场上的投票经济人,在其投出一票时是自由的,他可以选择不同的候选对象,或者不选;但他又是不自由的,其投票的过程和结果都将受到目标、政治制度和经济环境等多种因素的影响。

除此之外,直接影响到个人选择行为的另外三个因素也不容忽视。第一,信息不完备问题。信息不完备问题,无论在经济市场上,还是在政治市场上都是普遍存在的,而且,在政治市场上,投票人一旦做出决定后就很难改变。这是因为,投票人通常并不充分了解候选方案或候选人的详细情况,更不用说准确预测某人当选后是否会采取有利于投票人的政策。此外,投票人了解备选方案的主要渠道——新闻媒体,可能具有虚假的宣传色彩,甚至具有一定的欺骗性。第二,公共分担和搭便车问题。公共产品消费中所具有的非排他性,使得投票人选择对某一公共产品的损失和效益影响是间接的,即好处和坏处都由大家分担。又由于搭便车现象的存在,投票人的行为也往往趋于保守。第三,选择结果的强制性。一方面,选举制度本身会使一部分人的要求得不到实现;另一方面,当选前后政治家的行为不一致,也导致许多选民被迫接受不利于自己的政策结果。

2. 作为选民代表的经济人

在现实政治生活中,民主国家大多实行间接民主制,即选民的意愿在一般情况下是通过选民代表来表达的。但是,这些选民代表也是追求利益最大化的理性经济人,他们在代表选民进行决策时,有着什么样的行为特点,以及他们能在多大程度上真正代表选民的利益,都是值得研究的问题。

所谓代理,指的是在民主制度中,某一组织或团体为了在政府集体决策中有效地表达并最终实现自己的利益要求,按照一定的规则选出一个或几个代表,来代为参与的行为方式。代理常常出现在经济领域,这里是将其运用于政治领域中。由于政治市场中情况的复杂性,代理人与被代理人之间的利益约束也是复杂多样的。具体来说,可分为这样几种情况:一是代理人的权力和责任完全分离。如一个由上级部门任意挑选的代表,他在代表本选区居民参政时,只履行着名义上的代表职能,或者只是遵守上级领导部门的指示,那么,他就会在追求自身利益最大化的指引下,对不涉及自身利益的事务漠不关心,也不会考虑所做决策的成本—效益比率。二是现有的制度规范对代理人有着一定的制约作用。即代理人所做选择,必须最有利于他所代表的那部分人的利益,否则,他将会受到惩罚。三是代理人的利益与选民的利益密切联系,即代理者与选民共同分享他的选择所带来的利益和分担相应地成本。与前两者相比,此种代理方法是最为可行有效的。但存在的情况是,如果团体中的成员过多,选择做出后的成本和效益对于代理人来说过于微小,那么也不足以刺激代理者认真选择。

因此,为了使代理人能对其所代表的选民完全负责,必须建立一种利益激励机制或责任惩罚机制,来对其经济人的本性进行有效的约束。

3. 作为政治家的经济人

传统的政治理论认为,政治家或政府官员是公共利益的代表,他们几乎没有自我的利益追求,即使存在着严重失误,那也不是他们的责任。然而,自公共选择学派把经济人的假设应用到政治分析中,官员的利己主义行为模式也成了人们的研究对象。根据政治决策权力层次的不同,作为理性经济人的政府官员可以分为两类:一是处于国家权力顶层的政治家。处于权力顶层的政治家虽然拥有很大的权力,甚至代表着一国的形象,但他们首要的目标仍然是自身利益的最大化。二是处于权力中层和基层的官员。他们在追求自身利益的过程中,同时受着上级和下级的制约和监督。在这种情况下,这些政府官员满足利益的渠道一般有两种,即合法渠道和非法渠道。后者也就是我们常说的寻租现象。总的说来,我们不能否认政治家存在着追求自身利益的动机,关键的问题在于我们能否建立一种制度,使政治家在追求自我利益的同时也能保证国家利益的实现。

(三)个人主义的方法论

传统的经济理论所坚持的研究方法是个人主义的方法论,即个人是市场经济活动的主体,个人的利己主义本性决定着生产、交换、消费等一系列经济活动。与之相比,传统的政治理论则以集体为研究单位,个人只不过是有机整体的一个组成部分,其行动的目的和选择行为也都受着集体的制约。

公共选择理论首先打破了这一局面,把经济学的个人主义方法论应用到了政治学的分析过程中,采用了基于"谋求最大发展自我利益"的个人逻辑演绎方法。这是因为,公共选择虽然研究的是一种集体决策,但在其政治分析过程中,它所分析的仍然是个人的偏好、决策、选择行为,在一个既定的组织群体或制度结构中是怎样产生某种复杂政治结果的。所以,其基本的分析单位仍是个人。对此,布坎南认为,政府只不过是个人集体活动的过程,或者说是集体活动的机构场所,与在市场过程中的私人活动一样,个人都是最终的决策者、选择者与行动者,以及最终结果的承担者;不同的是,公共选择是个人选择通过集体而不是通过个人来实现其目的的活动。

建立在个人主义分析方法基础之上的私人选择与公共选择,既有相似性,又有一定的区别。相似性在于,两者都是通过个人的行动在市场上发挥作用,并最终产生了一系列结果。具体来说,生产者和消费者的市场私人选择行为产生了宏观经济结果;政治市场中的投票人和选民的公共选择行为产生的是政治结果。由于制度和作用机制的不同,两者的区别也是很明显的,表现为:市场中的个人既要承担其选择行为的直接后果,又要承担最终导致的宏观经济后果;而在政治市场中,个人只承担集体行动的后果,不需承担个人单独行动的后果。正是这些联系的存在,表明了政治决策与经济运行一样,都可采用个人主义的分析方法。

三、公共选择与私人选择

（一）公共选择与私人选择的区别

公共选择理论以公共选择为研究对象。所谓公共选择,指的是与私人选择相区别的集体选择,即通过集体行动和政治过程来决定资源在公共产品之间如何分配。具体来说是指,人们在民主政治体制下,通过投票来决定公共产品的需求、供给与产量,从而把私人选择转化为集体选择的一种过程或机制,它是对资源配置的非市场决策。与之相对应,私人选择则是指,个人在市场上按照效用最大化的原则,通过理性决策和选择,来自由地决定各种经济行为的过程。由此,集体选择和私人选择组成了个人的全部选择,即个人在政治市场中的集体选择与个人在经济市场中的个人选择。尽管两种活动的主体都是理性经济人自己,但由于制度和环境的不同,这两种选择还是有区别的。

1. 选择的场所和方式不同

个人选择是在市场过程中进行的,其中的私人选择是消费者根据自己的偏好和收入状况,按市场程序,用货币选票决定自己所需的私人产品量的一个资源配置过程。而对于公共选择来说,它更大程度上是一个政治过程。在这个政治决策过程中,消费者即选民往往是依照一定的政治程序来决定公共产品的数量,进而决定资源在公共产品间的配置。在选举方式上,根据民主制度和习惯的不同,可以由选民直接做出决定,或是选民代表代为决定。

2. 选择所遵从的原则不同

建立在自由交换基础上的市场经济,消费者在其中所做的私人选择基本上也遵从自愿交换的原则。建立在政治市场上的公共选择则与之不同。这是因为,投票人在投票表达自己意见时,不得不遵从少数服从多数的原则,由此,他们所接受的公共产品、所支付的税收,并不一定是他们所乐意接受的。在这个过程中,公共选择带有一定的强制性。

3. 选择结果的不同指向性

在私人选择中,各类商品的消费和支出存在着一一对应的关系,个人的选择与结果也有着直接的联系。具体来说,消费者通过支付一定的费用来获取所需物品,并以此来弥补商品生产者的生产费用,而生产者则是靠提供商品赢得利润。正是由于某一商品消费者的消费行为直接作用于该商品生产者的生产行为,使得私人选择直接影响着个人自己的效用而不是他人的效用。在公共选择中,由于集体选择的特殊性质,公共产品的产量、公共产品的消费与投票人纳税所弥补的生产费用之间并不存在着一一对应的关系,个人选择与结果也没有直接的联系。

4. 市场竞争性质的不同

在经济市场中,需方是家庭或个人消费者,供方则是厂商。虽然各经济单位很分散,但竞争和市场机制的作用,促使着厂商不断地扩大生产、改善管理,以此去满足消费者,并最终实现个人利益和社会利益。在公共选择中,竞争也是难免的,但由于市场性质和制度规则的不同,其竞争性质区别是很大的。尤其是在民主选举的国家里,民主竞选只会促使政府努力为选民和投票人服务,对于每一届政府来说,其行为具有短期性和垄断性。

(二)公共选择的必要性

公共选择即集体选择。从政府契约论的角度看,随着人们之间负和博弈的结束、离开霍布斯无政府状态以来,集体选择的问题就提出来了。从实际的社会经济运行来看,集体选择尤其是政府行为的集体选择之所以必要,有着两方面的主要原因:一是公共产品的存在,二是外部效应的存在。

1. 公共产品的存在

公共产品的存在及其所具有的特征表明,单靠市场中的个人选择行为不可能提供或生产足够的公共产品,也不可能产生互相交换的最优结局。一方面,公共产品对整个社会来讲是必不可少的,尤其是在一些福利国家,公共产品往往占据着国民生产总值的大部分;另一方面,公共产品所具有的非竞争性和非排他性,又使得它的生产必须通过联合行动才能实现,比如国防和法律秩序,私人行动显然是不能有效提供的。

公共产品的供给主要由政府承担,可以从两个方面进行说明:一是在提供效率上,公共产品的公共提供比私人提供更有效率。原因在于,如果由私人提供,个人会在利益最大化的刺激下对使用该物品的人收费,而当一个人使用一物品的边际成本等于零时,对他的消费实行收费或限制将会导致公共产品的闲置和效率损失。二是在交易费用上,公共产品消费中搭便车行为的存在,会使得私人提供公共产品的交易费用大于公共提供时的交易费用。如对一些自然垄断的行业,私人的管理成本往往大于公共部门管理时的管理成本,对于这些行业,理应由政府来垄断经营。

总之,公共产品的存在,首先要求政府组织集体行动进行生产,而一旦有了政府或集体的行动,就产生了一个政治过程,分散的私人选择也就转化为集体的公共选择。其次,决定公共产品的数量和生产方式的过程,本身就是一个公共选择的过程。公共产品的存在充分说明了公共选择的必要性。

2. 外部效应的存在

外部效应的存在,导致外部效应的制造者不需承担坏效应的损失或好效应的效益,这表明存在着一种非价格的因素,它在自由交换的市场上是解决不了的,或解决的成本超过了效益。也正因为此,外部效应问题只有通过非市场决策,即公共选择来解决。

怎样解决外部效应问题?根据科斯定理,要界定产权,但不可忽视的是交易成本的问题。交易成本,又称交易费用,指的是经济个体为了进行市场交易,在收集信息、进行谈判以及监督契约条款的履行过程中所需的各种费用的总和。交易成本无论是在经济市场上还是在政治市场上,都是不容忽视的。尤其是在政治市场上,通过产权交易解决外部效应的成本往往是很高的。例如,某工厂的生产污染了周边居民的生活环境,若赋予这些居民使用清洁空气的权利,他们就可以集体与工厂谈判,要求获得补偿或采取净化措施。但是,在与工厂谈判以前,这些居民要先组织起来进行协商,最终拿出一个方案。这个协商过程及后来与工厂的博弈过程,都需要花费较高的成本;如果成本过高,外部效应就可能解决不了。

在这里,协商过程本身就是一种集体选择行为。如果协商解决不了,甚至发生冲突时,就不得不需要政府或其下属机构等权威组织的出现。这时,我们通常需要依靠政府的调节功能,采取税收或补贴甚至强制的办法来解决。

以上两方面的分析足以说明公共选择的必要性。尤其是随着公共经济活动和公共部门的日益增多,许多社会问题的解决都要靠非市场决策即公共选择的途径来解决。

(三) 公共选择与公共选择理论

公共选择学派研究的是公共选择问题,它既可以理解为一种选择,也可理解为一种关于选择的理论。作为一种选择,它是与私人选择相对应的集体选择。具体说,就是理性的经济人通过一定的民主政治程序,表达对某一公共产品的需求,进而决定其产量及供给方式的过程。

但需要指出的是,在一般公共管理文献中,公共选择常常指的是公共选择理论。该理论研究的主题仍是政治科学的主题,诸如国家理论、投票规则理论、官方政治、官僚经济人等。作为理论,公共选择是研究政治过程的,也即研究资源配置的非市场过程,只不过是应用了经济学的研究方法,把传统经济学长期视为外生变量的政府这一特殊组织纳入经济学的研究范畴,并对其进行了价值上的重新判断。该理论最终得出,政府并不像人们所想象的那样完全代表公共利益,并试图说明政府至少与市场一样并不是完美的,市场的失灵并不是把问题交给政府去处理的充分条件。

第二节 投票机制

公共产品的存在及其所具有的特性,使得它的提供和生产必须借助于政府的集体活动才能实现。因为公共产品具有政治行为性,所以它的提供是由供给和需求共同决定的。一方面,公共产品的需求虽然是社会上每个人对它需求的总和,然而,不同的人对公共产品的需求又是互不相同的;另一方面,在公共产品生产和消费统一的情况下,不管个人的需要是多少,大家都一视同仁地被提供相同的公共产品,如同样的国防安全、同样的公共设施等。这样就出现了一个问题,即对公共产品的社会需求通过什么样的途径才能从不同的个人需求中显示出来。这就是公共选择理论要重点分析的投票机制问题。因为,在当今的民主政治体制下,有关公共产品的需求的决定及其他一切公共选择,无一例外地都要通过投票才能最终得出结果。对此,丹尼斯·C.缪勒(Dennis C. Mueller)曾说:"民主——即以正式投票作出并推行集体选择的过程——是具有一定规模、人们具有不同个性的社会所必需的一种制度。"[1]

由于民主体制存在着两种民主形式,即直接民主制和间接民主制;相应地,在决定公共产品需求的民主形式中,也分为直接决策和间接决策两种。在直接民主制下,公共产品的需求量由所有投票人直接投票决定;在间接民主制下,公共产品的需求量则由选民选出代表来代行决定。那么,究竟进行怎样的集体选择才能保证得到的结果既有效率又尽可能地代表最大多数人的利益,这是公共选择理论中投票规则所要探讨的问题。

一、直接民主制下的公共选择机制

(一) 全体一致规则

全体一致规则,又称为一致同意投票规则,指的是一项集体行动方案,只有在所有参与者都同意,或者至少没有任何一个人反对的前提下才能实施的一种

---

[1] 〔美〕丹尼斯·缪勒:《公共选择》,王诚译,商务印书馆1992年版,第18页。

表决方式。在决定公共产品的提供量时之所以实行全体一致规则,是因为每一项关于公共产品提供量的议案的实施,不仅会给投票人带来一定的利益,而且会因税务的征集给投票人招致一定的成本。因此,关于这种公共产品提供的投票规则应是全体一致同意。也只有这样,才能照顾到每一个投票人的利益,个让任何一个人的受益而给别人带来损失的情况发生,从而达到帕累托最优。

与经济市场相比,保罗·萨缪尔森认为,全体一致规则是完全竞争的理想市场在政治上的对立物,因此,在其运转过程中也存在着两种投票均衡。一种是给定每个人享受该公共产品的成本即每个人应出的税价,在此税价下,每个人都愿意取得的该公共产品的数量;另一种是在某一个均衡点上,离开它的任一变动都会使至少一个人的境况变坏。与前者相比,后一种均衡点将是实现符合帕累托最优的公共产品数量和税收份额的唯一投票规则。

每一个参与者都将对所要达成的集体协议享有决定权和否决权的全体一致同意规则,明显具有以下几个特点:首先,这种方案是一种帕累托最优状态,即对集体行动已达成的决策的任何变化,都不能不在任何一方利益受损的前提下,使参与者中某些人受益。其次,在一致同意规则下,所有参与者的权利都能平等地得到保障。这是由于每一个参与者都享有平等的否决权,任何人既不能把自己的意愿强加给别人,也不能把自己的利益凌驾于别人的利益之上。再次,一致同意规则可以有效地避免搭便车行为的发生。搭便车行为的存在使得某些成员在集体活动中只享受好处而不付出任何代价。一致同意规则的实行会使每个参与者都意识到,自己的行为可以直接关系到集体决策方案能否通过。在这种情况下,任何一个能给搭便车者创造机会的决策将会因为损害其他成员的利益而遭到否决。最后,一致同意规则通常需要全体参与者一而再、再而三地协商与讨价还价才能最终达成一致意见。这是因为,在一般情况下,一次性协商的结果并不能获得所有参与者的满意,即达不到帕累托最优,而需要进一步甚至反复地协商才能最终达成。

从上述一致同意规则所具有的特点可以看出,这种投票规则有利也有弊。

一致同意规则的缺陷在于:第一,这种制度十分复杂且相当费时。因为它的每一项变革都要征得每一个人的同意;为了达成协议,不得不经过反复的讨论、修改和讨价还价,这会产生大量成本,尤其是在投票者人数众多时的成本会更高,甚至会因其超过决策所带来的好处,最终导致协议的无限期搁置或难以达成。第二,对于每一个投票者来说,最后一个投票者的否决权给予了他过大的讨价还价的能力。也就是说,即使前面所有人都同意了这项协议,最后一个投票者的一票否决权也会拖延协议的达成。当然,所谓最后一个投票者对于每一个投票者都是适用的。第三,该规则忽视了投票人的偏好显示难题。投票人并不一定是诚实的,当他意识到他为享受公共服务所支出的费用与他的偏好有关时,他会尽量隐瞒自己的真实偏好,从而花费较少的成本享受到与别人相同的公共服务。如果很多人都这样,就难以达成最终的协议。

尽管一致同意规则有这些缺陷,但它作为一种理想的集体决策模式,仍受到公共选择学派的推崇。从规范意义上看,一致同意规则的优点不能忽视。一方面,它可以保护每一个成员免遭社会中其他成员的强制,他们的利益也不会因集体的行动而遭受损失;另一方面,它可以有效地平衡各成员间的博弈冲突,即使是某些成员受损,为了大家的共同利益,那些受益较多的成员也会主动进行让步和弥补,最终使总效益超过总成本的决策得以通过。

(二) 多数规则

考虑到全体一致规则的成本过高、很难实现,公共选择学派的学者都主张退而求其次。在现实的政治生活中,大多数制度安排采取的是多数规则的投票机制。多数规则要求一项集体行动方案必须有参与者中超过半数或半数以上的人认可才能通过。因此,多数规则可以分为两种:一是过半数规则,二是比例多数规则。

过半数规则,又称简单多数规则,指的是一项集体行动方案超过一半的投票者赞成时就可以通过的制度规则。比例多数规则,指的是一项集体行动方案,要有更大的比例,比如三分之二、四分之三、五分之四等投票者赞成时,才可以通过的规则。在具体运作过程中,可以有几种情况:一是只有一项议案需要决定,那么,通过简单多数制就一定能得到一个确定的结果,或是通过或是否决;二是在两项不同的议案中选一,也一定会得出结果,即一个议案得到过半数票而被批准;三是可选取的议案有多个,在这种情况下,采取的方法常常是两两表决,即每一次只提交一对议案进行投票,过半数者参与下一轮投票,直到其中的一个议案被最终通过。但此时可能会出现循环投票的现象,对此,后面将展开详细论述。

多数规则具有节约集体决策成本的优点。因为,顾及大多数人的偏好总比照顾全体参与者的偏好容易得多。此外,过半数规则也符合人们一般的公共概念,在实践中也是一种最常用的投票规则。但是多数规则也存在一些缺陷。

首先,多数规则下一项集体行动方案会出现内在的强制性。由于最终的决策结果所体现的只是参与者中多数人的利益,少数派的利益得不到保障,那么就很可能导致"多数人的强制"。其次,助长不重视投票权的行为。对于少数人来讲,他们的选择行为在多数投票规则下具有可忽略性,甚至选举的机会成本大于其在选举中所获的效益,这就在无形中助长了选民不重视选举权的行为。如果许多人都这么做,就会出现一种危险倾向:利益集团从中"收买选票",并最终操纵选举结果。这是因为,在选民对选举不感兴趣时,一些协会、财团等利益集团往往会利用自身的优势去收买这些选民,使他们按利益集团的意愿进行投票,从而通过获得多数票影响政府的决策。最后,由于集体选择都具有再分配社会资源的效应,在"多数人强制"的情况下,必然会出现两种不公平的分配效应:或者是支付相同的成本却享受到不同的效益;或者是支付的成本不同但享受到的效益是相同的。

与全体一致规则相比,简单多数规则的"多数人强制"可能会把某些规则强加于少数人而使他们遭受损失。布坎南和塔洛克把这种损失即集体决策结果与个人愿望不一致时对个人的损失称为决策规则的"外部成本"。但几乎没有这种外部成本的全体一致规则所消耗的时间成本也是很大的。对此,公共选择学派提出了一个所谓"最优过半数"的概念。多数规则的外部成本与全体一致规则的时间成本之间存在着此消彼长的替代关系,因此,为了使集体决策的成本最低,我们可以在这种外部成本与时间成本之间找到一个均衡点,在这一点上,它们加总以后得出的总成本最低。此时,这一点所对应的协议人数便是最优过半数规则所要求的人数。如图4-1所示,横轴表示协议人数,纵轴表示决策成本,E 曲线代表外部成本曲线,它随着协议人数的增加而递减;D 曲线代表时间成本曲线,它随着协议人数的增加而递增。$D+E$ 为时间成本与外部成本之和,形状为 U 形。当 $D+E$ 最小即为 KH 时,其对应的协议人数 K 为最优过半数规则所要求的人数,此时也就满足了最优多数规则(optimal majority voting rule)。

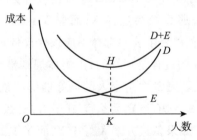

图 4-1 最优多数规则

(三) 循环投票现象

1. 投票悖论(the voting paradox)

在投票规则中,多数规则的应用较为普遍,但它存在的一个不可忽视的问题是,它具有导致议案相互循环、最终结果不存在的可能性。这种现象在 18 世纪 80 年代首先被法国的思想家马奎斯·德·孔多塞(Marquis de Condorcet)认识到。此后,查尔斯·勒特威奇·道奇森(Charles Lutwidge Dodgson)又重新分析了这一问题,但现在这一问题的代表性结论则是阿罗不可能定理。

该现象在公共选择理论中被称为"周期多数现象"或"投票悖论现象",它表示的是在运用简单多数制进行集体选择时,如果议题能在投票成员中做出修改,将会出现投票的结果随投票次序的不同而变化,导致这些选择方案在分步骤的三个方案中的两两比较过程中都有机会当选。

下面举例说明这一投票悖论现象。假如有三个投票者(甲、乙、丙)就三个方案(A、B、C)进行投票。甲认为方案 A 优于方案 B,B 又优于 C;乙认为方案 B 优于方案 C,C 又优于 A;丙则认为方案 C 优于方案 A,A 又优于 B。如果按照简单多数制从 A、B、C 三个方案中任选两个,即三个人中有两个或两个以上的人支持某方案,某方案就可当选,那么,就会出现一个奇怪的循环现象:认为 A 优于 B 的人有三分之二;认为 B 优于 C 的人有三分之二;同样认为 C 优于 A 的人也有三分之二。此时的投票结果完全取决于三个方案的排列次序,而不是方案本身的优劣。在最终的选择过程中,如果按照投票者对三个方案偏好的显示强度,就会产生 A>B>C>A……如此不断的循环现象,也就是所说的投票循环现象。

对多数规则所导致的投票悖论现象做进一步研究的是 1972 年诺贝尔经济学奖得主肯尼斯·阿罗(Kenneth J. Arrow),他在《社会选择与个人价值》中提出了阿罗不可能定理。阿罗认为在民主社会中,根本就不存在一种能满足他提出的社会选择的五个最低必要条件的决策机制。阿罗的民主决策规则的五个条件表述为:(1)一致性原则(Pareto consistency),也被称为 P 条件。如果所有人认为选项 X 优于选项 Y,那么社会选择 X,而非 Y。(2)非独裁性(non-dictatorship),即 ND 条件。该条件要求公共选择不应该仅仅依靠一个人的选择而做出。(3)理性假设,集体选择的过程是理性的,由集体规则推出的社会偏好关系必须具有完备性和可传递性。完备性指个人的偏好能够明确地排序,比如对任意两个备选方案 X 和 Y,要么 X 好于 Y,要么 Y 好于 X,要么 X 和 Y 没有差别,此外别无选择。可传递性指如果备选方案 X 好于 Y,而 Y 又好于 Z,那么 X 肯定好于 Z。(4)无约束域(unrestricted domain),即 UD 条件,公共选择程序能处理好任何序列的偏好关系。(5)无关备选方案的独立性,对两个备选方案的任一选择,只取决于个人对这两个方案 X 和 Y 的排序,而与其他备选方案 Z 无关。由此,既然不能同时满足以上决策规则标准,那么也就说明不存在一种可能把个人偏好整合为社会偏好的政治机制或集体决策机制,进而也就根本不存在能排除循环投票现象的机制,这就是"阿罗不可能定理"。阿罗不可能定理对民主社会的合理性能力提出了质疑,揭示了民主政治内在的弊端,强调无论在哪种规制下,政府决策都不可能完全满足民众提出的各种要求。

2. 中位选民定理和单峰偏好理论

关于循环周期现象的消除,公共选择学派提出了两种方法:

第一种方法是,如果使参与投票的总人数为单数,则简单多数规则就可以产生唯一的集体选择方案。而且,该方案所达到的决策结果与中间投票者偏好一致。所谓中间投票者,指的是对议案或公共产品的需求选择持中间立场,或者说是偏好中性的人。中间投票者偏好的方案往往是多数规则下投票的结果,西方学者将此称为中位选民定理。如图4-2所示,假设有三个投票者,他们对某一公共产品的需求曲线分别为 D_1、D_2、D_3,该公共产品的价格为 P_0,三个人偏好的公共产品数量分别为 Q_1、Q_2、Q_3。如果让这三个人投票选出公共产品的供给量,那么投票者1和2的选择结果将在 Q_3 的左边,而投票者2和3的选择结果将在 Q_1 的右边,最终投票者2对公共产品的偏好数量将胜出,而 Q_2 正是中位选民的最优偏好。

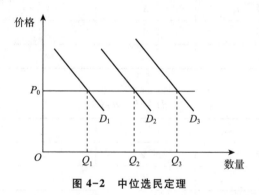

图 4-2 中位选民定理

中位选民定理在公共选择理论中具有重要意义。在直接民主制下采用的是多数规则,如果每一位选民都直接投票,中位选民的决定作用是明显的。在代议制民主制下,中位选民定理同样在两党竞争的模型中起重要作用。在两党竞争的条件下,当选民只是需要就一个问题表明偏好时,中间投票者所偏好的方案将获胜。中位选民定理的结果是两党都力图使自己的政策向中位选民的偏好靠拢,以求获得最多的选票而当选。

第二种方法是由邓肯·布莱克在《论集体决策原理》一文中提出的单峰偏好理论。该理论认为,如果每个参与投票者的偏好排列都呈单峰状态,循环周期现象就不会出现。所谓单峰偏好(single-peaked preference),指的是个体对多个选择方案的偏好排列顺序如同一座只有一个顶峰的高山,具有同质特性。但在多维的选择中,单峰值偏好并不能完全消除循环周期现象产生的可能性。为此,塔洛克等人又从实际的选举出发进行了研究。通过研究,他们发现:循环周期现象出现的可能性与投票人的数量和可供选择的方案数量成正比。他们还用计算机进行了一些仿真计算,例如:如果是三人三种选择方案,出现循环周期现象的概率是5.7%;而当参与投票的总人数增加到15人,备选方案的个数增加到11个时,循环周期现象出现的概率就会猛增到50%。

对应单峰偏好的是多峰偏好(multiple-peaked preferences),即个体对多个选择方案的偏好有两个或两个以上处于峰值状态。下面我们通过对两组偏好的比较来说明单峰偏好和多峰偏好。

假设甲、乙、丙三个投票者对A、B、C三个备选方案的偏好顺序如表4-1和表4-2所示。

表4-1 偏好1

	甲	乙	丙
第一选择	A	C	B
第二选择	B	B	A
第三选择	C	A	C

表4-2 偏好2

	甲	乙	丙
第一选择	A	C	B
第二选择	B	A	A
第三选择	C	B	C

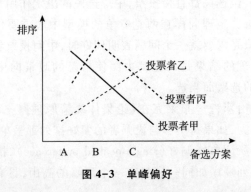

图4-3 单峰偏好

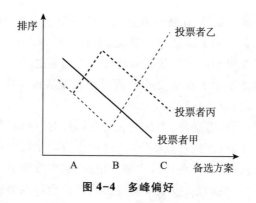

图 4-4　多峰偏好

偏好 1 和偏好 2 的差别在于偏好 1 是单峰偏好,偏好 2 为多峰偏好,图 4-3 和图 4-4 分别对此进行了描述,每一个投票者排列的三种结果都表示出来了。从以上分析可以看出,多峰偏好是产生投票悖论现象的原因,因此只要将投票者的偏好类型由多峰偏好改为单峰偏好,就可以消除投票循环现象,得出一个均衡结果。

（四）互投赞成票

在公共选择学派看来,政治过程中的投票行为相当于经济市场上的交易活动,在这个过程中也存在交易行为。从实际政治看,投票交易有两种形式:一是买卖选票,即前面所说的利益集团收买选票的行为;另一种就是互投赞成票。

互投赞成票是多数规则选举制度中的合作行为,即某一投票者在投票赞成自己强烈偏好的议案的同时,也赞成与自己关系不大甚至稍有损害但对另一投票者至关重要的议案,以换取该投票者对自己强烈偏好议案的支持。为了弄清这个问题,我们来看表 4-3 所举的例子。

表 4-3　多数规则中投票行为分析

投票者净效益议案	甲	乙	丙	净效益总额
A	160	-60	-55	45
B	-40	150	-40	70

表 4-3 给出了在多数规则下,三个投票者甲、乙、丙由于议案 A 和 B 通过所得到的效用的变化。可以设想,如果两个议案都决定用过半数规则,由于各投票者对不同议案的偏好强度不一,两个议案都得不到过半数投票者的赞同。此时,投票结果难以做出。但从表中可得知,议案 A 可给甲带来 160 个单位的福利增益,给乙带来 60 个单位的福利损失,给丙带来的福利损失则是 55 个;同样,议案

B 也具有这样的性质。显然,在各自独立投票的多数规则下,甲和乙都有可能会失掉将得到的净效益。为了改变这一状况,甲和乙可以通过互相交换选票的方式来使这两个议案在甲和乙相互获利的基础上得到通过。

这个例子典型地说明了投票交易的情况。在现实政治中,由于买卖选票是非法的,互投赞成票便成了一种常见的现象,尤其是在西方的议会立法中。从实际意义的角度看,如果没有交易,多数派就会在那些对少数派具有更大相对效益的议案上进行强权压制;而经过投票交易,这些少数派就可以互相协助以表达自己的偏好强度,最终使其总福利得以改善。由此,它也改变了社会总资源的分配状况。但同时,不可忽视的是,投票交易也影响着社会资源的配置效率。这是因为,交易在增加了一部分人的效用的同时,也会给那些本来不通过交易情况也可得到改善的非交易者带来效用损失。如果这些损失超过交易者的获利,那么,此次交易就降低了社会的净福利,是不可取的。可见,合作既可带来社会福利的损失,也可带来社会福利的增加,最终影响将取决于有关议案中少数派成员累积的潜在效用的变化与多数派成员累积的潜在效用的变化。投票交易会导致社会福利的损失,被戈登·塔洛克用来证明伴有投票交易的过半数规则能够导致过多的政府支出的观点。

(五)投票者众多时的直接民主制

直接民主制下的投票方法是公共选择理论研究的重点投票规则。但无论哪一种方法,在投票者人数众多时都很难得出最终决策结果。对此,有人认为,现代通信的发展为数量众多的参与者实行直接民主打开了可能性的大门,快速的通信技术能使单个投票者与他们的代表保持紧密的联系,在有分歧或新的偏好出现时,能即时"通知"这些代表或即时更换那些不充分表达他们意愿的代表。这样,所有公民都直接参与民主投票的公共事务决策机制,在不久的将来将会成为可能。但是,公共选择理论又发现,在所有水平上的直接民主制又有着共同的缺点:如果民主决策中不考虑过程参与者之间有见识的争论,而仅仅依靠发达的通信技术来使公民直接投票做出决策,就可能损害所做决策的质量。因为,普通公民在时间、积极性及专业知识上无疑存在着巨大差异,如果每个公民对每一个议案都有与素质较高的公民平等的最终决定权,则决策的质量和相应地民主进程都会受到影响。这些也正是直接民主制必然走向代议民主制的原因。

二、代议制民主中的公共选择规则

所谓代议制民主,是指通过选举,委托专门代表来行使管理国家事务权力的一种制度安排。在公共选择理论中,对代议制民主的研究主要集中在四个方面,即投票规则、政党行为、公共选择者的行为以及利益集团在选举中的作用。其中,直接民主制下对于投票规则的研究几乎都可以移植到代议制民主中来,故此处略去不讲。

(一)政党行为

公共选择理论认为,政党是通过合理的方式以普通选举来获得政权、支配政府的人的联合体。或者说,执政党是为了再次当选而行动,在野党则是为了在选举中击败执政党、夺取权力而行动。对此,安东尼·唐斯(Anthony Downs)在其模型中提出基本假设:在代议制民主中,政党并不是为了实现自己的政策而要在选举中获胜,而是为了在选举中获胜并实施其政策。因此,在政党政治下,政党竞争的目的不过是上台执政并最终控制政府和社会资源的分配;同时,政党的官员们所追求的也不是社会福利的最大化,而是由选票最大化带来的收入、名声及权力等好处。具体到实际的竞选过程中,如果把政党的政治纲领比喻成一揽子公共产品的话,选民对公共产品的偏好则集中反映在各自所支持的政党的竞选纲领和施政纲领中;而各政党为了赢得选票,取得竞选胜利,往往会在其竞选纲领中承诺为大多数选民提供他们所希望的公共产品。

然而,在现行的民主政治体制中,旨在最大限度地赢得选票进而取得政治上更多支持的政党,其行为方式和结果却不得不受到选举规则的影响。公共选择理论研究发现,在选民和政党的复杂博弈中,政党的数目受选举规则的影响,即政治中存在多少个政党是与选举规则有着密切联系的。

1. 多数制下的政党数目

公共选择理论认为,在多数制下,每个政党都会争取过半数选票以确保当选,如果一个选区只选举一个代表,那么就会产生两党民主制,或者会促使党派合作而形成两个政党联盟。在这种情况下,如果政党数目很多,那些小规模的政党就难以获得足够的支持,就会在一次次的竞争过程中,或自行消失或与其他党派联合成一个大党。戈登·塔洛克则认为,在适用过半数规则与一区一票制的国家,一个选区有可能只存在两个政党,但在国家范围内,却有可能存在两个以上有活力的政党。这是因为,在一个选区内因规模过小而自动消失的政党,在另一个选区则有可能获胜。

2. 比例代表制下的政党数目

比例代表制指的是同时允许有多个代表,即由获票数最多的几位候选人当选;在席位分配中,各参选政党的席位多少根据得票的多少而定。那么,在席位数与所获选票总数成正比的情况下,就有可能产生多数党。此时,政府将由多数派党或几个政党联盟组阁。

此外,中间投票人定理表明,政党要想当选,必须探求中位选民的偏好来获得最多的选票,由此,各个政党的竞争会导致一个代表大多数人意见的政治纲要。关键问题在于,比例代表制下所选议员和代表虽能广泛地代表不同阶层的利益,但其最终的结果还是反映议员中的中间投票人所代表的那一阶层利益,社会福利的最大化和公平原则并没有得到最终的保障。

（二）公共选择者的行为

这里所说的公共选择者,指能从政府实施的政策中获得利益的人,即拥有自己的效用期待并能最终实现的人。根据理性经济人的原理,投票者往往会通过判断从各政党的政策中所获利益的差异,即从所谓的政党间的期待效用差,来选择能够给予他们最大效用的政党。

然而,并不是所有的投票者都能从选举活动中获得好处。公共选择所做的决策既可以是提高社会的总福利,也可以是对社会资源进行再分配,而同一项公共决策不可能实现两个目的。这时,就出现了投票者是否会真正表达其偏好,并反映在投票中的问题。公共选择理论研究发现,人们在投票过程中,往往不是真实地反映他们的偏好,而是有着自己的策略选择。具体来说,主要有两种行为方式：一是隐瞒偏好,即人们会通过隐瞒或从低申报自己对某项公共产品的偏好,以此来减少承担或逃避公共产品生产的成本费用；二是策略性投票,即投票者个人或联合体在投票时做出有利于自己的各种策略。因此,在将个人偏好转化为社会偏好的过程中,研究公共选择者的行为就显得十分重要。

（三）利益集团在选举中的作用

在民主政治体制下,表达和参与政治生活的途径主要为投票选举；除此之外,通过利益集团的活动使自己的要求得以满足,也是现代政治参与不可忽视的方式之一。

对利益集团的分析,公共选择理论亦站在个人主义的立场上,认为利益集团是由各构成主体的自发意志形成,目的则是获取"准竞争性的公共财富"。一般来说,利益集团在社会生活中谋求发展、获得利益的途径主要有两条,即对立法机关施加影响和对行政机关施加影响。

所谓利益集团对选举的影响,是指利益集团通过支持政府官员和议员的竞选活动而最终影响政府的政治决策的行为。利益集团对竞选活动的影响主要依靠的是利益集团的财力优势,如对竞选人提供政治捐款等。这一行为受到了法律的支持,如美国的竞选法允许公司、工会、特殊利益集团和其他团体建立政治行动委员会(political action committee, PAC)向国会议员候选人和政党直接捐款,还规定PAC为总统和国会议员竞选所开展的"独立"开支活动可以不受限制。可见,这一规定无疑为利益集团合法地直接或间接地影响各级选举,尤其是国会选举开了绿灯。此外,利益集团所代表的巨大利益群体本身对某个候选人的支持也是很重要的。

除了选举这一政治行为外,在一般的政治活动中,利益集团的作用方式还表现在其对立法机关的影响上。在西方民主国家中,针对立法机关的立法过程特点,利益集团往往通过游说来鼓励议员将该利益集团支持的立法草案早日送上立法议程,或者在一读、二读的过程中要求议员投赞成票或者否决票。在实践中,利益集团通常采用的具体做法是,或者在国会的两院中争取议员为自己的利益说话、出力;或者亲自参加有关议案的拟订,并力争使议案的内容符合自己的要求。[1]

当然,并不是所有的利益集团都能够给公共选择行为施加影响,利益集团的影响力也是有局限的。公共选择理论对利益集团本身也进行了一些分析,认为利益集团对选举活动影响力的大小,与该利益集团在候选人或政府官员心目中的地位有直接关系,从而决定着该利益集团成员从中所获效益的多少。奥尔森的理论阐述了以谋求集体财富为目的的集团规模问题,尤其是论述了大集体中的搭便车现象,并得出结论:要想保持利益集团的活力和影响,必须对搭便车者采取措施,即对应负担而不负担集体行动所需成本的成员予以制裁,对积极参与配合集体行动的成员则予以奖励。

三、其他显示方法

偏好显示难题是公共选择理论的研究焦点之一。这是因为,理性经济人在参与公共决策时,所显示的偏好强度并不一定真实。常出现的情况是,为了使有利于己的议案获得通过,故意夸大其真实偏好;反之,为了防止于己不利的议案通过,则又故意隐瞒其偏好强度。为了克服偏好显示难题所带来的低投票效率等缺陷,公共选择理论家又在全体一致和多数规则的基础上,提出了一些新的方法。

(一)加权投票规则

加权投票规则是对一人一票的投票分配做了适当的修改,以满足各参与者之间的利益差别而提出的一种投票规则。其基本特点是,根据利益差别将参与成员进行"重要性"程度的分类,然后按照这种分类分配选票,相对重要者拥有的票数较多,反之,则较少。在此基础上所形成的多数规则选择方案,其选票是

---

[1] 〔英〕加雷斯·D. 迈尔斯:《公共经济学》,匡小平译,中国人民大学出版社 2001 年版,第 95 页。

实际赞成票数的多少,而不是实际参与人数的多少。

加权投票规则承认了不同参与者之间的利益差别,因此在实际中的应用也较为普遍。典型的例子是曾经由九国组成的欧共体对某些事务的决定方法。英国、法国、联邦德国、意大利各持 10 票,比利时与荷兰各持 5 票,丹麦和爱尔兰则分别拥有 3 票,卢森堡仅有 1 票。此时,总票数是 57 票而不是 9 票,如果采用多数规则通过,则所需的票数应是 38 票以上。另外,世界各国在世界银行中的发言权也不是依据一人一票制的投票规则,很多时候依据的是各国所提供财政援助的份额的大小,并以此来分配不同比例的选票。

总之,简单的一人一票的投票规则虽然强调了各参与主体之间的平等权利,看起来似乎很公平,但在有些情况下,由于各参与主体与即将做出的决策的利害关系不同,甚至差别很大,此时实行一人一票制,就有失公平了。加权投票规则恰巧弥补了这一缺陷。

（二）否决投票规则

否决投票的方法是由穆勒最先提出的。此方法分两步进行:首先,让参与投票的每个人都提出一个对自己最有利的可供选择的方案,并加以汇总;然后,每个成员再从汇总后的方案中否决掉对自己最不利的一个方案。其中,各个成员的投票次序随机确定,这样,经过每个成员的逐一否决,最后剩下的没有被否决掉的方案就是全体成员最终所做出的集体选择结果。

此方法隐含的前提是,各个投票者对其他众多提案只有一张否决票,并且这些投票者都要对其所做的提案负责。在这个过程中,每个参与者都有机会表达自己的偏好,同时又有权否决最坏的议案,因此,这种投票方式不仅促进了参与者之间的互相沟通及各自真实偏好的表达,而且,最后获胜的议案由于所含的效益最大,将会达到帕累托最优状态。但与其他投票方法相比,否决投票规则也有着明显的缺陷。一方面,它要求所有的参与者对这一问题都有兴趣,并且利益相关;另一方面,随着投票人数的增加,所损失的效率也会增加,即做出一项决策会花费很大的成本。

（三）征税投票规则

征税投票规则,又称为收费投票制,指的是在选举时对每个投票人征收一定的税收或收取一定的费用,促使他们在投票决定公共产品需求量时所显示的偏好为真实的,从而最终抉择出偏好强度最大的议案。

该规则的具体做法是:对每个投票人的偏好进行考察和比较,看他的存在对投票结果是否具有决定性的影响,如有影响,就向他征税,该税应等于不同议案给他人所带来的预期净效益的差额;反之,如没有影响,就不征税。如此一来,就可有效地防止投票人反映虚假偏好的情况。原因很明显,如果显示的偏好高于实际偏好,投票人就可能招致议案通过后实际所获效益不能弥补税收的风险;如果显示的偏好过低,则又有议案被否决后所受损失高于税收的风险。此时,每一位投票人都会在一定的税价下表达出自己对公共产品的真实偏好,从而使所通过的议案达到帕累托最优。

第三节　官僚经济理论

"与每一种其他政府形式一样,代议制无可怀疑的弊端和危险可以归纳为两个方面:第一,在控制机关中存在普遍的无知和无能,或者更温和地说,缺乏足够的智力资料;第二,它在利益集体影响之下与社会的普遍利益不完全一致的危险。"①

一、政府失灵论

在传统的政府干预经济理论中存在着一种观点:市场不能做或做不好的,政府就应去介入,并且政府的介入也一定能解决问题。之所以会得出这种论断,原因在于持这种观点的人已事先做了如下假设:政府代表大多数人的利益;政府所做的决策更周全、更明智;政府运作是高效率低成本的;等等。但事实上,政府并非如此大公无私、高效率低成本,市场失灵并不是政府干预的充分理由,政府同样存在着缺陷。早期的公共选择理论也把政府及其官僚看作完全服务于公共利益、没有自我利益追求的超人;在研究重点上,仅仅关注的是影响经济运行的公共产品的需求决定过程,尤其是如何把个人的偏好加总成单一的集体偏好的决策机制问题;相应地,在研究公共产品的需求模式中,公共产品的供给过程也即官僚机构的运行,被看成是一种外生变量。

但是,理论和现实的挑战使得这种单方面的研究模式得到了改变。一方面,制度学派关于市场、企业、政府都不过是交易的不同组织形式的观点,表明政府也存在失灵的可能。另一方面,政府作为公共产品的生产单位在实际运行时,确实出现了许多问题,诸如效率的低下、官僚的腐败等等。当政府决策或集体行动所采取的手段不能改善经济效率或实现道德上可接受的收入分配时,政府失灵便产生了。自布坎南把经济学研究的重点从生产转移到交换以来,官僚机构的运行也被纳入了经济分析的范畴之中。其中,塔洛克和威廉姆·尼斯坎南(Wil-

---

① 〔美〕保罗·A.萨缪尔森、威廉·D.诺德豪斯:《经济学(第十二版)》,高鸿业等译,中国发展出版社1992年版,第1189页。

liam Niskanen)在 20 世纪 60 年代的研究成果开辟了官僚经济理论的开端。

对于政府失灵的探讨,公共选择学派是从三个方面展开的。

(一)官僚机构的缺陷

对于官僚机构的评价,存在着三种观点。从传统习惯上看,西方的官僚机构有低效率的寓意,而我国的官僚机构则常常与官僚主义、官僚作风联系在一起。马克斯·韦伯的官僚制理论则带有赞扬的意思。他认为,官僚机构是一个有效率的组织,它提供的是不偏不倚的公共服务,而且与其他组织相比,官僚机构有章可循的等级分工制度也是非常完善的。公共选择理论与前两者相比,对官僚机构的分析没有褒贬的意味。该理论认为,官僚机构是一种客观存在的组织形式;对它的界定是,收入主要来源于税收的、非营利的公共部门,在公共选择理论中,主要指的是政府机关。在这里,公共选择理论所讨论的官僚机构的新颖之处在于,它把官僚机构及其工作人员也看成是追求利益最大化的生产者,纳入了与需求模型对应的供给模型的分析当中。

1. 政府效率的测量问题

与市场中的经济主体不同,政府支出的资金主要来源于税收,政府的产出具有非市场性,即政府提供的某些产品难以用市场价格衡量。从目的来看,允许一个机构对特定服务的提供进行垄断,通常是为了避免浪费性的重复生产及社会需求短缺现象。但是,现实情况通常更为复杂。例如,政府的国防支出给人们带来的效用是多少,城市环境治理所花的成本与效益相比是否值得等,由于政府活动产出的多样性和公益性,用通常的方法难以衡量一项支出是否值得、是否具有效率,也使人们对公共部门的供给效率难以监督。

2. 政府的双边垄断性质

按照社会契约论的观点,政府和公民之间是一种委托—代理关系。但实际上,政府与公民之间的契约是不对等的,因为契约一旦签订就具有了法律约束的效力,而私人却没有退出和选择政府的自由。同时,与私人契约相比,政府作为一种暴力机器,它可以遵循契约,也可以不遵循,甚至可以修改和违反契约。这也决定了政府机构具有双边垄断的性质:一方面,政府处于卖方垄断地位,即政府是提供公共产品的唯一单位。即使允许某些私人提供公共产品,但具体采购哪家单位的产品及款项的支出等也都需要政府来定夺。另一方面,如果把代表全体投票人的国家或政府看成是一个独立的个体,而与具体组成和执行政府事务的各官僚机构区分开来,政府又处于买方垄断的地位,也即政府与官僚机构之间的关系是供求关系,作为生产者的官僚机构,总是从政府那里获得预算拨款,它们之间的关系是一种雇用与被雇用的关系。

总之,政府所具有的双边垄断地位,使得这些官僚机构在提供公共产品时缺乏同类供应者之间激烈的竞争,而这种外在压力的不足无疑会导致资源浪费等现象的发生。

3. 激励机制的缺乏

缺乏激励机制也是官僚机构的弊端之一。缺乏激励的原因在于,一般行政机构中官员的劳动补偿与其劳动成果和效率联系不大,或者说联系不紧密。具体可从两个方面来分析:一是政府官员的劳动成果和效率缺乏明确的衡量标准;二是政府给予官员的报酬也并非根据其工作绩效,更大程度上依据的是职位的高低和制度上的硬性规定,而且一旦做出规定往往很难改变。于是,在这两方面的共同作用下,激励机制难以建立,官员只有争取职位和权力的动力而没有提高效率、改善工作质量的压力。公共机构只具有对效率微弱的内部压力,也造成了政府运作的效率低下。

(二) 官僚的经济人特性

1. 追求预算最大化的官员

从上述对激励机制缺乏的描述当中,我们看到政府官员的薪金和增进效率之间只存在着间接关系,甚至毫无关系。但问题是:他们的目标到底是什么？或者说,他们在这种制度环境下能追求到什么样的目标？

对此,尼斯坎南指出:"可以进入官僚效用因素函数中的几个因变量有:薪水、职务、津贴、公共声誉、权力、任免权、官僚的产出、易于更迭与易于管理的官僚机构。我坚决主张,除最后两个以外的所有这些变量,都是官僚在办公室任职期间总预算的一个单调正相关函数。"①可见,政府官员尽管缺乏金钱上的动力来追求高效率,但作为理性经济人,他们拥有其他目标,其中追求预算最大化是主要目标。这是因为,预算最大化不仅可以提高他们金钱上的报酬,更重要的是,预算的扩大标志着这些官员有更大的行政权力,可以相应地扩大所属机构规模。所以,既然不能从追求效率中得到好处,那就追求效率以外的因素。如果官员的这些倾向发展得过于严重,不仅会浪费纳税人的金钱,而且会导致政府机构的规模膨胀和臃肿。

2. 逃避错误的短视倾向

在政治市场中,无论是选民、政治家还是利益集团,在处理公共产品上都有短视的倾向。首先是选民,他们在进行集体决策或决定选举哪个候选人时,往往考虑的是与自身密切相关的眼前的需要,所以在公共产品的提供为他们带来的

---

① William A. Niskanen, *Bureaucracy and Representative Government*, Chicago: Aldine Press, 1971, p. 38.

利益难以估计甚至微乎其微时,他们就缺乏为其所受的损失进行监督的激励;其次是政治家,他们也往往从自身利益出发,或者是被利益集团收买,对远期的于社会有利的东西兴趣不大,此外,当选的压力所造成的短浅的眼光,也会使他们为了避免风险和错误而不考虑选民的利益。

3. 对信息敏感度的缺乏

与市场经济中决策主体对供求信息的关注程度不同,在官僚机构中,公共产品的提供不是通过市场价格来表现的,这就决定了官僚往往缺乏对市场信息的敏感度。而在官僚个人影响力较大时,他个人的好恶会不同程度地影响公共产品的供给水平。现实生活中,某些公共产品的供给过多或供给短缺,无疑是两方面相互作用的结果。

(三) 制度缺陷

1. 选举制度的缺陷

阿罗不可能定理已说明,在民主制度下几乎不存在一种完全公正和有效率的选举制度。这也是选举制度本身难以克服的缺陷。而且,根据中间投票人定理,多数规则下的选举结果往往只反映中间立场的那部分人的利益,甚至,有时会连这部分人的利益也不能顾及。例如,我国的部分基层民主选举采取简单多数制,当选的常常是一些能力一般、善于明哲保身的"老好人",而那些出类拔萃、能力最强的人却当选不了。正是选举规则本身的问题使得最终的结果往往难以达到最优。此外,利益集团对选举过程的介入以及互投赞成票等问题,也说明了选举制度存在缺陷。

2. 信息不对称

市场经济中,信息的不完备或者不对称是市场失灵的表现之一。政治市场与之相同,在公共产品的需求反映和提供过程中也存在着信息的不对称。首先,选民在选举政府领导人和集体在做出重大决策时,他们对于这些领导人和所做出的决策是否会充分地实现他们的预期,只是处于一种理想状态;其次,提供决策参考和监督信息的机构恰恰是这些政府机构,它们垄断了信息,使得选民在"无知的面纱"底下只获得十分有限的信息;最后,即使选民们较为准确地表达了他们的利益需求,也会因时间和其他政治因素使得公共产品的提供与理想预期产生偏差。

3. 垄断配置低效率

从官僚机构运作的制度来看,官僚机构的垄断性质和社会需求的显示方式必然造成社会资源配置的低效率。与私人企业一样,官僚机构的垄断会带来低效率和资源的浪费;但与私人企业又有着实质上的不同,即私人企业在市场的长期竞争中和国家的反垄断法的约束下,最终会由于供给需求的均衡和平均利润的形成而结束垄断现象,实现资源的最优配置。当然,某些自然垄断的行业除外。在公共产品的生产过程中,一方面,公共产品的总需求是由众多各不相同的个人需求按照一定的政治过程汇总而成的,其结果往往反映的是中间人的偏好;另一方面,提供公共产品的政府机构往往也会为了政治利益,过多或过少地提供公共产品,甚至提供完全没有用的公共产品。

总之,在公共选择理论看来,政党是为了保证自己能够连任而进行决策的;选民则是根据自己的理想政策与现实政策的差别及成本问题而参与政治活动的;官僚是把追求自己所在组织的极大化作为目的而行动的;而民主制度面临着互投赞成票、阿罗不可能定理等自身无法克服的客观现实。

二、政府规模

日益扩大的政府规模与活动范围是当今世界许多国家的政府都十分关心的问题,有限效能的政府也日益成为各国政府改革的目标。在学术研究方面,不同的学者从不同的角度出发,得出了不同的结论。各项结论既受到历史和现实的影响,也受到理论发展的影响。例如,世界银行在《1996年世界发展报告:从计划到市场》中指出,各类国家政府的规模直接取决于各国为政府规定的作用和功能的大小,并认为这归根结底依然是一个社会选择的问题。公共选择学派从政府行为的动机这一独特的视角为逻辑起点,分析了政府规模不断膨胀的原因。

(一)公共选择理论关于政府行为的假定

在公共选择理论看来,政府作为一个抽象的实体,在现实中是由政治家和公务人员组成的。由此,它的行为动机也必须从主观和客观两个方面来分析:在主观上,他们也是理性经济人,也追求自我利益最大化;客观上,他们与一般人一样,具有知识与能力的有限性,在极端复杂的现实社会里,出现错误决策也是避免不了的。

据此,公共选择理论把西方政府行为界定为一种"准民主模式"。具体可以从两个方面论述:首先,从政治家对民主决策规则和程序的依赖性来看,选民对政治家有着一种制约,政治家为了再次当选,不得不在最大程度上反映选民的意愿。公共选择理论认为,政府的政治经济行为直接受到民主投票行为的约束是很有必要的。因为政治家作为经济人,其自利动机决定了他们随时都有可能利用手中的权力谋取私利。其次,政治家作为政府的一分子,他的理性决定了只有借助于政府这个组织团体,才能有效地实现个人利益最大化的目标。此时,政治家对政府这个组织团体的目标有着一种激励效应,但另一方面也导致政府规模不断膨胀扩大。

(二) 政府行为的自我扩张

1. 一般分析

前面已提到,政治家由于受自身利益的驱使,常常通过扩张政府部门的形式来扩张自己的权力,从而达到自身利益最大化的目的。这是因为,伴随着政府机构的扩大,政治家的预算资金会越来越多,津贴也会提高,还可从中获得晋升的机会。而选民也会错误地认为扩大政府机构于己有利,他们在从政府支出的增加中享受更多公共产品的同时,忽视了税收等各种负担的增加。或者说官僚阶层在为创造有利于其成员的福利,而不利于其他阶层福利的情况下征收的财富,超过了他们为公众提供服务的实际价值,即国家从公众那里取的多而给的少。因此,从经济人的角度出发,政府部门这种内在扩张的趋势是一种客观存在。

2. 财政扩张分析

随着凯恩斯主义的盛行,平衡预算理念遭到了猛烈的抨击。以促进就业和经济增长为目的的财政扩张政策虽然取得了一定成效,但不可忽视的是,随之而来的是财政赤字和政府规模的扩张。研究表明,财政赤字与政府规模扩张之间有着必然的联系。

首先,财政赤字在短期内能给人们带来直接的利益。对于老百姓来说,财政扩张不仅使他们眼前的税收负担减轻了,也增加了他们手中可支配的收入以及公共产品的享受量;对于利益集团来讲,他们无疑也会从政府扩张性的财政政策中攫取更多的获利机会。

其次,政治家从自身利益出发,也有增加财政支出、扩大政府规模的要求。这可从两方面分析:一是政治家为了赢得最多的选票而最终当选,必然会迎合选民们的意愿,尽量做出少征税、多服务的姿态;二是政治家本人也可以从扩大的预算支出中得到好处,例如金钱和支配力方面。

实际上,财政支出的增加给人们带来的好处是短期的。根据税收学的原理,它只不过是花了将来要缴的或后代人的一部分税收而已。伴随着财政支出的增加,政府的机构、人员规模和职能也膨胀,从而促成了政府规模的扩张。

3. 官僚机构与政府扩张

在官僚机构运行机制下,大多数政府部门和公用事业部门在制定和执行公共政策时,往往是由该部门领导人根据自己对公共利益的理解来决定的,其结果不一定真正符合最大限度增加公共利益的目的。出现这种现象的根源不在于人,而是官僚机构内在的运行机制使然。例如,在代议制民主制度下,由于委托人与代理人之间的信息不畅,人们往往不得不更多地消费他们并不真正需要的公共服务。

(三) 政府规模的合理标准与有效控制

面对政府规模和活动范围迅速扩张所带来的诸多弊病,许多国家都不约而同地开始了缩减政府规模、收缩政府范围的变革。但是,如何确定政府的最佳规模与合理标准,或者说政府规模的合理标准在哪里,乃是各国政府进行改革必须首先解决的问题。一般来说,考察政府规模可遵循两种标准,即数量指标和规范指标。

首先,用来衡量政府规模的数量指标通常包括这四个方面:(1)公务人员的数量。从公务人员的数量上看,政府规模是与之成正比的,即政府工作人员数量越多,政府规模就越大;反之,则越小。由于各个国家在不同历史时期的人口数量是不断变化的,单纯用人口数量标准说明不了问题。对此,人们常常采用政府工作人员占社会总人口的百分比或者占就业人口的百分比来比较政府的规模。(2)政府机构的数量。政府机构的数量也是与一国政府规模大小密切相关的。事实上,政府内部所设机构越多,政府相应地规模也就越大。所谓机构林立、机构臃肿,也正是从这个意义上来讲的。(3)财政支出的数量。财政支出数量,尤其是财政总支出占国民生产总值的比重,是如今西方国家衡量政府规模最常用的标准之一。一般认为,政府总支出越多,政府规模就越大;政府总支出越小,政府规模也就越小。在财政指标的统计上,既可以计算其绝对值,也可以计算财政支出占国民生产总值的比例,但由于通货膨胀等因素的干扰,后一种方法采用得比较多。目前,不管是发展中国家还是发达国家,其政府规模都比较大,财政支出占国民生产总值的比例一般都在25%—50%之间。(4)公务指标。即政府日常活动所处理的公务数量,例如工商管理部门在一定时期内所审批的企业营业执照的数量等。[1]

其次,对于确定政府规模的规范指标,我们通常是从市场、社会的角度,即政府干预经济应遵循的原则这一角度来讲的。政府与市场关系的理论研究表明,政府在对经济干预时应遵循一些基本的原则,例如,政府干预的范围应限于弥补市场的缺陷与不足,在市场能发挥高效配置资源作用的领域,政府就不要介入;政府干预的目的应是促使市场机制恢复功能,而不是去替代市场。只有谨慎地使用"看得见的手"的有限作用,政府的干预才能达到预期的效果,政府的规模

---

[1] 毛寿龙、李梅:《有限政府的经济分析》,上海三联书店 2000 年版,第 63—80 页。

才能得到有效的控制。此外,政府的规模与政府本身的能力又是密切联系的。一般认为,政府的能力越大,其处理问题的能力也就越强,相应地,其边际效益也就大于边际成本,而此时,政府的规模也就可以越大。

对于如何控制政府的规模,也应从以上几个方面来着手。首先是要进行机构改革,精简人员和机构数量,节约开支,尤其是行政费用开支。其次,合理划分政府与市场的职能界限,把政府在一定时期内的事权确定下来,发挥其有限的效能作用。对此,公共选择理论也提出了一些改进的办法,诸如在官僚机构中引入竞争因素,打破劳务供给垄断与生产成本信息垄断的状况,等等。

三、寻租

(一) 寻租的内涵

寻租是经济学和政治学都十分关注的社会现象,它既是政府失灵的典型表现之一,也是政府低效率的重要原因。一般说来,寻租就是腐败,或者说是与腐败紧密联系在一起的。政治学从政治制度和法律规范的角度出发,认为寻租是公职人员为实现其私利而违反制度和法律的一种权力滥用行为;经济学则从经济租金的角度分析,指出寻租是一些人通过合法或非法手段谋求经济租金的政治活动和经济活动。公共选择学派则同时从政治学和经济学的角度论述了寻租行为。布坎南认为,寻租活动者,尤其是其中的利益集团,进行的游说、行贿等行为的目的乃是追求一种高额垄断利润,即租金,而该租金具体是指支付给要素所有者的报酬中,超过要素在任何可替代用途上所能得到的报酬的那一部分。

无论从哪一种角度出发,寻租行为都有着共同的特征。我们知道,在现代市场经济中政府对经济的干预必不可少,政治活动中的权力因素很可能直接介入经济活动当中,从而干预经济人之间的正常交易,在这种情况下,必然会有一些人为了在交易过程中获得额外效益,进行争取政府特许而垄断地享有某些紧缺资源或政府庇护等的寻求租金的行为。可见,寻租的基本形式是政治权力与经济资源之间的交换,其实质是权钱交易。它明显地涉及两方面的行为主体:一是寻求政府特别优惠的市场经济主体;二是掌握分配政治资源和经济资源权力的政府官员。他们的共同作用使得社会资源向有"钱"的人和向有"权"的人聚集,一起分享了经济租金。当然,主动寻租者也并非都是市场经济主体,"政治创租"也是不可忽视的。"政治创租"的概念首先是由麦克切斯内(F. McChesney)提出的,指的是政府官员为了谋求经济利益,主动利用手中的行政权力来创造租金,例如政府对一些企业进行行政管制或"出卖"某些资源的分配权等,诱使私人企业向他们"进贡"。在向市场经济转型的发展中国家里,这种现象甚至更为明显。

(二) 寻租的社会成本

寻租是一种创造垄断的活动,而垄断则会导致低效率和资源的浪费。即垄断虽然给寻租者带来了额外收入,但垄断条件下消费者剩余减少了:价格升高,产量降低。

然而,公共选择学派认为,寻租所造成的社会损失远不止这些。对此,布坎南从三个方面进行了分析:

第一,为获得垄断权,寻租者所进行的努力和支出,即这些企业和个人向政府开展各种游说活动的支出费用,包括人力、物力、财力等。例如,一家生产和销售钢材的企业为了获得政府的特许或资助,会专门派一些能说会道的律师或社会活动家帮助自己开展寻租活动,甚至会用礼品和金钱去疏通层层关系。寻租者进行这些活动所花费的资源,对整个社会来说,是财富的净损失,是完全的资源浪费。

第二,"政治创租"所需的费用,即政府官员为获得潜在垄断者的支出或对这种支出进行反应的努力。一方面,想利用政治权力获得好处的人,会主动地寻找能带来租金的人,在这个过程中,他所花费的努力,不仅是资源的浪费,更是对政治权力的亵渎和扭曲;另一方面,如果政府及其官员都很廉洁,但他们对寻租者的寻租行为的反游说、反行贿仍要花费一定的精力。

第三,寻租所造成的垄断和资源配置的扭曲,也是一种社会福利的净损失。对消费者来说,寻租企业会把其寻租成本化入产品成本中,从而强加给消费者;而对于其他企业,他们为了也从政府政策中捞取好处,必然会展开寻租竞争,继而引发第三方资源配置的扭曲。

总之,寻租行为所导致的交易成本、院外说客的酬金,以及官僚们为坐到能收受贿赂的位子上进行竞争而耗费掉的时间和金钱,对社会来说都是一种资源浪费。这种浪费有时甚至是惊人的。例如,克鲁格(A. Krueger)在《寻租社会的政治经济学》一文中,举出了两个典型的国家——印度与土耳其,估算了这两个国家在 20 世纪 60 年代由于政府过度干预所产生的租金数量。结果表明,这两个国家的寻租行为带来的社会资源浪费十分惊人,分别占到了国民生产总值的 7%和 15%左右。

(三) 寻租行为的几种类型

1. 政府经济管制中的寻租

随着政府干预的加强,政府对经济的管制也越来越多,这无疑给寻租行为提供了契机。从本质上来讲,政府每一项政策的实施都是一个利益分配过程。在政府管制的过程中,生产者和消费者的利益是对立的,追求选票最大化的政治家必然提高某些受管制产品的价格,从而服务于这些利益集团。

2. 通过关税和配额的寻租

由于各国的生产要素和生产水平各不相同,为了充分地利用各国资源,每个国家必定有自己的进出口政策,其中进出口的关税和配额是重要的影响因素。相应地,提高某些商品的进出口关税、控制某些商品的进出口配额也就成了政府外贸部门和公司进行寻租的主要手段。例如我国的汽车工业,在入世之前,政府所定的关税很高,甚至达到200%。这在一方面保护了我国在国际市场中相对弱势的汽车行业,并为之带来了超额利润;另一方面,汽车行业所获的超额利润,是以损害全国广大消费者的利益为代价的。在消费者利益受损的同时,它也给腐败创造了机会。如一些行业为寻求同样的保护,想方设法向政府部门要政策、要配额、要批量。另外,部分地区走私的猖獗,也与之有关。

3. 通过政府特许权的寻租

政府的特许权指的是政府对某类商品发放的特别生产许可或特别销售许可。如我国的烟草专卖局对烟草的销售所发放的专卖许可证,特许一部分公司拥有出口许可证等,都是一种政府特许。从整个国民经济的角度出发,某些政府特许权是很必要的。但之所以会产生租金,是因为这种特许权常常被人为地制造短缺。例如,在某一获得烟草专卖权十分困难的地区,从事烟草买卖的单位和个人也将十分有限,因而这些人就会尽力得到买卖许可来达到获得垄断租金的目的。

4. 政府定货

由于政府能力和技术的限制,由私人提供公共产品,政府进行定货或采购是市场经济国家常有的事,典型的如美国军用产品的生产和我国的大型工程建设。由于政府定货是一种政治决策和垄断行为,它本身是一种稀缺产品,并不是每个厂商都能得到的。相应地,这种稀有的盈利机会给那些寻求政府定货者创下了租金。经济学对实际工程承包的分析发现,政治家们来自企业的竞选经费与企业获得的承包额之间是密切联系、成正相关关系的。更为严重的是,如果负责验收的政府官员不够廉洁,厂商就可能通过虚报成本或降低工程质量来达到寻求租金的目的。

5. 贿选

"贿选"又称"黑金政治",是发生在选举过程中的一种特殊的寻租行为。贿选主要是从政治的角度来讲的,是在实际政治生活中候选人或政府官员通过对参加选举的人许以物质上的好处,而拉取其选票的行为。从本质上来讲,贿选也是一种寻租腐败行为,与经济寻租相比,它侵蚀了民主政治权力的基础,行为后果更为恶劣。

(四) 寻租对社会政治经济的影响

寻租理论普遍认为,政府是最终创造租金和分配租金的主要工具。这里无疑隐含的是寻租对社会资源具有一种再分配的效应。寻租行为所导致的社会资源的再分配,可以说是一种"大鱼吃小鱼"的过程。在寻租活动中,遭受损失的是分散的消费者、寻租行为的失败者以及一些没有进行寻租的企业。对于消费者的损失,前面已有阐述,他们由于垄断商品价格的提高而失掉了一部分消费者剩余。而那些不成功的寻租者,其进行寻租所花费的各种费用是明显的;一些没有进行寻租的企业也会受到损失,如在一项政府工业的补贴中,寻租成功的钢铁行业就相应地吃掉了其他行业的一部分补贴。在经济租金没有完全被浪费时,一方损失必定是另一方所得。在寻租活动中,得到好处的是那些寻租成功者,以及政府官员和一些说客。

寻租总是与政府的政治权力尤其是行政权力紧密联系在一起的,它在扭曲资源正常配置的同时,对政治生活也有着严重的负面影响。寻租行为是对政治权力的一种异化和蜕变,从本质上讲,它是公共权力的非公共利用。对于政府来说,它也是政府存在和发展的一个毒瘤,如果任腐败发展,将会导致政府的灭亡。对此,詹姆斯·哈林顿(James Harrington)说过一句著名的话:"一个政府的腐败将意味着另一个政府的诞生。"[1]

寻租活动具有恶性循环的趋势,它总是与政府对市场的过度干预相关。胡鞍钢认为:"政府的过度干预为寻租活动提供合法性,许多寻租人也很方便地从政府政策和制度规定中找到合法寻租的依据,这是寻租活动恶性化的根本原因。"[2]寻租作为一种"直接非生产性活动",不仅浪费了资源、降低了效率,而且破坏了政治秩序和政治发展。总之,寻租的现象表明,政府干预并不是无代价的,而是会产生社会成本的。

第四节 公共经济决策

公共选择学派对政治过程和政府行为模式的分析,最终所关注的仍是对经济的影响;或者说公共选择理论研究的目的,乃是为政府的政策制定,尤其是经

---

[1] 王绍光、胡鞍钢:《中国国家能力报告》,辽宁人民出版社1993年版,第452页。
[2] 同上书,第446页。

济政策的制定过程提供一个理论参考。

与传统的经济政策理论只注重经济政策的具体内容相比,公共选择理论更关注经济政策的制定过程,即经济决策,并试图从中探索关于经济问题的深层次原因。公共选择理论还认为,应该制定一系列约束经济政策制定过程的规则;经济政策的制定应按此规则进行,而不能随意改变。这种重视经济政策制定过程和规则的趋向,可以说抓住了问题的关键。

一、公共经济决策的内涵

随着现代化进程中政府对宏观经济干预的加强,公共经济决策也日益显示出其重要性。一般认为,公共经济决策,也就是一国的经济政策,指的是执政党及其政府在现行政治经济制度的基础上,为了达到一定时期经济发展的目标而制定的经济活动的准则和内容。政治与经济总是相互联系的,经济政策的决策过程在很大程度上是一个政治过程,它涉及选民、政治家、利益集团以及政党等多方利益主体。总体来说,它包括以下几方面的因素:

(一) 公共经济决策的主体

在任何政策的制定过程中必须坚持的一个原则是:决策一定要与决策者自身发生必然的联系。公共经济主体是公共经济决策首先要考虑的因素。

在市场经济中,单个消费者的经济决策主体是消费者自己。他们作为理性经济人,在做出每一项决策时,都是为了实现自身利益的最大化。因此,他们在决策时,几乎不受外界因素的干扰,完全是基于利益最大化和消费能力至上的自由决策。与之相比,公共经济决策的主体则涉及较为复杂的因素。传统观点认为,政府作为协调各主体之间利益关系的权威性组织,是唯一的公共经济决策主体,而其他领域中的决策主体只能通过不同的方式来间接影响政府,从而对经济政策的决定产生作用,但最终的决策主体还是政府。对此,荷兰经济学家丁伯根(J. Tinbergen)曾说:"在一国经济中,有一个或多个可称为'政策制定者'的机构。他们首先是指某种官方当局,此外也还可能有一些私人机构,如工会、农会、私人大公司。为简化起见,我们通常将把中央政府看作唯一的政策制定者。"[①]此种政府是决策主体的传统观点忽略了民主体制的要求。在民主政治下,政府只是形式上的决策主体,或者说是委托的决策主体,最终的决策主体是普通选民,以及从中形成的利益集团。对此,可从两方面加以分析:从理论上,政府契约论认为,政府是人们为了避免在冲突中两败俱伤,各自交出一部分权利而组成的

---

① 〔荷〕J. 丁伯根:《经济政策:原理与设计》,张幼文译,商务印书馆1988年版,第27—28页。

保护全体人民的组织,由此,政府的行动宗旨和决策的目的也必须服务于人们的利益;在实际政治生活中,长期的政府垄断决策所导致的经济政策失误,最终也必然会导致政府的灭亡。而在实行民主制的西方国家中,选民所进行的选举也都是一种经济政策的制定过程,无论是直接民主还是间接民主,政府最后所采取的经济决策本质上都反映着各个选民的利益需求。至于决策执行过程和执行结果中发生的偏差,则是选举制度和具体执行者的问题。

(二) 公共经济决策的目标

经济决策的目标,指的是通过经济决策的实施所要达到的目的,它是经济决策的出发点和归宿,制约着经济政策从制定到实施的全过程。

然而,怎样确定经济决策的目标也是一个重要的问题。以社会福利最大化为经济决策目标只是一个理论假设,现实生活中,政治和经济等多方面的因素则对目标的确定起着更重要的决定作用。例如,决策者会出于自身的政治需要,做出于己有利而损害社会长期福利的决策;为了迎合选民,他们会以牺牲效率换取公平,以通货膨胀换取就业的增加;等等。这其中就涉及一个价值选择的问题。一般说来,经济决策的目标主要集中在三个方面:

(1) 效率。经济政策的本质在于对稀缺的社会资源进行配置,其中,效率是一个重要的经济目标。根据福利经济学的观点,如果实现了帕累托最优也就达到了最高的效率。由于其包含的价值判断最少,帕累托最优状态的追求也就成了普遍接受的效率标准。但现实市场经济的失灵使得建立在完全竞争市场假设之上的帕累托最优状态难以达到。为了克服市场经济的缺陷,政府的政策调节便不可缺少。其中,通过经济政策来实现效率是政府调节经济的手段之一。

(2) 公平。公平问题作为政治学和经济学共同关注的问题,同时也是市场经济在提高资源配置效率过程中的一种伴随现象。首先,市场经济初始条件下的不公平,即土地、资本和劳动等生产要素占有的不平等,是公平问题产生的根源之一;其次,社会不公平还来源于制度上的不完善,如就业中的性别歧视、市场竞争中垄断的出现等,这也在一定程度上导致了社会收入分配的不平等;最后,个人本身的处境也导致了竞争环境的不平等。对此,起着社会资源分配作用的公共经济政策,就应承担起实现社会公平的职责。例如,政府在制定支出政策时,就要对低收入阶层提供较多的公共劳务或补贴,从而改变与缓和不平等状况。

(3) 经济增长与稳定。经济增长是经济和社会发展的基础,增长过慢或过快,都会导致经济的不稳定,甚至会引起一系列社会问题。奉行稳定发展的经济政策目标,在稳定中求发展,在发展中求稳定,历来是各国政府所追求的目标。

例如,政府实施的扩张型财政政策,就是利用经济政策手段来提高经济增长率的措施之一。而实现稳定的目标,本身则包含着经济稳定与政治稳定两个方面:经济上的稳定主要表现为物价的稳定、生产的稳定、财政收支水平的稳定以及个人收入的稳定等;政治上的稳定则表现为整个社会的稳定。

(三)公共经济决策的特征

公共经济决策是一种集体决策行为,与市场中分散的决策行为相比,它具有以下特征:

(1)公共经济决策具有广泛的参与主体。政府在制定公共经济政策时,一般都要广泛地听取各方面的意见。

(2)公共经济决策的目的具有多样性。与市场经济主体追求单纯的经济利益不同,公共经济决策往往追求更多的东西,例如经济增长、政治稳定等公共目标。

(3)公共经济决策的执行具有滞后性。滞后性是一切政策执行过程中不可避免的规律。这是因为,从经济问题的出现到问题的解决,往往需要一定的时间,而在这段时间内,各种因素又是不断变化的,在变化了的情况不适应当初所制定的经济政策时,这些经济决策就达不到解决问题的效果。

(4)决策执行结果的重大影响性。与市场中分散决策只影响个人效用不同,公共经济决策的执行结果对社会有着重大的影响,往往是牵一发而动全身的。例如,政府所做的税收调整政策常常会影响经济的增长、个人的投资和消费以及物价的上涨和下滑等诸多因素。

(四)公共经济决策过程中的政治影响因素

政治与经济是紧密联系的,经济政策的制定过程受到政治制度等因素的影响。对此,公共选择理论指出,根源于经济领域中的经济政策的决策过程,实际上是在政治领域中做出的,经济领域中的企业和消费者最终是通过在政治领域中作为投票者和形成利益集团来对经济政策的决定产生影响的。阿罗不可能定理表明,多数原则并不能代表多数社会成员的意志,现代民主体制下政治决策过程有着不可克服的内在矛盾。所以,经济政策的决策过程是在政治领域内按民主程序进行的政治过程,与此相对应,这种民主程序本身所固有的矛盾必然会导致经济决策中的失误。

前面已经提到,政府虽然被认为是经济政策的唯一决策主体,但非政府决策主体的行为对经济政策的决策过程也有着重要影响。这些非政府决策主体,无论是单个选民、政治家还是利益集团或政党,在政治市场中参与集体决策时,所遵循的都是利己主义的原则。例如,利益集团对政府经济决策就有决定性的影响。具体说来有四种影响方式：垄断需求信息，并将其提供给政府以使政府决策有利于自己；通过投票集团对政府政策施加压力；资助某些官员竞选或政策执行，以此影响决策；利用财力优势，进行游说活动。正是各个利益主体之间的相互冲突与妥协最终影响并形成了经济决策，同时，也导致某些经济政策的偏差和失误。

二、公共经济决策行为的演变

自国家产生以来，公共经济决策也相伴而生，但在现代市场经济体制出现以前，公共经济决策模式集中表现为财政决策模式。财政作为政府为实现其职能而进行资源的配置和应用的一种活动，自产生至今都是一样的。然而，财政活动的具体内容和方式又不是一成不变的，它总是随社会生产力及社会经济运行方式的发展变化而不断变化着的，并在人类社会发展的不同历史阶段呈现出不同的特征，表现为不同的财政模式。根据人类社会形态的演变，公共经济决策行为，即财政决策模式经历了以下三个阶段：

（一）家计财政时期

家计财政，又称为君主财政，指的是在奴隶社会里，国王占有全部土地和奴隶，国家财政收支与国王收支不分的一种经济运行方式。在这种经济运行方式下，"朕即国家"，国王既是政治和经济的最高统治者，又是土地和奴隶的总所有者。在他统治的范围内，一切都属于国王所有。由此，在国家的经济生活中，国王的需要就是国家的需要，国王个人和家庭的需要也常常与国家实现职能的需要紧密联系，不可分割。国家财政进行分配的依据，除了政治权力之外，就只剩下国王作为最大的奴隶主所占有的个人生产资料所有权的收入。这其中主要包含了国王个人收支的家政财务的内容，从而使得奴隶制经济财政呈现出国王家政财务的特征。在家计财政体制下，公私是没有界限的，保证国家经济运行的各种经济决策的制定和执行也完全是国王一人的主观臆断，民众和行政官员没有任何发言权。

（二）官房财政时期

当社会发展到封建地主经济阶段，土地私有制发生了很大变化。国王已不再是全社会土地的所有者，而仅仅作为地主的一员占有一部分土地。新兴的地主阶级占有了大部分土地，他们或雇用农民依自己的需要进行生产，或租给农民由农民依其需要进行生产并从中收取地租。此时，社会经济制度的变化和生产方式的变化引起了国家财政决策模式，尤其是财政分配内容的极大变化。具体表现为：

首先,封建国王作为地主阶级的一员,其个人及家庭的需要只能靠他所拥有的资产(主要是土地)来满足,并逐步与国家需要区分开来;只有维持以国王为首的国家机器的运转的需要才由国家财政供给。同时,在西方封建社会的末期,国家财政的收支管理上也出现了单独的机构和人员,而新兴资产阶级进入议会,对国家财政收支进行监督,也进一步加强了这种分离。

其次,封建社会在政治上的分封制所造成的诸侯割据状况,导致了国家财政与诸侯财政并存的局面。因而,在政治和财政体制不统一的社会环境中,建立一个为整个社会服务的公共财政是不可能的。

最后,在封建社会末期,由于商品货币经济的发展,财政收支方式由实物向货币转变,国家财政模式也逐渐从官房财政过渡为公共财政。因为货币的同一性为以整个社会为服务对象的公共财政提供了最佳的分配手段。

(三)民主财政时期

民主财政也称为公共财政,它是市场经济条件下财政模式的必然选择。事实上,也只有到了市场经济时期,国家财政才具有了明显的公共服务的性质,才成为"公共财政"。在市场经济条件下,政府的财政措施也主要用于市场机制无法有效运行的范围和领域内,并成为确保市场经济正常运转必不可少的外部条件。在民主财政时期公共经济决策或者政府财政的运作方式,后面有较详细的论述,在此不赘述。

三、公共经济决策的科学化和民主化

(一)公共经济决策评估

对于公共经济决策的分析,公共选择理论明确提出:应关注约束经济决策制定过程的规则,而不是经济决策的具体内容。为此,布坎南进行了分析。他认为,个人在投票做经济决策的时候,其偏好是在行动的过程中显示出来的,但对于结果的好坏没有一个客观的评价标准;当个人选择某一过程时,也就选择了这一过程将会产生的结果。因此,布坎南得出结论:经济决策的制定过程和规则是衡量经济决策好坏的一个间接标准;只要过程和规则是人们一致同意的,那么,它就能反映和促进显示出来的个人偏好转化成可观察的政治过程,据此制定出来的经济决策就是可取的。

但从成本和效益的角度看,任何一项经济决策的好与坏、可取与不可取都必须考虑付出是否值得的问题。一方面,一项经济决策改变了社会资源的配置方式,引起了经济的变动,从而会给社会带来一定的效益;另一方面,这项经济决策将产生一定的成本,包括决策的制定、实施过程中所需的各种费用,以及采取该

决策而舍弃其他决策的机会成本,等等。由此,评价政策好坏的标准,在很大程度上就取决于该项决策对社会的贡献与社会为之所付代价之间的差额。如果一项决策的实施给社会带来的额外满足大于人们为此所付出的代价,或者与其他决策相比,该项决策的净效益最大,那么,该项决策就是可取的。

不过,标准评定也不完全局限于此。由于政府关心更多的东西,很多经济决策的做出和实施并不追求单纯的经济效益,有些经济决策仅仅服务于政治的需要或者是为了社会稳定。例如,社会保障政策实施的目的就在于缩小社会贫富的两极分化,以及照顾那些生活需要支持的人,如老人、残疾人等。

因此,评价一项决策的好与坏、值得与不值得,需要考虑政治、经济、社会以及一国的经济发展需要等很多因素。从决策的制定过程来说,只有做到了决策的科学化和民主化,才能为好决策的产生奠定基础。

(二)公共经济决策的科学化

正确的经济活动来自正确的经济决策,而正确经济决策的制定必须建立在科学的基础之上。在众多复杂的经济因素的作用下,要做到经济决策制定的科学化,必须做到以下几点:

(1)树立正确的决策思想。决策是一种选择,选择是建立在判断基础之上的,而判断则要以正确的判断标准和目的为前提。思想指导着行动,判断标准和目的的确定同人的价值观、世界观、责任心、进取精神等紧密相关。由此,决策者在制定经济决策时,必须树立正确的决策思想,实事求是,量力而行,以马克思主义为指导思想,才能超越错综复杂的经济现象,制定出科学的经济决策。

(2)依据正确的经济理论和客观现实。正确的经济理论反映了客观经济规律的要求。事实证明,违反经济规律或遵循不切实际的经济理论,往往会对国民经济产生不利的影响。例如,改革开放前我国对土地价格认识上的错误,即认为土地使用权不具有商品性,导致了土地管理政策的混乱。同时,实际经济工作对经济政策的要求,也应成为制定经济政策的依据。这是因为,如果经济政策脱离实际工作的需要,不依据经济工作中的矛盾和问题去设计,就会失去经济政策的意义,无法满足经济生活对经济政策的需求。此外,社会中各种利益集团的要求,部门、地区间的利益协调以及国际经济政策形势,也是制定经济政策应考虑的客观因素。

(3)充分获取决策所需的信息。做出经济决策必须了解情况,即必须全面地了解、收集和掌握有关的决策信息,经济问题本身的历史、现状和未来的发展趋势等,从而为信息加工提供原料。在信息收集完毕后,还要对信息进行客观的和有目的的加工处理,去伪存真,去粗取精,从中筛选出有价值的信息。

(4) 遵循合理的决策程序,采用科学的决策方法。科学的决策程序是制定科学的经济政策的重要保证,因此,在制定经济政策时,不仅要有科学的依据,还要按照科学的程序进行。公共经济决策作为具有一定法律约束力的社会行为规范,在很大程度上是一种行政性、政治性的工作。按照现行的规定和实际做法,一项经济决策的制定要遵循这样几个程序:首先是调查情况,提出问题,即从复杂的经济现象和矛盾中归纳出需要从决策上加以解决的问题;其次是确定决策目标,这可以说是一切经济活动的归宿;再次,在目标确定之后,拟订经济决策方案,即在实地调查和听取各方意见之后,规定经济目标的具体内容及实现的方式、途径等;最后,论证和选择经济决策方案。总之,一项经济决策的制定只有在遵循了科学的、规范的程序时,才能从根本上避免盲目决策、错误决策。关于经济决策的制定方法,在现实生活中又是多种多样的。通过归纳总结,具体的方法主要有:比较分析法、定性与定量分析法、系统分析法、试点法等等。由于实际经济情况的不同和具体经济决策者习惯的不同,经济政策的制定方法又是互有差异的。

(三) 公共经济决策的民主化

1. 经济决策民主化的原因

公共经济决策具有分配社会资源的功能,它在本质上是一种政治领域的公共选择行为。与传统的君主经济和计划经济相比,分析现代社会公共经济决策的民主化离不开对其决策环境即市场经济的分析。我们知道,决策主体多元化或者说分散决策是市场经济区别于其他经济运行机制的一个重要的制度性标志。从这个意义上讲,市场经济是一种契约经济、民主经济。与此相对应,经济政策的分散决策与政治民主决策的内在联系,决定了在分散决策基础上通过集体选择产生的现代政府,在进行经济决策时也必须贯彻民主程序。具体可做如下分析:

首先,市场经济本身固有的缺陷造成了市场失灵问题。公共产品的提供及贫富的严重分化等社会现状客观上要求政府的存在,并由政府来集中提供公共产品和法律秩序等服务。在提供公共服务时,尽管政府具有强制性,但市场经济的分散特征不允许一个专制政府的存在,而只能是一个民主政府。因为政府的强制性权力是由社会公众赋予的,是在分散决策基础上集体选择的结果,用来解决分散决策难以解决的各种问题。脱离了集体的民主决策,政府的权力就失去了根基。

其次,根据契约论的观点,市场经济本身就是一种契约经济,市场经济下的各种交易行为都是通过契约来完成的。例如,在私人产品部门,生产者和消费者通过订立契约来实现交易。根据契约,生产者向消费者提供产品,并取得消费者支付的价款;消费者从产品的消费中受益,但要支付报酬。在这个交易过程中,双方的行为完全是自由的和平等的,不存在任何强制行为。与此相对应,公共产品生产部门也存在着政府(生产者)与公众(消费者)之间的契约。根据这种契约,政府要为公众提供公共产品和服务,为此需要向公众征税来筹集资金;公众从政府提供的公共产品中受益,但要以纳税为代价。这里就存在一个选择与被选择的关系,如果政府不能为公众提供令其满意的公共服务,公众就不愿意纳税,政府也就会失去公众的支持。当然,与私人契约相比,公共契约是有其特殊性的。

从以上分析可以看出,公共财政的决策主体,在形式上是政府,但在本质上却是公众。政府只是在执行决策,而公众则通过选举制度和投票机制掌握着公共决策的实际控制权,并通过法律制度保证这一机制的运行。总之,市场经济的分散决策所决定的公共经济决策的民主性质,可以说是对市场经济的本质要求,也是对公共经济本质的深层次思考。

2. 实现公共经济决策民主化的方法

第一,决策过程民主化。政府要给自己一个正确的定位,即政府只是在执行公共决策,而不是包办,更不能越俎代庖。这就要求政府在制定经济政策时,首先要遵循一定的程序,即不但要有制度化的决策程序,而且要科学地划分决策权的归属,不允许个别领导为一己私利而决策,更不能随意做出决策。其次,由于经济政策的制定和执行是一个全民参与的政治活动,这就要求政府不但要定期向公众公布其预算和决算情况,接受公众监督,而且要建立公众表达意见的有效渠道,使决策过程公开化。如果公众没有发言权,政府官员就会缺少有效使用资金的激励,相应地,也就会造成财政资金使用的低效率。因此,决策过程的民主化是很重要的,只有尊重公众的主体性地位,并通过制度化的渠道表达公众的意见,甚至一些重大的决策直接交由公众决定,才能使这一问题得到根本的解决。

第二,决策权力下放。公共经济决策分权是实现经济民主决策的必要条件。如我国分税制的实施,其本质意义并不在于支出权限的划分,而在于经济决策权的转移,即由中央决策转向地方决策。地方政府会比中央政府更了解本地民众对公共产品的偏好。

第三,打破垄断,促进竞争。政府垄断公共产品的供给,不仅降低了生产效率,损害了消费者的利益,也使得政府在做经济决策的时候不得不考虑这些垄断机构的利益需求。要想打破垄断,提高这些部门的经营效率,有效的方法就是引入竞争机制,创造一种企业家政府。具体来说,可以在民主决策和决策分权的基础上,在地方政府间展开竞争,给公众一个"用脚投票"来选择最好的地方政府的机制,从而提高政府公共经济决策的效率。这样一来,各地政府之间的竞争机制就会促使地方政府做出民主的经济决策,提供更多质优价廉的公共产品。

第四,将经济政策上升为宪法。公共选择理论认为,要想真正实现经济决策的民主化,还必须制定合理的宪法规则来约束经济政策的制定过程。这可以说是公共选择理论一贯坚持的观点:政府经济政策的成功与否,不在于政治决策人是否一心为公,是否掌握足够的信息和先进的经济决策方法,而在于政治制度的变革和对经济政策制定进行的经济立宪。这是因为,政治决策人追求的是自我利益的最大化,如果缺乏制度上的规定和宪法的约束,他们就会不顾选民的要求,甚至独断专行,做出短期的、有损于选民的经济决策。所以,无论采用哪种政治决策过程,都必须通过法制化的路径进一步规范决策行为。

四、我国公共经济决策的现状

我国公共经济政策的制定经历了两个阶段。

第一阶段是从1949年中华人民共和国成立到改革开放前。改革开放以前,我国公共经济政策的制定状况是与计划经济体制相吻合的,即一切经济政策都在固定不变的计划约束之内,包括宏观的和微观的;而在决策方式上,经济政策是由掌管经济工作的主要领导人决定,民主集中制的原则没有得到充分运用。另外,此时的公共经济决策功能,不仅仅在于解决社会生活中的现实经济问题,它还肩负着建立新的社会秩序、颁布新的行为规范、实现理想的社会政治蓝图的历史使命。因此,可以说,当时的中国并不是一个以经济为中心的社会,公共经济政策在很大程度上充当了实践政治理想的工具,服务于意识形态的需要。

第二阶段是从改革开放至今。改革开放政策的实施使国人大开眼界。个人利益、地方利益意识的觉醒,促使了我国公共经济政策从根本指导思想上的转变。增加收入、提高效率和增强国际竞争能力等诸种客观现实的需求,使得经济政策的制定方法也得到了改进,调查研究、民主决策、吸收专家学者参与决策逐渐成为发展的趋势。同时,随着民主政治建设的进行,具有行政决策性质的中国公共经济政策的制定,吸收和借鉴了民主政治的许多方法和程序,从而也保证了公共经济政策制定的民主化要求。中国特色社会主义已经进入了新时代。党的十九大报告指出"我国社会主要矛盾已经转化为人民日益增长的美好生活需要和不平衡不充分的发展之间的矛盾"。面对新的矛盾和发展需要,公共经济政策将会进一步调整,更加符合实现国家治理体系和治理能力现代化的需要。

政府职能的履行是通过输出公共政策来实现的,因而,一个合理合法的公共政策必须首先与政府的宗旨相吻合,必须符合社会大多数人的最大利益。随着公共经济决策的价值取向由政治理想向现实的功利主义的转化,我国的公共经济决策也日益与市场经济体制相吻合。尽管如此,我国目前的公共经济决策仍然存在着一些弊端,公共经济政策制定的科学化和民主化还没有真正地得到落实。具体来讲,有以下几个方面的原因和表现:

(1) 计划经济的影响。在计划经济条件下,一切经济决策包括生产、销售、消费等各个环节都纳入了国家统一计划之内,缺乏变化性,适应不了客观环境的变化,甚至严重违反了经济规律。这一经济体制的历史惯性同样也影响了现今的经济政策制定。不进行调查了解情况、闭门造车、计划一旦制订就难以更改等现象仍普遍存在。

(2) 市场经济的不成熟。就我国来讲,尽管市场经济体制的建设已进行了许多年,但总的来说,市场经济仍不成熟,而这无疑给经济政策的制定留下了无视市场经济、无视经济规律的借口。事实上,我国许多地方政府在制定经济政策时,没有考虑到实际经济的运行规律。

(3) 政治民主化的不足。受传统政治体制的影响,某些领导人仍然认为经济政策的制定是党和政府即政权机关的事情。此种思想在现实中则表现为严重的官僚主义作风。官僚主义是一种常见的社会病态文化,对于经济政策的制定来说,官僚主义表现有:不听取下级意见,独断专行;不了解实际经济情况,想当然地闭门造车;从自身出发,以政策为借口,满足私利;不顾本地区、本部门的实际情况搞"一刀切";等等。经济政策制定过程中的官僚主义作风,必然会导致经济政策的失败,进而损害纳税人的利益。

(4) 经济政策制定的不公平倾向。公共经济政策实质上是一种强制性的社会价值再分配。就我国来说,历史和现实都表明了我国政府在制定经济政策时有着明显的不公平倾向。例如,改革开放以来对沿海开放城市所实施的一系列有利于其经济发展的优惠政策,就是不公平的典型。这种"政策倾斜"在促成沿海地区经济腾飞、人民生活极大改善的同时,牺牲的却是中西部地区廉价的劳动力、低廉的燃料原料等资源。尽管政府已经开始着手实施中西部经济发展战略,改变东西部地区间经济发展的严重失衡状况,但是现实的情况将会滞缓真正有利于这些地区发展的政策。

(5) 经济政策道德价值与现实利益之间的冲突。运用功利主义的原则来评价公共决策会遇到这样的困境:是允许不道德的行为存在,从中谋利,然后用所得资金来进行社会再分配或从事其他的公共事业;还是耗资耗力来取缔不道德的行为,而这种做法的结果是不确定的,且很有可能在耗费了大量的人力和物力之后,效果甚微。此种矛盾就是道德价值与现实利益之间的冲突。面对这种冲突,现实生活中的公共政策选择往往在功利主义的价值引导下,在顾及眼前利益的同时忽视了长远利益,在顾及物质利益的同时忽视了对精神价值的追求。反映在公共政策上,就是更多地关注政策的经济效益而忽视政策的社会效益,更多地关注生产力的发展而忽视社会精神生活的提高。

针对上述公共经济决策过程中所存在的弊端,根本的解决方法是:从决策体制本身入手,改革决策体制,建立以"决策科学化、民主化"为目标的决策模式。我国的行政决策体制要实现科学化、民主化,需要在组织结构和运行规则两个方面进行一系列的努力。

首先,在组织结构方面,进行决策权力的合理分配,完善对决策权力和决策过程的监督。具体来说,一是下放权力,实现职责与权力对等的分级政策。针对目前分税制的实施状况,应合理地划分中央和地方的事权,尤其是经济政策的决策权力,并在此基础之上明确各级政府的权力归属,建立一种决策效益和决策风险对等的规范化机制。科学地划分事权、经济决策权和风险承担范围,也是市场经济条件下决策主体多元化、独立化的客观要求。二是加强监督,对决策权力和决策过程进行有效约束。在我国实际经济决策过程中,"家长制"和"一元化领导"普遍存在。究其原因,就在于决策过程中没有严格的约束机制,使得一些领导人在做决策时,独断专行,盲目投资。

其次,在决策制定的运行规则上,要规范决策程序,实现决策过程的制度化、程序化,提高决策的透明度。具体到实践中,则要求决策过程必须建立在制度的基础之上,经过科学的程序,发扬民主精神,收集大量信息,进行充分研究论证,采用集体决策的方式,利用现代化的技术手段,把静态的典型研究与动态的系统分析结合起来,把定性分析与定量分析结合起来,最大限度地提高决策精度,等等。①

【关键术语】

公共选择理论　公共选择　私人选择　直接民主制　代议制民主制　投票悖论　阿罗不可能定理　中位选民定理　单峰偏好　多峰偏好　政府失灵　利益集团　寻租　公共经济决策

【复习思考题】

1. 什么是公共选择理论？公共选择理论产生的时代背景是什么？
2. 有关经济人假定,公共选择理论在投票者、选民代表和政治家这三个视角上是如何分析的？
3. 在公共选择的投票规则中,全体一致规则的优缺点各是什么？

---

① 杨建平:《从决策体制入手推进政府改革》,《中国政治》2001年第5期,第55—60页。

4. 在间接民主制下,利益集团是如何作用于政府行为的?

5. 政府规模自我膨胀的内在原因是什么?

6. 结合实际,运用公共选择理论的有关思想和方法,简要分析目前我国公共经济决策的现状。

【参考书目】

1. 方福前:《公共选择理论——政治的经济学》,中国人民大学出版社 2000 年版。

2. 黄新华:《当代西方新政治经济学》,上海人民出版社 2008 年版。

3. 蒋洪主编:《公共经济学(财政学)》,上海财经大学出版社 2016 年版。

4. 毛寿龙、李梅:《有限政府的经济分析》,上海三联书店 2000 年版。

5. 汪翔、钱南:《公共选择理论导论》,上海人民出版社 1993 年版。

6. 王绍光、胡鞍钢:《中国国家能力报告》,辽宁人民出版社 1993 年版。

7. 杨宏山主编:《政府经济学》,对外经济贸易大学出版社 2008 年版。

8. 〔爱尔兰〕帕特里克·麦克纳特:《公共选择经济学(第二版)》,梁海音译,长春出版社 2008 年版。

9. 〔法〕亨利·勒帕日:《美国新自由主义经济学》,李燕生译,北京大学出版社 1985 年版。

10. 〔荷〕J.丁伯根:《经济政策:原理与设计》,张幼文译,商务印书馆 1988 年版。

11. 〔美〕A.爱伦·斯密德:《财产、权力和公共选择:对法和经济学的进一步思考》,黄祖辉等译,上海人民出版社、上海三联书店 1999 年版。

12. 〔美〕保罗·A.萨缪尔森、威廉·D.诺德豪斯:《经济学(第十二版)》,高鸿业等译,中国发展出版社 1992 年版。

13. 〔美〕丹尼斯·C.缪勒:《公共选择理论(第 3 版)》,韩旭等译,中国社会科学出版社 2010 年版。

14. 〔美〕丹尼斯·缪勒:《公共选择》,王诚译,商务印书馆 1992 年版。

15. 〔美〕戈登·塔洛克:《论投票:一个公共选择的分析》,李政军、杨蕾译,西南财经大学出版社 2007 年版。

16. 〔美〕曼瑟尔·奥尔森:《集体行动的逻辑》,陈郁等译,格致出版社、上海人民出版社 2014 年版。

17. 〔美〕詹姆斯·M.布坎南、戈登·塔洛克:《同意的计算:立宪民主的逻辑基础》,陈光金译,上海人民出版社 2017 年版。

18. 〔美〕詹姆斯·M.布坎南、理查德·A.马斯格雷夫:《公共财政与公共选择:两种截然对立的国家观》,类承曜译,中国财政经济出版社 2000 年版。

19. 〔美〕詹姆斯·M.布坎南:《民主财政论:财政制度和个人选择》,穆怀朋译,商务印书馆 1993 年版。

20. 〔美〕詹姆斯·M.布坎南:《自由、市场和国家:20 世纪 80 年代的政治经济学》,吴良健等译,北京经济学院出版社 1988 年版。

21.〔英〕彼德·M. 杰克逊主编:《公共部门经济学前沿问题》,郭庆旺等译,中国税务出版社、北京腾图电子出版社 2000 年版。

22.〔英〕加雷斯·D. 迈尔斯:《公共经济学》,匡小平译,中国人民大学出版社 2001 年版。

23.〔英〕萨拉·科诺里、阿里斯泰尔·曼洛:《公共部门经济学》,崔军等译,中国财政经济出版社 2003 年版。

24. William A. Niskanen, *Bureaucracy and Representative Government*, Chicago: Aldine Press, 1971.

第五章 公共支出

【教学目的和要求】

公共支出作为与公共收入相对应的政府公共经济管理的重要组成部分,具有较强的政策性因素,其结构和规模往往体现着一定时期内政府经济政策的指向,并对社会发展产生十分重要的影响。通过本章的学习,应着重掌握以下几个方面的内容:

第一,掌握公共支出的概念、原则以及市场经济条件下公共支出的范围和方式等基本理论知识。

第二,关于公共支出的规模,首先掌握衡量公共支出规模的数量指标;其次把握公共支出会不断增长的这一整体性规律,着重了解不同学派对于公共支出规模增长的理论解释。对于公共支出的效应分析,应着重了解归宿分析和激励效应。在公共支出的体制分析中,则应侧重了解如何从政治的角度进行分析。

第三,关于公共支出的分类与结构,首先掌握公共支出的具体分类标准和各自所包含的基本内容,其次理解公共支出结构的内涵及其影响因素。

第四,关于公共支出效益分析,应了解公共支出效益所包含的内容、几种常用的分析方法和工具,尤其是成本—效益分析法所涉及的一系列内容和问题;同时需要了解公共支出绩效考评的三种常用方法及其特点。

第五,在对我国公共支出的分析中,应掌握公共支出的规模发展变化特征和公共支出结构调整变化特征;在此基础上,应尝试思考构建科学的公共支出体系的对策和建议。

第一节 公共支出的概念与原则

一、公共需求与公共支出

满足一定的物质和精神需要,是人类社会生存和发展的基础和前提。然而,在人类的消费行为中,许多种类的消费是不可能由单个人进行的,而必须由许多人乃至全体社会成员共同进行。这种共同进行的个人消费就是共同消费,而共同消费就是为了满足公共需求。所谓公共需求,指的是那些由个人和企业无法通过自身的市场活动得到满足,但又是为市场经济正常运行和社会良好发展所必要的需求。

个人需求和公共需求既有联系又有区别,在不同的社会形态下,也表现出不同的内容。从联系的角度看,个人需求是公共需求的基础,没有个人需求的满足,人们就会无从顾及公共需求的实现;而公共需求对人类社会的发展有着不可替代的作用,没有公共需求的满足,私人的需要也就无法得到保障。与此同时,两者之间的区别也是很明显的。具体有以下几点:

第一,在市场经济条件下,个人需求和公共需求的满足方式不同。个人需求是由个人和企业在市场机制的作用下,通过独立的市场活动来满足的;公共需求则主要是通过政府的行政行为,即行政计划的资源配置方式来解决的。第二,从消费的角度来看,私人消费是分开进行的,几乎不受任何限制;而公共消费则与之不同,公共产品需求和提供的公共性,决定了公共产品的消费具有非排他性和非独立性,即一人在消费公共产品时不能排斥他人或无法排斥他人对该产品的同一消费。第三,从消费的阶级性上看,对个人消费来说,在任何社会,其消费都具有阶级性。即工人和其他劳动阶层的个人需求是通过自身劳动获得的工资和各种消费资料而获得的;而对于资本家和土地所有者来说,他们的个人需求则通过对于剩余价值的攫取来满足的。由此,在两者的消费过程中,存在着明显的剥削与被剥削的关系。公共需求则与之不同。当政府提供公共服务以满足公共需求时,它直观地表现为对全体社会成员都发生作用。具体可从两个方面分析:一是根据契约论的观点,政府具有一种"公共"的性质;二是在政府的许多实际活动中,它所提供的服务如防洪堤坝的建设、城市垃圾的处理等,对于所有的社会成员都是需要的和平等消费的,这里无所谓剥削性质还是被剥削性质的消费。[①]

上述区别表明,满足公共需求是市场经济本身无法完成的任务,它的提供只能由政府来承担。而公共需求的满足由政府承担,就必然涉及一个政府支出即公共支出的问题。这是因为,政府在履行提供公共服务的职能时,必然直接或间接地产生各种费用,即不仅需要使用和消耗一定的物质资料,而且政府本身的日常运行也需要大量的行政费用。这些费用的总和就是我们所谓的公共支出。

二、公共支出的概念界定

公共部门为满足公共需求而提供社会共同受益的产品时,会产生一定的费用。从这个意义上讲,公共支出指的是公共机构通过政府财政部门向社会成员

[①] 叶振鹏、张馨:《公共财政论》,经济科学出版社1999年版,第3—5页。

提供公共产品的过程中,所支付的各种费用的总和。随着经济的发展,公共支出规模不断增长,其结构也在不断变化,涉及从中央到地方各级政府的各项支出,包括提供公共产品、准公共产品发生的支出以及为实现收入分配而进行的转移支付。

公共支出是政府履行其职能的具体体现,反映着政府的政策选择,代表着政府公共部门提供公共产品与服务所产生的成本,它通常具有以下几个特征:

(1) 公共支出的资金来源是财政收入。一个国家的财政收入可由税收、规费、债务及有偿公共服务取得。其中,税收本身所固有的强制性、无偿性和固定性,使之成为财政支出的一个稳定、可靠的资金来源。但随着政府干预经济和社会的范围与程度的不断加大、加深,政府公共部门的相对规模也有扩大的趋势;同时,公共支出的增长比税收的增长快得多。与此相适应,在公共支出的资金来源中,非税成分的支出所占的比重也在上升,如政府租金、借款、利息和分红以及各种各样的使用者收费。

在对公共资金的来源所进行的分析中,公共部门借款要求(Pubic Sector Borrowing Requiremant,PSBR)是近年来越来越受到重视的一个经济指标。该公式是:

$$赤字 = 税收 - 政府总支出 - 公共部门净借出$$

由于公共支出的增长速度大于税收的增长速度,PSBR 的绝对值也在迅速增长。具体来讲,其原因有两个方面:一是税收难以提高;二是在商业和经济萧条期,公共支出水平会更高。

(2) 公共支出的主体是公共部门。公共产品的特性决定了其提供只能由公共部门来承担,理所当然地,公共部门就成为公共支出的主体。但这并不是说,公共产品的具体提供者就一定是公共部门。实际上,在许多国家,公共产品的提供是由受雇于政府的私人组织来承担的。另外,与政府有关的机构、事业单位,如行业协会、学校等,也具有准公共机构的性质,在一定历史时期,其支出也来源于国家财政,因此也构成了公共支出的主体。

(3) 公共支出的目的是满足社会公共需求。公共支出的资金来源于全社会成员的劳动收入,所以,其支出的最终目的也必须是满足社会的公共需求。公共支出,不管其具体形态如何,都是为政府提供市场所需的公共服务而安排的支出,本身就具有公共服务的性质。但值得一提的是,市场经济体制下的公共支出只能用于市场机制本身无法有效运转的领域内,超出这一范围,政府就不应去介入,否则权力就会进入市场。例如,社会保障方面的支出就起着克服个人无力承受的市场风险、避免劳动力再生产的中断、确保市场经济的正常运行等作用,从而也使得这种支出当然地具有公共支出的性质。与计划经济体制下包揽一切的

"生产建设财政"职能相比较而言,公共支出的范围只能以满足社会公共需求为口径来界定,凡不属于或不能纳入社会公共需求领域的事项,就不应由公共财政来支出。因此,我们可以说,公共支出是服务于社会的一般性消费需要的。所谓一般性消费需要,一方面指的是满足社会成员基本的安全、生活保障的需要,不包括过高的生活享受之需;另一方面指的是公共支出不能服务于个别人或少数人的利益需求,它必须体现公共性。

(4) 公共支出具有非市场营利性。公共支出虽然满足了具有价值性的公共需求,但作为社会管理者的政府的支出却不能具有市场营利性,即不能在营利动机的引导下安排自身的活动,其行为动机只能是实现公共利益。这是因为,政府拥有的政治权力是企业和个人所不具备的,当政府依靠政治权力介入市场交换过程时,企业和个人就无法进行平等的市场交换;而当政府凭借政治权力去追逐尽可能多的利润时,其行为所及之处就是市场关系的解体之处。因此,凡是市场具有营利能力的领域,政府公共支出就不应该介入。即使政府提供的某些公共服务也附带产生了一定的利润,但其基本的出发点和归宿仍然是为满足社会的公共需求,而非营利。典型的如政府所进行的公共投资,虽然项目建成后有或大或小的效益,但效益往往是不足以抵消其成本的,或虽可抵消成本但效益率达不到市场的平均利润率。

(5) 公共支出具有一定的生产性。关于公共支出的性质,学术界颇有争议。传统财政理论认为,财政具有非物质生产性。其理由是,公共支出作为政府为满足公共需求所付出的成本,其本质是对原有生产性支出的社会财富的一种扣除,一种消费;而公共支出的主体——政府,只是一个非物质生产性社会管理机构,并不能创造社会财富。因此,公共支出理应属于消费性支出而不是生产性支出。此种观点尽管有一定的道理,但严格地说,不管是资本主义财政还是社会主义财政,不管是专制政体下的财政还是当代民主政体下的财政,都具有一定的物质生产性。例如,政府公共投资所引起和产生的基本建设过程,就是一种物质生产性活动。典型的如国有化的煤炭、钢铁、铁路运输等行业,大都具有物质生产性,政府对这些企业进行投资和补贴所发生的公共支出就是一种生产性支出。

由此可见,公共支出同时具有物质生产性和非物质生产性两种特性。无论把哪一种特性绝对化,并将之看成是公共支出必然具有的特性,都是片面的和错误的。区分一项公共支出是生产性支出还是非生产性支出,仅仅依据传统的理论,即该建设项目是用于物质生产活动还是用于人民的物质文化生活需要,在现代市场经济条件下已经不够充分了。在市场经济条件下,个人、企业与政府活动之间的界限不再以是否具有物质生产性来划分,而是将是否具有市场营利性作为区分的标准。在日益成为国民经济的核心组成部分的第三产业中也包含了许多政府性的活动,这些活动不具有物质生产性,但却服务于社会公共需求的满足。

三、公共支出的原则

古典经济学奉行减少政府干预的经济思想,主张政府应采取尽量节约支出从而减少税负的财政方针,因而对公共支出原则的讨论也比较少。到了19世纪中叶以后,政府对经济干预呈现加强趋势,这就要求政府不仅考虑如何征税,而且考虑如何安排支出才能保证各类需要获得适当的满足。

一般来说,良好的公共支出应奉行以下原则:

(一) 弥补市场失灵的原则

市场作为当今社会资源配置的最主要的运行机制,并不是万能的,而是存在着市场失灵的现象。所谓市场失灵,指的是在市场充分发挥其资源配置决定性作用的基础上,市场仍有可能无法有效地配置资源,或难以正常发挥作用的状态。主要表现有,公共产品的提供不足或过剩、外部效应的存在、信息的不完全、社会分配的不公等等。而要克服这些关系到全体社会成员公共利益的市场失灵状态,就必须借助于资源配置的非市场解决办法——政府干预。因此,根据公共财政的性质和目标,弥补市场失灵便成为国家财政义不容辞的义务,从而也从根本上决定了公共支出的规模和使用方向等问题。

但问题的关键在于,弥补市场失灵的公共财政活动是否只涉足了市场发生失灵的领域。我们认为,公共财政不应进入市场可以有效运行的领域,其支出范围只能是市场自身无法解决的领域。

(二) 社会利益原则

政府的公共支出应以最大化社会利益为原则,即应追求社会最大多数人的最大幸福,不能因考虑某些特殊私人、集团或阶层的利益而使资金分配产生人为的偏斜。为促进社会利益而安排的公共支出主要集中在两个方面:一是为保障国家安全、社会稳定而安排的支出,例如为防止外来侵略的国防支出,为维持国内治安的司法、行政等的费用支出;二是用于社会福利的支出,例如道路的修建、教育设施的增加、医疗保健水平的提高等。当然,财政支出虽不能考虑某些特殊私人、集团或阶层的利益,但如果在这些私人、集团或阶层上的支出能够有利于增进整个社会的利益,也应列入财政支出。例如对某些私人企业进行补贴,可以扩大就业、稳定经济;对发明创造者的奖励可以鼓励科学技术的创新;等等。

(三) 公平原则

公平原则是指公共支出产生的社会利益应当在社会各个阶层中公平地分配。公共支出的公平原则包括横向公平和纵向公平两个方面。横向公平是指同等对待同一层次的居民,纵向公平是指差别对待不同层次的居民。

公共支出的公平原则又涉及个人的受益能力问题。受益能力指的是个人对政府提供的公共服务具有不同的享受能力。如中产阶级由于更能表达自己的意愿,更能理解复杂的社会体制,有更多的人力和物力去组织游说集团,所以影响着公共支出效益的实际分配。因此,并不是政府的每一次支出行为都会使全体社会成员受益。例如,职业家庭、雇主和经理人享受到的国民保健服务和教育服务,多于他们在相关人数中所占的合理分量。对此,为了求得公平,政府必须根据各类居民的受益能力安排支出。

(四) 厉行节约、讲求效益的原则

财政支出是一种经济行为,厉行节约、讲求效益是其必须坚持的根本原则。厉行节约,指的是严格按照节俭精神办事,防止人力、物力、财力的不必要浪费。讲求效益,就是要求政府以尽量少的资金占用和消耗取得尽可能大的并符合社会需要的生产成果。为此,在政府支出活动中,应监督支出用途,防止铺张浪费;同时增加生产支出,削减消费支出。

要确定政府公共支出的效益大小,必须进行成本—效益分析,即判定某项支出所消耗的资源与其产生的效益之间的比例关系。成本—效益分析方法通过对公共支出项目的各种成本、效益进行综合估算,分析支出方案的得与失,从而决定对某一项目是否应配置资源以及配置多少。这种方法也增强了政府对各项支出的选择性。

关于公共支出的成本—效益分析涉及很多具体问题,本章第三节将具体展开,在此不赘述。

(五) 量入为出、保持平衡的原则

量入为出是财政支出的基本原则。它指的是政府应根据财政有多少收入安排多少支出,坚持收支平衡,不搞赤字。坚持量入为出原则,通俗地讲就是有多少钱办多少事。政府要根据财力的可能,对要办的事进行分析研究,如果收不抵支时,就要根据轻重缓急砍掉一些不是急需的项目。

量入为出虽然是财政支出的指导思想,但并不意味着国家财政每年都要坚持收支平衡,并略有结余。事实上,在编制财政支出预算时,常常不安排或少安排一些必须开支的项目,使支出留下缺口。缺口的存在是造成实际开支突破计划、收支难以平衡的一个重要原因。在经济发展的一定时期,国家以赤字的方

式,适当地扩大生产性支出,拉动国内投资、扩大消费需求,对于扩大就业和保持一定的经济发展速度是很必要的。

（六）统筹兼顾、保证重点的原则

此原则要求正确处理各项财政支出之间的关系,优化支出结构。统筹兼顾,指的是合理确定财政支出的项目以及各项财政支出的规模;保证重点,则要求正确安排财政支出中的各种比例,分清轻重缓急与主次先后。

贯彻统筹兼顾、保证重点的原则,必须按照国民经济各部门发展的需要,正确处理财政支出的比例关系。

1. 正确处理积累性支出与消费性支出之间的比例关系

积累与消费的比例关系是国民经济中最基本的比例关系,也是优化财政支出结构所要解决的关键问题。基本建设支出是财政积累性支出的主要部分,因此,正确处理积累性支出与消费性支出比例关系的关键是处理好基本建设支出与其他方面支出的关系。

2. 正确处理国民经济各部门之间的比例关系

国民经济各部门的比例关系,主要是指农、轻、重之间的比例关系,国民经济的协调发展要求各部门之间必须保持恰当的比例关系。首先,在处理农、轻、重比例关系上,要以农、轻、重为序安排财政支出,即财政应优先保证发展农业所需的资金。这是因为农业是我国国民经济的基础,农业的发展状况制约着我国经济现代化的进程。为此,财政对农业的投资必须保持一定的数量并使其逐年有所增长。其次,安排好重工业和轻工业之间的财政支出。最后,适当地增加对服务行业的支出和保护。

（七）公开、透明的原则

公共支出的资金来源主要是纳税人缴纳的税款。因此,政府在进行公共支出时,必须公开、透明,及时地向公众公布钱用向何处,用于什么目的。

（八）法定原则

公共支出遵循法定原则,是政府公共支出行为走向规范化、法制化的必然要求。所谓法定原则,是指财政支出的投向和数量一经法律确定后,必须依法安排支出,即按照法律的规定确定哪些是首先必须满足的,哪些是以后可以满足的;哪些是政府必须支出的,哪些是政府不应支出的,等等。具体来说就是,财政支出的各项安排,应根据国民经济发展计划,由政府制定,并经人民代表大会讨论通过。其活动和运作是在法律法规的约束下进行的,所以必须具有严肃的法律效力。同时,根据财政在国家中所占的重要位置来看,只有做到了财政收支行为的法制化,政府行为的法制化才能得到保障。事实上,也正是通过法律的形式,依靠法律的手段,社会公众才得以真正决定、约束、规范和监督政府的财政行为及活动。

四、公共支出的范围和方式

(一)公共支出的范围

公共支出作为政府配置资源的一种主要方式,其发挥作用的范围是有限的,并不是漫无边际的。通常认为,在市场经济条件下,公共支出的范围应以市场发生失灵的领域和政府的职能为边界;否则,权力就会进入市场,公共支出就会产生特殊的优惠和歧视,社会资源的配置也就会发生扭曲。具体可做如下分析:

(1)"纯公共产品"的供给。纯公共产品的成本和效益无法通过市场价格计算,而市场本身也无法满足或不能有效满足对这些产品的需求;但是,从整个社会发展来看,这些产品对于经济的繁荣和人民生活的丰富又是必不可少的,因而,这类公共产品的提供应由公共支出负担,不能由社会和个人负担。

(2)"混合公共产品"的供给。混合公共产品,如教育、社会保障、公共卫生、环境保护等,虽然在一定的技术和成本条件下具有一定的排他性和市场化程度,但它们的消费具有公共的性质。因此,对这类公共产品的供给,应按照最低保障原则,即实行以市场为主、政府资助为辅的原则。

(3)对于大中型项目,政府可采取一定的投、融资手段参与建设;而对某些市场化程度较高、社会效益较大的项目,政府还可以通过注入资本金参股的方式提供资助和支持。

(4)"纯市场产品"的供给。该类产品是依靠市场自身就可以得到满足的产品,因此,对它的供给应通过自由市场交换的原则进行,政府财政将不再安排资金。

总之,财政的公共支出职能是政府职能的一部分,对公共支出范围的界定离不开对政府职能的合理定位。就我国来讲,目前之所以会出现财政支出的"越位"与"缺位"现象,归根到底是政府职能没有得到彻底转变、范围模糊不清所造成的。

(二)公共支出的方式

公共支出的方式,即政府公共支出具体以什么样的形式服务于社会的需要。随着商品的多样化和人们需求的多元化,公共支出的方式也越来越复杂多样了。

在市场经济体制下,公共需求的满足主要是通过公共产品来体现的。具体有:公共安全,即国防、公检法、武装警察等;公共机构,即国家行政机关、外交等;公共服务,即教育、卫生、文化、科学、社会保障、社区服务等;公共工程,即环境保护、国土整治、公共设施等;公益企业,即水暖电气、公共交通、城市卫生、城市绿化等。由此,对于公共产品,政府既可以直接组织生产进行提供,也可以雇用私人企业进行提供。此外,最终的产品形式也是多种多样的,无形的、有形的;直接的、间接的;短期的、长期的;等等。

综观人类历史发展,我们几乎可以这样认为,凡是人类的共同需要都可以看作一种公共产品;而政府作为公共产品的最终提供者,本身就是一种公共需求。由于政府本身发生着很大变化,所以公共支出的发生也处在不断变化之中。

五、公共支出的意义

公共支出作为财政的重要组成部分,是国家为了履行其为社会提供公共服务职能而进行的一种强制性的分配活动,也即国家在取得收入之后,为履行自身职能而加以使用,最终完成分配全过程的活动。与税收相比,公共支出在一国的经济发展中起着更为重要的作用。因为公共支出既是维持政府职能的财政基础,又是市场经济条件下政府活动范围和内容的总体概括。公共支出的意义具体表现为以下几个方面:

(1) 保证国家机器的运转。国家作为一个非营利性的组织,它本身并不能通过经营等活动获得收入。但国家机器的运转又需要大量的经费和开支,任何政府都只有在财政的支持下才能存在下去,由此,国家必须运用政府的强制性征得税收。历史事实也证明了这一点,无论是奴隶社会的"家计财政"时期,还是封建社会的"官房财政"时期,乃至今天的"民主财政"时期,通过公共支出保障国家机器的正常运转,都是公共支出的首要职能。

(2) 提供公共产品和服务。提供公共产品和服务是政府通过财政支出满足社会需求的主要手段,也是公共支出的重要组成部分。这是因为,首先,这些公共产品是由全体社会成员联合消费、共同受益的;其次,一个或一些社会成员对这些公共产品的消费并不排斥、妨碍他人的同时享用;最后,在技术上也不存在将拒绝为其付款的社会成员排除在受益范围之外的方法。公共产品所具有的这些特性,决定了政府必须担当起提供公共产品的责任。

(3) 促进经济增长。这主要表现在公共支出的分配结果对经济发展,尤其是社会再生产的影响上。市场经济之所以必然产生经济衰退周期的关键原因之一,就是社会的有效需求不足,经济发展缺乏内在的动力。而公共支出则起着改变社会需求总量,增加收入阶层购买支付能力的作用。

(4) 调节收入分配,促进公平。在市场经济条件下,分配是价值的分配,公共支出正是通过对价值的分配,调节着由市场自由竞争所带来的收入差距、贫富分化等问题。

（5）提高社会资源配置效率。效率常常是和资源配置的市场方式联系在一起的；某些市场失灵的现象，正是效率低下所造成的。提高效率作为政府公共财政支出的目的之一，往往存在于具有外部效应的领域。例如为了提高效率，航海灯塔的提供就必须由政府的公共支出来解决。此外，在一些特殊行业领域，公共支出具有集中力量办大事的效果。

总之，公共财政支出对社会再生产的各个环节都产生着重大的影响，无论在政府管理活动中，还是在国民经济活动中，都具有重要的地位。

第二节　公共支出规模

一、公共支出规模的度量与发展趋势

（一）公共支出规模及其衡量指标

1. 公共支出规模

公共支出规模，一般是指在一定时期（预算年度）内政府通过预算安排的公共支出总额。它在数量上等于公共部门经常账户和资金账户的支出总额，其中，公共部门的内部交易活动，如中央政府划拨给地方政府的款项，不包括在内。公共支出规模主要是与经济发展相比较的，它反映着政府职能范围的大小和对社会经济发展的影响力的强弱；同时，它也是衡量政府支配社会资源、满足公共需求的能力高低的重要指标。

上述对公共支出规模的界定是狭义上的公共支出规模，它只反映着某一财政年度内政府通过预算形成的公共支出规模。事实上，预算内的公共支出规模与政府实际的公共支出规模在数量上存在着巨大的差距。因此，要想真正了解一国实际的公共支出规模，必须参照广义上的公共支出规模的概念。一般来讲，广义上的公共支出规模，指的是某一财政年度内通过政府安排的用于社会共同需要方面的所有支出，包括预算内支出和各级政府以各种形式所筹集的体制外支出等。分析广义上的公共支出规模，有助于真实地考察国家在一定时期内的公共支出情况。

2. 公共支出规模的衡量指标

衡量公共支出规模的指标通常有绝对指标和相对指标两类。公共支出的主体是政府，因此，公共支出规模主要用政府财政支出数量来分析，即在分析过程中，假定公共支出等于财政支出。

公共支出规模的绝对指标是指以一国货币单位表示的、预算年度内政府实际安排和使用的财政资金的数量总额。它可以直观地反映某一财政年度内政府支配的社会资源总量,但难以反映政府支配的社会资源在社会资源总量中所占的比重,因而不能充分反映政府在整个社会经济发展中的地位。绝对指标是以本国货币为单位,加之不同国家的经济发展水平存在明显差异,故不便于进行国家间横向比较;另外,这一指标是以现价反映的名义公共支出规模,与以前年度特别是物价水平变化较大年度的支出绝对额缺少可比性,故不便于支出规模的纵向分析。

公共支出规模的相对指标是指预算年度内政府实际安排和使用的财政资金的数量占相关经济总量指标(如国内生产总值、国民收入等)的比率。它反映了一定时期内全社会创造的财富中由政府直接支配和使用的数额,反映了社会资源在市场和政府配置之间的比例,体现了社会财力的集散程度,也反映了公共支出与宏观经济运行以及国民收入分配的相互关联、相互制约的关系。该指标可以全面衡量政府经济活动在整个国民经济活动中的地位及重要性。

一般地讲,在经济发展水平、产业结构等大致相同的条件下,公共支出相对指标越大,说明财政参与国民(内)生产总值分配的比例越高,社会财力越集中,公共支出的规模越大,政府对经济运行的介入或干预程度也就越高;反之亦然。研究公共支出规模,不仅要研究其绝对量,更要研究其相对量。脱离国民经济和社会发展的相关指标去研究和确定公共支出规模,就割裂了经济运行与公共支出的内在联系,也就不能真实、客观、准确地确定公共支出规模。

实践中,各国主要采用公共支出规模的相对指标,即一定财政年度内财政支出占 GDP 的比重。由于该指标反映了公共支出的实际规模,方便国家间的比较,常常作为衡量公共支出规模的主要方法。

此外,公共支出规模的增长趋势还可以用财政支出边际系数和财政支出弹性系数这两个指标来衡量。财政支出的边际系数,即国内生产总值的增加额中用于财政支出部分所占份额的大小。用公式表示为:

$$财政支出边际系数 = \frac{年度财政支出增加额}{年度国内生产总值增加额}$$

财政支出的弹性系数,是指由国内生产总值的增长所引起的财政支出增长幅度的大小,亦即财政支出增长对国内生产总值变动的敏感程度。用公式表示为:

$$财政支出弹性系数 = \frac{年度财政支出增长率}{年度国内生产总值增长率}$$

3. 公共支出规模的具体组成

在确定了衡量公共支出规模的标准之后,有必要具体分析一下公共支出规模的构成因素。通常来讲,公共支出规模由以下几部分组成:

（1）公共部门消费。指中央政府和地方政府按市场价格购买产品和劳务的经常支出,包括工资、薪金、津贴基金以及生产公共产品所需的全部支出项目。

（2）公共投资。指以中央和地方政府为投资主体,以财政资金为主要来源的投资活动,包括交通、水利、电力、通信等基础设施的投资。

（3）财政补贴。中央政府和地方政府在经常账户上支付给个人和公共部门而无须偿还的支出。

（4）经常资助。对私人部门的资助,主要指社会保险,如失业救济金和养老金;援助外国的款项,如发展基金;以及经常补助金。

（5）资本转移。中央及地方政府在资本账户中支付给私人部门和外国而无须偿还的款项。

（6）债务付息。中央和地方政府以债务人的身份,在国内外筹集资金所承担的债务利息。

通过对公共支出规模的各种成分所进行的分析可以看出,公共支出是一个可变量。公共部门消费和公共投资,表明公共部门对经济中的实际资源的所有权;而财政补贴、经常资助和资本转移则表明经济中一个集团对另一个集团的转移支付。就转移支付而言,政府只起中介性质的作用:转移而不是消费资源。债息也是一种转移支付。对私人部门和海外的净借贷,是指政府在金融资产交易中的净支出,反映出它为行业提供贷款方面所起的有限的金融中介机构的作用。

（二）公共支出的增长状况

随着现代国家政府职能的不断扩张,政府公共支出无论从绝对量还是从相对量上来看,在各国都呈上升趋势。

1. 绝对数量的极大膨胀

从西方财政发展的状况来看,公共支出绝对数量的膨胀是和政府职能的扩张紧密联系的。在自由资本主义时期,"守夜人"政府被奉为经典,政府只是市场运行的辅助力量;相应地,公共支出的规模也一直被压缩在最低的限度。例如,英国1910年的财政支出仅占国民生产总值的7%左右,但资本主义垄断阶段的到来改变了这种状况。以美国联邦政府的支出为例,从1918年的36.6亿美元急剧上升到1984年的8418.2亿美元,即在不到70年的时间里公共支出的绝对数量增加近230倍。究其原因,可从两个方面进行分析:一方面,进入垄断阶段后,国家已不再坚持"小政府"和"小财政"的主张,而政府干预经济本身也要求公共支出绝对规模的增长;另一方面,此时的社会经济总规模和国民收入的绝对数量已非自由资本主义时期所能比,这也直接决定了公共支出绝对规模的迅速增长。

2. 相对数量的大幅度上升

公共支出绝对数量的持续上升,固然表明了公共支出的发展趋势,但价格统计和通货膨胀等因素的影响,使得具有比较意义的往往是公共支出的相对数量而非绝对数量。根据表5—1所示,综观西方公共支出的变化情况,公共支出的相对数量即公共支出占GDP的比重也呈现出大幅度上涨的趋势。以法国为例,法国在1937年公共支出占GDP的比重为29%,到了1996年公共支出占GDP的比重上升到55%。当然,公共支出占GDP比重的上升,也是作为社会管理者的政府对经济干预程度不断加深的表现。

表5—1 西方主要国家政府总支出占GDP的比重 （单位:%）

国家	1870年前后	1913年	1920年	1937年	1960年	1979年	1985年	1990年	1996年
美国	7.3	7.5	12.1	19.7	27.0	20.9	25.0	32.8	32.4
加拿大	—	—	16.7	25.0	28.6	19.5	24.1	46.0	44.7
澳大利亚	18.3	16.5	19.3	14.8	21.2	26.6	30.2	34.9	35.9
新西兰	—	—	24.6	25.3	26.9	37.3	41.0	41.3	34.7
奥地利	10.5	17.0	14.7	20.6	35.7	37.5	39.3	38.6	51.6
比利时	—	13.8	22.1	21.8	30.3	49.8	54.1	54.3	52.9
法国	12.6	17.0	27.6	29.0	34.6	38.1	44.7	49.8	55.0
德国	10	14.8	25.0	34.1	32.4	28.8	30.8	45.1	49.1
意大利	13.7	17.1	30.1	31.1	30.1	38.1	45.8	53.4	52.7
挪威	5.9	9.3	16.0	11.8	29.9	39.1	36.8	54.9	49.2
瑞典	5.7	10.4	10.9	16.5	31.0	41.8	46.7	59.1	64.2
英国	9.4	12.7	26.2	30.0	32.2	36.7	39.9	39.9	43.0
平均	10.4	13.6	20.4	23.3	29.9	34.5	38.2	45.8	47.1

资料来源:〔美〕维托·坦奇、〔德〕卢德格尔·舒克内希特:《20世纪的公共支出:全球视野》,胡家勇译,商务印书馆2005年版,第10页。

3. 公共支出的内容和范围大大扩张

由于政府职能性质和范围的不断变化,公共财政支出的内容和范围也有所变化,并呈现出不断扩张的趋势。在资本主义发展的前期,西方政府的公共支出主要集中在消耗性支出上,或者说主要集中在政府行政职责的履行上,如政府的军事支出、行政支出、警察和司法支出等。随着经济的发展和人口的增加,社会问题越来越多,公众也对政府服务的质和量提出了更高的要求,这就使得政府不得不增加其转移性支出,大规模地介入社会公平和宏观经济稳定等领域。其主要表现,一是社会保险支出的急剧扩张;二是社会福利支出的急剧扩张。

二、公共支出增长理论

(一) 公共支出增长的理论解释

1. 瓦格纳法则

阿道夫·瓦格纳(Adolph Wagner)是19世纪德国著名的财政学家,他关于公共部门增长的解释被认为是分析公共支出增长的最为经典的论述。

19世纪末,瓦格纳对当时许多欧洲国家以及日本、美国的公共支出增长情况做了考察后,发现了政府职能不断扩张及政府活动增加的规律,并将其命名为"政府活动扩张法则",认为政府的公共支出与经济增长之间存在着函数关系。随着经济工业化、管理集中化及劳动专门化时代的到来,经济交往的各种摩擦和社会冲突空前增加,人们越来越关心收入分配问题,政府直接参与生产的活动也大大增加。因此,现代工业社会的发展必然导致公共部门的膨胀,从而带来公共支出的增长。他提出:"国家财政是获得并消费有形财富的一种强制经济……所以国家的财政经费应该是生产性的。"[1]根据这一基本观点,人均财政支出增长快于人均GDP增长具有理论和实践上的必然性。[2]

瓦格纳把导致政府支出增长的因素分为政治因素和经济因素。所谓政治因素,是指随着经济的工业化,正在扩张的市场与这些市场中的当事人之间的关系会更加复杂,市场关系的复杂化引起了人们对商业法律和契约的需要,以及建立司法组织执行这些法律的要求。这样就需要把更多的资源用于提供治安和法律设施。所谓经济因素,则是指工业的发展推动了都市化的进程,人口的居住将密集化,由此产生拥挤等外部效应问题。这样就需要政府进行管理与调节工作,需要政府不断介入物质生产领域,因而形成了很多公共企业。此外,瓦格纳把对于教育、娱乐、文化、保健与福利服务的公共支出的增长归因于需求的收入弹性,即随着实际收入的上升,这些项目的公共支出的增长将会快于GDP的增长。

如图5-1所示,随着人均收入水平的提高,政府支出占GDP的比重将会提高,这就是财政支出的相对增长,这一思想由瓦格纳首先提出,故被后人归纳为瓦格纳法则。不过,由于所处时代的局限,瓦格纳在阐述这一规律时,仅仅将它

---

[1] 转引自刘永祯主编:《西方财政学》,中国财政经济出版社1990年版,第178页。
[2] 欧林宏等:《正确理解瓦格纳法则的科学内涵》,《中央财经大学学报》2008年第1期,第17页。

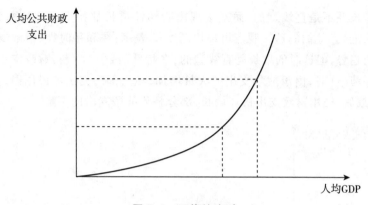

图 5-1 瓦格纳法则

表述为"国家活动的范围不断扩大",并没有讲清楚他所谓的公共支出增长究竟是指公共支出(在 GDP 中的)份额的时序性上升,还是指公共支出数额的时序性上升。后来,美国著名的财政学家马斯格雷夫在做了大量的研究后指出,瓦格纳法则确指的对象应该是公共支出(在 GDP 中的)份额的时序性上升,即它应被表述为:随着人均收入的提高,公共支出的相对规模也随之提高。[1]后来,其追随者进一步发展了该理论,其内容可以归纳如下:政府支出的增长幅度大于经济增长的幅度是一种必然趋势;政府消费性支出占国民所得的比例不断增加;随着经济发展和人均所得的上升,公共部门的活动将日趋重要,公共支出也就逐渐增加。导致财政支出增加的原因主要是随着资本主义经济的发展,原来由私人部门进行的若干活动,逐渐地由政府办理;人口的增加,城市的迅速发展,各种矛盾的激化,使得政府的一般行政、公安司法、经济管理、社会协调等方面支出扩大;由于某些投资所需财力较多,或出于调节经济活动的需要,政府就应参与投资、调控;随着国民所得的增加,政府对文化、福利方面的投资将会成倍增加。

瓦格纳公共支出增长法则的提出对公共财政理论的研究产生了重要影响。后来的许多财政学家也都把这一广为奉行的规律作为分析起点,从不同角度提出了关于政府支出增长的建设性理论。

2. 皮考克和怀斯曼的梯度渐进增长理论

英国经济学家皮考克(A. T. Peacock)和怀斯曼(J. Wiseman)于 1961 年出版了《联合王国公共支出的增长》(*The Growth of Expenditure in the Kingdom*),在对英国 1890—1955 年的财政支出考察之后他们认为,在一个较长的时期内,财政

---

[1] 郭希林:《公共支出规模存在合理极值:"瓦格纳法则"新解》,《现代财经》2005 年第 2 期,第 8 页。

支出的增长并不是直线型的,而是呈现出阶梯性增长的特点。这被称为"梯度渐进增长论"。他们的这一观点可以用图 5-2 表示:在和平时期,财政支出呈逐渐上升的趋势,但这时的增长是直线型的;在特殊(战争)时期,财政支出呈跳跃性增长态势,这时,由于战争支出的大量增加,私人部门支出和民用财政支出相对减少;战后,民用财政支出快速增长,部分替代战争支出的下降。

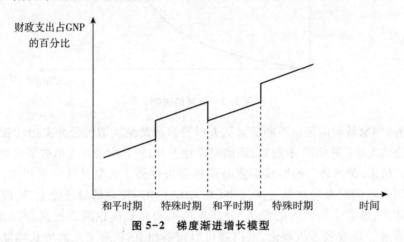

图 5-2 梯度渐进增长模型

皮考克和怀斯曼解释说,在这里,起作用的是两个效应:审视效应(Inspection Effect)和替代效应(Displacement Effect)。

和平时期,财政支出的增长之所以呈直线型,是因为公众心里有一个"可容忍的纳税水平",公共支出规模的增长受这一水平的制约;但在战争时期,公众"可容忍的纳税水平"提高,财政支出就出现阶梯性跳跃增长;战后,公众"可容忍的纳税水平"并没有降低,从而公共支出规模可以继续保持在一个高水平上。这就是"审视效应"。

"替代效应"有两层含义:一是战时战争支出对私人支出和民用财政支出的替代,公共支出规模扩大,而私人支出和民用公共支出规模相应减小;二是战后民用财政支出对战争支出的替代,战争支出减少,而民用财政支出增加。

皮考克和怀斯曼的模型强调了公共收入对财政支出的制约,因此,又有人将这一理论称为"公共收入增长引致论"。尽管替代效应经常被其他经济学家用来解释财政支出的增长,但理论界对替代效应有许多不同的解说。大量的计量研究成果也没能给它以充分的经验证明。

3. 马斯格雷夫与罗斯托和有关公共支出增长的经济发展阶段理论

理查德·马斯格雷夫和华尔特·罗斯托(Walt Rostow)在对经济发展史料及整个经济发展过程中公共支出增长形势进行深入研究的基础上,提出了公共支出增长的经济发展阶段理论。

该理论主要是基于 1971 年罗斯托出版的专著《政治与发展阶段》(Politics and the Stage of Growth)，以及 1976 年由马斯格雷夫和其夫人佩吉·B. 马斯格雷夫(Peggy B. Musgrave)合著出版的《财政理论与实践》(Public Finance in Theory and Practice)。他们都根据经济发展阶段来解释财政支出增长的原因，因此被称为发展阶段增长论。特别是马斯格雷夫对不同发展阶段各类财政支出的增长变化做了详尽的描述。他把整个财政支出划分为军用支出和民用支出，而民用支出按其经济性质又进一步划分为公共积累支出、公共消费支出和转移支出；同时把经济发展划分为三个阶段，即初期阶段、中期阶段和成熟阶段，并认为在不同的发展阶段，民用支出中的这三类支出的增长情况各异。他认为，在经济发展的初期，公共积累支出应占较高的比重。交通、通信、水利等基础设施具有极大的外部效应，但由于其往往投入资本大、周期长、收益小，私人部门不愿或不能投资。然而这些基础设施的建设不仅影响整个国民经济的发展，而且影响着私人部门生产性投资的效益，因此，政府必须加大对基础设施的投资力度，为经济的发展创造良好的投资环境，克服可能出现的基础设施"瓶颈"效应。此外，在经济发展的早期，由于私人资本积累是有限的，需要政府提供一些具有内在效益的资本品，所以这一阶段公共资本的作用很大。在经济发展的中期，私人部门的资本积累已较为雄厚，各项基础设施建设也已基本完成，政府投资只是私人投资的补充。因此，公共积累支出的增长率会暂时放慢，在社会总积累支出中的比重也会有所下降。当经济进入成熟期，政府投资的增长率又有可能回升。这是因为随着人均收入进一步增长，人们对生活的质量提出了更高的要求，需要更新基础设施。因此，这一阶段对私人消费品的补偿性投资将明显增加，从而使公共积累支出又出现较高的增长率。

至于转移支出占 GDP 比重的变化，马斯格雷夫认为这取决于经济发展各阶段政府的再分配目标。如果政府旨在减少收入分配中的不公平，那么，随着人均收入的增加，转移支出的绝对额会上升，但其占 GDP 的比例不会有多大变化。如果政府的目标是确保人们的最低生活水平，转移支出占 GDP 的比例会随着 GDP 的增长而降低。但是，罗斯托认为，一旦经济发展进入成熟期，公共支出的主要目标将会由提供社会基础设施转向提供教育、卫生和福利等方面的服务。此时，用于社会保障和收入再分配方面的转移支出规模将会超过其他公共支出，而且占 GDP 的比重会有较大幅度的提高。[①]

马斯格雷夫和罗斯托关于公共支出增长的经济发展阶段理论，根据经济发

[①] 陈君：《财政支出增长理论述评》，《浙江社会科学》2000 年第 2 期，第 39 页。

展阶段的不同需要,解释了财政支出增长的原因,强调了在不同的经济发展阶段,政府支出的增长速度和结构是不同的。

4. 福利经济学的公共支出增长微观模型

福利经济学对公共支出增长的分析主要是从微观角度进行的。①建立公共支出增长的微观模型的目的是寻找引起公共需求的因素,并检验该需求对公共服务的提供所产生的影响。通过归纳该模型的要点,可以得出:(1)该模型是时间序列模型,试图按照导致公共支出增长的各个因素来说明公共支出的增长途径;(2)该模型几乎不涉及公共支出是否应该遵循预算平衡的问题;(3)该模型不反映公共产品和服务提供的效率;(4)作为实证模型,该模型是动态的,但前提假设非常简单。

公共支出的直接目的是服务公共部门的产出。公共部门的产出很难衡量,因为在大多数情况下,公共部门的产出是无形的。如教育这一无形产品可以发挥多方面的作用,它是对人力资本的投资,并影响个人的收入潜力。教育的某些特点使其成为现期消费品,而另一些特点又使它成为可持续消费品。其他诸如警察、消防、卫生等公共支出,都具有类似的多重属性。当然,也不应夸大公共产出衡量的难度,因为这种多重性在许多私人产品那里也照样存在。对于公共部门的产出来说,在许多时候,某一水平的产品和服务一旦提供,就马上被消费,并带来了消费收益。而消费者感兴趣的只是消费收益。我们将第 i 个人从公共部门和私人部门的产品消费中所获得的收益(效用)用以下公式表示:

$$U^i = U^i(G, P)$$

其中,G 是公共部门的最后产出量;P 是私人部门的最后产出量;U 是效用函数。这样,个人在一定的预算约束线下要求特定水平的 G_k(第 k 种公共产品)。用 G_k^i 代表个人 i 对第 k 种公共产品特定水平的需求。为提供特定水平的 G_k,公共部门组织了若干的生产活动,其最终产出,以及用于生产这些产出的公共部门活动方式之间的关系,可以概括为:

$$G_k = G_k(X_k, N)$$
$$X_k = X_k(L_k, M_k)$$

其中,G_k 是第 k 种公共产品或服务的最后产出;X_k 是用于生产 G_k 的中介活动;L_k 是用于生产 G_k 的劳动要素;M_k 是用于生产 G_k 的原材料;N 是人口规模。

总之,以下几种因素可以解释公共支出增长的原因:(1)对公共部门最终产品需求的改变;(2)公共产出生产方式的改变,以及由此引起的生产过程中要素

---

① 参见〔英〕C. V. 布朗、P. M. 杰克逊:《公共部门经济学(第四版)》,张馨等译,中国人民大学出版社 2000 年版,第四章。

组合的改变;(3)公共部门产出质量的改变;(4)要素价格的改变。

公共支出增长的微观模型采用效用最大化的分析方法,将市场有效供给原理运用到政府公共产品的供应中,通过对影响公共支出增长的变量如公共产品的需求、生产组织形式、公共产品的质量、公共产品成本等进行分析,认为如果某项公共支出的收入弹性大于 1,则政府将倾向于增加这方面的支出,公共支出相对于 GDP 的比重也将上升。另外,公众对公共产品和服务的质量、价格要求也日益提高,而且,公共部门在供给产品时所处的政治、社会、经济环境等多种因素也是不断变化的,这些都会引起公共部门成本的增加和公共支出的增长。

5. 公共选择学派的财政支出增长理论

公共选择学派把经济分析的工具和方法应用到了对政治决策过程的分析。他们在解释财政支出不断增长的形成机制方面,有独特的见解。由于考察的角度不同,公共选择论者对财政支出增长成因的认识也略有差异,其中最具代表性的是官僚行为增长论。

官僚是指负责执行通过政治制度做出的集体选择的代理人集团,或更明确地说是指负责政府提供服务的部门及其成员。相对于个人是以追求自身利益为最大目标,尼斯坎南认为,官僚是以追求机构最大化为目标的,机构规模越大,官僚们的权力越大。[①]这是因为,对官僚们来说,类似私人企业家所拥有的增加收入的机会很小,因此他们更关心所得到的额外津贴、权力和荣誉等,而所有这些目标都是与官僚的预算规模呈正相关的。

正因为官僚以机构规模最大化为目标,所以公共支出规模不断扩大,甚至会超过公共产品最优产出水平所需的支出规模。图 5-3(a)表明了公共产品产出的边际社会收益 MSB 和边际社会成本 MSC 曲线。在 E 点,产出的边际社会收益恰好等于其边际社会成本,从而决定了效率产出水平 Q_E。可是,官僚追求的是其预算最大化,想方设法尽可能多地取得资金以实现期望的产出。如果他们断定只要产出的总社会收益 TSB 超出其总社会成本 TSC 就能获得额外资金,那么,他们就会尽力增加产出,超过效率产出水平 Q_E[如图 5-3(b)所示]。在图 5-3(a)中,$MSB=MSC$ 决定了效率产出水平 Q_E,表示在图 5-3(b)中即为,总社会成本曲线的斜率与总社会收益曲线的斜率相等,对应于该效率产出水平。

---

① William A. Niskanen,"Bureaucrats and Politicians", *The Journal of Law & Economics*, Vol. 18, No. 3, 1975, pp. 617-643; William A. Niskanen, Jr., "Bureaucracy and Representative Government: A Reassessment", *The Economics of Organisation and Bureaucracy*, Vol. 3, 2013, pp. 517-531.

官僚们企图得到批准的产出是 Q_B，这是由 $TSC=TSB$ 决定的。因此，官僚们期望的产出水平高于效率产出水平。如果官僚们的期望产出水平获得通过，就会造成福利损失，如图 5-3(a) 中的三角形 EAB 的面积。

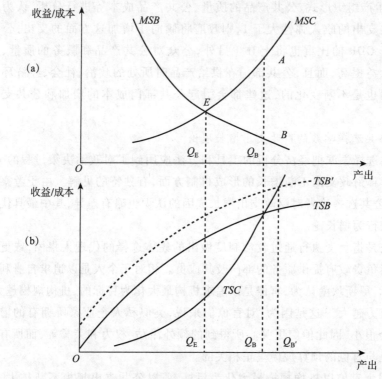

图 5-3　公共选择学派的公共支出增长模型

此外，官僚机构通常拥有提供公共产品的垄断权，例如，环境保护、国防、社会保险等都是由专门机构提供的。在很多情况下，官僚独家掌握着特殊信息，这就使他们能够让政治家相信他们确定的产出水平的社会收益比较高，从而实现预算规模最大化的产出。倘若如此，在图 5-3(b) 中，TSB 曲线变为 TSB'，最大产出达到 Q_B'。

由于交易成本很高，拨款机构很难控制官僚行为，因此官僚通常以两种方式扩大其预算规模。第一，如上所述，他们千方百计让政府相信他们确定的产出水平是必要的。第二，利用低效率的生产技术来增加生产既定的产出量所必需的投入量（增加预算、附加福利、工作保障、减少工作负荷），这时的效率损失不是源于官僚服务的过度提供，而是由投入的滥用所致。由此可见，官僚行为从投入和产出两个方面迫使财政支出不断增长。

（二）公共支出规模的影响因素

1. 经济因素

政府的开支是同国家的经济发展水平、人均收入水平密切相关的。经济增长使社会财富不断增加，消费也从低收入状态向高收入状态发展；与之相适应的，公共产品也必须随之增加。例如，人们对高等教育、健康设施、停车场、通信设施、高速公路等方面的需求大大增加。为满足社会对公共产品的需求，政府的财政支出必须随之增加。同时，经济的增长不仅为公共支出的增长提供了可能，也造成政府职能范围的扩大和公共部门的增加，这也是公共支出不断增长的原因。

2. 人口因素

首先，人口增加是公共支出增长的重要原因之一。因为人口增加促使了人们对司法、警察、教育、住房、保健设施、社会福利等需求的增加。尤其是对于普遍存在的准公共产品而言，人口的增加有可能带来"拥挤问题"，这就会引起对于扩大设施规模的需求，从而导致公共支出增长。

其次，人口结构的变化也导致了政府支出的增加。例如，育龄儿童增加导致对相关医疗保障条件的更高要求；学龄人口增长则要求国家提供更多的中小学教育；尤其是西方各国出现的老龄化现象，意味着社会保障支出中养老金数额的不断上升。

3. 市场失灵因素

市场在资源配置过程中存在着缺陷，特别是公共产品的提供是私人无法解决的。为了弥补市场缺陷，政府加大了干预经济的功能，其中，公共支出是重要的方式之一。

除此之外，现代国家还支持科学技术研究及发展高科技产业，这也相应地增加了政府的支出。

4. 技术进步因素

技术进步也有可能引起人们对公共支出的新需求。这是因为，技术的发展和工艺的变化，一方面使设备的更新周期越来越短，各种产品的重置费用也日益增加；另一方面，技术的发展要求政府提供更高水平的基础设施。例如，汽车的出现便要求政府加大对公路设施的投资；设备密集型的军事设施要比人力密集型的基础设施需要更大规模的公共支出。

5. 都市化因素

随着社会经济的发展，都市化程度日益提高。都市化程度的提高会出现

"拥挤现象",造成对市政建设、基础设施建设以及公共服务需求的大幅度增加；相应地,政府公共支出也随之增加。

三、公共支出的效应

（一）公共支出的归宿分析

公共支出的归宿就是公共支出的分配效果,或者说是公共支出的效益分布问题,它揭示了公共支出的实质,即谁受益于公共支出。

与税收相比,公共支出的受益如何在社会成员之间分配一向很少受到注意。原因在于：第一,理论研究中缺乏关于公共支出效益分配的资料；第二,公共支出的效益负担理论相对落后；第三,财政经济学家不太关注公共支出的效益对收入分配的重要性；第四,由于公共产出很难确切衡量,研究公共支出分配也相应会碰到很多问题。

尽管如此,研究公共支出的最终归宿仍是十分必要的。近几年来,对公共部门迅速扩张的抱怨虽然越来越多,但其实质性的问题通常是到底谁受益于公共支出的增长。1970年,斯蒂格利茨通过对发达国家各个阶层在医疗保健、教育制度服务、国家养老金等方面享有状况的分析,提出了"领导人法则"。该法则认为,在"谁在使用公共服务"这一问题上,公共支出实际上是不公平的——中高收入集团是公共支出计划的主要受益人。这是因为,这些人占社会群体中的大部分,有着较高的文化知识,并且有能力表达自己的意愿和组织游说集团,从而影响着公共支出效益的分配。可见,现实中公共支出效益的分配并不是平等分布的,有些人的获益会多一些,有些人的获益则可能少一些,这既取决于个人自身的特殊情况,也与个人的出生和生活地点有关。

当政府支出项目的获利者不是政府想要帮助的人时,这便发生了利益的转移。公共支出项目名义上的受益者往往并非该种支出的最终归宿。因为这些支出在实际分配过程中,会由于各种条件的变化及人们受益能力的不同而发生转移,正如税收一般也不会停留在它最初发生作用的地方一样。对于公共支出归宿的分析,斯蒂格利茨曾举例说,政府在医疗保健方面给老年人的资助确实使老年人受益,但从长远来看,其归宿或真正的受益者却是他们的孩子；政府对穷人的住房补贴提高了住房供给的价格,所以,短期内受益的是房东而不是穷人。可见,这种分配中的利益转移是一种新的不平等,政府支出政策常常被认为是有利于少数集团的利益的。

（二）公共支出的激励效应

公共支出的激励效应,指的是政府的公共支出政策作用于私人领域时,对个体消费者消费行为的影响。

总体上看,公共支出可分为两大类:一是用于提供市场完全不提供的纯公共产品,如安全、法律秩序、经济稳定等;二是提供准公共产品,即市场虽能提供一定数量但往往提供不足,如教育、保险、对贫困者的救济等。下面将对这两种性质的公共支出的激励效应进行分析。

首先,提供非市场产品的公共支出。非市场公共产品的基本特点是市场或个人本身没有能力提供,所以要分析其支出对个人行为的激励效应,首先要比较的是在社会资源有限的条件下,纳税人消费这类非市场产品与因此而减少的对其他产品的消费,也就是公共资源和私人资源如何配置的问题。个人在消费这类产品时,不能够自主选择是更多地还是更少地消费,所以,如果其收益小于机会成本,只有采取"用脚投票"等方式来追求更大的收益。

其次,提供准公共产品的公共支出。由于它要解决的问题是避免私人部门提供或消费的数量不足,而且这些产品又是社会必需的,政府常常采用对私人部门进行补贴的做法。在这个过程中,政府支出在市场经济中将产生替代效应与收入效应。例如,政府对高等教育的补贴就存在着替代效应。因为补贴减少了教育的费用,居民便会用教育来替代他们原想花钱购买的其他商品;而政府给贫困人口提供的免费食品将产生收入效应,因为食品补贴改变了居民的财富状况,导致了居民消费结构的变化。

多数情况下,替代效应和收入效应是同时存在的。斯蒂格利茨认为,替代效应通常会产生低效率,因为它影响了市场得以有效运作的价格体系,造成对某一商品过度消费或消费不足。正是因为不同的支出方式会导致居民的不同消费行为,政府便可以据此来达到政策调控的目的。

四、公共支出的体制

公共支出作为政府的一种经济活动,它是在特定的经济模式和政治体制下运行的。在不同的经济政治体制下,政府公共支出的方式和结果也是不同的,因此,对公共支出的分析离不开对公共支出所存在的体制环境,即分配公共支出的主要决策者之间的博弈规则的分析。

根据西方公共财政学的观点,对公共支出体制的分析主要是从三个方面进行的。一是"公地悲剧"。即在官僚经济人预算最大化,地方政府和利益集团谋求局部利益的情况下,政府预算被看成是无需成本或只需很少成本的公共资源。但问题在于,利益集团和地方政府偏好的项目所要求的支出水平总是高于社会最优的支出水平。如果没有约束机制,任何一方的满足都会造成大规模的、难以维持的赤字,而控制公共支出水平的制度机制也就难以建立。二是信息上的不对称及高交易成本。即社会上几乎不存在一种准确显示个人偏好的加总机制,或即使存在这样的机制,其交易成本也会十分昂贵。这种政府和社会公众之间在支出偏好筹划中的信息不对称,显然阻碍了有效的政府支出计划的制订。三是政府各部门之间,尤其是中央和地方之间激励机制的不协调,阻碍了按社会需求来配置、使用资源的有效机制的建立。对此,中央各部门必须平衡宏观经济的各种约束,同时给各级部门一定的自主权,并利用一些监管渠道推动其贯彻执行。

政府体制对公共支出的制约是任何政府都不能回避的现实,而改革政府的制度安排,建立完善的市场经济体制乃是解决问题的关键。

第三节 公共支出分类与公共支出结构

一、公共支出的分类

为了合理地分配及有效地使用公共资金,加强对公共资金的管理和监督,有必要对公共支出的内容进行科学的分类。然而,在现代社会中,公共支出的分类体系因各国的政治体制以及社会经济发展速度的差异而不尽相同。2006年联合国《国民经济核算体系》提供了公共收支分类的核心内容(表5-2)。

表5-2 联合国关于公共支出的核心分类标准

划分标准	项目名称	说明
以政府职能为划分标准	一般性公共服务开支	在各国政府预算中,按照政府职能分别列项是通行的做法,这种分类方法可以直观地表明公共支出和政府职能的关系,便于公众监督
	国防开支	
	教育开支	
	健康、医疗开支	
	社会保险和福利费用	
	住房建筑和美化环境开支	
	其他的社会服务开支	
	经济服务费用	
	无法归类和用于其他用途的开支	

(续表)

划分标准		项目名称	说明
以经济类型为划分标准	经常开支	商品和劳务	公共支出按经济类型分类,对于衡量政府预算对经济的影响,说明公共支出在资源配置上有何作用,以及如何发挥作用具有一定意义
		利息支出	
		补贴和其他转移支付	
	资本开支	用于政府原有固定资产和购置新固定资产的开支	
		购买股票等金融资产的开支	
		购买土地和无形资产的开支	
		资本转移等	
以经济性质为划分标准	贷款净额	国内外贷款净额	公共支出按经济性质划分,即按照支出是否能直接得到等价的补偿进行分类,具有较强的经济意义,可以表明公共支出在哪些方面对经济产生影响
	购买支出	购买各级政府日常行政事务活动所需要的商品和劳务的支出	
		各级政府用于各种公共投资的支出	
	转移支付	财政补贴支出	
		各种社会保障支出	
		国债的利息支出	

资料来源:张向达等编著:《公共经济学》,东北财经大学出版社2006年版,第160页。

以上是联合国提供的核心分类标准,为公共支出的分类提供了基本的依据。现实中,由于公共支出的范围很广,结构也比较复杂,在对公共支出项目进行分类时,可供选择的具体分类标准也有很多。在此,我们仅从以下几种常见的分类角度对公共支出进行分类,并试图从不同的角度认识公共支出的内容及其作用。

(一)按照公共支出和政府职能的关系分类

公共支出是政府经济职能的集中体现,根据政府的职能进行分类是西方公共财政划分其支出的最主要的标准之一。按照公共支出和政府职能的关系,公共支出可分为国防支出、行政管理支出、经济建设支出、科教文卫支出、社会保障支出、债务支出等六个方面。

国防支出是政府用于军队建设、国防建设以及国防科研事业的各项费用。它包括国防费、国防科研事业费、军队建设费、民兵建设费和专项工程支出等。国防支出曾是西方政府最大的支出类别,尤其是在二战前后,国防支出在某些国家甚至居于主导地位。但自20世纪60年代以来,随着各国的和平相处和政府社会管理职能的加强,国防支出的比重呈大幅度下降趋势。

行政管理支出是政府用于行使其社会管理职能的经费支出,是国家行使其职能的必要物质条件。它包括各级人大、政府、公安机关、司法部门、检察机关等在进行公共事务管理时所需的人员经费和公用经费,还包括国家进行外交活动的开支。国家对其职能的履行主要是通过行政机关的活动来完成的,因而行政管理费用无论在我国还是在西方,都一直在公共支出中占有重要位置。

经济建设支出是为了实现国家经济建设职能,用于发展经济的那部分支出,通常包括国有企业支出、公用事业支出、公共工程支出以及对外经济援助支出等。经济建设支出作为公共支出的主要部分,经历了一个变化的过程,即它主要是西方社会转向垄断阶段之后,政府越来越多地介入和干预经济活动的产物。

社会支出主要指的是科教文卫、社会保障与福利救济等支出。科教文卫支出主要有政府用于文化、教育、科学、卫生、广播、出版等方面的经费支出;而社会保障方面的支出主要是抚恤、社会福利、社会救济、社会保险等方面的支出,它包括抚恤费、军队及国家机关工作人员的离退休费、社会福利救济费、自然灾害救济费等。社会支出也是政府活动范围和经济职能逐步扩大的产物。最近几年,世界各国的社会支出都呈上涨趋势,尤其是社会保险和社会救济方面的支出增长迅速。

债务支出是用于偿还国内外债务的支出。它包括偿还国内发行的公债,国库券的本金和利息支出,偿还外国政府贷款、国际组织贷款等的本金和利息支出。

按政府的职能对公共支出进行分类,不仅可以反映出公共支出的性质,而且还表明了国家职能的主要方面,展现了社会经济活动的内容。但总的来说,一国政府在各种职能上支出多少是和该国的经济发展水平与时代背景相联系的。与西方相比,我国政府在经济建设和行政管理上的支出所占的比重较大,社会支出所占的比重则较低。

(二) 按公共支出的功能分类

公共支出的功能性质分类主要反映政府各项职能活动及其政策目标。2007年我国对政府收支分类进行改革,采用了国际通行的做法,将财政支出分为类、款、项三级。以《2019年政府收支分类科目》为例,类级科目包括:(1)一般公共服务支出;(2)外交支出;(3)国防支出;(4)公共安全支出;(5)教育支出;(6)科学技术支出;(7)文化旅游体育与传媒支出;(8)社会保障和就业支出;(9)卫生健康支出;(10)节能环保支出;(11)城乡社区支出;(12)农林水支出;(13)交通运输支出;(14)资源勘探信息等支出;(15)商业服务业等支出;(16)金融支出;(17)援助其他地区支出;(18)自然资源海洋气象等支出;(19)住房保障支出;(20)粮油物资储备支出;(21)灾害防治及应急管理支出;(22)预备费;(23)其他支出;(24)转移性支出;(25)债务还本支出;(26)债务付息支出;(27)债务发行费用支出。

(三)按公共支出的补偿性分类

公共支出的补偿性,指的是公共支出是否有相等的代价,或者说公共支出有无直接对资源和要素的需求。根据公共支出和直接的补偿性关系,公共支出可分为消耗性支出和转移性支出两大类。

消耗性支出,又称为购买性支出,它是政府直接进入市场,以购买者的身份对经常性的商品、劳务进行购买时所发生的支出。购买性支出是以等价交换为原则的,它的使用意味着政府直接消耗了部分商品和劳务,其实质是对资源的占有和使用。根据用途的不同,公共部门购买消费品和劳务的支出又可分为两种:一是,如果把公共部门看作某种特殊公共商品或劳务的"生产部门",日常消耗性支出就是公共部门生产某种特殊公共商品或劳务的必要投入,例如支付给公共部门雇员的薪金以及购买必要的办公用品所花费的支出;二是公共部门在道路、学校、医院等方面进行投资时,购买所需资本品和劳务时所花费的支出。这类支出不仅是政府职能得以发挥的物质基础,而且还可以直接增加当期的社会购买力,当它在公共支出总额中占有较大比重时,便会影响到资源的重新配置和利用。一般认为,政府的国防支出、行政管理支出,以及经济支出和社会支出中的一部分都属于消耗性支出的范围。

转移性支出,又称无偿支出、补助支出,它是政府无偿的、单方面的资金支付,即政府把通过税收从个人和企业取得的收入又以公共支出的形式转移给个人和企业的那部分支出。这种支出主要包括经济支出的大部分,如财政补贴支出,以及社会保险和社会救济等方面的支出。与消耗性公共支出相比,这类支出不以相应地取得商品和劳务为目的,而在很大程度上体现了政府介入社会公平的行为。这种支出是通过资金使用权的转移,改变国民收入在社会不同个人之间占有和使用的份额,其实质是对国民收入的再分配,故其对分配产生直接影响,而对资源配置的影响则是间接的。

这种分类方法是和市场经济紧密相连的,它直接体现着政府的公共支出对市场运行的影响,也正因为如此,此种分类方法成为西方公共支出最基本的分类标准之一。按照这种分类方法,我们可以有效地考察公共支出中购买性支出和转移性支出的比例关系,从而合理地组织国民经济活动和实施国家宏观经济调控。

（四）按公共支出的最终用途分类

按照最终用途，公共支出可分为消费性支出、积累性支出和补偿性支出三大类。

消费性支出是用于社会公共消费方面的支出，主要包括文教、卫生、科学、抚恤和社会救济、行政、国防等各项支出。消费性支出在公共支出中占有重要地位。

积累性支出是直接用于社会物质财富的生产和国家物资储备的支出，主要包括基本建设支出、流动资金支出、国家物资储备支出、科学技术支出、支农支出、地质勘探费用支出以及经济建设事业、城市维护事业中增加固定资产部分的支出。积累性支出是公共支出的主要部分。

补偿性支出是用于补偿生产过程中消耗掉的生产资料方面的支出，主要用于进行企业固定资产的重置和更新改造。这种支出在公共支出中所占比重甚小。

这种分类方法便于研究积累与消费的比例关系，保证社会再生产的协调发展。

（五）按公共支出的经济性质分类

按照经济性质，公共支出可分为生产性支出和非生产性支出两大类。

生产性支出，是指与生产过程直接相关，能够增加生产性固定资产和物质资料的各项支出。它包括生产性基本建设支出、支援农业支出、流动资金支出、国家物资储备支出等，这部分支出奠定了社会扩大再生产和经济发展的社会物质基础。

非生产性支出，是指与生产没有直接联系的各项支出。它包括非生产性基本建设投资、行政管理费、国防费、文教科学卫生事业费、抚恤和社会福利救济费、对外援助等。这部分支出对巩固国家政权、建立公共设施、改善人民生活环境等有重大的作用。

这种分类方法便于分析公共支出中生产性支出和非生产性支出的比例关系，从而更好地处理国家经济建设和改善人民生活之间的关系。

（六）按公共支出的形式分类

按照公共支出的形式，即国家供应财政资金的具体方式来划分，公共支出可分为无偿拨款和有偿贷款两种主要形式。财政补贴则是一种特殊的支出形式。

无偿拨款形式，是指将财政资金直接拨付给有关部门和单位使用，不要求使用资金的部门和单位归还。这种形式适用于不直接从事生产经营活动的非物质生产部门。

有偿贷款形式,是指将财政资金直接贷款或通过银行贷款给有关部门和单位使用,并按期收取一定的利息或占用费。这种支出形式一般适用于直接从事生产经营活动、有固定收入来源、具备偿还本息能力的物质生产部门。

财政补贴作为一种特殊的支出形式,是国家对补贴受益者的无偿性财政补助,其本身包含着无偿拨款的含义。

(七) 按公共支出的受益范围分类

按公共支出的受益范围,可分为一般利益支出与特殊利益支出。

一般利益支出,是指公共支出的效用覆盖全体社会成员或者为全体社会成员共同享用的支出,如国防支出、行政管理支出、公检法司支出等。这类支出有共同消费或联合受益的特点。

特殊利益支出,是指只针对社会中某些特定居民或企业给予特殊利益的支出,如教育、公共卫生、企业补贴、社会保障等支出。这类支出所提供的效益只涉及一部分社会成员或企业。

(八) 按公共支出的行政结构分类

现代世界各国的财政支出行政结构基本上是和该国的政权组织结构相对应的,即每个层级的政府都有着本层级的财政职能和支出范围,并从事着本层级内相对独立的财政活动。由此,国家政体的不同往往决定着财政支出行政结构的不同;财政支出行政结构的不同则反映了中央与地方在财政资源配置中的地位和相互关系。以美国和中国为例,具体分析如下:

由于美国是一个联邦制的国家,组成政权体系的中央政府、州政府和地方政府各自拥有较独立的权力,表现在财政支出上,也分为相对独立的中央财政支出、州财政支出和地方财政支出三个层次。此外,三者的支出关系有着明确的法律界定,任何层级的政府都不能随便干预其他层级政府的支出行为,所以财政支出呈现相对稳定的关系,这一点也是与我国极为不同的地方。

由于我国是单一制国家,在很大程度上,地方政府只是中央的一个派出机构。由此,表现在财政上,地方财政只不过是中央财政转移支付的一个工具,地方政府的财权很小。这种财政体制在市场经济的冲击下,明显适应不了社会资源的自由流通,因此,改革中央与地方的财政体制,适当地扩大地方的财权,显得十分重要。1994 年分税制的实行,基本上确定了与政权体系相适应的中央、省(自治区、直辖市)、市(自治州、地区行署)、县(不设区的县级市)和乡(镇)五级财政支出体系。在保证中央财力充足的情况下,地方拥有了支配本地资源的权力,从而也满足了当地经济发展的需要和保证了市场经济的建设。

此外,还有其他一些分类方式。如按照公共支出的功能划分,可将公共支出分为民用支出和国防支出两大类;按照支出的强制性分类,又可分为强制性支出和随意性支出等。

二、公共支出结构分析

(一)公共支出结构的内涵

在对公共支出的总量进行分析之后,有必要对公共支出的结构加以分析。所谓公共支出结构,是指公共支出各部分之间的组合状态及其数量配比,或者各类支出的组合及各类支出在总支出中所占的比例关系。从日常表现形态上看,一国在一定时期内的公共支出结构总是体现为各类支出的集合,并呈现出一种数量关系。但如果从整个财政体系的角度入手,公共支出的结构又往往是该时期政府财政职能和政府政策的体现。具体应该从以下几个方面进行理解:

(1)公共支出结构是稳定性与变动性的统一。公共支出结构在很大程度上是和政府的工作重心紧密联系的,它反映着政府的政策倾向,因而在一定时期内具有稳定性。但随着一国经济发展阶段的不同,公共支出结构又是不断变化的。对此,美国经济学家罗斯托提出了著名的"公共支出结构转换论"。他认为,在经济发展的早期阶段,政府投资在总投资中往往占有较大的比重,且其投资主要集中于社会基础设施方面;而在经济进入成熟期以后,政府投资逐渐减少,投资重点由基础设施转向教育、保健、社会福利等方面。

(2)公共支出结构具有质的规定性和量的稳定性,是质与量的统一。公共支出质的规定性,指的是公共支出各要素自身所具有的特点;量的规定性,则是指公共支出各构成要素在数量上的比例关系。考察公共支出的结构,通常是从质和量两方面进行的。这是因为,公共支出结构不只是各要素的比例问题,它在很大程度上反映着诸多要素在公共支出中占何种地位、起什么作用,以及如何调整它们之间的关系等。

(3)公共支出结构具有自我调整性。在现代市场经济体制下,公共支出实质上是一种民主决策支出,这就决定了其发生作用的根本途径是市场机制的自发调节。但又由于公共支出兼具经济与政治的双重特性,也不能排除政府有意识的宏观调节。

(4)公共支出结构影响着市场经济的发展。公共支出结构对市场经济发展的重要影响,具体可从三个角度分析。首先,随着政府管理经济职能的加强和政府采购制度的健全,政府作为市场经济中最大的买主,其公共支出用于哪些方面,会对市场经济活动产生重大的影响。例如,如果政府提高公共工程建设或者资本性投资方面的支出比例,就会相应地增加对生产原料和生产设备的需求,从而改变市场的供需结构和价格水平。其次,政府在何地实现这一购买力会给该地区经济发展带来一定影响。例如,推动我国西部经济发展繁荣的有效措施之一,就是加大政府在西部的建设性投资。最后,政府在收入与支出对比关系上的调整,也会对物价总体水平产生影响。如我国在1997年亚洲金融危机后实施的积极的财政政策,就说明了财政支出结构对经济发展的作用。①

(二) 影响公共支出结构的因素

公共支出作为政府调节经济的基本财政政策手段之一,体现着政府的意志。公共支出的结构受到各种因素的制约。

1. 政府职能状况

所谓政府职能,就是政府在一定的历史时期内根据社会发展的需要而担负的职责和功能,也即政府活动的基本方向、根本任务和主要作用。②政府职能并不是一成不变的,它总是随着社会经济发展的需求不断变化。由此,政府职能的变化也就决定了国家财政支出结构的变化,财政支出结构与政府职能存在着紧密的对应关系。

对此,可从我国政府职能变化所引起的财政支出结构的变化得到说明。在计划经济体制下,政府职能是无所不包的,几乎涉及社会生活的各个领域;此时的财政支出结构也是整齐划一的,没有所谓的支出类型的划分和支出比重的协调,政府的经济管理支出和社会管理支出也是一体的,没有轻重之分的。在这种财政支出管理体制下,政府的公共支出结构是不科学的,也是不适应社会发展的。政府该管的事没有管好,不该管的却处处插手,财政支出"越位"与"缺位"的现象严重。随着社会主义市场经济体制的建立,政府的职能范围和重心也在内外环境的推动下发生了变化,其中对财政支出结构影响最为明显的是,政府的经济职能逐步弱化,社会管理职能不断加强。

2. 一定时期内政府的目标

公共支出具有经济与政治的双重特性,使得政府公共支出结构受到政府在一定时期内目标的制约。例如在战争时期,稳定压倒一切,政府公共支出必须首先考虑军事斗争方面的一切费用;在经济衰退时期,为了增加就业、促进经济增长,则要实行扩张型财政政策,扩大政府公共投资方面的支出。

3. 政府调控资源的能力

根据西方公共财政学的有关理论,公共支出的性质在一定程度上反映了一个政府在一定时期内直接动员社会资源的能力的大小。而根据公共支出的性质

---

① 马国贤:《中国公共支出与预算政策》,上海财经大学出版社2001年版,第187页。
② 郭庆旺、赵志耕:《财政理论与政策——当前若干重大问题探讨》,经济科学出版社1999年版,第107页。

进行分类时,一般可将其分为购买性支出与转移性支出,其中,购买性支出的比重体现了政府调控资源能力的强弱。就我国来说,自改革开放以来,在财政的全部支出中,购买性支出所占比重有所下降,转移性支出的比重则有所上升,这就反映了进入20世纪80年代以来,尤其是随着中央放权让利政策的实施,我国政府配置资源的能力呈现下降趋势。

4. 公共支出的客观数量界限

公共收入与公共支出所支配的社会经济资源在总量上是一致的。但在资源配置活动中,收入则是第一层次的,可以说,没有收入就没有支出,收入是支出得以实现的前提,而支出只能以收入为限。因此,财政支出结构如何配置,最终会受到可供支出的财政收入的客观限制。

(三) 优化公共支出结构

结构问题是一切经济问题的核心。经济增长不仅是一个总量扩张的过程,而且是一个结构不断演进、优化的过程。公共支出作为政府配置资源、满足社会需要的一种途径和方式,其结构是否合理,直接关系着财政支出本身的效率和结果,进而影响到国民经济发展和人民福利等重大问题。因此,优化公共支出结构便成为财政体制改革和决定财政配置资源效果的核心内容。

(1) 合理优化的公共支出结构,应该是与支出目的、财政体制、经济发展阶段有较强适应性的结构。首先,公共支出结构必须与支出目的相适应,不可偏离了实现支出目的所要求的发展方向。总体上公共支出是为了满足不同种类、不同层次的社会公共需求。然而,一定时期的社会经济体制和其他条件的变化,使支出的具体目的在整个社会公共需求中有所侧重,就要求公共支出结构的构成要素及其相互关系必须反映支出目的的变化方向。其次,公共支出结构必须与一定的财政体制相适应。支出结构总是特定财政体制下的结构。财政体制通过自身的作用机制,能够推动或延缓支出结构的转换。因此,与财政体制相适应的支出结构,能够获得财政体制的有力推动而完成自身的转化;与财政体制不相适应的支出结构,由于其与财政体制之间存在的经常性摩擦,会削弱结构自身演进的能力,使结构发展与财政经济的发展出现停滞,或加剧二者之间的不协调。最后,公共支出结构必须与特定的经济发展阶段相适应,不可超越或滞后于经济发展阶段。一定的经济发展阶段会具有一定特征的支出结构;或者是支出结构的特征反映了经济发展的不同阶段。实际上,公共支出结构的变化是与经济增长紧密联系的。经济增长发展到一定阶段,就必然会出现相应地公共支出结构;而支出结构的进一步变化,则在经济增长上升到一个新的阶段的过程中起着推动作用。当然,由于受到人的意识的影响,公共支出结构的转换并不是一个完全意义上的自发组织过程,其转换有可能发生超前或滞后于经济发展阶段的现象。而无论超前或滞后,都会使公共支出结构的进一步转换受阻,使经济发展受阻。①

(2) 优化的公共支出结构内部各组成要素之间应是协调的,即各个要素有着动态平衡和相互适应性。首先,优化的公共支出结构的协调性应是动态的协调,使各个要素在其相对独立又相互联系的运动中处于不断打破原有的平衡又不断实现新的更高层次的平衡这样一个过程。其次,公共支出结构的协调主要是指结构内部各个要素的相互适应。这种意义上的平衡,并不意味着各个要素不分主次地平均发展,而是明确重点与非重点的平衡发展。构成支出结构的要素,在不同的条件下,其在支出结构差别的基础上实现要素之间相互适应发展。

(3) 优化的公共支出结构的变动应该是,支出结构的"所费"与结构发展带来的"所得"之间具有低投入、高产出的特征。换言之,优化的或合理的支出结构是具有高效益的结构。从根本上说,公共支出结构的转换过程应该是不断提高结构效益的过程。①财政分配活动涉及经济和社会等领域,从而使公共支出结构效益不仅包括经济效益,而且包括社会效益。因而对支出结构效益的考察,要关注这两种效益。②由于社会公共需求是多方面的,公共支出效益就要从多方面表现出来,即以政治的、经济的、文化的、科学的、社会的等多种形式表现出来。这种表现形式的多样性,说明了支出结构效益之间缺乏同质性,不能直接相加。这就决定了要对公共支出结构效益进行衡量,只能用一个指标体系,而不是用任何一个单独的指标。从指标上来说,支出结构效益的高低,也并非都能直接以量化的指标来表现,尤其是社会效益,就更难直接以量化的指标来反映。因此,支出结构效益,从概念上可以将其理解为投入与产出的比较,但在具体表示结构效益时,对难以量化的效益状态应采取间接的、相对的表示方法。③构成公共支出结构的各个要素只有具备较高的个体效益,才能实现支出结构的高效益。应当明确,支出结构效益考察的重点是结构的整体效益,而非个体效益。而且,个体效益并不能最终决定整体效益,它不能取代整体效益。然而,个体效益的高低对结构的整体效益具有影响,个体效益是构成整体效益的基础。或者说,整体效益的高低,首先取决于构成支出结构的各个要素个体效益的高低。不能想象,当公共支出结构的各个构成要素均处于效益低下的状态时,结构的整体效益却很高。因此,一个效益较高的支出结构,其构成要素的个体效益也应该较高。提高公共支出结构效益的过程,是从提高要素的个体效益开始的。

总之,公共支出结构的优化,不仅是加强财政宏观调控和支持经济可持续发

---

① 涂斌:《公共支出结构优化理论问题》,《求索》2007年第6期,第72页。

展的需要，而且是保持政治、社会稳定的需要。在财政收支矛盾日趋尖锐，财政支出"越位"与"缺位"并存的情况下，改革财政支出重点，优化财政支出结构，乃是当前各国财政改革与发展的一项重要任务。

第四节 公共支出的效益

讲求效益是一切经济活动的出发点。任何企业或事业，不论是进行项目建设还是从事业务经营，都有其投入与产出、成本和效益，政府的公共支出活动也不例外。由于公共支出在付出各种社会成本时，所追求的是利用有限的资源通过可选择的方案进行生产，来取得最大社会价值，因此，分析公共支出效益，提高公共支出效益，衡量资源的耗费和得到的效益之间的关系，便成为公共支出活动必须研究的问题。

一、公共支出效益分析的基本框架

（一）公共支出效益的内涵

所谓公共支出效益，是指政府为满足社会共同需要而进行的资源配置活动与所取得的社会实际效益之间的比例关系。在公共支出规模确定的情况下，取得的成果越大，则公共支出的效益就越高。一般来说，公共支出的效益包含这样几个方面：

（1）经济效益。与经济领域的其他投入一样，公共支出也存在着一个经济效益高低的问题，而且在大多数情况下，追求经济效益最大化是政府公共支出活动首先考虑的目标。判断一项支出项目的经济效益如何，往往会涉及一些复杂的数学技术以及成本和效益的衡量问题，实际生活中采用的多是成本—效益的分析方法。

（2）社会效益。政府的特性及公共支出所具有的公共性，使得政府在进行公共支出时不得不考虑更多的因素，即在某些情况下，政府必须把社会效益放在重要的位置。典型的如政府对教育事业的投入，在短期内，教育虽然不能产生较大的经济效益，但它对于整个社会长远的经济发展，尤其是对国民素质的提高具有很大的作用。

（3）政治效益。经济与政治是紧密联系的。公共支出作为政府调节经济的主要手段，在很大程度上体现着政府的政治目的，甚至完全是为了某种政治目的，因此，公共支出的效益当然也就包含政治效益这一内容。在政府行政支出持续增长的情况下，公共支出的政治效益通常可从社会政治的安定、行政机构的效率、政府决策的水平以及人民群众对政府的满意程度等几个方面加以评价。

(4)生态环境效益。随着社会工业化程度的提高和人类活动领域的不断延伸,人类对自身所处的生态环境的影响也越来越大。环境污染、物种灭绝、生态环境遭到严重破坏,日益成为人类社会可持续发展不得不面临的问题。改善生态环境、保持生态平衡这一人类公共需求使政府在进行公共支出的效益分析时,必须把支出的生态环境效益考虑在内。①

(二)公共支出效益分析的原则

由于公共支出效益所包含内容的复杂性和多样性,在对公共支出效益进行分析,从而决定各支出项目的顺序时,应遵循以下原则:

(1)综合分析的原则。该项原则要求在对公共支出的效益进行分析时,综合考虑其经济效益和社会效益、内在效益和外在效益、短期效益和长期效益等方面,即从各个侧面进行分析。例如对准备投资建设的一座水利工程进行效益分析时,就要进行全面考虑:既要考虑该大坝短期的经济效益,又要考虑它的长期社会效益,同时还要考虑大坝建成后所带来的生态环境效益。

(2)定量与定性分析相结合的原则。在衡量公共支出效益时,很多情况下难以用市场价格来进行衡量。如政府对教育投资所产生的有关人口素质提高的长期效益,常常是不确定的,是无法用定量的手段度量的。因此,在进行评估时,必须坚持定性分析与定量分析相结合的原则。只有这样,才能提高公共支出效益评估的准确性和科学性。

(3)效率与公平相结合的原则。追求效率最大化是一切经济活动的共同目标,但由于公共支出所具有的服务社会的特殊性质,在注重效率的同时,它也要兼顾公平,即要有利于社会收入的公平分配、公共支出归宿的合理化等。

(三)公共支出效益分析的方法

1. 最低费用选择法

最低费用选择法指的是一种通过计算各备选项目方案的有形成本,以最低成本作为择优标准的方法。实际生活中常常采用的程序是:首先,根据政府确定的建设目标,提出各种备选方案;其次,以货币为统一尺度,分别计算出各备选方案的各种有形费用;最后,按照费用的高低进行排序,从而选取费用最低的方案。最低费用选择法虽然有利于成本的计算和方案的快速确定,但问题是费用最低的方案不一定是最好的方案。

2. 公共劳务收费法

公共劳务收费法是西方市场经济国家衡量公共支出效益常常采用的方法,

---

① 冯秀华主编:《公共支出》,中国财政经济出版社2000年版,第134页。

即通过对公共劳务的定价,使公共劳务得到最节约、最有效的使用,从而达到提高公共支出效益的目的。其中,公共劳务指的是政府为行使职能而开展的各种工作,包括军事、行政以及各项社会事业等方面。对公共劳务进行定价,可以改变政府资源使用的状况,目前,不少国家对公园、邮政、铁路的使用都实行政府定价和政府收费制度。

3. 成本—效益分析法

成本—效益分析法是把私人经济活动的成本—效益分析方法应用到了政府公共支出的分析当中。由于该方法具有较强的科学性和准确性,经常被用于政府支出的分析中。本节有专门论述。

4. 社会效益评价法

前三种方法虽然各有不同,但都是对公共支出的成本和效益进行的一种量的分析,实际上,由于政府的特性和目标追求的多样性,政府往往会考虑更多的因素。因此,对公共支出的社会效益,如稳定、安全、环境等指标进行评价也是很重要的。

二、公共支出的成本—效益分析

(一) 定义及必要性

在多数情况下,对于政府支出不仅需要定性分析,而且需要定量分析,即发现和比较那些需要加以考虑的因素,然后对政府资本项目的经济选择进行比较,并尽量用精确量化的手段,估算某项支出是"值得"还是"不值得"及损失多少、效益多少。其中,支出方案的选择可用效益和成本的比率,即成本—效益分析方法作为准则。

成本—效益分析是经济学中常用的分析工具,其含义是对可选择的行为过程获得的利益和将付出的成本进行测定,然后,将成本和利益合起来加以比较分析,从而为经济主体提供一种可选择的经济决策方案。但从社会的整体发展来看,在对某项公共支出进行成本—效益分析时,必须首先处理好两方面的关系。一是必须保证社会资源在相互竞争的私人经济和公共经济之间的有效配置。因为,在社会资源有限的情况下,政府的公共支出常常会挤占私人活动所需的资源,如果公共经济活动效率过低,机会成本过大,无疑会造成社会资源最优分配的扭曲。二是成本—效益分析也应保证社会资源在可选择的公共项目之间以及某个公共项目内部的有效使用。只有这样,社会资源才会得到均衡的分配,对某项公共支出的成本—效益分析才会有实际的意义。

政府支出实际产生的利益和实际负担的成本的比率,对支出的使用效益和社会福利需要的满足,将产生巨大的和持久的影响,由此也就决定了对政府公共支出项目进行成本—效益分析是很必要的。事实上,成本—效益分析作为考察公共支出效率的重要的技术方法,已经被广泛地运用在公共设施建设、教育、卫生、交通运输等政府支出活动中。它不仅对社会资源的有效配置提供了一个参考模式,而且增强了政府支出的可选择性,成为解决财政支出排队的有效方法。

(二)社会成本—效益分析与私人成本—效益分析之异同

成本—效益分析方法对于私人支出与公共支出的经济活动都是适用的,甚至是必需的。公共部门的成本—效益分析方法是从私人企业的成本—效益分析方法借鉴而来的。但是,政府的活动范围和经济目的不同于微观经济主体,这就决定了对于政府公共支出成本—效益的分析评价也不同于对微观经济主体的分析与评价。政府公共支出项目繁多,其效益表现形式也各不相同,所以对公共支出的分析要比对私人经济活动支出的分析困难得多,复杂得多,主要原因如下。

1. 追求的目标不同

私人企业或个人是市场经济竞争的微观主体,市场经济的优胜劣汰规律决定了其必须以利润最大化为目标,即在若干投资项目之间进行选择时,必须选择纯利益的现值数额最大的项目。因此,对于私人企业和个人来讲,它无须考虑更多的因素,而只需比较企业在生产过程中所投入的资本、生产资料和劳动力等私人成本和从中获得的利润、利息等私人效益之间的比率;同时,评价一个项目的结果好坏也仅仅是看其与私人追求利润最大化的目标是否一致。对于政府来说,其抉择追求的虽然也是效益的最大化,但是,它追求的不是个人效益的最大化,而是社会效益的最大化,也就是说,政府关心更多的因素。例如政府在修建一座水坝时,不仅要考虑该项目可能的盈利状况,而且要考虑大坝建成后对生态的影响,以及是否会形成旅游点等诸多问题。因此,政府除追求直接的经济效益外,还必须考虑公共文化及医疗健康水平的提高、社会秩序的安定等外部效益。

在政府公共支出追求效益最大化的过程中,效率和公平作为两个目标始终是一个两难的选择。美国经济学家阿瑟·奥肯曾在其著作《平等与效率:重大的抉择》中指出:"平等和效率之间的冲突是我们最大的社会经济选择,它使我们在社会政策的众多方面遇到了麻烦,我们无法得到市场效率的蛋糕又公平地分享它。"[①]公共支出作为一种分配政策,一方面要追求资源配置过程中经济的高效率,另一方面又不能因为增进效率而使社会贫富差距过大。在布坎南看来,由于寻租者和利益集团的游说和贿赂行为,现代政府公共支出中发生的许多收入和财富的转移是不公平的,它不过是一种政府投机活动。可见,政府怎样调和

---

① 〔美〕阿瑟·奥肯:《平等与效率:重大的抉择》,王奔洲等译,华夏出版社1987年版,第2页。

两种目标的追求也是一个不可忽视的问题。

2. 资源配置的方法不同

对于私人企业和个人来讲,资源的获得要通过市场,并且由市场价格加以调节而达到平衡;但对于提供公共产品的公共部门来讲,其资源的配置不是通过市场,而是通过预算进行的。两种经济主体获取资源途径的不同,也就决定了其成本—效益分析方法也应有所不同,私人经济的成本—效益分析应以市场为基础,而公共支出的成本—效益分析则要考虑市场和社会等多方面的因素。

3. 评价成本—效益的价格尺度不同

市场经济是企业活动的基础,企业在进行成本—效益分析时,必须使用市场价格作为尺度去评价其所投入的成本价值,以及它所产生的效益价值。但政府在进行成本—效益分析时,其投入和产出并不是通过市场进行的,因而在从事项目评估时难以使用市场价格工具,在许多情况下,市场价格甚至根本就不存在。如清洁的空气、安定的社会秩序、自然环境免遭破坏等都不存在市场价格或无法用简单的市场价格来衡量。

此外,政府即使使用了市场价格,这种价格也并不一定代表社会的边际成本和边际效益。这是因为,政府的许多支出活动都是发生在市场不能起作用或不能有效起作用的地方,即市场失灵领域,而这些由于外部效应等失灵领域中的价格,只是一种市场失效的价格,并不是真正的市场价格,或者说是对市场价格的扭曲和替代。因此,政府和私人经济主体在进行成本—效益分析时,由于使用的价格标准不一样,其分析结果也是不同的。

4. 成本和效益的内容不同

先来看私人企业。比如一家打算扩大生产能力的钢铁企业,在各种可选择的方案中,它所考虑的成本将是每种方案所需的劳力、铁矿石、焦炭和其他原材料的价格,而效益则是该方案将产出的钢的质量和数量。在此过程中,它完全不考虑过度生产可能造成的能源枯竭和严重的环境污染等负面影响。当然,它也不会考虑由于扩大生产而吸纳的社会劳动力等正面影响,它所要做的只是将各个方案所有预计成本和收入加总起来,比较哪种方案的利润最高。

然而,对于公共部门来讲,所谓效益,是指公共部门在公共经济活动中"所费"和"所得"的对比关系。它包括内在效益和外在效益两个方面,涵盖了全社会得到的全部效用。外在效益和内在效益的总和,称为社会效益,它不仅包括直接的经济效益,还包括用于满足公共需求的社会效益等。如一个水力发电工程项目,其内在效益是发电带来的经济利益,外在效益则是由之而提供的防洪、灌溉、旅游等效益。公共支出的成本是指政府在支出活动中直接消耗的人力、物力、财力等资本,以及对社会产生的不利影响,如环境污染等,相应地,它也包括内在成本和外在成本。

（三）成本—效益分析的步骤

20世纪40年代，美国在公共支出的设计中，首先运用了支出项目的成本—效益分析方法，并取得了一定的经济成果。经过多年的实践，成本—效益分析方法已经成为可行性研究的一个重要组成部分。虽然成本—效益分析在概念上简单易懂，但具体运用起来却极其复杂。一般来说，要采取以下步骤：

第一步，根据政府要达到的公共支出目标提出若干备选方案。备选方案越多，选择余地越大，选出优秀方案的概率也就越大。另外，在制定备选方案时，对复杂的项目要进行分割，即分割成若干互相联系的小项目。其目的是，对每个支出项目都能进行成本—效益分析，从而把有的项目中因支出过多而无效益的部分削减下来，补给有效益的项目，使不同支出项目的边际效益相近。

第二步，计算各个公共项目或方案的成本和效益。

计算公共支出的成本和效益是复杂的，与私人企业相比，它有着各种不同的标准。原因在于，在公共支出项目成本的评价中，既要考虑实际成本和效益，即实际耗费的人力、物力及随之增加的社会财富和福利；又要考虑货币成本和收益。货币成本和收益则是受到市场上相对价格变化影响的成本和收益。价格的变化可能使一部分人的成本或收益增加，又被另一部分人的成本或收益所抵消，事实上社会总成本和总收益并无增减变化。另外，公共项目的成本和效益，既有直接与间接之分，又有无形与有形之分，所以既要考虑直接投入的社会劳务量和社会生产量，又要计算由于连锁效应而引起的其他人力、物力的耗费以及增加的产量和福利。

在实际分析工作中，一般是详尽地计算可用市场价格估量的有形成本和效益，适当地计算不能由市场价格表示的一切无形效益和成本。最后，把这一计算结果用统一的价格尺度表示或用货币作为最终计量单位。成本—效益计算涉及多种复杂的技术手段，因而此步骤在成本—效益的整个分析过程中难度较大。

第三步，计算各个公共项目或方案的成本和效益的效率。

在核算出每个公共项目或方案的成本和效益的总金额后，再计算出其比率，亦即成本/效益。如果比值小于1，则该方案不可行，应予放弃；如果该比值等于1，则表明其成本—效益相抵，此方案可舍可取，要看其他条件而定；如果比值大于1，则表明此方案可行，其效益大于成本，会产生净效益。

第四步，对各个项目和方案进行选择和决策。

计算出各个公共项目或方案的成本与效益的比率后，可以根据比率的大小，确定各个项目或方案的优劣次序。一般来说，优劣次序的确定可按数值的大小进行,其中比率最大的就是最优的方案。

(四) 成本—效益分析中的若干技术问题

如前所述,公共支出的成本—效益分析有着复杂的特点,尤其是在计算成本和效益时,涉及很多技术性问题,而这些问题又在很大程度上影响着成本—效益分析的有效性。

1. 影子价格

在对项目进行成本和效益的评估时,对于一家私人企业来讲,这种计算是比较直截了当的,项目的效益便是其所得到的利润,成本则是企业对各种要素的支付,两者都按市场价格进行度量。但对政府公共支出来说,评估问题就复杂得多,这是因为,社会效益和成本并不反映为市场价格。

在没有市场价格可资利用时,有必要设法对有关的效益和成本进行估算,即创造影子价格。所谓影子价格,是指对那些无价可循或价格不当的商品与劳动所规定的一个较合理的替代价格。这种价格并不真正存在于市场上,它只是一种社会价格。影子价格之所以存在,有两个原因:一是因为某些商品本身就不存在价格,如由于政府公共支出而净化了的空气、公园建设给人们带来的好处等;二是因为现实中市场的不完美性,如垄断、外在性等,扭曲了正常的市场价格,而政府在此领域中的干预也不可能用完美的市场价格来分析。

2. 社会贴现率

贴现属于金融范畴,指的是以未到期的票据向银行提取现金,银行按市场利息率扣除利息,然后将票面余额以现金形式支付给使用者。贴现利息同期票票面额的比率,称为贴现率。选择合适的贴现率对于公共部门来说很重要,因为今年投入的一美元与若干年后收回的一美元是截然不同的,如果把通货膨胀等因素考虑进去,情况更是如此。例如,一项以帮助贫困儿童上学而进行的方案在目前需要大量开支,而其效益却发生在将来。因此,要分析一个项目的成本和效益,必须计算该项目在生命周期内可能带来的成本和效益的现金流量,即进行现值和贴现的计算。只有这样,才不会轻易地高估收入,使未来的效益看上去比实际更高。

私人企业在进行成本—效益核算时,所采用的贴现率往往是其资金的机会成本,即把用作其他投资可以得到的效益率作为贴现率。但对于政府部门来说,公共项目贴现率的选择要麻烦得多。原因在于:一个公共支出项目的成本和效益往往要延续若干年,甚至几十年;公共支出的领域常常是市场机制不完善的领域,其得以选择的参考市场贴现率也是不均衡的。

公共部门所采用的贴现率,一般称为社会贴现率。市场利率并不能很好地反映资源的社会机会成本和效益的相对价值,因而,对社会贴现率的估计与使用还必须考虑三个方面的问题:一是需要知道一个项目怎样影响经济,其效益与成本由谁承担;二是要注意不同的人对同一公共产品具有不同的福利观和评价;三是要考虑福利分配的跨代问题。只有考虑了这些因素,用市场利息率来评估社会贴现率才具有合理性。

（五）非市场化公共产品的价值化

政府提供的许多产品属于公共产品或准公共产品,其价值不能简单地依据市场价格来判断。所以,在对许多公共工程进行成本—效益分析之前,无形项目的估价问题必须解决,解决办法即通过间接方法估算。

1. 补偿需求曲线和消费者剩余

补偿需求曲线表述的是人们为使用一定数量的公共产品所愿意支付的价格,此曲线可以有效地衡量政府公共支出项目的社会效益。假如政府要修建一座桥梁,而政府又对桥梁的使用者收取通行费,那么关于桥梁的补偿需求曲线是这样形成的:询问居民第一次使用桥时,愿意支付多少价钱;第二次使用时,愿意支付多少……直到某个次数居民愿意为此支付的价钱为零时止,将这些价格—数量关系联结起来便成为补偿需求曲线。它显示了当桥梁的使用价格不断降低时,人们对商品的需求量。值得注意的是,补偿需求曲线不同于通常的需求曲线,收入变动对它不产生影响,它只反映纯粹的社会边际效益。

随着边际效益的递减,补偿需求曲线是一条向下倾斜的直线,其与横轴和纵轴相交所形成的图形面积,称为消费者剩余。它表明的是每一个消费者在消费公共产品时所得到的效益。将公共产品的所有使用者的消费者剩余加总起来,便构成了该公共产品向社会提供的总效益。如果这些效益超过建桥成本,那么此建桥方案便是可行的。

2. 时间价值化

"时间就是金钱。"政府对许多公共产品的供给是通过为居民节省时间而产生社会效益的,对这些政府支出项目的社会效益的评价可以通过时间价值来量化。在此一个典型的例子是由于交通运输系统的改善所节约的时间之价值。在简单的经济模型中,个人要对闲暇时间和工作时间做出选择,因为在均衡和充分就业的状态下,对于单个经济主体来说,放弃一小时的闲暇时间所获得的工资与减少一小时的工作而损失的物质消费利益是无差异的。在时间价值估算中,工资率为人们评估自己时间的价值提供一个尺度和标准,此时,居民的工资就是其时间货币价值。

但不可忽视的是,对于不同的人采用同一个价值估算率,会过高或过低地估算他们的时间价值。因为,对于一些人来说,他们可能更喜欢闲暇而不愿意工作;或者即使愿意按他们的工资率工作更多的时间,但按此工资却找不到更多的工作,这时,个人就会过低地估算自己闲暇的时间价值。对于另一些人来说,情况可能正好相反。例如一个大学教授,他在多种选择中可能挑选工资较低的工作,因为这种工作有着相关的非货币利益,这就使得其闲暇时间的价值超过了他所获得的工资。

3. 生命价值化

人在一生中会创造许多价值,因此,在许多情况下,政府必须面对生命价值化的问题。在国民收入和公共支出资源有限的情况下,人们不得不将生命价值化,以便与交通安全等方面的支出价值对比,从而对公共支出项目做出成本—效益分析。

对生命价值进行估算时,可通过两种方式。一种是假设方法,即通过假设一个人如果没有死亡,他在正常生命的时间内能赚到的钱的多少来衡量。但这种方法本身有着很多缺陷,因为它没有扣除个人用于维持自己生命的成本和费用,以及社会相应节约的教育费用等。所以,它往往过高地估计了个人生命的经济价值。另一种方法是通过间接的办法来估计。因为某些职业存在着较大的死亡危险,如煤矿工人的死亡率远远高于大学教授等的死亡率,所以,给予这些从事危险职业的人附带的风险补偿是应当的。但这种方法也遭到批评,原因在于,通常情况下人们并不能很好地意识到他们所面临的风险,因而,又过低地估计了生命的价值。

(六) 对成本—效益分析的评价

成本—效益分析作为政府公共支出的一种分析决策工具,其目标是保证公共部门把稀缺资源有效地配置到互相竞争的公共部门项目中。尽管这种方法不可能绝对精确地预测成本和利益,更不是提供了一个完美的计算框架,但它确实为决策者提供了很大的启示。它不仅为决策人员提供了丰富的资料和信息,提高了其决策水平,而且也增强了政府支出的选择性,改善了预算决策的效益水平。决策人员通过对各种相关信息的搜集、处理、分析,使决策具有了相当程度的科学依据。

由于种种外部效应的干扰和政策决策人员自身的影响,成本—效益分析并不是一种完美无缺的分析方法。一方面,它受成本—效益的度量方法、社会贴现率的高低以及政府支出方案中资源配置和分配效果的内部相互作用的影响,所以,根据成本—效益分析而定的支出方案并不一定是最佳选择,甚至会适得其反。另一方面,政治家在进行成本—效益分析时,往往有着自己的利益追求。如果某一项目为政治家们所青睐的话,他们的偏好将影响分析,使得最终的选择不利于公共利益。

此外,值得注意的是,一些公共部门的投资项目是服务于分配目标,而不是为达到效率目的的。对此,彼得·埃克斯坦(Peter Echesten)在1967年写道:判断一项工程好坏的标准之一,是该工程能否实现收入再分配。而成本—效益分析则完全忽略了这条标准。因为很多工程能够创造就业机会,并在一些地区创造收入,所以决策者必须就工程的效率和分配替代做出选择。比如,政府决定继续补贴低效率的企业,虽然其支出不符合成本—效益分析的效率原则,但如果政府不这样做,就可能引发大规模的失业以及由之而来的政治损失。所以,决策者选择工程项目很大程度上是以分配标准为基础选择的,成本—效益分析的适用性也是有限的。

三、公共支出的绩效考评

当前,财政资金使用效率不高是困扰公共部门的一个难题。由于缺少绩效方面的考核,部门预算功能的发挥受到很大限制。很多部门一方面拼命要求增加预算拨款,另一方面却存在大量的财政资源浪费和低效率使用现象。要加强预算透明度,科学合理地安排财政资金,提高支出效率,就必须对公共支出的绩效进行客观合理的评价。

(一)公共支出绩效考评的意义

(1)公共支出绩效考评是政府管理和决策的有效工具。英国、美国等国的实践表明,凡是进行政府改革的西方国家,其改革都是从政府绩效评价开始的,绩效评价是改革政府管理的有效手段,这也是各国公认的。通过绩效评价,可以及时发现公共行政管理中的问题,这些问题不仅源自拨款方式不合理,也来自行政管理体制等方面的缺陷。绩效评价将促使各级政府从"拍脑袋"式的决策,转向务实、有效的科学决策。

(2)公共支出绩效考评是提高公共部门绩效的动力机制。公共支出绩效考评作为政府绩效管理的基础和重要内容,强调的是"结果导向",或者说强调的是责任和效率。因此,它更有利于分清决策和执行的责任,从而更有利于提高公共部门的管理绩效。从政府部门来看,伴随着业绩衡量指标的制定、评估乃至一定程度的公开,各部门的责任意识将显著提高;推行绩效评价制度后,各部门要对其业绩负责,无法以有效的方式提供公共服务的部门及其负责人将面临巨大的压力。

(3)公共支出绩效考评有助于提高公共部门的理财水平和工作效率。政府支出扩张似乎已经成为财政学的定律之一,而绩效评价就是要约束这种内在的扩张。从财政部门的角度来看,推行公共支出绩效考评,既意味着公共支出结构调整的力度进一步加大、支出结构进一步优化,也意味着财政管理方式的某些变革,比如,放松对财政投入的控制程度,更加关注公共支出的效果,从而使公共支出更好地反映政府阶段性的发展战略,最终推动"绩效预算"模式的建立,即把绩效评价的结果作为预算编制的重要依据,增强预算资源分配与政府部门绩效之间的联系,促使部门更加关注预算执行的结果,从而提高部门理财的积极性和部门工作效率。

(4) 公共支出绩效考评能改善政府部门与社会公众之间的关系。绩效评价实际上是一种信息活动,其特点是评价过程的透明和信息的公开,对政府在各方面的表现情况进行全面的绩效评估,以证明政府开支的合理性;从社会公众的角度看,在推行公共支出绩效考评之后,其对公共服务的质量与成本的关注将得到更好的满足,他们有理由预期能享受更优质的公共服务。美国预算与管理办公室(OMB)宣称其实施"政府行为和结果法"的首要目的是"增强公民对政府机构效能的信心"。评价的结果不仅会受到政府各部门重视,而且必将为人大、政协等和民众所关注,这在一定程度上有助于进一步强化决策民主化、进一步增强公共支出的公共性,从而提高民众的生活质量。

(二) 国外现行政府公共支出绩效考评方法及其特点

目前常用的公共支出绩效考评方法主要有三种,即"3E"评价法、标杆管理法和平衡计分卡法,它们分别代表了政府公共支出绩效考评的三个不同发展阶段。"3E"评价法是政府公共支出绩效考评在方法探索上的开端,标杆管理法预示着对政府公共支出绩效全面评价的开始,而平衡计分卡法则明确提出政府要以战略的眼光对社会的发展做出远景规划,思考其在社会发展中应承担的使命,指导公共支出绩效考评。[①]

1. "3E"评价法

早在20世纪60年代初,英国的雷诺效率小组就建议在政府财务管理新方案中设立"经济"(Economy)、"效率"(Efficiency)、"效益"(Effectiveness)的"3E"标准体系。不久之后,英国审计委员会(Audit Commission)将"3E"标准纳入绩效审计的框架中,并运用于地方政府以及国民健康服务体系(NHS)的管理实践中。"3E"实际上是一种包含不同价值观点的标准体系,用这种多元价值标准体

---

① 安秀梅、邵世才:《政府公共支出绩效评价方法的国际比较与我国评价方法的选择》,《财政监督》2007年第5期,第22—23页。

系取代传统的单一财务和预算标准(如财务、会计指标等),可以更好地体现"管理的责任"(Management Accountability),从而使被授权的管理者根据既定的绩效标准完成既定的任务。

从指标内涵来看,"3E"评价法主要强调经济性,强调成本节约,这是"3E"评价法的基本价值准则。之所以强调经济性,一方面,由于当初对政府绩效进行的考评尚处于起步阶段,方法体系还不系统;另一方面,更重要的原因则在于该方法被应用于政府部门的主要目的和意图就是加强对政府成本的控制。

2. 标杆管理法

随着新公共管理理论的发展和企业化政府、政府重塑呼声的高涨,政府管理借鉴私营企业的做法越来越多,标杆管理法的应用就是其中之一。

标杆管理是国外20世纪70年代末80年代初发展起来的一种新型经营管理理念和方法,最早应用于企业管理中,与企业再造、战略管理一起并称为20世纪90年代三大管理方法。它是指企业以行业内外一流的领袖型企业为标杆,从组织机构、管理机制、业绩指标等方面进行对比评析,在对外横向沟通、明确绩效差异形成原因的基础上,提取本企业的关键绩效指标,制定提升绩效的策略和措施,在对内纵向沟通、员工达成共识的前提下,定性、定量评价相结合,通过持续改进体制,追赶和超越标杆,最终达到提升企业绩效水平的目的。[①]其核心是按照以下原则制定一套科学、合理、全面的指标体系:(1)与社会在未来时间内希望达到的愿景以及政府所制定的长期战略保持绝对一致;(2)广泛征求社会各界人士的意见;(3)在以组织战略为导向的基础上,集中关注社会亟待解决的问题。这样,指标体系大致分为两部分:一是与长远发展有关的战略型指标;二是与当前有关的应急型指标。依据以上原则所设计的指标体系由三个层次组成:(1)描述指标体系的所属领域;(2)在层次(1)的基础上选取每一领域中若干具有代表性且具有较高测评价值的部分;(3)在每一部分确定最终具有针对性的测评指标。

与"3E"评价法相比,标杆管理法在评价方法上具有独特性,指标体系构建更加全面与完善。标杆管理法的第一步是确定标杆,作为政府奋斗的目标,在每一个实施阶段结束后都把结果与确定的标杆相比较,进行阶段性的总结评价,以对下一阶段的方法做出调整,直至最后达到标杆水平,然后确定更高的标杆。这里,比较和评价完全融为一体,通过比较实现评价,以评价促进与更高水平企业的比较。在指标体系的设计上,除了经济层面的指标外,还包括政府提供的

---

① 薛菁:《浅析标杆管理法在政府绩效评估中的应用》,《辽宁行政学院学报》2007年第7期,第10页。

公共产品如教育质量的比较评价,政府在公益性活动中所做努力的指标等。指标体系的内容在一定程度上引导着政府努力的方向。因此,标杆管理可以使政府全面考虑自身在社会中应承担的责任,从而对社会的全面发展起到领导作用。

3. 平衡计分卡法

平衡计分卡(Balance Score Card,BSC)法最初应用于企业,是一种全面、系统、有效考察和评价企业经营业绩的财务和非财务指标体系,其最大特点是把"战略"而不是将"控制"置于绩效管理的中心地位,它根据公司的战略目标设计测评指标,从财务、流程、客户和创新或学习能力等四个不同的维度对公司的经营管理绩效进行综合、全面、系统的测量和评价。[1]其操作流程是:明确组织使命、战略和重要的绩效领域——从四个层面确定各个领域的目标;分解目标并根据目标设定具体的绩效指标;根据绩效指标确定工作方案和任务,对绩效进行跟踪评价并修正完善;调动一切资源确保战略和使命的完成。平衡计分卡法有四个突出特点:(1)引入了"平衡"的哲学理念,注重长期战略与短期目标、财务指标与非财务指标、领先指标与滞后指标的协调和平衡,通过四个维度的指标把组织的综合竞争力表现出来,防止次优行为的出现,提供了对绩效更为全面的理解;(2)将组织的战略目标和绩效分为四个维度,每种维度都设置了不同的关键战略目标和进行绩效测定的指标体系,涵盖了管理流程的各个方面及其内在关系;(3)以"绩效"为导向,以"激励和奖惩"为动力,从不同层次、以不同权重来评价和协调企业经营业绩与员工创新能力之间的关系;(4)最具特色的是,四个维度的绩效指标既可以考评目标的实现程度,又可以考评目标的实现过程,实现了结果管理与过程管理的统一。[2]

可见,平衡计分卡法的精髓是追求在组织长期目标和短期目标、结果目标和过程目标、先行目标和滞后目标、组织绩效和个人绩效、外部关注和内部诉求等重要管理变量之间的微妙平衡,追求过去的经营结果考核与将来绩效考评之间的平衡,外部组织满意程度和客户满意程度之间以及内部的经营过程、激励机制、职员学习和产品服务增长之间的平衡。而这一精神与构建服务型、学习型政府的理念是完全相符的。针对政府来讲,平衡计分卡法把政府对社会发展所承

---

[1] 参见〔美〕罗伯特·S.卡普兰、大卫·诺顿:《平衡计分卡:化战略为行动》,刘俊勇等译,广东经济出版社 2004 年版。
[2] 马国贤:《政府绩效管理》,复旦大学出版社 2005 年版,第 371—373 页。

担的眼前责任与长远责任结合起来,它不单单让政府学会花纳税人的钱,实现财政收支的平衡,更重要的是让其承担起引导社会良性发展的重任。因此,平衡计分卡法是一个既注重当前发展又关注长远战略的评价方法,也是政府公共支出绩效考评方法上的一大突破。

平衡计分卡法对政府公共支出绩效考评的变革意义在于:首先,平衡计分卡法的引入将有助于加快构建一个健全透明的权责制政府预算和会计制度,进而达到实现公共资源优化配置、控制财政支出、有效评价政府绩效、防范财政风险、提高政府可持续发展能力和综合竞争能力的目标。其次,在政府公共支出管理中引入平衡计分卡法,建立全新的行为评价标准,以目标、产出、成果和绩效的评价代替传统的投入和程序控制,以所提供公共服务的实际成果、业绩和公众满意度来界定该项支出的价值、规模和预算,这必将使政府及公务人员的行为发生根本性的变化,重塑一种新型的追求卓越、求实创新的组织文化。再次,将平衡计分卡法中纵横交错的内部管理控制机制引入政府公共支出管理,有助于改进和完善政府公共部门的内部运行机制,对有效地防范现行公共支出管理中的随意性也会大有裨益。最后,平衡计分卡法强调绩效管理与组织战略之间的密切关系,并将战略目标分解为阶段的、具体的、可操作的目标,使之与每个成员的目标、责任、绩效进行有效的整合,这对强化政府公共部门的战略导向、结果导向管理也将起到巨大的推动作用。①

表5-3 三种公共支出绩效考评方法的比较

方法	运用背景	价值准则	指标体系	优点	缺点
"3E"评价法	政府面临严重的财政危机	节约成本	规范化的三指标:经济、效率、效益	指标明确,有利于对政府财政的控制	指标单一,与政府行为目标的多样化相悖
标杆管理法	政府改革进一步深化,企业化政府呼声增强	实现政府效能的全面提升,发挥政府对社会的全方位引导作用	不固定,可以根据考评需要自主确定	指标确定比较灵活、全面,集评价与比较于一身,有较好的激励效果	随意性较强,易导致指标体系的繁杂,过于强调技术层面的管理主义而忽视政府支出的公共本质

---

① 王宇龙:《公共支出绩效评价实践中的方法应用》,《天津行政学院学报》2007年第1期,第55页。

(续表)

方法	运用背景	价值准则	指标体系	优点	缺点
平衡计分卡法	政府公共支出短期化行为较为严重,导致资源的严重浪费	"顾客至上"的服务理念,主张长期战略与短期目标、内部利益与外部利益之间的平衡	规范、系统,注重对组织绩效的全方位考评	既注重长远战略,又兼顾现实结果,考评全面、客观,注重回应和创新	战略目标与具体绩效目标之间易有冲突,难以准确确定具体权重,管理过程复杂

第五节 我国公共支出分析

公共支出作为政府财政政策的重要组成部分,在国家的政策执行和经济发展中占有重要的位置。没有完善、健全的公共支出管理,公共资源的配置效率就难以提高,其良性运行也得不到保障;甚至从某种意义上讲,加强公共支出的管理,确保公共资金运行的安全、准确、高效,乃是提高一国财政工作质量的关键环节。一国公共支出的水平、结构、模式等又是随着经济的发展不断变化的。在我国从计划经济向市场经济转轨的过程中,公共支出也相应地发生了一系列适应市场经济的变化,并呈现出更加科学化、制度化的趋势。2017年党的十九大报告指出,中国特色社会主义进入新时代。如何适应时代变化要求,建立起适应社会主义新时代发展的财政支出模式是摆在财政工作面前的一个重要课题。这绝不仅是一项简单的财政支出改革,更是一项具有战略性意义的财政理论和财政制度的创新,它直接关系到我国财政理论的发展与完善,又牵涉到我国财政的全面振兴。

一、我国公共财政支出现状分析

公共部门从事经济活动的资金大都是由财政提供的,因此,在市场经济条件下,一国的公共支出主要表现为财政支出,这样,对于现行财政支出的分析便成为研究的重点。改革开放以来,我国的财政支出在支出的总量、结构方面发生了巨大的变化,对经济的高速增长也起到了强有力的支撑和调节作用。

(一)公共财政支出规模

改革开放以来,我国财政支出规模呈现出不断上升的趋势。根据表5-4显示,从 1978 年到 2018 年的 40 年间,我国财政支出绝对额从 1122.09 亿元增长到 220 904.13 亿元,增长了 197 倍;从增长率上看,财政支出年均增长 14.71%;财政支出绝对规模的扩大可以反映一个财政年内财政支配的社会资源的总量,但难以反映财政配置的社会资源在整个社会资源总量中所占的比重,也不能体现财政在整个国民经济发展中的地位。因此,为了全面地分析我国财政支出随经济增长的变化情况,我们使用财政支出的相对规模指标来进一步分析财政支出的变化特征。

党的十一届三中全会以后,我国的经济体制发生了由传统计划经济向现代市场经济的根本性转变,与此同时,经济快速增长,社会财富不断增加,财政支出占 GDP 的比重也呈现出了先下降后上升的特征。财政支出占 GDP 的比重由 1978 年的 30.5% 下降到 1996 年的 11.05%;在 1994 年实行分税制财政管理体制改革后两年,这一比重停止下降趋势,开始出现回升势头。1997 年上升到 11.58%;1998 年受亚洲金融危机的影响,为拉动内需,我国实施积极财政政策,财政支出大幅度增加,财政支出占 GDP 的比重达到 12.67%;2007 年为了应对全球金融危机,我国再次启动积极财政政策,财政支出规模急剧增加,该比重在 2008 年上升到 19.61%。2012 年后,我国经济进入新常态,经济增长从高速转为中高速,从规模速度型粗放增长转向质量效率型集约增长,从要素投资驱动转向创新驱动。随着经济增速的放缓,财政支出的增长率也随之下滑,但财政支出占 GDP 的比重基本保持了稳中增长的态势,到 2018 年达到 24.54%。由此可见,改革开放 40 年来,财政支出占 GDP 的比重呈现出独特的变化特征(参见表 5-4)。

表 5-4 1978—2018 年我国财政支出的变动情况

年份	一般公共预算支出(亿元)	国内生产总值(亿元)	财政支出占国内生产总值的比重(%)	财政支出增长率(%)	财政支出弹性	财政支出边际系数
1978	1122.09	3678.7	30.50	33.0	2.82	—
1979	1281.79	4100.5	31.26	14.2	1.87	0.38
1980	1228.83	4587.6	26.79	−4.1	−0.53	−0.11
1981	1138.41	4935.8	23.06	−7.5	−1.44	−0.26
1982	1229.98	5373.4	22.89	8.0	0.88	0.21
1983	1409.52	6020.9	23.41	14.6	1.34	0.28
1984	1701.02	7278.5	23.37	20.7	1.36	0.23

（续表）

年份	一般公共预算支出（亿元）	国内生产总值（亿元）	财政支出占国内生产总值的比重(%)	财政支出增长率（%）	财政支出弹性	财政支出边际系数
1985	2004.25	9098.9	22.03	17.8	1.32	0.17
1986	2204.91	10 376.2	21.25	10.0	1.14	0.16
1987	2262.18	12 174.6	18.58	2.6	0.22	0.03
1988	2491.21	15 180.4	16.41	10.1	0.89	0.08
1989	2823.78	17 179.7	16.44	13.3	3.24	0.17
1990	3083.59	18 872.9	16.34	9.2	2.42	0.15
1991	3386.62	22 005.6	15.39	9.8	1.07	0.10
1992	3742.20	27 194.5	13.76	10.5	0.74	0.07
1993	4642.30	35 673.2	13.01	24.1	1.72	0.11
1994	5792.62	48 637.5	11.91	24.8	1.89	0.09
1995	6823.72	61 339.9	11.12	17.8	1.63	0.08
1996	7937.55	71 813.6	11.05	16.3	1.63	0.11
1997	9233.56	79 715.0	11.58	16.3	1.76	0.16
1998	10 798.18	85 195.5	12.67	16.9	2.17	0.29
1999	13 187.67	90 564.4	14.56	22.1	2.91	0.45
2000	15 886.50	100 280.1	15.84	20.5	2.44	0.28
2001	18 902.58	110 863.1	17.05	19.0	2.29	0.28
2002	22 053.15	121 717.4	18.12	16.7	1.83	0.29
2003	24 649.95	137 422.0	17.94	11.8	1.18	0.17
2004	28 486.89	161 840.2	17.60	15.6	1.54	0.16
2005	33 930.28	187 318.9	18.11	19.1	1.69	0.21
2006	40 422.73	219 438.5	18.42	19.1	1.51	0.20
2007	49 781.35	270 092.3	18.43	23.2	1.63	0.18
2008	62 592.66	319 244.6	19.61	25.7	2.68	0.26
2009	76 299.93	348 517.7	21.89	21.9	2.38	0.47
2010	89 874.16	412 119.3	21.81	17.8	1.71	0.21

(续表)

年份	一般公共预算支出(亿元)	国内生产总值(亿元)	财政支出占国内生产总值的比重(%)	财政支出增长率(%)	财政支出弹性	财政支出边际系数
2011	109 247.79	487 940.2	22.39	21.6	2.32	0.26
2012	125 952.97	538 580.0	23.39	15.3	1.96	0.33
2013	140 212.10	592 963.2	23.65	11.3	1.47	0.26
2014	151 785.56	641 280.6	23.67	8.3	1.12	0.24
2015	175 877.77	685 992.9	25.64	13.2	1.91	0.54
2016	187 755.21	740 060.8	25.37	6.3	0.94	0.22
2017	203 085.49	820 754.3	24.74	7.6	1.10	0.19
2018	220 904.13	900 309.5	24.54	8.7	1.32	0.22

资料来源:根据国家统计局《中国统计年鉴(2019)》及历年的年度统计公报有关数据整理得出。

此外,从财政支出弹性和财政支出边际系数也可以看出财政支出规模的增长趋势。首先,从财政支出弹性看,1978—2018年,除1980年和1981年外,其余年份财政支出弹性均大于零,但是1982年、1987年、1988年、1992年和2016年低于1,说明这5年的财政支出增长幅度低于GDP的增长幅度。其次,从财政支出边际系数看,1980年和1981年分别为-0.11和-0.26,财政支出呈现负增长。除此之外,40年间,该系数最低年份为1987年,仅为0.03,说明GDP每增加100元,财政支出只增加3元;最高年份为2015年,达到0.54,说明GDP每增加100元,财政支出增加高达54元。

需要指出的是,在实际支出规模上,近年来我国财政支出有了很大的变化,然而与其他国家相比,财政支出占GDP的比重相对较低。世界银行统计,多数国家公共支出占GDP的平均比重,60年代为30%,80年代为40%,且都在不断上升。根据表5-5所示,大多数高收入和上中等收入国家财政支出占GDP比重高于30%,甚至有些国家高于40%,我国与之相比低很多。这一结论符合我国实际,同时也说明,随着人均GDP的不断提高,政府公共支出规模会越来越大,我国政府公共支出的规模尚存在不断增长的空间。[1]

---

[1] 孔祥利:《我国政府公共支出规模变动趋势研究:对1996年~2003年样本数据的分析结论》,《生产力研究》2006年第6期,第103页。

表 5-5 不同发展水平国家政府公共支出规模比较

(%)

高收入国家(18个)	财政支出占GDP比重	总预算赤字占GDP比重	上中等收入国家(10个)	财政支出占GDP比重	总预算赤字占GDP比重	下中等收入国家(18个)	财政支出占GDP比重	总预算赤字占GDP比重	低收入国家(10个)	财政支出占GDP比重	总预算赤字占GDP比重
奥地利	41.7	-4.1	巴西	33.8	-6.1	阿尔及利亚	29.7	3	阿尔巴尼亚	31	-9
比利时	48.2	-3.2	智利	21	2.3	白俄罗斯	33.9	-1.9	布隆迪	27.7	-7.8
加拿大	24.2	-3.7	哥斯达黎加	30.6	-3.9	玻利维亚	22.8	-2.3	喀麦隆	12.7	0.2
丹麦	41.4	-1.9	克罗地亚	46.7	-0.5	保加利亚	48.1	-15.4	刚果	8.3	0
芬兰	40.1	-6.3	捷克	36.4	0	厄瓜多尔	15.7	0	印度	15.8	-5.2
法国	46.9	-5.3	爱沙尼亚	33.8	-0.7	印度尼西亚	14.6	1.2	肯尼亚	28.9	-0.9
德国	33.7	-2.1	匈牙利	43.2	0.7	伊朗	23.2	1.4	巴基斯坦	23.8	-7.8
希腊	32.8	-8.6	马来西亚	21.9	2	拉脱维亚	31	-1.7	卢旺达	14.3	-1.7
爱尔兰	38.1	-1.4	南非	34.7	-5.8	摩洛哥	33.3	-4.4	突尼斯	32.6	-3.1
以色列	48.1	-4.3	乌拉圭	31.4	-1.6	巴拿马	27.4	-0.7	赞比亚	21.4	0.7
意大利	49.5	-7.1	平均	33.35	-1.36	秘鲁	16.5	2.3	平均	21.65	-3.46
荷兰	48	-2.3				菲律宾	18.5	0.3			
新西兰	31.9	5.1				波兰	42.2	-2.2			
挪威	36.8	5.1				罗马尼亚	31.4	-4			
西班牙	36.8	-6				俄罗斯	24.7	-4.5			
瑞典	46.1	-4.3				斯里兰卡	27.7	-7.8			
英国	41.7	-5.3				泰国	16.5	2.4			
美国	22.2	-1.6				土耳其	26.9	-8.4			
平均	39.34	-3.18				平均	26.894	-2.37			

资料来源：世界银行《1999世界发展指标》，中国财政经济出版社2000年版，第248—250、284—286页。

我国经济发展进入新常态,经济下行压力加大,经济由高速增长转为中高速增长,财政收支的增长速度也明显放缓。根据图 5-4 所示,2011 年我国财政收入增长速度为 25.0%,财政支出增长速度为 21.6%。但 2011 年以后,财政收支增速的变化对财政运行形成挑战,2012—2018 年间,我国财政收支平均增速分别为 7.9% 和 10.1%,财政收入增长速度低于财政支出增长速度 2.2 个百分点,收不抵支矛盾凸显。2014 年年底中央经济工作会议首次提出积极财政政策要有力度。积极财政政策力度的加大,使得财政赤字率不断提高,2014—2019 年间,财政赤字率分别是 2.1%、2.3%、3%、3%、2.6%、2.8%。当前缓解财政收支矛盾,需要进一步加强财政支出管理,通过提升财政资金使用绩效来控制支出增长速度。

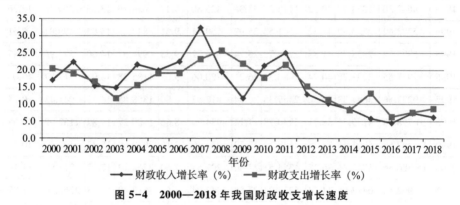

图 5-4 2000—2018 年我国财政收支增长速度

(二) 我国公共财政支出结构

改革开放以来,随着经济体制改革和政府职能的转变,我国财政支出结构发生了很大变化。计划经济时期,国家发展的重心是经济建设,注重政府经济职能的实现,政府直接从事各种生产经营活动,财政亦将支出重点放在经济建设上。根据表 5-6 显示,1978 年我国基本建设支出占财政支出的比重为 40.3%,经济建设费占财政支出的比重为 64.08%。在社会主义市场经济体制下,市场在资源的配置上起决定性作用,政府逐步退出一般竞争性的领域,主要提供公共产品和公共服务,满足公共需要。政府在减少资源配置的份额的同时,财政支出也调整了方向和领域,用于经济建设方面的支出比例大大降低,相反在民生领域的支出不断提高。

经过 70 多年的发展,当前我国财政已面向世界,实现了与社会主义市场经济的对接,致力于解决发展不平衡不充分问题,构建现代财政制度。这就在客观上对财政支出结构的优化提出了新的和更高的要求。

表 5-6　1978—2006 年我国财政支出结构基本情况　（单位:亿元,%）

年份	公共支出总计	经济建设费 总量	经济建设费 比重	社会文教费 总量	社会文教费 比重	国防费 总量	国防费 比重	行政管理费 总量	行政管理费 比重	其他支出 总量	其他支出 比重
1978	1122.09	718.98	64.08	146.96	13.10	167.84	14.96	52.90	4.71	35.41	3.16
1980	1228.83	715.46	58.22	199.01	16.20	193.84	15.77	75.53	6.15	44.99	3.66
1985	2004.25	1127.55	56.26	408.43	20.38	191.53	9.56	171.06	8.53	105.68	5.27
1990	3083.59	1368.01	44.36	737.61	23.92	290.31	9.41	414.56	13.44	273.10	8.86
1991	3386.62	1428.47	42.18	849.65	25.09	330.31	9.75	414.01	12.22	364.18	10.75
1992	3742.20	1612.81	43.10	970.12	25.92	377.86	10.10	463.41	12.38	318.00	8.50
1993	4642.30	1834.79	39.52	1178.27	25.38	425.80	9.17	634.26	13.66	569.18	12.26
1994	5792.62	2393.69	41.32	1501.53	25.92	550.71	9.51	847.68	14.63	499.01	8.61
1995	6823.72	2855.78	41.85	1756.72	25.74	636.72	9.33	996.54	14.60	577.96	8.47
1996	7937.55	3233.78	40.74	2080.56	26.21	720.06	9.07	1185.28	14.93	717.87	9.04
1997	9233.56	3647.33	39.50	2469.38	26.74	812.57	8.80	1358.85	14.72	945.43	10.24
1998	10 798.18	4179.51	38.71	2930.78	27.14	934.70	8.66	1600.27	14.82	1152.92	10.68
1999	13 187.67	5061.46	38.38	3638.74	27.59	1076.40	8.16	2020.60	15.32	1390.47	10.54
2000	15 886.50	5748.36	36.18	4384.51	27.60	1207.54	7.60	2768.22	17.42	1777.87	11.19
2001	18 902.58	6472.56	34.24	5213.23	27.58	1442.04	7.63	3512.49	18.58	2262.26	11.97
2002	22 053.15	6673.70	30.26	5924.58	26.87	1707.78	7.74	4101.32	18.60	3645.77	16.53
2003	24 649.95	6912.05	28.04	6469.37	26.24	1907.87	7.74	4691.26	19.03	4669.40	18.94
2004	28 486.89	7933.25	27.85	7490.51	26.29	2200.01	7.72	5521.98	19.38	5341.14	18.75
2005	33 930.28	9316.96	27.46	8953.36	26.39	2474.96	7.29	6512.34	19.19	6672.66	19.67
2006	40 422.73	10 734.63	26.56	10 846.20	26.83	2979.38	7.37	7571.05	18.73	8291.47	20.51

资料来源:根据《中国统计年鉴》相关年份数据整理计算得出。

1. 行政管理支出

多年来,我国行政管理支出比重一直在上升,已由 20 世纪 80 年代初期占财政支出比重的 7% 左右上升到 2004 年的 19.38%,2005 年后有所下降,2006 年该比重为 18.73%(表5-6)。2007 年我国对政府收支科目进行调整,不再有行政管理这一功能类别。改革后的行政管理支出涉及现行《政府收支分类科目》中的以一般公共服务为主的三类科目:一般公共服务、外交和公共安全。根据改革后新分类科目,2007 年行政管理费占财政支出的比重为 24.54%,占 GDP 的比重为

4.52%(表5-7)。长期以来,行政管理费居高不下固然有事业发展、机构和人员扩充的需要,但政府机构重叠、效率欠佳也是人们有目共睹的事实,尤其在地方层次上,这种状况更为突出。

党的十八大以来,围绕加强行政经费的管理、减少行政成本这一目标,各级财政做了大量的工作,特别是认真落实中央"八项规定"和国务院的"约法三章"以及对"三公经费"进行整顿,有力地控制了行政管理支出的增长势头。表5-7显示,2018年行政管理支出占财政支出的比重下降到14.82%,占GDP的比重也下降到3.64%。

表5-7 2007—2018年我国行政管理支出

年份	项目					
	一般公共服务(亿元)	外交(亿元)	公共安全(亿元)	合计(亿元)	合计占财政支出的比重(%)	合计占GDP的比重(%)
2007	8514.24	215.28	3486.16	12 215.68	24.54	4.52
2008	9795.92	240.72	4059.76	14 096.40	22.52	4.42
2009	9164.21	250.94	4744.09	14 159.24	18.56	4.06
2010	9337.16	269.22	5517.70	15 124.08	16.83	3.67
2011	10 987.78	309.58	6304.27	17 601.63	16.11	3.61
2012	12 700.46	333.83	7111.60	20 145.89	15.99	3.74
2013	13 755.13	355.76	7786.78	21 897.67	15.62	3.69
2014	13 267.50	361.54	8357.23	21 986.27	14.49	3.43
2015	13 547.79	480.32	9379.96	23 408.07	13.31	3.41
2016	14 790.52	482.00	11 031.98	26 304.50	14.01	3.55
2017	16 510.36	521.75	12 461.27	29 493.38	14.52	3.59
2018	18 374.69	586.36	13 781.48	32 742.53	14.82	3.64

资料来源:根据2008—2019年《中国统计年鉴》有关数据整理计算得出。

2. 教育支出

市场经济条件下的国际竞争归根结底是人才的竞争,高素质的人才已成为经济增长的源泉,而教育就是开发人力资源的基础产业,它以广泛的外溢性推动和影响着全民整体素质的提高。由此,世界各国将教育摆在突出位置,教育投入成为公共财政的重要职能之一。我国财政性教育经费自20世纪80年代以来逐年稳定增长,已由1978年的146.96亿元增加到2018年的32 169.47亿元,在财政支出中的比重也由1978年的13.1%上升为2018年的14.6%(见表5-8)。从财政性教育经费占 GDP 的比重来看,我国财政对教育的投入还需进一步提高。1993 年《中国教育和改革发展纲要》首次提出,到 2000 年实现财政性教育经费占 GDP 比重 4%的目标,但是这一目标直到 2012 年才实现。2012—2018 年,国家财政性教育经费占 GDP 的比重分别为 4.28%、4.3%、4.15%、4.26%、4.22%、4.14%、4.11%,已经连续 7 年保持在 4%以上(表 5-8)。而 2004 年发展中国家的平均水平已达到 4.6%。[①]

表 5-8　2010—2018 年我国财政教育经费

项目	年份								
	2010	2011	2012	2013	2014	2015	2016	2017	2018
教育支出（亿元）	12 550.0	16 497.3	21 242.1	22 001.8	23 041.7	26 271.9	28 072.8	30 153.2	32 169.5
占财政支出的比重(%)	13.9	15.1	16.8	15.7	15.2	14.9	15.0	14.8	14.6
占 GDP 的比重(%)	3.6	3.7	4.28	4.3	4.15	4.26	4.22	4.14	4.11

资料来源:根据 2011—2019 年《中国统计年鉴》有关数据整理计算得出。

3."三农"支出

农业农村农民问题是关系国计民生的根本性问题。没有农业农村的现代化,就没有国家的现代化。但是,多年来我国对农业的投入严重不足,财政农业支出占总支出的比重连年下降,1990 年为 7.2%,1997 年降至 6%,2003 年进一步下降为 4.6%。[②] 公共财政对农业的投入不足,农业生产条件和农业基础设施滞后,农业抗灾能力减弱,产业化水平低,农民收入增长缓慢,制约了农村经济社会的发展。

近年来,党中央高度重视"三农"工作,始终坚持把解决好"三农"问题作为全党工作重中之重。中央一号文件多次聚焦"三农",财政对"三农"的投入力度迅速加大。2017 年中央一号文件《中共中央 国务院关于深入推进农业供给侧结构性改革加快培育农业农村发展新动能的若干意见》中明确指出:"坚持把农业农村作为财政支出的优先保障领域,确保农业农村投入适度增加,着力优化投入结构,创新使用方式,提升支农效能。"2018 年中央一号文件《中共中央 国务院关于实施乡村振兴战略的意见》中全面部署实施乡村振兴战略,并强调建立

---

① 周济:《以素质教育为主题着力完成普及发展提高三大任务》,中华人民共和国国家发展和改革委员会网站,https://www.ndrc.gov.cn/fggz/tzgg/ggkx/200512/t20051222_1029182.html? code=&state=123,2021 年 10 月 26 日访问。

② 数据来源:根据《中国统计年鉴(2007)》相关数据计算得出。

健全实施乡村振兴战略财政投入保障制度,公共财政更大力度向"三农"倾斜。2019年出台中央一号文件《中共中央 国务院关于坚持农业农村优先发展做好"三农"工作的若干意见》,这是改革开放以来第21个、新世纪以来第16个指导"三农"工作的中央一号文件。《中国农村发展报告(2019)》显示,在中央政策的支持和引导下,国家财政支农投入规模持续增加,财政"三农"支出规模从2004年的2337.63亿元增加到2018年的20 781.56亿元,增长了近8.9倍,年平均增长速度达到15.68%。

4. 医疗卫生支出

2009年国务院公布的《关于深化医药卫生体制改革的意见》标志着我国新一轮医改正式启动,医疗卫生事业的改革方向由过去的市场化和商品化转向公益性。医疗卫生事业的发展以政府为主导,财政投入规模逐年增大。根据表5-9显示,2010—2018年,我国医疗卫生体制改革和制度创新迅速推进,财政医疗卫生支出由4804.2亿元增加到15 623.6亿元,医疗卫生支出占财政总支出的比重由5.3%提高到7.3%。新一轮医疗卫生体制改革坚持公益性原则,构建覆盖城乡居民的公共卫生服务体系、医疗服务体系、医疗保障体系和药品供应保障体系,取得了显著的成效,人民健康水平显著提高。我国人均预期寿命由2005年的73岁提高到2016年的76.5岁,2017年达到76.7岁,婴儿死亡率、5岁以下儿童死亡率和孕产妇死亡率等指标也提前实现联合国千年发展目标。[1] 但是,目前医疗卫生支出占GDP的比重仍然偏低,2015年我国医疗卫生支出占GDP的比重仅为6.8%,而世界平均水平为9.9%。[2] 医疗卫生事业的发展与人民日益增长的美好生活需要相比,还面临着不少亟待解决的问题,医疗资源总体供给不足、配置不均衡,人民群众"看病难、看病贵"等问题还没有得到根本性解决。

表5-9 2010—2018年我国财政医疗卫生支出

项目	年份								
	2010	2011	2012	2013	2014	2015	2016	2017	2018
医疗卫生支出(亿元)	4804.2	6429.5	7245.1	8297.9	10 176.8	11 953.2	13 158.8	14 450.6	15 623.6
占公共财政支出的比重(%)	5.3	5.9	5.8	5.9	6.7	6.8	7.0	7.1	7.3

资料来源:根据2011—2019年《中国统计年鉴》的数据整理计算得出。

---

[1] 付文林主编:《2018年中国财政发展报告》,北京大学出版社2019年版,第118页。
[2] 国家统计局:《2018国际统计年鉴》,中国统计出版社2019年版。

5. 社会保障支出

完善的社会保障体系是维护社会稳定和国家长治久安的重要保障。我国社会保障制度起步晚,制度不健全,但是随着改革的不断深入,全国财政社会保险支出不断增加,为社会保障事业的发展提供了强有力的资金保障。2015年开始实施修订后的《中华人民共和国预算法》,规定政府预算包括一般公共预算、政府性基金预算、国有资本经营预算和社会保险基金预算,由此建立了独立的社会保险基金预算。近年来,为了支持社会保险事业的改革和发展,财政不断加大对社会保险的支持力度,根据表 5-10 显示,2010—2018 年间,我国社会保险基金收支呈现了显著的增长趋势。相比发达国家,目前我国财政社会保障支出水平相对较低,政府的财政社会保障支出占 GDP 的比重在 1999 年首次超过 1%,为 1.03%。随后缓慢增长,2005 年首次突破 2%,2015 年增长为 2.79%。[①] OECD 国家财政社会保障支出占 GDP 的比重,2007 年为 19.67%,2011 年为 35.6%。

表 5-10　2010 年与 2018 年社会保险基金收支及累计金额　　（单位:亿元）

年份	基本养老保险	失业保险	城镇基本医疗保险	工伤保险	生育保险	合计
基金收入						
2010	13 872.9	649.8	4308.9	284.9	159.5	19 276.1
2018	55 005.3	1171.1	21 384.4	913.0	781.0	79 254.8
基金支出						
2010	10 755.3	423.3	3538.1	192.4	109.9	15 018.9
2018	47 550.4	915.3	17 823.0	742.0	762.0	67 792.7
累计余额						
2010	15 787.8	1749.8	5047.1	561.4	261.4	23 407.5
2018	58 151.6	5817.0	23 440.0	1784.9	582.0	89 775.5

资料来源:根据 2011—2019 年《中国统计年鉴》的数据计算整理得出。

总体而言,近年来我国财政支出结构进一步优化,在全国财政支出中,民生类支出比重在不断上升。在当前大力减税降费的背景下,财政在民生领域保持较高的投入,为实施国家重大发展战略、推进重点领域改革、支持实体经济发展

[①] 赵彤:《供需视角下的政府社会保障支出及其影响因素分析》,《经济问题研究》2018 年第 5 期,第 19 页。

等提供了有力的资金保障。但是当前我国财政支出结构不合理问题依然突出，相比经济的发展，民生事业发展依然滞后，民生领域欠账太多。未来为了弥补民生领域的短板，更好地满足人民日益增长的美好生活需要，公共财政支出结构还需不断调整和优化。公共财政的投入应更多地倾向于医疗卫生、教育、农业、住房保障等民生领域，同时也应加大对脱贫攻坚、污染防治和创新驱动等重点领域和关键环节的支持力度。

（三）区域性财政支出结构

从地区来看，我国财政支出的区域性结构状况差距明显。地区间支出结构不平衡主要表现在两方面：一是地区间财政支出水平差距正逐步扩大，地区间财政支出总量差异明显；二是各地区间的人均财政支出总量规模差距的拉大，导致各地区间各分类财政支出人均状况差异增大，地区间公共服务水平高低悬殊。以2018年为例，从财政总支出看，东、中、西部地区的平均水平分别为7161.34亿元、6746.53亿元、4551.64亿元，东部地区明显高于西部地区（参见表5-11）。

从地区人均财政支出看，东、中、西部地区的平均水平分别为17 055.5元、11 135.52元、19 674.13元，三大区域间差异较大，西部地区明显高于东、中部地区。2018年31个省、自治区、直辖市中人均财政支出最高的西藏为57 287.12元，最低的山东为10 053.71元（参见表5-11）。

表5-11 2018年我国东、中、西部地区财政支出比较

省份	项目				
	财政支出（亿元）	国民生产总值（亿元）	财政支出占国民生产总值比重（%）	地区人均国民生产总值（元）	地区人均财政支出（元）
北京	7471.43	30 319.98	24.64	140 211	34 686.32
天津	3103.16	18 809.64	16.50	120 711	19 892.04
上海	8351.54	32 679.87	25.56	134 982	34 453.54
江苏	11 657.35	92 595.40	12.59	115 168	14 479.38
浙江	8629.53	56 197.15	15.36	98 643	15 041.88
福建	4832.69	35 804.04	13.50	91 197	12 262.61
山东	10 100.96	76 469.67	13.21	76 267	10 053.71
广东	15 729.26	97 277.77	16.17	86 412	13 863.26
海南	1691.30	4832.05	35.00	51 955	18 108.17
河北	7726.21	36 010.27	21.46	47 772	10 225.26

(续表)

省份	项目				
	财政支出（亿元）	国民生产总值（亿元）	财政支出占国民生产总值比重(%)	地区人均国民生产总值(元)	地区人均财政支出(元)
辽宁	5337.72	25 315.35	21.08	58 008	12 245.27
吉林	3789.59	15 074.62	25.14	55 611	14 014.75
黑龙江	4676.75	16 361.62	28.58	43 274	12 395.31
东部地区平均	7161.34	41 365.19	20.68	86 170	17 055.5
安徽	6572.15	30 006.82	21.90	47 712	10 392.39
江西	5667.52	21 984.78	25.78	47 434	12 193.46
河南	9217.73	48 055.86	19.18	50 152	9596.80
湖北	7258.27	39 366.55	18.44	66 616	12 266.80
湖南	7479.61	36 425.78	20.53	52 949	10 841.59
山西	4283.91	16 818.11	25.47	45 328	11 522.08
中部地区平均	6746.53	32 109.65	21.88	51 698	11 135.52
内蒙古	4831.46	17 289.22	27.94	68 302	19 066.53
广西	5310.74	20 352.51	26.09	41 489	10 781.04
重庆	4540.95	20 363.19	22.30	65 933	14 638.78
四川	9707.50	40 678.13	23.86	48 883	11 638.30
贵州	5029.68	14 806.45	33.97	41 244	13 971.33
云南	6075.03	17 881.12	33.97	37 136	12 577.70
西藏	1970.68	1477.63	133.37	43 398	57 287.12
陕西	5302.44	24 438.32	21.70	63 477	13 722.68
甘肃	3772.23	8246.07	45.75	31 336	14 305.02
青海	1647.43	2865.23	57.50	47 689	27 320.56
宁夏	1419.06	3705.18	38.30	54 094	20 625.86
新疆	5012.45	12 199.08	41.09	49 475	20 154.61
西部地区平均	4551.64	15 358.51	42.15	49 371	19 674.13

资料来源：根据《中国统计年鉴（2019）》相关数据整理计算得出。

造成我国东中西部地区间财政支出状况差异的原因,首先在于各地经济发展的不平衡。1994年以来,受地区内部产业构成、所有制构成以及国家财政税收政策等因素的影响,东部与中西部地区间的经济发展差距进一步扩大。根据表5-11,从GNP总量看,2018年东、中、西部地区的平均水平分别为41 365.19亿元、32 109.65亿元、15 358.51亿元;从人均GNP看,分别为86 170元、51 698元、49 371元,东部地区明显高于中西部地区。

以三大产业构成为例,东部地区工业基础水平较高,商品意识较强,从实施分税制以来,第二、三产业发展较快,所占比重高,第一产业所占比重低,产业结构调整合理。而大部分中西部地区产业构成变化相对较慢,许多省份工业化水平不高,第三产业发展滞后。

所有制构成对经济及财政支出的影响主要表现在沿海地区非国有经济发展快,外资企业所占比重较大,并成为支撑东部地区财政收入增长的主要支柱;西部和中部地区非国有经济发展慢,对财政收入贡献率低,影响了财政支出的规模。除此以外,分税制以来,中央对地方规范化的转移支付制度尚未建立,对区域经济的扶持政策尤其是对落后的中西部地区的扶持政策不明显,吸引外资能力缺乏,进行经济建设所需资金严重短缺。这些因素都不同程度地制约了落后地区的经济增长,也进一步导致了本地区政府财力的匮乏,以及公共支出规模水平的落后。

二、改革我国财政支出体系的政策建议

当前,我国处于实现经济高质量发展的关键阶段,社会发展和经济结构的改革内在地需要优化财政支出体系,而财政支出体系的优化也有助于构建现代财政制度,有助于提升国家治理体系和治理能力现代化水平。

(一)科学界定财政支出范围和总量

财政支出的实质,说到底是政府活动的成本。而能否界定好财政的职能范围,关键要看政府的职能究竟能否规范化。

财政支出总量取决于市场经济条件下财政支出的范围,而财政支出范围又取决于政府的职能范围和社会公共需求的范围。科学界定财政支出范围,就是要按市场经济体制的要求,凡是通过市场调节能解决好的事项,政府不应再介入;市场机制不能承担的产品和劳务,则需财政直接介入资源配置过程,提供公共产品以弥补市场失灵。

财政支出范围的调整,就是要解决财政支出范围如何按公共财政的需求进行改革的问题。从公共产品理论来看,常见的界定公共部门的原则有两种:一是以所有权归属为标准,即凡政府出资建立并直接分配其资源的机构均属公共部门;二是以机构本身活动的特点为标准,即凡其活动是非市场导向且受到政府控制的机构均属公共部门,即使是政府全资兴办的机构,只要其活动是市场导向的,也不应划归公共部门。显然,按第一个原则界定公共部门适合于我们过去的计划经济体制,体现其公共支出"无所不及"的特点,这是我们在改革中应予以剔除的。按第二个原则界定公共部门则体现了市场经济的客观要求,有利于克服国企改革的种种困难,从而促进企业改革的顺利进行和市场经济体制的尽快形成。

依据上述第二个原则很容易界定出公共部门和公共产品,问题的关键是,纯公共产品是很少的,现实中大量存在着兼具公共产品和私人产品特征的混合产品。由于混合产品特殊的"兼具"性质,不能由某一个部门单独提供,须由公共部门和私人部门共同提供。纯公共产品由公共部门单独提供无可争议,而混合产品的提供中两个部门所占比例份额如何确定又是一个难题。因为公共产品缺少市场定价,所以,一种混合产品中对公共产品份额的判断标准不同,不同时期不同国家的公共部门用于该方面的支出就不一样。

从世界各国的经济发展过程来看,财政支出范围也呈现出某种规律性。其表现如下:(1)随着经济的发展,许多具有非公共支出与公共支出"双重性质"的支出(如物价补贴、转移支付等)发生分离,非公共支出与公共支出将彻底分离,由此促成支出范围的进一步明确;(2)财政有效供给与公共有效需求的吻合度逐渐提高;(3)财政支出的目标将由传统的单纯履行政府管理职能向调节经济总供需平衡、提高资源配置效率和促进公平分配发展。

上述分析就为财政支出范围的调整提供了一个较好的参照系,依据此系可做如下调整:(1)改变"越位",即财政从竞争性行业脱身,让市场机制发挥基础性调节作用,促进经济效率的提高;(2)改变"缺位",即在基本公共服务和公共产品领域充分发挥财政职能,提高政府的供给效率,推进基本公共服务的均等化、可及性;(3)理顺中央和地方的财政分配关系,进一步明确划分中央和地方的财政事权和支出责任。

(二)建立科学的财政支出结构

科学的财政支出结构,是指能促进社会资源最有效率配置,促进收入分配公平与经济稳定增长,实现发展目标的财政支出结构。要优化财政支出结构,须从当前的结构现状出发,以市场经济的客观要求为导向,合理转变政府职能,科学确定支出的重点。其具体内容是:(1)转变政府职能,规范政府行为,加速机构改革,压缩行政费用,政府坚持过"紧日子";(2)进一步加大基础科学和基础教育的投资力度,特别要增加对不发达地区的教育投入,改善贫困地区的办学条件和教学环境;(3)增加财政对"三农"的投入,着力优化农村经济结构,改善农业的基础设施和生态环境,助力乡村振兴进程,推动农业全面升级、农村全面进步、农民全面发展;(4)继续加大对医疗卫生的财政支持,推进医疗卫生体制改革,为构建健康中国提供财力保障;(5)逐步增加社会保障支出,建立与失业救济和再就业工程相关的社会保障制度,完善职工养老、医疗、福利救济等社会保障体系。

政府职能转变的程度直接影响着公共支出结构的优化。公共支出结构的优化应当建立在政府职能转变的基础上。目前,我国正处于经济高质量发展阶段,客观上要求重新界定政府与市场之间的分工和职责。政府职能的转变包括两个方面的内容:一是政府逐步退出市场机制有效运转的经济活动领域,让位于市场;二是为逐步完善市场体系服务,并弥补市场机制的缺陷。具体说,在社会主义市场经济条件下,政府的主要职能应从直接计划、组织社会生产和流通,逐步向依靠经济和法律等手段间接调控经济、促进经济发展、保持社会稳定方面转变。在市场经济条件下,政府职能转变、机构设置科学、行政效率高是公共支出结构优化的重要标志。科学高效的行政机构设置是政府职能转变的机构保证。所以政府组织机构建设的规范程度和组织法规的完善程度直接影响着公共支出结构优化的程度。①

中央和地方政府事权的明晰界定是调整优化公共支出结构的客观依据和基本出发点。明晰而具体地划分中央和地方政府的事权范围,并以此作为划分各级政府财权和公共支出范围的客观依据,同时在收支基本相称或大体对应的基础上,才可以有效解决公共支出结构优化与公共支出效率的问题。各级政府事权的确定是优化公共支出结构的第一环节,这一环节解决得不好,其他后续环节也就必然缺乏应有的前提或客观依据。2016 年国务院印发《关于推进中央与地方财政事权和支出责任划分改革的指导意见》和 2018 年国务院办公厅印发《基本公共服务领域中央与地方共同财政事权和支出责任划分改革方案》,这两个文件对事权和支出责任的划分进行了原则性规定和具体性安排。党的十九大提出"加快建立现代财政制度,建立权责清晰、财力协调、区域均衡的中央和地方财政关系"。这就要求对中央和地方的事权与支出责任进行合理划分,对中央与地方财政收入进行合理分配,以保障中央与地方在提供公共产品与服务时的财力需求。

公共支出的强化监督和绩效考评制度是公共支出结构调整和优化的保障。

---

① 涂斌:《公共支出结构优化理论问题》,《求索》2007 年第 6 期,第 74 页。

对公共支出进行强化监管和绩效考评是优化公共支出结构、提高公共支出效益的重要举措。2005年财政部颁发的《中央部门预算支出绩效考评管理办法(试行)》、2009年公布的《财政支出绩效评价管理暂行办法》等文件基本上形成了我国财政支出绩效管理制度的架构。2018年《中共中央国务院关于全面实施预算绩效管理的意见》的出台,确立了全面实施预算绩效管理的顶层设计目标和实施方案。但是在实践中,我国尚没有形成完善、科学的公共支出绩效考评体系。部门支出往往与提供公共服务的数量、质量相脱节,项目决策由政府全权负责,公共产品供给效率、公共需求满足程度、项目效益情况缺乏定性和定量的评估报告制度,导致政府不以民众为重,形象工程、政绩工程泛滥,而民众在公共产品和公共服务上的主人翁地位没有得到保障,维权意识十分淡薄。因此,资源要得到优化配置,公共支出结构优化要得到保障,那么加快建立公共支出的绩效考评制度、保证应提供公共产品和公共服务的数量和质量的实现就十分必要。

(三) 加快落后地区经济发展,解决地区财政支出结构失衡状况

(1) 采取措施,培植财源。具体讲,应对中西部落后地区实施特别财政政策、税收优惠政策,改善投资环境,以利于广泛地吸引国内外资金,为企业注入资本,增强发展后劲。同时通过吸引外资,引进先进的技术装备、管理经验,提高产品档次,开拓市场,促进经济增长,借以实现财政收支的同步增长。

(2) 完善我国转移支付制度。转移支付应该把促进落后地区经济发展,提高社会公共服务水平,缩小地区间支出差距作为目标。具体讲,应综合各地区的税收能力、现有公共服务、全国平均公共服务水平标准、地区间差距等因素,确定中央财政对不同地区不同的转移支付数额,且转移支付应向相对贫困地区倾斜。按我国当前情况,应加大对中西部地区的转移支付,逐步缩小东中西部地区间支出水平和提供公共服务水平的差异。

(四) 强化财政支出管理

针对我国目前的财政支出状况,加强财政支出管理的根本途径是实行民主理财的原则。民主理财原则作为公共财政支出的重要原则,早在英国资产阶级反对封建主义君主制的过程中就提出来了,其深刻含义是政府的财政资金作为纳税人缴纳的税款,其使用范围和方向的确定需要有公众的民主参与。在我国,民主理财的原则是由政府的性质决定的,即公共财政作为政府财政权的基本组成部分,属于民主政治建设的范畴,政府的支出活动理应体现人民的利益。此外,从经济建设的角度讲,民主理财除了是政府取得人民信任和支持的保证之外,也是避免决策失误的有效制度保障。具体来说,按照民主理财的原则管理公共支出,应从以下几个方面着手:一是转变对公共财政支出性质的认识,即转变

财政资金是政府的资金,政府领导人有权自主决定其用途的传统观念,树立起纳税人缴钱,纳税人决定其用途的民主理财观念;二是严格按照政府提出公共支出预算草案—人民代表大会批准—政府执行的程序办事;三是建立起政府报告预算执行情况、人大监督审查的制度化渠道。

此外,在具体措施上,我们可以根据实际情况的变化,不断对财政支出的管理制度进行创新。

(1) 实行零基预算法。我国过去长期以来支出预算实行基数分配法,这种方法虽然比较简单,但实际执行结果往往造成支出刚性增长,不利于财政宏观调控。零基预算,是以零为起点编制预算,对每一个预算单位的资金需求逐项重新审核,根据其人员编制和工作任务重新确定预算资金分配计划。零基预算和基数分配法的最大不同在于,摆脱原有预算基数和不合理既成事实的束缚,公平合理地确定预算支出,避免各个预算单位之间的资金"苦乐不均"。因此,我们需要进一步研究、制定规范化的零基预算改革方案,以尽快在全国普遍推行。这对于提高我国公共支出的整体管理水平,提高财政支出的资源配置效益,将会产生重要和深远的影响。

(2) 重点支出比例控制法。为了控制重点项目支出的资金投入,确保国民经济中的重大比例关系基本协调,对一定时期内财政支出的重点项目规定数量调控界限(包括基本比例、最高限、最低限和增长幅度等),并将其纳入有关财政、预算的法律规范中。政府依据一定时期内国民经济和社会发展战略、国家产业政策等,确定支出重点,实施对重点支出比例的控制。但有一点应当注意,重点支出比例不可规定过多,以防止预算的僵化。

(3) 成本—效益分析法。长期以来,我国投资领域缺乏有效的评估手段,项目投资效果差,资源配置不合理、盲目建设、重复建设现象不胜枚举,资金浪费严重。市场经济一个突出的特点就是财政支出讲求效率,用尽可能少的支出达到既定的支出目的,取得最佳效益,所以要树立"成本—效益"观念,建立一整套效益评估的体系和方法,对各项预算支出进行详细的评估和考核,提高支出的经济效益和社会效益。

(4) 不断完善政府采购制度。政府采购是指各级国家机关、事业单位和团体组织使用财政性资金采购依法制定的集中采购目录以内的或者采购限额标准以内的货物、工程和服务的行为。实行政府统一采购制度,使政府采购行为从自由分散变为集中统一,有利于细化预算编制,强化财政对部门经费的管理和监督。政府可利用统一采购直接刺激或抑制经济发展,调整产业结构。统一采购是政府调控经济的有力手段,也有利于提高财政支出效益。实行政府统一采购制度,对购置商品进行精准计算,能提高财政支出预算的准确性。通过供货商竞价形成商品的成交价,使购进商品的价格质量比趋于合理。购货款采取由财政部门直接支付的方式,使财政部门能直接控制预算资金的流向和流量,避免了各环节对财政资金的挤占和重复采购,从而提高财政支出效益。实行政府统一采购制度,管理采购遵循公开、公正、公平的原则,采取公开招标的方式,能规范政府采购行为,为廉政建设创造良好的环境。我国于2002年通过《中华人民共和国政府采购法》,2014年予以修订。2015年3月1日国务院颁发《中华人民共和国政府采购法实施条例》。经过十几年的改革,我国政府采购制度步入法制化轨道,政府采购事业得到了长足发展,采购意识不断增强,采购理念不断更新,采购行为逐步规范化,采购规模逐年扩大。当前及今后一个时期,还需进一步致力于实现政府采购管理精细化、采购行为规范化、采购权责明晰化、采购监督科学化、采购手段电子化、采购人员专业化,以保障政府采购制度的不断完善和良好运行。

【关键术语】

公共需求 公共支出 公共支出规模 公共支出增长理论 公共支出结构 公共支出效益 公共支出绩效考评

【复习思考题】

1. 什么是公共支出？它具有哪些特征？
2. 简述科学合理的公共支出应遵循的基本原则。
3. "瓦格纳法则"阐述的基本原理是什么？
4. 公共支出的分类标准都有哪些？各自所包含的具体内容又有哪些？
5. 简述公共支出成本—效益分析的基本步骤。
6. 简述公共支出绩效考评常用的三种方法及其特点。
7. 根据个人的理解,阐述我国当前优化财政支出结构应采取的政策和措施。

【参考书目】

1. 陈共编著:《财政学》(第九版),中国人民大学出版社2018年版。
2. 邓子基:《财政理论专题研究》,中国经济出版社1998年版。
3. 付文林主编:《2018中国财政发展报告》,北京大学出版社2019年版。
4. 李银珠:《政府公共支出行为的成本—效益研究》,经济管理出版社2007年版。
5. 上海财经大学课题组:《公共支出评价》,经济科学出版社2006年版。
6. 世界经济合作与发展组织:《中国公共支出面临的挑战:通往更有效和公平之路》,清华大学出版社2006年版。

7.〔美〕阿瑟·奥肯:《平等与效率:重大的抉择》,王奔洲等译,华夏出版社1987年版。

8.〔美〕爱伦·鲁宾:《公共预算中的政治:收入与支出,借贷与平衡(第四版)》,叶娟丽、马骏等译,中国人民大学出版社2001年版。

9.〔美〕鲍德威、威迪逊:《公共部门经济学(第二版)》,邓力平等译,中国人民大学出版社2000年版。

10.〔美〕罗伯特·卡普兰、大卫·诺顿:《平衡计分卡:化战略为行动》,刘俊勇等译,广东经济出版社2004年版。

11.〔美〕罗森:《财政学(第四版)》,平新乔译,中国人民大学出版社2000年版。

12.〔美〕维托·坦奇、〔德〕卢德格尔·舒克内希特:《20世纪的公共支出:全球视野》,胡家勇译,商务印书馆2005年版。

13.〔英〕C.V.布朗、P.M.杰克逊:《公共部门经济学(第四版)》,张馨等译,中国人民大学出版社2000年版。

14.〔英〕安东尼·B.阿特金森、〔美〕约瑟夫·E.斯蒂格里茨:《公共经济学》,蔡江南等译,上海三联书店1992年版。

第六章 公共收入

【教学目的和要求】

公共收入作为公共经济学的重要组成部分在本书中居于核心位置。学生通过本章的学习,首先要掌握公共收入的概念、特征与基本原则,特别是公平和效率两大原则;其次,明确目前公共收入的主要形式,即税收、公债、公共收费收入及国有资产收入等,其中,税收由于具有强制性和稳定性等特点,成为公共收入的最主要来源;再次,在学习前两节的基础上,还应了解在经济发展的一定阶段,一国的公共收入应具有的规模和水平;最后,就我国当前的公共收入而言,着重分析其重要来源、规模、结构及存在的问题,并相应地提出一些合理化建议。

第一节 公共收入概述

一、公共收入的产生

公共收入产生于社会公共利益的需要。在人类社会的长期发展过程中,产生了一些社会的公共需要,如兴修水利、提供国防、抗御自然灾害等,这些都是人们的共同利益所在。但是,这些单靠私人的力量是很难实现的或者效率很低,于是就需要借助社会的整体力量来实现,具体则是凭借社会的公共权力来配置和使用一部分社会资源,满足社会的公共需要。而这些都是需要一定的社会成本的,公共收入也就相应而生。

公共收入虽然很早就已经存在,但是,在资本主义社会以前,公共权力以王权的形式体现出来,公共收入与王室收入是一体的,其"公共性"则以私人的形式体现。官地收入和特权收入是此时的主要公共收入类型。官地收入主要指的是君主所有土地的收入,如周天子分封天下时诸侯的"采邑"收入。特权收入指的是君主凭借其对某些自然资源,如山林、矿厂的垄断而获得的收入。16世纪至18世纪,随着西欧封建制度的解体和商业资本的形成和发展,官地收入和特权收入已经远远不能够满足公共支出的需要,公共收入类型逐步向租税收入过渡,并成为主导型的公共收入类型。实际上,公共收入直到近代才逐步发展起来。在 1688 年，英国实行君主立宪制以后，公共权力正式与王权相分离并以法律的形式固定下来，与之相对应，公共收入也取得了一种独立的形式。18 世纪的法国大革命更彻底地把公共权力交还给了大众，不仅在观念上，而且在法律制度上确立了公共权力的社会基础和历史地位。

在资本主义社会，随着社会经济的发展，公共需要的范围也不断扩大。从政府的角度来看，政府的职能范围不断地拓展。即使在自由资本主义时期，按照亚当·斯密所述，担当"守夜人"角色的政府至少也需要承担国防、司法、公共工程这几项基本的职能，已经包括了部分市场机制无法涉及的公共领域，而经济危机的周期性爆发已使人们意识到了政府干预的重要性；到了垄断资本主义时期，经济的周期性波动、社会分配的公平与效率问题、社会保障、公共医疗、公共教育……越来越多的市场机制这只"看不见的手"的"失灵"需要政府这只"看得见的手"来补救，政府的职能范围不断拓展，政府的事权也相应地扩大。从社会的角度来看，随着天赋人权、自由平等观念的深入人心，"市民社会"或"第三部门"的出现表明社会具有较强的自组织能力。政府以外的非营利性组织（如一些公益性的基金、慈善机构）在社会的经济生活中也产生了越来越重要的影响，拓展了公共需要的范围。这一切都使得公共收入的规模呈现出扩大的趋势，公共收入的概念也随之被提出和深化。

公共收入是为了满足社会共同需要而筹集的收入，且随着公共产品内涵的扩大，它基本上已经涵盖了社会共同需要的各个方面，社会共同需要也主要表现为公共产品。公共产品无法通过市场机制来有效地供给，因此就需要政府或其他公共组织通过非市场机制来提供；而为了筹集提供公共产品所需的资金，就需要相应地获得一部分公共收入。从经济活动的外部效应来看，由政府出面来弥补市场机制的不足是纠正外部效应的一个有效手段。比如由政府出面提供义务教育就可以弥补市场供给的不足。又如对于环境污染，政府一方面可以通过加大对环境保护的投入，另一方面可以通过对企业污染的惩罚措施（如罚款、收费）和强制性措施（强迫企业安装污染处理装置）来使其产量逐步达到社会最适产量。从市场失灵的角度来看，除了公共产品和外部效应外，社会分配的不公、经济的周期性波动、社会治安的维护、市场垄断的效率损失等问题也都不断拓展着政府的职能范围。综上所述，为了满足社会公共需要，提供公共产品、矫正市场失灵和经济活动中的外部效应，公共收入应运而生，且它的范围也随着经济的发展而相应地拓展。

二、公共收入与私人收入

公共收入与私人收入既有联系也有不同。私人收入是为了满足私人需要的收入,出于私人的利益;与之相对应,公共收入则是用以满足公共需要的收入,出于公共的利益。私人收入主要通过市场机制来实现。在市场经济条件下,平等的市场主体通过等价交换取得相应的收入,它们所凭借的是市场机制这只"看不见的手";而公共收入则主要通过非市场机制来实现,与市场交易不同,以政府为主体的公共组织在取得公共收入时并没有相应地支付等价的交换物,它们所凭借的是公共权力这只"看得见的手"。

从两者的联系来看,私人收入是公共收入的基础。国家为了满足公共需要,要相应地从私人部门里取得税收、费收、债收等收入;只有私人收入增加了,公共收入的增加才有保障。由于公共收入实际上等于将一部分社会资源由私人部门转移到公共部门手中,在社会总收入既定的情况下,两者往往呈现出一种互为消长的关系。相应地,公共收入的获取也应该遵循这一原则,以防止公共收入对私人收入的"挤出",即公共收入应该与一定的经济发展水平相适应,不能从私人收入中无限制地收取公共收入。

三、公共收入与政府收入

公共收入的获得凭借公共权力,而公共权力的体现和使用者就是政府。在很长的一段时期内,公共收入就表现为政府收入,尤其是税收收入。公共收入的强制性也主要体现在政府税收的强制性上。如前所述,随着社会的发展,公共收入的内涵会随之扩大。从政府收入来看,出现了税收收入与非税收收入的区分,且非税收收入所占的比重逐渐上升;从公共收入的构成来看,除了政府收入以外,还有一部分属于公共收入但又有别于政府收入的收入,如公益性团体的捐赠收入、社会公共团体的收入、非政府掌握的公共基金收入等。因此,公共收入包括政府收入,但又不仅是政府收入。但是,作为最具权威的公共组织,在满足社会公共需要、提供公共产品方面,政府有着无可替代的作用,它所凭借的公共权力也是政府以外的公共组织所无法企及的,所以,政府收入一直是公共收入最主要的组成部分。

公共收入与政府收入的不同还包含着一种理念的转变。政府收入是针对政府这个主体而言的,在一般民众的心中,似乎"政府收入"是国家的事,与自己没有什么直接的关联;而"公共收入"的提出,则直截了当地揭示出"政府收入"的内在属性和本质,即政府收入是公共收入的一个主要组成部分,它是由国家出面筹集的属于社会公众的收入,它应该以满足社会公共需要为目的。在使用上,应该由社会公众来决定,而不是由少数官僚集团以国家的名义来随意安排,它的筹集和使用应该有一套规范的程序和制度,且受社会公众的监督。在我国现阶段市场经济改革深化和公共财政建立的过程中,这一点尤其需要明确。

四、公共收入的含义

根据以上分析,我们可以对公共收入做以下界定:公共收入是为了满足社会公共需要,凭借公共权力,由以政府为代表的公共组织向私人部门和个人筹集的一种收入。它标志着一部分社会资源由私人部门转向公共部门,公共收入的筹集和使用应当由社会公众来决定和监督。

公共收入主要有如下几种形式:税收、公共收费、公债、国有资产效益,它们都是以公共权力为依托,并且为公共目的服务的。长期以来,对于公共收入的研究主要关注税收和公债,而忽略了公共收费和国有资产效益。全面看来,公共收入或者说财政收入的来源并非只有税收,尽管税收是各国公共收入中最经常和最重要的来源。按照国际货币基金组织的统计方法[①],财政收入可以分为两大类:一为经常性收入,一为资本性收入。前者除了税收收入外,还包括若干非税收收入,比如向消费特定公共产品的使用者收取的费用、罚款与没收的收入、公有企业的利润上缴等。资本性收入包括政府持有的固定资本性资产的销售收入,政府的战略性物资库存的销售收入,土地、森林、内河和地下矿藏的销售收入,以及非政府来源的、不偿还的资本性转移收入等。在这两大类公共收入来源中,经常性收入更为重要,其中税收收入居于核心地位。

在经常性的财政收入中,各类非税收收入有一个特点,就是不像税收那样具有无偿性,而是将收费较直接地与当事人从公共活动中的受益联系了起来。非税财政收入有广义和狭义之分。狭义的非税财政收入是指"政府为了公共利益而征收的所有非强制性、需偿还的经常收入"[②]。在政府财政统计里,规范的狭义非税收入其外延包括五项内容[③]:

一是经营和财产收入。指来自非金融公共企业和公共金融机构如邮局、中央银行、国家彩票、电力公司、码头当局及货币当局(铸币收入)的净利润或利息转移;来自各级政府机构所属企业(军工厂、政府印刷局、建筑单位及出租少量房屋的单位)面向公众的营利性销售的现金经营盈余;以及特许使用费、利息、股息、土地租金等其他财产收入。

二是管理费和收费。亦即使用费和规费,主要项目有:公立医院和诊所的收费,公立学校的学费,公立博物馆、公园以及文化和娱乐场所的入场费,许可证费、驾驶执照费、法庭费、法院裁定费等。

---

① 国际货币基金组织:《政府财政统计手册》,中国金融出版社1988年版,第104—133页。转引自刘宇飞:《当代西方财政学》,北京大学出版社2000年版,第428页。
② 世界银行:《1988年世界银行发展报告》,中国财政经济出版社1988年版。
③ 卢洪友:《非税财政收入研究》,《经济研究》1998年第6期,第55—61页。

三是罚款和没收。指与违反税收规定无关的罚没收入（违反税收规定的罚没收入划归税收收入），主要包括交通罚款、刑事罚款、法庭罚款、法院裁定罚款及其他罚没收入。

四是政府内政府雇员养老金和福利基金缴款、武装部队退休基金的雇员缴款、教师退休基金的教师缴款（公办教师）及来自其他各级政府的雇员缴款。

五是其他非税收入。包括来自私人部门的赠予和自愿捐款等。

广义的非税收入，除上述内容外还有债务收入，以及财政实践中很少被采用的财政性货币发行，即"通货膨胀税"收入等。

在西方市场经济国家里，税收是公共收入的主要形式，税收收入占公共收入的比例通常在90%以上。这不仅是因为税收具有强制性、无偿性、固定性等特征，能保证政府及时、可靠、无偿地取得财政收入，更重要的是因为市场经济中的政府主体与微观经济主体之间的经济关系本质上是一种平等的"委托—代理"关系，即纳税人将税款交给政府，由政府集中提供公共产品，微观主体从公共产品的消费中受益。税收是政府用来分摊大部分公共产品生产的成本费用的一种最为有效的社会分配机制，公共产品生产的成本费用也可采用非税方式（如使用费）分摊。随着社会经济的发展和技术进步，政府甚至还可把越来越多的公共产品交给私人提供或干脆将某些公共产品转为私人产品。但就目前的条件看，大部分公共产品仍属联合消费或共同受益的性质，由政府通过"税收—公共支出"机制提供往往比采用其他方式提供更为可靠、更为有效。

根据上述分析，西方国家狭义的非税收入的内涵和外延的要素包括：(1) 非税收入的征收主体是各级政府；(2) 非税收入的征收目的是实现公共利益，而不是出于特定部门、单位、个人的局部或私利需要；(3) 非税收入的征收范围一般限定在能够按受益原则确定特定消费者的公共产品或劳务的项目内，它只能在市场领域与一般政府活动两极之间的规制领域内发挥分配和调节作用；(4) 非税收入的征收标准通常要低于政府提供该种产品或劳务的平均成本，平均成本与收费间的差额（实际上是对使用者的补贴）要靠税收弥补；(5) 非税收入的基本特征是非强制性（规费具有半强制性）和偿还性，政府不能为了收费而强迫消费者接受其服务或产品，更不能只收费不服务；(6) 非税收入依法管理，其项目和标准要依法确定，调整、变更以及资金征集和使用要依法进行，非税收入和支出应纳入财政预算管理，预算以外不允许存在政府的分配活动。

五、公共收入的特征

（一）公共性

这是公共收入区别于私人收入的一个最主要的特征。公共权力产生于社会共同需要,公共收入作为公共权力在经济方面的表现,同样源于社会的共同需要。在财政史上,"公共财政"是否定西方"家计财政"的产物。① 家计财政是"朕即国家"的专制王权在财政类型上的体现。此时专制君主凭借个人财产获得经营收入和特权收入,使得财政可以脱离社会公众的根本约束和控制,着重服务于君主个人而不是为市场提供公共服务。而公共财政是在反对封建国家的过程中,通过抛弃旧财政制度、创造新财政制度而逐步形成的。公共财政的形成是资产阶级斗争的结果。资产阶级夺取公共收支的最后控制权,是公共财政形成的根本标志。资本和市场最终决定着政府的收支,从而确保政府的收支活动从根本上必须遵循公共性的要求和利益,即只能进行"公共性质"的收支活动,而从总体上剔除了政府收支中的私人财务内容。随着公共财政的诞生,公共收入的"公共性"也就由纸上谈兵变为切实的存在,并进而成为社会公众行使公共权力的经济基础。

(二) 强制性

由于公共收入的获得主要以公共权力为依托,而公共权力的一个主要特点即强制性,相应地公共收入也就具有了强制性的特征。如果说私人收入的获得与使用具有充分意义上的私人自由与自愿的性质,那么公共收入则具有公共的强制性。这一特点主要源于搭便车所引起的公共产品供给不足的问题以及实现政府其他职能的需要。正是政府作为公共产品主要供给者的角色,决定了政府所获得与使用的公共收入必须能够保证政府职能的实现,满足社会公共需要。如果在公共收入的获取与使用中遵循自愿原则,最后只能导致混乱的无政府状态。

(三) 规范性

相对而言,私人收入具有非规范性的特点,其获取与使用缺乏制度化的规定与保证,体现为一定程度的主观随意性,因而对其所进行的评价也缺乏科学统一的标准,可变因素较多。相反,公共收入从诞生之日起就具有内在的制度含义和外在的制度约束,其获取与使用都是有章可循的。同时,与封建君主的"家计财政"相比,随着社会的发展,公共收入要依据一定的法律和规章制度,不能随意地收取。公共收入的种类、规模、征收对象、征收手续、资金管理、使用方向等都有明确的制度规定,因此具有规范性。

(四) 稳定性

这实际上是公共收入的强制性与规范性的必然推论。正是因为公共收入的征收与使用具有强制性,而且又有制度化的规定与保证,所以公共收入具有客观

---

① 张馨等:《当代财政与财政学主流》,东北财经大学出版社2000年版,第26—29页。

的稳定性。虽然由于经济现象的复杂性与多变性,信息的不确定性以及人的有限理性,公共收入在结构方面会有所变化,在数量上会有上下波动,严重时甚至会出现政府的瘫痪,但是从根本上说其具有稳定的收入来源与一定的数量保证。

六、公共收入的原则

政府提供必要的公共产品是公共收入形成的主导原因,而公共收入的取得又要遵循一定的原则。作为经济和伦理问题,公共收入的原则是一个历史悠久的话题。从威廉·配第到亚当·斯密、让-巴蒂斯特·萨伊(Jean-Baptiste Say)、阿道夫·瓦格纳(Adolf Wagner),都对公共收入的原则做出过充分的论述。税收收入是公共收入的主要部分,因此公共收入的原则更多的是以讨论税收原则的方式表现出来。这里着重介绍税收原则,同时简要论及收费原则与公债原则。

(一) 税收原则

具体来看,税收的原则包括公平原则、效率原则、适度原则以及法治原则等,但主要可以归结为税收的公平原则与效率原则。

1. 税收的公平原则

税收公平原则,简而言之就是纳税的平等。它包括社会公平与经济公平两个方面的含义。其中,税收的社会公平,最早指的是税额的绝对公平,即要求每个纳税人都应缴纳相同数额的税。反映在税收实践上,就是定额税和人头税的盛行。瓦格纳将公平的标准从绝对公平发展到相对公平,提出了"四项九端原则"。相对公平又分为"横向公平"和"纵向公平"。所谓横向公平,就是纳税能力相同的人应负担相同的税;而纵向公平,就是纳税能力不同的人,负担的税负不应相同。横向或纵向是否公平在实践中是很难操作的,因为难以精确衡量人们之间在经济能力或纳税能力方面的同异程度。

尽管如此,经济学界一直存在着关于衡量公共收入征收公平与否的两种主张,即受益原则和能力原则。[1] 受益原则要求纳税人根据其从公共服务中获得的利益纳税,即政府所提供的产品或劳务的成本费用的分配要与社会成员从中所得效益相联系。能力原则又称为能力支付原则,简言之就是按照每个人的支付能力纳税,实际上包括两层含义:一是国家税收应以纳税人的支付能力为依据,二即前面所论述的横向公平与纵向公平原则。

现代经济中,税收原则不仅包括社会公平,还包括经济公平。税收的经济公

---

[1] 解学智、刘尚希主编:《公共收入》,中国财政经济出版社2000年版,第39—40页。

平包括两个层次的内容:首先是要求税收保持中性①,即对所有从事经营的纳税人要同等对待,以便为经营者创造一个合理的税收环境,促进经营者进行公平竞争(极端的税收中性原则反对税收对自由经济的任何影响)。其次是对于客观上存在的不公平因素,如资源禀赋差异等,需要通过差别征税实施调节,以创造大体同等或说大体公平的竞争环境。

2. 税收的效率原则

税收效率原则,即税收征收的所得和所费的关系,尽可能增大所得和尽可能减少所费。从资源配置的角度看,税收要有利于资源配置的效率;从经济机制的角度看,税收要有利于市场机制的有效运行;从税务行政的角度看,税收行政要讲究效率,税收制度要简便,征税成本与纳税成本最小化,使既定条件下的税收收入最大化。②

税收效率可以分为税收的行政效率和经济效率。行政效率,也就是征税过程本身的效率,它要求税收在征收和缴纳过程中耗费成本最小;经济效率,就是征税应利于促进经济效率的提高,或者,至少对经济效率的不利影响最小。

税收的行政效率,可以用税收成本率,即税收的行政成本占税收收入的比率来反映。税收的行政成本既包括政府课税的执行费用,也包括纳税人为纳税而耗费的缴纳成本,即西方所称的"奉行成本"③。亚当·斯密和瓦格纳所得出的"便利、节省"原则,实质上就是税收的行政效率原则。便利原则强调税制应使纳税人缴税方便,包括纳税的时间、方法、手续的简便易行。节省原则,即亚当·斯密和瓦格纳所称的"最少征收费用原则",强调征税费用应尽可能少。

税收的经济效率是税收效率原则的更高层次。这实际上是指税收对社会资源配置和经济运行机制的影响情况。它的第一个层次是要求税收的"额外负担"最小。所谓额外负担,一是指资源配置方面的额外负担;二是指征税可能对市场经济运行机制造成的不良影响。为了尽可能地减少额外负担,政府应选择合理的征税方式。通常认为根本途径在于保持税收中性。税收中性一方面是指政府征税使社会付出的代价应以征税额为限;另一方面是指政府征税不应超越市场而成为影响资源配置和经济决策的力量,要尽可能地发挥"看不见的手"的

---

① 实际上,税收中性原则本身就经历了一个复杂的演变过程,详见张馨等:《当代财政与财政学主流》,东北财经大学出版社2000年版,第5章"税收原则论"。

② 解学智、刘尚希主编:《公共收入》,中国财政经济出版社2000年版,第42页。

③ "税务奉行成本费用"指纳税人为依法履行纳税义务而耗费的各种成本费用,它既包括了纳税人按税法要求直接办理纳税登记、纳税申报和缴纳税款等纳税事务所支付的费用,也包括纳税人雇用税务师、会计师来完成纳税申报所支付的费用,发生税务纠纷时所花费的律师费用和诉讼费用,纳税人报送纳税申报表和相关材料所耗费的通信、交通费用,以及企业为个人代扣代缴税款等。

作用。实际上,税收中性只是一种理想模型,在实践中只能趋近而无法完全实现。税收经济效率的第二层次的要求是保持"税本"。① 瓦格纳提出了税收的国民经济原则,包括税源选择原则和税种选择原则。其中,税源选择原则要求为保护和发展国民经济,使税收趋利避害,政府征税应慎重选择税源。在国民经济中税源通常表现为总收入、纯收入(所得)、资本财产、非资本性财产等。税种选择原则则认为应优先选择那些不易转嫁的税种,如将所得税作为主要税种。

(二) 收费原则

有学者指出,公共收费主要是和可售性公共产品相联系的,也就是说纳入公共收费范畴的是具有部分私人性质的准公共产品。唯其如此,政府生产和提供该类产品才具有直接引入市场机制的可能性,这是公共收费得以存在的理由。②

相比较而言,税与费的根本差异在于收入原则的不同。税收是政府为了满足社会公共需要,实现其职能而强制地、无偿地和规范地征收的收入。而公共收费则体现了公共部门和消费者的交易关系。公共收费并不是无偿的,而是依据受益原则和受益与付费相对称的原则而有偿收取的收入。因此,公共收费明显地体现出社会公众的自主自愿原则,采取"谁使用,谁付费"的办法来征收。公共收费的这种直接受益和自愿付费原则使得其收取主要体现市场交换规律,基本上排除了利用公共收费进行再分配的可能性。对于政府来说,采取公共收费的形式提供部分公共产品,能够有效地减少税收压力;而对于消费者来说,"谁受益,谁付费"的原则依然是一种公平的体现,而且便于对政府的运作进行监督,确定政府作为与不作为的合理界限。

需要特别指出的是,公共收费的原则在实际执行中较为复杂,尤其是在中国更为如此。这不仅在于公共收费的标准难以精确确定,而且更重要的还在于税和费的无偿差异往往难以区分。这也是造成"以费代税"和"以费挤税"的原因之一。经合组织在税与费的分类中指出,在满足下列条件时,公共收入的征收可视为无偿的,即可以认为是税收:(1)政府征收的收入大大超过其提供该类产品或服务的成本;(2)费用的缴纳者并非直接受益者;(3)政府并不根据所征收的收入份额提供给费用缴纳者任何特殊服务;(4)即使只有付费人受益,但每个付费人并非必然按其所付的份额得到相应比例的受益。这从另一个侧面说明公共收费的原则仅在于受益的直接性和受益负担的直接对称性。③

---

① "税本"即税收的本源。通常认为,国民生产是税本,国民收入是税源。原则上,税收只能参与国民收入的分配,而不能伤及国民生产。
② 解学智、刘尚希主编:《公共收入》,中国财政经济出版社 2000 年版,第 45—46 页。
③ 同上书,第 47 页。

(三) 公债原则

公债是以公共部门作为债务人而形成的债权债务关系。公债收入的形成是基于信用原则的,即公共部门在利用公债筹资的同时也承担了未来还本付息的义务。在公共收入中,公债的信用原则是其区别于其他公共收入的根本性特征。与税收相比较,公债的信用原则使得公债不仅要有偿而且要体现自愿原则。而与公共收费相比较,二者都具有有偿性,但是公共收费的有偿性主要是一种效益即期兑现的收入,而公债的有偿性则构成了公共部门的负担,其现期获取收入是以将来还本付息为代价的。

20世纪初以来,随着各国政府对公债融资手段运用频率的提高和规模的扩大,尤其是"大危机"以后公债发行支撑的财政赤字扩张政策成为启动经济增长、抑制经济萧条的经常性手段,人们不再沿用"公债有害论"的观点去看待与分析现实的财政经济实践与政策制度变迁,而是把注意力更多地放到研究需要多大规模的公债发行才能对必要的财政政策起到应有的支持作用,以及公债发行机制应如何进一步市场化。尤其是随着国民经济的日益市场化与货币化,以及金融自由化与利率波动的频繁,经济学家也把更多的注意力放在了分析如何建立公债流通市场,如何通过公债交易建立市场基准利率机制,以引导金融市场的正常运行等方面来。[1]

第二节 公共收入的主要形式

公共收入的主要形式有税收收入、公债收入、国有企业收入、公共收费收入、国有资源收入、公共性基金收入、捐赠收入等。其中最主要的公共收入形式是税收收入、公债收入、公共收费收入和国有资产收入。

一、税收收入

这部分主要介绍税收的概念、税收存在的原因与特征、税收的构成要素、税收的分类、税收的负担和转嫁、税收的经济作用和经济效应等税收原理,以及我国现行税收管理体制、存在的问题与改革思路。

(一) 税收的概念

经济学家们普遍认为,税收的作用在于为满足政府开支的需要而筹集稳定

---

[1] 张馨等:《当代财政与财政学主流》,东北财经大学出版社2000年版,第290页。

的财政资金。税收具有强制性,它可以直接向公司或居民征收。① 它是政府向人民所征收的一种强制分担,与政府给予纳税人的劳务报偿无关,亦异于对任何违法者所征收的罚金。②

在当代,一些权威的工具书直接接受了经济学对税收的定义,例如《新大英百科全书》认为:"在现代经济中,税收是国家财政收入最重要的来源。税收是强制和固定征收的,它通常被认为是对政府财政收入的捐献,用以满足政府开支的需要,而并不为了某一特定的目的。税收是无偿的,它不是通过交换来取得。这一点与政府的其他收入大不相同,如出售公共财产或发行公债等。税收总是为了全体纳税人的福利而征收,每一个纳税人在不受任何利益支配的情况下承担了纳税义务。"③

而日本《现代经济学词典》则将其定义为:"税收是国家或者地方公共团体为筹集满足社会公共需要的资金,按照法律的规定,以货币形式对私人的一种强制性课征。"④日本税法学家金子宏教授指出:"税,不是作为国家对特别支付的一种补偿,而是国家以实现为提供公共服务而筹集资金这一目的,依据法律规定向私人所课的金钱付给。"⑤

目前,"税收是法律的创造物"已成为一个普遍公认的认知,即税收只有获得了法律上的认可和授权才能获得其合法性和正当性。国家依法征税,公民依法纳税已成为税收征纳活动的基本常识。⑥ 如果没有法律的规定,国家便不能进行税收活动,公民也不需要承担纳税的义务。从这种意义上来看,税收活动在本质上就是一种法治活动。

英国学者巴斯泰布尔认为,税收法律规定了缴纳的税额、方式、时间以及课税主体,而没有接受纳税人意见的余地,这体现了税收的强制性和义务性。⑦ 而公民的纳税义务则来自公民的自愿承诺。因此,拒绝纳税的实质就是对其承诺的违背,在此情况下,国家有权依据税法对违约者进行强制性制裁。

还有学者认为,税收是国家向民众提供公共产品和服务而收取的"价格"。如布坎南认为:"税收是政府为公共服务筹集而取得收入的一种正常途径。如果我们考虑一种'交换'的财政过程,税收便是人们取得公共活动利益而支付的'价格'。"⑧

---

① David W. Pearce, *The Dictionary of Modern Economics*, McGrow-Hill Book Company, 1984, p. 347.
② 於鼎丞编著:《税收研究概论》,暨南大学出版社 2003 年版,第 1 页。
③ *The Encyclopaedia Britan*, Vol. 17, Helen Hemingway Beriton Publisher, 1973-1974, p. 1076.
④ 曾繁正、赵向标等编译:《税收管理》,红旗出版社 1998 年版,第 2—3 页。
⑤ 〔日〕金子宏:《日本税法》,战宪斌、郑林根等译,法律出版社 2004 年版,第 7 页。
⑥ 陈丹:《论税收正义——基于宪法学角度的省察》,法律出版社 2010 年版,第 13 页。
⑦ 转引自徐孟洲主编:《税法学》,中国人民大学出版社 2005 年版,第 2 页。
⑧ 〔美〕詹姆斯·M. 布坎南:《公共财政》,赵锡军等译,中国财政经济出版社 1991 年版,第 323 页。

另有学者指出,税收是国家进行资源配置调节经济的一种手段。国家通过对税制结构、税率等方面的调整引导资源更有效率的配置。按照凯恩斯学派的观点,税收也是国家进行反周期经济调节的工具。

尽管以上观点各有差异,但其中也有一些具有共性的观点:

(1) 税收的征收主体是国家。作为公共利益的代表,只有国家才有权力向公民征税。

(2) 税收的征收凭借国家的政治权力,税收分配的主体是政府。国家的政治权力是征收税收的前提,也只有政治权力具有的强制性才能为税收的合法征收提供保证。只有政府才拥有强制性的政治权力,因此征税的权力只有政府(中央和地方政府)才有。

(3) 税收的征收具有强制性、固定性和无偿性。

(4) 税收的目的是满足国家日常开支和社会公共福利的需要。

综上所述,我们可以对税收做如下定义:税收是政府为了满足其日常开支和社会公共福利的需要,遵照一定的法律程序,凭借其政治权力强制、固定、无偿获取财政收入的一种财政分配形式。它体现了国家和纳税人之间特定的分配关系,是公共收入的一种基本形式。

(二) 税收存在的原因及特征

税收之所以存在,通常的一种说法是为了维护国家日常开支和社会公共福利的需要。亚当·斯密在1776年就曾在《国富论》中指出:"公共资本和土地,即君主或国家所特有的二项大收入源泉,既不宜用以支付也不够支付一个大的文明国家的必要费用,那么这必要费用的大部分就必须取自这种或那种税收,换言之,人民必须拿出自己的一部分私人收入,给君主或国家,作为一笔公共收入。"[①]

而从税收是国家提供公共产品和劳务的"价格"的角度出发,税收是解决公共产品消费时搭便车行为的一个有效手段。由于公共产品在消费中非竞争性和非排他性的特点,它对消费的效率价格为零,人人都可以消费公共产品而无须支付任何成本。但是,公共产品的供给却是有成本的,它必须占用和消耗一定的稀缺性资源。由于无法直接向公共产品的消费者收取相应地费用,公共产品消费中的搭便车行为便产生了。而公共产品消费的特征,使得搭便车的问题无法通过市场机制来解决。税收征收与受益的非直接对称性使得它可以作为公共产品和劳务的"价格"的形式而存在,弥补提供公共产品和劳务的成本,从而提高公

---

① 〔英〕亚当·斯密:《国民财富的性质和原因的研究》,郭大力、王亚南译,商务印书馆1972年版,第383页。

共产品的供给效率。

税收的主要特征有：

(1) 强制性。指税收是国家凭借政治权力并运用法律、法规以及相应地强制手段而课征的。税收分配关系是国家凭借政治权力，通过立法程序而确立的，不论纳税人是否自愿都必须缴纳税款。同时，税收强制性还体现为对纳税人没有履行纳税义务而采取的强制性惩罚措施。

(2) 固定性。指的是国家在征税以前，就预先规定了征税对象、纳税人、课税标准以及征收方式等各方面的规范，征纳双方都必须共同遵守，不能随意变动。税收的固定性还体现在税收不是可以无限制地征收的，它只能够按照法律确定的标准有限地征收。

(3) 非直接对称性（无偿性）。与公共收费、公债等公共收入形式在取得时的相应有偿性相比，税款在国家征收以后即归国家所有，不再直接归还给纳税人，也不向纳税人支付任何直接对应的报酬。

(三) 税收的构成要素

税收的构成要素有纳税人、课税对象、税率、计税依据、纳税环节、纳税期限和减免税及违章处理等。其中最基本的要素为：纳税人、课税对象和税率。

(1) 纳税人，也叫纳税义务人，即法律上规定的直接负有纳税义务的单位和个人。它可以是自然人也可以是法人。纳税人一般是应纳税款的缴纳者，但有时并不直接向税务机关缴纳税款，而是由代扣代缴人代为缴纳。代扣代缴人，即法律规定有义务从自己持有的纳税人收入中扣除其应纳税款并代为征缴的机关和单位。

(2) 课税对象。指对什么东西或者什么行为征税，即征税的目的物。它可以是物，也可以是人的某项特定的行为。它也是区分不同税种的一种标志。

(3) 税率。即征税数额与征税对象之间的比率。它一般分为比例税率、累进税率和定额税率（按单位征税对象，直接规定固定税额而不采取百分比的形式）。

比例税率，即应征税额与征税对象数量之间存在等比例的关系的税率，同类征税对象的负担相等。比例税率又分为统一比例税率和差别比例税率两大类。统一比例税率是指同一个税种只设一个比例税率，所有纳税人都按同一税率纳税。差别比例税率指同一个税种设置两个或者两个以上的比例，不同的纳税人根据不同情况分别按照不同税率计算纳税。

累进税率，即随着征税对象数额的增大而提高的税率。具体做法就是：按照数额的大小把征税对象划分为若干个层级，按照从低到高的顺序分别适用不同的税率。它主要用于所得课税和财产课税。累进税率又分为全额累进税率和超额累进税率。全额累进税率,即将课税对象全部数额作为计税依据,按最高边际税率计算税额的一种税率。超额累进税率,即虽然将课税对象全部数额作为计税依据,但分别按照课税对象各个等级所适用的相应税率计算税额的一种税率形式。

(4) 计税依据。即所谓的"税基",也就是计算应纳税额的依据。计税依据可以分为两类:一是计税金额,如销售额、所得额等,它主要是从价税的依据;二是计税数量,即课税对象的体积、面积、重量等,它是从量税的依据。

(5) 纳税环节。即税法规定征税对象在流转过程中应当缴纳税款的环节。对于应税的商品和劳务,税法必须明确规定它应在流转的哪一个或哪几个环节纳税。

(6) 纳税期限。即纳税人在发生应税义务后,向税务机关缴纳税款的期限。不同税种的纳税期限有着不同的特点,有的实行按次纳税,有的实行按期纳税。

(7) 减免税和违章处理。减免税指的是对税法规定的某些特殊情况给予减轻或者免除税收负担。它的具体形式有:税基式减免、税率式减免和税额式减免三种。违章处理指的是对纳税人违反税收法规行为所采取的惩罚性措施。它的主要形式有:征收滞纳金、罚款、税收保全、追究刑事责任、税务复议等。违章处理是税收强制性的重要体现。

(四) 税收的分类

1. 按照课税对象:流转课税、所得课税、财产课税、行为课税和资源课税

流转课税,是指以商品或劳务的流转额为课税对象而征收的一种课税。其计税依据是商品销售额或者营业收入额,一般采用比例税率。我国目前的增值税、营业税、消费税和关税都属于流转课税。

所得课税,是指以单位、个人的各项纯所得为课税对象的课税。有企业所得税和个人所得税两类,一般采取累进税率,多得多征、少得少征、不得不征,以体现公平税负的原则,收入弹性较高,也是国家调节收入分配、维护社会公平的手段。

财产课税,是指以各种动产和不动产为对象的课税。它的来源是财产的效益或财产所有人的收入。目前我国的房产税、车船使用税、契税等税种都属于财产课税。

行为课税,是指以纳税人的特定行为为对象而征收的税种。如固定资产投资方向调节税、印花税、屠宰税都属于行为课税。

2. 按照计税依据:从价税和从量税

从价税,即以课税对象的价值为计税依据而征收的税种,实行比例课税或者累进课税。其税基可以是销售额、营业额、所得额,也可以是财产转让额等。

从量税,是以课税对象的实物量为标准而征收的一种课税,如按照建筑面

积、货物重量、计件数量等标准征收的税种。

3. 按照税收与价格的关系:价内税和价外税

价内税,即税金包含在商品价格内的税种,由此而形成的计税价格被称为含税价格。采用价内税,税收收入随着商品、劳务的销售而实现,有利于税款的及时入库,且计税简便。

价外税,则是税金不包含在商品价格内的税种,它只是价格的一个附加部分。它有利于价税分离,对劳务征税常采用此形式。

4. 按照税负是否能够转嫁:直接税和间接税

直接税指的是由纳税人直接负担税款,税收负担不容易转嫁的一类税,其纳税人和负税人往往是同一个人。间接税是指纳税人能够将税收负担转嫁给他人的一类税。如增值税、消费税等,其纳税人与负税人往往分离。

5. 按照税收的管理和使用权限:中央税、地方税和共享税

实行分税制财政体制的国家,往往将税收划分为中央或地方以及中央和地方共享的财政收入。中央税,指的是税收立法权、管理权或收入支配权归中央的税收;地方税,指的是税收立法权和税收管理权、收入支配权归地方的税收;共享税,则是由中央和地方按照一定比例分配后支配使用的税种。

我国自1994年实行分税制以来,划归中央税的税种有关税、消费税、海关代征的增值税、中央企业所得税、地方银行和外资银行以及非银行金融企业所得税等。划归地方税的税种有营业税(不包括金融机构、保险公司以及各银行部门缴纳的营业税)、地方企业所得税(不包括地方金融机构)、个人所得税、农业税、城市维护建设税、城镇土地使用税、固定资产投资方向调节税等。共享税有增值税(中央75%,地方25%)、资源税、证券交易税等。

6. 按税收的形态标准:实物税和货币税

按税收的形态标准划分即以纳税手段是实物还是货币为标准对各税种所进行的一种分类。如中国奴隶社会的"贡""彻""粟米之征""布帛之征",封建社会的"田赋"等,都属于实物税。实物税是商品货币经济不发达的产物,它使政府直接掌握实物形态的社会产品,在一定程度上方便了社会供给,但却不便于税收的缴纳和征收管理。现在世界各国已极少或几乎不采用实物税。

7. 按税种的独立性标准:正税和附加税

附加税是"正税"的对称,即随正税按照一定比例征收的税。其纳税义务人与独立税相同,但是税率另有规定。附加税以正税的存在和征收为前提和依据。从中国现行税制看,附加税包括两种:一是根据正税的征收同时加征的某个税种,通常以正税的应纳税额为其征税标准。如城市维护建设税即以增值税、消费税的税额作为计税依据。二是在正税征收的同时,再对正税额外加征的一部分

税收,通常按照正税的征收标准征收。如与外商投资企业和外国企业所得税同时征收的地方所得税,即附加于外商投资企业和外国企业所得税按照一定比例(应纳税所得额的3%)加征的税收。我国现今附加税的征收通常都有税法指明的特定目的,如增加社会福利、发展教育以及满足地方政府的财政需要等。

8. 以课税主体与课税客体为标准:对人税和对物税

"对人税"亦称人税,这是资本主义国家最早对税收的划分,也是最早的税制构成。早期的对人税就是按人口对每人课税,这类税不分阶层,一般按户或按口征收,如当时的人头税、人丁税、户捐、什一税等。

"对物税"亦称物税、客体税,通常以课说对象的收益额、流转额、数量、外部特征为课税标准,依课税对象的不同设计税率,如对财产征税、对商品征税等。对物税的优点在于:征税面宽,税源大;对商品经济活动可以进行多方面的调节;征收简便,对象明确。对物税的不足在于:贫富负担同等的税收,有失公平;税收收入受经济影响波动大,不够稳定;在实行价内税时,如若税负不当,还会影响物价。因此,对物税应选择大宗、固定、易于课征的物品征税,以求得收入的稳定和充足。也可选择对奢侈物品按较高税率课征税收,以调节消费和收入分配。

（五）税收的负担和转嫁

税收负担,指的是纳税人因为国家课税而承受的经济负担,它主要分为宏观税负和微观税负。宏观税负,指的是一个国家的总体税负水平,一般用一国一年的税收收入总额与该国当年的国内生产总值相比来表示,即 T/GDP；微观税负,指的是微观经济主体的税收负担,具体则是个人负担和企业负担。个人税收负担,一般用个人总收入负担率和个人单项收入税收负担率来表示；企业税收负担,一般以企业赢利综合税收负担率和企业利润负担率等表示。[①]

此外,税收负担还可以分为名义税负和实际税负。名义税负,指的是由名义税率所决定的税收负担水平；实际税负,指的是纳税人由实际缴纳税款而承担的税收负担。由于税收减免以及偷漏税等情况的存在,实际税负往往低于名义税负。

税收负担的转嫁这一说法,最早是由英国重商主义学者托马斯曼在《英国得自对外贸易的财富》中提出的。税收负担的转嫁,指的是纳税人在市场交易过程中,通过变动价格的方式将其所缴纳的税款,部分或全部转由他人负担的一种经济现象,即纳税人与负税人全部或部分分离。

税收负担的主要形式有:（1）前转,即纳税人将其所纳税款沿着商品运动方向,通过提高商品销售价格的方法,向前转嫁给商品购买者的一种税负转嫁形

[①] 解学智、刘尚希主编:《公共收入》,中国财政经济出版社2000年版,第189页。

式。(2)后转,即纳税人将其所纳税款按照商品运动的反方向,通过压低商品价格等方法,将其向后转嫁给商品销售者负担的一种转嫁形式。(3)辗转转嫁,是指从进行课税后到实现最后归宿的这一过程中,税负的转移可以发生数次。(4)混合转嫁,又称为散转,是指同一税额一部分前转,另一部分后转。(5)消转,又称为转化或扩散转移,是指纳税人通过改进生产工艺、改善经营管理或改进生产技术等方式,使纳税额在生产发展和收入增长中自我消化,不归任何人承担。(6)税收的资本化,指生产要素购买者所购买生产要素将来应缴纳的税款,从要素购入价格中预先扣除,然后名义上虽由买主按期纳税,但税负全部由卖方承担的一种税负转嫁形式。

(六)税收的经济作用

1. 组织财政收入的作用

由于其强制性和无偿性,税收可以为国家取得稳定的财政收入。这也是税收最基本的职能。税收历来是国家财政收入的主要来源。从19世纪末到20世纪80年代,西方各主要国家的税收,一般都占财政收入的80%以上,例如美国税收收入总额占财政收入的比重已超过90%。中国在1950—1984年间,由于国营企业除向国家纳税之外,还上缴利润,税收收入占财政收入总额的比重仅为50%。从1985年以后,由于先后分两步实行利改税,原来国营企业向国家上交的利润改为缴纳所得税,税收收入占财政收入的比重大幅度上升,1985—1990年都达到90%以上。

2. 调节经济的作用

这主要体现在四方面:一是累进税率的"自动稳定器"职能,可以减少宏观经济的波动,从而保持经济的稳定。凯恩斯学派的主要成员伯恩斯指出:"累进所得可以随繁荣时期国民收入的上升而自动增多,随萧条时期国民收入的自动减少而下降……所以,它能够不经过临时调整税率而起到一种'自动调节的作用'。"二是税收的"乘数效应",即税收的增减能够成倍地引起投资规模的变化,进而对国民经济的发展产生影响。三是调节供给和需求在总量上和结构上的平衡。对于总量的调节是通过税负政策的变化而实现,对结构的调节主要是通过商品课税、所得课税和投资支出课税的调整来实现的。四是可以配合国家的发展战略对产业结构进行调整和引导。

3. 收入分配作用

国家可以通过对企业所得的课税调节国家与企业的利润分配,同时通过个人所得税缩小收入的差距,维护社会收入分配的大体公平。例如,2016年3月24日,财政部、国家税务总局向社会公布了《营业税改征增值税试点实施办法》

《营业税改征增值税试点有关事项的规定》《营业税改征增值税试点过渡政策的规定》和《跨境应税行为适用增值税零税率和免税政策的规定》。2016年5月1日起,营业税改征增值税试点全面推开。"营改增"最大的变化即在于避免了营业税重复征税、不能抵扣、不能退税的弊端,实现了增值税"道道征税,层层抵扣"的目的,能有效降低企业税负,促进工业转型、服务业发展和商业模式创新。

4. 监督和管理经济活动的作用

在税收的征管过程中,税务机关一方面对纳税人的经济活动进行有效的监督和管理,另一方面也掌握了大量国民经济发展情况的资料,有利于国家对宏观经济的稳定运行进行调控。2018年6月15日上午,全国各省(自治区、直辖市)级以及计划单列市国税局、地税局同时宣告合并,36个省级新税务机构统一挂牌,标志着国税地税征管体制改革迈出关键一步。这种改革,一是有助于降低征纳成本、提升征管效率,为全面提升税收治理能力和治理水平提供制度保障,推动构建更为有序、合理、完善的财税制度。二是实行"一厅通办"简化办税流程,统一办税标准,将大大节约企业办税时间。三是全国范围内"一个税制、一把尺子",将有利于提高税收执法的统一性、规范性。四是强调了收入管理机构的职能整合,有助于消除部门间的信息壁垒,推动建立可持续性的社保基金制度。如2019年开始将基本养老保险费、基本医疗保险费、失业保险费等各项社会保险费交由税务部门统一征收。[①]

(七) 税收的经济效应

税收的经济效应主要有"收入效应、替代效应和金融效应"[②]。在一定的税率下,因为税收必然拿走人们的一部分收入,人们为了维持以前的收入水平必将以更多的工作来替代闲暇,这就是所谓的税收的收入效应。当然过高的税率也会挫伤人们的工作积极性,人们把用非征税活动代替征税活动以逃避税收的现象称为税收的替代效应。税收制度可能会导致金融组织形式和交易结构发生变化,这被称为税收的金融效应。因为税收实际上作为一种政府储蓄与私人储蓄,具有一定的替代性,所以当个人所得税增加时,将会减少人们的储蓄倾向而刺激人们用消费替代储蓄;当企业所得税增加时,就有可能产生替代效应,减少投资。反之,则会增加私人储蓄和企业投资。总的来说,税收的三种经济效应是同时存

---

① 韩洁、申铖、郁琼源:《国税地税合并拉开大幕 透视国税地税征管体制改革四大看点》,新华网,2018年6月15日,https://baijiahao.baidu.com/s?id=1603353452635470304&wfr=spider&for=pc,2021年7月25日访问。

② 参见〔英〕安东尼·B.阿特金森、〔美〕斯蒂格里茨:《公共经济学》,蔡江南等译,上海三联书店1992年版,第32—33页。

在的,它对经济活动的最终影响如何要看其综合的效果。

中国 GDP 增速从 2012 年起开始回落,2012 年、2013 年、2014 年上半年增速分别为 7.7%、7.7%、7.4%,开始告别过去 30 多年平均 10% 左右的高速增长。中国经济呈现出新常态,从高速增长转为中高速增长,经济结构优化升级,从要素驱动、投资驱动转向创新驱动。对资本和劳动征税都会在一定程度上降低社会经济的增速和社会投资率,但对消费进行征税则会在一定程度上提高投资率,且对劳动供给也不造成影响。实践数据表明,我国消费支出征税和生产率呈现正线性相关关系,这主要是因为我国居民收入较低,对消费征税并没有切实减少劳动供给,甚至在一定程度上可促进我国经济的增长。所以,我国在制定税收政策时应适当稳定减少对资本征税和劳动征税,适当增加消费征税,在不影响经济发展的前提下满足政府的财政需求。如在实施"营改增"后,可逐步将增值税转变为消费型,对国外进口商品提高消费税,例如化妆品、高档衣物、名牌手表、摄影摄像器材等。对于电商行业可鼓励淘宝商户申请为小规模纳税人,按照3%的税率缴纳增值税,一般纳税人可以按照16%的税率缴纳增值税并抵扣进项税额,但要向实体店所在地申报纳税。推行电子发票作为缴税依据,按照每月淘宝商户的销售额总计作为基础,如果超过起征点则自动按照税率计算税额并通知缴税。同时为了鼓励电商发展,在增值税抵扣上,可以制定较高的抵扣率或者较宽松的抵扣政策。

(八)我国税收管理体制现状[①]

税收管理体制是关于中央和地方政府之间在税收决策管理权限界定、相应组织体系建立,以及税款在中央和地方之间分配的规范与制度的总称,实质上体现中央和地方之间的税收分配关系。它既是国家经济管理体制和财政管理体制的重要组成部分,也是税收制度不可缺少的内容。税收管理工作是在一定形式的税收管理体制下进行的。因此,适应社会主义市场经济机制的要求,确立科学、合理的税收管理体制,对保持中央和地方各级政权的协调一致,对明确中央和地方权责关系、约束地方预算、节约财政开支、提高政府活动的社会经济效益都有重要的现实意义。税收管理体制是财政管理体制的重要组成部分,它必然要受经济和财政管理体制的影响和制约。我国是中央集权的社会主义国家,国家政权和财政分为中央、省(自治区、直辖市)、县(市、镇)、乡四级,与之相适应,税收管理体制的建立必然也要体现"集中税权、统一税政、适当分权"的精神,遵循"政权与事权相统一、征管与收入归属相一致"的原则。

[①] 本部分内容主要参见杨斌主编:《税收学》,科学出版社 2003 年版,第 579—591 页。

我国的税务征管机构主要分为国内税和关税的征管机构。其中,国内税主要由国家税务局系统和地方税务局系统进行征收管理。税务机构共分为四级:国管税务局和省(自治区、直辖市)、地(省辖市、自治州、盟)、县(市、自治县、旗)等地方税务局。征收分局和税务所是县级税务局的派出机构,直接从事税收征管工作,前者一般按行政区划、经济区划或者行业设置,后者一般按税源分布、经济区划或者行政区划设置。而关税的征管机构是由海关总署及其分支机构组成的。海关总署是国务院主管全国海关工作的正部级直属机构。海关系统实行垂直管理的领导体制,由海关总署统一管理全国海关;其他隶属海关归直属海关领导,依法独立行使职权。海关机构的设置和隶属关系由海关总署根据对外经贸、科学文化交流和旅游事业需要确定,不受行政区划的限制,一般设在对外开放口岸和货物进出口、人员出入境业务比较集中的地点。

目前我国税收管理体制中存在着以下问题:

一是税收管理体制缺乏"税收基本法"。迄今为止,税收管理体制方面还没有一个全面系统、具有权威性的法律文件。税收管理体制的主要内容散见于许多文件之中,有的已失去存在的实际意义,有的根本就无法执行。包括税收立法、税收执法和税收司法在内的税收管理体制不完整、不规范的最大原因在于"税收基本法"迟迟未出台。我国现行税制形成于1994年税制改革,随着时间的推移,我国税收征管中出现一些新情况、新问题,现行税制在结构和具体要素上均呈现某些弊端,从而要求出台"税收基本法"进行相应调整。

二是税收立法不规范,立法层次低。税收立法权名义上可以由《中华人民共和国宪法》和《中华人民共和国立法法》予以明确规定,但由于没有一部系统完整的"税收基本法",我国税收立法机构和其立法权限的划分一直没有一个统一、稳定的规则。税收立法权往往由国务院通过颁布行政法规来加以规定,使得"集权—放权—收权"的循环变得不可避免。而在立法层面上,根据1984年9月18日全国人大常委会发布的《关于授权国务院改革工商税制发布有关税收条例草案试行的决定》,我国绝大多数税收法律法规是由全国人大常委会授权国务院制定,即不是由国务院直接拟定颁布,就是由财政部或税务局拟定而以国务院批转的形式颁布,税法的解释或细则的颁布则往往授权给财政部和税务局。在我国现行税法中,由全国人民代表大会及其常委会通过的只有《中华人民共和国个人所得税》《中华人民共和国外商投资企业和外国企业所得税法》和《中华人民共和国税收征收管理法》三部,这在一定程度上降低了税法的严肃性和权威性。

三是税收立法、执法权过分集中于中央,地方越权、滥权现象严重。虽然宪法和立法法都规定,省、自治区、直辖市和某些市的人大或政府在不与宪法、法律和行政法规相抵触的前提下,可以制定税收地方性法规或规章,但根据国务院

《关于实行分税制财政管理体制的决定》,中央税、共享税以及地方税的立法权都要集中在中央,即由中央掌握绝大部分的税收立法权,只赋予了地方极其有限的税收立法权,而且这些权力也仅是某些税种的开征和停征、税率的选择之类的小权力。在税收征管和收入分配上,也有逐步向中央集中的倾向。税收立法权高度集中、执法权相对集中,由此引致的直接后果就是各地越权、滥权的现象不断,税收管理体制许多规定在实际执行过程中往往"被变通"。这些问题严重影响国家的税收收入,削弱税收的宏观调控作用。

四是税收征管稽查权划分混乱,与收入归属不一致。国、地税系统的职权范围经1994年以来的多次改革,交叉重叠,特别是从税收的征管权,与收入归属越行越远。1996年,根据国务院和国家税务总局的通知,部分属于地方税的收入如集贸市场和个体工商户税收、涉外税收、联营企业和股份制企业所得税中的地方税收等由国税系统征收,使地方政府无法对属于本级的收入充分行使管辖权;而2002年对所得税进行收入分享后,不但国税系统征收的税如中央企业、某些联营企业和股份制企业、地方银行、非银行金融企业、新注册的企事业单位缴纳的企业所得税,外商投资企业和外国企业所得税,对储蓄存款利息征收的个人所得税需要划拨给地方国库,而且地税系统征收的地方企业所得税、个人所得税也需要划拨进中央国库,混库、截留隐患更加突出,不符合税收征管权与收入归属相一致的原则。另外,在附加税的征收、税务登记、纳税申报、发票管理、税款征收、税务检查、资料交流等方面,也存在征收与管理权脱节,征收、管理、稽查重复或遗漏,国、地税系统相互扯皮推诿等问题,使纳税人无所适从或有机可乘,不但增加了税务系统自身的稽征成本,浪费纳税人大量的时间、精力和金钱,也造成了税款一定程度上的流失。

因此,我国税收管理体制的改革应该包括:一是加快"税收基本法"的研究与出台。2014年年初,国家税务总局在官方网站提出全国人大常委会启动"税收基本法"立法研究工作的建议,"税收基本法"立法起草工作又有了重新启动的可能。比如在实体法中,增值税转型和扩大征税范围,调整消费税应税品目和税率,调整和完善现行营业税制,调整个人所得税法;统一内外资企业所得税和实现外资企业税收上的国民待遇等。二是税种划分以中央税为主体。我国人口众多,经济发展不均衡。振兴经济,提高全国人民的物质文化生活水平,需要各地区扬长避短,发挥优势,互相支援,互相协作,建立全国统一市场,共同发展。因此,主要税种、大宗税源仍由中央掌握,中央获得的税收收入应占税收总额的大部分。这样可以从财力上保证中央的强有力的宏观调控能力,从全国的长远、全局层面实施经济结构调整计划和区域经济协调发展计划。三是税收管理权以中央为主。根据我国的政治体制,所有税收无论是中央税还是地方税,立法权都应集中在中央,这可避免地方在税收问题上各自为政,保证全国范围税负居合理水平和地区税负相对均衡。四是税款的使用以地方为主。既要保证中央有强有力的宏观控制权,又要调动地方积极性,让地方政府因地制宜地按照国家经济发展的总体规划与产业政策实施社会管理,调节经济运行,这是改革税收管理体制的目的。

二、公债收入

(一)公债的概念、特征和作用

1. 公债的概念

政府举借债务由来已久,但在古代多为君主的私人信用,与近现代的公债是有区别的。在近代,随着资本主义经济和信用制度的发展,社会上存在的大量富余资金可以通过信用制度进行调配,使国家大规模举债有了可能。同时,随着政府职能的扩大,公共支出的规模和范围也不断扩大,单靠税收已经不能满足政府公共支出的需要。政府为了弥补公共收支的差额(财政赤字),开始大规模地举借公债,公债也逐步成为公共收入的主要形式之一。马克思在《资本论》第一卷中指出:公共信用制度,在中世纪的热那亚和威尼斯就已经产生,到工场手工业时期已流行于整个欧洲。近代金融机构的产生和发展、全国性的金融市场的形成以及较为发达的信用制度是发行公债所必需的三大技术条件。[①] 现代信用经济是公债产生的基础。

公债是国家以债务人的身份,凭借国家信用,按照一定的法律程序和规定,通过向企业或者个人有偿借债而形成的一部分收入,它是公共收入的一种主要形式。早期的古典经济学家对公债多持否定态度,如英国的大卫·休谟即指出,如国家不消灭公债则将被其消灭。亚当·斯密从"廉价政府"的主张出发,反对政府在正常情况下举债,而只同意在战时或者紧急情况下举债,"当国家费用由举债开支时,该国既有资本的一部分必逐年受到破坏,因而只有在战争期间内,举债制度才优于其他制度"[②]。他认为,公债从其资金使用来看是非生产性的,会使一国的资本减少,起到阻碍生产力发展的作用,持的是国债有害论,因此主张政府尽量少举债。

后来,随着自由资本主义经济的发展,一方面发展需要大量的资金,另一方面却有大量的社会游资得不到有效利用。一些经济学家,如瓦格纳和约翰·穆勒,开始倾向于国债双重性论。约翰·穆勒在分析了公债的来源和用途后指出,如果公债资金来源于生产性领域而用于非生产性领域,则公债制度是最不良的

---

① 冯健身主编:《公共债务》,中国财政经济出版社 2000 年版,第 7 页。
② 张馨:《公共财政论纲》,经济科学出版社 1999 年版,第 525 页。

政府筹款方法。但是,如果公债资金来源于生产领域,而又用于生产领域,则不应受到指责。在20世纪30年代西方经济学的"凯恩斯革命"以后,人们更多地认识到公债作为弥补政府经常性收入不能满足公共支出需要时的一种特殊的公共收入形式及其对经济的调节作用。凯恩斯将公债政策视为政府进行反周期经济调节的手段,认为可以经常性地使用,所以倾向于国债无害论。萨缪尔森和诺德豪斯在其共同编写的《经济学》中指出,政府债务直接与政府赤字有关系,政府债务在某一既定年份的变化等于预算赤字。布坎南在其所著的《公共财政》一书中也指出:"对政府和私人来说,借款实质上是筹措收入、弥补支出的一种可选择的手段……借款——公债的产生,使得政府能够在不减少私人的实际财富的同时为公共服务提供资金。"①

2. 公债的特点

与税收的强制性、固定性和无偿性相比,公债有自愿性、灵活性与有偿性的特征。公债的发行和认购以价值规律为活动的基础,建立在企业或个人自愿购买的基础上,它依托的是国家信用而非强制性的国家权力,因而具有自愿性;税收的征收需要根据有关的法律预先规定,由于税法的严肃性,它不能随意改变,因而具有固定性,而公债的发行规模、发行时间、偿债方式、期限、利率等都可以根据国家公共收入的需要灵活地加以调节,因而具有灵活性;税收是国家凭借政治强权征收的,无须偿还,具有无偿性,而国家通过公债取得的收入必须按照规定的方式和期限归还,同时支付一定的利息,因而具有有偿性。一般来说,公债的效益不能低于购债人的边际投资效益。

与私人债相比,公债又有以下几个特征②:

一是有严格的法律约束。每项公债的发行都必须有相应地公债法律和公债条例为依据,并在相应地法律、条例上标明价格、期限和利率,因此公债是对发行者有严格法律约束、对投资者利益有严格法律保护的一种特殊信用。

二是依据国家信用。私债以私人信用为依据,私人的信用基础相对薄弱,所以相对于公债来说,其债权人的风险较大。公债依据的是国家信用,政府以国家权力和资源作为承担公债偿本付息责任的基础,所以公债的信誉度和安全性是顶级的。在发达国家的主要信用评级机构对证券的评级中,公债的评级是最高的。

三是效益的稳定性。由于风险较小,安全可靠,政府又有着高度的信誉,相对于其他债券来说,公债的市场价格发生波动的程度通常要小得多。由于其市场行情相对稳定,公债的效益率也通常处在相对稳定的状态。

---

① 〔美〕詹姆斯·M.布坎南:《公共财政》,赵锡军等译,中国财政经济出版社1991年版,第323页。
② 参见冯健身主编:《公共债务》,中国财政经济出版社2000年版,第10—20页。

3. 公债的作用

一是弥补财政赤字。国家负债的原因何在呢?[①] 就在于国家支出经常超过收入,在于这种不对称的状态,而这种不对称的状态既是国家公债制度的原因又是其结果。

二是调控经济。在市场经济条件下,货币政策是国家宏观经济调控的一个重要手段。作为货币政策的三大主要工具(再贴现率、银行存款准备金和公开市场业务)之一,中央银行的公开市场业务是国家进行宏观调控的灵活有效的工具。央行通过在证券市场上公开买卖一定数量的公债,可以对商业银行的存款准备金、货币流通的数量进行有效调节,使之达到合理的水平。同时,公开市场业务的灵活性使得央行能够根据宏观经济的状态和市场的变化随时调节,连续经常性地进行操作,而且其作用也较为直接。

三是筹集提供公共产品所需要的资金。它也是公债的作用之一。国家针对一些特定的基础设施建设等公共产品的提供,可以采取发行公债的形式来筹集资金,如我国发行的三峡建设特种国债。对地方政府来说,提供一些外溢性较小的公共产品也可以采取地方公债的方式。

四是利用闲置资金,拉动投资需求,提高资金的使用效率。国家通过公债将货币资源予以集中,使闲置的资金由储蓄转化为投资,由消费领域转向生产领域,从而调整积累与消费的比例结构,使其保持在一个合理的水平。国家将公债资金投资于国民经济的重点建设领域,可以拉动私人投资需求,调整产业结构。如我国自1998年以来实行的积极的财政政策就属于这一情形。

五是提供新的信用流通工具。作为一种新的信用工具,公债以国家信用为基础,有着稳定的效益和较低的风险,丰富了投资品的种类,有助于实现由储蓄向投资的转化,降低了金融体系的风险,其本身也是金融资产的重要组成部分,是一种优质的金融资产。

(二) 公债的划分

按照不同的标准,可以对公债进行区分:

(1) 按照借款对象的不同,可以将公债分为内债和外债。国内发行的公债为国内公债,即"内债";国外发行的公债为国外公债,即"外债"。

(2) 按照有无利息和奖金,可以将公债分为有息公债、无息公债和有奖公债。

(3) 按照偿还期限不同,可以将公债分为短期公债、中期公债和长期公债。

[①] 张淳:《论西方公债及其对经济发展的作用》,《中央财政金融学院学报》1984年第S1期,第85—90页。

一般偿还期在一年以内的公债称为短期公债;偿还期在一年到十年间的公债为中期公债;偿还期在十年以上的公债则称为长期公债。

（4）按照有无担保品,可以将公债分为有担保公债(担保品有黄金、外汇、矿山、铁路等)和无担保公债。

（5）按照有无证券为标志,可以将公债分为证券国债和登录国债。前者指的是发给债权人相应地证券作为债务凭证;后者指的是不给债权人凭证,仅在政府设立的国债账簿上予以登记。

（6）按照是否可以上市流通,可以将公债分为可转让公债和不可转让公债。可转让公债是指在金融市场上可以自由流通的公债,主要有国库券、中长期债券和预付税款券;不能在金融市场上自由流通的公债称为不可转让公债,但在一定时期以后,不可转让公债的持有者可以向政府要求贴现。

（7）按照利率的变动方式,可以将公债分为固定利率国债、市场利率国债和保值国债。

（8）按照国债发行的计量单位,可以将公债分为货币国债、实物国债和折实国债。

（9）按照举债主体,可以将公债分为中央公债(由中央政府发行的国债)和地方公债(地方政府举借的债务)。

我国目前已发行的几种主要债券有:国库券、国家重点建设债券、国家建设债券、财政债券、保值债券、特种公债、转换债券。①

（三）公债价格的确定、发行和还本付息

公债价格的确定主要由公债市场的供给和需求情况决定。当供大于求时价格上升;反之,则价格下降。影响公债价格的主要因素有:一是市场利率。公债的价格与市场利率呈反方向变动的趋势。当市场利率上升时,信贷紧缩,购买公债的资金的机会成本和相对价格也随之上升,对公债投资品的需求也相应地减少,因此公债的价格也将随之下跌。反之,当市场利率下降时,信贷放松,对公债市场的资金供给随之增多,对公债投资品的需求也相应地上升,因此公债的价格也将上升。

二是中央银行的公开市场操作。为了抑制过热的国民经济,央行采取紧缩性的货币政策,在公债市场上抛售公债,回收货币,公债的价格将随之下降。当国民经济处于萧条期时,为了刺激经济的复苏,央行在公债市场上购入公债,相应地增加货币供应量,公债价格也将随之上升。

三是外汇的汇率。当一国货币对外币的汇率上升时,会吸引投资者购买该

---

① 参见冯健身主编:《公共债务》,中国财政经济出版社2000年版,第36页。

种货币标价的公债,在公债供给量大体稳定的情况下,公债的需求增加,则公债价格也随之上升;反之,当一国货币对外币的汇率下降,则公债价格也将下降。

四是通货膨胀率。一般地,通货膨胀率与公债价格呈反方向变动的趋势。当通货膨胀率上升时,实际利率上升,资金变得相对稀缺,公债投资的机会成本上升,投资者出于保值的考虑,也会将资金投资于其他投资品,公债价格下跌;反之,则公债价格上升。此外,投机活动、一国宏观经济的波动周期、经济发展水平以及国家政局的稳定性也是影响公债价格的重要因素。公债市场价格的最终确定是诸多因素共同作用的结果。

公债的发行价格有平价发行、溢价发行和折价发行三种情况。它的发行方式有:(1)公募招标法。即通过在金融市场上公开招标的方式发行国债,通过投标人直接竞价来确定价格或利率水平。(2)承受法。即由金融机构承购全部国债,然后转向社会销售,未能售出的差额由金融机构自身承担。(3)出售法。即政府委托承销机构利用金融市场直接出售国债,如通过银行的柜台直接销售。(4)支付发行法。即政府对应支付的经费以债券代付。(5)"随买"方式。[1] "随买"方式也称为"出售方式"。通过"随买"方式发行时,可视公债销售的市场行情随时停止销售,直至利率调整到市场利率再开始下一期的公债销售。

公债的还本付息方式主要有:(1)一次偿还法。即政府对发行的公债实行到期后按照票面金额一次性全部兑付本息的方法。(2)买销法。即政府通过在市场上直接购进一部分公债债券,在公债到期前逐步还本付息的一种方法。它主要见于中央银行的公开市场业务,一方面它是公债兑付本息的方法,另一方面它也是国家调节金融市场的政策工具。(3)分期偿还法。(4)以债还债法。即利用新发行的公债来偿还原到期公债本息的一种方法。它有助于缓解偿债高峰的兑付压力,但不利于维护政府的债信。(5)提前兑付法。[2] 指政府发行的公债尚未到期时提前偿还债务的一种方式。在我国,提前偿还公债必须具备两个条件:一是当购买国家债券者因全家出国定居,公债按照规定不能携带出境时,国家允许出国者本人将手持的未到期公债提前到银行办理兑付。二是持券人保管不慎,导致公债破损,已无法保存至兑付期,原则上可以办理提前偿还。

(四)公债的负担和效应

关于债务负担,有一种观点认为,无论是内债还是外债,在一定条件下都不会形成一国和后代的负担。如哈维·罗森(Harvey S. Rosen)在其所著的《财政学》中就指出:"税务的法定负担落在后代,仅此一点,并不意味着后代人承受实

---

[1] 参见冯健身主编:《公共债务》,中国财政经济出版社2000年版,第39页。
[2] 同上书,第60页。

际负担。……和税的归宿一样,举债时启动的一系列事件可以使经济归宿大大不同于其法定归宿。"①另一种观点,如美国的经济学家勒纳认为,内债并不给后代带来负担,仅仅是"右手欠左手的债而已"。但是,外债将会使后代的消费水平下降,下降的幅度等于向外国债权人偿还的本金和利息,因而是一种负担。也有一些经济学家认为债务负担不能向后代转移。布坎南在《公共财政》一书中指出,债务负担不可能推迟或向未来转移。

关于公债的效应,有的学者认为,如果在经济已经达到充分就业的时候,政府借债筹措资金,那么这样就可能会创造一种高水平的需求,从而诱发通货膨胀。而当有效需求不足的时候,公债的发行能够刺激有效需求,促进就业和经济增长。公债对国民经济的影响效应是多方面的,我们主要选取两个方面进行分析,即公债的挤出效应和投资扩张效应。

1. 公债的"挤出效应"

公债是一种资源的使用和支配权由私人部门向政府部门转移的公共收入形式,因此当政府发行公债时,就有可能形成与私人部门的资金竞争,使市场利率上升,导致私人投资被挤出,即私人投资减少的情况。这就是所谓的公债的"挤出效应"。但当私人投资不足,市场上有大量闲置资金存在的时候,公债的发行和使用则有助于提高资金的使用效率,成为弥补私人投资不足的有效手段。如我国自1998年实行的积极的财政政策就有效地利用了市场闲置的大量资金,刺激了投资,拉动了内需。②

2. 公债对国民经济的投资扩张效应

国家发行公债,一个重要的原因就是用于重点产业和基础设施的投资,弥补私人投资的不足,并通过这种投资对私人投资进行引导,使重点产业得到发展,产业结构得以升级,最终通过投资的乘数效应拉动经济的增长。公债资金的筹集过程必然对市场利率带来影响,诱导私人投资的加入,从而导致投资的扩张。发行公债一方面可以推动经济发展,调整产业结构;另一方面也会带来经济过热和供给的扩张,导致公债规模过度膨胀,造成国民经济发展的不稳定。

三、公共收费收入

(一)公共收费的内涵

公共收费,即政府在实施特定的行政管理以及提供公共产品或准公共产品

---

① 〔美〕哈维·S. 罗森:《财政学》,马欣仁、陈茜译,中国财政经济出版社1992年版,第556—558页。

② 刘玉辉、孙宏:《一个短期政策长期化的成功范例——1998年以来中国实施积极财政政策的回顾与展望》,《中共中央党校学报》2002年第2期,第25—30页。

时,为体现受益原则,提高经济效率,增强公共产品的有效供给,以及对某些行为进行统计和管理而按一定标准向企业或个人收取的一定费用。它体现了受益的直接对称性,即谁受益谁交费,它是公共收入的一个重要组成部分。

收费收入与税收收入既有相似之处,也有区别。两者的相似点体现在,收入的主体均为政府或者其授权单位,都属于财政性资金,都要有一定的程序约束等。但是,税收是无偿的,而收费是有偿的;税收具有强制性和普遍性,而收费则具有自愿性和特殊性;税收有固定性,而收费则相对有很大的灵活性。

公共收费主要由规费收入和使用费收入两大部分组成。

规费收入是公共部门(主要是政府行政部门)向公民提供某种特定的服务或者实施行政管理而收取的手续费和工本费。它分为两大类:一是行政规费,即由于政府部门各种行政活动而取得的收入,如户籍费、工商执照费和商标登记费等。二是司法规费,它由诉讼规费(如民事诉讼费等)和非诉讼规费(如结婚登记费、财产转让登记费等)组成。国家征收规费,除了可以取得财政收入以外,还可以对某些行为进行统计和管理。

使用费收入即政府或其他公共部门在提供特定的公共设施或服务后,按照一定的标准向使用者收取的费用,如高速公路通行费、水电费、电信收费等。国家收取使用费的目的是弥补公共产品的成本,并增强公共产品的有效供给,避免浪费。

此外,还有一种性质的收费——惩罚性收费。其目的是使产生负外部效应的企业或个人负担其应当承担的某些社会成本,对其行为进行修正、限制和监督,如对污染企业收取的污染治理费、对生产伪劣产品企业的罚款等。

在我国,公共收费又分为行政性收费、事业性收费、经营性收费。行政性收费,指的是国家行政机关及其授权的单位在依法行使其职能的过程中收取的费用,如工商执照登记费、商品检验费等。事业性收费,指的是中央或地方所属的事业单位在向社会公众提供公共产品或者服务时收取的费用,其实质是对服务性劳动的部分补偿。经营性收费,从严格意义上讲,也是一种事业性收费,但实行经营性收费的企事业单位一般是独立核算、自负盈亏,不仅要保本,还要有一定的效益。[①]

(二) 政府进行公共收费的原因

(1) 由于公共产品消费的非竞争性和非排他性,人人都可以进行消费而不必直接承担相应地成本,这就有可能出现两种情况:一是公共产品的供给过度,

---

[①] 解学智、刘尚希主编:《公共收入》,中国财政经济出版社 2000 年版,第 206 页。

造成资源的浪费;二是若搭便车的人过多,在超过了一定的限度("拥挤点")后出现"拥挤"现象,从而使公共产品的供给显得相对不足。为了弥补公共产品的成本和减少供给中的"拥挤"现象,就有必要采取收费的形式促进某些公共产品的有效供给。对在高速公路上行驶的汽车收取通行费就属于这种情况。

(2) 对某些经济活动的负外部效应进行修正。在商品的生产过程中,微观经济主体追求自身利益最大化的活动可能会损害他人的利益,从而带来负外部效应。为了矫正私人成本与社会成本的差距,规范私人行为,减少其经济活动的负外部效应,就有必要采取惩罚性收费的形式。如对污染企业收取的污染治理费就属于这一情况。

(3) 促进国有资源的有效利用。为了促进一些公共资源,如矿山、森林、土地等的有效利用,政府向这些资源的使用者收取一定的费用,以此约束使用者的行为,做到物尽其用,避免浪费。

(4) 弥补政府财力支出的不足。在中国费大于税的一个重要原因,就是地方政府的财力不足。为了满足政府职能的需要,只好用收费来弥补财力的缺口。从国际比较来看,费收占中央政府的财政收入的比重都不大;但随着政府层级的降低,费收所占的比重都不断上升。如在美国,费收和财产税收入成为学区一级公共收入的两大支柱。[①]

四、国有资产收入

这部分主要介绍经营性、非经营性和资源性国有资产收入的主要构成,以及我国现行国有资产管理体制与机构、经营性国有资产管理中存在的问题与改革等内容。

(一) 国有资产收入

国有资产(公共资产),指的是国家依据法律所拥有的自然资源或由于资金投入、资产效益及接受馈赠而形成的资产,它的一切产权属于国家。按照经济用途,可以将国有资产分为经营性国有资产和非经营性国有资产。

经营性国有资产是指国家对生产流通领域的各种企业的各种形式的投资及投资效益形成的或者依法认定取得的,用于生产经营并使其保值增值的国家所有制权益,具体包括资本金、资本公积金、盈余公积金和未分配利润。

非经营性国有资产指的是由一般的行政事业和非营利性的其他公共机构占有和使用的一部分国有资产,它本身不具有保值增值功能,也不会创造经济效

[①] 解学智、刘尚希主编:《公共收入》,中国财政经济出版社2000年版,第210页。

益。它包括政府机构、科教文卫机构、人民团体等机构拥有的国有资产。按照存在形态,可将其分为以自然资源为主体的国有资产(如湖泊、矿山、森林等)和人类加工利用而形成的国有资产(如各种国有企业)以及无形资产(如科技专利、商标权等)。① 由于经营性国有资产具有营利性,侧重于经济效益,能够直接带来财政收入;而非营利性国有资产侧重于社会效益,并无直接的经济效益,甚至还需要国家的财政补贴。我们这里讨论的国有资产收入指的是经营性国有资产和资源性的国有资产的收入。

经营性国有资产的收入主要有:(1)利润上缴收入。即国有独资企业按照规定的比例上缴国家财政的一部分利润收入。(2)股息红利收入。它包括有限责任公司中,国家作为出资者按出资比例应分得的红利,以及股份有限公司中,国家按照股份的多少应得的股息,是一种比较规范的国家和企业的收入分配形式。(3)租赁收入。即国有企业的承租人按照合同规定从承租人收入中上缴的租金收入,相当于国有资产的使用费。实行租赁制的国有企业除了上缴租金外,还要上缴一部分税后利润。它主要适用于国有小型工商企业。(4)承包上缴利润收入。即实行承包制的企业按照承包合同的规定上缴国家财政的一部分收入。它主要适用于国有大中型企业;但由于在生产经营及利润分配上的弊端,随着第二轮承包合同在 1997 年到期以及股份制的实行和推广,这一收入形式也逐步消失。(5)国有企业破产清算及拍卖所得。总的来说,经营性的国有资产收入主要有:税后利润收入、租金收入和产权转让收入三大类。

资源性国有资产收入主要形式有:(1)转让国有资源使用权的收入,如土地出让金、矿产资源使用补偿费等。(2)国家凭借所有权从国有资源的开发经营单位的效益中分得的收入。(3)将资源性国有资产转向市场进行产权出卖所得的收入,目前我国此类收入极少。②

(二)国有资产管理体制与机构③

国有资产管理体制是国家关于国有资产管理的结构设置、职责划分以及国有资产管理的方式、制度和方法等的总称。国有资产管理体制的基本内容包括:一是国有资产管理结构的性质、机构设置和职能设置;二是国有资产管理结构与一般经济管理结构的关系;三是中央与地方国有资产管理的权责划分,管理体系内部各结构之间的权责划分及相互关系;四是国有资产所有者权能的实现方式,即国家实施国有资本经营运作,对国有企业实行管理和监督的制度和方法。社

---

① 梅阳主编:《财政学》,经济科学出版社 1996 年版,第 154 页。
② 解学智、刘尚希主编:《公共收入》,中国财政经济出版社 2000 年版,第 244 页。
③ 傅道忠、姚凤民编著:《财政学》,中国财政经济出版社 2004 年版,第 404—417 页。

会主义市场经济条件下国有资产管理体制改革的基本原则是国家统一所有、政府分级监管原则;社会经济管理职能与国有资产所有者职能适当分开原则;政企职责分开原则;财产所有权与经营权相分离原则;统一政策、分类管理原则。

1. 国有资产管理机构和营运机构

其中国有资产管理委员会是国有资产的管理机构,其主要职责是拟定和执行中央与地方、国家与企业的国有资产收益分配政策;拟定国有资本金基础管理的法律法规草案;拟定和执行国有资本金基础管理的方针政策、改革方案、规章制度、管理办法;组织实施国有企业的清产核资、资本金权属界定和登记;负责国有资本金的统计、分析,指导财产评估业务;办理和监督中央财政的经济发展支出、中央投资项目的财政拨款、中央财政投入的挖潜改造资金和新产品试制费;等等。而国有资产营运机构是指由国家依法独资设立、对国家授权范围内的国有资产具体行使所有者权益,以持股运作方式从事国有资本营运的企业法人或机关法人。

国有资产营运机构由两个基本部分构成,即国家授权投资的机构和国家授权的特定经营部门。(1)国家授权投资的机构。主要是指国有控股公司、国有资产经营公司和符合一定条件的企业集团的集团公司。其中,国有控股是介于政府和公司之间的产权经营管理组织;国有控股公司接受国家授权,对国家授权范围内的国有资产行使所有者权利;国有控股公司的主要业务是国有股权运作,而不是物质生产和流通活动。组建国有控股公司主要有三条途径:将全国性的行业总公司改组为国有控股公司;将符合一定条件的企业集团的核心企业改组成国有控股公司;将少数具备条件的政府专业经济管理部门改造为国有控股公司。设立国有控股公司的条件:组建单位必须精简,人员以资本化经营专门人员为主;组建单位必须有一定数量的下属企业和关联企业,与组建单位有密切的经济和技术联系;下属企业和关联企业必须完成清产核资和产权界定;授权后形成的各类子公司的国有资产之和必须达到一定规模;组建后有利于产业结构和产品结构的调整,能够显著提高经济效益。(2)国家授权的特定经营部门。国家授权的特定经营部门是指经国务院授权的少数自然垄断性的、关系国计民生的、承担特定经营职能的、代表国家行使国有资产所有权的政府部门。

2. 我国经营性国有资产管理中存在的问题与改革

我国经营性国有资产管理中主要存在以下问题:(1)国有资源资产化程度低。在国有资源的管理上,主要侧重于国有资源实物形态即使用价值的管理,重点考虑国有资源的勘探、开发、使用和保护,忽视了国有资源的商品属性和价值管理,使得国有资源不能成为资产,即不能作为资本进行投资,为所有者提供投资收益,也不能进行产权的转让和交换。(2)资源性产品价格过低。资源性产业作为国民经济的基础产业,其产品的价格应当既考虑勘探、开发成本和运营成本,同时也要考虑资源所有者以资源作为资本所应当获得的投资收益。但是,国有资源的产品价格往往只包括开发成本和运营成本,而不包括资源所有者的投资收益。由此导致资源性产品价格过低,生产资源性产品的企业自身自我积累能力难以提高,不能形成有效的价格制约机制,从而刺激了人们对资源性产品的需求,造成了资源性产品的浪费。(3)管理体制不完善。国有资产管理体制是处理各级政府国有资源开发利用管理权限的根本制度。国有资产的垄断性决定了对国有资源的管理应当实行统一的计划管理和统一的所有权管理。多年来我国注重国有资源的分部门管理,缺乏统一的计划管理和所有权管理,导致国有资源事实上的部门所有和地方所有。(4)执法体制不完善。在国有资源的管理中存在着严重的违法现象。比如,不法分子哄抢、盗伐国有森林资源,个体采矿冲击国有矿区、盗采国有煤炭资源和其他矿产资源,甚至以武力威胁、伤害执法人员,造成水土流失、环境恶化、国有矿区投资损失、国有资源破坏严重。

2003年成立的国务院国有资产监督管理委员会,专门履行政府对企业国有资产的所有者职责,成为国家委托的代表、行使所有权和专司国有资产的管理部门,以实现对国有资产的分级管理,把管资产和管人、管事结合起来。将国有资产保值增值责任集中到一个部门进行有效的监督管理,避免多头管理、无部门负责的情况。但是,国有资产监督管理委员会作为所有者代表的权力和责任以及所承担的风险必须对等,不能仅仅有权利而没有责任和风险。因此,国有资产监督管理委员会整治国有企业需从四方面入手:上市子公司监督;中央企业整合;国有资产管理;企业负责人薪酬管理。

2017年1月11日,中共中央办公厅、国务院办公厅印发《关于创新政府配置资源方式的指导意见》,要求创新政府配置资源方式,自然资源方面要以建立产权制度为基础,实现资源有偿获得和使用;经济资源方面(主要指金融类和非金融类经营性国有资产)要突出国有资本的内在要求,明确委托代理关系的制度安排,建立健全国有资本形态转换机制;社会事业资源方面(主要指非经营性国有资产)要引入市场化手段和方法,实现更有效率的公平性和均等化,促进公共资源配置更高效、更公平、更可持续。到2020年,公共资源产权制度进一步健全,形成合理的资源收益分配机制,资源所有者权益得到进一步保障;行政性配置范围进一步厘清,结构进一步优化,市场配置资源的决定性作用明显增强;以目录管理、统一平台、规范交易、全程监管为主要内容的新型资源配置体系基本建立,资源配置过程公开公平公正,公共资源配置的效益和效率显著提高。

第三节 公共收入合理规模的确定

一、决定公共收入规模的因素

作为国家凭借公共权力向公众无偿征收的一部分公共资源,公共收入是不能无限地收取的,它要受到一定时期社会背景和经济发展水平的制约,因此它的规模是有限的。总的来说,它的下限是满足实现政府职能的最低公共收入需要量,包括国防、司法、公安、教育、卫生、科技等基本政府部门履行其职能的最低费用;它的上限则是一定时期的国民经济所创造的财富总量。决定公共收入规模的因素主要有以下几方面。

(一) 一定时期的社会经济发展水平

随着经济的发展,一方面可供支配的社会财富随之增多,因此公共收入有很大的扩展空间;另一方面,经济的发展使政府管理公共事务的范围不断扩大,这也要求一定的公共收入规模与之相匹配。因此,随着经济的发展,公共收入有不断扩大的趋势。但其规模受当时特定的社会经济发展水平的制约,一定的社会经济总量是其上限。在既定的社会环境、经济体制以及要素禀赋结构下,社会经济的发展水平是公共收入规模的决定性因素。

(二) 一定的经济体制

在社会经济发展水平既定的情况下,经济体制是影响公共收入规模的重要因素。在计划经济体制下政府通过计划手段对资源进行配置,市场机制的作用受到抑制,绝大部分的资源配置及社会财富的分配权力都高度集中在政府手中,公共收入的规模主要由计划机制决定。因此,政府可以通过统收统支,使公共收入保持一个较高的水平。在市场经济条件下,主要由市场机制对资源进行配置,政府可直接支配的资源及可直接分配的社会财富大大低于计划经济体制下的水平,政府主要通过一定的经济政策和法律手段间接地影响资源配置和社会财富的分配,公共收入的规模主要受市场机制的制约。因此,在同一经济发展水平下,计划经济体制下的公共收入规模往往大于市场经济体制下的规模。

(三) 传统及社会习俗的制约

以瑞典、挪威为代表的北欧"福利国家"有将社会保障作为立国之本的传统,其社会保障经费占国民经济总收入的45%以上。为了取得所需的资金,往往对个人和企业课以重税,因此公共收入也保持在一个较高的水平。而在一些自由市场经济国家,为了鼓励人们生产和投资,相对于福利国家其税率往往保持在一个较低的水平,有时为了刺激经济往往还采用减税的政策,因此其公共收入的规模相对也较小些。

(四)政府职能范围的大小

在自由资本主义时期,政府担任的是"守夜人"的角色,主要职责就是提供国防、兴建公共工程和制定并执行法律,其职能范围较窄,因此公共收入的规模也保持在一个较低的水平。在 20 世纪 30 年代资本主义经济大萧条后,政府肩负起宏观调控、提供社会保障、保持经济稳定等越来越多的职责,其职能范围也不断拓展,这就要求一个与之相匹配的公共收入水平,因此,公共收入的规模也相对扩大。

(五)国家的宏观经济政策

在不同的经济时期,一国政府将采取不同的货币政策、税收政策和公债政策,进而影响宏观税负,从而使公共收入的相对规模也发生变化。比如,在经济萧条期,由于投资需求和消费需求不足,为了刺激消费和投资,政府往往采取减税政策以及扩张性的货币和公债政策;反之,政府将会提高宏观税率并实行紧缩性的货币政策。

在公共收入合理规模的确定上,西方学者从公共产品供求均衡这一视角来进行衡量,经济学家林达尔、萨缪尔森和马斯格雷夫都提出过相应地均衡模型。公共收入主要表现为财政收入,因此一般用财政收入的规模大小来衡量公共收入的水平,具体则是用财政收入占国民生产总值或者国内生产总值的比重来衡量。

中国的学者则多是从国家需要论,即财政是实现国家职能的经济基础这一理论出发,以实现政府职能的财力需要和取得财政收入的可能之间的平衡作为判断标准。具体是从财政分配的对象——国民收入出发,以财政收入占国民收入的比重作为衡量其合理规模的标准。这又有两个方面:一是财政收入占 GDP 的比重;二是中央财政收入占财政总收入的比重("两个比重")。[1] 关于中国公共收入的规模我们将在后面的章节里详细讨论。

---

[1] 《财政收入占国民收入比重研究》课题组编:《中国市场经济下财政必要规模的研究》,中国财政经济出版社 1998 年版,第 14 页。

二、税收合理规模的确定[①]

(一) 最优税收理论

最优税收理论主要研究公平和效率之间应如何权衡的问题。课税不可避免地会影响到消费者的决策,从而会产生额外负担,那么在筹措一定税收收入的情况下,应该如何设计税制才能使额外负担最小?这实际上是一种次优选择问题。用数学上的语言来说,就是求约束条件下的最大值问题。最优税收理论的研究范围相当广泛,但到目前为止,最优税收理论研究大致沿着两条主线来进行:一条是最优商品税;一条是最优所得税。

1. 最优商品税理论

(1) 拉姆齐法则:拉姆齐(F. Ramsey)假定了一个没有对外贸易的完全竞争的封闭型经济体系,不存在外部效应问题,仅考虑单一消费者或者把所有消费者看成是同一的情况,即单人经济情况;货币的边际效用对所有消费者都是相同的,也就是说,不考虑分配状况和收入状况,从而可以仅仅关注效率问题。同时假定消费者依据"消费者价格"(在商品的生产者价格上加税)做出决策,决定对各种商品的消费并使自己的效用最大化;政府只对商品消费征税,所需筹措的税收收入为无穷小量。

在上述假定条件下,拉姆齐经过严格的数学论证,提出如下规则:第一,等比例减少规则。要使税收的额外负担最小,税率的设置应当使各种商品的生产以相等的百分比减少。即在所有商品的边际额外负担都相同时,政府征税所产生的总额外负担才会最小,从而使效率达到最大。第二,逆弹性规则。在上述假设的基础上,拉姆齐进一步假定经济生活中的各种商品的需求是相互独立的,就是说,不存在交叉价格弹性问题,政府征税所影响的仅是应税商品的需求量,而不会影响其他商品的需求,所以,拉姆齐得出结论,在最优商品税体系中,税率应与应税商品的需求弹性成反比。即对所有商品而言,需求弹性与税率之积应当全部相等。也就是说,要使税收的额外负担最小,应当使税收的边际额外负担对每种商品是相同的,从而应对需求弹性大的商品征低税,而对需求弹性小的商品征高税。

(2) 科利特-黑格法则:美国学者科利特(E. J. Corlett)和黑格(D. C. Hague)认为,在设计商品课税的税率结构时,应对与闲暇互补的商品(如游艇)实行高税率,而对与闲暇互替的商品(如工作服)实行低税率,这就是所谓的"科

[①] 本部分内容主要参见杨斌主编:《税收学》,科学出版社 2003 年版,第 703—725 页。

利特-黑格法则"(Corlett & Hague Rule)。科利特和黑格的假定条件与拉姆齐的假定条件基本一致,但他们没有假定商品间不存在交叉价格弹性,而是通过交叉价格弹性研究逆弹性命题;他们还假定在课征商品税之前就已经课征了比例所得税,对两种商品(闲暇除外)以相同的税率课税;消费者用税后所得购买商品并达到均衡状态。这是因为消费者的全部时间是一定的,所以工作时间增加,相应地闲暇时间就要减少。这样,问题就变为对闲暇的间接课税问题。

他们得出结论:在只有(包括闲暇在内)三种商品的经济中,如果其他两种商品在与闲暇的互补性和替代性方面有差别,那么,提高与闲暇互补性强(替代性差)的商品的税率,而降低另一种商品的税率会使消费者的劳动供给增加,从而提高效率。也就是说,理想的税制应当是对包括闲暇在内的所有商品按从价税率课税。但由于不能直接对闲暇课税,理想的税制要求对与闲暇互补性强的商品以较高税率征税,而对与闲暇互补性差的商品以较低税率征税。这样,虽然不能对闲暇直接征税,但是,通过对与闲暇互补性强的商品以较高税率征税,就会间接地降低对闲暇的消费,促进劳动供给,从而实现税收效率原则。

(3) 多人经济中的最优商品税:多人经济中的最优商品税把公平问题纳入考虑范围,这样拉姆齐的等比例减少原则就必须进行修正,所进行的修正应当使主要由穷人消费的商品所减少的比例低于平均水平,减少的比例取决于社会(政府)对穷人关心的程度,同时还取决于穷人和富人在消费方式上的差异程度。

其中,戴蒙德(Diamond)经过分析得出,补偿需求变动的百分比依赖于收入的社会边际效用:当它高于收入的平均社会边际效用,则说明家庭对商品的平均需求是正的;低于收入的平均社会边际效用,则说明家庭对商品的平均需求是负的。据此,他认为,如果税收是以公平为目标,那么当穷人对一种商品的消费量占该商品的总消费的比重较大时,税制应使这种商品减少的比例较低;当富人对一种商品的消费量占该商品的总消费量的比重较大时,税制应使这种商品减少的比例较高。从而,对社会必需品应以较低的税率征税,而对奢侈品则以较高的税率征税,可以兼顾公平和效率。

(4) 统一税率的最优条件:迪顿(Deaton)和斯特恩(Stern)、埃拉希米(Ebrahimi)和黑迪(Heady)放松了家庭偏好基本相同的假定,研究了不同的人口特征导致家庭偏好不同的情况。迪顿和斯特恩证明了如果具有相同人口特征的每个家庭都接受了一笔最优的总额补助,即补助对相同的家庭的作用是相同的,而对不同的家庭是不同的,那么,在偏好微弱可分的情况下,统一税率仍然是合适的。这表示实现公平目标可以采用总额补助形式,而实现效率目标则可以采用征收商品税的方法,两种方法相结合就可以有效实现具有不同偏好的家庭之间的再分配目标。

埃拉希米和黑迪进一步发展了这一结论。他们假定:政府增加收入的需求为零;个人税收宽免转为统一的总额补助;所有财政收入都通过商品税来筹措。在上述假定条件下,他们分析了下述问题是否会更好:取消某些食品的零税率,用增加的这部分税收收入来提高对儿童的福利补助。他们得出以下结论:首先,如果需求系统不可分(偏好不可分),那么即使儿童福利补助处于最优状态,最优税率也是非统一的。这样,就从反面证明了迪顿和斯特恩的结论。其次,如果需求系统是可分的(偏好可分),那么最优税率就近似于统一税率,个别税率不同是因为迪顿和斯特恩的两个条件没有得到满足,这两个条件是所有家庭的恩格尔曲线的斜率相同,不同家庭允许儿童福利有可分性。最后,统一税率的合意性主要取决于儿童福利是否处于最优,如果没有处于最优状态,即使弱可分性的条件得到满足,最优税率仍然是非统一的。

2. 最优所得税理论

最优所得税的核心问题是,应当如何确定最优累进(累退)税率,以使税制在筹得一定税收收入、满足一定公平目标的基础上,符合效率原则,即使得效率损失最小或社会福利函数取得极大值。其中很有代表性的模型是最优非线性所得税。非线性所得税与线性所得税不同,它有多个边际税率,对不同的收入水平适用不同的税率,也就是说税率是累进的(或者累退的)。

米尔利斯的最优税收理论具有很大的影响力。他假定:第一,不考虑跨时问题,即模型是静态的。第二,忽略偏好、家庭规模和构成以及自愿性转移支付中的差异。第三,个人是理性的,个人效用是关于消费和劳动供给的函数;社会福利则是个人效用函数之和(实际上他使用了伯格森—萨缪尔森社会福利函数)。第四,假定没有移民。第五,假定政府对经济中的个人效用及其行动具有完备的信息。第六,不计实施最优税收的管理成本。上述假定条件实际上就意味着模型中的个人仅在他们的税前工资或生产率上有区别,而税收仅对劳动供给产生影响,即每个人的效用最大化受到政府的税收政策的约束,因为这会改变个人的税前和税后工资。在上述假定条件下,问题就变为政府应如何选择所得税税率,以使社会福利函数取得极大值。米尔利斯经过严格的数学论证,得出如下结论:第一,边际税率应在 0 和 1 之间;第二,对最高收入的个人的边际税率应为 0;第三,如果具有最低税前工资率的人正在最优状态下工作,那么对他们的边际税率也应为 0。

3. 直接税和间接税的配合

阿特金森在一篇关于税制设计的关键性文章中,第一个区分了直接税和间接税。他认为:直接税和间接税的差异在于,直接税可直接用于对个人状况进行分析,而间接税则不能,只能通过不同的收入群体的消费特征这种非常"间接"的方式来分析。商品税是间接税,而所得税则是直接税。他得出结论:第一,如果个人能力是同一的(从而工资率也是同一的),那么公平就不再是一个适宜的标准,在福利损失最小这一点,直接税优于间接税,这就是"最优"情形;当环境发生变化时,"最优"情形也需要适当地调整。

第二,如果个人间是不同的,特别是从能力(从而工资率)而不是从偏好的角度来看是不同的,那么可以通过人头税来筹措税收收入(主要是考虑效率问题),而通过对奢侈品按较高税率征税的商品税来实现公平。

第三,如果劳动和所有其他商品之间微弱可分,那么直接税就是适用的。但是,微弱可分这一条件可能得不到满足,例如劳动供给和与闲暇活动有关的商品之间极有可能是相关的。如果这样,那么"相关"商品就应当按照统一的正税率征税。并且,对两种类型的税来说,情况是一样的。

总之,最优税收理论在不同的假设条件下得出的结论对于我国的税制建设具有重要意义。问题的关键在于,如何把我国的现实情况作为参数引入模型,即应如何将最优税收理论与我国的国情相结合,建立适合我国国情的最优税收理论。

(二)税制设计理论[①]

从西方税收理论的发展来看,标准的最优税收理论在很大程度上忽略了因税制的强制性带来的政府税收征管成本和纳税人的遵从成本问题,税制设计理论正是为弥补这个缺陷而出现的。现实税制的形成受到众多条件的约束,而标准的最优税制设计理论试图在充分考虑这些条件的基础上,提出相应地税制设计方案。

1984年斯莱姆罗德(Slemrod)和索罗姆(Sorum)的估计显示,在美国,政府税收征管成本和纳税人的遵从成本不仅数额较高,而且还造成了较为严重的税收超额负担。根据1987年萨默斯(Summers)的研究,它甚至超过了效率损失的两倍。早先关于最优税收理论的研究仅仅考虑的是相对较小的效率损失,显然已经不合适。同样地,相应地政策建议也无法直接以这样的理论作为依据。斯莱姆罗德试图用最优税制理论(Theory of Optimal Tax Systems)来取代最优税收理论(Theory of Optimal Taxation)。他所说的最优税制理论既包括了最优税收理论发展的重要成果,也认真考虑了征税技术以及技术对税收政策的约束。这是一种试图在税收政策建议上提出更为实用的主张的理论。有的学者将比标准的

[①] 杨志勇、张馨编著:《公共经济学》,清华大学出版社2005年版,第192—194页。

最优税收理论考虑了更多现实因素的理论统称为税制设计理论(Theory of Tax Design)。

美国和其他国家的实践证据表明，逃避税收是多国居民普遍存在的问题。纳税人支付税收时不会直接获得相应地补偿，税收牵涉的所有各方都可能逃税。更一般地说，所有的纳税人有说假话少交税的激励。因此，所有税制都必须考虑实施成本。税制设计理论对此进行了研究。

关于逃税分析，阿林厄姆(Allingham)和桑德罗(Sandmo)首先分析了不确定性条件下个人是否遵守税法以及在多大程度上遵守的决策问题，建立了逃税模型的经典分析框架。他们认为，有应税收入的个人如果逃税不被抓，就可以少交税；如果被抓则要因此受到惩处。个人的决策取决于被抓的概率、处罚力度和个人对风险的态度。以后的研究同时考虑了劳动供给决策和逃税决策，引入了更一般的处罚和税收函数。阿林厄姆和桑德罗的研究强调了审计面和处罚率与税收遵从的关系。实际上，这种研究的主要结论是，个人支付税收仅仅因为担心受到审查和惩罚，所以处罚率的提高和审计面的扩大可以提高税务遵从程度。令人惊奇的是，在标准模型中，税率提高对所报告的收入的影响并不明确；根据似乎合理的假定，人们主动纳税的概率实际上伴随较高的税率而提高，这与通常所认为的高税率鼓励逃税形成鲜明的对比。因此，考虑了遵从成本和征管成本，标准的最优税收法则需要进行相应地修正。

1. 最优商品税

最优商品税率应该实行比例税率。比例税率即对同一课税对象统一按一个比例征收，不论其数额大小，也就是说同一课税对象的不同纳税人税负相同。它是税负横向平衡的重要体现。比例税率有利于降低纳税人的遵从成本和政府的征管成本。因此，偏离比例商品税率应该最小。应该对那些就价格变化无法做出反应的商品实行边际高税率(例如必需品)；而对具有显著负外部效应的商品，对较高收入阶层消费的商品，对课税容易而且低成本筹集的商品(例如服务商品)实行较高税率。

2. 最优所得税

所得税应该实行不变的边际税率。边际税率是指征税对象数额的增量中税额所占的比率。边际税率的高低会对经济产生不同的影响。边际税率越高，纳税人增加的可支配的收入就越少，虽然税收收入的作用增强，但会产生某种程度的替代效应，如当工作的边际收入减少时，人们就会以闲暇去替代部分工作时间，从而妨碍人们努力工作。因此，累进税率中的边际税率要适度。而不变边际税率则因降低了遵从成本，降低了从事税收转移计划的激励，从而既减少了政府税收征管成本，又减少了税收对人们行为的扭曲效应。

3. 最优税收组合

一国税制要同时征收商品税和所得税。所选择的税率应该能够减少扭曲,降低非遵从程度。同时课征商品税和所得税,政府可以有更大的灵活度,以实现公平目标和财政目标。但最优税收组合指导方针是最不确定的,还需要进一步研究。

(三) 税收合理规模的确定

税收是公共收入的最主要形式,税收收入的规模是否合理是关系到一国公共收入规模是否合理的决定性因素之一。确定一国税收的合理规模,主要就是确定其合理的宏观税负水平,即税收收入占 GNP 的比重。在大多数发达国家,税收收入占 GNP 的比重为 30%—45%,而一般的发展中国家其比重也达到了 15%—30%。关于税收合理规模的确定,主要有三个不同的角度。一是从税收对经济发展影响的角度,主张税收对经济活动的负面影响最小,并有利于刺激投资和经济发展,在此限度下的税收规模是最适度的。代表性的观点有亚当·斯密的税收四原则和供给学派的代表人物拉弗提出的拉弗曲线。二是从税收与经济发展水平及实现政府职能需要的关系角度,主张税收规模应当与一定时期的经济发展水平相适应,并随着经济的发展而增大。代表性的观点是瓦格纳法则。三是从税收是公共产品的"价格"的角度,主张税收的规模应当与政府提供的公共产品的数量相适应。代表性的观点有萨缪尔森均衡、林达尔均衡等。

1. 亚当·斯密的税收四原则

亚当·斯密从"看不见的手"的理论出发,主张市场经济自发自主地运转,政府只应扮演"守夜人"的角色,他认为政府的主要职能有国防、司法和兴建公共工程及维持公共机关的运转。税收规模也应保持在一个较低的水平以减少对经济活动的阻碍。他提出了著名的税收四原则(1)公平原则(equality),即人民应当按照各自的纳税能力来负担相应地税收;(2)确定原则(certainty),即纳税时间、纳税方式及纳税金额必须简单明了,不得随意改变;(3)便利原则(convenience),即收税官必须按照纳税者认为最方便的时间和方法进行征收;(4)征收费用最小原则(economy of collection),即纳税人支付的税额与国库实收金额之间的差额应当最小。在此基础上的税收规模才是最适宜的。

2. 拉弗曲线

拉弗曲线由供给学派的代表人物拉弗(Laffer)提出。他从税收对经济活动的影响出发,主张实行减税的政策。拉弗曲线的基本含义是,税收并不是随着税率的增高在增高,当税率高过一定点后,税收的总额不仅不会增加,反而还会下降。因为决定税收的因素,不仅包括税率的高低,还包括课税的基础即经济主体收入的大小。过高的税率会削弱经济主体的经济活动积极性,因为税率过高企业只有微利,甚至无利,企业便会心灰意冷,纷纷缩减生产,这样企业收入降低,从而削减了课税的基础,使税源萎缩,最终导致税收总额的减少。当税收达到100%时,就会造成无人愿意投资和工作,政府税收也将降为零。它说明了即使在比较低的税率下政府也可以有较高的收入,而不是像凯恩斯主义所认为的会加大财政赤字带来通货膨胀。拉弗曲线理论得到了美国前总统罗纳德·里根的支持。在1980年的总统竞选中,里根将拉弗所提出的拉弗曲线理论作为"里根经济复兴计划"的重要理论之一,并以此提出一套以减少税收、减少政府开支为主要内容的经济纲领。

3. 瓦格纳法则

19世纪末,德国经济学家瓦格纳通过对几个先进国家财政支出的增长情况的比较,得出了"国家活动持续增长的规律",后来被人们称为"公共支出不断增长的规律",即随着生产力的发展及经济的增长,国家的财政支出不断扩大,因此财政收入的规模也应随之扩大。他的基本思想是国家利用税收不应该以满足财政需要为唯一的目的,而应运用税收来解决社会问题。他的税收思想主要有四个方面:

(1)财政政策原则。即税收能够满足国家财政支出的需要。具体就是:收入充分原则,即税收应该充分满足国家财政的需要,以避免产生赤字;收入弹性原则,即税收应随着财政支出的增长而适当地增加。

(2)国民经济原则。国家在征税时不能够阻碍国民经济的发展以免危及税源。它又分为:选择税源原则,即税源必须适当,以利于发展国民经济;选择税种原则,即税种的选择要考虑税负的转嫁问题,让应该负担税收的人承担负税。

(3)社会公平原则。社会负担应该在各个人和社会各阶层之间公平地分配,从而矫正社会财富分配不公的弊端。具体有:普遍原则,对一切有收入的国民都要征税;平等原则,根据纳税人的能力征税,使其纳税能力与收入水平相适应,采用累进税制。

(4)税收行政原则。在征税时要按照确实、便利、节省的原则,减少征税成本,提高征税效率。

4. 萨缪尔森均衡

萨缪尔森从公共产品供求均衡的角度出发,寻求税收合理规模的判定机制。他认为,税收的规模不是越大越好,而应当随着社会经济的发展而不断地变化。一个合理的税收水平,一方面要保证国家机关正常运转以及满足公共产品供给的需要,另一方面也要考虑到纳税人的承受能力以及对社会生产、投资的影响。

同时,与其他公共收入的形式相比,税收最为规范,因此,在公共收入的结构上可以逐步提高税收来源的比例。

三、公债合理规模的确定

公债的规模,包括历年发行公债的累计余额和当年发行的公债总量。决定公债规模的因素有:财政赤字的大小、政府的经济政策、政府的偿债能力和经济的发展水平等。对于公债的合理规模,我们也可以从几个不同的角度加以考察:一是从资源配置的角度。公债的发行和使用应有利于资源的优化配置,汲取社会的闲置资金,并使其"挤出效应"最小,在此基础上的公债规模才是合理的。二是从公债的作用,即弥补赤字、筹集提供公共产品所需的资金及调控经济的角度来考察。公债的规模应有利于国家对国民经济的宏观调控以及弥补公共产品所需资金的不足。三是从政府的偿债能力及社会的应债能力的角度考察。只有在政府偿债能力和社会应债能力限度内的公债规模才是合适的。此外,我们在确定公债规模的时候,还应考虑到其使用的方向和使用的效益。

(1) 从资源配置的角度来考察。公债实际上是将一部分社会资源的配置由私人部门转向公共部门。如果这种资源配置方式的改变能够实现帕累托最优或者达到某种程度的帕累托改进,那么此时的公债规模则是合适的。

如何判断公债是否有利于资源配置效率的提高,可以从以下几个方面来考察:一是"挤出效应"的大小。如果社会上存在大量的闲置资金,此时政府举债不会形成与私人部门的竞争,使市场利率上升,导致私人投资被挤出,反而有利于资源的有效利用,因此公债的规模可以适度扩大;反之,则不适宜于扩大公债规模。二是由公债资金所提供的公共产品的边际效用和私人产品的边际效用相比,如果前者大于或等于后者,则此时的公债规模是合宜的。三是公债的来源和使用方向。约翰·穆勒指出,如果公债资金来源于生产性领域而又用于生产性领域则有利于资源的配置;如果公债资金来源于生产性领域而用于非生产性领域,则"公债制度是最不良的政府筹款方法"。政府支出主要由经常性支出和资本性支出两个方面组成。经常性支出直接形成本期的公共产品,具有直接受益性;而资本性支出不仅形成本期公共产品的供给,而且将在很长的一段时间内发挥效益。如果将公债资金用于经常性支出,则有可能造成公共产品的过度供给和资源浪费,所以公债收入基本上应用于政府的资本性支出,将其成本分摊到以后各期以提高使用效率,这也决定了公债的发行规模应当以政府合理的资本性支出需要为界限。[①]

---

① 解学智、刘尚希主编:《公共收入》,中国财政经济出版社 2000 年版,第 282 页。

（2）从公债作用的角度来考察。公债的主要作用就是弥补财政赤字、筹集公共产品所需要的资金以及调控经济。公债的规模应当根据其作用的需要而进行调整。在经济萧条时期，社会投资需求不足，政府通过扩大公债的规模增加财政支出，可以创造新的就业机会，提供更多的公共产品以及增加社会财富，最终刺激投资需求，拉动经济复苏。此外，政府还可以通过中央银行的公开市场操作买卖公债，影响市场利率，从而实现对经济的宏观调控。当政府的其他财政收入不足以提供足够的公共产品或服务时，适当扩大公债的规模也是必要的。

（3）从政府的偿债能力及社会的应债能力的角度来考察。这种考察方式有助于将公债的合理规模加以量化。从政府的偿债能力来看，主要包括以下三个指标：(1)国债负债率（国债余额/当年 GDP），一般以不超过 60% 为宜；(2)国债依存度（当年债务收入/当年财政支出），一般以不超过 20% 为宜；(3)国债偿债率（当年债务偿还额/当年财政收入），一般以不超过 10% 为宜。社会的应债能力主要包括以下几个方面[①]：(1)居民公债负担率，即用当年对居民发债余额与当年居民储蓄余额的比例来表示。(2)金融机构负担率，用金融机构持有公债占总资产的比重来表示。在发行公债时应该将其总体规模控制在政府的偿债能力和社会的应债能力以内，尤其不能超过国际公认的警戒线。

四、公共收费规模的确定

确定公共收费合理规模的前提，是对收费行为和种类进行清理和规范，即对各种乱收费进行清理，并使收费的行为规范化。判断收费是否合理的标准有：一是收费与受益是否具有直接对称性。如果交费人并没有从中获益或者其缴纳的费用远远高于正常的水平，这种收费就是乱收费，应予以清理。二是它是否与市场机制相冲突，阻碍市场机制的正常发挥。公共收费的一个重要目的就是增强公共产品的有效供给，弥补市场失灵。如果收费过高，超过了公共产品或劳务的成本，则破坏了市场正常运行的秩序，此时就必须对相关的收费予以清理整顿。如一些自然垄断行业的收费就是如此。三是它是否违反有关的法律规定。如果它与现行的法律规定相冲突，则应予以取缔。四是它是否用于公共目的。如果公共部门收费并非用于公共支出，而只是为了部门的自利性需要，则这种收费就是不合理的。

对于使用费的收入，则可以根据收费与受益直接对称性的原则，按照使用费的公共产品或服务外溢性的大小及起作用的有效范围，以及使用费的类型和作用加以确定。依据其提供的公共产品和服务的外溢性的大小，公共收费可以分

---

① 解学智、刘尚希主编：《公共收入》，中国财政经济出版社 2000 年版，第 283 页。

为全国性、地方性和社区性这三种不同层级的收费,相应地受益范围也不同,只有受益范围与收费范围相一致的收费才是公平合理的。从收取使用费的作用来看,它主要是为了促进公共产品的有效供给,避免浪费,减少公共产品供给中的"拥挤成本",即以弥补公共产品提供成本的目的确定收费规模。

需要指出的是,由于收取使用费的一些行业,如邮政、电信、自来水等,具有自然垄断的性质,出于行业或者部门的自利性,它们收取的使用费往往大大超过其提供的准公共产品的成本,以获取超额垄断利润。毫无疑问这是违背其收费的公共性原则的。由于自然垄断企业定价的非市场性,这就需要政府采取措施(如价格管制,或保持潜在的进入者以对其制约)以及社会监督(如采取价格听证会的形式)予以矫正,使其价格与成本相适应,保持一个较合理的价格水平。对于为了促进公共资源有效利用的准入性收费,则应根据申请使用者的数量和资源利用的效率,对收费规模加以调整,以把一些经济效益不高的企业排除在外,并使使用者的数量保持在一个能够促进资源有效利用的水平。对于为了矫正经济活动中一些负外部效应的惩罚性收费,可以适当加大处罚力度。

五、国有资产收入规模的确定

决定一个国家国有资产收入规模的因素有:(1)一国的经济体制。在计划经济体制下,国有经济占主导地位,因此来自国有资产收入的比重也比较大;而在市场经济条件下,国有经济的规模相对较小,因此来自国有资产的收入也相对少一些。(2)一国经济的国有化程度。在同一经济体制下,一国经济的国有化程度是决定国有资产收入规模的重要因素。如同样是市场经济国家,意大利的国有资产收入的比重就要比其他欧洲国家大得多。(3)国有资产的结构。一般来说,非经营性的国有资产收入很少,甚至不会带来经济效益而需要财政补贴;而经营性的国有资产才能够带来较多的经济效益。因此,在一国国有资产规模既定的情况下,其内部结构决定国有资产收入规模的大小。如果经营性国有资产所占的比重较大,则国有资产收入规模也将随之扩大。(4)企业税负的大小。国家凭借所有权参加国有企业税后利润的分配。如果企业税负较低,则可供分配的税后利润就较多,国有资产的投资效益也就增多,相应地国有资产收入规模也随之扩大;反之,则缩小。(5)国家和国有企业的分配关系。国家与国有企业的利润分配方式和分配比例主要由国家确定。我国改革开放以前,国家对国有企业实行统收统支,国有企业的利润几乎全部上缴,因此国有资产收入的规模较大;而改革开放以后,随着"放权让利"、利改税、承包制、股份制等改革措施的实施,企业自主权不断扩大,国家和企业的分配关系也在不断调整之中,来自国有企业的收入相对降低。

确定国有资产收入规模的大小,最重要的是要理顺国家和国有企业的分配关系,将税收和利收这两种国家从企业取得的不同性质的收入区分开来。其中,税收凭借的是政治权力,而利收凭借的是经济权利(所有权)。从实践来看,股份制有利于企业所有权和经营权的分离,规范政府和企业的分配关系,使国有企业收入规范化。关于国有资产收入的合理规模,目前尚无一个既定的衡量标准,但国有资产收入规模应当随着经济体制、经济发展阶段、国家的发展战略及其作用范围而加以调整。

第四节 我国的公共收入现状

财政是国家的一项重要职能,财政收入结构及其变动体现国家路线方针政策。我国当前的财政预算管理体制正在逐步完善,财政主要收入项目陆续纳入预算管理体系内,日益显示出公共财政的特征。但与建立完善的市场经济目标相比,我国现行财政收入尚存在一些问题,因此应以"在最小经济效率损失前提下最大限度增加公共收入,促进各种形式的公共收入协调增长"为目标进行相关财税政策的优化。

一、我国公共收入的主要来源

按照国际货币基金组织的统计方法[①],公共收入可以分为两大类:一类为经常性收入;另一类为资本性收入。毫无疑问,税收收入是一国公共收入最经常的和最重要的来源。此外,经常性收入还包括若干非税收收入,主要是向消费特定公共产品的使用者收取的费用、罚款与没收的收入、公有企业的利润上缴等。资本性收入包括政府持有的固定资本资产的销售,政府的战略性物资库存的销售,土地、森林、内河和地下矿藏的销售,来自非政府来源的、不偿还的资本性转移,等等。在这两大类公共收入来源中,以经常性收入最为重要,且较为稳定,而资本性收入存在预期的不确定性,因此,国际货币基金组织的这种划分标准可以比较准确地考察一个国家公共收入的大致规模,便于国际比较。

我国还依据公共收入是否纳入国家预算管理,将公共收入划分为:预算内收入和预算外收入两大块。预算内收入又包括税收收入和非税收收入。在各类税收之中,所得税类和商品税类最为重要。这两类税收又有若干具体形式:所得税,主要包括个人所得税和公司所得税,有时还可包括资本利得税;商品税,主要包括一般商品税和特定商品税,进出口税也可以算是商品税中特别的一类。纳

---

① 国际货币基金组织:《政府财政统计手册》,中国金融出版社1988年版,第104—133页。

入预算管理的非税收入,是指政府凭借财产权力和行政权力采取各种非税收入形式筹集的财政收入,主要包括:国有企业收入(企业上缴利润与企业亏损补贴二者间的差额)、教育费附加、公债收入及其他收入等。预算外收入,是指不纳入国家财政预算,由地方、部门和企事业单位按照国家规定范围自行筹集和使用的收入。它是在我国统收统支的财政体制下,为调动地方、部门、企事业单位理财的积极性,作为财政预算的补充而设置的,被称为第二财政。

1993年前,预算外收入由三部分组成:一是地方财政部门的预算外收入,主要包括农牧业税附加费(税)、城镇公用事业等各项附加收入以及集中的企事业收入;二是行政和事业单位的预算外收入和专项收入,如林业部门负责征收和使用育林基金,交通部门负责征收和使用养路费及车辆购置费附加,土地管理部门对土地有偿转让收取费用以及卫生监督部门收取的卫生罚款,公安、检察、司法部门自收自支的各种罚没收入,等等;三是国有企业及其主管部门的预算外收入,包括国有企业的留利、折旧基金和企业主管部门的专项收入等。1993年7月实行新的财务会计制度后,第三部分国有企业资金是企业的自有资金,不再作为财政的预算外收入。

此外,在我国现阶段还普遍存在着第三种公共收入的来源——体制外收入。体制外收入,是指不纳入财政(包括预算内和预算外)的各种基金、集资和各类行政性收费。这类收入不够规范,缺乏财政监督,因此,有些学者称它为非规范性公共收入。非规范性收入的方式和名目很多,有集资、摊派、收费、配套费、捐款、借款等,在农村税费改革以前乡镇地方政府的公共设施建设和公共服务,其资金来源主要依靠这些收入。也有些学者把对城市基础设施的财政贷款和财政担保贷款,地方各种集资建设,政府以出让土地给开发单位的方式进行投资,由开发单位负责建设有关公共设施等,也都列为体制外财政。

二、我国公共收入的规模[①]

在西方国家政府收入形式比较规范的情况下,广义的税负用政府财政收入占GDP的比重来衡量,而在我国当今税收体制还不健全,还存在大量非税收财政收入的情况下,单纯用税收收入占GDP的比重并不能说明我国税负的实质性问题。故而一些学者提出了三种税负口径:一是税收收入占GDP的比重(小口径);二是财政收入(预算内收入)占GDP的比重,主要包括税收和国有企业收

[①] 本部分内容主要参见伍云峰:《对我国当前宏观税负水平的测度与评析》,《南昌大学学报(人文社会科学版)》2008年第3期,第59—63页。

入、变卖公产以及规费收入等(中口径);三是政府收入占 GDP 的比重,主要包括财政收入和预算外、体制外的收入等(大口径)[1]。

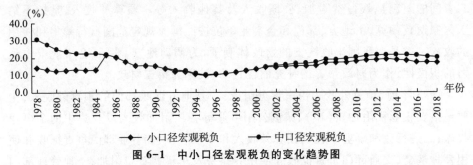

图 6-1　中小口径宏观税负的变化趋势图

资料来源:李普亮、贾卫丽:《中国宏观税负的回顾、反思与展望》,《地方财政研究》2019年第 12 期,第 48—59 页。

由图 6-1 来看,对比中小口径宏观税负变化轨迹不难发现,二者差距在 1985 年之前非常明显,主要原因是在两步"利改税"之前,国家对国有企业收取利润,并不征收所得税,但不管税收还是利润,都是财政收入的重要构成,由此导致税收收入和财政收入出现较大偏离。自 1984 年 10 月实施第二步"利改税"后,中口径和小口径的宏观税负基本趋于一致,1985—2000 年,二者的差值始终控制在 1 个百分点以内。自 2001 年起,中小口径宏观税负的差距逐渐拉大,由 2001 年的 1.0 个百分点逐年攀升至 2015 年的 4.0 个百分点,主要原因在于,这一时期一般公共预算收入中的非税收入增速明显高于税收收入增速。但自 2016 年起,随着涉企行政事业性收费的清理和规范,降费效果开始显现,非税收入增速明显放缓,在 2017 年和 2018 年甚至呈现负增长,中小口径宏观税负差距在 2015 年触顶后稳步回落至 2018 年的 3.0 个百分点,但总体仍处于 1985 年以来的历史高位。[2]

我国大口径宏观税负则明显高于中小口径宏观税负,但二者差距呈现明显的阶段性变化。其中,1978—1992 年,大口径宏观税负大幅高于中口径宏观税负,平均高出 14.4 个百分点。1993—2010 年期间,大口径宏观税赋与中口径宏观税负的差距明显缩小,平均高出 3.3 个百分点,主要是因为这一时期预算外资金范围不断调整,并且部分预算外资金项目逐步纳入预算内财政收入。2013—2018 年,中国大口径宏观税负(不含土地出让金)整体较为平稳,平均值

---

[1] 安体富、孙玉栋:《中国税收负担与税收政策研究》,中国税务出版社 2006 年版,第 89 页。
[2] 李普亮、贾卫丽:《中国宏观税负的回顾、反思与展望》,《地方财政研究》2019 年第 12 期,第 48—59 页。

为28.5%,高于小口径宏观税负和中口径宏观税负10.6和7.2个百分点。如果再考虑到土地出让金收入,则大口径宏观税负的平均值为34.2%,分别高出小口径宏观税负和中口径宏观税负16.3和12.9个百分点。尽管中国在2018年实施了较大力度的减税降费政策,全年减税降费约1.3万亿元,但广义宏观税负却不降反升,不包含土地出让金的广义宏观税负较2017年上升0.1个百分点,包含土地出让金的广义宏观税负较2017年上升1.0个百分点。

三、我国公共收入的结构[①]

政府的财政收入是公共收入的最主要组成部分,所以我们主要从财政收入的结构来考察我国公共收入的结构情况。财政收入结构即根据其构成、形式或来源等不同分类方法所形成的结构。财政收入结构反映了通过国家筹集的财政资金的不同来源、形式和不同获得方法。

将财政收入作为整体结构来分析,目的在于从整体上把握各种财政收入来源之间的有机联系,使它们保持恰当的比例关系;便于有的放矢地加强财政收入的宏观调节,实现利益的兼顾分配;推进财政收入结构优化,提高结构的整体功能。财政收入分类是进行结构分析的前提。有两种主流的分类方式:一是从中央和地方角度划分的纵向财政收入结构,又称"收入主体结构";二是指财政收入的各组成部分在财政收入总额中所占比重,即横向的财政收入结构,又称"收入来源结构"。横向的财政收入结构取决于对财政收入的各项构成要素所做的分类。研究横向财政收入结构较为普遍的做法是将财政收入划分为税收和非税收入两种要素。纵向财政收入结构描述了财政收入的集中程度,中央财政收入越高,说明中央政府的财权和财力越大,财政收入的集中程度越高,中央财力分配即转移支付的能力就越强,协调区域经济平衡发展的作用就会越明显。

根据测算,2011—2016年小口径下中央财政收入占比略低于50%,平均在47%;大口径下中央财政收入占比则更低,基本维持在37%。总体来看,中央财政收入占比略微有下滑的趋势。这说明近几年,中央政府将财权逐步下放地方政府,有意加大地方政府的财权,使地方政府财力增加,加上税收返还和转移支付的部分,地方政府财力的增加就更为明显。这些年来,地方政府的财权、财力和事权不匹配使地方政府的财政发生困难,于是地方政府利用各种渠道进行举债,地方性政府债务规模迅速扩大,这引起了中央政府的重视。所以,中央政府下放财权,有缓解地方政府的财权、财力和事权不匹配的问题,防止地方政府债务危机的倾向。从税收和非税角度的横向财政收入结构来看,近年来我国税收

[①] 王通、田发:《我国当前财政收入结构研究》,《中国林业经济》2018年第3期,第120—123页。

的绝对值稳步增长,但非税收入部分增长得更快。相比而言,可转化为税收的所有项目比例虽也有下降倾向,但是更加稳定。需要指出的是,可转化为税收的所有项目只是一种假设,如国有土地使用权出让收入转化为房产税或财产税,目前还是难以操作。可见,要提高税收占比,中国还有许多路要走。

按课税对象的性质分类,税种主要可以划分为所得税、流转税以及财产税。这里,流转税是增值税、消费税、营业税、城市维护建设税和关税的总和,所得税是个人所得税和企业所得税的总和,财产税是房产税、城镇土地使用税、土地增值税、车船税、车辆购置税、耕地占用税、契税的总和。除这些以外的税收就是其他税收。流转税属于间接税,对于发挥税收的财政职能意义重大,但其具有累退性,税负可以随着商品的流通而转嫁。所得税属于直接税,对于发挥税收调节收入分配职能具有重要作用。以上三类税收之和占总税收收入的97%,可见这三类税组成了我国目前的税收体系。其中,流转税占53%和所得税占30%,合计共占83%,符合我国1994年分税制改革以来建立双主体的税制结构。财产税也占据重要的一席之地。从国际经验看,一个国家在达到较高的发展水平后,就初步具备了向直接税与间接税平分秋色的双主体格局趋近的经济条件。如果将所得税和财产税相加,则我国直接税为44%,间接税(主要是流转税)为53%。所以,随着我国经济发展水平的不断提高,我国政府近期持续推进结构性减税,进行营改增,简化税率,增值税标准税率下降2%,以此减少间接税比重和推进所得税改革(其中提高高收入人群的税率)的行为。未来,间接税即流转税的比重会逐渐降低,直接税的比重将得到提高。

四、我国现行公共收入中存在的问题及政策选择[①]

(一)我国现行公共收入中存在的问题

(1)财政收入相对规模依然较小,人均财政收入明显不足。财政收入相对规模可用两个指标来反映:一是财政收入占GDP比重,二是人均财政收入。前者表明的是公共产品供给占用当期新创造的社会财富的额度,后者则表明政府为每个居民提供公共产品和服务的能力。比较国家间财政收入水平高低,更为重要的是比较人均财政收入,因为只有人均财政收入水平才能更准确地反映一国政府财政为每个居民提供公共物品和服务的能力。从财政收入占比来看,2011年我国可比财政收入占GDP比重为28.9%,同比提高1.8个百分点,但仍低于世界平均水平11个百分点,低于工业化国家平均水平16.4个百分点。即

---

① 本部分内容主要参见刘尚希等:《优化公共收入结构:财政增收的重要途径之一》,《杭州师范学院学报(社会科学版)》2005年第5期,第1—8页。

使在发展中国家,我国财政收入占比也属偏低,只略高于泰国及少数非洲国家。从人均财政收入水平看,我国人均财政收入水平更远远低于世界主要国家的平均水平。2011 年我国人均财政收入按当年平均汇率折算约为 1572 美元,不足美国 2007 年人均财政收入水平的十分之一。2010 年美国、日本、德国、法国、意大利和英国的人均财政收入水平均在 14 000 美元以上。若考虑我国可统筹用于民生的人均财政收入,则不足上述 6 个国家人均财政收入的 8%。[1]

(2) 公共收入结构失衡,各种收入形式的增长不协调,对经济的扭曲作用较大。主要表现在两个层次:一是税收收入(公共权力收入)的增长与非税收入(公共产权收入)的增长不协调,税收收入对公共收入的贡献远远大于非税收入。这种几乎完全依赖税收收入的公共收入结构,一方面使宏观税负水平提高,容易对经济增长造成抑制效应;另一方面,本应依据公共产权取得的收入却没有取得,造成公共产权虚置和收入流失,容易导致分配不公。二是目前税制结构还没有充分体现中性化和宽、薄、简的原则,还需加快改革的步伐。

(3) 公共产权收入流失严重。公共产权收入的流失包括两个方面:一是依据公共产权所有者的身份本应取得的收入没有获取;二是虽然依据公共产权所有者的身份取得了收入,但这些收入却流失在政府的各个部门和企业,甚至进了个人的腰包。

下面分别考察各种公共产权收入流失的情况:首先,考察国有资产收益的流失情况。经过 40 多年的改革,国有企业分配制度逐步过渡为税利分流且分类上缴的模式。现行分配制度仍然沿用了 2012 年调整过的分类方法,虽大体符合商业类国有企业的情况,却难以适用于公益类国有企业的分配,且从整体来看,现行分配制度下国有企业的实际上缴比例仍然偏低,使得具有行业垄断性优势的国有企业的大量利润留存于企业内部,阻碍了资源在社会部门之间的配置,加剧了收入分配的不公。[2]

其次,非经营性国有资产的占有使用率较为低下。如我国各级各类行政事业单位占有了大量的非经营性国有资产,其所带来的收入也应该为国家所有,但现状是非经营性资产谁占有谁受益,大量的非经营性资产的处置收入和实际转为经营性资产后的收益被单位所占有和支配。

根据《国务院关于 2019 年度国有资产管理情况的综合报告》,2019 年,中央

---

[1] 花磊等:《我国财政收入规模、口径及构成的国际比较》,《山西财经大学学报》2012 年第 3 期,第 87—88 页。
[2] 戚聿东、肖旭:《国有企业利润分配的制度变迁:1979—2015 年》,《经济与管理研究》2017 年第 7 期,第 35—44 页。

行政事业性国有资产总额5.0万亿元,地方行政事业性国有资产总额32.7万亿元,二者较去年同期均有较大幅度增长。但就其使用效益来看,一是重增量资产配置、轻存量资产共享的现象仍较为普遍;二是增量资产配置的目标导向模糊,不利于后期使用管理的绩效考核;三是与资产处置情况相挂钩的奖惩机制不健全,存在资产闲置、损坏丢失、随意处置等现象。①

再次,是资源性国有资产收益的流失情况。我国宪法规定:水流、森林、草原、山岭以及荒地等自然资源均归国家所有,即全民所有,任何单位或者个体都不允许非法占有。国家在法律的保护之下行使对国有资产的最终处置权,通常由具有国家一级权利的机构代为行使这部分权利。但实际工作中,这部分权利通常分散在各级政府部门之中,涉及自然资源管理与开发的部门足有十几个之多,所以国内资源性国有资产的管理一直是多头管理的局面,很多工作都得不到有效的落实。以矿产资源为例,当前国内煤炭资源的平均回采率一直保持在40%左右,一些小型煤炭企业甚至只有15%左右,这离国际标准的60%还有很长一段距离。2013年损失的资源性国有资产中仅矿产资源这一项就已经接近15 500亿元。② 2018年3月,中华人民共和国第十三届全国人民代表大会第一次会议表决通过了《关于国务院机构改革方案的决定》,批准成立中华人民共和国自然资源部。其职责在于:落实中央关于统一行使全民所有自然资源资产所有者职责,统一行使所有国土空间用途管制和生态保护修复职责的要求,强化顶层设计,发挥国土空间规划的管控作用,为保护和合理开发利用自然资源提供科学指引;建立健全源头保护和全过程修复治理相结合的工作机制,实现整体保护、系统修复、综合治理;创新激励约束并举的制度措施,推进自然资源节约集约利用。

复次,政府性收费的流失情况。我国的收费主体多元化,管理政出多门。现行地方收费的管理部门主要有地方财政、交通、国土管理、工商、卫生监督、公安、司法、检查、城建、环保、教育等,每个部门都有收费名目,而且一个部门收取多种费,同时管理上职权分散,乱收费的现象较为严重。2017年6月23日,审计署审计长胡泽君向全国人大常委会报告了2016年度中央预算执行和其他财政收支的审计工作情况,报告多处涉及收费管理工作,指向乱收费问题。其一,涉企收费管理机制还不够健全。此次审计工作报告发现政府收费规范性有所提高,但有些领域收费的种类较多、标准偏高。有的地方违规自行设立项目收费,或对明

---

① 高红、管仲军:《公益事业单位国有资产监管:重点、挑战与优化路径》,《中国行政管理》2020年第6期,第80—84页。
② 柳林:《产权视角下中国资源性国有资产管理体制创新研究》,《现代国企研究》2017年第24期,第215—216页。

令取消、停征、免征的项目继续收费,或未按规定标准和范围收费等,审计发现此类问题涉及收费金额 1.97 亿元。其二,部分单位利用行政或行业影响力违规收费。如测绘地信局等 5 个部门和中国设备管理协会及其 26 家所属单位违规收费 2.31 亿元,主要是违规开展资质认证、资格考试、评比表彰、中介服务或直接收取赞助等。安全监管总局 2 家所属企业违规开展与部门行政审批权相关的安全评价服务,2016 年收费 1748.38 万元;经过审批的 221 家检疫处理单位有 175 家是质检系统所属企业,抽查其中 12 家均未按要求降低收费标准。其三,在全国医疗保险基金审计中发现,有 923 家定点医疗机构、药店及少数个人涉嫌以伪造资料、分解住院等方式骗取套取基金 2.17 亿元。有 474 家医疗机构超过规定幅度加价销售药品和耗材 5.37 亿元,还有 1330 家医疗机构自定项目或重复收费等 5.99 亿元,加重了医保负担。①

最后,是特许权收入的流失情况。频道、航道等的特许经营权属于国家的公共产权,但我国并没有据此取得相应地公共产权收入;我国近年每年发行彩票 400 亿左右,每年筹集收入 140 亿左右,这类收入都没有纳入预算管理;货币发行收入(铸币税)和邮票发行收入也应是国家的公共产权收入。如果按照拓展铸币税定义计算,1996 年我国的铸币税收入与财政收入竟然基本持平,近几年也相当于财政收入的三分之一左右,绝对量约 4000 亿—6000 亿元,但通过利润等形式上缴国库的每年只有约 200 亿元。

(二) 我国公共收入优化的政策选择

依据公共收入结构优化的基本原理和我国公共收入结构存在的问题,优化我国公共收入结构的基本思路是:在最小经济效率损失前提下最大限度增加公共收入,促进各种形式的公共收入协调增长。一方面要进一步完善以税收为主的公共权力收入的稳定增长机制,另一方面要广开财源,大力挖掘公共产权收入的增长潜力,采取有效措施防止公共产权收入的流失,促进公共收入增长和社会公平。具体包括以下几个方面:

1. 进一步强化以税收为主的公共权力收入的收入功能

虽然税收的快速增长将不会长期持续,并且新一轮的税制改革将会以"减税"为其特点,但是鉴于税收收入增长对于财政和国家安全的重要意义,必须通过税收制度及征管制度的完善,建立起税收收入稳定增长机制。一方面要完善税收体系特别是地方税体系,逐步培育不动产税(物业税)等大宗、支柱性税源,使各级政府能够形成独立稳定的收入来源;另一方面,要完善税收征管制度,强

---

① 李苗等:《乱收费治理之策》,《新理财》2017 年第 7 期,第 25—26 页。

化税法的约束力,遏制税收的任意减免和变相减免,形成一种促使各级政府和税务部门采取有效措施打击偷逃税行为的激励机制,堵塞税收流失漏洞。

2. 广开财源、大力挖掘公共产权收入

以税收为主的公共权力收入的高速增长不可持续,相反,公共产权收入的增长却有很大的潜力,这种潜力来自两个方面:一是依据公共产权应取得而没有获取的收入,二是流失在政府的各个部门和企业,甚至进了个人腰包的公共产权收入。以下分析各种公共产权收入增长的潜力。

第一,国有资产收益的增长潜力。国有资产收益的增长潜力包括三个部分:经营性国有资产收益的增长潜力、非经营性国有资产收入的增长潜力和资源性国有资产收益的增长潜力。根据上面的测算,每年应上缴财政的经营性国有资产收益约为 1000 亿元,但实际上缴国库的不到 10 亿元,这部分收益应纳入预算的必须全部纳入预算管理。非经营性资产收入增长的潜力更大,因为目前的非经营性资产极其分散,管理也较为混乱。只要加强管理,进行非经营性资产的市场化运作改革,国家作为这些非经营性资产的所有者就可以取得规模可观的公共产权收入。土地是重要的资源性国有资产,而我国国有土地出让金基本没有纳入预算管理,成了部门或单位的收入,甚至暗藏腐败,进了个人的腰包。据有关部门统计,2010 年全国土地出让金收入 7500 亿元,2019 年全国土地出让金收入 7.8 万亿元,十年增长 9 倍。不难看出,土地收益对于公共收入的增长具有重要的意义。而矿产资源、海洋资源、海湾、江河湖泊、滩涂、湿地、原始森林等国有资源,一旦进入市场,就应相应地取得收益。铁路、民航、电力、邮电、石油、石化等垄断性行业的垄断利润,也是公共收入的重要来源,国家应制定特定的利润分配制度来解决,完全由企业占有是不公平的。

第二,特许权收入增长潜力。特许权收入增长的潜力包括:依据频道、航道等特许经营权的公共产权性质,取得相应地公共产权收入。依据专卖特许的公共产权性质,强化专卖收入的预算管理。我国历史上有盐专卖和酒专卖,盐酒专卖曾是公共收入的主要来源。目前我国对盐、烟草实行专卖制度,其专卖收入的分配仍有许多不合理之处,没有充分体现公共产权的收益要求,相当一部分收益被企业所支配。这不仅仅导致公共产权收入流失,更重要的是导致收入分配不公。因此,要扩大彩票发行,增加彩票品种,动员社会力量举办社会公益事业。近几年我国的福利彩票和体育彩票收入迅速增长,成为我国举办福利事业和体育事业的重要资金力量,说明彩票在我国还有很大的发展潜力。应该抓住这一筹资工具,挖掘其筹资能力,增加新的彩票品种,如社会保险彩票、社会救济彩票、义务教育彩票等,并根据市场需要,不断扩大彩票发行规模,动员社会力量举办社会公益事业,使之成为公共收入的重要补充。对货币发行收入进行确认,并纳入预算管理。根据上面的分析，按照拓展铸币税定义计算，近几年我国每年的铸币税绝对量有 4000 亿—6000 亿元，但通过利润等形式上缴国库的每年只有约 200 亿元。当然这些数据不一定完全精确，但至少说明了我们对铸币税收入的重视程度相当不足。因此，首先要加大对铸币税收入的研究，比较准确地界定铸币税收入；其次，要明确货币发行收入是一种重要的公共产权收入，必须纳入预算管理。

3. 完善财政管理体制，调动两个积极性

一方面，在进一步完善分税制的基础上，使各级政府都有稳定的财源，形成合理的公共收入结构，使各级政府财政收支能达到基本平衡，防止由于财力拮据造成地方公共收入结构扭曲。另一方面，要在统一预算的基础上，从制度和法律上保证地方政府拥有与财权相对应的财力。政府收入体系中预算内、预算外和制度外收入并存的格局说明我们的预算是分散的，而这种分散性与社会主义市场经济客观上要求的预算完整性是格格不入的，需在清理整顿"小金库"和预算外资金的基础上进一步推行综合统一预算。当然，市场经济条件下的统一预算决不是全国上下的统收统支，而是在各级政府之间合理分权的基础上，让每一级政府都形成完整的预算和合理的公共收入结构。

【关键术语】

最优税收理论　拉姆齐规则　公共收入　税收　公债　公平原则　效率原则　帕累托最优

【复习思考题】

1. 简述良好的公共收入应遵循的几个原则。
2. 简述公共收入的主要形式。
3. 最优税收理论的内容是什么？
4. 简要分析目前我国公共收入的规模、水平及其存在的突出问题。
5. 简要论述税收的三种效应及其影响。
6. 简述拉弗曲线的含义。
7. 简述衡量公债合理规模的三个指标。
8. 公共收入有哪些特征？

【参考书目】

1. 白景明：《公共经济》，人民出版社 1994 年版。
2.《财政收入占国民收入比重研究》课题组编：《中国市场经济下财政必要规模的研究》，

中国财政经济出版社 1998 年版。

3. 戴世光主编:《世界经济统计概论》,人民出版社 1987 年版。
4. 傅道忠、姚凤民编著:《财政学》,中国财政经济出版社 2004 年版。
5. 黄少军、何华权编著:《政府经济学》,中国财政经济出版社 1997 年版。
6. 李军:《中国公共经济初论》,陕西人民出版社 1993 年版。
7. 世界银行:《1988 年世界银行发展报告》,中国财政经济出版社 1988 年版。
8. 王绍光、胡鞍钢:《中国国家能力报告》,辽宁人民出版社 1993 年版。
9. 解学智、刘尚希主编:《公共收入》,中国财政经济出版社 2000 年版。
10. 杨斌主编:《税收学》,科学出版社 2003 年版。
11. 杨志勇、张馨编著:《公共经济学》,清华大学出版社 2005 年版。
12. 张馨:《公共财政论纲》,经济科学出版社 1999 年版。
13. 〔美〕阿兰·J. 奥尔巴克、马丁·费尔德斯坦主编:《公共经济学手册》,匡小平、黄毅译,经济科学出版社 2005 年版。
14. 〔美〕彼德·M. 杰克逊主编:《公共部门经济学前沿问题》,郭庆旺等译,中国税务出版社、北京腾图电子出版社 2000 年版。
15. 〔美〕戴维·奥斯本、特德·盖布勒:《改革政府:企业精神如何改革着公营部门》,周敦仁等译,上海译文出版社 1996 年版。
16. 〔美〕詹姆斯·M. 布坎南:《公共财政》,赵锡军等译,中国财政经济出版社 1991 年版。
17. 〔日〕植草益:《微观规制经济学》,朱绍文、胡欣欣译,中国发展出版社 1992 年版。
18. 〔英〕安东尼·B. 阿特金森、〔美〕斯蒂格里茨:《公共经济学》,蔡江南等译,上海三联书店 1992 年版。
19. 〔英〕加雷斯·D. 迈尔斯:《公共经济学》,匡小平译,中国人民大学出版社 2001 年版。
20. 〔英〕拉本德拉·贾:《现代公共经济学》,王浦劬、方敏等译,中国青年出版社 2004 年版。

第七章 公共预算

【教学目的和要求】

公共预算是公共经济的重要内容。公共预算通过列出政府开支来描述政府行为,将政府要实现的目标与达成这些目标所必需的资源联系起来,以确保财政资金的正确使用。公共预算将政府支出限制在政治可能获得的收入范围内来保持收支平衡。

通过本章的学习,要求学生理解狭义的公共预算就是政府预算,在形式上指按一定的标准将财政收入和支出分门别类地列入特定的表格,在内容上指政府对财政收支的计划安排;预算的执行是财政收支的筹措和使用过程,预算执行结果的总结则是政府决算。要求掌握公共预算的内涵、特点、功能和主要分类,理解公共预算的编制原则和编制程序;理解政府公共预算管理体制的内涵,掌握其建设和完善的方法与途径。

第一节 公共预算概述

政府预算是政府财政收支活动的集中反映,公共财政的职责就是提供公共产品和公共服务,这些产品与服务的数量与质量在公众面前的具体反映就是政府公共预算。公共预算是产生于税收、公债之后的财政范畴,虽然在17世纪以前就出现了财政收支活动,有了对财政收支的粗略估计,产生了对政府财政收支进行记账分析的活动,但直到17世纪在英国才有了正式的政府预算。[1] 英国资产阶级革命爆发之后,英国财政发生了一系列变化:1678年确定了王室政府为执行其职能所需要的财政支出必须由代表资产阶级利益的下议院批准;1688年确定了王室年俸由国会批准,国王的私人支出与政府的财政支出不得混同;1689年通过了《权利法案》,确定国会为最高权力机构,重申不经国会批准,王室政府不得强迫任何人纳税或缴纳其他款项。1832年,英国国会又通过了一项法律,

---

[1] 许正中主编:《公共财政》,中共中央党校出版社2003年版,第296页。

规定财政大臣每年必须向国会提出全部"财政收支计划书",并由国会批准。至此,具有现代意义的国家预算制度才真正建立起来。

我国在新中国成立后,建立了新民主主义的国家预算。1956年社会主义改造完成,社会主义制度基本确立,我国的社会主义国家预算也随之建立起来。伴随着始于1978年的改革开放,我国公共预算发展逐步走上正轨。1981年1月,国务院发出《关于抓紧核实1980年财政收支数字的紧急通知》,规范了预算编制问题,并在随后的《预算外资金管理试行办法》等法规中,进一步明确了预算外资金以及人民银行经理国库等方面的业务操作流程,使预算编制与执行逐渐走向规范化和制度化。1991年10月,国务院颁布了《国家预算管理条例》,这是1951年颁布《预算决算暂行条例》以来,再一次对预算管理进行优化,以适应国家经济和财政的发展实际。1994年3月《中华人民共和国预算法》(以下简称预算法)以及1995年11月《中华人民共和国预算法实施条例》的颁布实施,体现出我国对于预算管理的规范和要求已然上升到法律层面。预算法的通过,一方面从法律角度肯定了预算管理中已形成的合理内容,另一方面也对需要改进的方面进行了修正,填补了我国市场经济法律体系建设中的一个空白。2014年8月,经历长达十年的修订历程,预算法修正案由全国人大常委会审议通过,完成了自1994年预算法颁布以来的首次修订。新修订的预算法将"四本预算"的多元复合预算体系上升为法律规定,并确立了"全口径预算管理原则",规定"政府的全部收入和支出都应纳入预算",力求建立一个完整、真实、准确反映政府财政收支状况的现代预算体系。2018年9月,《中共中央国务院关于全面实施预算绩效管理的意见》出台,提出"力争用3—5年时间基本建成全方位、全过程、全覆盖的预算绩效管理体系",并做出了细致且全面的改革部署,为预算绩效管理改革指明了方向,从此,我国步入了全面实施预算绩效管理的新时代。

一、公共预算的内涵及特点

在公共经济中,狭义的公共预算就是政府预算,也称政府公共预算,是指中央政府和各级地方政府在一个财政年度内对公共财政收入和支出的计划。在形式上,政府预算指按一定的标准将财政收入和支出分门别类地列入特定的表格,以使人们清楚地了解政府的财政活动;在内容上,政府预算的编制是政府对财政收支的计划安排,预算的执行是财政收支的筹措和使用过程,而预算执行结果的总结则是政府决算。从事前来讲,它反映政府提供公共产品活动的预定范围和方向,同时反映政府的宏观经济政策倾向;从事后来讲,它表明政府履行其职能的情况,也在一定程度上表现出政府活动对经济产生影响的范围和力度。因此,可以说,政府预算是一个关于政府财政收支的计划性的立法文件。

政府预算从其产生发展至今,经历了一个不断完善充实的过程,综观不同国家政府预算,它们具有一些基本的共性。

第一,公共性。公共预算决策的内容是公共性事务。公共预算的本质特征与家庭部门、私有企业等私有部门预算的自利性相比较,它是以公共资源的管理为基础,为满足公共需要所预先进行的筹划、计划,具有鲜明的公共性,表现出较强的利他性。也就是说,公共预算除了要讲求公共资源配置的经济效益外,更多的是强调公共资源配置的社会效益,从而在经济社会生活中起到调节经济运行、保持社会稳定、维护公平正义、增进社会福利的弥补市场失灵的独特作用。由此,公共预算决策的目的是实现广大人民的社会福利,公共服务应成为公共预算的主要导向。

第二,政治性。公共预算反映政府做什么和不做什么的选择,它反映了公民的普遍意识,即政府应该提供何种服务以及哪些公民使用这些服务,它体现了国家的基本政策,规定了政府活动的范围和方向。公共预算反映了支出上的优先权,同时也反映了服务于不同目标的各种决策的相对比例,以效率、效果以及更广泛的公共目的为目标。

第三,法律性。公共预算管理与社会公众的切身利益息息相关,因此,公共预算管理决策绝不能为所欲为、恣意而做,而必须严格依法行事。每一项公共预算决策的制定都需要有真实可靠的法律法规依据,同时按照法律法规规定的程序和要求履行审查审批手续。一个良好的公共预算决策机制只有做到各相关主体权责明确、程序清晰、定位准确,才能形成相互促进、相互制约的权力监督机制,防止公共预算决策权的失控和影响公共资源配置的公平、公正。政府预算的确立和执行结果都要经过立法机关的审查批准,这一法律性质是政府预算区别于其他财政范畴的一个重要特征。在西方国家,总统或首相提出预算草案,经国会或议会审议通过,预算即具有法律效力。在我国,由财政部代表国务院向全国人民代表大会提出预算草案,经全国人民代表大会审查批准之后,预算即具有法律效力。法律性特征是政府预算能够顺利实现的前提和保证。

第四,预测性。政府通过对未来年度预算的编制,对预算收支规模、收入来源、支出用途,做出事前的预计和设想。无论是发达国家还是发展中国家,各级政府、各政府部门一般在本年度结束之前,都要对未来年度的预算收支做出预测,编制出预算收支计划,进行收支对比,做出对策研究。至于这种预测是否符合实际,能否得以实现,取决于政府预算事前编制的准确性和科学性,也取决于预算执行中客观条件的变化、应变措施的选择、预算管理水平和预算管理手段。当代预算管理手段的现代化,使预算信息的收集、传递和分析利用的速度加快,这对政府预算准确度的提高十分有利。

第五,综合性。政府预算的内容包括多个单项财政收支计划,综合反映整个财政收支的全貌,全面反映政府活动的范围和方向,是国家的基本财政收支计划。政府预算的规模、收入来源、支出去向、收支结构和财政平衡等情况,由政府按照社会生产力水平和政治经济形势发展的需要,从国家整体利益出发进行统筹安排。

第六,公开性。公共预算涉及社会公众的切身利益,公共预算收支计划的制定、执行以及决算形成的全过程应当向公众全面公开,收支内容也必须明确,以便社会公众及其代表能够理解和审查。公共预算来自广大纳税人,政府只是作为公众代理人,按照社会公众意愿和诉求在公共决策的基础上使用公共资金,为公众提供公共产品,完成公众的受托责任。这样公共预算就成为公民监督政府的一个可靠工具,让公民可以了解政府如何进行支出以及是否遵循、回应、满足公众的合理诉求。

二、公共预算的主要分类

随着社会政治经济生活的日益丰富和财政分配的复杂化,政府预算逐渐演变成具有多种预算形式和多种预算方法的一个复杂体系。对预算进行科学的分类,是进一步认识和研究政府预算的前提,也是我国合理地吸收和借鉴先进预算形式和预算管理方法的客观需要。

第一,按预算编制依据,可分为增量预算和零基预算。

增量预算指的是公共收支计划指标是在以前预算年度的基础上,按新的预算年度的经济和社会发展情况加以调整之后确定的。增量预算简便快捷,易于操作,但是追加支出随意性强,不利于控制支出的增长,容易形成政府支出的刚性增长。

零基预算指的是公共收支计划指标的确定,只以新的预算年度的经济社会发展情况为依据,而不考虑以前的公共收支状况。零基预算有三个基本要素,即决策单位、一揽子决策和排序。在采用零基预算法编制预算时,可以用一个项目作为一个决策单位,也可用一个部门的一个机构作为决策单位;在确定了决策单位之后,每一个决策单位的负责人都要对他所负责的活动进行分析,考虑提供不同服务水平的影响,以及不同服务水平所需要的经费,将上述活动汇集成文字资料就是一揽子决策;决策单位根据本部门或机构的职责,将对本部门影响最大的方案,按从大到小的顺序排列,呈送给决策单位的管理层。各决策单位的管理者对每一个由决策单位负责人呈送的一揽子决策赋予相应地价值,编制"排序表",标明每一决策所需人力和资金。零基预算起源于美国,在国际上有重要的影响。其优点表现在:当年预算与往年预算规模无关,容易对政府开支增长进行控制;每年核定部门工作量和预算资金方案,有利于提高效率;单位预算细化,有利于遏制腐败和加强对预算资金的管理。但是,由于零基预算编制要从基层单位做起,需要层层按照零基预算的原则进行审核,工作量大,并需要强有力的信息数据支持,因而政府应对突发事件的财政灵活度降低,容易引起部门对立。所以,零基预算在操作上遇到了很多困难。

第二,按公共预算编制范围和预算技术组织形式,可分为单式预算和复式预算。

单式预算是传统的公共预算编制形式,它是指在预算年度内,将全部的公共财政收支汇编入一个统一的预算平衡表内。在单式预算中,所有财政预算收入包括各项税收收入、基金收入、债务收入以及其他收入等都列入该预算的收入账户,而由财政预算安排的各项支出都列入该预算的支出账户,不区分若干类财政收支的性质而形成几个相对独立的预算平衡表。其优点在于:预算收支安排情况全貌和预算平衡情况一目了然,整体性强;便于对预算收支规模、结构及平衡关系的合理性、科学性进行全面分析;便于立法机构的审议和社会公众的理解和监督;便于统筹实施和组织预算执行,可以增强政府运用财政资金的力度,且结构简单,易于编制实行。但是,这种预算也存在弊端:它不加区分地把不同性质的财政收支项目编制在一个预算内,各种不同性质的收支之间没有对应关系,不能真实地反映预算收支平衡结果;不利于财政部门对不同性质的财政收支进行分别管理;不利于政府对财政收支活动进行经济分析和比较,难以具体反映预算赤字和盈余的成因及性质。[1] 正因为单式预算对应性弱、透明度低,不利于政府进行有选择的宏观经济调控和经济效率分析,不少国家放弃了这一预算组织形式,转而采用了复式预算,或者对单式预算进行了改进。

复式预算是指在预算年度内将全部预算收入和支出按经济性质归类,分别汇编成两个或两个以上的预算。世界各国通常的做法是分为经常性预算和资本性预算,但各国复式预算的具体结构各有差异,各个分预算的称谓也不相同;即使是采用两式结构的复式预算,有的是截然分开,也有的是交叉使用。复式预算的最大特征是对应性强,即用特定的预算收入来保证特定的预算支出的需要,在预算收入和支出之间建立稳定的对应关系。另一特征是透明度高,能够较为具体地反映预算的平衡情况以及预算赤字和盈余的成因,从而为政府进行经济分析和宏观决策提供较为明确的信息;预算结构清晰,也便于改善财政资金的管理,避免不同性质的财政资金相互挤占。复式预算把预算收支按经济性质划分得具体、明确,这便于政府采取各种不同的预算政策,加强对各类预算收支的分

---

[1] 代鹏编著:《公共经济学导论》,中国人民大学出版社2005年版,第311页。

类管理,有利于控制预算资金的流向和流量,也有利于对经常性支出不合理增长的制约和对资本性支出的"成本—效益"分析。但是,复式预算也有一些缺点:在把统一的财政收支分别列在不同的平衡表内时,打破了预算的整体性,其结构也比较复杂,增加了编制的难度。

长期以来,我国一直采用单式预算组织形式。但自改革开放之后,随着我国市场经济的发展,国民经济的分配格局发生了巨大变化,国家财政也日益壮大起来。同时,国家对经济管理和财政管理提出了更高的要求。为了适应这种发展变化,1991年国务院颁布了《国家预算管理条例》,规定从1992年起国家预算按复式预算编制。财政部在1992年对我国的国家预算、中央预算和部分省市预算开始试编。1994年我国出台的《中华人民共和国预算法》中规定:"中央预算和地方各级政府预算按照复式预算编制。复式预算的编制办法和实施步骤,由国务院规定。"由此,我国各级政府从1995年开始编制复式预算。虽然我国实行复式预算制的进程相当缓慢,但从试行到立法再到全面推广,体现了预算管理的进步,有利于健全财政职能,提高财政分配的透明度和强化预算约束机制。

第三,按财政平衡原则,可分为赤字预算、盈余预算和平衡预算。①

赤字预算是政府根据一定时期经济和社会发展的需要,在预算方案中使预算支出超过预算收入,形成预算赤字,即有赤字的预算。在一般情况下,赤字预算是政府实行赤字预算政策的结果,是一种主动赤字。它的功能主要是在社会需求不足、社会供给过剩的情况下,通过政府预算赤字来弥补或缩小社会需求与社会供给之间的差额,实现社会供求之间的相互适应。因此,编制赤字预算的前提条件是社会总供求之间的矛盾表现为供给大于需求,只有在这种情况下赤字预算的目的才能实现。与之相对应的是盈余预算,即在预算方案中使预算收入较多地超过预算支出,形成预算盈余的预算,即有盈余的预算。平衡预算则是在预算方案中使预算支出和预算收入大体相当的预算。

第四,按预算编制内容,可分为一般公共预算、政府性基金预算、国有资本经营预算和社会保险基金预算。

根据《中华人民共和国预算法》的规定,一般公共预算是对以税收为主体的财政收入,安排用于保障和改善民生、推动经济社会发展、维护国家安全、维持国家机构正常运转等方面的收支预算;在中央层面包括中央各部门的预算和中央对地方的税收返还、转移支付预算,在地方层面包括本级各部门的预算和税收返还、转移支付预算,其中各部门预算由本部门及其所属各单位预算组成。政府性基金预算是对依照法律、行政法规的规定在一定期限内向特定对象征收、收取或

---

① 张向达、赵建国、吕丹编著:《公共经济学》,东北财经大学出版社2006年版,第121页。

者以其他方式筹集的资金,专项用于特定公共事业发展的收支预算;应当根据基金项目收入情况和实际支出需要,按基金项目编制,做到以收定支。国有资本经营预算是对国有资本收益做出支出安排的收支预算;应当按照收支平衡的原则编制,不列赤字,并安排资金调入一般公共预算。社会保险基金预算是对社会保险缴款、一般公共预算安排和其他方式筹集的资金,专项用于社会保险的收支预算;应当按照统筹层次和社会保险项目分别编制,做到收支平衡。四本预算应当保持完整、独立,同时相互之间也要紧密衔接,以促进财政资金的有序流动,提高财政资金的使用效率,不断完善我国全口径政府预算体系。

此外,依照预算编制的程序可分为临时预算、正式预算和追加预算等。依据预算的级次可分为一级预算和多级预算,我国现设有五级预算:中央人民政府预算,省、自治区、直辖市人民政府预算,设区的市(自治州)人民政府预算,县(自治县、不设区的市、市辖区、旗)人民政府预算,乡(民族乡、镇)人民政府预算。从各国的预算实践来看,大多数国家都采用复式预算和增量预算。我国也同样采用复式预算和增量预算。

三、公共预算的功能

预算是政府和社会基本目标得以实现的现实反映和工具。公共预算区别于家庭预算和企业预算,有其特殊的功能,主要体现为经济功能和政治功能两大方面。

公共预算的经济功能主要体现为资源配置功能。公共预算分别反映了国家财政参与国民生产总值分配的程度和国家财政活动的事权范围。公共预算作为政府施政的重要内容,在实现政府政策目标的资金流动过程中,起着关键作用。在宏观层面,公共预算通过规范财政收入的预算管理,可以扩大收入规模,提高政府对经济社会发展的保障能力;通过对财政支出总量的控制、支出结构的调整和项目优先次序的安排,将财政资金配置到最需要财政资金保障的领域,更好地落实国家的经济和社会政策,促进公共资源的有效配置。在微观层面,公共预算可以通过确定预算编制方式、控制预算执行流程、实施预算监督检查等手段,使预算计划的编制更加合理,促进政府各部门加强内部管理,确保既定的资金安排计划得以合规、高效地落实。

公共预算的政治功能主要体现为规定政府活动范围、对政府支出进行约束等。首先,公共预算作为政府的公共收支计划,它反映政府的活动范围和公共收支状况。公共预算不仅表明政府各部门及其机构如何使用其经费,也表明政府的各项收入如何筹措,它全面反映政府活动的内容、范围和方向,体现政府的政策意图。公共预算好像一面镜子,反映政府介入经济社会生活的范围、规模和程度。其次,公共预算是控制政府支出规模的一个有效的手段。一方面,政府的全部收支项目及其规模都纳入预算,预算能够全面反映政府的收支状况。另一方面,预算作为公共选择的重要内容之一,必须经过国家立法机关的审批才能生效,并最终形成国家的立法文件。这就将政府的支出置于公民和立法机关的监督和制约之下,通过这一监督和制约,形成对政府支出规模的实际的有效的控制。

在预算实行的早期阶段,它只是作为一种财政计划和管理过程,主要强调支付、会计核算和报告功能。随着预算管理的经济意义逐渐被重视,其作为宏观经济稳定和增长的重要调节手段也被逐渐认识。同时,预算管理的核心开始转向通过对公共资金的筹集和配置,来影响和保持经济的增长和效率的提高。[1]

四、公共预算编制的原则

公共预算管理需要符合现代预算的基本原则。[2]

第一,全面性原则。即所有公共资金必须全部纳入公共预算范畴之内。财政的"公共性"要求全部政府收支都要纳入预算管理,不存在脱离预算管理的政府性收支,这也是实现财政法制化和民主化的制度前提。全面性原则是公共预算应遵循的基本原则,没有预算的全面性,就根本无从谈起预算的其他原则。

第二,法治性原则。所谓政府预算,"就是具有法治性的政府财政收支计划"[3]。从法学的角度来看,可以把预算当成一份合同,"从合同执行的程度来看,它的确使合同涉及的各方相互承担义务,并相互控制"[4]。公共预算的法治性原则要求在预算管理的各个环节都必须遵循法定程序,经立法机关批准,受立法机关约束。经法定程序审批后的公共预算,即成为具有法律效力的文件,预算部门必须无条件执行,不得随意更改。如遇特殊情况需要调整原定预算,同样必须遵循法定程序,不得在法律范围以外调整或变更预算。

第三,绩效管理原则。"公共资金的受托性质决定了财政有责任向政府和人民报告资金用得怎样、有无效果。"[5]预算绩效不仅体现政府做了什么,而且反映政府做得怎样。因此要在预算管理全过程中贯彻绩效管理原则。

---

[1] 张向达、赵建国、吕丹编著:《公共经济学》,东北财经大学出版社 2006 年版,第 121 页。

[2] 本部分内容参考苗庆红:《公共财政框架下中国预算改革:回顾和展望》,《中央财经大学学报》2020 年第 5 期,第 5 页。

[3] 张馨:《论政府预算的法治性》,《财经问题研究》1998 年第 11 期,第 20 页。

[4] 〔美〕阿伦·威尔达夫斯基·内奥米·凯顿:《预算过程中的新政治学(第 4 版)》,邓淑莲、魏陆译,上海财经大学出版社 2006 年版,第 2 页。

[5] 马国贤:《"一观三论"与财政支出绩效评价》,《行政事业资产与财务》2009 年第 3 期,第 9 页。

第四,预算监督原则。公共财政本质上是花别人的钱为别人做事。因此,对于分钱和花钱的人而言,都没有足够的内在激励来保证公共资财的效率、效果和效能,以满足公共需要,实现公共价值最大化。所以需要一套财政监督和财政问责机制,去监督公共预算参与者的行为,以防止财政机会主义行为的产生,最大可能地从制度上保证公共预算目标的实现。

第五,公开与透明原则。对于实现财政问责来说,财政透明是最基本的要求。公共预算管理过程实质上是由一系列的委托代理关系组成的。委托代理关系中需要解决的问题是代理人问题,而解决代理人问题就是要解决公共资金目标和部门预算目标的冲突以及信息不对称问题。公民有权知道"钱从何处来,花到何处去",这就要求预算公开、透明。

第六,年度预算原则。预算必须具有年度性,是指预算要按年度编制,列出全年的公共收支,对年度公共收支进行比较,不应对年度之后的公共收支做出任何事先的安排。各国的预算年度均有时间界定,通常为1年(365天)。预算年度的起讫时间各国有不同的做法,主要有日历年制预算年度和跨年制预算年度。前者指从每年1月1日起至同年12月31日,采用这种计算法的主要有法国、德国、意大利等国家,我国采用的也是这种预算年度。后者指从某年某月某日起,至次年的某年某月某日,中间历经12个月,但跨越两个日历年度,如美国的预算年度从每年的10月1日起至次年的9月30日止,以结束日属于哪一年份,称哪一年为预算年度。又如英国、日本的预算年度,从每年的4月1日起至次年的3月31日,以开始日属于哪一年份,称哪一年为预算年度。瑞典、埃及则从当年7月1日至次年的6月30日为预算年度。

各国的起讫日期之所以不同,主要取决于两个因素:立法机关召开会议的时间和公共收入旺季。各国的预算年度一般都是从一年中缴纳入库的公共收入为数最多,且立法机关召开会议的日期开始。以公共收入缴纳入库为数较多的日期为预算年度的开始日期,可以使预算年度开始时的公共收入较为充足,得以保证当时较多资金的需要;以立法机关召开会议的日期为预算年度的开始日期,可以使拟订的预算早日获得立法机关的通过,以便及时着手执行。

五、公共预算的程序

公共预算的决策程序在过程上可以分为:预算编制、审议批准、预算执行、预算调整、决算五个既相对独立又相互衔接、相互影响的阶段。这些程序体现着政府决策的侧重点,显示政府对宏观经济调节和管理的意图。一般来讲,在每一预算年度开始前,由法定的预算编制机关编制预算草案,然后交由立法机关进行审议,得到批准后,以法律的形式成为正式预算。

(1) 预算编制。预算编制是预算程序中的首要环节,通常由政府的财政部门进行。具体流程为:财政部门受国务院委托首先向各地方、各部门发出编制预算的通知和具体规定,然后各地方、各部门编成预算估计书提交财政部门,最后由财政部门审核汇编,提交权力机构批准。

(2) 审议批准。在西方国家,预算的批准权力属于议会,我国的预算批准权力机构是各级人民代表大会。国家预算经权力机构批准后,才具有法律效力。

(3) 预算执行。在预算年度开始后,由政府行政机关按照职责分头执行正式预算,监督主要由审计和监察机构进行。

(4) 预算调整。预算调整是预算执行过程中的一项重要程序,是指经过批准的各级预算,在执行中因特殊情况需要增加支出或减少收入,使总支出超过总收入或使原举借债务的数额增加的部分改变。预算调整须经有关的权力机构审查和批准。

(5) 决算。年度预算结束后,由预算执行机关就全年执行预算情况及其结果编制该年度的实际收支报告,即决算,是整个预算工作程序的总结和终结。决算经审计机关审核后,由立法机关予以批准。这样,就完成了一个"预算周期"。

值得补充的是,历史上西方发达国家编制预算的主要方法之一是 PPBS 方式。PPBS 是指由计划制定、方案评估和预算编制三阶段组成的体系,是 Planning Programming Budgeting System 的缩写,一般译为计划项目预算制。Planning 即计划制定,在这个阶段,预算编制者要根据本届政府施政纲领设定本年度预算的基本目标,然后为达到此目标而对可供选择的方案进行评估和选择。Programming 即方案评估,在这个阶段,预算编制者对在上一阶段筛选出来的方案,进行成本—效益分析和费用—产出分析。一般以五年为期,评估方案实施所需的投入和预计的产出,并计算出单年度的投入和收益,弄清个别具体方案与整体预算的相容性和协调性。Budgeting 即预算编制,确定经过评估的方案在本年度所需资金金额,把预算资金进行合理分配。在 PPBS 的每一个阶段都需要"回头看",不断对筛选出的方案及其实施计划是否符合本届政府的施政纲领和本年度预算的基本方针进行检测。[①]

第二节 公共预算管理体制

一、公共预算管理体制的内涵

政府预算管理体制是政府管理体制的重要组成部分,是处理一国财政体系

---

① 樊勇明、杜莉编著:《公共经济学》,复旦大学出版社 2001 年版,第 125 页。

中各级政府间财政分配关系的一项基本制度,其核心是各级政府预算收支范围及管理职权的划分和相互间的制衡关系。预算收支范围涉及的是国家财力在中央与地方,以及地方各级政府间如何分配的问题,而预算管理职权是各级政府在支配国家财力上的权限和责任问题。建立政府预算管理体制的根本任务,就是通过正确划分各级政府预算的收支范围,规定预算管理权限及相互间的制衡关系,使国家财力在各级政府及各区域间合理分配,保障相应级次或区域的政府行使职能的资金需要,提高财政资金管理和使用的效率。

二、建立公共预算管理体制的原则

政府公共预算管理体制主要基于以下三个原则建立[①]:

第一,统一政策、分级管理。统一政策是指预算管理的大政方针由中央统一制定,全局性的预算法规由中央统一制定和颁布,政府预算管理体制变革的重大举措由中央统一部署;分级管理指在统一政策的前提下,各级地方政府都是相对独立的一级财政,都有相对独立的预算管理权,有地方预算法规的制定权和颁布权,以及对本级预算收支的安排、调剂、使用的权力。这样一种原则既有利于强化中央预算的宏观调控能力及其在预算管理体系中的主导地位,又有利于调动地方各级政府管理本级预算的积极性。

第二,财权与事权相统一。这一原则的重要意义在于财权、财力的划分要以事权划分为基础,财权为事权服务。在中央政府和地方政府的财政关系上,我国地方政府在承担较多公共服务责任的同时面临着地方财力严重不足的困境,即事权大于财权,往往造成预算支出大于预算收入的预算不平衡状态。因此,必须在合理划分中央政府与地方政府事权的基础上,赋予地方政府合适的财政资源,以匹配财权与事权为切入点来完善我国的预算管理体制。

第三,兼顾公平与效率原则。公平是一个与利益分配紧密相连的概念,在预算管理体制上有两方面的含义:基于财力水平均等要求的上解负担公平;基于机会均等要求的发展条件公平。效率的含义是指基于优化资源配置要求的经济效率和基于预算管理体制有效运转要求的行政效率。公平与效率既是公共预算管理体制应依据的原则,也是其追求的目标,预算管理的公平和效率对应着社会经济的稳定和发展。

三、公共预算管理体制的内容

政府公共预算管理体制主要包括以下几个方面的内容:

[①] 刘明慧主编:《政府预算管理》,经济科学出版社 2004 年版,第 327 页。

第一,预算管理主体和级次的规定。政府预算管理级次与一国的政权结构和行政区划存在密切的联系。为实现财权和事权的统一,我国各预算级次的设置与政权体系的层次基本对应,具体分为中央政府预算和地方政府预算。地方政府预算又分为省、自治区、直辖市预算,设区的市、自治州预算,县、自治县、不设区的市、市辖区预算,乡、民族乡、镇预算这四级预算。从中央到地方五级预算构成我国的政府预算体系。

第二,政府预算管理权限的划分。预算管理权限指的是政府预算方针政策、预算管理法律法规的制定权、解释权和修订权,政府预算的编制权和审批权,预算执行、调整和监督的权力等。在我国,预算管理职权是指各级人民代表大会及其常务委员会、各级政府、各级财政部门以及各级预算具体执行部门和单位在预算管理中的职责和权限。

第三,预算收支范围的划分。其实质是确定中央和地方以及地方各级政府各自的事权和财权。收支范围划分是否合理,关系到政府预算管理体制的运行是否有效率,各级政府的职能能否充分实现,各层次的公共需要能否有效满足,因而是预算管理体制设计的核心问题。

第四,预算调节制度和方法。预算收支范围的划分并不能完全解决各级次政府财政收支均衡的所有问题,这不仅由于支出划分与收入划分所遵循的标准不完全一致所造成的不同级次预算主体之间的收支不对称,而且因为地区间经济发展的非均衡性会使经济相对落后地区的预算收支难免存在缺口,所以,在既定的预算收支范围划分的基础上进行收支水平的调节是必要的。①

第三节 中国公共预算管理体制

一、中国公共预算管理体制的发展历程②

我国的政府预算管理体制建设是逐步深入的,它与我国社会制度从人治走向法治、从计划经济走向市场经济的进程是一致的。在新中国成立初期国民经济恢复时期,我国实行统收统支的高度集中的预算管理体制。其特征是全国各地的主要收入统一上交中央金库,地方一切开支均需要经中央核准,统一按月拨付,预算管理权限集中于中央,留给地方少许财力,用以解决农村、文教卫生事业和城镇市政建设以及其他临时性需要。在1953—1978年二十多年的时间内,我

---

① 韦小鸿主编:《政府经济学》,中国社会科学出版社2004年版,第179页。
② 本部分内容参考马蔡琛、赵笛、苗珊:《共和国预算70年的探索与演进》,《财政研究》2019年第7期;苗庆红:《公共财政框架下中国预算改革:回顾和展望》,《中央财经大学学报》2020年第5期。

国实行统一领导、分级管理体制。其特征是在中央统一政策、统一计划和统一制度的前提下,按国家行政区域划分预算级次,实行分级管理,原则上是一级政权一级预算。在分级管理体制下,地方预算的收支支配权和管理权相对较小,并不构成一级独立的预算主体,而是按中央政府和地方政府的职责分工以及企事业单位和行政单位的隶属关系确定各级预算的支出范围。改革开放后,我国从 1980 年开始对预算管理体制进行改革,实行"划分收支、分级包干"体制,简称财政包干体制。其基本内容是按经济管理体制规定的隶属关系划分中央和地方的收支范围,收入按分类分成,收支指标确定后,原则上五年不变,地方在划定的收支范围内自求平衡。[①] 随着我国经济体制改革的推进,尤其是经过两步"利改税"后,税收成为国家财政收入的主要形式,中央决定从 1985 年起实行"划分税种、核定收支、分级包干"的预算管理体制,并在 1988 年对地方财政包干办法进行改进。1991 年之前,中国的预算收入按来源划分,包括税收、企业收入、国有企业亏损补贴(作为负的收入处理)、国内与国外借款(作为预算收入处理,而不是作为融资)。支出按提供资金的目的和政府职能分类,没有经济分类,也没有支出的交叉分类。从 1992 年开始,我国将单式预算变为复式预算,按支出的生产性或非生产性,分别归入经常性预算和资本性预算。[②] 1993 年 12 月 15 日,国务院发布的《关于实行分税制财政管理体制的决定》规定从 1994 年 1 月 1 日起在全国范围内实行分税制财政管理体制。此后,随着社会主义市场经济体制的深入,我国在地方层面和中央层面不断探索预算管理改革。尤其在 2013 年全面深化改革以来,我国预算管理在法律建设、制度建设、部门建设、信息建设等方面均取得了显著成就,更加符合现代预算制度的要求。

根据我国财政建设发展的脉络,可将我国公共预算管理体制的发展从时间上划分为三个阶段。

(一) 有破有立的公共预算体系探索(1949—1977 年)

随着解放战争的不断胜利,中国共产党基于根据地财经工作经验,从 1947 年就开始着手做好新中国财政经济工作的准备。1949 年 9 月 29 日政协第一届全体会议通过了具有临时宪法作用的《中国人民政治协商会议共同纲领》,规定要"建立国家预算决算制度,划分中央和地方的财政范围,厉行精简节约,逐步平衡财政收支,积累国家生产资金"。共同纲领对国家预算工作提出了整体的规范和要求,新中国的预算开始结束长期分散的局面,迅速走向了统一规范。

[①] 韦小鸿主编:《政府经济学》,中国社会科学出版社 2004 年版,第 181 页。
[②] 樊勇明、杜莉编著:《公共经济学》,复旦大学出版社 2001 年版,第 148 页。

1. 由分散走向统一的预算制度建设

1949年12月2日,在当时战争尚未完全结束、经济遭到严重破坏、财政负担逐渐增加的历史环境下,《关于一九五零年度全国财政收支概算草案编成的报告》通过。这是共和国成立之后的第一部概算,但当时由于资料的欠缺和经验的不足,只能画出一个轮廓,为国家预算执行提供一个基本的方向。随后,《关于预决算制度、预算审核、投资的施工计划和货币管理的决定》以及《预算决算暂行条例》发布,确定我国实行预算审核制度和决算制度,并在预算编制、执行、决算审定等方面提出了规范的要求。这标志着我国预算工作正式走向统一。

2. 及时纠错的预算稳定方针

一切的改革探索都是在不断发现问题、总结问题和解决问题中进步的,新中国的预算制度建设也同样如此。1953年预算的编制将上一年的结余全部列入本年度预算却没有考虑到季度差额的周转资金的问题,导致1953年3月底就花光了所有预备费,8月开始出现21亿元的财政赤字。在1953年经验的基础上,1954年1月13日,时任政务院副总理兼财政部部长的邓小平同志在全国财政厅局长会议上所做的报告中提出了"财政工作的六条方针"①,明确了"预算归口管理""预算包干""自留预备费,结余留用不上缴"等重要改革方向。从1954年的预算执行情况来看,"六条方针"的实施具有明显的成效。

3. 从"大跃进"到适时调整的预算整顿时期

1957年9月中共八届三中全会到1958年5月中共八大二次会议,是"大跃进"的准备阶段。在这种追求高指标的大环境下,各地区在预算编制以及决算报告中出现了虚报财政收支数字的情况,出现了"假结余、真赤字"的现象,直至1962年12月才开始对这种现象进行修正、调整。在经历了三年"大跃进"后,1961年进入经济调整时期,中央提出"调整、巩固、充实、提高"八字方针,财政预算与之同步调整。此次改革的重点是,国家财政预算从中央到地方实行上下一本账;改进预算管理体制,适当紧缩预算外资金,将预算外资金纳入国家预算管理。此次财政经济整顿起到了一定的作用,但在国家预算调整的五年后,1966年"文化大革命"爆发,新中国成立以来形成的预决算制度也在这期间遭到了破坏。1966—1978年的十二年间,国家财政没有编制正式的预算报告,除1978年外也没有编制正式的决算报告。

纵观从新中国成立初期到改革开放之前的中国政府预算,可以看出,预算制度在新中国成立的凯歌中快速成型,又在波折的历史进程中不断探索前进。新中国成立之初,长期分散的财政管理局势给财政预算工作带来了管理上不统一、

---

① 邓小平:《财政工作的六条方针》,《财政》1989年第6期,第2—4页。

收支脱节的困难,因此,制定统一的预决算制度在这一时期是十分重要的。然而,随着预算编制和执行的推进,发现问题、解决问题逐渐成为推动预算改革的内在动力,邓小平同志提出的"六条方针"解决了当时预算编制上的问题,使得预算编制在短期内走上正轨,其中"归口管理"等思想,时至今日也具有重要的启示价值。然而,在"大跃进"和"文化大革命"的冲击下,尽管中央对财政预算工作做出了一些必要的应对性调整,但仍旧出现了预算管理体制的剧烈波动以及预决算报告缺失的情况。

(二)百花齐放的公共预算改革阶段(1978—2012年)

改革开放以前,受内在制度缺陷以及外在环境波动的影响,预算的编制起起落落,并未真正走上正轨。由于计划经济的局限性,政府预算呈现出单式预算、基数法编制、法制性不强等特点。改革开放以来,我国政府预算改革方向总体呈现出法制化和体系化不断加强、地方改革试点和中央改革协同推进的百花齐放的特征。

1. 逐渐规范的预算法制化进程

伴随着始于1978年的改革开放,我国财政工作逐渐走向正轨。1979年6月的《关于1978年国家决算和1979年国家预算草案的报告》标志着预决算编制制度的全面恢复。1981年1月,国务院发布《关于抓紧核实1980年财政收支数字的紧急通知》,规范了预算编制问题,并在随后的《预算外资金管理试行办法》等法规中,进一步明确了预算外资金以及人民银行经理国库等方面的业务操作流程,使预算编制与执行逐渐走向规范化和制度化。

1991年10月,国务院颁布了《国家预算管理条例》,这是继1951年颁布《预算决算暂行条例》之后,再一次对预算管理进行优化,以适应国家经济和财政的发展实际。1994年预算法以及1995年预算法实施条例的颁布实施,表明对于预算管理的规范和要求已然上升到法律层面。预算法的设立,一方面从法律角度肯定了预算管理中已形成的合理内容,另一方面也对需要改进的内容进行了修正,填补了我国市场经济法律体系建设中的一个空白。

2. 主动出击的地方预算改革

1994年分税制改革之后,中央和地方之间的预算编制方式发生了变化,由以往的中央代编地方预算改为地方自行编制预算,并在报财政部后汇总成国家预算,这也成为1994年之后地方政府主动探索预算编制改革的重要原因。此外,传统上"基数法"编制预算存在的弊端、预算外资金规模不断扩大但分配情况模糊的状况,也促使各地开始尝试预算编制方法的创新。这一阶段主要以摒弃"基数法"的预算编制方法为核心,开展以零基预算、综合财政预算以及标准周期预算为主要着力点的预算管理创新。

（1）零基预算与综合财政预算改革。零基预算一改以往的基数预算，在编制年度预算时，对新预算年度中想做的所有事情进行全盘审核，而不仅是修改上年预算或检验新增部门。20世纪90年代，包括湖北省、湖南省以及国家统计局在内的一些省份和中央部门开始尝试零基预算的编制方法，并取得了一定成效。这些预算改革打破了传统上"基数加增长"的预算编制方法，不再以上一年的收支基数为基础，而是重新根据本年度具体情况来编制预算，更加客观地反映了各预算单位的现实需求。在此基础上，"零基"的思想同样被用在预算外资金的管理上。为解决当时预算外资金管理失控、财力严重分散的问题，在湖北省启动综合财政预算改革之后，1996年国务院颁布《关于加强预算外资金管理的决定》，对预算外资金管理提出了新要求，各省市也相应颁布了综合财政预算实施办法，逐渐开始实施综合财政预算。

（2）标准预算周期改革。标准预算周期是针对年度预算编制流程的缺陷而提出的。当时预算编制与执行的实际情况是，本年预算的编制自上一年度9、10月份开始，决算完成约在次年4、5月份，共计20个月的周期。预算编制的时间实际上不到半年，这种状况不利于预算的执行与监督，而且各部门在执行中调整预算的自由度太大。针对传统预算模式存在的问题，天津市积极探索新的预算管理模式，提出建立一种30个月的标准预算周期，从时间序列上划分为三个阶段，即"预算编制阶段""预算执行阶段"和"决算与绩效评价阶段"。这应该是国内较早提出预算绩效评价的一种探索与尝试。

这一时期地方预算实践体现了自发性和主动性。一方面，这一阶段改革不同于1994年之前的改革探索，而是在地方获得预算编制权之后，对具体预算编制进行的优化；另一方面，也不同于后来的部门预算改革等举措，因为它并不是由中央政府牵头实施的，而是地方高度自主性的产物，也在一定程度上为之后中央部门预算改革的实施提供了先导性探索。

3. 整体推进的中央预算改革

1994年的财税体制改革主要着眼于财政收入一翼的制度改革，从收入方面理顺了国家与企业、中央与地方之间的分配关系，但支出一翼的改革并未同步跟进。在社会主义市场经济不断推进的过程中，作为财政支出方面的预算管理改革日益引起关注。同时，针对传统预算所呈现的"基数"性、预算编制简单且编制时间短、预算外资金不可控等问题，以部门预算、国库集中收付、政府采购、政府收支分类、收支两条线为主要内容的预算管理改革，在世纪之交的几年间渐呈方兴未艾之势。这些预算改革都是涉及预算编制和执行不同阶段的改革，而绩效预算和预算监督则是贯穿于预算管理全过程的改革。

第七章 公共预算

（1）部门预算改革。我国部门预算改革的实践最初也是从地方层面开始的，发轫于四川省射洪县，而比较规范的部门预算则始于湖北省荆州市沙市区1995年推行的"一账户、三集中、三分离"的改革模式。随后，部门预算改革由地方推及中央，1999年9月财政部出台了《关于改进2000年中央预算编制的意见》，提出编制市场经济国家所通行的部门预算，在现有预算收支分类的基础上尽可能细化。

部门预算改革，通俗地讲就是一个部门一本预算。部门预算是由政府各部门编制、财政部门审核、经政府同意后报人大审议通过的、全面反映部门所有收入和支出的预算。部门预算改革之前我国预算编制实行的是功能预算，是与计划经济相对应的一种财政预算编制方式。从编制形式来看，传统预算是按支出功能分类进行预算编制的，而不是以支出部门为单位进行编制。因此，传统预算编制呈现碎片化，而且不便于财政问责。从编制程序来看，传统预算采取自上而下的编制方式，上级部门代基层单位编制预算，预算单位可以进行"二次分配"；而且因为是上级单位代为编制，与支出部门存在信息不对称，所以具有较大的随意性和盲目性，导致编制不够精细和准确。从编制内容来看，传统收入预算存在高度不完整现象。改革之前财政收入有三种类型：预算内收入、预算外收入和制度外收入（俗称"小金库"）。传统的功能预算仅是预算内收入被编入预算，主要是税收收入，大量的行政事业收费和政府性基金则被放到预算外管理。此外，"小金库"里不合法的制度外资金也为部门所支配，因此导致大量的预算外和制度外资金不受预算约束。从编制方法来看，传统预算主要是采取分项列支方法，注重对财政资金投入进行合规性控制，而不注重对财政资金支出的产出和效果即预算绩效进行考核。从预算编制时间来看，传统预算每年从12月开始，到次年3月提交人大审议，编制和审核时间也就2—3个月，编制时间短，不够精细。

较之于传统的功能预算，部门预算具有以下特点：从编制形式来看，按功能编制预算转变为按部门编制预算，为财政问责提供了组织保证。而且"一个部门一本预算"将预算内、预算外和制度外的公共资金都纳入部门预算一本账内，使预算能够反映一个部门各项资金的来源、使用方向和具体使用内容，增强了部门预算的完整性和统一性，满足预算全面性原则。从预算编制程序来看，从之前功能预算的"自上而下"转变为"自下而上"的逐级编制，由预算基层单位编起，逐级汇总，实现了由"上级代编"向"逐级实编"的转变。因为具体的支出单位与上级单位相比在资金使用上是信息的优势方，所以改革后的编制方式更具有科学性和准确性，便于精细化管理，也避免了上级代编预算的随意性以及二次分配的现象。从编制方法来看，从传统的分项列支预算，逐渐转为绩效预算方法。政府部门不仅关注投入,更关注结果。从预算编制的时间来看,改革后的预算编制时间由原先的 2—3 个月逐渐延长,现在每年 5 月开始布置下一年的部门预算编制工作,使之前预算编制粗放的情况得到了改善。

部门预算改革为实现公共财政资金的有效配置提供了技术、程序、组织和制度上的保证。部门预算改革在一定程度上吸收了地方改革中"零基预算""综合财政预算"的思想,打破了传统"基数法"的预算编制模式,也改变了传统预算只反映预算内收支但大量预算外资金只报账(甚至不报账)的粗放管理方式。部门预算的成功实施有利于预算法的严格执行,也有利于规范政府财政部门的分配行为,强化预算约束,提高整体预算资金的使用效率。

(2)国库集中收付制度改革。国库集中收付制度也称为国库单一账户制度,是整个公共支出改革的基础和核心环节。改革之前的国库制度是以设立多重账户为基础、资金分散缴拨的分散收付制度。在账户的设置上,各级税、费征收机关和用款的支出部门在不同商业银行自行设立为数众多的过渡性账户;在收付程序上,财政资金无论征收还是支出都需要流经若干部门和环节。这导致财政管理的高度分散化,主要体现在三个方面:现金余额的分散化、付款的分散化以及财政交易监管与会计控制的分散化。传统的国库管理存在着多重委托代理关系,每一层的委托代理关系中都由于存在信息不对称,不可避免地会产生代理人问题,引发代理人的道德风险,致使财政资金挪用、截留现象屡禁不止,造成大量财政游离于国库外。实践中不乏为了部门利益层层设卡的现象,这大大地增加了财政交易成本,不仅影响预算资金的执行进度和到位情况,降低执行效率,而且由于财政资金大量散落在不同环节和不同部门,影响资金的集中管理,既降低资金的使用效率又影响国库资金发挥宏观职能。改革开放之后,通过征收机关和预算单位设立多账户分散管理的传统财政性资金缴库和拨付方式,达不到集中财力办大事的目的,也弱化了对预算单位国库资金使用情况的监督和控制。

为了规范财政收支行为,加强财政收支管理监督,提高财政资金的使用效率,从制度上减少腐败现象,需要按照公共财政的要求,改革传统的国库管理方式。国库制度改革就是由分散化到集中化的过程。国际上通行的做法是,将分散收付的国库管理方式转变为集中收付的管理方式,建立单一账户体系(TSA)。2001 年公布的《财政国库管理制度改革试点方案》明确要求从根本上改变我国传统的预算执行管理方式,建立以国库单一账户体系为基础、资金缴拨以国库集中收付为主要形式的现代财政国库管理制度。这项改革主要包括从分散收付到集中收付、从多重账户到单一账户、从静态管理到动态管理的改革。到 2005 年年底,所有 160 多个中央部门均实施了国库集中收付改革,并在此基础上开始实施中央国库现金管理。市场经济条件下的国库现金管理有利于保证国库现金收支的及时传递,提高政府资金管理的控制力和透明度。

通过近20年的国库制度改革,国库集中支付制度实现了对县级以上预算单位全覆盖。"截至2018年年底,中央、省、市、县、乡五级近70万个预算单位实施了国库集中支付制度改革,占到全部预算单位的99%以上,基本实现了'横向到边、纵向到底',构建了现代化的国库管理框架。"[①]

(3)政府采购制度改革。在公共财政框架下,政府的一项重要职能就是提供公共物品和服务。在计划经济体制下,政府所需物资都是通过公共生产、公共提供的方式获得的。而在市场经济体制下,政府向市场采购公共物品和服务逐渐成为政府提供公共物品和服务的重要手段和方式。传统的政府采购由各支出单位自己进行,因此具有分散化购买和管理的特点,难于监督,容易滋生腐败现象。另外,支出单位单独采购不容易形成规模经济,不仅影响采购效率,也不便通过政府采购实现某些特定的政策功能,并且,由于地方的利益保护倾向,这种采购方式会影响公平、统一、开放的市场形成。

随着社会主义市场经济体制的确立,我国在政府采购方面也进行了一系列的探索。从1995年开始,上海、深圳等省市和财政部相继开展了政府采购改革的试点。2000年6月,中央设立专门负责政府采购工作的组织机构——财政部国库司政府采购管理处,政府采购制度改革由此进入了全面试点阶段,在全国范围内铺开,采购范围也逐渐从初期的少数货物逐步扩大到上千个品种。2003年《中华人民共和国政府采购法》的正式实施,标志着我国政府采购制度改革试点工作至此结束,政府采购进入了全面实施阶段,中国政府采购开始步入法制化时期。随后相继出台了《政府采购货物和服务招标投标管理办法》等配套规章,建立了以政府采购法为统领的法律制度体系。2014年修订的《中华人民共和国政府采购法》以及2015年实施的《中华人民共和国政府采购法实施条例》,对政府采购做出了进一步的法律规范。2018年,中央全面深化改革委员会审议通过了《深化政府采购制度改革方案》,政府采购转入高质量发展轨道。通过政府采购改革,我国目前基本建立起了一个能取代原来分散的部门采购体系的政府集中采购体系。"全国政府采购规模由2002年的1009亿元增加到2018年的35 861亿元,年均增长率25%。政府采购实施范围从货物类向工程类、服务类扩展,从传统的通用类货物向专业新型货物服务扩展,从满足机关单位办公需要向为社

[①] 财政部国库司:《一场"财政革命——财政国库管理制度的改革发展"》,《中国财政》2019年第19期,第17—18页。

会公众提供服务扩展,服务类采购迅猛发展。"①

(4)"收支两条线"改革。在预算制度发展的过程中,预算外资金的收缴、管理和使用一直是人们持续关注的问题。改革开放以后,预算外资金作为计划经济体制和前期改革过渡阶段的产物,已经不适应建设公共财政体系的要求。1996年,国务院发布了《关于加强预算外资金管理的决定》,明确预算外资金是财政性资金,要上缴财政专户,实行"收支两条线"管理。"收支两条线"改革的试点工作从1998年开始从法院、检察院、公安部门和工商部门拓展到其他执收执罚部门。直至2011年《关于将按预算外资金管理的收入纳入预算管理的通知》实施,中央部门全部预算外收入均需上缴中央国库。

在全面性预算原则要求下,2001年在部门预算的基础上还进一步深化和规范了"收支两条线"改革。所谓"收支两条线",是指国家机关、事业单位、社会团体以及政府授权的其他经济组织,按照国家有关规定依法取得政府非税收入,收入全额上缴国库或者财政专户,支出通过编制预算由财政部门统筹安排,并通过国库或者财政专户拨付资金。通过"收支两条线"改革,预算外等财政资金都纳入了预算管理范围之内,打破了部门和单位"自收自支、收支一体"的利益链条。随着2007年国有资本经营预算、2010年社会保险基金预算的编制,中国全口径预算编制体系基本形成,从而实现了预算全面性原则的要求。

(5)政府收支分类改革。与部门预算同时进行的另一项预算改革是政府收支分类改革。财政资金的公共性特点决定了不仅要让公众有权利看"国家账本",而且也有义务让公众能够看懂"国家账本",即要让公众明白"钱从何处来,花到何处去",这样公众才能对公共资金的使用进行有效的监督和问责。因此,需要对政府收支进行科学分类。"政府收支分类,就是按照一定的原则、方法对政府的收入和支出进行类别和层次划分,以全面、准确、清晰地反映政府收支活动。"②"政府收支分类是各级政府编制预算、组织预算执行以及各个预算单位明细核算的基础条件,是政府预算科目设置的依据。"③好的预算分类应该满足预算体系中相关利益参与者的要求,要让纳税人能够看明白"钱从何处来,花向何处去"。

改革之前我国的政府收支分类方法是计划经济时期参照苏联财政管理模式

---

① 财政部国库司:《一场"财政革命——财政国库管理制度的改革发展"》,《中国财政》2019年第19期,第18页。
② 财政部预算司编著:《中央部门预算编制指南(2007)》,中国财政经济出版社2006年版,第87页。
③ 贾康、刘薇:《构建现代治理基础:中国财税体制改革40年》,广东经济出版社2017年版,第291页。

确定的。随着计划经济体制向市场经济体制的转变,原先的科目体系越来越不适应政府职能的转变,与国民经济核算体系和国际通行做法也不一致,造成了预算报告"外行看不懂,内行说不清"的局面。对内而言,因为看不明白钱从何处来,也看不懂钱花到何处去,所以不便于预算监督;对外而言,由于统计口径不统一,也不利于国际比较和交流。1999年,财政部启动了政府收支分类改革的研究工作,借鉴国际货币基金组织、OECD国家的经验,于2004年形成了《政府收支分类改革方案(征求意见稿)》,并于2005年选择了6个中央部门和5个省市进行模拟试点。2006年,财政部发布的《政府收支分类改革方案》标志着我国开始实行新的政府收支分类体系,并从2007年1月1日起执行。2007年,财政部遵循公开、透明,既要符合国情又要与国际口径相衔接的原则进行政府收支分类改革,依据《2007年政府收支分类科目》,在实践中正式实行新的政府收支分类体系。此次收支分类改革对政府收入进行了统一分类,确定了新的政府支出功能分类和政府支出经济分类,完整、准确地反映了政府收支活动,进一步规范了预算管理,强化了预算监督。一方面是扩大收支范围,将预算外资金和社会保险基金都纳入预算,收入范围较以前更加完整、全面;另一方面是调整分类方法,建立新的标准,设置收入分类、支出功能分类和支出经济分类。其中,收入分类主要反映政府收入来源的性质,说明钱从哪里来;支出功能分类主要反映政府的各项职能活动;支出经济分类主要反映具体支出用途。这一阶段的预算管理改革与制度建设是在市场化进程不断加快的背景下,对财政支出一翼进行的重要制度创新。这些改革由部门预算改革出发,随后有针对性地推进国库集中收付制度改革和政府采购制度改革,这三项改革是服务于规范公共财政管理、提高财政资金使用效率这个总目标的制度手段、措施和方法,是不可分割的。总之,新的政府收支分类能够基本实现"体系完整,反映全面,分类明细,口径可比,便于操作"[①]的改革目标,为构建公共财政框架体系奠定了良好的基础。

(三)创新求索中的现代预算制度建设(2013年至今)

在上一阶段的预算制度演进中,各项举措的实施都是希望将各部门的所有收支都纳入财政监督视野,体现了走向现代预算的过程中国家所做出的努力。2013年11月,习近平在《关于〈中共中央关于全面深化改革若干重大问题的决定〉的说明》中,提出了"财政是国家治理的基础和重要支柱"这一重要论断,就"改进预算管理制度"开宗明义地指出要实施全面规范、公开透明的预算制度,

---

[①] 贾康、刘薇:《构建现代治理基础:中国财税体制改革40年》,广东经济出版社2017年版,第291页。

这突显了阳光财政建设的现代政府理财观。而现代财政制度要求预算管理适应现代国家建设的需要,构建以预算编制科学完整、预算执行规范有效、预算监督公开透明为核心内容的现代预算管理制度,从而推进国家治理体系与治理能力的现代化。

1. 现代预算制度的基础性建设

(1) 预算法的修订与实施。2014年8月,经历长达十年的修订历程,预算法修正案由全国人大常委会审议通过,完成了自1994年预算法颁布以来的首次修订。此次预算法的修订从2004年开始启动,经历了对复式预算存废、预算周期选择、预算层级设置等多方面的讨论,历经艰难求索才得以完成。修订后的预算法将"四本预算"的多元复合预算体系上升为法律规定,并确立了"全口径预算管理原则",规定"政府的全部收入和支出都应当纳入预算",力求建立一个完整、真实、准确反映政府财政收支状况的现代预算体系。作为预算法的配套法规,《中华人民共和国预算法实施条例》于2020年8月修订通过,自2020年10月1日起施行。新修订的预算法实施条例立足于修改后的预算法要求,同时与近年来的各项财政改革相衔接,是我国预算法律制度体系建设的重要立法成果。

(2) 中期财政规划与跨年度预算平衡机制改革。公共预算面临的第一个基本问题,就是有多少钱可以花,即总额确定。在中期财政规划实施之前,我国政府预算一直遵循的是年度平衡原则,并且按照"基数+增长"的预算编制方式编制预算。这种预算编制方式有许多缺陷,如按基数分配资源没有将政策变量和宏观经济的影响考虑进去,而且年度平衡不具有逆向调节经济周期的作用。为了克服年度预算的缺陷,20世纪80年代大多数发达国家陆续采取了中期财政规划或中期预算的方式。随着中国预算改革的推进,一些基础条件健全的具有控制功能的预算系统逐步具备,中国在预算编制中也采取了作为中期预算过渡形态的办法,即中期财政规划。

我国中期预算的试水始于21世纪初,财政部开始编制"国家财政滚动发展计划"并组织各地方编制相应地"财政滚动计划"。2008年8月,河北省发布了《关于推进省级部门发展性支出三年滚动预算编制工作的实施意见》,要求编制三年滚动预算。2008年,河北省选择15个部门进行试点,并在2009年扩大到42个省级部门,资金量占到发展性支出资金的70%以上。在地方试点的基础上,党的十八届三中全会通过了《关于全面深化改革若干重大问题的决定》,第一次明确提出"建立跨年度预算平衡机制"的改革方向。2015年国务院颁布了《关于实行中期财政规划管理的意见》,标志着酝酿多年的中期财政规划改革全面启动,中央和地方开始实行中期财政规划编制。中期财政规划作为一个多年度财政收支预算框架,打破了年度预算平衡的壁垒,将财政资源置于一个更长周期的经济社会发展计划中,有利于解决政策、计划与预算相分离的状况,有助于提高公共资源的配置效率,满足公共财政的要求。

(3) 政府会计与政府综合财务报告改革。2013 年《关于全面深化改革若干重大问题的决定》中首次提出"建立权责发生制的政府综合财务报告制度",开启了以政府综合财务报告制度为载体的理财方式变革。此后,2015 年组建了政府会计准则委员会,修订发布了财政总预算会计制度;2016 年制定发布了政府会计相关具体准则及应用指南;2018 年财政部发布修订后的《政府综合财务报告编制操作指南(试行)》,标志着政府财务报告制度建设取得了重要的实质性进展。

(4) 预算公开与财政透明。预算是公共财政的基石,深化财税体制改革需要实施全面规范、公开透明的预算制度,不断探索推进国有企业财务预算等重大信息公开的方式方法。预算公开提高了公众等外部利益主体在预算决策中的监督和参与能力,是预算编制与执行过程中非常重要的部分。目前,中央和各省市政府已逐渐开放预决算网络公开平台,中央预决算公开平台目前公开了 2016—2021 年的中央财政预算以及 2015 年和 2017—2020 年的中央财政决算。在中央对地方转移支付方面,预算资金来源包括一般公共预算、政府性基金预算和国有资本经营预算,其中,一般公共预算中的一般性转移支付的数据较为全面且更新及时,但专项转移支付的数据部分存在缺失并有待更新。

2. 全面实施预算绩效管理

无论是预算编制还是预算执行阶段的改革都是要加强对公共支出的控制。控制财政资金只是管理的手段而不是管理的目的,"公共部门的责任应集中在如何用好财政资金而不是如何控制财政资金"[1]。而资金使用的效果是通过绩效来体现的。中国在进行预算编制和执行各项改革的同时,也进行了预算绩效管理的改革和实践探索。预算绩效管理是预算管理与绩效管理的有机结合。绩效评价是预算绩效管理的核心,是实施预算绩效管理的重要手段。我国在党的十六届三中全会、十七届二中全会和十九大报告中,分别有"绩效评价""绩效管理"和"全面绩效管理"三种提法,这也反映了我国实施预算绩效管理的三个阶段,这三个阶段是以绩效评价为基础的预算绩效管理逐渐扩展和深化的过程。自此,中国开始了以评价主体、评价对象和内容、评价手段、评价目的等为主要内容的预算绩效评价体系的改革和实践探索。

评价主体,即谁来评价,决定了评价的公信力。我国开始实行绩效评价时的

---

[1] 〔美〕沙安文主编:《财政管理》,鲍曙光译,中国财政经济出版社 2016 年版,第 44 页。

评价主体与之前绩效审计和财务评价主体一样,都包括支出部门、上级主管部门和财政部门等多维评价主体,近几年一些地方也进行了以人大作为绩效评价主体的实践探索。但在"多数情形下,我国财政部门(包含主管部门)实际上成为财政支出绩效评价的组织者,拥有实际组织权"[①]。评价对象和内容,即评价什么,直接影响着绩效评价的完整性。从财政角度来看,绩效评价主要包括对部门绩效、政策绩效和项目绩效的评价。在这十几年的预算绩效改革中,我国从一般公共预算中的重点支出项目绩效评价逐渐扩展到部门绩效评价和政策绩效评价。评价手段,即用什么指标来进行评价,直接影响绩效评价的科学性和客观性。全国范围内共性的绩效评价指标体系框架和地区层面个性的绩效评价指标体系相结合,构成动态、可扩充的指标体系,是科学有效的评价手段。评价目的,即为什么评价,反映的是绩效评价的价值理性,体现的是政府的受托责任。随着改革的推进,"我国绩效评价从最初强化财政管理的执行力到追求公共财政公信力,财政支出绩效评价理念将关注点上移"[②],即从对花钱的效果进行事后评价,逐渐扩展到如何根据绩效来分钱的事前评价,这意味着我国的绩效改革从事后的绩效评价阶段进入绩效管理阶段。

2012 年,财政部颁布了《关于推进预算绩效管理的指导意见》《预算绩效管理工作规划(2012—2015 年)》等文件,并设立了预算绩效管理处和政府绩效管理工作部际联席会议,不断明确预算绩效管理的目标和任务,为全面实施预算绩效管理奠定了基础。2013 年财政部颁布了《预算绩效评价共性指标体系框架》,涵盖了项目支出、部门整体支出和财政预算绩效评价三个共性指标体系。2014 年修订后的预算法中 5 个条款涉及了绩效问题,填补了预算绩效管理领域的法律空白。为落实预算法的要求,2015 年财政部印发了《中央部门预算绩效目标管理办法》,对预算绩效目标的设定、审核、批复、调整与应用进行了详细的规定,首次实现了中央部门项目支出绩效目标的全覆盖,并选取 15 个部门启动绩效目标执行监控试点。此外,中央部门积极开展了绩效自评,财政部于 2017 年首次组织中央部门对所有项目 2016 年预算执行结果开展绩效自评,并将 99 个中央部门的 111 个一级项目的自评结果同部门决算草案一并提交全国人大常委会审议。同时,财政部还面向中央重点民生政策和重大专项支出建立了绩效评价常态化机制,对党中央和国务院高度重视、社会关注度高、资金规模大、

---

① 郑方辉、廖逸儿、卢扬帆:《财政绩效评价:理念、体系与实践》,《中国社会科学》2017 年第 4 期,第 95 页。

② 同上文,第 93 页。

持续时间长的中央部门项目开展重点评价。与中央层面的改革相比,地方层面的改革更具灵活性和独特性,探索出了各具特色的管理模式。譬如,河北省的"部门职责—工作活动—预算项目"三级管理模式,广东省的"四多"预算绩效管理体系。

2018 年 9 月《中共中央国务院关于全面实施预算绩效管理的意见》出台,提出"力争用 3—5 年时间基本建成全方位、全过程、全覆盖的预算绩效管理体系",并做出了细致且全面的改革部署,为预算绩效管理改革指明了方向。至此,我国步入了全面实施预算绩效管理的新时代。这一时期的预算绩效管理呈现出全面性的特征:一是层级全面性,预算绩效管理由聚焦于政策和项目拓展至政府、部门和单位层面的全方位预算绩效管理;二是过程全面性,逐渐由事后绩效评价转变为涵盖事前绩效评估、预算绩效目标管理、绩效运营监控、绩效评价和结果应用的全过程绩效管理链条;三是内容全面性,由一般公共预算拓展至政府性基金预算、国有资本经营预算、社会保险基金预算,实现"四本预算"的全覆盖。

3. 预算监督改革

公共财政的公共性要求必须对预算公共资金进行有效监督。从发达国家实践来看,对于公共资金的监督是由议会监督、审计监督、财政监督、社会公众监督等组成的立体化、全方位的监督体系。我国自改革开放以来在行政系统内已经形成了财政监督、审计监督的预算监督体系。1999 年以后,在继续完善行政监督的基础上,加强了人大对公共预算的监督,主要体现在制度建设、组织建设、预算公开、预算审查等方面。从制度建设上看,继 1999 年全国人民代表大会常务委员会通过《关于加强中央预算审查监督的决定》后,各级人大相继制定了关于预算监督的法规和条例,为人大对预算监督提供了法律依据。例如,2007 年的《中华人民共和国政府信息公开条例》将财政预算、决算信息和财政收支、各类专项资金的管理与使用情况列为重点公开的政府信息;2015 年实施的预算法关于人大对预算监督的权力、内容、流程等都做了详细的规定。从组织建设来看,各级人大几乎都设立了专门负责预算监督的机构,或者至少设立了专门的预算监督岗位来负责预算监督工作。从预算公开的范围和程度上来看,随着 2007 年《国家信息公开条例》的颁布,国家对预算公开逐渐形成了制度性规定和要求,2015 年实施的修订后的预算法首次对"预算公开"在公开主体、范围、时限、内容等方面做了全面而详细的规定,对预算实行了刚性约束,不同层级的财政部门网站也提供了公开平台,要求支出部门在规定时限内"晒账本",便于公众监督。另外,行政部门的一系列预算改革也为预算监督奠定了基础。预算编制过程中的部门预算改革为预算监督创造了条件。"一个部门一本账"和精细化的预算管理,使财政部门能够给人大提供全面、详细的政府预算;"两上两下"的预算过程加强了人大监督的力度。在预算执行过程中,国库制度改革和财政信息化的建设为预算监督提供了技术支持,使各级人大可以对预算全过程进行实时动态监督。

二、中国公共预算管理体制存在的问题[①]

我国政府公共预算在实践上取得了一系列成就,但从现实情况来看,还存在很多问题,主要体现在以下几个方面。

1. 公共预算法律体系还不够健全

改革开放以来,我国财政法制建设逐步完善,包括预算法及其实施条例、政府采购法、《财政违法行为处罚处分条例》以及税收管理法律法规等相关法律法规。这些涉及财政管理的法律法规对于规范财政管理行为,特别是提高公共预算决策水平起到了较好的支撑作用。然而,与财政建设的现实要求相比,目前我国财政法制建设还很不健全,存在着许多与财政发展要求不适应、不协调甚至制约财政发展的地方。公共预算法律体系不健全的另一个体现是,我国现行的公共预算法律偏少,而有关公共预算的行政法规和部门规章偏多。这种状况不仅影响了公共预算的依法决策,而且造成了政府及其部门在公共预算决策方面的随意性,影响了公共预算决策的严肃性以及公正、公平和公开性。所以我国迫切需要加快公共预算法律制度建设,形成健全的法律体系,提高公共预算决策的科学性。

2. 修订后的预算法仍存在缺陷

预算法于 1994 年 3 月 22 日由中华人民共和国第八届全国人民代表大会第二次会议审议通过,于 1995 年 1 月 1 日起实施。2014 年 8 月 31 日,十二届全国人大常委会第十次会议通过了预算法修正案,修订后的预算法于 2015 年 1 月 1 日正式施行。预算法修正案明确规定政府的全部收入和支出都应当纳入预算,对一般公共预算、政府性基金预算、国有资本经营预算、社会保险基金预算四本预算的功能定位、编制原则及相互关系做出规范,并纳入人大、政协的监督范围;对预算决算公开做出了更细化的规定,提出了建立跨年度预算平衡机制,增加了允许地方政府举借债务的规定,进一步明确了部门预算审核的流程等。但是,预

[①] 本部分内容参考聂锋杰:《中国公共预算决策机制研究》,中国财政科学研究院博士学位论文,2014 年 12 月,第 55—59 页。

算法修正案并没有从实质上解决预算权力的有效配置问题,如对人大审议预算的内容界定还不够细,公共预算决策旧有体制中政府"大权在握"、人民代表大会权力有限或者说只起到"事后追认"作用的问题没有从根本上得到改变;政府、财政部门、其他职能部门在预算决策中的职能仍没有加以界定;预算法与教育法等部门法律之间的冲突仍未得到法律层面的解决;虽然预算法中提出政府年度执行不得出台新的增支政策,但公共政策制定与预算决策不衔接的问题仍未能在法律上得到有效解决。

3. 预算审批及执行中仍存在问题

首先,人民代表大会在财政管理中的权力不足。人民代表大会对公共预算的决策权主要包括审查批准预算和决算草案权,否决预算和决算草案权,审查批准预算调整方案和直接制定预算调整方案权,预算法律监督权等几个方面。从现实情况看,每年年初各级人民代表大会对公共预算报告及草案所提出的审议意见,多为原则性、建设性的意见,基本未出现过对预算收支总规模、结构等方面的否决或修正。在年度执行中,政府往往出台若干增支政策,但基本未报人大常委会或各专门委员会审批。这说明,人民代表大会只有对政府工作报告、公共预算草案的审议权,而基本未履行对预算草案的修正权。虽然我国在教育、计划生育、卫生等方面确定了财政依法增长的规定,但这些法律规定仅就资金规模进行了限定,并没有对政府事权和保障事项进行明确、细化的界定,因此不仅固化了支出结构,而且没有真正保证各项资金的有效配置。

其次,政府部门在财政管理中的职权过大。政府部门不仅具有预算编制权,而且还具有预算调整的权力。在实践中,在年度执行中,政府都在研究出台各项公共政策,其中大都需要政府资金加以保障,但是这些政策的出台往往是在政府内部完成,只是在年度执行完毕后,向人大代表或常委会汇报结果、效果。这就是说,人民代表大会及其常委会在公共预算决策中基本处于"事后监督"的地位,难以对公共预算管理发挥真正的约束作用。

最后,缺乏对社会公众在公共预算管理中的职责权限的具体规定。公共预算管理及其决策离不开公众的参与。预算法及其实施条例虽然规定了预算的公开要求,但就决策及管理职责而言,多是关于人民代表大会、政府及其部门、财政部门和审计部门之间职权的划分、管理内容及其程序、财政监督问题的规定,并未就社会公众如何参与财政管理制度做出规定,尤其是对我国政治体系中的政协组织在公共预算决策中的作用也没有明确的规定,这就使政协、社会团体、社会公众在实现有序参与公共预算管理时缺少实实在在的法律依据,造成现实中社会监督不力的困境。

三、中国公共预算管理体制的改革方向及完善措施

(一) 公共预算管理体制的改革方向①

(1) 要继续完善和深化现有的预算编制和预算执行阶段的改革,进一步加强财政上的"行政控制"。重点需要加强的改革有:第一,在预算编制阶段,应该关注如何通过编制中期财政规划来确定具有约束力的预算总额,重点关注地市及区县的政府预算对这个问题的解决。第二,怎样将绩效评价实质性地引入预算资金的分配阶段以对公共资金进行有效配置。第三,在预算执行阶段,虽然目前建立了"纵向到底,横向到边"的国库集中支付体系,但在财政部为专项资金和代管资金设立的"财政专户"里,资金越来越多,有形成事实上"第二国库"的趋势,不仅影响对预算执行资金的有效控制,而且影响对财政资金的现金管理。因此,如何进一步规范"财政专户"管理将成为今后改革要解决的新问题。

(2) 在预算绩效管理方面,虽然我国实行绩效预算管理已经近20年,但是真正意义上我国实行的是绩效评价,即只是对公共支出项目的效果进行评价。下一步的预算改革重点是如何将绩效评价扩展到全部支出的预算管理过程中,以实现"全方位、全过程、全覆盖"的全面绩效预算管理。另外,从绩效管理主体来看,如何加强人大对财政绩效管理的监督也是下一步改革的重点。

(3) 在人大对预算的监督方面需要从形式监督转向实质监督,提高预算监督的效力和质量。下一步要解决的关键问题有两个:其一,赋予人大代表修正预算的真正权利;其二,在预算监督的基础上加强人大对行政部门的财政问责。总之,未来的预算改革除了要在现有改革的基础上继续完善和加强预算的"行政控制",还要建立人大对预算的"政治控制"。当然,预算的"政治控制",除了要靠预算自身改革,也依赖于政治体制的改革。因此,建立现代预算制度是一个长期而渐进的过程。

(二) 公共预算管理体制的完善措施②

完善公共预算管理,首先要统筹各方力量,确保修订后的预算法及各项相关改革的顺利实施;其次要顺应国家治理现代化的新要求,研究进一步理顺预算管理体系,弥补预算法的缺陷;最后是重视社会福利性支出的预算管理,强化经济发展新常态下的财政可持续性。

---

① 本部分内容参考苗庆红:《公共财政框架下中国预算改革:回顾和展望》,《中央财经大学学报》2020年第5期,第10—11页。

② 本部分内容参考高培勇、汪德华:《"十三五"时期的财税改革与发展》,《金融论坛》2016年第1期,第24—25页。

1. 确保预算法及各项改革任务的有效落实

完善预算管理体制就要确保修订后的预算法及各项相关改革措施的有效实施,加快建立全面规范、公开透明的现代预算制度。按照预算法以及已出台的国务院、财政部等各项文件,改革的任务主要包括:建立透明预算制度,除涉密信息外,所有政府预决算、部门预决算以及专项转移支付均应细化公开;完善政府预算体系,加大四本预算之间的统筹力度;清理规范重点支出挂钩制度,避免财政支出政策碎片化;改进年度预算控制方式,公共预算审核重点由平衡状态、赤字规模向支出预算和政策拓展,建立跨年度预算平衡机制,实行中期财政规划;完善转移支付制度,让一般性转移支付和专项转移支付归位,增加一般性转移支付比重;加强预算执行管理,盘活财政存量资金,提高财政资金使用效率;规范地方政府债务管理,防范和化解债务风险。

落实各项改革任务均涉及错综复杂的利益关系,是对各级政府和部门既有工作模式乃至对既有国家治理模式的挑战。为克服改革遇到的阻力,需要明确改革的宏观思路。一是坚持顶层设计与基层试验相结合,在正确方向指导下激发各方改革活力;二是坚持问题导向思维,研究推出各项改革的具体政策措施;三是注重改革的协调性,明确预算改革与整体改革之间的协同关系,预算改革各项任务之间的逻辑顺序、主攻方向,确保各项改革形成合力;四是坚持整体推进和重点突破的改革思路,以重点突破带动整体推进,以整体推进支持重点突破。

推进各项改革的有效实施需要统筹各方力量。一是按照国家治理现代化的要求,强化人大预算管理能力,适应预算法的改革要求,增加人大预工委以及地方各级人大相关部门的人、财、物方面的资源。二是加强财政部门的宏观统筹力量,加强政策研究。三是加强审计部门的作用,发挥其在查找问题、独立分析、推进改革方面的独特优势。

2. 加强公开透明、绩效导向对预算改革的推动作用

透明预算以及强化预算管理的绩效导向,是预算法修订后确定的重要改革方向。两者既是改革重点任务,又是其他各项预算改革的重要推动力。应将公开透明以及全过程预算绩效管理作为预算改革的抓手,利用其反作用力推动各项改革任务的落实。

透明预算是现代财政制度的一个重要特征,也是推进国家治理体系和治理能力现代化、推进依法治国、打造法治政府和阳光政府的应有之义。预算改革的目标是建立"全面规范、公开透明"的现代预算制度。不论是哪一种政府收支,也不论是由哪一个部门或地区管理的政府收支,都要全面纳入预算管理,且都要按照公共收支的理念和规则加以管理。实现透明预算需要以预算公开为基础,公开透明的预算有助于全社会共同来查找发现问题,对各级政府和部门形成改

革压力,进而有助于加快建立全面规范的预算管理制度。打造透明预算的主要任务有:一是坚持全口径预算管理思维,制定包括四本预算在内的公开透明的时间表和路线图;二是细化政府预决算公开内容,除涉密信息外,政府预决算支出的公开全部细化到功能分类的项级科目,专项转移支付预决算按项目按地区公开;三是扩大部门预决算公开范围,细化部门预决算公开内容,中央和地方所有使用财政资金的部门均应公开本部门预决算,公开内容应到基本支出和项目支出;四是按经济分类公开政府预决算和部门预决算;五是积极推进各级政府债务公开、政府综合财务报告公开、预算绩效信息公开以及财税政策与规章制度公开。

绩效导向是指以支出结果为导向的预算管理模式,是现代财政制度的发展方向。预算管理制度改革的根本目标是提升公共资金使用绩效。强化预算管理的绩效导向,既能推动政府部门不断改进服务水平和质量,又能暴露预算管理制度方方面面的问题。中国已推行全过程预算绩效管理制度,预算法的修订也为其提供了法律支持。完善预算管理体系,应全面推进预算绩效管理,构建覆盖所有财政性资金,贯穿预算编制、执行、监督全过程,实现"预算编制有目标、预算执行有监控、预算完成有评价、评价结果有反馈、反馈结果有应用"的管理机制。总的来说,就是以绩效问责倒逼改革。

3. 强化四本预算的全口径控制,研究编制综合预算

修订后的预算法以及相关文件要求,明确一般公共预算、政府性基金预算、国有资本经营预算、社会保险基金预算的收支范围,建立定位清晰、分工明确的政府预算体系,政府的收入和支出全部纳入预算管理。还要加大政府性基金预算、国有资本经营预算与一般公共预算的统筹力度,建立将政府性基金预算中应统筹使用的资金列入一般公共预算的机制,加大国有资本经营预算资金调入一般公共预算的力度。加强社会保险基金预算管理,做好基金结余的保值增值,在精算平衡的基础上实现社会保险基金预算的可持续运行。

完善预算管理体系,应制定具体方案和切实措施,确保各级政府都能将上述改革要求落到实处。还应从强化所有政府收支全口径预算控制的目标出发,研究如何在现有四本预算的基础上简化合并,最终实现立法层次的统一控制。在现代发达国家,因社会保险基金管理的特殊性,政府预算一般分为普通预算和社会保险基金预算两类,同时要编制全面反映政府收支状况的综合预算。

鉴于现实国情,中国可分步推进、逐步实现这一目标:首先是落实已出台改革政策的要求,加大政府性基金、国有资本经营预算统筹或调入一般公共预算的力度。其次是在现有框架下编制政府综合预算,全面反映政府的收支行为。再次是将国有资本经营预算合并到一般公共预算,国有资本收益上缴比例不断提高,并全部纳入一般公共预算,国有资本所需支出由一般公共预算安排。最后是

逐步清理政府性基金,逐步将各类政府性基金预算合并到一般公共预算。最终是取消国有资本经营预算和政府性基金预算,形成一般公共预算加社会保险基金预算的两本预算体系,同时编制综合预算。

【关键术语】

增量预算　零基预算　单式预算　复式预算　赤字预算　盈余预算
平衡预算　预算编制　预算审批　预算执行　决算　预算管理体制

【复习思考题】

1. 什么是政府公共预算?
2. 公共预算编制的原则主要体现在哪些方面?
3. 简述公共预算的一般决策程序。
4. 政府公共预算的主要功能体现在哪些方面?
5. 政府预算管理体制内涵及主要内容有哪些?
6. 简述我国政府预算管理体制建设存在的不足及完善对策。

【参考书目】

1. 财政部课题组:《财政改革和财政政策研究》,中国经济出版社 1994 年版。
2. 财政部预算司编著:《中央部门预算编制指南(2007)》,中国财政经济出版社 2006 年版。
3. 陈祥志主编:《政府预算管理与改革》,经济科学出版社 2006 年版。
4. 代鹏编著:《公共经济学导论》,中国人民大学出版社 2005 年版。
5. 邓子基:《财政理论专题研究》,中国经济出版社 1998 年版。
6. 樊勇明、杜莉编著:《公共经济学》,复旦大学出版社 2001 年版。
7. 贾康、刘薇:《构建现代治理基础:中国财税体制改革 40 年》,广东经济出版社 2017 年版。
8. 蒋洪主编:《财政学》,高等教育出版社、上海社会科学院出版社 2000 年版。
9. 李兰英主编:《政府预算管理》,西安交通大学出版社 2007 年版。
10. 刘明慧主编:《政府预算管理》,经济科学出版 2004 年版。
11. 刘有宝:《政府部门预算管理》,中国财政经济出版社 2006 年版。
12. 马海涛主编:《政府预算管理学》,复旦大学出版社 2003 年版。
13. 韦小鸿主编:《政府经济学》,中国社会科学出版社 2004 年版。
14. 许正中主编:《公共财政》,中共中央党校出版社 2003 年版。
15. 张向达、赵建国、吕丹编著:《公共经济学》,东北财经大学出版社 2006 年版。
16.〔美〕阿伦·威尔达斯基、内奥米·凯顿:《预算过程中的新政治学(第 4 版)》,邓淑莲、魏陆译,上海财经大学出版社2006年版。

17.〔美〕爱伦·鲁宾:《公共预算中的政治:收入与支出,借贷与平衡(第四版)》,叶娟丽、马骏等译,中国人民大学出版社2001年版。

18.〔美〕鲍德威、威迪逊:《公共部门经济学(第二版)》,邓力平等译,中国人民大学出版社2000年版。

19.〔美〕哈维·S.罗森:《财政学(第四版)》,平新乔、董勤发、杨月芳等译,中国人民大学出版社2000年版。

20.〔美〕沙安文主编:《财政管理》,鲍曙光译,中国财政经济出版社2016年版。

21.〔英〕安东尼·B.阿特金森、〔美〕约瑟夫·E.斯蒂格里茨:《公共经济学》,蔡江南、许斌、邹华明译,上海三联书店、上海人民出版社1994年版。

第八章 公共分配

【教学目的和要求】

公共分配是公共经济学的重要组成部分,公共管理的施行与公共利益的实现都要依托公共分配才能得以实现。通过本章的学习,首先要了解什么是分配并掌握公共分配的分类与内涵;其次,掌握公共分配的主要形式和三次分配制度的含义;再次,深入理解在市场经济条件下,为什么公共分配要坚持公平与效率两大原则,以及如何评价和衡量公平与效率;最后,还应基本了解我国目前公共分配的现状、存在的问题与成因,以及改进的政策建议。

第一节 公共分配的分类与内涵

我国现行的分配制度是按劳分配为主体、多种分配方式并存。具体内容为:坚持多劳多得,着重保护劳动所得,增加劳动者特别是一线劳动者劳动报酬,提高劳动报酬在初次分配中的比重;健全劳动、资本、土地、知识、技术、管理、数据等生产要素由市场评价贡献、按贡献决定报酬的机制;健全以税收、社会保障、转移支付等为主要手段的再分配调节机制,强化税收调节,完善直接税制度并逐步提高其比重;完善相关制度和政策,合理调节城乡、区域、不同群体间分配关系;重视发挥第三次分配作用,发展慈善等社会公益事业;鼓励勤劳致富,保护合法收入,增加低收入者收入,扩大中等收入群体,调节过高收入,清理规范隐性收入,取缔非法收入。

生产要素按贡献参与分配,是市场经济的客观要求,也是我国分配制度的重大变革。尽管我国的分配制度是好的,但具体执行起来,很难达到理想效果。分配不公和收入差距的不断扩大,成为建设和谐社会的障碍。

一、公共分配的分类

尽管社会经济生活呈现出极为复杂的状态,但从社会再生产的角度考察,每一种具体的经济活动都分属于社会生产全过程的不同环节(生产、分配、交换、消费等)中。生产、分配、交换、消费这四个环节相互联系、相互依存、相互影响且相互制约,共同构成"经济"这一有机整体,它的运行为人类社会持续提供着物质资料和服务。

随着人类劳动积累的增加和社会生产力的发展,社会的生产方式、分配方式、交换方式及消费方式也发生着相应地变化,但它们之间相互依存和有机联系的内在规律却始终发挥着作用。"不管生产过程的社会形式怎样,它必须是连续不断的,或者说,必须周而复始地经过同样一些阶段。一个社会不能停止消费,同样,它也不能停止生产。"①

从社会再生产各环节相互联系的角度考察分配现象,就会发现存在两种不同范畴的分配:一是对生产要素的分配;二是对直接生产成果——产品的分配。

生产要素是指参与生产经营的所有生产条件的总和,包括生产资料、劳动力、资本、土地、技术、知识、数据、管理等。任何一种产品的生产都必须以一定的生产要素为基本前提,其生产过程也就是各生产要素相互组合、相互作用的过程。由此,我们必须认识到,任何形式的分配都必须首先考虑到生产要素,都必须以能够促进各生产要素的优化组合,从而保证各项生产活动的顺利进行为前提。

产品的分配是对直接生产成果的分配,它是社会再生产总过程中作为相对独立的环节而存在的分配过程。

一定社会直接生产的成果表现为社会总产品。社会总产品的物质形态,表现为一定量的生产资料和消费资料。社会总产品的价值形态表现为以下三个部分:一是生产资料价值转移部分(c);二是劳动者为自己的劳动所创造的价值(v);三是劳动者为社会的劳动所创造的价值(m)。三者的总和($c+v+m$)构成社会总产值,而劳动者创造的价值($v+m$)则构成社会新创造的价值——国民收入。社会要维持已有的生产规模,必须把 c 部分全部补偿到生产领域中去,用以补偿上一轮生产过程已消耗的生产资料;如果想进一步扩大原有的生产规模,还必须从 m 中拿出一部分用来追加投资。c 部分的分配不仅受到已消耗的生产资料的制约,而且它本身属于生产要素的分配,因而属于生产的范畴。实际上,社会能够相对独立于生产环节而加以分配的直接生产的成果,只能是国民收入部分($v+m$)。这就是说,通常意义上所指的分配,即国民收入的分配和再分配。

通过上述对社会再生产过程的考察和分析,我们可以将公共分配分为两种:一种是功能收入分配;另一种是规模收入分配。功能收入分配是从国民收入来

---

① 《资本论》(第1卷),中共中央马克思恩格斯列宁斯大林著作编译局译,人民出版社1975年版,第621页。

源的角度研究收入分配,所涉及的是各种生产要素与其所得收入的关系,解决的是资本和劳动等生产要素得到的收入份额是多少的问题。规模收入分配,也称为个人收入分配或家庭收入分配,它所涉及的是个人或家庭与其所得收入总额的关系,是从收入所得者的规模与所得收入的规模的关系角度研究收入分配,回答的是某个或各个阶层的人口或家庭所得到的收入份额是多少的问题。①

从功能收入分配上讲,科学的收入分配规律决定着对共同完成生产的所有要素要给予什么样的报酬,所以,功能收入分配研究的是分配效率以及与效率相关的问题。而规模收入分配主要着眼于如何衡量具体某一个人或者是某一个家庭的收入,所以规模收入分配研究的是分配公平以及与公平相关的问题。这样,收入分配是否有效率构成了功能收入分配研究的主要内容,而收入分配是否公平就构成了规模收入分配研究的主要内容。

二、公共分配的内涵

划分两种不同范畴的分配,虽然有助于明确什么是分配的对象,却没有揭示出公共分配的内涵。而科学界定公共分配的内涵,就需要进一步考察复杂的公共分配过程。

从现象形态考察,分配过程无非表现为一定量的社会产品或国民收入分配给国家、社会团体和社会成员的过程。国家凭借政治权力,通过税收等形式获得一定的财政收入,社会团体或企业通过一定的生产经营活动获得经营收入,社会成员则凭借劳动、资本等要素获得一定的个人收入。如果我们暂不考虑特定的社会制度差异,只考察社会分配过程,就可以发现有四个因素,即分配对象、分配主体、分配依据和分配受益者,在每个社会分配活动中始终起作用。因此,我们探讨公共分配的内涵也基于这一理论框架。

分配对象是指可供社会分配的国民收入或一部分社会产品。作为分配对象的社会产品总是一定社会直接生产的结果,因而其数量和质量受社会生产的严格制约。一般来说,在正常的社会经济环境中,可供分配的产品数量和质量具有随着生产力的发展而不断增加和提高的趋势。分配对象既可以采取实物形式,也可以采取价值形式。在社会经济发展的不同阶段,所采取的形式是有所不同的。在自然经济占统治地位的社会经济条件下,可供社会分配的社会产品主要采取实物形式;而在发达的市场经济条件下,分配对象则主要采取价值形式。国家、社会团体和社会成员首先分得一部分货币收入,然后通过等价交换的交易机制换取各自所需的社会产品。我们所探讨的公共分配,是以较为成熟和发达的

---

① 陈宗胜:《经济发展中的收入分配》,上海三联书店1991年版,第15页。

市场经济为前提的,因此,我们可以将公共分配的分配对象定义为:主要以价值形式存在的,可供社会分配的国民收入或一部分社会产品。

公共分配主体是指能够代表公共利益或旨在增进公共利益,并对可供分配的国民收入或社会产品拥有分割权力的社会公共组织、公共部门、中介组织,甚至私人部门或个人,其中,政府是分配国民收入或社会产品的最主要主体。社会产品一旦被生产出来,总要在那些拥有受益权的社会组织或成员之间按照某种原则进行分割。在这种分割活动中,拥有分割权的社会组织或社会成员的地位并不是平等的。在每一次具体的分配过程中,总是有一个分配主体居于主导地位,决定产品的分配比例,而其他拥有受益权的社会组织或个人则处于从属的地位。公共分配主体对分配对象所拥有的分割权力,是以某种政治权力或对社会产品的占有权为基础的。分配主体在分配过程中的主从关系并不是一成不变的,它随着分配条件的变化而变化。例如,从政府和企业在国民收入初次分配中通过税收所形成的分配关系看,政府处于分配主体的地位,企业则处于从属的地位,征收什么税种、按什么比例征税等,都由政府通过立法的形式加以确定。但是,从企业内部的分配关系看,企业则处于分配主体的地位,而企业职工则处于从属的地位。当然,分配主体虽然在社会产品的分配活动中处于主导地位,但绝不意味着它拥有对产品分配至高无上的权力,产品到底按照什么原则进行分配最终取决于社会的生产方式和一国特定的民主政治制度。

分配依据是构成特定分配方式的核心要素,它是指分配活动所遵循的最基本的根据。每一种社会经济形态都与特定的生产方式相联系,都有一个或几个分配依据在分配过程中起支配作用。在原始社会的共同体中,分配活动所遵循的基本依据是平均原则;在奴隶社会、封建社会中,分配活动所遵循的最基本的根据是等级和特权,社会根据每个人的等级高低或特权大小分配消费品;在实行市场经济的社会中,分配的依据具有多元化的特征,包括劳动、资本、技术、风险和劳动力价值等多种因素。在社会分配活动中起作用的分配依据,并非分配主体所能任意选择的,它受社会特定生产方式的制约,因此,形成某种分配依据的原因,不应从分配活动本身中寻找,而应从生产方式中去寻找。

分配受益者是指通过分配活动获得一定量的社会产品或国民收入的社会组织或社会成员。分配受益者是社会分配活动的最终受益者,对所分得的收入或社会产品拥有绝对的占有、支配和使用权。无论在什么经济形态下,公共分配都要有利于社会经济的发展和社会的安定。这就要求公共分配主体通过公共分配过程,将社会产品或国民收入在国家、社会和个人之间做出最优安排。

现实的社会产品分配过程就是分配对象、分配主体、分配依据和分配受益者四个要素的矛盾运动过程。四个要素的组合状态不同,形成的社会分配方式就不同,发挥的功能和作用也不同。

通过上述分析可以看出,公共分配是公共分配主体将国民收入或社会产品的一部分按照一定原则分配给社会团体或社会成员的经济活动过程。

第二节 公共分配的形式

自改革开放以来,我国一直在积极稳妥地推进收入分配制度改革,劳动、资本、技术、知识、数据、管理等生产要素参与收入分配的制度逐步确立,按劳分配为主体、多种分配方式并存的分配制度逐步形成,分配制度改革不断取得新进展。我国的分配制度改革,就是要把在传统计划经济体制下形成的以高度集中的计划分配和严重的平均主义为特征的分配制度,逐步转变为同社会主义市场经济体制相适应的以按劳分配为主体、多种分配方式并存的分配制度。

分配制度作为经济制度的重要内容,经历了从以"按劳分配"作为唯一的分配方式到逐渐发展完善的过程,从"按劳分配为主体,其他分配方式为补充"的基本分配原则,到"以按劳分配为主体,其他分配方式为补充,兼顾效率与公平",又到"按劳分配和按生产要素分配结合起来,坚持效率优先、兼顾公平",到明确提出"确立劳动、资本、技术和管理等生产要素按贡献参与分配的原则",逐步发展为"要坚持和完善按劳分配为主体、多种分配方式并存的分配制度,健全劳动、资本、技术、管理等生产要素按贡献参与分配的制度,初次分配和再分配都要处理好效率和公平的关系,再分配更加注重公平"比较完善的分配制度,再到增加"健全劳动、资本、土地、知识、技术、管理、数据等生产要素由市场评价贡献、按贡献决定报酬的机制"的新内容。我国公共分配制度正在逐渐趋于成熟和完善。

一、按劳分配为主体、多种分配方式并存

(一)从改革开放初期到党的十三大前的公共分配制度改革

改革开放以前,中国实行单一的公有制经济。社会成员只提供劳动,劳动是个人收入的唯一标准,非劳动生产要素即生产资料完全掌握在国家或集体手中。当时,尽管在实际经济生活中存在着平均主义分配,但理论上实行的是社会主义公有制下单一的按劳分配制度。

所谓按劳分配,是指在共同占有生产资料的社会经济条件下,社会对生产品做了必要的社会扣除之后,按照劳动者所提供劳动的数量和质量,分配社会财富,实行多劳多得,少劳少得,不劳不得。从理论上说,按劳分配的本质特征可以概括为两条:一是等量劳动领取等量报酬;二是不劳动者不得酬。这样的分配制

度无法对个人产生激励作用,导致生产效率低下,而这反过来又制约了提高收入的可能性,造成了"共同贫穷"的结果。1978年,党的十一届三中全会第一次提出"认真执行按劳分配的社会主义原则,按照劳动的数量和质量计算报酬,克服平均主义"。

改革开放以来,在社会主义市场经济条件下,我国实行公有制为主体、多种所有制经济共同发展的基本经济制度。党的十一届三中全会以后,我国农村普遍推行了家庭联产承包责任制。实行这一制度,一方面是农业经营体制的根本性改革,即由原来的集体经营转变为家庭经营,家庭成了基本的农业经营单位;另一方面,公共分配制度在农村领域发生重大改革,"缴够国家的,留够集体的,剩下都是自己的"分配方式,成了农村贯彻按劳分配原则的一种实现形式。家庭联产承包责任制的实行,极大地调动了广大农民的生产经营积极性,从此农业生产连年跨上新台阶。

1984年10月,党的十二届三中全会通过的《中共中央关于经济体制改革的决定》(以下简称《决定》),提出经济体制改革的重点要由农村转向城市,加快以城市为重点的全面经济体制改革的步伐。为了增强城市企业的活力,提高广大职工的责任心和充分发挥他们的主动性、积极性、创造性,《决定》提出要建立以承包为主的多种形式的经济责任制。"这种责任制的基本原则是:责、权、利相结合,国家、集体、个人利益相统一,职工劳动所得同劳动成果相联系。"《决定》对深化中国当时的分配制度改革,进一步贯彻落实按劳分配的社会主义原则,做出了若干具体规定:第一,企业职工奖金由企业根据经营状况自行决定,国家只对企业适当征收超限额奖金税。第二,采取必要的措施,使企业职工的工资和奖金同企业经济效益的提高更好地挂起钩来。第三,在企业内部,要扩大工资差距,拉开档次,以充分体现奖勤罚懒、奖优罚劣,充分体现多劳多得、少劳少得,充分体现脑力劳动和体力劳动、复杂劳动和简单劳动、熟练劳动和非熟练劳动、繁重劳动和非繁重劳动之间的差别,尤其要改变脑力劳动报酬偏低的状况。第四,国家机关、事业单位也要改革工资制度,改革的原则是使职工工资同本人肩负的责任和劳动绩效密切联系起来。第五,在企业、国家机关和事业单位改革工资制度的同时,还要加快劳动制度的改革。

党的十二届三中全会以后,随着城市经济体制改革的深入,我国在公共分配制度改革方面采取了一系列重大举措:一是改革国有企业工资管理体制,实行企业工资总额同经济效益挂钩的制度;二是改革机关事业单位的工资制度,实行结构工资制;三是开征个人收入调节税。

(二)党的十三大提出"按劳分配为主体,其他分配方式为补充"

1987年10月,党的十三大全面阐述了社会主义初级阶段理论,提出了党在社会主义初级阶段的基本路线。大会认为:在初级阶段,尤其要在以公有制为主体的前提下发展多种经济成分,在以按劳分配为主体的前提下实行多种分配方式,在共同富裕的目标下鼓励一部分人通过诚实劳动和合法经营先富起来。在公共收入分配问题上,大会明确提出:社会主义初级阶段的分配方式不可能是单一的,必须坚持的分配原则是"实行以按劳分配为主体的多种分配方式和正确的分配政策。……以按劳分配为主体,其他分配方式为补充"。其内容大致可以概括为:第一,除了按劳分配这种主要方式和个体劳动所得以外,企业发行债券筹集资金取得的利息、随着股份经济的产生出现的股份分红、企业经营者的收入中包含的部分风险补偿、私营企业雇用一定数量劳动力给企业主带来的部分非劳动收入,只要是合法的,就应当允许。第二,分配政策既要有利于善于经营的企业和诚实劳动的个人先富起来,合理拉开收入差距,又要防止贫富悬殊,坚持共同富裕的方向,在促进效率提高的前提下体现社会公平。第三,对过高的个人收入,要采取有效措施进行调节;对以非法手段牟取暴利的,要依法严厉制裁。第四,凡是有条件的,都应当在严格质量管理和定额管理的前提下,积极推行计件工资制和定额工资制。

党的十三大在公共分配制度上取得了重大突破,并且第一次在党的代表大会报告中提出了"以按劳分配为主体,其他分配方式为补充"的原则,提出了允许合法的非劳动收入,要在促进效率的前提下体现社会公平等政策主张。

(三)"按劳分配和按生产要素分配结合起来,坚持效率优先、兼顾公平"原则的提出

党的十四大及随后的十四届三中全会明确提出坚持按劳分配为主体、多种分配方式并存的制度和效率优先、兼顾公平的原则。1992年10月召开的党的十四大把我国经济体制改革的目标确定为建立和完善社会主义市场经济体制。这标志着我国经济体制改革进入了一个新阶段,同时也标志着中国的公共分配制度改革进入了一个新阶段,即开始着力建立与社会主义市场经济体制相适应的公共分配制度。十四大之后,中国的公共分配制度和理论日趋完善。

中共十四大提出:"在分配制度上,以按劳分配为主体,其他分配方式为补充,兼顾效率与公平。运用包括市场在内的各种调节手段,既鼓励先进,促进效率,合理拉开收入差距,又防止两极分化,逐步实现共同富裕。"此外,十四大还首次提出了在分配制度上要兼顾效率与公平。1993年11月,党的十四届三中全会通过的《关于建立社会主义市场经济体制若干问题的决定》,对建立与社会主义市场经济体制相适应的个人收入与公共分配制度做了详细阐述,提出了以下基本原则:第一,个人收入分配要坚持以按劳分配为主体、多种分配方式并存

的制度,体现效率优先、兼顾公平的原则。劳动者的个人劳动报酬要引入竞争机制,打破平均主义,实行多劳多得,合理拉开差距。坚持鼓励一部分地区一部分人通过诚实劳动和合法经营先富起来的政策,提倡先富带动和帮助后富,逐步实现共同富裕。第二,建立适应企业、事业单位和行政机关各自特点的工资制度与正常的工资增长机制。国有企业在职工工资总额增长率低于企业经济效益增长率,职工平均工资增长率低于本企业劳动生产增长率的前提下,根据劳动就业供求变化和国家有关政策规定,自主决定工资水平和内部分配方式。行政机关实行公务员制度,公务员的工资由国家根据经济发展状况并参照企业平均工资水平确定和调整,形成正常的晋级和工资增长机制。事业单位实行不同的工资制度和分配方式,有条件的可以实行企业工资制度。国家制订最低工资标准,各类企事业单位必须严格执行。第三,国家依法保护法人和居民的一切合法收入和财产,鼓励城乡居民储蓄和投资,允许属于个人的资本等生产要素参与收益分配。逐步建立个人收入应税申报制度,依法强化征管个人所得税,适时开征遗产税和赠与税。要通过分配政策和税收调节,避免由于少数人收入畸高形成两极分化。对侵吞公有财产和采取偷税抗税、行贿受贿、贪赃枉法等非法手段牟取收入的,要依法惩处。

二、按生产要素贡献分配

从古典政治经济学开始,经济学家就多次提出生产要素在社会财富创造中的重要作用并对收入的要素进行了深入的分析。按生产要素贡献的分配,在中国有以下几种形式。

(一) 按劳分配

1. 按劳分配的含义

所谓按劳分配,是指在市场经济条件下,社会对劳动者的经营成果进行必要的社会扣除后,根据当时社会经济条件下劳动力市场中劳动力价值来分配个人收入。

按劳分配是以承认社会存在劳动力商品为理论前提的。根据马克思的观点,劳动力要成为商品必须具备两个前提条件:第一,劳动力属于劳动者个人所有,劳动者能够自由出卖自己的劳动力;第二,劳动者不占有生产资料,他只有出卖自己的劳动力才能维持生存和发展。前者是劳动力成为商品的可能性,后者是劳动力成为商品的必要性。只要这两个条件同时具备,劳动力成为商品便成为历史的必然。

从马克思主义经典作家的观点看,社会主义实行生产资料公有制就意味着社会上大部分生产资料归全体社会成员和部分劳动者集体所有,社会上就不存在除了劳动力之外"一无所有"的劳动者,因而也不存在劳动力成为商品的经济条件。

但是,现实的社会经济关系与经典作家的观点和设想有很大的不同。就全民所有制经济来说,从理论上看,社会的全体劳动者都平等地享有全民所有制经济生产资料的所有权,劳动者作为全民财产的所有者能够与生产资料直接结合,行使主人的权利,承担主人的义务。但作为劳动者个人,劳动力与生产资料还只能是一种间接的或名义上的结合。因为每个劳动者只有被具有劳动者整体性质的全民企业录用后才能进行劳动,实现劳动力与生产资料事实上的结合。集体所有制的所有关系更为简单明了。集体所有制的财产只归集体成员所有,而不与其他社会成员分享。由于生产力发展水平不够高等原因,在社会主义现实经济条件下,公有制经济还做不到吸纳所有的劳动者从事生产和经营活动,一部分劳动者处于事实上不直接占有生产资料的状况,这些劳动者只好凭借自己的劳动力个人所有权,出卖劳动力维持生存和发展。于是就产生了按劳动力价值分配个人收入的分配方式。

此外,市场经济是一种投资主体多元化的经济模式,实行市场经济的社会制度就必然允许和鼓励多种社会经济主体并存,多种所有制并存,多种分配方式并存。这也构成了按劳动力价值分配个人收入的社会经济条件。

2. 按劳分配的范围

就中国目前情况而言,按劳分配的范围主要包括:(1)个体经济、私营经济和外商独资经济中的雇佣劳动者的工资收入。(2)中外合作合资企业、公私合营企业中的工资收入。合资合作、公私合营企业的经济关系兼有社会主义和资本主义二重性质。表现在分配关系上,它既反映社会主义性质的分配关系,又反映资本主义性质的分配关系。从职工与国家的关系看,他们是国家的主人,也是国家和集体在合资、合作、合营企业中公有股的所有者,其劳动成果的很大一部分要归公有经济所有。从这个意义上说,职工的劳动收入具有按劳分配性质,体现了等量劳动领取等量报酬、多劳多得、少劳少得的分配关系。但是,从职工与资方的关系看,职工是资方的雇佣劳动者,因而职工的工资收入又具有劳动力价值或价格的性质。

3. 按劳分配的社会功能

(1)补偿功能。按劳分配可以补偿劳动者在劳动过程中所消耗的体力和智力,使其有能力继续出卖劳动力。

(2)劳动力扩大再生产的功能。劳动力扩大再生产包括数量的增加和质量的提高两个方面。前者属于外延型扩大再生产,后者属于内涵型扩大再生产。

由于劳动力价值中包括了维持子女生存所需要的费用,能够保证劳动者人数的不断增加;又由于劳动力价值中包括了劳动者自我学习、接受继续教育、提高自身素质的费用,能够保证劳动力素质的不断提高。

(二) 按资分配

1. 按资分配的含义

按资分配是指按照资产的多少分配劳动成果,是资产所有权在分配领域的反映和体现。这里的资产既包括固定资产、流动资产和现金资产,也包括无形资产、证券资产和递延资产等。严格地讲,按资分配的作用覆盖全部社会财富的分配领域,而不仅仅局限于个人收入或消费品的分配领域,它是社会财富的一种分配方式。

按资分配有广义和狭义之分。广义的按资分配,不仅包括个人凭借资产所有权参与社会产品的分配,还包括国家或劳动者共同体凭借生产资料或资产所有权参与社会产品的分配。狭义的按资分配,单指个人凭借资产所有权参与社会产品分配的经济现象。

2. 按资分配的特征

(1) 按资分配是资产所有者凭借资产所有权(或私人占有权)参与一部分劳动成果分配的一种方式,实质上是资产所有权在经济利益上的实现形式。

(2) 按资分配以资产作为获取收入的基本标准或尺度。资产所有者提供的资产量越多,所获取的收入量就越大。

(3) 按资分配是市场经济的必然产物,应该说它是与市场经济共有的经济范畴。在市场经济条件下,劳动力与生产资料是商品生产和经营的两个基本条件,二者缺一不可。以利益为动力源的经济活动中,劳动者因提供劳动力或劳动获得相应地报酬,资产所有者因提供生产经营的客观条件也获得相应地报酬。这种平衡和协调的利益机制推动市场经济不断由低级阶段向高级阶段发展。

(4) 按资分配收入属于非劳动收入。劳动收入是指由劳动者的活劳动带来的收入。资产(积累劳动)带来的收入属于非劳动收入,其来源是社会劳动者所创造的劳动成果。

3. 目前中国居民按资分配的收入来源

改革开放以前,在中国居民的收入结构中按资分配所带来的收入比重较低,主要是有限的银行存款的利息收入,而且大多数家庭根本不存在这部分收入来源。但是随着改革开放的不断深化和居民收入的不断增长,按资分配的范围逐渐扩大,按资分配收入在居民收入中的比重也呈现出日益提高的趋势。

概括起来,现阶段中国居民按资分配的收入来源主要有:

（1）城乡居民的储蓄存款收入。

（2）城乡居民的各种债券收入,如国库券利息收入、国家金融债券利息收入、地方和部门债券的利息收入等。

（3）城乡居民的股息、红利收入。随着中国经济体制改革目标的确立,股份制企业和股份合作制企业遇到了前所未有的大发展的机遇,股民队伍日趋壮大,居民手中的股票也愈来愈多。因此,城乡居民的股息、红利收入也有大幅度的增长。

（4）居民借贷利息收入。中国民间借贷的利率一般都很高,往往高出官方利率的3—5倍。民间借贷的发放者能从高利率中获取可观的利息收入。

（5）个体企业主和私营企业主经营收入的一部分或大部分。

（6）外商在中国境内投资经营所获取的大部分利润收入。外商在中国境内采取独资经营、合资经营、合作经营等多种形式,获得的收入包括按资分配收入,也包括一部分管理劳动收入、机会经营收入和风险收入等。

4. 按资分配的社会功能

（1）积累劳动的功能。资产都是人们劳动的产物,从这个意义上说资产是物化了的人类劳动。在商品经济条件下,通过一系列市场交换活动,人们手中的消费资料可转化为同等价值的另一种消费资料,消费资料也可以转化为同等价值的生产资料。社会经济发展的源泉在于扩大再生产,而扩大再生产的源泉在于积累。如果人们把手中的社会财富都用来消费,就根本谈不上经济的发展和社会的进步。如何使人们把手中的财富更多地拿出来积累,用于生产的扩大和经济的发展?对于这个问题,社会只能借助于某种稳定的分配方式来解决。按资分配能够从物质利益上对人们的投资回报予以充分保证,因而能调动人们积累劳动的积极性。按资分配的这种促进社会进步的功能是其他分配方式所不能替代的。

（2）促使人们关心生产经营效果的功能。在按资分配的经济条件下,资产所有者的按资分配收入受四大因素的制约:一是总的生产经营成果。在其他条件不变的前提下,生产经营成果越大,每一单位资产所获效益就越大。二是人力资本。在总的经营成果既定的情况下,人力成本越低,每一单位资产所获效益就越大。三是生产资料的占用和耗费。在总的经营成果既定的情况下,占用或耗费的生产资料越少,每一单位资产所获效益就越大。四是所提供的资产量。在股份制经济中总的经营成果既定的情况下,所提供的资产量越大,获得的收入量就越大。正是因为存在上述利益上的制约关系,资产所有者总是关心企业的生产经营状况,约束企业的经营行为,促使企业努力实现利润最大化的目标。

(三) 按技术要素分配

1. 按技术要素分配的含义

按技术要素分配是指在市场经济条件下,技术要素所有者将自己所拥有的技术投入生产经营活动并据此取得报酬。在我国,按技术要素分配主要包括以专利权的形式获得专利收益和以技术入股的形式获取利润分红两个方面。在当今知识经济时代,大力提倡并鼓励按生产要素分配,对于我国发展高科技产业具有重要的意义。

2. 按技术要素分配的收入来源

在市场经济条件下,技术要素参与收益分配的形式呈多样化趋势,归纳起来主要有以下几种类型[①]:

(1) 科技奖励。企业根据科技项目或科技成果完成情况,对技术劳动者进行现金或住房等物质奖励,以及非货币奖励,比如旅游、休假、各种特殊荣誉等。这种分配形式比较早就被采用,且采用的范围较广,目前仍有许多企业在沿用。

(2) 岗位技能工资。这是根据技术劳动者的实际贡献大小、责任轻重、技术水平高低等,对其经济报酬实行有所倾斜的分配形式。这种分配形式比较普遍,并且在实施中具有固定化倾向。

(3) 利润提成。就是对拥有技术成果的技术劳动者,在技术成果实施转化后,从每年产生的利润中,提取一定比例给予奖励。

(4) 科技项目承包奖励。由企业根据生产与产品开发的要求提出科技研究项目,提供科研经费,并提出相应要求,与技术劳动者签订科技项目承包合同。技术劳动者按合同规定,开发新技术和新产品。在技术成果实施转化后,从每年产生的新利润中提取一定比例奖励技术劳动者。

(5) 技术成果转让与有偿技术服务。技术成果转让是通过一次性支付报酬购买技术成果使用权或买断技术成果使用权。有偿技术服务是指对各种技术服务支付相应报酬。

(6) 收益分享。在技术成果使用期内逐年按其所创造收益分成支付,实现风险共担、利益共享。

(7) 技术入股。技术成果拥有者将技术作价入股,参与股份有限公司或有限责任公司的红利分配。

3. 按技术要素分配的社会功能

(1) 技术劳动可以促进创新。技术劳动(技术劳动者和管理劳动者的劳

---

① 刘海生:《技术要素参与收益分配的理论与实践》,复旦大学博士学位论文,2003年5月,第141—142页。

动)的创新表现为①:一是引进新的产品,即引进消费者尚未熟悉的产品或产品的新的质量;二是引进新的生产方法,即在产业的有关部门使用尚未尝试过的生产方法,它未必是一种新的科学发现的结果,可以是处理商品的一种新的商业方式;三是开拓新的市场,也就是一个国家的某个产业部门尚未进入的市场,而无论该市场以前是否存在;四是生产资料或半成品的一个新的供应渠道,无论该渠道是否已经存在或首次被发现;五是形成产业的一个新的组织,如形成了一个垄断地位(例如通过形成托拉斯)或打破了一个垄断地位。这些技术创新形成企业的技术创新能力:创新决策能力、R&D 能力(Research and Development,研究与开发能力)、制造能力、市场营销能力、资金能力和组织协调能力。这些能力逐步转化为企业的核心竞争力,形成企业的垄断,为企业带来大量的垄断利润或超额利润。

(2) 按技术要素分配能促进技术进步。按技术要素分配能够提高技术劳动者创造或提供技术要素的积极性,从而促进技术进步。技术进步按照其功能来分有如下三种类型:一是节约劳动的技术进步,二是节约资本的技术进步,三是中性技术进步。节约劳动的技术进步是指以机器设备代替人力,采用使劳动生产率提高的新技术、新工艺等,从而使社会产品中资本的比重相对提高而劳动的比重相对缩小,资本消耗的增长速度比劳动消耗的速度要快一些。节约资本的技术进步是指在采用新技术后,原材料等劳动对象得以节约或利用效率得以提高,机器设备等劳动手段有较高的质量、较经久耐用、有较高的工作效率,从而资本比重相对缩小而劳动比重相对提高,资本消耗相对劳动消耗的增长速度慢一些。中性技术进步是介于上述两类技术进步之间的一种技术进步,即采用新技术后,资本消耗与劳动消耗的相对比重逐年保持不变,并且二者的增长速度相等。

(四) 按数据要素分配

1. 按数据要素分配的含义

按数据要素分配就是指数据所有者凭借数据所有权和所拥有数据的类别及其重要程度获得一定的回报。数据在作为一种生产要素参与生产之前,最初表现为一种劳动产品或商品,随后才表现为一种生产要素。数据的生产创造和加工传播是一种劳动过程,与之相关的分配属于按劳分配的范围;而数据作为一种生产要素服务于生产过程并因此而获得的回报则属于按要素参与分配的范围。数据作为一种越来越关键的生产要素,对生产经营活动,对商品的设计、生产、销售等各个环节具有重要意义,因而数据所有者可以凭借所有权和所拥有数据的

---

① 刘海生:《技术要素参与收益分配的理论与实践》,复旦大学博士学位论文,2003 年。

类别及其重要程度获得一定的回报。

2. 按数据要素分配的收入来源

数据要素作为一种生产要素,参与收益分配的形式如下①:

(1) 数据生产者、经营者和管理者的劳动报酬。随着时代的发展,"数据"被单独提出作为生产要素参与收入分配,体现了数据的重要性和社会主义收入分配制度的与时俱进。数据已经在实体和虚拟经济领域发挥越来越大的作用,那么与数据要素相关的生产劳动也应该获得相应地报酬。在数据生产过程中,生产经营管理也是生产劳动的有机组成部分,数据技术和管理人员也可以因为提供了复杂劳动在参与收入分配时得到较高的报酬。

(2) 数据要素作为劳动产品和生产要素产生的价值。数据既可以作为劳动产品获得报酬,也可以作为要素分享剩余。不同企业对于数据要素的需求会有差别,所以相应地也会对数据给予不同的报酬。数据要素的价格也应在数据要素市场上形成,反映数据要素的市场供求关系。不同数据的重要性、获得难度和使用的排他性影响数据的稀缺性,数据稀缺程度的高低又进一步影响数据价格,进而决定数据要素持有者在参与分配过程中的谈判力度。数据要素的稀缺性会影响到数据要素的报酬比例。所以,市场对于数据要素贡献的评价和数据要素的稀缺性是数据要素报酬的决定性依据。

3. 按数据要素分配的社会功能

将数据纳入生产、作为生产要素参与分配,不仅可以激励数据的生产加工、传输流动和有效配置与利用,而且界定明确的数据收集、加工和使用的行为规则也有助于促进保护私人(消费者和生产者)数据中与隐私和商业秘密相关的信息不受侵害,防止滥用数据进行不正当竞争,乃至制造市场壁垒等行为。② 具体来讲,数据要素参与分配的功能有以下几点③:

(1) 推进质量变革,以数字化提升实体经济供给体系质量。第一,围绕质量强国建设,在供给端构建以物联网、大数据、人工智能等新技术为依托的精细管理和质量控制体系,推动传统产业转型升级。第二,强化事中事后监管,构建以大数据为主线的跨部门、跨行业、跨环节产品质量事中事后监管体系,推动社会消费向安全、绿色和中高端消费迈进。第三,大力推进以社会信用大数据为基础

---

① 本部分内容参考李政、周希祺:《数据作为生产要素参与分配的政治经济学分析》,《学习与探索》2020 年第 1 期,第 112—113 页。
② 马涛:《健全数据作为生产要素参与收益分配机制》,《学习时报》2019 年 11 月 27 日,第 1 版。
③ 王建冬、童楠楠:《数字经济背景下数据与其他生产要素的协同联动机制研究》,《电子政务》2020 年第 3 期,第 26—27 页。

的质量联合奖惩机制,以联合奖惩案例、联合奖惩备忘录等方式推进质量信用信息的共享联通。

(2)推进效率变革,以数字化促进实体经济要素高效流通。第一,推动产业体系逐步向先进制造、柔性生产、精准服务、协同创新的方向转型升级,不断提升全要素生产率和行业附加值水平。第二,以新技术助推"放管服"①改革,优化营商环境,打破要素市场流通的行业和地域壁垒,充分激发人才、资本、创新等要素活力,提高全要素生产率。第三,围绕产业全球化布局、跨国贸易、人才流动等构建全球化数据情报网络,实现物流、资金流、数据流融合汇聚,提升对外开放和对接全球贸易体系效率。

(3)推进动力变革,以数字化加速实体经济新旧动能转换。第一,数字经济与实体经济加速融合,催生了一批以消费升级、服务升级、产业升级为特征的产业数字化新业态、新模式。第二,数字经济与精准扶贫、乡村振兴战略紧密结合,成为农村第一、二、三产业融合渗透交叉重组的"黏合剂"和打赢脱贫攻坚战的"催化剂"。利用现代信息技术,推进农村信息基础设施建设,加强农商互联,完善乡村产业体系。

(五)按能分配

1. 按能分配的含义

这里讲的"能"不是指人们潜在的劳动能力,而是指人们在劳动中释放出来并得到社会承认的能力。所谓按能分配,是指在市场经济条件下,社会对劳动者的经营成果进行必要的社会扣除后,根据劳动者在生产经营中释放出来并得到社会承认的能力分配个人收入。按能分配所遵循的分配原则是:高能多收,低能少收,无能无收。

2. 按能分配的收入来源

在市场经济条件下,按能分配的收入范围主要包括私有经济主体(包括个体企业、私营企业、外资企业)的经营收入、承包人的承包经营收入、租赁经营收入、专利转让收入、发明创造及特殊贡献(如运动员在国际性比赛中获得金牌)的奖金收入等。

按能分配的收入一般由三个部分构成:

一是劳动收入。劳动收入是对人们劳动能力的报酬,是按能分配收入的重要组成部分。在社会主义社会,由于旧的分工以及每个劳动者的天赋能力和后

---

① 放管服,就是简政放权、放管结合、优化服务的简称。"放"即简政放权,降低准入门槛。"管"即创新监管,促进公平竞争。"服"即高效服务,营造便利环境。

天受教育的程度不同,劳动的本质差别仍将长期存在。一般来说,承包者、承租者、私营业主、专利发明者、艺坛体坛明星、发明创造者等,劳动能力强,劳动的复杂程度高,所付出的劳动时间又往往多于一般劳动者,因而所获得的劳动收入大于一般劳动者是无可非议的。他们的劳动收入有些属于按劳分配的范畴,有些则不属于按劳分配的范畴。

二是机会经营收入。机会经营收入是市场对经营者灵活应变能力或机会经营能力的报酬。在现代市场经济条件下,市场状况瞬息万变,供求信息千变万化,价格波动极为频繁,新产品层出不穷。这就为善于捕捉机会的经营者提供了获得较高收入的可能性。谁能对复杂的市场变化做出客观、及时的判断和预测,抓住机会并善于经营,谁就会获得较高的机会经营收入。机会经营收入与劳动收入的区别在于,劳动收入是通过体力和智力的支出所获得的收入,而机会经营收入是因正确地抓住了机会,所获得的超出劳动收入的一部分收入。劳动收入与所付出的劳动成正比,而机会经营收入与所付出的劳动不存在内在的联系。一个人尽管付出了许多劳动,但由于生产的是市场所不需要的产品,其劳动的大部分就变为无效劳动,这时连起码的价值也无法实现,更谈不上什么机会经营收入。而如果他生产和经营的是市场紧俏的产品,产品价值以较高的价格得以实现,这时他不仅得到了完全的劳动补偿,还可以获得可观的机会经营收入。

三是风险收入。风险收入是对经营者克服风险能力的报酬。风险是市场行为的伴随物,任何进入市场交换的生产者和经营者都会遇到不同程度的风险考验。企业经营者的胆识及克服风险能力的强弱,对企业的经营业绩起着重要的作用。就拿承包和租赁经营来说,承包者或承租者在具有法律效力的经济合同及客观的市场机制面前是承担一定风险的。在完不成合同规定的上缴利税或租金任务的时候,他们都要受到相应地经济惩罚。个体企业主、私营企业主及外商在市场经营中也都承担不同程度的风险,一旦决策失误或反应迟钝,就会造成经营上的损失。因此,他们的一部分收入是属于他们敢于承担风险并有能力克服风险的报酬。

3. 按能分配的社会功能

(1) 激励劳动力素质提高的功能。按能分配是依据劳动者的特殊劳动能力分配个人收入的。这里讲的特殊劳动是相对于一般的体力劳动和脑力劳动而言的,例如生产经营中的管理劳动、指挥劳动,艺坛体坛明星的特种技能型劳动,发明创造型劳动等。从事这种劳动需要具备较高的素质。对这种特殊劳动给予较优厚的报酬,能够激励劳动者通过各种途径和方式锻炼、培养自己的劳动能力,学习和掌握更多的文化知识与经营管理知识,从而不断提高自身的素质和能力。

(2)提高人们市场经济意识的功能。由于按能分配对人们的市场应变能力、信息捕捉能力、敢于承担风险的经营决策能力等提供了物质利益上的保障,能够促使人们树立价值观念、成本观念、效益观念、效率观念、风险意识、信息意识、竞争意识、时间观念、创新观念、市场观念等市场经济观念,提高人们利用市场、驾驭市场的本领。

(3)提高企业经营能力的功能。按能分配在收入分配上保证了企业克服风险、机会经营的物质利益,能够使企业研究市场,了解市场,根据市场需求调整自己的方向,不断提高自己的竞争力和市场开拓力。

(六)按需分配

1. 按需分配的含义和原则

所谓按需分配,是指在市场经济条件下,社会对劳动者的经营成果进行必要的社会扣除后,根据劳动者在生产、生活和维持家庭成员生活中的需要分配个人收入。

按需分配思想的提出,最早可追溯到16世纪初期。1516年,英国早期的空想社会主义者托马斯·莫尔(St. Thomas More)在其著作《乌托邦》(*Utopia*)第一次提出"平均分配"的设想。莫尔认为,通过实行普遍的劳动义务制,可以生产出极为丰富的产品,满足全体社会成员的一切需要。各个家庭把生产出来的产品都交给公共仓库,并从公共仓库中领取家庭所需的一切。

在批判空想社会主义的基础之上,马克思和恩格斯在《德意志意识形态》中提出了按需分配的原则。而在《哥达纲领批判》中,马克思把各尽所能、按需分配作为共产主义社会高级阶段的分配原则做了完整的表述。

根据马克思主义经典作家的论述,按需分配原则的普遍实施需要具备以下基本经济条件:(1)社会生产力高度发达,物质财富极为丰富。社会生产不仅能够满足人们生存所需的生活资料,还能够满足人们享受和发展所需的生活资料。(2)劳动不仅仅是谋生的手段,它本身已经成为生活的第一需要。(3)社会占有全部生产资料,商品货币关系已退出历史舞台,高度发达的产品经济取代了市场经济。(4)旧的社会分工以及由此引起的劳动的本质差别已彻底消失。(5)每个人在平等的人才成长环境中获得全面的自由的发展,其聪明才智在实践中得到充分的发挥。

显然,现阶段的人类社会尚不具备这样的经济条件。市场经济高度发达的国家还未达到社会产品极为丰富到可以按需分配的程度,广大发展中国家更不具备实施按需分配社会财富的社会经济条件,因为任何一种分配方式的选择都不能超越现实的经济条件。

2. 按需分配的收入范围

社会经济条件的限制并不意味着按需分配作为一种分配方式在现阶段的社会经济中没有存在的可能性。事实上,按需分配已作为一种合理的分配方式被使用并发挥作用。我们可以把下列行为归于按需分配的范围内:(1)救济金、失业金、抚恤金、医疗保障金以及劳保福利费;(2)护龄津贴、教龄津贴、野外作业津贴、井下津贴、高温津贴、高空作业津贴等;(3)士兵津贴及农、林、师范等专业学生的生活津贴和助学金,退职费、退休金、离休金、军队干部和战士的转业费和安家费等;(4)领导干部的特殊工作和生活待遇等。

现阶段的按需分配与马克思所设想的共产主义社会的按需分配相比,无论在范围还是在程度上,都是极不成熟的。就范围来说,按需分配的实施范围仅仅局限于社会的一部分成员,远没有覆盖全社会;就其程度而言,它只限于满足最基本的需要,远非需要什么就可以得到什么。

3. 按需分配的社会功能

(1) 维护和保障全体社会成员生存和发展的功能。由于某种先天性因素(如先天残疾)和后天的天灾人祸,一部分社会成员的生存问题时常受到威胁,而单靠自己的努力是无法克服和摆脱的。这就需要社会的帮助。社会通过分配和再分配环节,根据按需分配的原则,把一部分财富分配给需要帮助的社会成员,使他们获得起码的生存条件。随着社会生产力的发展和人民生活水平的进一步提高,这种分配的水平也会逐步提高。在社会的帮助下,一部分社会成员就会迅速地战胜困难和摆脱贫困,由救济对象转变为向社会做出贡献的人。

(2) 使社会稳定和协调发展的功能。社会作为由无数的子系统构成的大系统,只有保证各个子系统之间的平衡和协调,才能实现稳定发展。各个子系统之间的平衡和协调是以利益上的平衡和协调为基础的。按劳分配、按资分配等分配方式所凭借和强调的是某一种物的因素(如劳动量、资产量),而不论人的需要如何,因此,尽管它们在社会进步中也发挥独特的作用,但不能解决社会成员的利益平衡问题。按需分配以人的需要作为分配个人收入的依据,因而在社会各方面的利益平衡上发挥独特的作用,能够推动整个社会稳定协调地发展。

（3）缩小社会收入差距，维持社会安定的功能。实行市场经济，必须要重视和强调人与人之间的差别，从而必然会导致整个社会收入的两极分化。但是，如果收入差距过大，就可能会导致社会秩序的混乱和市场竞争的无序，甚至会发生骚乱和社会动荡；而这又是与发展市场经济的初衷相悖的，因此，通过政府的财政转移支付，在一定范围和程度上实行按需分配，可以缩小社会收入差距，维持社会的安定。

三、按劳分配与按生产要素分配相结合

（一）按劳分配和按生产要素分配相结合的提出

1997年9月，党的十五大报告在第五部分即"经济体制改革和经济发展战略"中，专门阐述了完善分配结构和分配方式问题。报告中提出，第一，坚持按劳分配为主体、多种分配方式并存的制度。第二，把按劳分配和按生产要素分配结合起来，坚持效率优先、兼顾公平。第三，依法保护合法收入，允许和鼓励一部分人通过诚实劳动和合法经营先富起来，允许和鼓励资本、技术等生产要素参与收益分配。第四，取缔非法收入，对侵吞公有财产和用偷税逃税、权钱交易等非法手段牟取利益的，坚决依法惩处。第五，整顿不合理收入，对凭借行业垄断和某些特殊条件获得个人额外收入的，必须纠正。第六，调节过高收入，完善个人所得税制，开征遗产税等新税种。第七，规范收入分配，使收入差距趋向合理，防止两极分化。第八，要正确处理国家、企业、个人之间和中央与地方之间的分配关系，逐步提高财政收入占国民生产总值的比重和中央财政收入占全国财政收入的比重，并适应所有制结构变化和政府职能转变，调整财政收支结构，建立稳固、平衡的国家财政。

党的十五大在分配制度改革方面的最大突破，就是解决了生产要素能参与收入分配的问题，明确提出要把按劳分配和按生产要素分配结合起来。从1987年党的十三大第一次提出将其他分配方式作为按劳分配方式的补充，到1993年党的十四届三中全会提出"允许属于个人的资本等生产要素参与收益分配"，再到党的十五大第一次把"其他分配方式"概括为"按生产要素分配"，明确在理论和实践中提出要"把按劳分配和按生产要素分配结合起来"，这些都是马克思主义关于公共分配的重大理论突破。

（二）劳动、资本、技术和管理等生产要素按贡献参与收入分配

2002年党的十六大专门阐述了如何深化分配制度改革，主要包括以下内容：第一，调整和规范国家、企业和个人的分配关系。第二，确立劳动、资本、技术

和管理等生产要素按贡献参与分配的原则,完善按劳分配为主体、多种分配方式并存的分配制度。第三,坚持效率优先、兼顾公平,既要提倡奉献精神,又要落实分配政策,既要反对平均主义,又要防止收入悬殊。初次分配注重效率,发挥市场的作用,鼓励一部分人通过诚实劳动、合法经营先富起来。再分配注重公平,加强政府对收入分配的调节职能,调节差距过大的收入。第四,规范分配秩序,合理调节少数垄断性行业的过高收入,取缔非法收入。第五,以共同富裕为目标,扩大中等收入者比重,提高低收入者收入水平。

十六大在分配制度改革方面的最大突破,就是确立了劳动、资本、技术和管理等生产要素按贡献参与分配的原则,在十五大解决了其他生产要素能不能参与收入分配问题的基础上,进一步解决了其他生产要素怎么样参与收入分配的问题,即按贡献大小参与收入的分配,是中国分配制度改革的重大突破。十六大提出,我国的分配制度改革要以共同富裕为目标,扩大中等收入者比重,提高低收入者收入水平。这是一个重要的论断和重大政策取向。其重要意义在于它指明了今后中国要努力形成的收入分配新格局,即中等收入者居人口的多数,并占有大部分收入和财富的格局。这样的收入分配新格局,符合社会主义就是要共同富裕的本质属性,也有利于扩大内需和保持社会的稳定。

2006年,党的十六届六中全会通过的《中共中央关于构建社会主义和谐社会若干重大问题的决定》,明确提出了到2020年"城乡、区域发展差距扩大的趋势逐步扭转,合理有序的收入分配格局基本形成,家庭财产普遍增加,人民过上更加富足的生活"的目标,并且针对当时收入分配领域存在的主要问题,提出了要完善收入分配制度,规范收入分配秩序。其主要内容为:第一,要坚持按劳分配为主体、多种分配方式并存的分配制度,加强收入分配宏观调节,在经济发展的基础上,更加注重社会公平,着力提高低收入者收入水平,逐步扩大中等收入者比重,有效调节过高收入,坚决取缔非法收入,促进共同富裕;第二,完善劳动、资本、技术、管理等生产要素按贡献参与分配制度;第三,健全国家统一的职务与级别相结合的公务员工资制度,规范地区津贴补贴标准,完善艰苦边远地区津贴制度;第四,加快事业单位改革,实行符合事业单位特点的收入分配制度;第五,加强企业工资分配调控和指导,发挥工资指导线、劳动力市场价位、行业人工成本信息对工资水平的引导作用;第六,规范国有企业经营管理者收入,确定管理者与职工收入合理比例;第七,加快垄断行业改革,调整国家和企业分配关系,完善并严格实行工资总额控制制度;第八,建立健全国有资本经营预算制度,保障所有者权益;第九,实行综合与分类相结合的个人所得税制度,加强征管和调节。

四、公共分配制度的完善

2007年党的十七大进一步推进收入分配制度改革,强调"合理的收入分配制度是社会公平的重要体现。要坚持和完善按劳分配为主体、多种分配方式并存的分配制度,健全劳动、资本、技术、管理等生产要素按贡献参与分配的制度,初次分配和再分配都要处理好效率和公平的关系,再分配更加注重公平",首次在党的报告中提出初次分配与再分配制度,并且指出要协调处理好二者的关系。十七大报告针对收入分配领域存在的突出问题特别强调,要逐步提高居民收入在国民收入分配中的比重,提高劳动报酬在初次分配中的比重。要着力提高低收入者收入,逐步提高扶贫标准和最低工资标准,建立企业职工工资正常增长机制和支付保障机制。要创造条件让更多群众拥有财产性收入;要保护合法收入,调节过高收入,取缔非法收入;要扩大转移支付,强化税收调节,打破经营垄断,创造机会公平,整顿分配秩序,逐步扭转收入分配差距扩大趋势。

2019年,党的十九届四中全会通过的《中共中央关于坚持和完善中国特色社会主义制度 推进国家治理体系和治理能力现代化若干重大问题的决定》中提出:"健全劳动、资本、土地、知识、技术、管理、数据等生产要素由市场评价贡献、按贡献决定报酬的机制。"首次明确将土地、知识和数据确认为生产要素参与分配。这是对分配制度、对生产要素构成等认识的持续深化。健全这一制度,对于调动各类生产要素参与生产的积极性、主动性、创造性,让各类生产要素的活力竞相迸发,让一切创造社会财富的源泉充分涌流,具有极其重要的理论意义和实践价值。①

(一)初次分配制度

初次分配指国民总收入直接与生产要素相联系的分配。任何生产活动都离不开劳动力、资本、土地、知识、技术和数据等生产要素,在市场经济条件下,取得这些要素必须支付一定的报酬,这种报酬就形成各要素提供者的初次分配收入。初次分配主要包括居民提供生产要素所得报酬收入,政府利用国家权力对货物和服务的生产和再生产所征收的生产税和进口税形成的初次分配收入,企业在扣除其固定资产消耗和其他运营成本及税收后的净营业盈余形成的初次分配收入。

初次分配主要由市场机制形成,生产要素价格由市场供求状况决定,政府通

---

① 马涛:《健全数据作为生产要素参与收益分配机制》,《学习时报》2019年11月27日,第1版。

过税收杠杆和法律法规进行调节和规范，一般不直接干预初次分配。初次分配反映的是各收入主体对国民生产总值原始贡献所获取的相应原始收入，收入形式主要表现为要素收入。从中国的初次分配对居民个人收入分配的影响可以得出两点基本判断：其一，初次分配是我国居民收入分配的基础及主体分配渠道，其公平程度的高低对收入结果的公平程度有决定性影响；其二，再分配对居民收入差距的调节作用仍然有限，并且表现出不断降低的态势。目前，我国收入分配制度在初次分配和再分配两个层次上都存在制约分配公平性的缺陷，其中，初次分配的相关制度起决定性作用，再分配制度缺陷则助长了不公平分配。

（二）二次分配制度

二次分配是指国民收入在初次分配的基础上，各收入主体之间通过各种渠道实现现金或实物转移的一种收入再次分配过程。通过国民收入的再分配，不直接参与物质生产的社会成员或集团，从参与初次分配的社会成员或集团那里获得收入。再分配主要由政府调控机制起作用。政府进行必要的宏观管理和收入调节，是保持社会稳定、维护社会公正的基本机制。

如果说初次分配是在市场力量主导下进行的，那么二次分配则是在政府主导下进行的。税收、支出和其他政策工具是政府实施二次分配的杠杆，当这些杠杆运作不当或失败时，初次分配基础上形成的贫富差距不仅不会缩小，反而会趋于拉大，产生逆向分配效果。在一个追求社会公平的社会里，政府应该以最低限度的效率损失，达成最大程度的公平分配，以此促进困难群体的利益和全社会福利水平的提升。

二次分配中最重要的包括社会保障制度、税收制度、财政转移支付制度。

（三）三次分配制度

三次分配制度主要指慈善事业制度。民办慈善事业和公益事业是成熟市场经济国家收入再分配和社会福利建设的重要组成部分。而目前我国仍然缺乏鼓励扶持民间力量进入慈善事业和公益事业的社会机制。慈善事业是从慈爱和善意的道德层面出发，通过实际的自愿捐赠等行为和举动，对社会的物质财富进行第三次分配。因此，慈善事业也可以说是物质文明、制度文明与精神文明的综合体现。它是公共分配的调节器，是和谐社会的重要力量。

当前我国的社会慈善事业尚处于初步发展的阶段，虽然取得了较大成绩，但是在发展中也还存在着一定的困难和问题，并突出表现在机制方面。具体表现在如下五个方面：一是理念滞后。慈善事业发展所需要的社会氛围尚未形成，一些慈善组织及从事慈善工作的人员，也只是将慈善事业看成是单纯的道德事业，未能将其作为社会分工的产物及不断发展的社会事业来对待,与发达国家慈善事业理念存在着较大差距。二是法规政策体系不完善。我国于2016年出台了《中华人民共和国慈善法》,于2017年修订了《中华人民共和国红十字会法》,但还缺乏具体的、可供操作的配套政策,法规政策体系不完善。三是公益慈善组织活动的依法监管不配套。四是公益慈善组织发展数量和进度不理想,我国的慈善公益机构有7000多家,但绝大多数为"官办"。五是社会公众参与的广度和程度还有待发展,2017年我国国内捐赠总额达到234亿美元,约占全国GDP的0.2%。相比之下,美国慈善捐赠占其国内GDP的2.1%。

第三次分配是第一次、第二次分配的补充分配形式,它具有能够具体、敏锐、及时地调整收入和困难群体生存水平的特点。第三次分配的捐赠双方可直接接触,可以根据实际情况进行数量分配,没有统一的赠受标准,具有较强的针对性;它的及时敏锐的特点体现在人们遇到实际困难时,第三次分配机制由于中间环节较少,有利于更加敏锐地发现问题,迅速地做出反应,使社会问题在更短的时间内得到及时的解决。

第三节 公共分配与社会公平

一、社会公平的概念

社会公平是一个有争议的概念,因为它同主体的价值判断有关,体现着不同利益主体的不同价值判断。它具有历史性和相对性。纵观历史,大致有以下几种社会公平观。

(1) 平均主义公平观。这是手工业与小农经济的产物,它把平均与均等化作为衡量社会公平的标准。"不患寡而患不均""均贫富"就是这种公平观的集中体现。

(2) 等级主义公平观。该公平观在奴隶社会与封建社会占据主导地位。它认为人天生就是不平等的,因而在社会中理应得到不同的待遇。正是对权势与金钱的差等分配,才造成上下有序、各司其职的"公平"。

(3) 资产阶级公平观。它又分为两种:①功利主义公平观。它主张以功利、国家利益或"最大多数人的最大幸福"为社会公平的目的,公平的分配方式也就是最有助于实现这一目的的分配方式,即按贡献大小分配。②自由主义公平观。其核心内容是对不同出身、不同民族、不同信仰、不同肤色、不同性别的人都给予同等的竞争机会,亦就是机会均等与起点平等。

(4) 马克思主义公平观。该公平观认为,只有消灭了生产资料的私人占有制,消灭了阶级和阶级剥削,无产阶级才能在实际上取得平等的权利。今天,我们更应该注意的是马克思主义创始人当时的思路:消灭阶级差别,实现真正的公平要经历不同的发展阶段,每一个阶段的公平都要有同现实的经济、政治与文化环境相适应的具体内容。

根据市场经济的内在要求,我们认为应该确立这样的公平观:在社会政治领域内,每个人享有的地位和权利应该是平等的,同时,他们对社会所尽的义务也应该是平等的;而且每个公民在法律面前都应一律平等。在经济领域内,国家首先要从宏观上积极创造外部环境,使每一个人都有同等的竞争机会,使他们能够"站在同一个起跑线上"。在市场经济条件下,机会公平表现为:平等的市场参与权、平等的市场竞争权和平等的市场经营权等。国家要通过运用法律来规范微观主体的经济行为,使其在市场规律的支配下用正当的竞争手段进行竞争,并且弱化进入市场的壁垒。在公共收入分配方面,应坚持收入分配方式的公平性和分配结果的合理性。现代社会中收入分配公平是指人们在取得收入的机会和权利平等的基础上,根据各自生产性贡献的大小而获得相应收入。它包括四方面的内容:(1)取得收入的机会均等。每个社会成员都有通过自己的努力而获得收入的机会与权利,排除任何特权、优惠、垄断等不平等因素对收入的影响。(2)分配尺度的统一。公平的尺度构成公平的内容,对每个人按同样的尺度进行收入分配,即同工同酬。(3)分配的公平不是分配结果的均等化。公平不等于均等,因为"收入均等"使能力强、效率高、贡献大的人与能力差、效率低、贡献小的人获得同样的收入,这样既挫伤了一部分人的生产积极性,又养起了一群懒汉,既降低了效率,又造成不公平。(4)收入差距的合理性。由于不同的人存在着先天与后天的差别,即使在同等的机会、同等的尺度下,也会产生收入分配的差别。但这种差别不能太大,必须让大多数人能够接受,可以容忍。

二、评价社会公平的主要指标

在现代经济生活中,考察一个国家或地区的收入分配、财富分配,评价其社会公平程度时,常采用洛伦兹曲线与基尼系数等指标来测定。

(一)洛伦兹曲线

洛伦兹曲线(Lorenz curve),也译为劳伦兹曲线,是美国统计学家洛伦兹(Max Otto Lorenz)于1905年提出的,主要用来分析一个国家在不同或同一时代的收入与财富的平等状况。洛伦兹曲线是一种有用的图形分析工具,它不能为所得分配给出一个数字,因而不是一种不公平指数,但它仍能用来明确地对某些所得分配进行排列以说明不公平程度,并且是其他不公平指数建立的基础。

洛伦兹曲线是这样做出的:将家庭按照收入递增的顺序加以排列并分组,然后将每个家庭组别的收入比例在图中描绘出来。如图8-1,正方形纵轴 OY 代表收入百分比,横轴 OX 代表人口百分比。衡量社会总财富的分配,将纵轴分为5等分,每一等分为20%的社会总财富;将横轴代表的总人口和家庭从最贫者到最富者从左到右排列,分为5等分,各占人口的20%。第一个等分代表最贫穷的20%的家庭,到最右边的等分代表最富有的20%的家庭。在这个正方形中,将每一百分比的家庭所拥有的财富的百分比积累并将相应地点画在图中,便得到一条洛伦兹曲线,曲线能直观地表现出社会财富在不同阶层的分配。如果总财富平均分配于所有家庭,则洛伦兹曲线就是45°。对角线 OP,在这条线上,每20%的人口或家庭得到20%的收入,表明收入分配绝对平等,OP 被称为绝对平等线;只要有任何程度的不公平,家庭排列的顺序就会确保洛伦兹曲线位于对角线 OP 之下;如果收入分配绝对不平等,即一个家庭拥有100%的财富,那么曲线就变成由横轴和右边垂线组成的折线 OXP(绝对不平等线)。反映实际收入分配状况的洛伦兹曲线一般介于绝对平等与绝对不平等之间,越靠近对角线 OP,收入分配越平等,越靠近折线 OXP,收入分配越不平等。

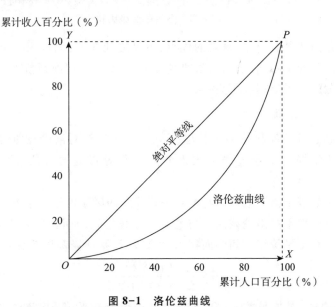

图8-1 洛伦兹曲线

洛伦兹曲线的弯曲程度具有重要意义。一般来说,它反映了如图8-2所示的情况,如果曲线 B 完全位于曲线 A 之外,则可以看出分配 B 更加不公平[如图8-2(a)所示]。特别地,分配 B 可能是通过将所得从穷人转移至富人而得到的,此种情形下,就可以说分配 A 优于分配 B。如果代表分配 A 和分配 B 的洛伦兹曲线发生交叉[如图 8-2(b)所示],则仅由洛伦兹曲线就不能得出两种分配的明确排序。因为,"洛伦兹决定"的概念只能对所得分配做部分排序。

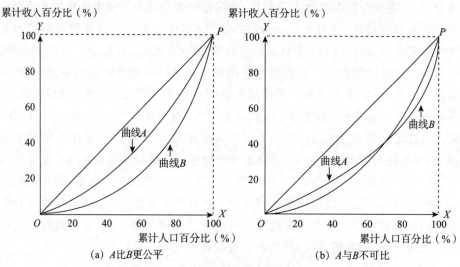

图 8-2 洛伦兹曲线比较

洛伦兹曲线具有形象、直观的优点,不足之处在于:无法用一个确切的数值来表示收入分配差距,特别当两条曲线相交时,不能直观地判断哪一条曲线所表示的收入分配不平等程度更高一些。

(二)基尼系数

意大利经济学家科拉多·基尼(Corrado Gini)针对洛伦兹曲线所存在的问题,在 1912 年提出了定量测量收入分配不平等程度的方法和指标——基尼系数。

基尼系数等于洛伦兹曲线与绝对平等线之间区域占绝对平等线以下三角形面积的比例。如果把洛伦兹曲线与绝对平等线之间的面积用 A 来表示,把洛伦兹曲线与绝对不平等线之间的面积用 B 来表示,则计算基尼系数 G 的公示为:

$$G = \frac{A \text{ 的面积}}{(A+B) \text{ 的面积}}$$

当 $A=0$ 时,基尼系数 $G=0$,这时收入分配绝对平等;当 $B=0$ 时,基尼系数 $G=1$,这时收入绝对不平等。以此方法表示基尼系数,可以看出系数值在 0 到 1 之间。基尼系数是不平等程度的相对指数,因而与具体使用单位无关。一般来讲,基尼系数越小,收入分配越平等;基尼系数越大,收入分配越不平等。

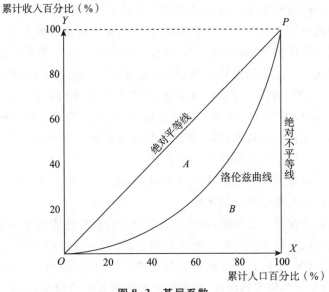

图 8-3 基尼系数

基尼系数具有以下优点：

（1）能用一个数值来反映收入分配差距,使用起来非常方便。最重要的是能够用它进行分解分析,这对于我们正确找出差距产生的原因有重要作用。如可将基尼系数变化分解为收入集中度变化、收入比重变化和两者综合作用变化三部分。其中收入集中度引起的变化称为收入集中效应,收入比重引起的变化称为结构性效应。显然处理两种效应的对策是不同的。就我国而言,由结构效应引起的收入分配差距是暂时的,也是正常的,会随着我国经济结构调整的完成而缩小。

（2）在洛伦兹曲线交叉时,基尼系数可以用于对分配加以排列,因为相关区域总是有明确的界定。

（3）基尼系数是国际经济学界通用的指标,便于进行国家之间的收入分配差距的比较研究。

因此,基尼系数指标法深受经济学家、哲学家、社会学家的青睐,在当前的经济学界得到了广泛的使用,是人们公认的分析收入分配差距的好方法之一。

与此同时,我们还应看到基尼系数自身和在计算过程中存在着不同程度的缺陷和不足,这主要表现在：

（1）计算时会遇到一些实际障碍。如在对人(户)均收入等级进行分组时,没有一个通用的标准。理论上,应以可支配收入为标准。国际上,一般用消费支出代替可支配收入。但使用消费支出计算出来的基尼系数,在一定程度上掩盖了收入分配差距的真实性。因为消费支出只是可支配收入的一部分,其中一些必要支出即使在穷人和富人之间有差别,也不会像收入差别那样大。

(2)它不能反映个别阶层的收入分配变动情况。从基尼系数的数值来看,它只反映收入分配差距的总体状况,但不能用于对总收入差距在不同阶层(或地区)之间的分析,而需要其他指标来补充(如泰尔指数);对低收入阶层的收入比重变化不敏感,如当从较高收入阶层转移1%的收入到较低阶层时,低收入阶层的收入比重变化一般较大,但从基尼系数的变化来看却很小。

(3)在用基尼系数指标进行国际比较时,还须剔除一些不可比因素。如按人口和家庭计算得到的基尼系数数值不同,不能以一国的人口收入基尼系数去与别国的家庭收入基尼系数相比较。

基尼系数存在着上述不足,因此在计算和运用时应注意以下几个问题。

(1)就基尼系数数值的相对准确性而言,我们在分组时要尽可能多地增加观察点,分组越多,组内差距就越能得到反映,基尼数值便会大一些。在统计收入时,应充分考虑各种实物收入、隐形收入和灰色收入等情况,应使用人(户)均可支配收入指标。若使用人(户)均 GNP 等指标,就不能真实地反映收入分配差距的情况。

(2)不能简单地以基尼系数大小来评价收入分配差距大小的问题。基尼系数是一个综合指标,其数值大小受社会制度、经济体制、地区差异等多种因素的影响,因此不能简单地以某一年的基尼系数来判断收入分配差距的合理性。尤其在进行国与国之间的比较时,也不能一味地认为基尼系数越小越好。我国在改革开放之前基尼系数很小(约为0.16)。

(3)运用基尼系数来考察一个社会的经济发展水平和福利水平时,应考虑人均实际收入。因为任何收入分配的不平等都是以一定的人均实际收入水平为前提的。即便两个国家的人均实际收入相差悬殊,也仍可能存在基尼系数相等的情况。因此,基尼系数并不能揭示经济发展过程中的收入分配差距的全部,在运用此指标时,不能脱离该国的实际情况。

国际上通常认为,基尼系数在0.2以下表示绝对平均,0.2—0.3表示比较平均,0.3—0.4表示比较合理,0.4—0.5表示差距过大,0.5以上为差距悬殊,当达到0.6时表示暴发户和赤贫阶层同时出现,社会动乱随时可能发生,因此0.6被视为警戒线。西方发达国家的基尼系数一般在0.3—0.4之间。

三、市场经济条件下的分配不平等

在市场经济制度下,收入和财富的分配是不平等的。关于这一点,早在市场经济发展的早期,即自由资本主义时期,亚当·斯密就已经意识到了。在他看来,社会上"有大财产的所在,就是有大不平等的所在。有一个巨富的人,同时至少必有五百个穷人。少数人的富裕,是以多数的人的贫乏为前提的"①。

如上所述,经济学上用洛伦兹曲线来衡量一个国家或地区各收入阶层在收入和财产分配上的不平等程度。一般来说,表示财产所有权分配的洛伦兹曲线比表示收入分配的洛伦兹曲线具有更大的不平等程度。发展中国家的生活水平的差异大于发达国家生活水平的差异。

收入和财产分配不平等主要是由以下几方面的差异造成的:一是财产的差别。收入差别最主要是由拥有财富的多寡造成的,和财产差别相比,个人能力的差别是微不足道的。财产差别很大程度上与运气有关,即是否交了好运、偶然发现自然资源等;同时,财产差别也与勇于探索和勇于革新的精神有关。二是个人能力的差别。某些能力可能来自遗传,但个人能力更多与环境的影响有关。如出身富有家庭并经双亲精心照料的孩子,幼年时期在经济和事业地位的竞争中已经略占上风;到了上小学时,城市近郊的小孩比农村同龄儿童具有更大的领先优势;及至上中学和上大学时,已经领先的人越来越走在前面。三是教育和机会的差别。一般来说,受过教育的群体和没有文化的群体之间,收入和财产分配上的差距是很大的。四是年龄和健康状况的差别。没有人会永远年轻且精力充沛。在自由放任的制度下,在经济上最需要照顾的通常是老年人。在一个收入中下等的家庭中,母亲得了精神病会给这个家庭带来那些高收入阶层的人们所感觉不到的痛苦。

由于存在以上差别,贫穷和不平等现象便产生了。特别是随着资本主义从自由竞争向垄断阶段过渡,贫富悬殊、两极分化的问题变得越来越突出。这个问题不解决,会对市场经济制度本身造成严重威胁。

四、社会福利思想的历史渊源和发展过程

社会福利思想产生于19世纪末20世纪初,是资本主义国家的政治家、学者们为解决日益严重的贫穷和不平等问题而提出的。20世纪20年代英国经济学家阿瑟·塞西尔·庇古(Arthur Cecil Pigou)由于最早建立起福利经济学体系,被后人称为"福利经济学之父"。在庇古提出的以物品的效用来比较和计算个人福利和社会福利这一重要观点的基础上,意大利经济学家维尔弗雷多·帕累

---

① 〔英〕亚当·斯密:《国民财富的性质和原因的研究》(下卷),郭大力、王亚南译,商务印书馆1972年版,第272页。

托创立了著名的"帕累托最优"理论,即从资源配置变动的角度,判断其对福利最大化的影响;而卡尔多(Nikolas Cardol)和希克斯(J. R. Hicks)又在此基础上,提出了"假想补偿原理",试图从经济政策的受益者对受损者实施补偿的角度,探讨如何使个人福利和社会福利最大化。他们的一些极有价值的见解,使得人们对人类正义和幸福的理解与关注逐渐清晰起来,并成为西方发达国家同贫困和不平等现象做斗争的主要政策依据。

(一) 庞古的社会福利观

社会福利思想的核心目标是增进个人乃至整个社会的福利。它的思想渊源是功利主义,即人类的本性是追求幸福,人的行为是趋利避害的,绝大多数人的幸福就是道德准则和立法的依据。社会福利思想中的"福利"一词,是从杰里米·边沁(Jeremy Bentham)的幸福观演化而来的。庞古认为:经济福利在很大程度上随国民收入的多少而变动,通过国民收入在社会成员之间分配的方式而受到影响。在分配状况不变的情况下,国民收入愈多,社会经济福利就愈大;国民收入愈低,社会经济福利则愈小。在国民收入一定的情况下,国民收入的分配是决定经济福利大小的主要因素。

庞古认为,一个人的福利源于他自己的满足,这种满足可以因对财物的占有而产生,也可以由于其他原因,比如知识、情感和欲望等而产生,包括所有这些满足都可称为社会福利。换句话说,福利包括的内容很多,除了财富的占有之外,享受休闲、社会地位、友谊、家庭幸福和爱情等,也可以给人带来满足。但是,内容极其丰富的福利是很难计算的,但它们又都跟财富的多寡有很大关系,所以,庞古把对福利的研究局限在能够用货币计算的那一部分,即经济福利。因此,在庞古那里,社会福利其实就是经济福利,个人福利即个人的经济福利之和。个人的经济福利怎样衡量呢?庞古认为,可以通过比较和计算个人得到的满足及物品的效用来计算。他认为个人的满足是由效用构成的,而效用可以用物品的价格计算出来。个人经济福利的总和等于一国的全部经济福利,所以个人福利就等于个人收入,整个社会的福利就等于国民收入。

在物品效用观的基础上,庞古提出了著名的收入均等化原理,其基本内容大致可以表述为:随着货币收入的增加,货币的边际效用递减。因为贫穷阶层的货币收入很少,所以他们的货币边际效用很大。与此相反,富裕阶层的货币收入较多,所以他们的货币边际效用很小。同样增加一元钱的收入,对于富人是锦上添花,而对穷人则是雪中送炭。如果把收入从相对富裕的人转给相对贫穷且具有同样性格的人,一定能增加满足的总量,因为它牺牲比较微弱的欲望而使比较强烈的欲望得到满足。这样,收入均等化一方面减少了富人的福利,另一方面又增加了穷人的福利,但因为富人的福利损失小于穷人的福利增加,所以将个人的福利加总之后,社会总体福利增加了。

庇古的收入均等化原理提出后,在西方发达国家引起了强烈的反响,受到极大重视的同时,也遭到了一些人的批判和攻击。一些经济学家指出,个人福利即个人从社会生活中得到的满足,纯属一种心理体验,根本无法比较。穷人有穷人的痛苦,富人有富人的烦恼,很难说富人的烦恼比穷人少。因此,个人的经济福利根本无法用收入来进行评价和测定,而以不能测定的个人福利简单加总为基础来评价社会福利,是不能成立的。这就从根本上动摇了庇古的社会福利思想。

(二) 帕累托的社会福利观

帕累托是现代新福利经济学的奠基者,他的社会福利观建立在庇古观点的基础之上。帕累托认为,尽管效用无法用货币确切计量,但却可以对它进行排列,以此表示消费者选择的次序。如甲对于住房的偏好胜过汽车,而乙认为电冰箱比住房和汽车能给他带来更大的满足感。因此,帕累托的结论是:社会的经济福利就是个人效用的排列与组合,而不同的排列与组合便构成了不同的福利状况。帕累托撇开了收入分配对福利最大化的影响,只探讨资源配置对社会最大化的影响。"帕累托最优"是指资源分配的一种理想状态,它是指任何形式的资源重新配置,都不可能使至少有一人受益而又不使其他任何人受到损害。假定固有的一群人和可分配的资源,从一种分配状态到另一种状态的变化中,在没有使任何人境况变坏的前提下,使得至少一个人变得更好,这就是"帕累托最优"。

(三) 卡尔多等人的"假想补偿原理"

在帕累托的社会福利观的基础上,著名经济学家卡尔多提出了"假想补偿原理"。他认为,虽然经济的每一次变动和社会的每一次进步对不同的人有不同的影响,如有的人得利,有的人受损,但通过使那些得益者从自己新增的效益中拿出一部分,支付给受损者作为补偿,使其能够保持原有的社会地位,而得益者提供补偿后还有剩余,这样,前者变好了,后者保持原状,总的社会福利增加,由此就可以认定,这一经济改革是正当的。而如果得不偿失,受益者的所得补偿不了受损者的所失,或者所得等于所失,受益者在向受损者补偿之后自己没有剩余,那么,这种经济政策就是不合适的。

英国经济学家希克斯很赞成卡尔多的观点,但他认为上述观点还不够完善,有必要加以修补。原因在于卡尔多提出的"补偿"在事实上不一定能够得到实现,因为实际补偿由受益者决定,如果受益者不对受损者加以补偿,那也没有办法。于是,希克斯对卡尔多的观点做了进一步的完善,他指出:实际上不必要每一次经济变动后受益者都要向受害者做出补偿,因为补偿可以自然而然地进行,这一次经济变动中的受益者,可能在下一次变动中成为受损者;反之亦然。所以,在长时间的一系列政策改变中,人们的受益与受损彼此可以相互抵消,故而补偿不必次次进行,只要假定得到补偿就可以了。希克斯进一步指出,只要一个社会的经济活动是以追求效率为导向的,国民收入就会是不断增长的,在经过一个相当长的时期后,几乎所有人的境况都会好起来,只不过有先有后、有快有慢而已。这实际上意味着,一项经济政策的实施,即使将导致穷者愈穷,富者愈富,但只要使国民收入的总量有所增加,也可以说是增进了社会福利。

五、政府减少不平等的直接方案:社会福利制度

在理论层面,西方发达国家关于社会福利问题的思想争论仍在进行;在实践层面,发达国家在消除贫穷和缓和不平等方面践行着不同的行动,简称为"福利国家制度"。这项制度最早是19世纪80年代德国"铁血首相"俾斯麦为解决国内日益高涨的工人运动和缓和劳资矛盾而创立的。到了现代,福利国家政策执行得最成功的国家当属瑞典,美国和英国等发达国家的社会福利制度也已达到相当完善的程度。

早在20世纪20年代,庇古就指出了消除贫穷的三项措施:一是自愿转移,即富人自觉地拿出一部分收入,捐助慈善事业或者兴建教育、科研、保健、娱乐等福利设施;二是强制性转移,即由政府征收所得税等税收,然后将其中的一部分转移给穷人;三是直接转移,即对穷人最迫切需要的食品、住宅等商品,由政府给予生产单位一定补贴,从而降低售价,使得穷人从中受益。

庇古的收入均等化原理如今变成了发达国家正在实行的收入均等化政策。市场竞争是无情的,它总会产生失败者;同时,还有一些人,如残疾人、老年人、未成年人等,无力参与市场竞争。如果任由市场机制发挥作用,单纯强调效率原则,这些人就面临自然淘汰的威胁,这不仅不符合人类一般的道义原则,也会对市场经济制度本身造成严重威胁。而实施收入均等化政策,就是要使社会上的大多数人广泛地分享经济进步的成果,消除贫困,缓解或抑制机制所造成的贫富过分悬殊的矛盾。收入均等化政策的主要工具有两个:一是实行个人所得税的税制,即对个人收入划分出征税档次,高收入者实行高税率,低收入者实行低税率,以此缩小收入差距。二是实行转移支付,即由政府对个人收入实行再分配,把从高收入者收入中征得的税收,通过补贴、救济、福利等方式,转移给低收入或无收入者,改进这些人的收入状况和生活福利。具体包括:为那些市场竞争中的失败者和无力参与市场竞争者提供必要的生活保障,如失业救济、养老金、社会保障、家庭补助等生活保障服务;对那些可能重新加入市场竞争的人和在市场竞争中面临不平等待遇的人给予必要的辅助,如进行职业培训、提供教育机会等。这些政策的实施可以稳定社会,安抚人心,缓和市场机制带来的副作用。

六、政府减少不平等的新方案:负所得税方案

负所得税方案的设计者是美国当代著名经济学家米尔顿·弗里德曼(Milton Friedman)。在弗里德曼看来,消除贫困、对生活困难的人给予补助是政府应尽的职责。他认为,美国现行的社会福利计划烦琐不堪,弊端十分明显,除了全国的标准不统一之外,最大的副作用就是严重降低了低收入者寻找工作的积极性。因为美国的社会救济计划是对低收入者发放差额补助,没有工作的人与有一份工作的人在领取差额补助后,最终得到的可支配收入一样多,这就严重挫伤了努力工作的穷人的积极性,给人们提供了拒绝工作的动力。因此,虽然该计划体现了一定程度的公平,但却妨碍了整个社会的效率。弗里德曼指出,经济效率来自竞争,没有竞争就没有效率,给低收入者发放固定的差额补助不利于激发他们的进取心,且有损于自由竞争,从而有损于效率。所以,要想消除贫困而又不损害效率,就必须对现有的援助穷人的收入支持计划进行改革。

弗里德曼参照正所得税体系,设计了一个补助穷人的"负所得税方案",让低收入者依据各自的收入得到政府向其补助的不同的负所得税。这种帮助穷人的方法之所以被称为"负所得税",是因为要强调它与现行的所得税在概念与方法上的一致性。负所得税就是政府界定出一个最低收入线,然后按一定的负所得税税率,对在最低收入线以下的穷人,根据他们不同的实际收入,给予一定的补助。其具体公式为:

负所得税 = 最低收入 − (实际收入 × 负所得税税率)

这样,个人最终可支配收入 = 个人实际收入 + 负所得税税额。

按上述公式计算,在可得到救济的人群中,收入不同的人可以得到不同的补助,从而使得有收入的人、收入较高的人在接受负所得税以后的最终可支配收入,比没有收入的人、收入较低的人更高,这样便可以鼓励人们多工作,获得更多收入,保持贫穷家庭的成员努力挣钱的积极性,而不像差额补助那样,养成人们对救济的依赖心理。也就是说,负所得税方案最突出的优点,在于它解决了政府不注重公平与效率的矛盾;同时,因为负所得税方案是用一个统一的现金收入补

助计划,取代诸如医疗、食品、住房、教育、失业等一大堆令人目眩的福利计划,所以,它不仅使济贫的方式更为简洁方便,而且由于执行该方案的政府机关只有税务部门,有利于机构的精简。此外,社会所负担的费用在税务表上以更明确和更客观的方式表示出来,可以避免贪污和贿赂现象的发生。尽管由于技术等原因使负所得税方案暂时还没有实施,但它毕竟为人们在公平与效率之间如何寻找平衡点提供了一个新的思路。

第四节 中国公共分配的现状、成因及改进政策

一、中国公共分配现状

(一)基尼系数的变化反映出中国贫富差距的增大

我国自从改革开放以来,收入分配格局较 1978 年以前发生了较大变化。"以 1995 年城镇居民和农村居民的个人可支配收入的基尼系数为例,它们分别从 1988 年的 0.233 和 0.338 上升至 0.286 和 0.429。整体来讲,1995 年全国居民的个人可支配收入的基尼系数已高达 0.445。"①到 20 世纪 90 年代中期,我国居民收入分配的不均等已经达到相当高程度。

根据国家统计局公布的 2000 年之后的全国总体基尼系数(如图 8-4),2003 年,我国的基尼系数为 0.479,2003—2007 年较为波动,2008 年达到 0.491 的高位,之后缓慢下降,到 2015 年降至 13 年来最低,为 0.462。2015 年之后又有缓慢的上升,2019 年我国的基尼系数为 0.465。

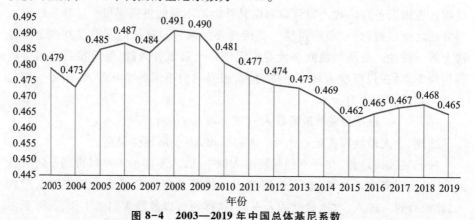

图 8-4 2003—2019 年中国总体基尼系数

---

① 参见李实、赵人伟、张平:《中国经济转型与收入分配变动》,《经济研究》1998 年第 4 期,第 42—43 页。

但需要注意的是,基尼系数的大小受到社会制度、经济体制、城乡差别、区域差异、行业差异多种复杂因素的影响,各种有关基尼系数的统计结果不尽相同。因此,我们不能根据某一年的基尼系数或不同的研究角度,简单地用一句话来概括收入差距是否合理。

(二) 中国城乡收入差距的变迁

在改革开放和我国市场化改革前期,中国经济持续增长,人民生活水平普遍提高,城乡居民的收入差距也在增大。1978年12月,党的十一届三中全会后中国开始实行对内改革、对外开放的政策。如图8-5,从1978年到1992年,我国城乡居民收入增长缓慢并且差距不明显。1992年,邓小平的南方谈话开启了市场化改革的新篇章,我国城乡居民的收入开始迅速增长,城镇居民收入增长速度快于农村居民的。当时,我国城乡收入比为2.6∶1。之后随着经济发展,居民收入差距整体呈现出逐渐拉大趋势。2001年,我国市场化改革全面推进,城乡收入比为2.8∶1。而从2008年开始,我国城乡收入差距开始下降,到2019年,我国城乡收入比缩小为2.6∶1。

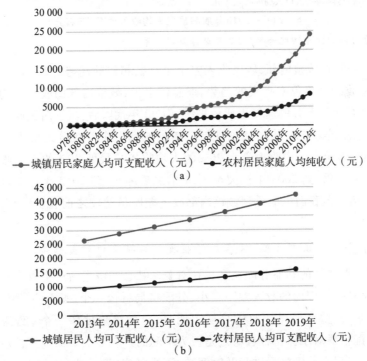

图8-5 1978—2019年中国城乡居民收入情况

资料来源:根据《中国统计年鉴》历年数据整理计算得出。

如图8-6,农村内部收入差距的总体变动趋势也表现为收入差距的不断扩大。国家统计局公布了农村居民五等分组的人均收入水平,农村居民中收入最高的20%人群的人均纯收入在2002年相当于最低收入20%人群的人均纯收入的6.88倍,之后差距逐步扩大至2011年的8.39倍,到2012年开始缩小。

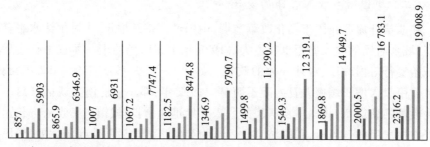

图8-6 2002—2012年农村居民人均收入情况(五等分)

资料来源:根据《中国统计年鉴》历年数据整理计算得出。

如图8-7,在城镇内部,居民收入差距也存在相似的趋势。20世纪90年代以前,尽管收入差距也有扩大的趋势,但总体上说,城镇内部的收入不均等程度仍是很低的,而且上升的速度也比较平缓;但90年代以后,城镇居民收入差距存在扩大后缩小的趋势。从国家统计局公布的城镇七个等级分组的人均收入来看:2002年,城镇人口中收入最高20%的人均收入与最低20%的人均收入之间的差距为6.99倍,到2008年扩大至8.11倍之后缩小,到2012年二者之间的差距为6.58倍。但我们也应看到城镇内部收入差距虽然较之前有所缩小,但仍存在较大的差距。

(三)分配格局不合理,区域与行业收入差距呈现扩大趋势

不同人群之间的利益分配关系正在对我国社会经济生活产生重大影响。过去,由于全社会范围内的收入差距很小,分配格局就像一个"矩形"。现在,由于收入差距扩大,城乡居民的收入分层很明显,分配格局就像一个"倒三角形"。这样的分配格局对于保持社会稳定是极为不利的。应当从确保国家长治久安的战略高度,对现有分配格局进行及时调整,逐步形成"两头尖、中间大"的橄榄形分配格局。

第八章 公共分配

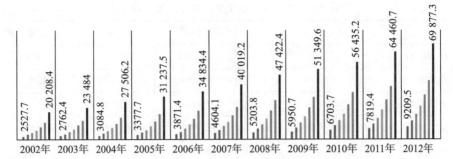

- 城镇居民最低收入户（10%）人均总收入（元）
- 城镇居民较低收入户（10%）人均总收入（元）
- 城镇居民中等偏下户（20%）人均总收入（元）
- 城镇居民中等收入户（20%）人均总收入（元）
- 城镇居民中等偏上户（20%）人均总收入（元）
- 城镇居民较高收入户（10%）人均总收入（元）
- 城镇居民最高收入户（10%）人均总收入（元）

图 8-7 2002—2012 年城镇居民人均收入情况（七等分）

资料来源：根据《中国统计年鉴》历年数据计算整理得出。

二、中国公共分配现状的成因

对于中国公共分配不公平的成因，主要有以下几种观点。

（一）分配起点、分配过程和分配结果的不公平[1]

1. 分配起点的非公平

分配起点不公平主要体现在：第一，城乡的收入分配不公。由于户籍制度所产生的城乡隔离并未完全消除，隐藏在户籍背后的社会福利和个体发展机会差异等造成了城乡居民在初次收入分配中的不公平。如农村居民从事的农业的生产与城镇居民从事的非农产业在收益上就存在客观差异。第二，体制外与体制内的收入分配不公。计划经济所遗留下来的传统体制在一定程度上阻碍市场竞争机制对收入分配的有效调节，如"同工不同酬"就是制度性因素所导致的收入分配不公。第三，行业的收入分配不公。垄断性影响着要素在行业之间的自由流动，扩大了行业差别，造成了行业间的收入分配不公平。如表 8-1，2019 年我国 19 个行业门类平均劳动报酬中，农业（农、林、牧、渔业）最低，年平均工资仅为 39 340 元。信息传输、计算机服务和软件业的就业人员平均工资最高，是农业的 4 倍多。

---

[1] 张秀生、盛见：《现阶段我国收入分配的公平性问题研究》，《经济纵横》2007 年第 9 期，第 9—10 页。

表 8-1 按行业分城镇单位就业人员平均工资　　　　　　　　（单位：元）

行业	2019 年	2018 年	名义增长率
农、林、牧、渔业	39 340	36 466	8%
采矿业	91 068	81 429	12%
制造业	78 147	72 088	8%
电力、燃气及水的生产和供应业	107 733	100 162	8%
建筑业	65 580	60 501	8%
交通运输、仓储和邮政业	97 050	88 508	10%
信息传输、计算机服务和软件业	161 352	147 678	9%
批发和零售业	89 047	80 551	11%
住宿和餐饮业	50 346	48 260	4%
金融业	131 405	129 837	1%
房地产业	80 157	75 281	6%
租赁和商务服务业	88 190	85 147	4%
科学研究、技术服务和地质勘查业	133 459	123 343	8%
水利、环境和公共设施管理业	61 158	56 670	8%
居民服务和其他服务业	60 232	55 343	9%
教育	97 681	92 383	6%
卫生、社会保障和社会福利业	108 903	98 118	11%
文化、体育和娱乐业	107 708	98 621	9%
公共管理和社会组织	94 369	87 932	7%

2. 分配过程的不公平

分配过程的不公平主要体现在：(1)城乡间分配过程的不公平。一是不具有城市居民身份的广大农民工为城市经济社会发展做出巨大的贡献，但同工不同酬，劳动与报酬不对等，工资被压低且得不到保障；二是城市居民从事非农产业相对于农业而言，因技术门槛高具有不同程度的垄断，一定程度上出现同劳不同酬的现象。(2)地区间分配过程的不公平。一是地区间的垂直分工一定程度上出现市场交易的不公平。中西部地区分布的主要是农业、能源原材料采掘加工业、低层次的服务业和劳务经济，东部主要是一些重工业和高科技产业。附加值高低不同的产品进行交换必然处于不同的交易地位。二是地区间市场结构的非均衡特别是地方保护主义造成的市场分割,导致按要素分配不能等量投入获得等量报酬。(3)行业间分配过程的不公平。不同行业之间的收益因技术含量、加工度和附加值的高低差异会客观地存在系统差异,而当某些行业由于经济实力差异或行政干预出现垄断的非平等经济力量时会进一步加剧。(4)不同人群间的分配过程不公平。

3. 分配结果的非公平

从分配结果看,只要超过"效率差距",都是分配结果的非公平。比如,现阶段的平均主义主要出现在公有制单位内部,虽然表现出来的分配结果的差距不是很大,但多劳不可能完全多得,一定程度上影响人们工作的积极性。再比如,低收入人群的收入份额逐年下降,而高收入群体的收入逐年上升,这种收入呈"倒金字塔形"的情形显然不利于社会的稳定发展。

(二)制度安排与初次分配中的收入不公现象①

1. 相关制度破坏了初次分配过程中的机会均等原则

遵循渐进式的改革模式,中国逐步由计划经济体制转向市场经济体制,体制转型必然会对分配结构产生影响。一方面,市场机制引入必然会拉大收入差距,表现为人力资本和财产性收入逐步提高,企业家的才能在市场中得到承认;另一方面,由于经济体制改革并非一步到位,计划经济所遗留下来的传统体制在一定程度上得以保留,产生"体制外"和"体制内"的分割,部分制度可能成为恶化收入差距的重要因素。当前收入分配格局是市场和非市场因素共同作用的结果,部分制度阻碍了市场竞争机制对收入分配的有效调节,由制度性因素所导致的收入差别属于收入不公范畴,不符合市场经济下的分配原则,会对社会公平感产生明显的负面影响。在市场经济体制下,劳动力自由流动是均衡区域、城乡和行业差距的一个重要机制,我国计划经济时期的人口管制政策并没有彻底转变,户籍制度所产生的城乡隔离并没有完全废除,大量农村户籍人口可以在城市工作但无法享受相应地社会福利,城乡差别持续扩大。由于户籍背后隐藏了巨大的社会福利和个体发展机会差别,户籍改革滞后导致中国城乡收入差距处于高位,成为对整体收入差距贡献最大的部分。城乡之间制度隔离违背了与市场体制相一致的机会均等原则,在宏观上表现为城乡收入差距处于高位,微观上表现为不同户籍身份的个体在教育获得、职业发展以及收入获得上存在明显

---

① 陆万军、张彬斌:《不公平抑或不均等?——中国收入分配问题的制度成因及治理》,《东南学术》2016年第6期,第110—113页。

差异。户籍制度也影响着市场的资源配置效率,所以,户籍制度改革可以在宏观上促进要素自由流动,通过提高资源配置效率来促进经济增长。部门分割是导致城市内部差距的重要原因,表现为社会福利制度的部门分割、国有垄断部门和私人部门之间的分割。城镇内部的收入差距更多地表现为行业之间的收入差别,尤其是垄断行业和竞争性行业之间的收入差别。由垄断所导致的行业差别既恶化了收入分配,也影响了要素在行业之间的自由流动,产生明显的效率损失。

2. 制度安排阻碍了市场对收入分配的调节功能

中国改革的目标是确立市场经济体制,发挥市场在资源配置中的决定性作用。体制转型中,计划经济体制下被压制的人力资本和财产性收入得到承认,而传统的单位分配体制和政府分配行为对收入分配的影响逐渐式微。顺应市场经济的改革目标,民众和政府应该容忍由市场竞争所产生的合理收入差别,收入分配改革更应该关注由非市场因素所导致的收入差距。由于体制转型不彻底,中国传统上的部分制度安排阻碍了市场对收入分配的调节功能,同时影响了市场的资源配置效率,由制度性因素所产生的收入差别违背了市场经济所设定的应得原则,制度隔离也与市场经济所要求的机会均等原则相悖。由于存在影响收入差距的制度性因素,个体更容易将收入差别归结为体制性因素而非竞争性因素,这将对社会公平感产生负面影响。收入分配改革的一个重要目标是提升社会公平。社会公平感一方面与社会客观存在的收入差距有关,另一方面与收入差距的成因存在关系,表现为市场体制下人们对由外在的制度约束所导致的收入差距容忍度更低。

3. 制度性分割导致逆向调节

收入再分配是政府调节初次分配结果最主要的方式,税收和转移支付制度决定了再分配的效率。中国税收体制以间接税为主体,直接税尤其是个人所得税比重过低,导致税收制度在总体上呈现累退性特征,无法有效调节收入差距。在转移制度领域,一方面由于经济发展阶段特征和地方竞争的结果,中国财政资金更多地投向生产性领域,转移支付总额占财政支出的比重较低;另一方面,传统的制度隔离导致转移支付制度存在地区、城乡和行业分割,社会福利和公共服务的资金安排向城市和国有部门倾斜,在一定程度上存在逆向调节的特征。再分配效率高度依赖具体的再分配制度设计,受制于税收结构和转移支付制度的特征,中国的再分配制度对收入分配调节功能较弱。在当前的再分配体制下,提高再分配力度并不能有效解决中国的收入分配问题。

（三）政府失灵对其维护社会公平的负面影响①

政府在实现其职能时因决策失误和实施不力等原因而出现"失灵"，使其非但不能起到补充市场机制的作用，反而加剧了市场失灵，带来更大的资源浪费。政府失灵有以下几种表现。

1. 公共决策失误

政府对经济社会生活干预的基本手段就是制定和实施公共政策，以政策、法律及行政手段来弥补市场缺陷，纠正市场失灵。与市场决策相比，公共决策是一个复杂的过程，存在着种种困难、障碍和制约因素，使政府难以制定并执行好的或合理的公共政策，导致公共政策失效。

2. 政府工作的低效率

政府为了纠正市场失灵，要履行提供公共产品的职能。然而，政府在进行经济活动时，很少将从事某项活动的成本与维持它的收益联系在一起，以及公共产品供求关系的特点，导致政府提供公共产品行为的低效率。

3. 内部性与政府扩张

政府部门和官员追求自身的组织目标或自身利益而非公共利益或社会福利，这种现象被称为内在效应或内部性。公共选择理论认为，由于政府官员也是个人利益最大化者，他们总是希望不断扩大机构规模，增加其层次，扩大其权力，以相应地提高机构的级别和个人待遇。同时，这也使他们去制定更多的规章制度，增加自己的俸禄和享受，结果导致社会资源浪费，经济效益降低，资源配置效率低下，社会福利减少。而政府机构扩张直接导致财政赤字，当赤字压力过大时，又会迫使政府增加货币发行，诱发通货膨胀。

4. 权力分配不平等

公共政策措施，不管是纠正分配的不公、规制产业的发展，还是弥补市场的不完善，都是由一部分人将权力强加于其他人。权力总是有意且不可避免地被交给一些人而不给予另一些人。如同市场经济会出现收入分配不公平一样，政府管理也会出现权力分配的不平等。许多公共政策可能是针对收入分配不公平而实施的，但由于权力分配不平等，实施的结果可能是产生新的收入分配不公平。这就不难理解为什么财富和权力往往同属于一个少数集团（或阶层）。

5. 政府"寻租"

寻租活动是指人类社会中非生产性的追求经济利益活动，或是维护既得的

---

① 吴强玲：《经济转轨时期我国维护社会公平的行为主体结构分析》，《当代财经》2007年第3期，第24页。

经济利益或对既得利益进行再分配的非生产性活动。寻租活动是政府失灵的重要表现,它导致经济资源配置扭曲,使政府官员之间争权夺利,进而影响政府声誉和增加廉政成本。

三、公共分配的基本原则

(一) 公共分配的目标

随着利益主体的日益多元化,市场配置资源并决定初次分配的基础作用将进一步强化。而目前我国劳动力和资本等要素配置的市场化还处于初级阶段,要素占有不平等造成的收入差距扩大,城乡二元结构、行政性垄断经营、制度性腐败等深层次制度性弊病在短期内还难以彻底打破和消除,这些仍将对收入分配继续产生负面影响,而与新的市场经济格局相适应的再分配制度的健全,也需要一定的时间和条件。在这样的社会背景下,政府必须尽快地转变职能,更多地承担起维护社会公平和促进社会发展的职能。

在市场经济国家中,具有较高公平程度的收入分配制度都是与成熟的市场经济制度、强大的经济实力密不可分的。但不同国家的实现模式又不尽相同。例如,美国是中等程度的收入分配差距,较高水平的社会保障;瑞典是低程度的收入分配差距,高水平的社会保障;韩国是低程度的收入分配差距,低水平的社会保障;俄罗斯是高度的收入分配差距,相对高水平的社会保障。虽然这四种模式都不完全适合中国,但这些典型市场经济国家和转型国家的一些经验和制度特色值得我们思考和借鉴。

模式的选择取决于对公平目标的理解和确定。世界银行《2006年世界发展报告》以"公平与发展"为主题,指出:社会对于机会平等的关注应该胜于对收入平等的关注,机会不平等是深层次的原因,而收入不平等只是经济发展的一个结果。这一命题对我国这样的尚不发达的发展中国家来讲更具现实意义。

在现阶段我们所需要的公平的公共分配是指在保证参加分配的机会公平和过程公平的前提下的收入分配结果的平等。在机会不公平和过程不公平的条件下形成的收入平等是缺乏效率的,因而是不现实、不可持续的;而不平等的分配结果不符合社会的最终追求目标,反过来也会影响机会和过程的公平及效率的提高。

我国现阶段公平分配的制度模式应是,在进一步完善市场经济制度的基础上,提倡在机会公平和过程公平的前提下促进收入的平等,发挥政府在弥补市场缺陷、提供市场公平竞争机会和环境、实现社会公平分配中的主导作用,努力促进社会保障制度建立和完善,提供人人均享的公共教育、公共医疗、就业扶助及其他基本公共服务,最大限度地消除各种不平等的制度分割,尤其是城乡差别,实现收入分配结果的相对平等。

在公共分配的三个层次中,初次分配的核心是效率,就是要让那些有知识、善于创新并努力工作的人得到更多的报酬,提倡先富起来。二次分配的核心是公平,政府应通过税收等手段来帮助困难群体,建立全面的、适度的、公平的、有效率的社会保障体系。第三次分配的核心是社会责任,先富起来的人在自愿的基础上拿出自己的部分财富,帮助穷人和困难群体改善生活、教育和医疗的条件。只有通过公共分配这三次的分配,我们才能构建一个和谐的社会。党的十七大报告提出的"初次分配和再分配都要处理好效率和公平的关系,再分配更加注重公平",是当前和今后相当长时期内我国面临的一项重大而紧迫的课题。

(二)处理好初次分配和再分配中的效率和公平

如何解决初次分配中的不公平问题?只能通过深化改革和完善制度的办法来解决。对此,党的十九届四中全会通过的《中共中央关于坚持和完善中国特色社会主义制度 推进国家治理体系和治理能力现代化若干重大问题的决定》明确指出:(1)坚持多劳多得,着重保护劳动所得,增加劳动者特别是一线劳动者劳动报酬,提高劳动报酬在初次分配中的比重。(2)健全劳动、资本、土地、知识、技术、管理、数据等生产要素由市场评价贡献、按贡献决定报酬的机制。(3)健全以税收、社会保障、转移支付等为主要手段的再分配调节机制,强化税收调节,完善直接税制度并逐步提高其比重。(4)完善相关制度和政策,合理调节城乡、区域、不同群体间分配关系。(5)重视发挥第三次分配作用,发展慈善等社会公益事业。(6)鼓励勤劳致富,保护合法收入,增加低收入者收入,扩大中等收入群体,调节过高收入,清理规范隐性收入,取缔非法收入。

在任何一个现代国家,收入分配结构都是市场和分配制度共同作用的结果。一般来说,初次分配更加注重机会公平,利用相关制度保障并促进个体公平参与市场竞争,维护由市场竞争所产生的合理收入差别,使市场效率充分发挥。再分配的目标是实现结果公平,利用税收杠杆和转移支付制度调节初次分配结果,将收入差距控制在社会可接受的范围内。考虑中国的发展阶段特征,收入分配改革应该考虑改革策略对市场效率可能产生的影响,利用制度改革解决初次分配过程中的收入不公现象并提高再分配的效率,避免过度依赖提高再分配力度来解决收入分配问题。①

1. 初次分配的制度改革:促进机会均等与制度公正

促进机会均等和制度公正有利于充分发挥市场在资源配置和初次分配中的

---

① 陆万军、张彬斌:《不公平抑或不均等?——中国收入分配问题的制度成因及治理》,《东南学术》2016年第6期,第114—115页。

作用,通过市场竞争机制缓解初次分配中存在的收入不公问题,解决我国目前收入分配格局中存在的主要问题。机会均等要求赋予每个人同等的发展权利,降低家庭出身等非生产性因素对个人发展的影响,让个人在获得教育和基本社会福利上逐步实现权利平等。基于机会均等和公平竞争所形成的收入差距符合市场经济的应得原则,不会产生普遍社会冲突心理。教育资源的获得是影响个人发展最重要的因素,应逐步降低义务教育阶段所存在的城乡和区域差别,实现义务教育资源均等化,同时为低收入家庭和个人提供倾斜性的教育补贴政策。高等教育的省际差别同样有违机会均等的原则,这种出身地差异造成的教育机会差别并不是个人选择的结果,而是强制的户籍壁垒所导致的资源分配省际不均,必须通过经济政策逐步去除不同省份之间在教育资源上的差异。由于地区之间公共产品供给不可能完全均等,在促进地区教育资源均等化的同时,中央政府可以通过统筹安排逐步去除户籍制度所产生的城乡和区域隔离,赋予公民"用脚投票"的权利,通过劳动力的流动来均衡区域和城乡之间的教育资源和社会福利差别。制度公正包括多个层面的公正:在个人层面上,逐步促进个人在就业等方面的公平竞争,加强权力监督,避免因权力因素破坏个人之间的公平竞争;在企业层面上,给予私营企业公平的资源获得权,通过竞争机制来去除由垄断等非市场因素所导致的行业差别。

2. 通过制度改革强化再分配的调节功能

在面对收入分配问题时,再分配政策可以平抑收入差距。制度因素是导致我国再分配调节功能弱化的主要原因。税收和转移支付制度是调节再分配的主要手段,间接税为主体的税收制度是导致我国税收调节功能弱化的主要原因。分割的社会保障和社会福利制度是导致转移支付政策调节收入分配功能弱化的主要原因。因此,逐步改革当前的税收和转移支付制度是强化再分配调节功能的基本条件。首先,逐步调整当前的税收结构。提高针对个人和家庭直接税收的比重,降低间接税比重,可以增强税收对收入分配的调节功能;随着个人和家庭财产积累的增加,试点征收财产税,平抑由财富积累所产生的马太效应。其次,在转移支付制度建设方面,改革城乡、地区和行业分割的社会福利制度,建立统筹的社会福利制度,发挥转移支付政策对收入分配的调节功能。同时,建立瞄准特殊群体的再分配政策和转移支付手段,以促进机会均等,如对低收入家庭子女接受教育提供更多的直接资助,避免由于家庭原因降低个体接受教育的积极性;提高失业和低收入人群医疗保障和基本社会福利水平,增强个体和家庭面对疾病、失业等随机因素的抵抗能力,避免因意外情况导致个人和家庭陷入贫困。

四、政策建议[①]

(一)完善初次分配制度

党的十九大报告对完善初次分配制度做出了要求:坚持按劳分配原则,完善按要素分配的体制机制。完善初次分配制度主要是完善劳动、资本、技术、管理等要素按贡献参与分配的中国特色社会主义市场经济制度。总体思路是要着力清除市场壁垒,加快形成企业自主经营、公平竞争和要素自由流动、平等交换的现代市场体系,保障要素参与分配的机会公平性和市场评价的有效性,提高资源配置效率。

1. 保障劳动要素按贡献参与分配

一是加快推进户籍、社保、农村土地等方面制度改革突破,降低阻碍劳动力流动的制度性成本。劳动力自由流动是实现劳动要素机会公平和提高配置效率的重要前提。继续大力推动城镇化,逐步消除城乡二元经济特征,必须解决阻碍劳动力自由流动的诸多制度障碍。要加快推进户籍制度改革,逐步消除与户籍挂钩的教育、医疗等基础权利差异,尽快落实以居住证为中心的常住人口制度,将本地化的公共产品和服务与居住年限紧密联系起来。完善社会保障体系,积极运用大数据和相关技术手段,加快推动社保体系在城乡、区域、行业、不同所有制之间顺利衔接。加快推进农村土地"三权分置"改革,加快推动建立城乡一体化建设用地市场,大力推进农村耕地流转,释放更多农业剩余劳动力转移到非农部门。

二是建立健全科学的工资制度。按照分类管理思路,建立反映劳动力市场供求关系和市场主体经济效益的工资决定机制及正常增长机制。对于已经高度市场化的非公有制部门,应充分尊重其工资制度的自主性,完善政府、工会、企业共同参与的协商协调机制,积极推行企业工资集体协商和行业性、区域性工资集体协商。对于政府部门仍具有较大控制权的机关事业单位、国企等部门,要健全科学的工资水平决定机制、正常增长机制、支付保障机制。建立公务员和企业相当人员工资水平的定期调查比较制度,完善科学合理的职务与职级并行制度。结合分类推进事业单位改革,建立健全符合事业单位特点、体现岗位绩效和分级分类管理的薪酬制度。对行政管理类事业单位,可参照机关管理;而对其他类型事业单位,特别是高校和科研单位,要放松工资总额管理,进一步强化绩效激励以促进创新,同时,推进人事制度和评价考核制度改革,解决"大锅饭"问题。对

[①] 本部分内容参考李清彬:《建设体现效率、促进公平的收入分配体系》,《宏观经济管理》2019年第5期,第20—21页。

国有企事业单位,要区分干部身份和职业经理人身份,对职业经理人提供市场化待遇,加快消除对编制外人员的待遇歧视,统一实行市场化薪酬制度。

三是创造平等就业环境,促进就业机会公平。完善税费减免和公益性岗位、岗位培训、社会保险、技能鉴定补贴等政策,促进以高校毕业生为重点的青年、农村转移劳动力、城镇困难人员、退役军人等群体就业。完善和落实事业单位公开招聘制度,在国有企业全面推行分级分类的公开招聘制度。继续大力推进"大众创业、万众创新",以创业带动就业,让每个主体都有平等参与、实现向上流动的机会。深入落实重点群体激励计划,深化城乡居民增收试点、完善技术工人激励政策、着力增加农民收入。

2. 保障资本要素按贡献参与分配

一是加快推进国有和垄断行业改革,促进民间资本公平参与。完善市场准入负面清单制度,减少禁入领域和业务环节,降低行业进入门槛,加快放开铁路、石油、电力、电信等国有垄断行业的竞争性环节,尽快消除基于垄断地位的薪酬分配不公。进一步清理整顿对民间资本的各类歧视性规定和做法,加大对隐性歧视的清查整改力度,研究建立公平公正的程序规范,保证民间资本依法平等使用生产要素、公开公平公正参与市场竞争、同等受到法律保护。

二是健全多层次、多渠道的财产性收入通道,让广大人民能够共享经济发展成果。加快发展多层次资本市场,落实上市公司分红制度,强化对市场秩序的监管规范,保护投资者特别是中小投资者合法权益。鼓励专业化、机构化房地产租赁公司发展,丰富并普及居民可投资金融产品,拓宽居民租金、股息、红利等增收渠道。在农村土地"三权分置"改革基础上,下大气力依法保障农民的土地财产权,合理提高农民在土地增值收益中的分配比例。尽快建立房地产市场长效机制,保持房地产市场平稳健康发展,利用5—10年时间、采取多种方式消化前期积累的房地产财富差距,并积极防范再次出现因资产泡沫导致财富差距过大的情况。

三是建立健全国有资本收益及分享机制。全面建立覆盖全部国有企业、分级管理的国有资本经营预算和收益分享制度,合理分配和使用国有资本收益,扩大国有资本收益上交范围,逐步提高中央企业国有资本收益上交比例,统筹用于社保、教育、医疗等民生支出。

四是完善公共资源占用及其收益分配机制。完善公开公平公正的国有土地、海域、森林、矿产、水等公共资源有偿使用制度、市场化生态补偿机制等。坚决打击通过不正当手段无偿或低价占有和使用公共资源的行为。建立完善公共资源出让收益全民共享机制,出让收益主要用于公共服务支出。建议国家发展改革委、自然资源部和财政部联合设立公共资源收益分配机构,统筹管理公共资源收益分配。

3. 保障技术要素按贡献参与分配

一是科学构建体现人力资本价值的薪酬制度。深入贯彻以增加知识价值为导向的分配政策,建立健全以实际贡献为评价标准的科技创新人才薪酬制度,积极研究出台并尽快实施"高基本、重奖励"的科研人员薪酬体系,鼓励企事业单位对紧缺急需的高层次、高技能人才实行协议工资、项目工资等。

二是完善技术成果评价、转移、转化和分配的市场化机制。打破行政主导和部门分割,建立主要由市场决定技术创新项目和经费分配、评价成果的机制。健全技术创新激励机制,完善有利于科技成果转移转化的分配政策,鼓励各类单位解放思想、大胆创新,自主制定科研成果收益权分配办法,切实保障技术成果在分配中的应得份额。继续强化知识产权保护,大力发展技术交易市场,健全技术要素定价和转移机制。从财税金融等政策上鼓励支持各种形式的风险投资发展,促进科技成果资本化、产业化。

4. 保障管理要素按贡献参与分配

高度重视企业家管理才能在市场经济中的重要作用,构建能够激发企业家才能的薪酬市场化评价和分配体系。对于国有企业高管薪酬制度,建议在前期对行政任命的国有企业高管人员薪酬水平实行限高基础上,尽快建立与国有企业领导人分类管理相适应、选任方式相匹配的差异化薪酬分配制度,综合考虑当期业绩和持续发展,建立健全根据经营管理绩效、风险和责任确定薪酬的制度,推广薪酬延期支付和追索扣回制度。

(二)履行好政府再分配调节职能

党的十九大报告对再分配方面的表述为:"履行好政府再分配调节职能,加快推进基本公共服务均等化,缩小收入分配差距。"完善再分配调节机制就是要在公平和高效可持续运转前提下,通过改革完善税收、社会保障和转移支付三大类措施,修正初次分配结果,将收入和财富分配差距缩小到合理水平。

(1)强化预分配保障起点平等。"起点"主要是指个体在进入劳动市场之前的状态。在起点阶段强化预分配措施有助于从源头打破日益坚固的"马太效应"和"代际贫困"链条,起到事半功倍的效果。要不断强化预分配作用范围和力度。一是加大财政资金投入和积极引导社会资金投入支持婴幼儿营养供给、医疗卫生条件改善、父母养育能力提升、家庭和社区环境改善等领域,引导社会关爱特殊儿童群体。二是将幼儿教育纳入义务教育范围,并通过统一标准配备硬件、优质资源扩张、优秀教师轮岗等多种方式推进基础教育资源在区域间和城乡间均衡配置。三是构建覆盖未成年群体的营养健康、教育、医疗等资源配置体系,保障他们在进入劳动力市场前,能够拥有支撑各方面发展的基础条件。

(2) 深入推进有利于调节收入差距的税收制度改革。在整体税制结构上,不断推进降低间接税比重,提升直接税比重。在当前个税综合征收改革基础上,加快建立按家庭综合征收机制,逐步扩大专项扣除范围和额度,尽快建立基于家庭各方面情况的差别扣除机制,尽快建立免征额和扣除标准随收入水平和通胀自动调整的机制。完善累进税率设计,完善高收入者个人所得税的征收、管理和处罚措施,保证高收入人群合理纳税。将一些高档消费品和高消费行为纳入消费税征收范围。近期尽快推进房地产税立法和开征,并将开征遗产税与赠与税提上议事日程,在全社会广泛讨论遗产税与赠与税的功能定位、征收对象、税率、扣除等问题,形成改革共识。完善鼓励回馈社会、扶贫济困的税收政策,鼓励慈善捐赠。

(3) 完善公平可持续的社会保障体系。树立社会保障制度的公平价值取向和协调可持续的发展理念,健全公平统一、覆盖城乡、囊括不同所有制和单位类型的社会保障体系。加快建立全国统一的社会保险公共服务平台。近期在中央调剂金制度基础上,加快推进养老保险全国统筹;中远期将社保支出责任收归中央,建立全国统一的社会保障账户,破除制度设计的"碎片化"效应,同时,让"账户跟人走",消除跨区域、跨城乡结算限制。进一步扩大社会保障范围,加大对贫困阶层救助和扶持的力度,健全针对困难群体的动态社会保障兜底机制,完善社会保障标准动态调整机制,稳步有序提高最低社会保障水平。完善社会救助体系,应用大数据分析等新技术手段,不断提升社会救助精准性和执行效率。提高优抚对象抚恤补助标准,建立健全经济困难的高龄、独居、失能等老年人补贴制度,完善孤儿基本生活保障制度,推进孤儿集中供养,建立其他困境儿童生活救助制度,建立困难残疾人生活补贴和重度残疾人护理补贴制度。推动社会保障费改税,将部分国有资本股权划转社保基金账户,构建社会保障资金投入长效机制,稳定扩大社会保障资金来源。

(4) 加大转移支付力度和提高精准性。加大对教育、就业、社会保障、医疗卫生、保障性住房、扶贫开发等方面的支出,进一步加大对中西部地区特别是革命老区、民族地区、边疆地区和贫困地区的财力支持。合理配置教育资源,重点向农村、边远、贫困、民族地区倾斜,统筹城乡义务教育资源均衡配置,健全家庭经济困难学生资助体系,构建利用信息化手段扩大优质教育资源覆盖面的有效机制,实行公办学校标准化建设和校长教师交流轮岗,逐步缩小区域、城乡、校际差距,保障公民享有质量相近的学前教育、义务教育乃至整个大学前教育的均等机会。加强公共就业服务,加强对低技能人群的成人教育和职业培训,突出抓好创业带动就业工作,鼓励和引导有劳动能力和劳动意愿的低保对象就业,要做好化解产能职工转岗安置工作。加大基本医疗服务向低收入群体的倾斜,防止脱贫人群因病返贫。建立市场配置和政府保障相结合的住房制度,加强保障性住房建设和管足困难家庭基本需求。健全针对困难群体的动态社会保障兜底机制,注重增强可持续增收能力,提升其进入中等收入群体的概率。提升财政民生支出比例,将公共资源出让收益更多用于民生保障,进一步增加社会保障、医疗救助、社会保险等方面的保障力度。

(5)大力发展社会慈善事业。充分发挥民间机构在调节分配中的独特优势,积极培育慈善组织,简化公益慈善组织的审批程序,鼓励有条件的企业、个人和社会组织举办医院、学校、养老服务等公益事业。落实并完善慈善捐赠税收优惠政策,对企业公益性捐赠支出超过年度利润总额12%的部分,允许结转以后年度扣除。出台规范管理办法,积极支持基于互联网平台的慈善捐赠事业快速健康发展。

(三)规范收入分配秩序,完善配套措施

进一步强化制度建设,把权力关进制度笼子里,遏制以权力、行政垄断等非市场因素获取收入,规范灰色收入,取缔非法收入。具体措施主要包括:强化统一预算管理,进一步清理整顿各种行政事业性收费和政府性基金,规范政府收入;持续推进反腐倡廉工作,推进制度反腐,通过科学合理的制度设计有效规避权力寻租;完善公务员工资、奖金、津贴制度,实施领导干部财产公开制度;开展高收入群体增量收入专项督导行动,打击通过"阴阳合同"等方式偷税漏税的行为;完善劳动合同制度,严格规范劳务派遣用工行为,依法保障被派遣劳动者的同工同酬权利。

收入分配制度改革不是单一领域的改革,而是一系列制度体系的构建与完善,需要多个部门协同推进、持续推进。

(1)加快收入分配相关领域立法。研究出台社会救助、慈善事业、企业报酬集体协商等方面法律法规,及时修订完善土地管理、矿产资源管理、税收征管、房地产税等方面法律法规,建立健全财产登记制度,完善财产法律保护制度,保障公民合法财产权益。

(2)成立国务院收入分配制度改革委员会。要充分认识深化收入分配制度改革的重大意义,在现有收入分配制度改革部际联席会议基础上,成立国务院收入分配制度改革委员会,全面统筹推进收入分配制度改革,将收入分配制度改革与国有企业、行政体制、财税金融体制等相关重点领域改革有机结合、协同推进,督促各地区、各部门制定具体措施,确保各项改革任务落到实处。

(3) 完善收入分配统计、政策评估等支撑体系。加快推进个人收入和财产信息系统建设,结合大数据技术,完善收入分配统计与核算,及时监测各收入群体规模变化,进一步强化统计服务。在此基础上,建立收入分配政策评估体系,采用科学方法准确评估相关政策的预期和实际效果,及时反馈、及时矫正偏差。

(4) 营造良好的社会舆论氛围。坚持正确的舆论导向,强调"尽力而为、量力而行"。引导全社会从基本国情和发展阶段出发,正确认识当前存在的收入分配问题,深入宣传坚持科学发展是解决收入分配问题的根本途径,实现社会公平正义是坚定不移的目标。切实做好各项改革政策的解读工作,加深对收入分配制度改革艰巨性、复杂性的认识,引导社会预期,防止民粹主义泛滥,回应群众关切,凝聚各方共识,形成改革合力,为深化收入分配制度改革营造良好的社会环境。

【关键术语】

公共分配　功能收入分配　规模收入分配　洛伦兹曲线　基尼系数

【复习思考题】

1. 什么是公共分配?影响公共分配的四大要素是什么?
2. 简述公共分配的主要形式及其社会功能。
3. 什么是三次分配制度?其内容主要包括哪些?
4. 简要论述基尼系数的含义及其优缺点。
5. 简要论述制度安排可能导致的分配不公。

【参考书目】

1. 陈宗胜:《经济发展中的收入分配》,上海三联书店 1991 年版。
2. 金喜在:《当代中国居民收入分配研究》,东北师范大学出版社 1996 年版。
3. 潘锐军:《社会主义市场经济中的分配制度与社会保障制度》,青岛出版社 1996 年版。
4. 唐任伍编著:《公共经济学》,科学出版社 2018 年版。
5. 张向达:《中国收入分配与经济运行》,东北财经大学出版社 1996 年版。
6.《资本论》(第 1 卷),中共中央马克思恩格斯列宁斯大林著作编译局译,人民出版社 1975 年版。
7.〔美〕鲍德威、威迪逊:《公共部门经济学(第二版)》,邓力平等译,中国人民大学出版社 2000 年版。

第八章 公共分配

8. 〔美〕戈登·图洛克:《收入再分配的经济学》,范飞、刘琨译,上海人民出版社 2008 年版。

9. 〔英〕彼德·M.杰克逊主编:《公共部门经济学前沿问题》,郭庆旺等译,中国税务出版社、北京腾图电子出版社 2000 年版。

10. 〔英〕加雷斯·D.迈尔斯:《公共经济学》,匡小平译,中国人民大学出版社 2001 年版。

11. 〔英〕尼古拉斯·巴尔、大卫·怀恩斯主编:《福利经济学前沿问题》,贺晓波、王艺译,中国税务出版社、北京腾图电子出版社 2000 年版。

12. 〔英〕亚当·斯密:《国民财富的性质和原因的研究》(下卷),郭大力、王亚南译,商务印书馆 1972 年版。

第九章 社会保障

【教学目的和要求】

社会保障是市场经济体制顺利运行的一个必要条件,是政府的重要经济职能领域。随着社会经济的不断发展,世界各国也在不断地丰富、创新、改革和完善其社会保障制度。中国在由计划经济体制向市场经济体制的转型过程中,也需要建立健全同社会主义市场经济相适应的新的社会保障制度。通过本章的学习,要掌握社会保障的概念、内容、功能和基本原则;了解各种类型的社会保障制度及其优缺点;理解各类社会保障筹资模式及其基本特征;了解中国改革开放后社会保障制度的发展历程和现状,思考如何构建适合中国国情的社会保障制度。

第一节 社会保障概述

一、社会保障的概念

社会保障是一个历史的概念,又是一个在不同国家和不同地区具有特定内涵的概念。也就是说,社会保障不仅在同一时期的各国之间存在着差别,就是在同一国家的各个历史时期也有所差异。作为"福利国家"橱窗的北欧国家瑞典,其社会保障囊括了一个人"从摇篮到坟墓"的人生各环节的保障项目;而作为新兴工业化国家的新加坡,其社会保障虽被誉为"东方型"社会保障的成功模式,但它基本上只顾及了老年保障。第二次世界大战前,欧洲各国的社会保障是分散管理、单项立法的,其保障水平相对较低,且遵循选择性社会保险原则;二战后,欧洲的经济和社会重建使得欧洲各国逐步建成了管理统一、结构完整、保障水平高的全民性社会保障。相比于纵向的历史比较,发达的工业国家与二元经济的发展中国家之间,在社会保障的保护对象、保障项目以及保障待遇水平等方面的差异则更大。另外,世界各国在实行社会保障的方法上也有差别。上述差异是与各国的经济、政治、社会和文化背景密切相关的,归根到底是由各国的经济发展水平和经济体制所决定的。

虽然社会保障在不同的国家其内涵有所差异,在同一国家的不同历史时期也有变化和发展,这些差异和变化可能还很大,但是这些不同定义都是根据本国社会保障实施的具体情况和对它的不同理解而得出的。就共同特质而言,社会保障是以政府为责任主体。依据法律规定则可以得到如下定义:社会保障是通过国民收入再分配,对暂时或永久失去劳动能力以及由于各种原因而生活发生困难的国民给予物质帮助,保障其基本生活需要的制度。① 这一定义包含以下四个要素:第一,社会保障的责任主体是政府。政府是执行国家权力的行政机构,政府通过国民收入的再分配,对全社会实行生活保障。第二,社会保障制度必须以健全、完备的法律体系为支撑,使社会保障制度的运作制度化、规范化。第三,社会保障的资金来源是通过国民收入再分配形成的社会基金。第四,社会保障的目标是满足公民的基本生活需求,对那些由于各种原因处于生活困难或面临生存危机的社会成员给予生活保障。社会保障应能使社会的每个成员达到维持生存所需的生活标准。

二、社会保障的基本内容

在人类社会的发展史上,社会保障是以救灾济贫的形式出现的,现在已经发展成为一个项目众多、内容复杂的庞大体系。一般认为社会保障的内容包括了社会保险、社会救助、社会福利及其他各种社会性保障措施。具体来说,我国习惯于按保障水平将社会保障分作社会保险、社会救助、社会福利和针对特殊人口的特殊保障,社会保险、社会救助、社会福利三者的保障水平由低而高层层递进。

(一) 社会保险

社会保险在大多数国家的社会保障体系中占据核心地位,是以劳动者为保障对象,以劳动者的年老、疾病、伤残、失业、死亡等特殊事件为保障内容的一种生活保障政策,它强调受保障者权利与义务相结合,采取的是受益者与雇佣单位等共同供款和强制实施的方式,目的是解除劳动者的后顾之忧,维护社会的安定。

对社会保险制度的理解有两点需要强调。第一,社会保险制度在一定程度上强调权利和义务的对等关系。社会保障制度是与就业相关联的制度,它保障的对象享受社会保障的资格和保障的水平直接或间接地与工龄的长短、工资水

---

① 孙光德、董克用主编:《社会保障概论》(第六版),中国人民大学出版社2019年版,第4页。

平等因素相关联,也就是说,被保人对社会保险的权利在很大程度上取决于他对社会保险制度供款的多寡。第二,社会保险通用商业保险的机制和法则。目前我国的社会保险项目主要有养老保险、医疗保险、工伤保险、生育保险和失业保险。从全球范围看,除了以上保险项目,一些国家或地区还设有单独的遗嘱保险、护理保险和灾害社会保险等。

（二）社会救助

社会救助是社会保障的最初形式,是指国家与社会面向由贫困人口与不幸者组成的社会脆弱群体提供款物接济和扶助的一种生活保障政策,它通常被视为政府的当然责任或义务,采取的也是非供款制与无偿救助的方式,目标是帮助社会脆弱群体摆脱生存危机,以维护社会秩序的稳定。

可以从三个方面来理解社会救助制度。第一,获得社会救助是公民的一项基本权力。例如,我国宪法第四十五条明文规定:"中华人民共和国公民在年老、疾病或者丧失劳动能力的情况下,有从国家和社会获得物质帮助的权利。"第二,社会救助是一种需经家庭经济调查的社会保障制度。它不是一种普遍的福利制度,公民只有在由某种社会的或生理的、心理的原因而无力维持其最低生活水平时才能获得社会救济制度的给付。第三,社会救助提供的只是最低生活保障。在我国,社会救助的内容可分为灾害救助、孤寡病残救助和困难户救助。

（三）社会福利

社会福利是国家或政府在立法或政策范围内,为所有对象普遍提供在一定的生活水平上尽可能提高生活质量的资金和服务的社会保障制度。

对社会福利制度的理解有四点需要强调。第一,国家(通过政府有关职能部门)和社会(通过从事福利事业的社会团体)是社会福利的责任主体,国家颁布相关法律对各项福利事业进行规范(如中国就先后颁布过《中华人民共和国残疾人权益保障法》《中华人民共和国老年人权益保障法》等若干部法律或法规),政府通过有关职能部门对社会福利事业进行监督与管理,并承担着相应地拨款补贴责任。第二,它强调社会化,即福利的提供必须是开放式的,因此,严格而论,由各机构提供给员工的福利并不能算是社会福利。第三,社会福利的供给,采取的主要是提供服务的方式(如青少年教育服务、残疾人康复服务、老年人安老服务,以及其他各种具有福利性的社会服务),从而主要处于服务保障的层次,甚至也包括对有需要者的精神慰藉。第四,社会福利的目标,不单是保障社会成员的基本生活,或解除社会成员的后顾之忧,而且还在于促使社会成员的生活质量不断得到改善和提高,如满足社会成员在教育、文化方面的需求等。在中国,社会福利主要包括社会津贴、社会福利服务及职业福利等内容。

(四)特殊保障

特殊保障是国家根据自己的需要专门为某一类人群设立的标准或给付条件不同的社会保障制度。在中国,特殊保障又称社会优抚,是指国家和社会依法对社会上的特殊公民——为保卫国家安全而做出贡献和牺牲的军属、烈属、残废军人及退伍军人等所给予的优待和抚恤。在实践中,社会优抚由独立的专门机构来管理,以便使其所需物力、财力和退伍官兵安置工作落到实处。

概而言之,现代社会保障制度是一个多层次、多渠道、多形式的网状体系,旨在充分提高社会劳动者的福利水平,是现代经济社会的一种重要的"稳定器""减震器"。其中社会救助是最低层次的社会保障,保障社会成员的生存需要;社会保险是基本保障,保证劳动者在失去劳动能力从而失去工资后仍能享有基本生活水平;社会福利是增进全体居民生活福利的高层次社会保障;社会优抚则是特殊性质的社会保障。社会保障制度的四个组成部分互相衔接,互相补充,构成一个相对完整的社会安全网络。

三、社会保障的功能

对社会保障的功能,不同研究者有不同的表述。但从其本质与实践效果出发,其基本功能主要包括社会稳定功能、调节矛盾功能、促进发展功能、互助互济功能[1]和社会安全网功能[2]等。

(一)社会稳定功能

市场机制是现代各国经济发展的首选动力机制,而社会保障则充当着首选的社会稳定机制。通过建立社会保障制度,国家从法律上、经济上为社会成员的基本生活乃至不断发展提供相应地保障,首先是能够帮助陷入生活困境的社会成员从生存危机中解脱出来,其次则是能够满足社会成员对安全与发展保障的需要。如市场经济条件下工人因企业破产或就业竞争失败而失业,即可能陷入生存困境,失业保险与社会救济制度的确立正是对这类社会成员基本生存权利的保障;各种社会福利服务的提供,有效地解除了劳动者在哺幼养老、生活服务等诸多方面的后顾之忧,显然为劳动者的发展创造了条件;等等。因此,社会保

---

[1] 郑功成:《社会保障学:理念、制度、实践与思辨》,商务印书馆2000年版,第249页。
[2] 孙光德、董克用主编:《社会保障概论》(第六版),中国人民大学出版社2019年版,第14页。

障是通过预先防范和及时化解风险来发挥其稳定功能的,它在许多国家均被称为"精巧的社会稳定器"或"减震器"。

(二) 调节矛盾功能

社会保障的调节功能表现在政治、经济与社会发展等许多领域。在政治上,社会保障既是各种利益集团权力较量的结果,同时也是调整不同利益集团、群体或社会阶层利益的必要手段。在经济领域,社会保障的调节功能尤其显著。在第一层次上,社会保障有效地调节着公平与效率之间的关系。社会保障水平愈高、规模愈大,意味着国家在公平方面的强制力愈强;反之,若社会保障水平愈低、规模愈小,则意味着国家在公平方面的强制力愈弱。社会保障对公平和效率的合理调节对保持社会保障待遇水平适应社会保障等的可持续发展具有重要作用。在第二层次上,社会保障调节着国民收入的分配与再分配。社会保障资金来源于国民收入的分配与再分配,并通过税收或转移支付给予保证,进而分配给受保障者或有需要者。在第三层次上,社会保障调节着国民经济的发展。一方面,社会保障资金的筹集、储存与分配,直接调节着国民储蓄与投资,并随着基金的融通而对相关产业经济的发展格局产生直接调节作用。另一方面,社会保障还是经济发展周期与周期之间的蓄水池,当经济增长时,失业率下降,社会保障收入增加而支出减少,社会保障基金的规模亦随之扩大,减少了社会需求的急剧膨胀,最终对平衡社会总供给与总需求起重要作用;当经济衰退时,失业率提高,失业者及经济衰退带来收入下降的低收入阶层规模的扩大导致对社会保障待遇的要求随之增加,使社会保障基金支出规模扩大,从而在一定程度具有唤起有效需求、提高国民购买力的功能,最终有助于经济的复苏。在社会发展领域,社会保障构成了调节社会成员中高收入阶层与低收入阶层、劳动者与退休者、就业者与失业者、健康者与患病者、幸运者与不幸者、有子女家庭与无家庭负担者之间利益关系的基本杠杆。不同社会阶层之间的利益冲突因社会保障制度调节功能的发挥而得到了有效缓和,社会因收入分配差距等导致的非公正性、非公平性在一定程度上得到了调节。

(三) 促进发展功能

社会保障促进发展的功能体现在:一是能够促进社会成员之间及其与整个社会的协调发展,使社会生活实现良性循环;二是能够促进遭遇特殊事件的社会成员重新认识发展变化中的社会环境,适应社会生活的发展变化;三是能够促使社会成员的物质与精神生活水平的提高,使其更加努力地为社会工作;四是能够促进政府有关社会政策的实施,如社会保障对象通常不分性别的做法极大地促进了男女平等,教育福利有助于义务教育的普及,养老保险与家庭津贴等有利于生育政策的实施,等等。在经济领域,社会保障通过营造稳定的社会环境促进经济的发展,同时通过社会保障基金的运营直接促进某些产业的发展。

(四) 互助互济功能

社会保障资金来源于包括税收、缴费、捐献等多种渠道,又被支付给受保障者与有需求者,这种分配机制其实是一种风险分散或共担机制,风险共担本身即以互助为基石并在互助中使风险得到化解。同时,构成社会保障体系重要组成部分的社会福利与社会服务,无论在国内还是在国外,几乎均以社区为基础,以社会成员之间相互提供劳务为主要表现形态,从而实质上体现出了互惠互助以及在互惠互助中的他助与自助。资金的互助、物的互助和劳务的互助,表明社会保障制度不仅是一种社会稳定机制,而且是一种社会互助机制。

(五) 社会安全网功能

社会保障的直接目的是保障国民的基本生活,使劳动者在年老、失业、生病、工作、伤残、生育时,基本收入不受影响;使无收入、低收入以及遭受各种意外灾害的人们有生活来源,无后顾之忧,摆脱生存危机,从而为人们架起一张生存的安全网,一道维护社会安全的防线。

四、社会保障的基本原则、范围及水准

(一) 社会保障的基本原则

1. 普遍性原则

首先是保障范围的普遍性,即应有一整套由社会保险、社会救助和社会福利以及这三种混合形成的社会保障制度。其次是适用对象的普遍性,即社会保障制度要以全体国民为对象,每个社会成员在生活发生困难时,都有均等地获得社会保障的机会。社会保障的范围惠及所有社会成员。通过社会保障制度,社会成员普遍地、无例外地获得维持基本生存和生活的权利。在经济可行性允许的条件下,还要力争把境内的外国人也包括在内。

2. 适度保障原则

社会保障以生产力发展为物质基础,保障项目、保障水平等应该与生产力发展水平相适应。一是保障项目的实施范围和保障水平,要受现有社会经济承受能力的约束,不能超负荷盲目追求高福利。二是社会保障水平的提高程度要和经济发展速度相适应。一般而言,社会保障水平的增长速度应低于经济发展的速度,低于劳动生产率提高的幅度。三是社会保障支出在国民收入中所占比重要适当,发达国家社会保障支出占国民生产总值的比重一般在10%—20%之间,个别国家超过20%或低于10%,不同的国家应该根据本国国情和需要确定本国

社会保障支出的比重。

3. 权利与义务对等的原则

从社会保障制度中分享好处的主体或对象应同时承担起相应地责任与义务。国家通过社会保障制度获得社会的稳定和经济的发展,应该承担起建立和维持社会保障制度的责任,并承担相应地保障费用;社会保障制度使不同经济组织中的社会成员能够无后顾之忧地从事工作和劳动,从而使经济组织持续发展,因此经济组织必须在其效益中缴纳一定的保障费用以履行其责任;个人通过社会保障制度使自己排除了经济、社会活动中的后顾之忧,获得了社会保障制度提供帮助的权利,因而每个有劳动能力的个人都应在其收入中为自己所享受的社会保障支付一定的费用;至于那些不具备或尚未具备劳动能力的社会成员,在享受权利时虽然本身不具备承担义务的能力,但实际上由国家代他们履行了这项义务。

4. 公平与效率相统一的原则

公平是指所有社会成员都有均等获得社会保障的权利和机会,社会保障是所有社会成员共同享有的,必须消除地区、行业、性别之间的差别。但社会保障同时必须兼顾效率,必须有利于经济的发展和效率的提高,避免因保障失当而鼓励懒惰,造成效率损失。在这方面,特别要注意不能使依靠救助的社会成员的社会状况比最低一级的自食其力的劳动者的生活状况更好。

5. 可持续发展原则[①]

社会保障作为维系整个社会经济持续、健康、文明发展的重要制度安排,必然要追求制度自身的可持续发展,同时有利于促进整个社会经济的可持续发展。中外实践表明,社会保障制度滞后,社会问题必定会日益累积,并导致严重的社会危机;社会保障制度残缺,社会冲突便不可避免,社会团结、社会融合与社会和谐将成为空话;而社会保障制度超越发展阶段,同样会陷入不可持续的发展困境。因此,在当代,世界各国在建设或者调整自己的社会保障制度时,通常都是在维护其固有的核心价值的同时,追求这一制度的可持续发展。可持续发展日益成为各国建设与改革社会保障制度的重要原则。

6. 政府主导与责任分担原则

社会保障是公共产品,至少是准公共产品,是市场机制失灵或者部分失灵的领域,因而只能由政府主导,这是中外社会保障制度建设与发展进程的重要特征。保障民生与改善民生是执政党的宗旨和各级政府的根本职责,而社会保障制度作为保障民生与改善民生的根本性制度安排,已成为各级政府的一项重要

---

① 郑功成主编:《中国社会保障改革与发展战略》,人民出版社2011年版,第15页。

职能,无论社会保障制度如何变革,政府在社会保障上都应负有主导责任。随着经济社会的发展,政府对社会保障制度的建设将更加重视,会有更多的财政投入,进而更快地推进社会保障的制度建设。在这个过程中,落实社会保障制度其他责任主体之间的责任分担机制是关键。只有在进一步明确政府的主导责任基础上,明确各个责任主体之间的责任分担机制,才能明晰个人、市场和社会等主体的责任,才能充分调动社会各责任主体的积极性,动员各方资源,促使其参与社会保障事务,弥补政府力量不足,最终促进社会保障制度全面、可持续发展。

(二) 社会保障的范围与水准

社会保障的范围有广义和狭义之分,但都要与经济发展的水平相适应。狭义的社会保障,实际上就是传统的社会保障的定义。根据国际劳工组织的定义,社会保障是在社会成员遇有一定危境时,通过社会适当的组织和有效手段给予的保障。这实际上就包括了"针对因疾病、工伤、失业、残疾、死亡等不测和分娩、老龄等情况,而导致丧失或部分丧失劳动能力和基本生活需要时,由政府负责,利用一系列措施或法律手段,聚集社会力量,向社会成员提供医疗、养老等物质援助和各种服务,以确保其基本生活"①。但是,随着时代的发展和社会的进步,社会保障的范围也相应有所扩大,社会保障的立足点已不仅是"救贫"和"防贫",除保证全体社会成员至少都能达到最低生活水平之外,还要提供更广泛的生活保护和福利,在提高社会成员生活质量上做出贡献。②

社会保障的水准主要取决于社会保障的发展阶段、支持社会保障制度的社会经济条件和政治背景、有关机构与人员的配备和确保程度等。社会保障水准实际上就是指社会保障应该予以保障的内容及其程度,主要体现在"所得保障"和"医疗健康保障"上。③ 在中国现有的社会保障水平上,一方面要立足国情,确定社会保障可行的范围与水准;另一方面,随着社会保障制度改革力度的逐渐加大,社会保障的范围与水准也应实现相应地调整,与税收、工资、人力资源等方面的制度和政策相配套,共同推进经济发展和人民生活水平的提高。

第二节 社会保障筹资模式的比较分析

社会保障资金的筹资模式是依据一定的收支平衡原则,取得一定的社会保障收入的渠道、层次、水平和结构的总称,是社会保障制度中一个至关重要的组

---

① 郭士征:《社会保障——基本理论与国际比较》,上海财经大学出版社1996年版,第15页。
② 同上。
③ 同上书,第33—38页。

成部分。随着社会保障制度的发展,大多数工业发达国家采取三方出资(由政府、企业、个人共同负担)的模式建立社会保障基金。从总体上看,当今各国社会保障筹资模式已不同于早期的社会保障筹资模式,其主要发展趋势表现在以下几个方面:(1)筹资模式力求适应经济运行的要求;(2)筹资方式和实施措施与社会保障的作用和范围之间建立起更紧密的法律规范关系;(3)社会保障资金来源与税收制度改革更趋于一致;(4)同时将社会保障筹资作为宏观经济调控的一个重要组成部分。社会保障筹资涉及国民收入分配政策、就业政策等宏观经济政策,直接关系到企业的竞争能力,因此,现在已不能仅仅从社会保障收入和支出平衡的角度出发,必须从现代市场经济发展的高度复杂性和宏观经济调控的要求等出发,对社会保障筹资方式加以考虑和认识。

一、发达国家社会保障筹资模式及特征

按筹措形式的比例来分析,社会保障基金大致有三种筹措方式:一是社会保险税,包括保险人自付部分和雇主给付部分;二是公费负担,包括国库和其他公费负担;三是国家资产收入和其他。

按国家、雇主、雇员三方面最终分摊的比例来分析,社会保障大体可分为两类:一类是实行强制或自由保险制的国家,如德国、美国、法国、日本和意大利,在这些国家里,雇主和雇员负担主要部分,大约占基金全部来源的70%—80%;另一类是实行公民供给制的国家,由国家负担主要部分,一般在50%—60%之间。但是近二十年来,无论是保险制国家还是供给制国家,由政府负担的比例均有下降的趋势。究其深层原因,主要是20世纪70年代中期以前,国家对社会保障基金的支出比例的提高是以60年代、70年代中期的长期经济繁荣和高就业率为基础的,但是从70年代后半期开始,经济增长减缓,许多国家开始了大规模的产业结构调整,国家财政已无力同时保证按以往的速度增加社会保障开支,因此,雇主和雇员支付比例的提高是必然的趋势。

通过对上面基金来源构成的分析,我们发现,西方国家在建立社会保障体系的进程中,普遍比较重视以社会保险税的方式来征集保障基金,并以此进行大规模的财政转移支付。目前,开征社会保险税和不断提高社会保险税的税率已经是发达国家社会保障基金来源的普遍特征。在目前世界经济全球化的趋势之下,仅仅依靠家庭或个人已难以维持劳动力再生产的正常进行,迫使充当"总资本家"的国家机器在扩大社会福利支出和提供社会保险方面承担更多的责任。为了达到这个目的,西方国家通过税收政策,要求雇主和雇员支付越来越多的社会保险税,并以此为基金来源就很合理。

二、社会保障筹资模式的比较分析

在实践中,人们通常把社会统筹、个人账户这两种社会保险基金的存储方式与现收现付制、完全基金积累制、部分基金积累制这三种社会保险基金的平衡方式交叉组合。其中,具备一定兼容性的可组合模式有四种:一是社会统筹的现收现付制;二是个人账户的储存基金制;三是社会统筹的部分基金积累制;四是社会统筹和个人账户相结合的部分基金积累制。现以养老保险为例,对这四种筹资模式的运行特点和功能进行比较分析。[①]

(一)社会统筹与现收现付相结合的模式

这种模式亦称现收现付社会统筹制,由欧洲国家首创。因其具有费率调整灵活、社会公济性强、易于操作、基金受通货膨胀和利率波动的影响小等特征,而成为多数国家采用的传统模式。但是,这种筹资模式有效运行的条件是人口结构相对年轻化、代际赡养系数稳定且平衡。而人口老龄化是个世界性的趋势,在此条件下,现收现付社会统筹制存在着机制上的缺陷,从而缺乏活力,运转不灵,随着人口老龄化进程的加快,危机将日益加深。

(二)个人账户与储备积累相结合的模式

这种模式把个人缴费储存与本人劳动贡献及工薪收入紧密地连在一起,从而摒弃了福利保险领域内"吃大锅饭"的积弊。此外,这种模式具有很强的激励和效率机制,并具有良好的制约监督机制。它首创于20世纪50年代中期,被东亚有些发展中国家作为国家法定的保险制度,而在西方发达国家,它以第二层次的企业养老金和私人年金计划等形式大量存在,但不具有强制缴纳特性。

关于公积金制度是否具有社会保险性质,国际社会曾有过一番争议。然而,新加坡实施公积金制六十余年的实践表明,公积金制已经扩展成多层次、全方位、多功能的保障网络,有雄厚的物质基础,不存在福利国家所面临的困扰,并且为国家提供了大量建设资金,形成了高储蓄—高效益—高增长—低通胀的良性循环的机制。

个人账户储存基金制的局限性,在于缺乏社会成员间的横向互助互济功能。高、低收入职工之间的生活保障程度差别较大。要确立个人账户储存基金制的模式,还必须妥善解决好自我保障和社会互济、效率和公平之间的关系,使之有效地兼容结合。

---

① 赵曼:《社会保障制度结构与运行分析》,中国计划出版社1997年版,第179—182页。

（三）社会统筹与部分基金积累制相结合的模式

这种模式也称为社会统筹与部分基金积累制。这种模式的部分积累依赖社会统筹，是在社会统筹制母体中建立积累基金。一方面对已经退休者的养老金继续实行现收现付；另一方面，为应付退休高峰期预筹部分积累基金，实行"以支定收，留有部分积累"的原则，在现行统筹率的基础上适当增加几个百分点，作为长期统筹调剂使用的积累基金。这种模式既体现了互助互济，又留有一定的积累。

但是，它面临着和储备积累制同样的问题：沉淀下来的储备基金在运营管理的有效性方面缺乏保证。这种模式在许多国家建立养老保险初期退休金支付较少的时候确实存在过，但由于退休人员和退休金支出增加以及受通货膨胀等因素的影响，到了20世纪80年代，事实上都转为现收现付统筹制。而现在为了应对由于人口老龄化而出现的支付危机，再度建立部分基金积累，从操作上看易于与现行办法衔接，但积累基金能否管理好并使之保值增值尚缺乏有活力的机制，能否顺利度过老龄化退休高峰期的支付危机仍难以预料。

（四）社会统筹和个人账户相结合的部分基金积累制的模式

这种模式的特点是引进了个人账户储存基金制的机理，积累基金建立在个人账户的基础上，同时又保持了社会统筹互助调剂的机制。单位缴纳的保险费大部分统筹调剂，用于支付已退休人员的费用，职工个人缴纳的全部保险费连同单位缴纳保险费的一部分一起进入职工个人账户。这种模式由于建立了养老金个人账户，具有激励机制和监督机制，同时保留了社会统筹互济性。它结合了个人账户储存基金制和现收现付社会统筹制二者的优点，同时又防止和克服了二者的弱点和可能出现的问题。因此，人们不仅把它作为现收现付制向基金积累制过渡的模式，也希望能够作为长期存在的新型筹资模式，平稳渡过人口老龄化的难关。

筹资模式的选择对中国来说是一个难题，因为中国面临着许多困难：人口老龄化问题较为严重，完全积累模式有一定的优越性，但会造成目前在职职工的双重负担，既要为退休者提供养老金，又要为自己未来养老筹资，企业和个人的负担将会加重；选择现收现付模式可以避开双重负担问题，减轻企业和个人负担，但人口老龄化的逼近对未来构成很大的支付压力。在我国养老保险筹资模式的选择中，曾提出过许多改革设想和方案，其中企业职工基本养老保险采用社会统筹与个人账户相结合的部分积累模式最符合我国的近期和长远利益。这种模式在保留社会统筹的前提下，因引入个人账户而使其具有较强的激励相容性，使缴费主体多元化,基金来源多渠道,享受待遇多层次。只有这种模式,才有可能使养老保险从政府部门和企业中逐渐分离出来,办成国家宏观管理下相对独立的向受保人负责的社会公益事业。

第三节 社会保障制度的国际比较与借鉴

一、国外社会保障制度的产生和发展

社会保障制度产生于欧洲,后来逐渐传播到世界各地,至今已经有100多年的发展历史,成为世界上绝大多数国家的主要社会经济制度。一般将国外社会保障制度的发展分为四个时期:1883年至1934年为社会保障制度的形成时期;1935年至1947年为社会保障制度的发展时期;1948年至1979年为社会保障制度的繁荣时期;1979年以后是社会保障制度的改革和调整时期。[①]

1883年,德国俾斯麦政府为缓和阶级矛盾,迫于社会压力,率先颁布了《疾病保险法》,1884年又颁布了《工伤事故保险法》,1889年颁布《老年和伤残保险法》。这三项立法是世界社会保障事业的最初尝试。继德国之后,其他欧洲国家也纷纷出台单项社会保险立法。例如,英国于1908年制定了《养老金法》,1911年又通过了《全国健康与失业保险法案》。

1935年,美国通过了《社会保障法案》,"社会保障"一词首次出现。美国当时通过《社会保障法》的主要目的是摆脱经济大萧条的困境。作为推行"罗斯福新政"的一个重要突破口,《社会保障法》最初的动因主要是由政府出面解决当时因大量失业和老人生活受到威胁而引起的社会不稳定问题,包括老年保险、失业保险、盲人救济、老年救助、未成年人抚养补助等计划,初步形成了范围狭窄、规模较小的社会保障体系。由于都存在着摆脱经济危机的现实需要,继美国之后,很多国家,如墨西哥、阿根廷等都纷纷建立起了社会保障制度。1942年,英国政府设立研究社会保险及有关福利联合委员会,牛津大学的威廉·亨利·贝弗里奇(William Henry Beveridge)提出了《社会保险和相关服务》的报告(著名的《贝弗里奇报告》)。《贝弗里奇报告》具有划时代意义,它确定了二战后英国福利国家的基本框架。1945年英国工党执政后,通过一系列重要立法,施行社会保险、工伤保险家庭补助、全民医疗保险等法案。

1948年,英国颁布《国民救助法》,第一个宣布建成"福利国家",标志着社会保障制度的发展进入了繁荣时期。在这一阶段,第二次世界大战是个分水岭。

---

① 李珍主编:《社会保障理论》(第二版),中国劳动社会保障出版社2007年版,第1—7页。

二战前,各国的社会保障制度虽然在保障项目、覆盖率和保障水平等方面各不相同,但各个国家的社会保障都只是保证居民拥有维持生存所必需的生活资料。二战后,社会保障发展迅速,一是世界上建立社会保障制度的国家急剧增加;二是社会保障的覆盖面和受益范围进一步扩大;三是社会保障项目构成趋于网络化;四是社会保障水平提高,社会保障支出占国民生产总值的比重显著提高。①福利国家纷纷出现,英国和北欧五国最为典型。值得注意的是,国际劳工组织在1952年通过了《社会保障最低标准公约》,该公约是国际社会保障事业发展的里程碑,为各国建立社会保障制度提供了参考标准。

20世纪70年代,随着石油价格两次大幅上升,国际金融体系瓦解,西方发达国家经济增长的速度慢了下来,通货膨胀和失业率都上升到很高的水平,曾经福利国家为之骄傲的社会保障制度相对于其经济增长来说已经太昂贵了,成为国家的沉重负担。在这种经济背景下,西方国家纷纷开始对其社会保障制度进行一定的改革,提高工人和雇主的缴费比例,削减社会保障的财政支出。

在这一阶段,全球社会保障向两个不同的方向发展:一是高收入国家开始了"做减法"的改革,即开源节流的改革,通过扩大税基、提高税率,增加制度性收入,同时通过减项目、降水平等手段来控制社会保障制度的开支,甚至是通过私有化改革减少政府的责任;二是一些新兴的国家或地区,由于经济的增长,投入更多财力建设社会保障制度,如韩国、中国,都在增加社会保障制度的投入,扩大覆盖面,提高保障水平。

2008年,全球爆发金融危机,影响深远。金融危机造成各国经济下滑,劳动报酬下降,失业加剧。为了应对危机,除了少数几个国家由于特殊情况不得不缩小覆盖范围和降低保障水平外,世界上绝大多数国家都提高了社会保障项目的覆盖范围和保障水平,以此来应对金融危机。②

二、社会保障制度的国际比较

世界各国的社会制度不同,经济发展水平不同,文化历史各异,社会保障制度实施先后有别,因此,各国社会保障的目标、保障水平和范围等方面存在着很大的差异。根据不同的标准,社会保障模式的分类也不同。依据所得再分配系统的不同,分为"积极自由国家"的美国型、"社会保障国家"的英国型、"社会福利国家"的瑞典型、自保互济型和国家保障型。我国社会保障学界依据社会保

---

① 赵曼:《社会保障制度结构与运行分析》,中国计划出版社1997年版,第13页。
② 李珍主编:《社会保障理论》(第四版),中国劳动社会保障出版社2017年版,第25页。

障资金筹集和供给方式的不同,概括出三种社会保障模式,即自保公助型、国家福利型和自我积累型。①

(一) 自保公助型

自保公助型社会保障制度起源于德国,随后为西欧其他国家及美国、日本所效仿。这种社会保障制度是在立法的基础上,遵循效率与公平相结合的原则,在资金筹集方面多体现自我保障,辅助以国家补偿机制,为公民提供一系列基本生活保障。自保公助型的社会保障制度具有五个基本特征:(1)政府制定有关社会保障立法,作为社会保障实施的依据。(2)社会保险为强制性保险,个人缴纳社会保险费。雇主为雇员缴纳社会保险费,各国政府以不同标准拨款资助。公民只有在履行缴费义务取得享受权利后,才能依法领取各种社会保险津贴。对公民来说,社会保险是权利和义务的统一。(3)社会保险的覆盖面广,几乎包括了社会全体成员。(4)社会保险项目有多有少,在一定程度上解决了人们生、老、病、死、失业和伤残的后顾之忧。(5)资金来源以个人和单位为主,同时争取社会各界的资助,实现资金来源多元化,增强社会保障的经济势力。实施这种社会保障制度的典型国家有德国、美国和日本。

德国在二战后为了实现国民经济的复兴,寻求政治稳定,实现社会均衡发展,在原有的基础上,发展起了效率与公平并重、自助与公助相结合的社会保障制度。其保障制度的基本内容包括养老保险、工伤事故保险、失业保险、医疗保险、儿童补贴、供养战争受害者和社会救济。社会保障资金一般是由雇主和雇员各承担50%,特殊项目由国家财政资助。德国的社会保障支出占国内生产总值的比重比较高,但由于采取了公助与自助相结合的原则,政府在这方面的财政压力不像西欧福利国家那么大。在实践中,德国的社会保障制度坚守三条基本原则:第一,社会保障要有利于发挥市场机制的作用;第二,社会保障要在收入再分配的合理范围内,以维护经济效率与社会公正二者的内在统一;第三,社会保障应由国家、企业和个人三者合理负担。在这三条原则的指导下,其社会保障制度形成了自己独有的特征:(1)贯彻"资金互助"原则。其社会保障项目除了工伤保险费用由企业主负担外,年金、失业保险和医疗保险所需资金,均由职工个人和所在企业分担,政府只在以上项目亏空时部分地给予财政补贴。(2)公平与效率两大目标兼顾。享受者自己缴纳保险费,每个公民只要符合条件,均可享受福利待遇。凡是没有保险的地方和领域,无论哪个公民,或者什么原因,只要陷

---

① 侯文若:《现代社会保障学》,红旗出版社1993年版,第140页;穆怀中主编:《社会保障国际比较》(第二版),中国劳动社会保障出版社2007年版,第46—60页。

入困境,就应得到国家和社会的关照。同时,政府禁止滥用保险基金。(3)社会保障管理高度自治。管理和实施主体是由一系列行业和地区组织分开管理的基金组成,包括不同的保险机构、基金会或部门所属地方机构。除失业保险外,保险机构均由劳资双方共同参与,实行自治管理,不隶属于政府部门。联邦劳工与社会事务部负责监督。

美国自1935年《社会保障法》实施后,美国的社会保障制度又经过多次修订和补充,形成了内容广泛的社会保障体系,主要包括老(年)残(障)遗(属)社会保险、医疗保险、失业保险、工伤保险和福利补助等。社会保障基金的筹集由雇主和雇员各承担50%左右,特殊项目由政府财政资助。美国的社会保障制度强调"自助",即社会福利基金基本上由本人来提供。同时,资金的来源渠道多,社会保障基金由联邦政府、地方政府、企业、非营利组织和个人共同支付。在管理上实行以企业和州政府管理为主、联邦政府支持的管理方式,即联邦、州和地方政府,社会组织及团体分层次设有管理机构,并尽可能把权限下放到地方和基层,以提高效率。在覆盖面方面,美国的社会保障主要倾斜两头,即保儿童和老人。内容庞杂、覆盖面广、多渠道筹资和多层次管理是美国社会保障制度的基本特征。

日本是亚洲第一个推行社会保险的国家。自20世纪20年代起,日本逐渐建立了以健康保险、雇员年金保险和国民年金制度为核心的社会保障体系,主要内容包括社会保险(养老保险、医疗健康保险、失业保险、工伤保险等)和社会扶助(公共援助、儿童津贴等)。日本的社会保障的基本指导思想是,国家应把财政资金更多地投向经济生产部门,由企业家和家庭成员负担福利所需要的开支,只有他们做不到这一点的时候,才由国家来代替他们承担这一任务。因此,日本的社会保障坚持只保障人们的最低生活水平的原则,强调企业内部的互助,各企业分别制定福利计划,国家尽量避免直接参与,政府的财政支出只占社会保障支出的20%左右。

(二) 国家福利型

国家福利型社会保障制度来源于福利国家的福利政策,起源于英国,而后在北欧各国实行。这种社会保障制度是在立法基础上,由国家充当社会保障制度的主体角色,由财政负担主要资金来源,保障范围广泛,保障项目齐全,保障水平较高,充分体现公平的一种制度安排。国家福利型社会保障制度在实际运行中具有六大基本特征:(1)实行收入所得再分配,用累进税使社会财富不集中于少数人手中。(2)实行充分就业,使人人能有机会就业,消除各种导致失业的因素。(3)实行全方位社会保障制度,保障对象为全体成员。"普遍性"和"全民性"是福利型社会保障的原则,不仅要使公民免遭贫困、疾病、愚昧、肮脏和失业之苦,而且要维持社会成员一定标准的生活质量。(4)社会保障制度依法实行,并设有多层次的社会保障法律监督体系。(5)个人不需要缴纳或低标准缴纳社会保障费,福利开支基本上由企业和政府负担。(6)保障项目齐全,一般包括"从摇篮到坟墓"的一切福利保障,标准也比较高。

与国家福利型社会保障制度相近的还有国家保障型模式,又称社会主义国家社会保障。这一模式由苏联首创,1990年以前的东欧各国以及蒙古、朝鲜等国基本上都采用这种保障制度。我国在20世纪50年代参照这一模式建立了劳动保险制度。其理论基础是马克思主义的社会主义公有制和列宁的"最好的保险是国家保险"的思想。国家保障型社会保障制度有四个基本特征:(1)国家宪法把社会保障确定为发展中的国家制度,公民所享有的保障权利是由生产资料公有制保证的,是国家重要的社会经济政策。(2)社会保障支出全部由政府和企业承担,个人不缴纳保障费。(3)工会组织参与社会保障事业的决策与管理。一方面劳动者通过工会对社会保障管理施加影响;另一方面,工会直接参加实施社会保障。(4)保障对象为全体公民。宪法规定,每个有劳动能力的人都必须参加社会生产,对丧失劳动能力的社会成员提供物质保障。

采取国家福利型社会保障制度的代表性国家是英国和瑞典。

英国的社会保障是一个全方位、高福利的发展模式,其社会保障支出占国民生产总值的比重高、增长快。其保障项目有40多种,全社会的国民保险有七个方面,即儿童补助、残疾津贴、失业救济、失业生活来源救济、医疗保险、养老保险和家属津贴。如果在做了多种预防努力之后最后国民还是陷入了贫困,英国会动用被称为"国民扶助"的一般通用系统来应对。也就是说,英国社会保障制度的支柱虽然是社会保险和家庭津贴制度,但"安全网"的底线却是作为补充的"国民扶助"通用系统。英国的高福利和全面保障的弊端在20世纪70年代以后不断突显,如力求"平等",牺牲了一些"效率",一些人由于享受保险和救助而达到一定生活水平后,不愿意再勤奋工作,致使近年来英国经济增长缓慢,甚至在一些年份出现了负增长。此外还出现了税收加重,政府财政困难,国家对外竞争力降低的问题。在这种情况下,英国不断在对国家福利型社会保障制度进行适度的调整和改革。

英国被认为是"福利国家"的创始者,但瑞典后来居上,以其完整的社会保障制度和最高的社会保障水平获得了"福利国家橱窗"的称号。瑞典把生、老、病、死全部纳入社会保障体系,包括生育补助、儿童津贴、免费教育、养老保险、医疗保险、工伤保险和住宅服务等,其社会保障支出占国民生产总值的比重是全世界最高的。瑞典制定福利政策的基本点侧重于公民福利分配、全民一律享受;享受人一般不需要直接缴纳社会保险费用,最主要的缴纳者是雇主,福利费用大部分由政府负担;社会保险和较为广泛的、优厚的公共补贴制度相结合,保证了社会保障平等程度高、给付水平高。和英国一样,瑞典也存在过分强调福利,从而抑制了工作、储蓄和创业的积极性的问题。由于其经济二十年来增长缓慢和最近的严重经济衰退,特别是巨额国债和创纪录的失业率,瑞典整个社会保障体系正在经历一场灾难,其社会保障体系的改革亦势在必行。

（三）自我积累型

20世纪70年代以来,一批新兴工业化国家和发展中国家随着经济的快速发展,逐步建立了与欧美国家不同的社会保障制度,可概括为自我积累型。这种制度吸取了其他国家社会保障制度的经验和教训,强调效率和激励原则,由国家立法强制规定雇主雇员的一方或双方必须缴纳社会保障费用,形成基金积累应对养老、医疗等支出的一种制度安排。典型的有新加坡的中央公积金制度。

新加坡的社会保障基金由中央公积金局统一管理,每个公民都有属于自己的公积金账户,因而被称为中央公积金制度。这是一种强制性的储蓄形式,所有雇员及其雇主必须按期缴纳中央公积金。这项储蓄连同其利息都存入了政府为每位参加者设立的"个人账户"中。账户可随本人工作调动而转移,也可以继承,但退休前不准变现,只有符合政府规定者才允许提前支取。个人账户被划分为普通账户、医疗救助账户和专门账户。普通账户可以用于购买住房、保险、投资和教育等支出;医疗救助账户可以为成员及其直系亲属支付规定的住院和门诊费用;专门账户用于退休金积累。

新加坡在设计公积金制度和制定有关政策时正处于其经济起飞的初期,政府对这一特定条件下的社会保障问题有较全面的考虑:第一,在经济不够发达的阶段,国家还没有能力提供高水平的社会保障,因此应该实行自存自用、自我保障,国家则扮演组织者的角色,并给予适当的优惠鼓励。第二,十分重视储蓄在经济增长以及社会保障中的作用,以强制性储蓄进行社会保障资金的积累,同时也为经济增长提供了重要的资金来源。第三,非常重视在满足居民基本需要和维持工作激励之间做出精细的政策选择,在住房、医疗条件、受教育等方面,都试图使人们感到既有保障,又有差别,以保持上进的激励,避免出现西方福利国家"吃大锅饭"的弊病。新加坡中央公积金制度特征非常明显:(1)强调自食其力、自力更生、自我保障,强调统一的个人储蓄而不是分散的个人储蓄。(2)资金的筹集全部由雇主和雇员按规定的比例支付。(3)公积金制度以福利为主、社会保障为辅。(4)公积金的使用和管理有严格的法律程序。

新加坡公积金制度特有的运作模式使其社会保障制度在促进资本积累和经

济的良性循环以及社会安定方面都起到了积极的作用。(1)保障功能。新加坡的中央公积金制度要求雇员和雇主每月按雇员月薪的一定比例缴纳公积金,存入雇员个人账户下,由公积金局统一管理。其保障特点在于:其一,通过强制性储蓄来实行职工对其本人退休养老的自我保障,这是一种自存自用而不作保险的制度。其二,以自存自用为基础,在积累逐渐充裕的条件下,逐步、审慎地发展一部分保险功能。(2)储蓄—积累功能。公积金制采取的是预筹资金的筹资方式,具有极强的储蓄—积累功能。推行公积金制以后,新加坡的储蓄率迅速上升。(3)激励功能。公积金的储蓄实行个人账户积累,自存自用,多存多用,产权界定清晰。特别是新加坡在政策制定上有意识地在各个环节上安排有差别的待遇,医疗、教育、住房等都有不同的档次,多赚、多存才能多受益,有着很强的激励机制,职工为了获得可靠的保障,就要努力工作以获得更多的收入。

(四) 各国社会保障模式的比较

1. 各国社会保障模式的共同点

(1) 各国都建立了健全的社会保障法律体系,以此作为社会保障工作的依据,将社会保障置于法律的监督下;(2)绝大多数国家社会保障体系健全,目标明确,内容完整,覆盖面广,社会化程度高;(3)以国家法定社会保险为基础,建立企业自愿补充和个人储蓄相结合的多层次的社会保障体系;(4)绝大多数社会保障制度是国家通过国民收入的分配和再分配去组织实施的;(5)社会保障是公民的一项基本权利,也是国家和社会应尽的责任。各种社会保障制度的建立是现代社会不可替代的制度安排,具有追求社会安定、经济稳定、促进文明的价值取向。

2. 各国社会保障模式的差异

(1) 对目标的选择差异,表现为在公平和效率的价值取向上的不同。实现社会安定,达到社会公平,本是社会保障制度的内在要求,但如何处理公平与效率二者的关系,却长期困扰着许多国家。一些老牌福利国家建立社会保障制度之初,常常把"公平"放在突出的位置,即"收入均等化",其手段主要是税收和再分配;同时,对工薪者课以高税,并通过社会保险实行转移支付,以保障其在丧失劳动能力时的生活需要。这种保障,使贫困人口的比重有所下降,社会成员间收入差距有所缩小,社会矛盾有所缓解,但并未达到"收入均等化"的目标。另外,高福利的社会政策,项目多、标准高,使国家财政负担过重;而且福利的增长速度超过经济增长速度,政府入不敷出,严重影响了效率的提高,致使福利国家陷入"福利危机"而难以自拔。而国家保障型的苏联等国家,把公平目标混同于平均主义,不但牺牲了效率,而且助长了社会保障的负效应——惰性和依赖性。这种社会保障制度所奉行的低效率的"公平"原则,实际造成了低水平的共同贫穷。

比较而言,德国、美国和日本在目标选择上更侧重于效率的提高。由于该模式是"自助"性的,国家财政负担较低,社会成员在社会保障中权利与义务对等,对国家的依赖性较小,贯彻的是"人人为大家,大家为人人"的互助原则,保障对象的自立、自主意识强,体制富有活力。这种模式也有助于把当前消费变成未来的有计划消费,抑制消费膨胀。同时,可以把消费基金转变为积累基金,增加生产投入,促进经济的发展。目前世界上不少国家在平衡公平与效率的关系时,正趋向于把天平的砝码向效率一边倾斜,以走出"福利危机"的"谷地"。

(2)在资金来源方面,大致有以下方式:第一种是雇主和雇员共同负担,在养老、残疾、死亡、生育保障中采用这种方法的,有近40个国家;第二种是由雇主、雇员和政府三方负担,在养老、残疾、死亡保险中采用这一办法的,约有50个国家,在疾病、生育保障中采用这一办法的,约有20个国家;第三种是雇主全部负担,其范围仅为工伤和家庭津贴;第四种是由政府和被保险人负担,基本上是国家包办,以前的苏联和东欧的一些国家以及中国都采用这一办法。其中由国家包办方式的弊端最大,会出现"超负荷"运转的困境。三方负担方式较为合理。

(3)在资金筹集方式上,一般有两种:一是社会保险统筹缴费。由社会保险机构,根据各个保险项目,单独确定保险费率,分别向雇主和雇员征收费用,经费来源相互独立,专款专用。该方式能确切反映各个项目的收支情况,但保障项目大都比较复杂,且每一个项目都有相对独立的一套筹缴办法,互济性差,收费手续复杂,不利于降低保险成本。二是将若干保险项目的费率合并,征收社会保障税。由税务部门统一征收,所筹经费可以在保险项目之间调剂使用。该方式利用了征收个人所得税程序,有利于降低征收成本,又可以保证保险基金及时入库。目前,大多数国家都采用了优势明显的第二种方式。从发展势头来看,在许多国家,社会保障税的覆盖面还在不断扩大,征收率也在提高,在一些国家已经成为第一大税种。

三、国外社会保障制度对我国的启示

(一)建立完善的社会保障体系

工业化国家为保证社会经济的正常运行和稳定发展,先后都建立起社会化程度较高、保障内容较完善、保障设施较完备的现代社会保障体系。主要体现在:

其一,保障内容齐全。工业发达国家均建立了以社会保险为核心内容,社会救济、社会福利为辅助部分的现代社会保障制度。

其二,保障覆盖面广。所有劳动者都在社会保障范围内,基本上所有公民均有权享受社会保障。

其三,管理机构齐全。各国都十分重视对社会保障事业的监督和指导。中央政府通常设有社会保障部或社会保障总局,直接负责进行宏观控制和管理。在地方上也设有各级社会保障的专门管理机构,实现了社会保障的专业化和社会化。

其四,法制完善。发达国家的社会保障制度都有一套完善的法律作保证。通过立法,明确规定社会成员享受社会保障的权利,并在立法中确立政府、法人团体、个人的义务和责任,由司法部门行使监督权。在发达国家里,社会保险的最高管理机构通常制定在全国范围内统一实施的总体法规,各地方根据当地的不同情况还可制定地区性法规。严格而系统的立法,为建立现代社会保障体系创造了必要的条件。

(二) 采取多层次、多渠道、分项举办的方式

发达国家在建立现代保障体系的过程中,大多采取多层次、多渠道、分项举办的方式。目前,西欧各国正在提倡和鼓励私人团体举办社会保险事业,试图以此作为国家举办社会保障的补充。社会保障采取多层次、多渠道和分项举办的方式,可以避免风险过于集中,减轻国家的财政负担;同时,还可照顾各地的实际情况,做到因地制宜,扬长避短。

(三) 根据不同的保障层次,采用多渠道的筹资方式

社会保障资金的筹集方式是社会保障制度中一个至关重要的组成部分。随着社会保障制度的发展,大多数工业发达的国家都采取三方出资(由政府、企业、个人共同负担)的模式建立社会保障基金。

(四) 采用基金制运营和管理

目前,发达国家在社会保障资金的运营和管理上,大多采取积累式的基金制,通过科学测算,制定出各项社会保险的合理交费标准,然后将筹集的资金集中起来建立各项基金,事先储存,为今后的保险给付做充分准备。基金制能适应经济运行中的波动和其他条件的变化,确保社会保障的安全性和有效性。在基金运营上,十分注重基金的保值和增值,通过专门的投资机构和专家操作,将基金投入安全性大、效益稳定的投资项目或有价证券,或存入银行享受优惠利率等形式,在确保安全性的前提下获得效益,使基金不仅得到保值而且能够不断增值。

(五) 注意发挥财政在社会保障管理中的重要作用

在西方,财政部门在社会保障运作中所起的作用主要体现在两个方面:一方面是通过编制、执行政府保障预算,调剂社会保障开支的余缺。一般是从预算收

入中划拨一块用以维持社会保障开支,或用于弥补社会保障收支的缺口。也有将社会保障资金通盘考虑的,这种情况以新加坡和日本比较典型。新加坡实行由雇主和职工缴纳公积金的社会保障制度,所筹资金统一由财政部下设的中央公积金局管理;日本政府设立了后生年金和国民年金(包括投保人缴纳的保险费、国库转移及基金投资收入)特别会计,两项年金的年收支余额要统一纳入财政投融资计划进行重点建设,使之得到保值和增值。另一方面是对社会保障实行宏观调控,即用各种财政政策去左右社会保障资金缴与用的规模和结构。如捷克规定,养老组织的成员必须得到财政部和劳动事务部的共同批准;还有不少国家对雇主缴纳的职业年金及年金投资收入免征收入所得税及资本效益税,也属财政部门运用税收政策激励补充性社会保障发展的事例。

即使是补充性社会保障,财政部门也负有参与管理、指导和监督的重大责任。英国有一个由有关部门联合组成的监督包括养老基金投资在内的金融市场的常设领导机构,即证券投资董事会,这个董事会的主席是由财政大臣兼任,下辖的个人投资、投资管理监督及证券期货三个委员会的主席均由财政大臣任命。

在借鉴国外社会保障制度经验的同时,我们也应注意到,自20世纪80年代以来,几乎所有工业发达国家的社会保障都陷入了不同程度的困境。经济发展的停滞,居高不下的失业率与通胀率的长期困扰,日益严重的人口老龄化挑战等,迫使这些国家对现行社会保障制度进行反思,做出调整和改革。

一是,日益膨胀的社会保障支出。工业发达国家社会保障制度面临的一个突出问题是过度膨胀的社会保障支出,这也是导致政府巨额财政赤字的重要原因之一。其主要原因在于:第一,社会保障范围日益扩大,并呈现出高福利的发展势头;第二,人口老龄化及战后的生产性劳动者已进入退休阶段;第三,长时期的经济停滞。为抑制通货膨胀对社会保险金实际价值的影响,不少国家实施社会保险金的指数调节机制,这无疑是社会保障支出急剧增加的重要因素。

二是,日趋严重的人口老龄化。人口老龄化日益严重的趋势,是各国社会保障制度面临的严峻挑战。在生产性劳动人口与老年退休人口比例严重失调的情况下,要维持社会保障事业的收支平衡,势必大幅度地提高由生产性劳动人口负担的社会保障费率。有关研究表明,一些国家,如德国、英国和美国,21世纪初社会保障的纳费率是1980年水平的两倍以上,而日本则会在三倍以上。过高的纳费水平已大大超过一些发达国家生产性劳动人口的承受力,并危及社会保障机制的运作基础。

三是,"高福利"导致浪费严重和"动力真空"的出现。首先,社会保险费用浪费严重。在美国,若将社会救济款总额除以官方统计的美国贫民总数,则处于贫困线以下的那些贫民的收入将比普通公民的平均收入还要高出1.5—2倍,但实际上真正分配给贫困者的救济金少得可怜,大部分社会救济金被福利机构的"高薪门客"挥霍浪费了。其次,社会保险管理和保险金的给付上存在混乱和浪费。如意大利规定,享受伤残给付金的条件是"做工挣钱的能力下降",结果每年约有500万健康的失业工人也可以据此领取伤残抚恤金。在瑞典,就业人员患病期间,工资福利由政府管理和支付,工人患病时都能得到应得工资的90%,因此,"无病称病,小病大养"的现象严重。最后,"动力真空"现象频频出现,并越来越严重。社会保障的高水平和高福利的补助,使得从社会保障获得的收入与劳动收入之间的差距逐渐缩小,甚至有的发达国家的劳动者在失业时领取的失业保险金和津贴补助超过了就业时的工资。这就必然使部分人产生过分依赖社会的意识,在制度不严和管理不善的时候,就会在某些方面鼓励惰性,打击劳动者的就业积极性。

第四节 中国社会保障制度

社会保障对我国市场经济改革与发展的特殊意义在于:一是能够解决市场竞争条件下失业劳动者的基本生活保障问题,避免竞争失败者陷入生存困境而导致发生社会危机。二是能够缩小市场经济条件下因先天条件差异、劳动技能高低、天灾人祸风险、市场竞争成败等造成的贫富差距,缓和阶层矛盾。三是可以充当国家宏观调控机制,如社会保险是市场经济运行中的劳动力再生产保障机制和维护劳动者基本生活需要的特殊利益分配机制,社会救助与社会福利又是调整经济发展与社会公平矛盾的必要协调机制,社会保障(主要是社会保险)基金的征收与支付则是国民收入分配的重要调节机制,等等。这些均表明了,社会保障具有天然的宏观调控功能,它能够与其他宏观调控手段一起共同规范、维系并引导市场经济的运行。四是能创造较为公平的社会环境与市场竞争环境,避免市场经济走向价值规律作用的极端,起到稳定社会,并为市场经济保驾护航的作用。

由此可见,社会保障制度的改革与发展,既是我国市场经济改革与发展的内在要求,也是建立社会主义市场经济体系、确保改革成功的保证。正确地认识和把握这一点,并在我国市场经济改革的政策与方案中充分地体现这一点,对于整个改革事业与经济发展都有重大的现实指导意义。

一、中国社会保障制度建设的历史和现状

我国的社会保障制度是在20世纪50年代初期高度集中的计划经济体制下建立起来的。1978年改革开放以来,我国的社会保障事业发展迅速,社会保障

制度框架基本形成。在城镇,我国已经基本建立了养老、医疗、失业、工伤和生育保险等五项社会保险制度,并且已经全面实施了最低生活保障制度;在农村,我国正在全面推进最低生活保障制度,努力探索养老保险制度,不断加快新型合作医疗改革试点的步伐。

自改革开放以来,我国社会保障制度的改革和发展经历了五个阶段:第一个阶段是1978年至1991年的恢复性改革阶段。这一阶段主要成绩是解决了历史遗留问题和恢复了被"文化大革命"破坏的养老保障制度。第二个阶段是1991年至2000年的探索性改革阶段。这一阶段是我国社会保障制度框架形成的重要时期,主要体现为:第一,1991年6月,国务院发布《关于企业职工养老保险制度改革的决定》,开始尝试社会养老保险结构的改革实践;第二,1993年中共十四届三中全会通过的《中共中央关于建立社会主义市场经济体制若干问题的决定》正式决定实行社会统筹和个人账户相结合的社会保险制度;第三,1995年3月,国务院发布的《关于深化企业职工养老保险制度改革的通知》具体确定"社会统筹与个人账户相结合"的实施方案;第四,1997年7月,国务院颁布《关于建立统一的企业职工基本养老保险制度的决定》。第三个阶段是2000年至2006年的"做实"试点阶段。在这个阶段,国务院分别于2000年和2005年颁布了《关于印发完善城镇社会保障体系试点方案的通知》和《关于完善企业职工基本养老保险制度的决定》,目的在于将常年"空转"的个人账户"做实"。第四个阶段是2006年至2017年的"改革发展"阶段。在这个阶段,2006年党的十六届六中全会提出基本建立"覆盖城乡居民的社会保障体系"的"全覆盖"阶段。2006年中共十六届六中全会从构建社会主义和谐社会的战略高度,明确提出到2020年建立覆盖全民的社会保障体系。2007年中共十七大报告再次提出加快建立覆盖城乡居民的社会保障体系。2012年中共十八大报告提出,社会保障发展要"坚持全覆盖、保基本、多层次、可持续方针"。中共十八届三中全会明确了我国社会保障改革的目标是"建立更加公平可持续的社会保障制度"。2017年党的十九大报告对社会保障体系建设明确提出"按照兜底线、织密网、建机制的要求,全面建成覆盖全民、城乡统筹、权责清晰、保障适度、可持续的多层次社会保障体系",进一步明确了我国社会保障体系建设的发展方向。第五个阶段是2018年至今的"调整完善"阶段,标志性的事件是2018年3月第十三届全国人民代表大会第一次会议通过的《国务院机构改革方案》,确立了新的社会保障管理体制,即在保留民政部、人力资源和社会保障部的同时,新设立了退役军人事务部、国家医疗保障局,同时还对一些社会保障职责在相关部门的分配进行了调整。这意味着,中国社会保障改革和体系建设取得了重要进展,即要建成以人民为中心,主体责任明确,制度体系健全,不断满足人民日益增长的美好生活需要的社会保障体系。

养老改革的重建已采取了以下主要措施:实行社会保险退休费用社会统筹,建立养老保险专用基金;建立由国家基本养老保险、企业补充养老保险、个人补充性养老保险三个层次构成的养老保险新体制,实行个人缴费制度;改革个人养老金计发办法;扩大养老保险范围,推行社会统筹与个人账户相结合的养老保险两个方案;建立养老金正常调整机制;社会养老保险管理向社会化和统一化迈进。在养老保险方面,2020年年末全国参加基本养老保险人数为99 865万人,比上年年末增加3111万人。全年基本养老保险基金收入49 229亿元,基金支出54 656亿元。年末基本养老保险基金累计结存58 075亿元。全国参加城镇职工基本养老保险人数为45 621万人,比上年年末增加2133万人。其中,参保职工32 859万人,参保离退休人员12 762万人,分别比上年年末增加1681万人和452万人。城镇职工基本养老保险执行企业制度参保人数为39 908万人,比上年年末增加2003万人。全年城镇职工基本养老保险基金总收入44 376亿元,基金支出51 301亿元。年末城镇职工基本养老保险基金累计结存48 317亿元。2020年,企业职工基本养老保险基金中央调剂比例提高到4.0%,基金调剂规模为7400亿元。①

在医疗保险方面,2017年年末全国参加基本医疗保险人数为117 681万人,比上年年末增加43 290万人,其中,参加职工基本医疗保险人数30 323万人,比上年年末增加791万人;参加城乡居民基本医疗保险人数为87 359万人,比上年年末增加42 499万人。在参加职工基本医疗保险人数中,参保职工22 288万人,参保退休人员8034万人,分别比上年年末增加568万人和223万人。年末参加基本医疗保险的农民工人数为6225万人,比上年年末增加1399万人。②2018年中央正式成立国家医疗保障局,标志着我国的医保管理体制的统一,信息化、标准化建设步伐的加快,为我国医保制度的发展提供了健全的组织保障。

在失业保险方面,2020年年末全国参加失业保险人数为21 689万人,比上年年末增加1147万人。年末全国领取失业保险金人数为270万人,比上年年末增加42万人。全年共为515万名失业人员发放了不同期限的失业保险金,比上

---

① 人力资源和社会保障部:《2020年度人力资源和社会保障事业发展统计公报》,人力资源和社会保障部网站, http://www.mohrss.gov.cn/SYrlzyhshbzb/zwgk/szrs/tjgb/202106/t20210604_415837.html, 2021年7月5日访问。

② 人力资源和社会保障部:《2017年度人力资源和社会保障事业发展统计公报》,人力资源和社会保障部网站, http://www.mohrss.gov.cn/SYrlzyhshbzb/zwqk/szrs/tjgb/201906/t20190611_320429.html, 2021年6月22日访问。

年增加 54 万人。失业保险金月人均水平 1506 元,比上年增长 8.1%。①

在工伤保险方面,2020 年年末全国参加工伤保险人数为 26 763 万人,比上年年末增加 1285 万人。截至 2020 年年末,全国新开工工程建设项目工伤保险参保率为 98%。全年认定(视同)工伤 112 万人,评定伤残等级 60.4 万人。全年有 188 万人次享受工伤保险待遇。②

从社会保障制度对社会问题的覆盖程度来看,我国针对主要社会问题的社会保障制度已经基本建立,针对特殊社会问题的社会保障制度还需要进一步完善。

回顾我国社会保障制度建立与发展的历史,虽然在实践中取得了一定的成绩,但是,诸多问题也不容忽视:

(1) 社会保障的实施范围有限,覆盖面过于狭窄,不适应社会经济发展的要求。尽管 1991 年以来,国家做出了关于企业职工养老保险改革的规定,但主要措施仅适用于国有企业和少数合作、私营企业职工,范围非常狭窄。失业保障的规定含糊不清,医疗、工伤等福利范围也跟不上形势发展的需要。国民教育保障只是民间组织,尚未纳入社会保障体系。这种实施范围的有限性无形中加剧了劳动力的"偏好性"流动,不利于市场经济多层次竞争主体的培育。此外,现有的社会保障制度以城镇劳动者为核心,农村劳动者则以家庭保障为主。随着市场经济改革的不断深入,这种社会保障覆盖面过窄的弊端便日益显露,越来越与社会的发展不相适应了。尽管劳动力开始有了在城乡之间的流动,但这些在乡镇企业、私营企业、个体经济和三资企业中就业的劳动者,仍然处在社会保障的安全网之外。这不仅不利于社会的安定,也阻碍了劳动者在不同部门之间的合理流动,尤其不利于劳动者从国有企业向非国有企业流动。

再有,中国人口的老龄化和家庭保险功能的减弱,客观上要求扩大社会保障的覆盖对象。我国人口结构由成年型向老年型的转变用了不到 20 年的时间,比世界上任何一个国家完成这种转化的时间都要少得多。中国的老龄化问题,要求我们尽快建立包括全体劳动者在内的社会养老保险,而不应只限于城市的部分劳动者。另外,在中国进入老龄社会的同时,中国家庭的规模也逐年变小,致使原来由家庭承担的养老功能受到削弱,使得我国的养老问题,尤其是农村的养

---

① 人力资源和社会保障部:《2017 年度人力资源和社会保障事业发展统计公报》,人力资源和社会保障部网站,http://www.mohrss.gov.cn/SYrlzyhshbzb/zwqk/szrs/tjgb/201906/t20190611_320429.html,2021 年 6 月 22 日访问。

② 人力资源和社会保障部:《2020 年度人力资源和社会保障事业发展统计公报》,人力资源和社会保障部网站,http://www.mohrss.gov.cn/SYrlzyhshbzb/zwgk/szrs/tjgb/202106/t20210604_4158 37.html,2021 年 6 月 3 日访问。

老问题更加突出。因此,要加快发展社会化的养老服务体系,创新养老服务模式,加大财政转移支付,实现老年社会福利的全覆盖。

(2) 社会保障体系改革缺乏周密的框架设计,新体制从根本上未突破旧体制的藩篱,单项改革之间在内容上缺乏统一性。现行社会保障改革是从问题最突出的养老保险制度开始,针对突出的现实问题,各个突破,逐项展开改革和重建,并没有对原有社会保障制度的改革提出总体设计,而且每一社会保障项目的改革本身,也缺乏预先周密的计划。模式的选择、保障体系的设计、保障水平的设置等涉及总体改革框架的基本问题未明确。随着每项社会保障制度改革的深入,尽管国家已经认识到原有的三位一体的保障水平与当前的国力不相适应,但一方面,由于新体制未对新的保障水平提出客观的依据,致使在分项改革中,既得利益的制约使得新模式实际上不得不仍继续维持计划经济时期已形成的高保障水平;另一方面,社会上存在着要求扩大社会保障覆盖面的呼声,这样下去必将进一步加重政府的负担,这种矛盾制约着改革的顺利进行。

此外,社会保障制度改革缺乏统一性,主要表现在:第一,社会保障已实施项目在内容上发生相互重叠现象;第二,社会保障已实施改革的项目与未进行改革的项目之间,在内容衔接上也存在问题。如果这些问题在改革之初未能统筹考虑,必将在今后的运作中造成极大的混乱和损失。

(3) 社会保障运行机制还不完善,依然存在诸多问题。这主要表现在:社会保障基金来源单一,单纯采用现收现付办法,基金管理和营运政事不分、监督乏力,保值增值水平低,不能满足市场经济对社会保障功能发挥的需要。目前,社会保障基金来源主要是企业支付,少部分由国家补充,个人很少缴纳保障金,不能很好地体现国家、集体和个人共担的原则;未开征社会保障税,筹资水平低,渠道单一。同时,又因社会保障基金现收现支,随着职工个人生活费用指数上升,企业负担日益加重。另外,社会保障往往以即时政策为基础,缺乏稳定性、调节性和社会性。社会保障基金在管理和运营中面临较为突出的"四对矛盾":一是基金的管理和经营的矛盾。社会保险基金管理政事不分,即政府行政管理与保险基金的运营由一个部门承担,主管社会保障的行政部门既负责制定政策、制度等的行政管理,又负责基金的投放、征纳、经办等具体操作。二是基金的专项管理与政府的无序行为的矛盾。国家明文规定,社会保险基金应"专款专用",任何单位和个人都不得挪作他用。但在实际工作中,由于受地区和部门利益驱动,社会保险基金使用中违纪、违规现象十分严重。三是基金的征缴率低与基金调剂面和基金调剂额不断加大的矛盾。四是基金的保值增值与物价上涨的矛盾。

(4) 社会保障管理主体分散,各方权责不清,运作效率低。在管理体制方面,现有社会保障处于一种"政出多门,多头管理"的混乱局面。管理混乱的表现之一是部门分割,切块管理。目前参与社会保障管理的有劳动部门、人事部门、卫生部门、民政部门以及商业保险公司。劳动部门主管城镇职工的养老保险、待业保险和工伤保险;人事部门负责干部的养老保险和公费医疗;卫生部门参与公费医疗的管理;而民政部门则负责农村的养老保险;商业保险公司则提供个性化社保需求。结果是社会保障各风险项目都是独立改革,没有形成一个包括老年、生育、疾病、遗属、伤残、失业、医疗在内的统一的社会保障制度。表现之二是政出多门。社会保险各项目分别建立独立的保险基金,没有形成统一的社会保险基金,保障标准混乱,降低了社会保险制度的效率,造成了国有企业和集体企业之间、集体企业和集体企业之间养老保险金统筹比例各不相同,既不能适应分散风险的社会化要求,也不利于劳动者在不同地区之间的流动。多年来,一些部门的单项基金承担风险能力不强和使用效率低下,加重了企业和国家的负担。还有一些部门在经办社会保险事务中,出现保费比例提取偏高,管理费用提取偏多,保险资金管理与运用偏松等问题,并由此逐步形成部门自身利益的刚性,这是影响社会保障统一管理的重要原因。

二、中国社会保障制度改革构想

社会保障制度改革是一项规模宏大、影响深远的系统工程,它涉及方方面面的利益关系,包括中央与地方的关系,国家、集体与个人的关系,各种经济成分之间的关系以及各种利益关系的优化重组。在这场新的"革命"中,既要借鉴国外社会保障发展的成功经验,又要立足于中国特殊的国情与民情;既要构建新的体制,又要化解历史包袱;既要小心摸索,逐步推进,也要具有宏观的远景视角,推动社会保障制度真正成为我国社会主义经济体制运行的"安全网"和"稳定器"。

我国正处于社会主义初级阶段,与此相适应,我国适宜建立一种集中决策、统一立法、分类分级管理且具有多元化特征的社会保障制度。针对上述存在的问题,我国的社会保障制度改革应该考虑从如下几个方面入手。

(一) 提高社会保障的社会化程度,扩大社会保障的覆盖面

首先,提高社会保障对象的社会化程度。社会保障的服务对象就是社会保障的主体,社会保障的目标应是使全体社会成员都处于社会保障的安全网内。当然,由于我国经济基础薄弱,不可能一步到位,但可以采取因地制宜,城乡分进,建立不同层次、不同标准的社会保障项目。例如,在城市,首先应抓退休金的社会统筹,然后再过渡到包括所有社会保险项目基金制的预留和统筹,变企业保障为社会化保障。

其次,实现资金来源的社会化。资金是发展社会保障的物质基础。目前,我

国社会保障的资金来源的渠道比较单一,基本上是由企业和国家承担。这种办法已很难满足不断增长的需要,限制了社会保障事业的发展。实践证明,发展社会保障事业不仅仅是国家的事,而且是全社会的事业。人们不仅有享受福利的权利,而且有履行发展福利事业的义务。因此,社会保障基金应由国家、集体(企业)、个人三方共同负担。从养老金开始,城镇各种所有制单位都应建立法定的社会养老保险制度。筹资模式可采取现收现付与部分积累相结合的方法,做到有计划、有步骤地建立起法定养老保险所需要的储备基金。

最后,社会福利设施也要逐步实现社会化。经济体制改革和商品经济的发展,要求社会福利设施必须走社会化和专业化的道路。也就是说,一些福利设施由企业办变为社会办,并向社会开放;资金由国家投入与社会投入相结合。

(二)选择多层次、多样化的社会保障模式

我国经济发展不平衡,城乡间、地区间差异极大。虽然从长远目标看,我国应该实现包括全体公民在内的社会化保障模式,但从目前来看,应突出重点,循序渐进,因地制宜,在不同所有制、不同地区、不同对象之间,采取多层次、多样化的保障模式。例如,根据情况,建立以社会保险为主体,以社会救助和社区服务为辅的社会保障体系。首先在城市和富裕的农村分三个层次实施社会保障:第一层次是个人缴纳的基本保险费,满足最低层次需要;第二层次是企业社区承办的补充保险,设置不同标准;第三层次是向保险公司自由投保。三层安全网的设置,就可以根据不同水平增大保险系数。

随着农村产业结构的变化和农村家庭的小型化,以及农村计划生育工作的开展,在农村建立社会保障制度已显得越来越重要和紧迫。从发展方向看,农村应主要依靠发展农业生产力和农民自身的力量提高社会保障水平。政府部门从政策上和经济上扶助农村各项社会保障制度的建立及总结、推广成功的经验和好的形式。根据农村经济发展极不平衡的情况,目前要因地制宜、量力而行地建立不同形式的社会保障制度,其中养老、疾病、贫困是首先需要解决的问题。在贫困地区,主要以扶贫救济为主,解决温饱问题;在中等和较发达地区,重点解决养老保险和合作医疗统筹问题,发展社会福利生产、兴办福利事业等;在富裕地区,可探索社会化的社会保障体系,目前可考虑以村或乡为单位建立社区老年保障和医疗。这样做避免了资金的平调,而且居民易于接受。

(三)建立社会保障预算,严格社会保障资金的管理

社会保障预算是国家按照一定程序,规定一定时期内保障收入和支出的预算方案。把社会保障的分配活动纳入国家预算,有利于加强保障基金的收支管理,有利于贯彻国家的社会保障政策和正确处理社会保障基金分配中的各种经

济关系。

从国外实践看,社会保障预算有两种方式:一种是把社会保障预算与政府的经常经费预算和其他基金预算融为一体。当社会保障预算收大于支时,政府可以动用;而当支大于收时,可以通过国家预算拨款解决。另一种是社会保障预算与经常经费预算和其他基金预算分开,作为专项预算。当国家财政发生赤字时,不能直接动用社会保障基金进行弥补;当收不抵支时,也不能单纯依靠财政预算拨款来解决。比较而言,第二种情况符合我国国情。因此,财政部门在加强社会保障预算的收支管理时,应注意其相对的独立性:把筹集到的保障资金及时、足额地划给社会保障部门,国家财政承担的社会保障费用应有明确的规定,及时拨入;社会保障的各项待遇标准不能因国家财政状况的好坏随意升降,要保持相对的稳定。

(四) 完善投资机制,保证社会保障基金的保值、增值

现代社会保障制度的筹资方式有三种,即现收现付式、完全积累式或完全基金式,以及部分积累式或部分基金式(上文则细分为四类)。世界各国社会保障制度的发展趋势表明,越来越多的国家倾向于采用基金式。从我国情况看,城镇职工的养老保险宜实行部分积累式,但比例不能过高,要与企业效益状况、国家财政承受能力和职工个人承受能力相适应。农民和城镇个体经营者则应采取完全积累式,实行预算积累储蓄保险基金。采用基金积累或部分积累模式的,有了资金的保值,可将储备基金存入银行。

社会保障基金的投资和其他投资一样,既要坚持盈利原则,又要保证安全,因此,可购买公债。因为政府公债公益性强、信誉高、无风险。另一个途径就是采用直接投资或委托地方政府投资的方式,发挥保障基金的"资本"效应,促进国民经济和保障事业的发展。

(五) 开征社会保障税

建立社会保障体系,最关键的问题是资金的筹集。不同的国家有不同的筹资方式。从国外的实践来看,以税收形式筹集社会保障资金不失为一种行之有效的集资模式:一是以税收形式筹资,可以发挥其强制性的特点,对拖税、抗税、漏税者可以绳之以法,从而使社会保障有稳定的资金来源。二是在全国范围内实行统一税率征收社会保障税有利于统一的、权威性的管理和协调机构的形成;有利于社会保障工作走上正规化、法治化的轨道。三是为劳动保障社会化提供了物质基础。在以社会化生产为特征的社会主义市场经济中,劳动力不能再像过去那样单纯用行政手段被分配到企业中,而是运用经济、法律相结合的手段,使单位与劳动者相互选择,实现劳动力管理社会化。实现劳动力管理社会化后,

必然摒弃职工保障企业负责制,而要求劳动保障社会化。换句话说,就是改革用工制度后,企业无法解决原来本企业职工待业后的保障问题,也无法解决已不在本企业的职工的养老保障金,因此迫使目前的退休费走向社会统筹。在这种情况下有必要通过开征社会保障税来解决。

社会保障税一般采用按劳动者收入的一定比例征收,税负由企业和雇员双方承担,由社会保障机构负责征收和减免。

(六)加强社会保障的宏观管理,统一规划、健全法制

改革开放以来,我国社会保障制度框架已经初步建立,主要包括:城乡居民基本养老保险制度、基本医疗保障制度、社会救济制度、失业保障制度、工伤保障制度、生育保障制度和社会福利制度。这一系列制度的建立使我国的社会保障管理体制从交叉重叠的无序状态走向相对集中、有序运转,多项社会保障制度的改革与发展也取得了新进展。社会保障从国家负责,单位包办转变为政府主导,企业、社会、市场、个人及家庭共同参与的多元合作模式。这种模式虽然突出了政府主体责任,但是政府职责边界以及中央政府和地方政府的权责分担仍不明确,其他主体责任的分担更是非常有限。诸如权责不清、结构失衡、法治不足等问题在某些领域尤为突出。因此,要进一步明确政府、市场、社会、个人等主体各自的责任,加强政府对社会保障的宏观管理,确保政府既不"越位"也不"缺位",同时也要让市场、社会、个人等承担起更大的责任,进而实现优势互补,提高社会保障水平。

社会保障的职能之一是参与国民收入和社会总产品的分配和再分配。国家可以通过确定社会保障收支规模和分配政策,调控社会消费、储蓄、投资以及总供给与总需求等,以保证国民经济的正常运行,促进社会经济的发展。而这些职能作用的发挥,迫切需要以法律形式固定下来。同时,还应看到,社会保障关系到千千万万职工的切身经济利益,涉及成千上万个企业,其经济关系纷繁复杂,而这些关系都需要以法律的形式来协调、统一和保证。对于投保者来说,健全法制、依法办事、依法投保,会使他们有一种安全感。由此可见,我国社会保障制度的建立,必须有一套完整、健全的法律作保证,把社会保障的一切活动置于法律规定的范围之内。当务之急是要把过去零散的、行之有效的、条件成熟的规定加以系统化,制定出实施办法和细则,并用法律的形式固定下来,逐步形成全国性的社会保障法制体系。

(七)建立社会统筹与个人账户相结合、覆盖全体劳动者的养老保险制度

我国的养老保险制度宜采用社会统筹与个人账户相结合的做法,一方面个人领取养老金的多少与过去缴纳养老保险金的数额和年限有密切的联系,另一

方面养老金并不直接从个人账户中支付,它具有一定的互济性,即只要过去按规定缴纳保险金,退休后就能领取养老金直到生命终止。这种模式在保留部分社会统筹的前提下,因引入个人账户而使其具有较强的激励相容性。

我国最终要建立的是覆盖全体劳动者的养老保险制度,一切劳动者将不受行业、所有制、城乡等因素的影响,在劳动期间,一律按照法定的缴纳比率缴纳养老保险金;退休后,按照法定的水平享受养老金。由于养老保险是一种强制性的全民的社会保险,考虑到全体居民的承受能力,它只能是一种较低水平的生活保障,养老金只能大约相当于在职职工工资的50%。在目前养老保险水平相差悬殊的情况下,应采取逐步过渡的办法,在农村可以先实行自愿参加,起到示范效应,然后再强制实行。对政府部门和国有企业职工应采取有效的过渡办法,将原来高于基本社会保险的部分转化为补充保险或商业保险。对效益好的企业,鼓励其在承担法定保险之外,为职工建立补充的商业保险,同时鼓励部分收入较高的职工进行个人保险,使其在丧失劳动能力之后能保持较高的生活水平。

综合起来看,这种方式可以使缴费主体多元化,基金来源多渠道,享受待遇多层次。既有同一性和强制性,又有灵活性和自愿性,才能使养老保险逐步从政府部门和企业中分离出来,成为国家宏观管理下相对独立的、向受保人负责的社会公益事业。

(八)建立覆盖全体职工、个人与单位共同负担的失业保险制度

失业保险基金应实行社会统筹。其原则应该是以支定收、留有少量储备。为简化管理,可以对所有就业人员实行统一的缴纳标准,失业保险待遇的给付期限,按失业前工作时间的长短划分不同档次,超过此期限以后转入社会救济。

失业保险金的发放是一个政策性很强的工作,发放水平过高、时间过长,必然导致一批人宁愿选择不就业,这在西方各国是屡见不鲜的。在我们这样一个发展中国家,一定要避免这种"养懒汉"的现象出现。因此,失业保险金的发放水平应低于劳动者的最低工资水平,发放期限最长不要超过24个月。

(九)建立城乡有别、社会统筹与个人账户相结合的医疗保险制度

医疗保险制度的改革,可以说是社会保障制度中难度最大的改革。从我国目前的实际情况来看,若干年内还不具备建立城乡统一的医疗保险制度的可能性。因此,改革的目标还应定位在分别完善城乡不同的医疗保险制度上。

城镇医疗保险制度的改革,要以正在进行的医疗保险制度的改革试点为基础,主要内容是:医疗保险费用由国家、单位和个人共同负担。职工个人缴纳的医疗保险费用(约占本人工资收入的1%)和用人单位为职工缴纳的医疗保险的

50%记入个人账户,其余作为社会统筹。医疗费用首先从个人账户中支付,当个人账户余额不足时,个人负担小部分,社会统筹基金支付大部分。

由于医疗制度改革不仅涉及每个职工的切身利益,而且还涉及整个医疗卫生体制的改革(包括医院体制、医疗资源配置、医疗价格、医院管理、建立对医患双方的制约机制),以及医疗卫生部门如何适应社会主义市场经济体制的要求等,需要各方面的改革配套进行。在改革医疗保险制度时,必须强调建立对医疗单位的有效监督和制约机制,让医疗单位在医疗保险基金的管理中承担一定的角色,使医疗保险管理机构与医疗单位目标一致,才能建立起低成本、高效率的医疗保险制度。

在乡村应继续健全合作医疗网,以解决农村人口最基本的医疗需要。有条件的地区可以逐步建立类似城镇的医疗保险制度。

由此我们可以看到,要维护社会保障制度的健康持续发展,不仅要依靠国家财政、用人单位和个人的投入,还需要让市场主体和社会力量参与其中,最为关键的是要提高社会保障的信息化水平,包括建立统一的社会保障公共服务平台,运用互联网、大数据等信息技术,提升制度运行的预测、预警和监控能力。

【关键术语】

社会保障制度　社会统筹　福利国家　社会保障税　现收现付制　储存基金制　部分基金积累制

【复习思考题】

1. 什么是社会保障?
2. 社会保障有哪些基本内容?
3. 社会保障的基本原则有哪些?
4. 社会保障的范围与水准应该如何确定?
5. 社会保障的筹资模式有哪几种?每种模式各有什么优缺点?
6. 社会保障制度有哪些不同的模式?各种模式的异同点有哪些?对我国建立与完善社会保障制度有哪些启示?
7. 我国社会保障制度存在哪些问题?
8. 应该如何推进我国社会保障制度的建设与完善?

【参考书目】

1. 陈佳贵:《中国社会保障发展报告(1997—2001)》,社会科学文献出版社 2001 年版。
2. 戴天柱:《国外社会保障制度的比较和借鉴》,《财经论丛》1995 年第 2 期。

3. 丁建定等:《中国社会保障制度体系完善研究》,人民出版社 2013 年版。
4. 葛寿昌主编:《社会保障经济学》,上海财经大学出版社 1999 年版。
5. 顾海良、张雷声编著:《世界主要国家社会保障制度概观》,中国大百科全书出版社 1995 年版。
6. 郭士征:《社会保障——基本理论与国际比较》,上海财经大学出版社 1996 年版。
7. 和春雷主编:《社会保障制度的国际比较》,法律出版社 2001 年版。
8. 金丽馥、石宏伟:《社会保障制度改革研究》,中国经济出版社 2000 年版。
9. 劳动和社会保障部社会保险研究所编著:《世纪抉择——中国社会保障体系构架》,中国劳动会保障出版社 2000 年版。
10. 雷洁琼主编:《中国社会保障体系的建构》,山西人民出版社 1999 年版。
11. 林毓铭:《转型期社会保障体制大变革》,中国财政经济出版社 1998 年版。
12. 刘燕生:《社会保障的起源、发展和道路选择》,法律出版社 2001 年版。
13. 刘志峰主编:《社会保障体制改革》,改革出版社 1995 年版。
14. 吕学静编著:《各国社会保障制度》,经济管理出版社 2001 年版。
15. 穆怀中:《中国社会保障适度水平研究》,辽宁大学出版社 1998 年版。
16. 穆怀中、陈德君主编:《社会保障概论》,辽宁大学出版社 2000 年版。
17. 仇雨临:《社会保障国际比较》,中国人民大学出版社 2019 年版。
18. 任保平:《中国社会保障模式》,中国社会科学出版社 2001 年版。
19. 孙炳耀主编:《当代英国瑞典社会保障制度》,法律出版社 2000 年版。
20. 孙光德、董克用主编:《社会保障概论》(第六版),中国人民大学出版社 2019 年版。
21. 王爱文等:《编织社会安全网——中国社会保障制度的昨天、今天和明天》,广西师范大学出版社 1998 年版。
22. 王梦奎主编:《中国社会保障体制改革》,中国发展出版社 2001 年版。
23. 王怡:《社会保障制度的借鉴与启示》,《税务与经济》2001 年第 2 期。
24. 魏凤春、于红鑫:《社会保障资金来源的比较分析》,《战略与管理》2001 年第 2 期。
25. 徐滇庆、尹尊声、郑玉歆等主编:《中国社会保障体制改革——'98 中国社会保障国际研讨会论文选》,经济科学出版社 1999 年版。
26. 杨冠琼主编:《当代美国社会保障制度》,法律出版社 2001 年版。
27. 杨秋宝:《论社会保障制度的规定、功能、原则和结构》,《陕西师大学报(哲学社会科学版)》1995 年第 2 期。
28. 杨祖功选编:《西欧的社会保障制度》,劳动人事出版社 1986 年版。
29. 余小平、王玲:《社会保障资金管理体制的改革与对策》,《财经问题研究》1997 年第 4 期。
30. 赵曼:《社会保障制度结构与运行分析》,中国计划出版社 1997 年版。
31. 郑秉文、和春雷主编:《社会保障分析导论》,法律出版社 2001 年版。
32. 郑功成:《论中国特色的社会保障道路》,武汉大学出版社 1997 年版。
33. 郑功成:《社会保障:中国道路的选择与发展》,《武汉大学学报(人文科学版)》1999

年第 5 期。

34. 郑功成主编:《中国社会保障改革与发展战略》(总论卷),人民出版社 2011 年版。

35. 郑功成:《中国社会保障发展报告 2018》中国劳动社会保障出版社 2019 年版。

36. 中国(海南)改革发展研究院:《中国走向市场经济中的社会保障制度改革:中国社会保障与经济改革国际研讨会文集》,民主与建设出版社 1995 年版。

37. 钟伟、张燕茹:《谈我国社会保障体系的基金来源途径》,《云南财贸学院学报》1998 年第 6 期。

38. 朱芳芳编著:《"安全网"和"减震器"——中国社会保障问题》,中国国际广播出版社 2001 年版。

第十章 地方公共经济

【教学目的和要求】

公共部门不是由单一的或完全集中的一级政府组成的,政府可以被划分为多个级别和层次,不同层次的政府将组织相应范围内的公共经济。地方政府的基本职能之一就是提供地方公共产品、组织地方公共收入并安排地方公共支出。通过本章的学习,要了解地方公共产品的定义、特征、提供范围,熟悉蒂布特模型的内涵及运用,了解地方公共收入及支出的基本内容、方向与相应地理论。

第一节 地方公共产品

一、地方公共产品的概念与特征

(一)受益原则

公共产品和公共服务的受益范围是公共经济学中的一个重要原则,要想了解地方公共产品的概念,首先应理解受益原则。

从理论上讲,公共产品可以供所有的人享有。但实际上,这里"所有的人"并不意味着可以把世界全部人口或者一个国家的全部人口都包括在内,大多数公共产品和公共服务的享用都受到受益区域的限制,即某一公共产品的享用者通常仅限于该地区居民的范围之内。有些公共产品和公共服务的受益范围是全国性的,如国防、太空探险、癌症研究、最高法院等;而另外有一些公共产品的受益区域则是有限的,如路灯或地区的消防设施等。因此,分享公共产品的社会成员就要受到特定的地理和行政区域的限制,大多数公共产品都有其特定的受益区域,而没有绝对无限的受益区域。

(二)三类公共产品的概念

从公共产品的性质来区分,公共产品可分为全国性的公共产品、准全国性的公共产品以及地方性的公共产品。所谓全国性的公共产品,是指那些可供全国居民同等消费,并且共同享用的产品,如国防。所谓准全国性的公共产品,是指它们满足消费上的公共性,即非竞争性,但是不满足消费上的同等性,即不同地域、不同行政区域的居民在对这类产品的消费上机会是不均等的。当然,还有一类产品(严格地讲,这类产品不是 public goods,而是 public bads)不是提供利益,而是带来损害。例如水污染就是一种准全国性的公共损害品,因为它对各地产生的损害是不均等的。

对于地方公共产品的概念,有两种理解:一是地方公共产品是指在受益范围上具有地方性特点的公共产品;二是地方政府提供的公共产品。前者是以公共产品的消费特征来划分的,后者是以政府层级来划分的。我们认为,应当以公共产品的消费特征为依据,即凡是属于全国性消费的就是全国性的公共产品,而地方性消费的属于地方公共产品。因此,所谓地方公共产品,是指对那些居住在某一地理区域内,只占全国人口一部分的人提供的具有非竞争性的公共产品。这类产品和服务由地方政府提供最有效,在地方的层次上被消费者共同地、平等地消费,并通过向当地所有居民征税来筹集所需资金。这类当地消费、集体受益的服务包括地方治安和消防、垃圾处理、交通管理和道路、给排水服务等。

由地方政府提供公共品和募集资金的主要好处在于,这样做使政府体制提供的服务可以适应各地因不同条件所产生的不同偏好和需求。这使得政治过程有很大的弹性,居民可以根据各地提供的政府服务的类型和品种来选择居住地。

(三) 地方公共产品的特征

地方公共产品的特点可归纳为以下几点。

1. 受益上的地方性

这是指公共产品在消费上具有的空间限制性。某些公共产品可能不具有空间的限制(如研究开发中获得的纯效益),但对于其他公共产品来说,尽管新来的居民无须耗费更多的成本便可获得其效益,然而这种效益却被局限在一个地区中(可能会溢出某些利益到邻近地区)。交通、道路、治安、水利、电视节目等都存在着受益上的区域性特点。例如,水利设施和防洪工程的受益范围是受地域限制的,超出这一范围的居民就无法获得相应地利益。正是因为地方公共产品存在着地域上的限制性,所以它适宜由地方政府来管理。

2. 存在溢出效应和拥挤效应

溢出效应是指这一公共产品的受益与行政上的地理范围不一致,即其受益范围大于行政界限,向相邻的区域扩散的现象。地方公共产品的溢出效应有时是正的,有时则是负的。比如,污染问题就是一个负效应,由于水具有流动性,水的污染会从上游向下游转移。此外,水土保持也是有溢出效应的,上游水土流失会影响下游的防洪。

地方公共产品的拥挤效应是指由于大多数地方公共产品的收益只覆盖有限的地理范围,随着人口规模的扩大和使用者的增加,这些公共产品将变得拥挤,因此使用者会付出拥挤成本。例如,公园是地方公共产品,随着城市规模的扩大,公园会变得拥挤不堪,这就使人们付出相应地代价。甚至,随着城市的扩大,犯罪人员的绝对数量也会增加,监狱也会变得拥挤。地方公共产品的拥挤效应与这类公共产品具有或多或少的排他性有关。

3. 提供的层次性

地方公共产品是一个大概念,它需要按不同的受益对象,由不同层级的政府提供。提供地方公共产品是地方政府的职责,也是地方政府存在的依据。不同层级公共产品的受益范围是不同的。以河流为例,大的河流流经数省,因而其受益对象很广;中型的河流往往贯穿一个省,因而其受益涉及一个省;而小的河流可能只涉及一个县。因此不同的河流需要不同层级的政府来治理。

4. 市场的相似性

这是西方学者的一个重要观点,地方公共产品的供给与市场极为相似,或者说,它是放大了的俱乐部产品。对这一特点,我们将在后面介绍蒂布特模型时具体论述。简单说来,即人们选择在哪一个社区生活时要考虑的一个重要因素是该社区的税收和服务的组合状况,人们会选择能使其获得最大限度满足的那个地区,而这一过程实质上相当于人们在各地区间"选购""购买"他们认为是最好的地区,这与私人市场的特征是极其类似的。斯蒂格利茨也曾得出过"地方公共产品与市场的相似性"的结论。

但是,学者们对这一问题的认识也并非完全一致,有的学者认为地方政府的层级越高,其公共产品的非市场化程度就越强;而地方政府的层级越低,市场化程度就越强。因此,全国性公共产品应当更具有纯公共产品的特征,而地方性公共产品则可以从纯公共产品、准公共产品到俱乐部产品之间找到各自的位置。图 10-1 显示了这一关系。

从图 10-1 中我们可以看出,在地方公共产品中,不仅有纯公共产品,还有准公共产品。村、社区提供的大多是俱乐部产品;县、市级政府所提供的既有纯公共产品,又有准公共产品,当然也有些属于俱乐部产品。而省级政府提供的,通常只有纯公共产品和准公共产品;到中央政府,提供的主要是纯公共产品,但也有一些属于全国性准公共产品,如教育、社会保障等。因此,政府的层级不同,所提供的公共产品是不同的。

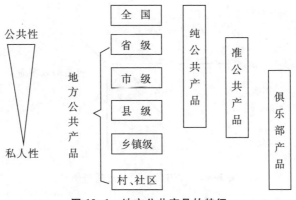

图 10-1 地方公共产品的特征

地方公共产品的上述四个特点,决定了地方公共产品的提供必须通过地方政府来分级进行。

二、地方公共产品的最佳数量

由于并非所有的公共产品都能覆盖到整个国家,我们在实际生活中更多接触到的是地方公共产品,它们的效益只能覆盖有限的地理范围。各类地方公共产品覆盖的地理范围各不相同,这就产生了地方公共产品分级管理的必要性,因而各级政府管理的地方公共产品应该是有区别的。

由于地方公共产品只覆盖有限的地理范围,随着这一地区人口规模、生产规模的扩大,该地区会变得拥挤,产生"拥挤成本"。这样就产生了一个问题,即地方政府在总体上应提供多少数量的地方公共产品才是最佳规模。最佳地方公共产品理论由英国学者布朗(C. V. Brown)提出,地方公共产品的规模和提供数量与人口有密切联系,当人口超过某一限度后,个人实际消费的地方公共产品的数量将会减少;但如果这一地方公共产品是纯公共产品,则并不会减少消费量。从图 10-2 中可以看出,当地方的人口数在 n' 以下时,其拥挤程度为零;当人口数超过 n' 时,就开始出现拥挤。这时人口越多,地方公共产品的拥挤程度就越高。地方公共产品的最佳规模是一个纯理论问题,它只能解释某些财政现象,离实际应用还存在着一定距离。

三、蒂布特模型

(一)蒂布特模型

有关公共产品的传统思想是:由于公共产品可以不只被一个消费者消费,而且还由于公共产品一旦被提供就难以排除其他消费者从中受益,人们不会充分

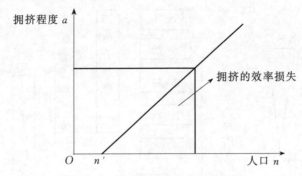

图10-2 地方公共产品的拥挤函数

表现出对公共产品的偏好,他们都想成为"免费搭车者",享受别人提供的公共产品而不足额缴费。因此,萨缪尔森得出下列结论:不分权的定价制度可以用来确定集体消费的最适水平。蒂布特等人的研究对此提出质疑,认为小规模的地方政府可以形成一种分权的定价制度,进而产生公共产品的最佳数量。

蒂布特认为,人们偏好的不同以及人口的流动性,制约着地方政府生产和提供公共产品的种类、数量和质量。如果有许多地方和相应地方政府,且每一地方分别提供不同的公共产品,那么对于每个人来说,哪个地方提供的公共产品最适合于他的需求偏好,他就会选择前往那个地方居住。这种"以脚投票"的方式表明了人们对某种公共产品的消费偏好,这就如同人们表明自己对市场上某种私人产品的消费偏好一样。对利润最大化的追求,刺激着企业最有效地生产人们需要的产品。与此相似,人们的选择也刺激着地方政府,努力生产并提供本地居民偏好的公共产品。

(二) 蒂布特模型的条件及分析

蒂布特的目标是找到实现有效提供公共产品的方式,描述这种方式的运作所依赖的具体条件。他的基本思路是:选择在哪一个社区生活时,要考虑的一个重要因素是该社区的税收和服务的组合状况,也就是说,居民承担的税收负担与享受的公共服务的状况。倘若有很多地区,每一地区的税收——服务组合状况不同,那么,在某一地区的税收和服务最接近于人们的理想数量时,人们就会选择那个地区,因为它能使其得到最大限度满足。这实质上等于人们在各地区间"选购""购买"他们认为最好的地区。这种与私人市场的类似性极其重要,因为这表明人们可以在公共部门中选择他们想要的,无须通过投票来解决,这正是蒂布特与建立在投票基础上的公共选择观点的不同之处。但是,在现实中投票和迁移在公共决策中的作用谁更大?几乎没有人认为完美的蒂布特均衡能够实现(原因在于信息成本和搬迁成本不是零),即使蒂布特均衡能够实现,这种均衡也缺乏效率(原因在于外部性总会存在,资本化能够消除社区成为同质的动力),所以投票在公共决策中的地位仍举足轻重。

蒂布特认为,形成某一社区最合适的公共产品数量需要满足以下条件:(1)消费者是充分流动的,每个人可以不费分文地把其住所迁至自己偏好得到最佳满足的社区;(2)消费者完全知道各社区间的税收——服务组合状况的差异;(3)社区数目很多,每个人都可以根据自己对公共产品的需要而选择;(4)不存在因就业机会给消费者流动造成的限制;(5)在各社区之间不存在公共服务的利益或税收的外溢性;(6)每一个社区在管理者的领导下,试图吸引规模适当的人口以达到规模经济,也就是说,使生产公共产品的平均成本达到最低。

蒂布特在其最初的文章中说,他对模型设定的条件是非常严格的,这一模型甚至不是对现实的一阶近似。前三个假设条件是众所周知的,属于完全竞争市场的标准假设。完全了解价格和数量差异的消费者面临着一种产品的很多销售者并做出消费选择,以便获得最大可能的满足。正如蒂布特所说,在前三个假设条件中,第三个假设即有很多社区这个条件也许最为麻烦。因为必须有足够的辖区来满足每个人的偏好,就有可能需要同个人数量相当的社区。当然,这样就意味着公共产品消费与私人用品的消费是一样的。但这种情况实际上消除了政府和集体消费,又重新产生了效率问题。

尽管蒂布特模型的许多假设条件非常严格,但是它的确提供了关于分权体制下政府支出分析的一些独特见解。居民在社区间不是完全流动的,而且他们经常只有地方政府预算的不完全信息,同时各个社区在就业机会、地理和气候条件上各不相同,这意味着除了对政府支出的政治偏好外,许多因素会影响居民对居住地的选择。然而,蒂布特模型仍是有用的,因为至少在边缘地带,一些家庭会对不同社区的预算做出反应。

特别地,蒂布特模型部分地解释了二战后在美国发生的家庭从中心城市向郊区社区迁移的现象。20世纪70年代以来,许多学者的经验研究表明,该模型至少在某些情况下是对现实的较好描述。蒂布特模型所体现出来的最重要的思想是强调了分散化政府结构的福利优势,但这种优势必须要同其他经济因素进行权衡。

四、公共产品的集中与分散提供

(一)分权制

1. 分权制能够根据当地的偏好提供公共产品

斯蒂格勒认为与中央政府相比,地方政府更接近于当地的民众,即地方政府比中央政府更加了解所管辖民众的效用与需求。同时,一个国家内部不同的人们有权对不同种类、不同数量的公共产品或公共服务进行投票表决;同样,居住在各个地区的民众也应有权自己选择公共产品或公共设备的种类和数量,即地方政府比中央政府能更有效地根据公众的偏好提供公共服务,以满足公众的需求。特里西(Richard W. Tresch)认为,中央政府对各地公民的偏好了解没有各个地方政府清楚(主要是因为中央与各地居民相距遥远,信息传递难以及时准确,即使准确的信息也会存在时滞),因此,中央政府对每一公民的边际消费替代率的了解就带有随机性。显然,在各级政府都诚实地针对所了解的公民偏好提供公共产品的前提下,如果由地方政府提供公共产品,社会福利有可能达到最大;如果由中央政府提供公共产品,则可能发生偏差,或提供不足或过量。(见图10-3)

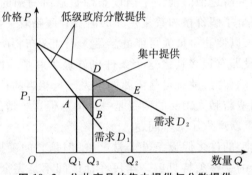

图 10-3 公共产品的集中提供与分散提供

在图10-3中,我们假设有两组人口,他们对于公共产品的偏好是不同的,一组人比另一组人的需求更高些,第一组人的需求曲线为 D_1,第二组人的为 D_2,假设公共产品是以不变的人均成本供给,第一组人的理想产出水平为 Q_1,第二组为 Q_2。

集权型政府制度提供的是单一的政府服务,假设这时的政府服务为 C 点,则对于第一组的人来说,由于政府供给水平 Q_3 高于其需求而产生了浪费,相应造成的效用损失为三角形面积 ABC;而对于第二组的人来说,由于政府提供不足而产生的效用损失面积为三角形 DCE。

如果公共产品采用的是由地方政府提供的方式,则相应地第一组人所在地的地方政府提供的是 Q_1 的公共产品,第二组人所在地的地方政府提供的是 Q_2 的公共产品。这时,两组人都认为提供的公共产品是合理的,即没有效率损失。因此,其效率要比集中提供更高。

但是,上述的简单模型需要许多限制条件:(1)福利损失的程度取决于个人偏好一致性的程度。偏好参差不齐的群体,会因集权的解决办法而遭受福利损失。(2)消费者剩余损失的规模,与需求的价格弹性成反向变化,也就是说随着需求曲线变陡,阴影面积变大。(3)如果产品生产中存在规模经济,那么大社区的单位成本就比小社区的低。可见,福利损失的程度取决于整个社区偏好的分布情况以及需求弹性和规模经济的存在。现实中的净效应取决于对这些数字的经验性估计。但是,考虑到公共产品的实质,这些数字在实践中是极其难衡量的,通常都是未知的。

2. 分权制还可以促进政府间的竞争

有关政府行为的许多理论都强调,政府管理者可能缺乏在最低可行成本上提供公共产品的积极性。如果私人企业经理不能把成本降到最低水平,企业最终是要关门的,但政府管理者却可敷衍度日。但是,如果公民可以在社区间选择,那么严重的政府失职可以致使本社区居民迁移地方,这一威胁可能促使政府管理者更有效率地提供公共服务,更关心社区居民的需要。地方政府的横向竞争有利于政府的创新活动。

3. 分权制是地方供应公共产品和服务的试验和变革

正如美国学者格拉姆利克(Gramlich)所说,分权研究的论点之一是:各个州和地方政府可以充当国家政策变化的试验室——制度可以先进行小规模试验。因为对许多政策问题而言,没有人确知其"正确"的答案是什么,甚至连是否存在对所有场合都适用的单一解决办法也不清楚。所以,面对这种情况的解决办法是,让每个社区选择自己的道路,然后比较其结果。正如美国最高法院大法官布兰迪斯(Louis Brandeis)曾指出的那样,联邦制的一个令人欣喜的特点是,如果公民愿意,勇敢的州可以作为一个试验地,进行伦理、社会经济方面的试验,而不给全国其他地方带来风险。

4. 分权制有可能会导致无效率

首先是外部影响,地方公共产品是只能使某个区位的成员受益的公共产品。但在许多情况下,一个区位提供的地方公共产品有可能影响其他区位人们的效用水平。如果一个镇对年轻人提供良好的公共教育,而其中一部分年轻人后来迁入其他社区,这样其他社区的成员就会因多了受过良好教育的劳动力而受益。简言之,区位与区位之间会相互带来外部影响。如果每个区位只关心自己的成员,而听任这些外部影响发生作用,那么根据标准的外部影响理论,这会导致资源的无效率配置。

其次是公共产品供应中的规模经济问题。对某些公共服务而言,使用者越多,人均成本则可能越低。如果几个社区将它们对这类服务的使用协调起来,那么,所有加入协调过程的社区成员都会受益,因为每个人必须支付的成本被降低了。当然,不同活动的规模经济是不同的。提供图书馆服务的最优规模,可能有别于提供消防的最优规模。而这二者当然又与国防的最优规模不同。社区除合并以外,还有其他利用规模经济优势的办法,比如可将一定公共产品或服务的提供承包给其他政府部门或私人部门。

另外还有无效率的税制问题。以全国的观点看,分权制下社区课征的税不大可能是有效率的。每个社区可能根据税负能否"出口"到其他社区来选择税种和税率。

就分权制的公平问题而言,在功利主义的哲学理论体系中,社会福利最大化的目标可能要求向穷人转移收入。假定某个社区开征一种有利于其低收入成员的支出税,如果社区之间不禁止移民,我们可以预期,其他地方的穷人将要迁入该社区。随着穷人人口的增加,再分配收入的财政政策的成本也将提高,同时该社区的高收入者可能决定迁走。如果他们能够迁往支出形式有利于自己的其他社区,为什么还要为本社区的穷人支付高额税款呢?这样一来,对该社区税基的需求在扩大,而实际上税基则在缩小,再分配计划最终不得不放弃,因此大部分经济学家认为,大幅度收入再分配的计划,很难由分权制地区实施下去。

(二)分权理论

1. 斯蒂格勒的分权理论

斯蒂格勒在1957年发表的《地方政府功能的合理范围》一文对地方分权问题给出了一个合理性解释。他认为可以从以下两条原则出发来阐明地方政府存在的必要性:(1)与中央政府相比,地方政府更接近于自己的民众。尽管他在文章中并没有明说,但这句话实质上隐含了这样的思想:地方政府比中央政府更加了解它所管辖的选民的效用与需求。(2)一国国内不同的人有权对不同种类与不同数量的公共服务进行投票表决。这就是说,不同的地区应有权自己选择公共服务的数量与种类。这两条原则实质上就是美国历史上曾经有人提出过的"州的权力"。

按照斯蒂格勒的上述两个原则,可以推导出以下结论,即为了实现资源配置的有效性与分配的公平性,决策应该在最低行政层级的政府部门进行。这个结论显然有些极端,事实上斯蒂格勒本人并未完全否定中央一级政府的作用。他指出,行政级别较高的政府对于实现配置的有效性与分配的公平性目标来说也许是必要的。他还强调,尤其是对于解决分配上的不平等与地方政府之间的竞争与摩擦这类问题而言,中央一级政府是一种适当的政府。

2. 奥茨的分权定理

奥茨(Wallace E. Oates)在《财政联邦主义》一书中,将全部人口分为两个子集,每个子集内的人具有同样的偏好,而两个子集的偏好不同。中央政府等量分配公共产品会忽略两者的不同偏好,因而达不到帕累托最优。

然而,奥茨的分权定理并不是十分令人满意。有西方经济学家指出,这一分权定理实际上并没有在最优的政策环境中解决为地方政府的存在进行论证的问题。它实际上只是在一种次优的理论框架中,为地方政府的合理性做出了说明,因为这个定理的证明是建立在中央政府对每个人口子集等分地提供公共产品这一假定之上的,而等量提供公共产品这个限制条件有点强加于人的味道,很难使人信服,因为中央一级政府事实上不见得把公共产品相等地分给每一个公民。

但是,在美国人们还是觉得奥茨的等量提供公共产品的假设有一定的现实性。因为美国联邦政府一直要求对全体儿童提供标准的教育,联邦政府还对所有汽车的控污装置提出了统一的要求,这说明联邦一级政府在许多场合确实是按等量提供公共产品或公共服务的原则在行事。从这个意义上说,奥茨没有选择最优的政策环境,而是选择次优环境来分析地方政府与中央政府在提供公共产品上的效率差异是很有见地的,至少对美国财政体制有贴切之处。因此,他从等量提供公共产品的假定出发为地方政府的分权体制所做的论证,也有一定的道理。

3. 布坎南的"俱乐部"理论

布坎南的"俱乐部"理论是论证地方分权合理性的基础。所谓"俱乐部"理论,就是把社区比作俱乐部,然后研究在面临外在因素的任何一个俱乐部——为分享某种利益而联合起来的人们的一个自愿协会——如何确定其最优成员数的一种理论。这个理论的核心是两个方面:一方面,随着某一个俱乐部接收新的成员,现有的俱乐部成员原来所承担的成本就由更多的成员来分担了,这好比是使固定成本由更多的人来分担;另一方面,新的俱乐部成员的进入,会产生新的外部不经济,即会使俱乐部更加拥挤,从而设施更加紧张等。于是,一个俱乐部的最佳规模就在外部不经济所产生的边际成本(拥挤成本)正好等于由于新成员分担运转成本所带来的边际收益这个点上。

4. 特里西的偏好误认理论

前面所介绍的三个理论都有一个明显的漏洞,即把中央政府设想为全知全能的贤人政府,它们具有所有适当的政策工具,且对于全体公民的消费偏好的认识和了解都是准确无误的。尤其是这些理论还假定,中央政府完全了解社会福利函数的偏好序列,因此当发生地区冲突时,中央政府出来解决地区冲突与收入在不同地区之间的再分配问题就是十分合适的。如果是这样,那地方政府也就没有分权的必要了,它们只需要完全按照中央政府的旨意办事,就能实现公共品提供的最优化。可见,上述三种理论对中央政府的假定有问题,提出这些理论的学者由于把中央政府放在最优的环境中来进行分析,没有考虑到中央政府有可能错误地认识社会偏好,从而错误地把自己的偏好强加于全民头上。

偏好误认问题的提出,就是为了弥补上述三种分权理论的不足。这个问题的关键在于,它对于中央政府对全民偏好认识的准确性以及其是否具有代表性提出了质疑。美国经济学家特里西从理论上提出并分析了偏好误认问题,认为中央政府与地方政府所管辖的民众之间远隔千山万水,这种距离阻碍了信息的有效、及时传递。因此,如果分隔越远,则中央政府在提供公共产品中面临的不确定性就越大。只要这类不确定性存在,理论上就应当要求地方自治来实现社会福利的最大化。因此,偏好误认理论所揭示的不确定性,是地方分权主义的一种更为有力的理论,尽管它只是诸种次优背景下的分权定理之一。

(三) 集权制

由于集权制与分权制相对,我们不给予大篇幅进行论述。集中提供公共产品的理由有以下几条:(1)为了有效地配置全国性公共产品或准全国性公共产品。全国性的公共产品应由中央政府出面来提供,这自不待说。准全国性的公共产品为什么需要由中央政府来提供呢?这是因为,当发生这类公共产品的受益面不均匀的情况时,中央政府就有责任出面决定这类公共产品的提供数量,并适当解决地区之间的不同的经济外部性问题。否则,如果中央财政不努力解决地区间不同的外部性问题,就会发生受益人口与提供资助人口间的不对应问题。(2)只有中央政府出面才能解决地区之间的平等以及私人收入/财产的再分配问题。(3)中央政府出面征税比地方政府要有效。(4)中央预算的性质可以避免因地方之间的产业竞争造成的有害影响。

第二节　地方公共支出

一、中央与地方公共支出的划分原则

国家公共支出包括中央公共支出与地方公共支出,而两者应当如何划分,需要确定一般原则。

巴斯特布尔(C. F. Bastable)提出了关于划分中央与地方公共支出的三原则。

(1) 受益原则。凡政府所提供的服务,其受益对象是全国民众的,则支出应属于中央政府;凡受益对象是地方居民的,则支出应属于地方政府。从政府投资的角度说,基础设施投资应由受益的那一级政府来承担。即中央政府应关心全国的基础设施项目,如全国性铁路和公路等;而省及省以下各级政府应关注各自

辖区内的基础设施项目。但是,基础设施的受益地区范围往往很难明确界定,例如发电站、道路和港口等设施带来的效益超出了所在的城市,那么对这些发挥跨地区效益的基础设施的投资应该划给更高一级的政府。

(2)行动原则。凡政府公共服务的实施在行动上必须统一规划的领域或财政活动,其支出应属于中央政府;凡政府公共活动在实施过程中必须因地制宜的,其支出应属于地方政府。从地方政府的角度看,支出职能的下放使地方政府可以更为有效地提供基础设施,因为它们比中央政府更加了解当地的需要。

(3)技术原则。凡政府活动或公共工程,规模庞大、需要高水平技术才能完成的项目,其支出应归中央政府,否则应属于地方政府的公共支出。

各国在确定中央和地方的公共支出时,基本上遵循上述一般性原则。但由于各国的体制不同,在具体的支出划分上并不完全一样。

二、地方公共支出的范围

在公共支出方面应首先明确各级政府的职能,确定各级政府公共支出的范围和支出重点。各级地方政府有权自主决定其支出项目和标准。

地方公共产品由地方政府来提供,这是地方政府的重要职责之一。通过前面对地方公共产品的分析,可得出中央政府与地方政府职责分工的两个标准:(1)政府职能分工的层次标准。根据这一标准,凡是具有调控性,具有全国性意义的事务都应该由中央政府支出,地方性的事务应该由地方政府支出。马斯格雷夫提出了公共部门活动的三个领域,即资源配置、收入分配以及稳定。要实现这些职能还必须依靠中央和地方政府之间职能的正确分工。马斯格雷夫对其论述为:有关配置职能的政策应当允许在各州之间不同,这取决于各州居民的偏好。而分配职能和稳定职能的目标实现,主要是中央政府的职责。(2)公共产品受益范围标准。即根据公共产品的受益空间来确定公共产品的提供主体,谁受益谁提供。

根据以上两条标准,我们可罗列出中央和地方政府的支出范围。

(一)全国性的公共产品和中央政府职能

首先,有些公共产品和公共服务的利益是不可分割的,涉及全国的整体利益,所有公民都应均等地享有。这些公共产品和服务要由中央政府提供。

有些公共产品和公共服务仅在一定程度上涉及全国利益,但由某一特定地区提供的公共服务所构成的受益会外溢到另一个地区,即受益的外在性导致无效率供应,因此需要高一级的政府加以调整,使各地区相互合作和协调。例如,教育和科研事业是中央政府重要的财政支出项目。

其次，由于地区间存在资源的自由流动，地区分配政策的作用难以有效发挥，为调整个人间收入分配，必须由中央行使这一职能，否则会降低再分配政策的效果，不能达到公平的目标。

地方政府实行收入再分配政策，会产生人口流动，严重妨碍政策的公平性。例如，地方政府实行收入转移政策，就要增加对低收入者的养老金、失业救济、住房和教育支出，这些支出的主要来源是累进税收。贫穷地区要比富裕地区课征更高的税，才能满足地方政府的上述支出需要。不同地区之间税负的差别，导致中等和高收入者由高税的贫困地区向低税的富裕地区迁移，同时使更多有资格领取转移支付的穷人涌入高救济金的地区，给地方政府带来沉重的负担。这样既违背了收入分配政策的初衷，也不符合公平原则。在全国范围内实行收入再分配政策，不会出现由于各地方再分配标准不同导致的人口大量流动这种情况，使全国范围内的收入再分配政策更为有效。

最后，中央政府还将负责地区之间的再分配问题，以使各个地方提供公共服务的能力趋向均等化，这就要求在收入能力不同的地区之间实行财政转移支付制度。

由于中央政府的这些职能，以及在全国范围内公共产品和服务的提供，同时因为所有居民都从中受益，因此，应在全国课征税基广泛的税种。

（二）地方性的公共产品与地方政府职能

地方政府提供的是地方性的公共产品。各级政府间的职能划分取决于溢出效应地理范围的大小。每一种公共产品和公共服务仅对有限的人来说是公共的，其范围的大小决定了应该履行这一职责的政府规模。

地方政府提供的公共产品，可以有效地满足人们的需要。在不同区域内，政府部门提供的公共产品不同，人们可以根据自己的意愿选择能够提供其需要的公共产品的区域。地方政府的选择更加切合实际，其决策与市场选择更为接近，所以地方政府做出的支出决策比中央政府做出的支出决策更加合理。为了实现最好的经济效益，地方政府主要负责义务教育、部分社会保障和保险、公共卫生、警察及消防等。这些职能分散到各级地方政府，可以使各地区利益更好地与全国利益相结合。

从地方政府的角度看，根据受益地区原则，每一受益区域中的成员应对该地区提供的公共服务进行支付，因此需要课征区域性的税收，从而为本地区的公共服务提供所需资金。

（三）中央政府与地方政府职能的重叠

中央政府和地方政府在财政职能的划分上存在重叠的部分，即有些政府职能事实上是由中央政府和地方政府共同实施的。主要包括三种类型：

第一种是中央和地方政府共有的职能,如收入再分配职能。如前所述,不同地区政府之间的财政差别会导致资源非经济的或无效的转移。对于在地方政府管辖范围内的收入调整,可由地方政府去做。对于不同行政区域间的收入再分配,则应由中央政府去做。

第二种是某项事业或工程属于中央政府的职能范围,但出于效率或其他方面的考虑,应由地方政府去执行,即中央与地方责任共担,但以中央政府为主。

第三种是某项事业或工程属于地方政府职能范围,但由于其成本或效益涉及其他政府管辖的地区,应由中央政府帮助协调,联合有关的地方政府协作承担。

三、影响地方公共支出的因素

（一）人口因素的影响[①]

（1）人口数量。人口数量从需求和供给两个方面影响人均地方政府支出。在辖区规模扩大、人口增多的情况下,随之而来的社会问题也会增加,这就需要更多用于社会治安方面的支出。此外,随着人口的增加,对其他公共设施和公共服务的需求也会增加,使得需求曲线向右移动,这就意味着公共支出的增加。此外,辖区内人口的增长使地方政府能够较大规模地提供公共产品,这将使供给曲线向右下方移动,从而降低了这些公共产品的价格。对于一个居民来说,公共产品价格的降低是由于单位成本下降,而公共产品价格的降低又使得每个人为单位公共产品所分担的税额下降。上述分析说明,人口数量的增加与人均地方政府公共支出的增加成正比关系,而地方政府较大规模地提供某种公共产品又会导致公共产品价格的下降。在公共产品供给和需求弹性都比较大的情况下,随着人口增加和公共产品价格的下降,人均地方政府财政支出会逐渐增加。

（2）人口密度。人口密度表示某一辖区内居民的分布情况。与人口数量因素类似,人口密度因素也是从需求与供给两个方面影响地方政府支出的。人口密度增加会增加居民区内的拥挤程度,因此一旦出现失火和传染病等灾害,就容易迅速传播开来。这将会导致对消防、治安和卫生防疫等公共产品和服务设施的需求增加。但同时,人们普遍认为人口密度的增加也会降低公共产品的单位成本,因为在人口密集的区域内,居民的高度集中使集中供应的公共产品的成本下降。

（3）人口增长率。人口的增长会使人均支出减少,除非总支出增长率超过

---

① 本部分内容参考邓子基:《现代西方财政学》,中国财政经济出版社 1994 年版,第 581 页。

人口的增长率。由于种种条件的制约,许多辖区内政府财政支出规模的增加是比较缓慢的,支出增长落后于因人口增长而产生的对公共需求的增长。在这种情况下,人口的增长会使人均地方政府支出下降。这与人口数量、密度两种因素的作用是相反的。

(二) 经济因素的影响

(1) 一般家庭的收入水平。政府所提供的均为居民所需要的具有公共产品特征的产品。辖区内一般家庭收入水平的提高会相应增加本辖区对公共产品的需求,而一般家庭收入的增加,同样会使人均地方政府支出增加。

(2) 超过一定收入标准的家庭数在总家庭数中所占的比重。一般说来,假定其他条件不变,那么辖区内超过一定收入标准的家庭越多,对地方性公共产品的需求也就越多。而且在一些高收入家庭集中的辖区内,其公共产品的需求也就相应很高。

(3) 人均财富拥有量。财富的拥有量会影响对公共产品的需求。在其他条件一定的情况下,财富的增加会导致人均地方政府支出的增加。因为,一方面财富的效应表现在它能够促使人们消费更多的公共产品;另一方面,大部分地方政府都把财产税作为其财政收入的主要来源。财产税税基的扩大意味着地方政府可以按较低的税率课征地方税收来满足既定的支出需要。这样,财富的增加就会降低每个家庭负担的财产税比率和单位公共产品的价格,从而增加人们对公共产品的需求。

四、现实的地方公共支出

在中央公共支出和地方公共支出之间的关系上,皮考克和怀斯曼认为,一国在经济增长过程中,中央政府在公共部门的经济活动有显著增加的趋势,而地方政府的活动则扩张得较为缓慢。从长远看,公共支出中中央公共支出的比重会上升,这就是所谓的集中效应(concentration effect)。

皮考克和怀斯曼的分析以英国的实证材料为基础,其具体的依据包括:由于城市化的加快致使外部性增大;中央政府的活动更具有效率;公共性较强的基础设施适合由中央政府来完成;中央政府的财源筹措较为容易等。皮考克和怀斯曼的论点大体上代表了那些主张加强中央财政比重的论点,但该论点受到二战后许多国家地方公共支出膨胀的经济现实的挑战。

自从第二次世界大战以来,各国地方政府的公共支出迅速增加,这已成为一个不可争辩的事实。尽管中央政府支出在总支出中仍占大头,但地方公共支出已越来越构成各国公共支出的一个重要部分;而在中国,地方公共支出更是长期超过中央政府支出,自20世纪80年代以来在政府总支出中占比一直保持在50%以上。

为什么地方政府的开支会在世界范围内呈现上升趋势？这与中央政府与地方政府在职能上的差别有关。中央政府相对于地方政府而言,在稳定与分配功能上发挥了更多的作用,而地方政府在资源的配置上需发挥更大作用。这是因为不同地区的民众对于地方政府所提供的公共产品具有不同的偏好,所以在资源的分配上地方政府可依其偏好而提供公共产品。同时,从公共支出的数额来说,配置性支出往往是大量的,而稳定性支出与再分配支出在数额上一般要小于配置性支出。配置性支出尤其是为经济发展提供公共性的基础设施的费用,在国家的经济发展过程中会急剧上升。随着城市化进程的发展,地方政府通常需要为公众提供一系列服务,这些服务将大大有利于提高生活质量和社会发展。它们包括基础保健与教育、街道照明和清洁、排水、排污和供电、垃圾回收,主要交通运输网络,以及为商业与居住而进行的土地开发等。

总之,随着社会经济的发展,人民收入水平和生活水平的提高,人们的需求结构、消费结构在发生变化,对由地方政府提供的地方性公共产品和服务的需求也在不断增加。在支出结构上,地方公共支出侧重于资源的配置职能,如教育服务、社会服务和收入保障、社会保险、环境保护和住房等。

第三节 地方公共收入

一、地方与中央公共收入的划分原则

在中央收入与地方收入的划分原则上,学者们主要有以下代表性观点。[①]

（一）马斯格雷夫的七原则

美国著名财政学者马斯格雷夫提出,税收的划分应遵循以下七项原则。

（1）以收入再分配为目标的累进税应划归中央,因为对收入再分配应该由中央政府在全国范围内进行调节,实现公平目标应该以全国为疆界。

（2）作为稳定经济手段的税收应划归中央,因为稳定经济是全国性的职责,应由中央政府履行。而有周期性稳定特征、收入起伏不大的税收应划归地方。

（3）地区间分布不均的税源划归中央,否则会引起地区间税收收入不平衡。

（4）课征于流动性生产要素的税收最好划归中央,否则会引起资源在地区

---

① 本部分内容参见〔美〕彼德·M. 杰克逊主编：《公共部门经济学前沿问题》,郭庆旺等译,中国税务出版社、北京腾图电子出版社2000年版,第211页。

间流动,扭曲资源在地区间的优化配置。

(5) 依附于居住地的税收(如销售税和消费税)较适合划归地方。

(6) 课征于非流动性生产要素的税收最好划归地方,因为这不会引起资源在地区间的流动。

(7) 受益性税收及收费对各级政府都适用。

分析马斯格雷夫的七原则可以看出,划分税种应该有利于政府实现收入再分配的公平目标、稳定经济的宏观调控目标、资源配置的效率目标,这是与其关于财政的三大职能的思想相一致的,反映了近代社会经济中的政府职能要求,税种的设立和划分应该有利于政府职能的履行和政府目标的实现。但是这些原则都是单纯从经济学的角度进行分析和提炼,没有广泛、全面地从政府构成的政治学和行政管理要求等方面进行分析。

(二) 塞利格曼(E. R. A. Seligman)的三原则

1. 效率原则

该原则是以征税效率高低为划分标准。例如,所得税的征收对象为个人或企业所得,但个人或企业所得发生的地点随纳税人的流动而难以固定,并且一个人居住在甲地,其所得可能发生在乙地,甚至遍至全国各地。这样,若把所得税归于地方政府就会增加征收难度,提高征税成本。如果把所得税划归中央政府,在估算调查归户方面就较为方便,征收起来效率就较高。再比如土地税以土地为征收对象,地方税务工作人员就较易明了当地情形,对于地价的情况也较为熟知,且不易产生逃税现象,因此在国外土地税一般是划为地方税。

2. 适应原则

该原则以税基的广狭为划分标准。税基广的税种归中央政府,税基狭的税种归地方政府。如印花税,税基广泛,应属中央税;房产税因为税基在房屋所在区域,较为狭隘,所以应为地方税。

3. 恰当原则

该原则以税收负担分配公平为划分标准。例如,所得税在西方国家就是为了使全国居民公平地负担税收而设立的,这种税如由地方政府来征收,就难以达到上述目标,所以应归中央政府,这才符合恰当原则。

塞利格曼的划分税制原则主要目标是提高税收行政效率,它有利于政府实现财政收入目标和公平目标,但缺乏对资源优化配置和稳定经济这些核心目标的关注,这不能不说是严重的不足。塞利格曼身处19世纪末20世纪初,当时自由放任的财政经济思想还较盛行,财政经济学界还未主张政府积极干预经济,因此塞利格曼提出的税收划分原则自然也存在其时代局限性。

(三) 戴维·金(David King)的三原则

(1) 中央以下政府不应课征税基在各地区间流动性很大的税种。例如，某个地区为了满足提供高水平服务所需的资金而设置很高的公司税率，这无疑会迫使资本离开本地区。同样地，某个地区如果把销售税的税率定得很高，最终就会发现人们都到其他地区购买商品。

(2) 中央以下政府不应课征那些大部分税负会转嫁给非居民的税种。这一观点反对中央以下政府征收公司税，因为任何一个地区的公司税都至少有部分税负将转嫁给非居民的所有者、工人和顾客。这一观点也反对中央以下政府开征销售税，因为销售税也至少有部分税负将转嫁给非居民的顾客和生产者。

(3) 中央以下政府不应开征那些负担不能被地方居民察觉的税种。这种观点反对中央以下政府开征销售税和公司所得税，因为纳税人很难测量这些税种的真实负担。

综合以上学者的观点，我们认为政府间分税应遵循以下一些原则。

(1) 属于中央税收的应主要包括：第一，税基流动性较大的税种；第二，具有累进性、体现收入再分配性质的税种；第三，税基在全国范围内分布不平衡的税种；第四，与稳定国民经济有关的税种及收入易发生周期性波动的税种；第五，在税收体系中占主导地位、收入比重较大的税种；第六，产地型产品税的税负极易转嫁，征自某一地区生产者的税收可以通过提高销售价格转嫁到其他地区的消费者身上，由此会产生该地区的公共支出成本由其他地区居民分担的不合理现象，因此应归为中央税。

(2) 以居住地为依据的税收以及对完全不流动的要素所课征的税收和终点型产品税应由地方政府征收。

(3) 受益型税种(依受益原则征收的税)和使用费在各级政府都可以适当征收。

(4) 各级地方政府的税收应该是在经济循环中处于稳定的税收。

以上是关于如何在中央和地方政府之间进行税收划分的一些基本原则，可以看出，大部分重要的税种都应由中央政府掌握。而从税收管理的角度看，集权式的税收体系还有另外一些优点：由中央政府在全国范围内对一些税种进行统一的征收和管理具有显著的规模经济，可以大大降低税收成本，并且可以解决地方政府对于一些跨地区的税基无力征管的问题。因此与地方政府相比，中央政府是更有效率的税收管理者。

二、地方公共收入的内容

(一) 地方税收

1. 分税制的四种形式

世界各国中央政府与地方政府往往采取分税制的方式对税收收入进行划分,具体说来,分税制在不同国家又有按税源划分、分成、附加与特定税收分配这四种主要形式。

(1) 税源划分法。税源划分法是根据各税种的不同性质加以划分,使中央政府与地方政府各有不同的税源。例如美国的关税、执照税等归于联邦政府;财产税及其他直接税归于各州政府。这种分享税制的形式依据税源来划分,可避免重复课征及浪费。但它亦有缺陷,主要是以税源划分的方法与政府提供公共服务的种类是不完全对应的;某些税源究竟应属于中央还是地方颇难区分,况且某些税种在性质上应为中央及地方所共有,因此要划分就更加困难了。

(2) 分成法。分成法是把税源属于中央政府的税收分给地方政府若干成,或者把税源属于地方政府的税收分给中央政府若干成。这种分享税制的方式具有无重复征税的优点,同时还可以节省征收费用,并避免中央与地方对于税源归属问题的争执。但是这种方式亦有缺陷,分成时中央拿几成,地方留几成,对此经常会产生分歧;况且分成法不能普遍适用于全部税种,也不宜推广到全国所有地方,总有一些地方、一些税收是不宜采用分成法的。

(3) 附加税。附加税是指在不同等级的政府之间对于某个统一的基础税率再分别加成不同的税率。在使用这种方式时,高一级的政府往往是决定一个基础税率,也就是说在中央政府决定了某一个基础税率之后,再由省政府(或州政府)附加若干成;或者在省(州)一级政府决定某一个基础税率之后,再由县(地方)政府附加若干成。

(4) 特定税收分配法。这是指在同一税源之上,中央政府与地方政府各自独立征税。例如,加拿大和澳大利亚在第二次世界大战中,其中央政府与地方政府曾各自征收所得税。实行这种做法,难免多耗费征税费用,同时对于民众产生苛捐之害。严格来说,这种方式已不属于分税制的范围。

2. 分税制实践

(1) 美国的分税制。税收是美国三级政府财政收入的主要来源。美国分税制的具体做法包括划分税种、税率分享和税收协调几个部分。

划分税种是按税收的来源划分各级政府的财力。美国联邦政府的主要税种有个人所得税、公司所得税、社会保障税、国内消费税、遗产税、关税和赠与税。其中个人所得税、公司所得税和社会保障税为主要收入来源,个人所得税和公司所得税两项占全部税收的64%,社会保障税占29%,其他税种只占很小的比例。

州政府的主要税种有销售税、州的个人所得税、公司所得税、消费税等。其中,销售税是州政府最大的税种,占全部税收的43%,所得税在州一级收入中只占28%。

地方政府的主要税种有财产税、地方政府销售税、个人所得税等。地方政府不征收公司所得税。财产税是地方财政的主要收入来源,占全部地方税收的74%左右,征收对象主要是不动产项目,包括土地、住房、厂房、机器设备等。

在属于各级政府共享的税种中,除了税率不同外,不同层级的政府征收的主要税种也有差别。比如,按规定联邦、州、地方政府都有征收所得税、财产税、销售税的权力,但联邦以征收个人所得税为主,州政府以征收一般销售税为主,地方政府以征收财产税为主。

在税收协调方面,各级政府有自己的征税机构和税收制度,因此,对共享税的征收容易出现征收机构的重复,纳税人税负不均和缴纳不便利,以及各级政府在税收利益上的矛盾等问题。为此,美国采取税收协调的办法。

首先是各级税务机构配合管理。由联邦、州和地方政府联合进行税收征收管理,签订配合管理协定,保证州和地方政府的税法与联邦政府的税法一致或接近一致,建立相同的税务审计程序。税收一般仍由各级政府分级征收,州、地方政府在确定自己的税率和具体征收办法时有相当大的自由。通过签订协定,美国国内收入署可以从各州取得相关的税收数据资料。联合的税务审计程序的建立,提高了州和地方税务审计的质量,加强了各级税收的征管,节省了征管费用,增加了政府收入。

其次是集中税务行政管理。一种办法是税收代征,就是由联邦政府代为征收及管理州和地方的税收,但州和地方政府仍保留自行确定税率和根据财政需要改变税率的自由。这种办法比较灵活。另一种办法是税收分享,由联邦政府在各地统一征税,然后将税收的一部分按来源返还给州和地方政府。这样做的好处是全国税率一致,可以避免地方之间的税收竞争。不足之处在于降低了州和地方政府的独立灵活性,因而税收分享只限于烟税等特别税种。

最后是税收扣除,包括税收抵免和税收免征两部分。税收抵免指纳税人对州和地方政府的纳税额可以抵付对联邦政府的纳税额,即从对联邦政府的应纳税额中扣除已对州和地方政府缴纳过的税额,这是对州和地方政府的一种变相财政补贴。税收免征是对购买州和地方政府债券所得的利息收入部分,免征联邦所得税。这是支持州和地方政府筹资的方式。

(2)法国的分税制。法国具有较彻底的分税制,中央税与地方税彻底分开,采取完全划分税种的办法,没有共享税。在税收收入的划分上,中央一级占大头。这是单一政体下集权型财政体制在财政收入划分上的具体体现。一些大宗的税收归中央政府,不与地方政府分成,包括个人所得税、公司所得税、增值税、消费税、关税、遗产税、登记税、印花税等。

地方税收的税种较多,但数额不大,既有直接税,也有间接税。直接税包括房屋建筑地产税、非房屋建筑税、动产税等。间接税分为强制与非强制间接税,强制间接税有演出税、娱乐税和通行税等。非强制间接税有居住税、矿泉水附加税、电力消耗税、广告税、打猎税等。

在税收管理权限划分方面,税收立法,包括开征权、征税范围与税收分配等,均由中央政府统一规定。但地方政府也有一定的权力,如地方税的税率由地方自行决定,地方有权对纳税人采取某些减免措施等。税收的征收管理分为中央和地方两套系统,分别征收本级政府的收入。

(3) 日本的分税制。日本分税制的特点,一是中央税在税收总额中处于主导地位,财权偏重于中央,征收范围广的税种大部分划归中央,地方只有少量税收。因而地方在一定程度上要依靠中央的拨款。二是为了保证中央政策的贯彻及平衡各地区之间的收入差异,日本政府采取一系列的下拨税和让与税的办法,实现中央政府对地方政府的补助。日本地方政府承担的事务较多,地方财政支出占全国财政总支出的 2/3,而地方税收收入却只占全部税收总额的 1/3 左右,这就决定了地方财政为了满足其支出的需要,必须依靠中央财政的巨额补助。这不仅可以满足地方财政的需要,弥补地方政府收入不足的问题,还可以达到调节地方政府行为的目的。

(二) 补助

1. 补助的必要性

中央(联邦)政府的补助是下级政府非常重要的收入来源,也是下级政府改变财政资源的主要方法。补助的必要性主要体现在以下几个方面。

(1) 有些地方公共产品有辖区外溢效应,如教育和卫生保健,具由特定辖区独立供应会导致供应不足。

比如,地方 A 提供的一项公共产品对地方 D 产生了外溢效应。从整个社会来看,该公共产品供应数量的最佳决策点是:$MB_A + MB_D = MC$。其中 MB_A 是 A 地区居民的边际效用,MB_D 是 D 地区居民的边际效用,MC 是该公共产品的边际成本。然而,如果 A 地方政府没有考虑效用外溢,则做出决策的供应数量的点为 $MB_A = MC$,从整个社会来看,该公共产品的供应量不足。但是,如果中央政府对 A 地方政府提供每单位公共产品 $MB_D/(MB_A + MB_D)$ 的补助,就能促使 A 地方政府供应公共产品的数量接近于社会最优供应水平。从前面的分析看,补助是达到预期目标的最佳形式,因为通过改变价格,它能刺激接受补助的地方政府以较低成本提供更大数量的公共产品。

（2）中央与地方间纵向财政平衡。纵向财政不平衡是由于政府间事权与收入划分所造成的。在分税制财政体制下,事权与收入在中央与地方之间的划分不是绝对匹配的,地方政府在供应公共产品和服务方面的作用日益重要,但地方税收无法提供与所需支出相适应的收入,因而造成征税与支出地点不相匹配。中央政府对地方政府的补助就是为了解决这种不匹配的问题,保证地方各级政府具有正常施政所需的财力。在这种情况下,中央政府实际上是代表地方政府征税,然后再将这部分收入返还给地方政府。由此可见,弥补地方政府财力不足,采取无条件补助是解决纵向财政不平衡的最佳方式。

（3）地方间横向财政平衡。横向财政不平衡是指同级地方政府之间在收入能力、支出水平以及最终在公共服务能力上所存在的差异。导致横向不平衡的原因包括体制、经济结构、自然环境和人口状况等多方面因素。由于在各地区之间存在横向财政不平衡,客观上要求中央政府通过补助进行调整,达到全国范围内社会公共服务均等化的目标。与实现财政的纵向平衡目标相比,达到财政的横向平衡不是一个简单的收入再分配问题,而是实现全国各地公共服务水平均等化的必然要求。因此在补助的形式选择上有所不同,一部分补助可以采取无条件形式,用于增强地方政府供应公共产品和服务的能力;另一部分补助可采取有条件形式,特别是配套补助。

（4）地方性公共产品供应的规模效应。有些地方公共产品和服务,如公路和供电,具有规模经济效应,即只有扩大产出规模才能降低平均总成本。而这类产品与服务由特定辖区独立供应,可能受财力限制达不到这样的产出水平,因此中央政府就需要对地方政府进行补助,支持地方政府供应这些公共产品和服务。实现这一政策目标的最佳形式是配套补助,因为它降低了地方政府供应公共产品和服务的成本,使地方政府扩大了公共产品和服务的供应水平。

（5）特殊政策目标。特殊政策目标,是指地方在遇到严重自然灾害、严重事故等非正常情况下,中央政府应对地方政府提供特殊补助,以帮助地方政府渡过难关。这类补助有临时性、应急性的特点,可采取的最佳形式是非配合补助。

2. 补助的效应分析

一般而言,补助形式有两大类,即有条件的和无条件的。政府补助采取有条件拨款还是无条件拨款,对于上级来说,支出是相同的,但其经济效应却不完全相同。

（1）无条件拨款。无条件拨款也称为总额拨款,是指由上级政府划拨的可由地方政府按自己意愿使用的拨款。这是一种中央政府对地方政府的总额转移支付。它可以用于一般用途,也可以用于专门用途,如定性的分类补助。无条件拨款对地方支出的决定所产生的影响,我们可以用图10-4来说明。

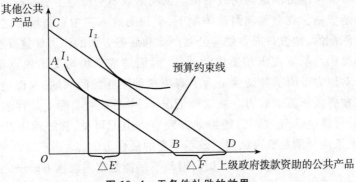

图10-4 无条件补助的效果

在图10-4中,纵轴和横轴都代表了公共产品的具体品种。其中,横轴所代表的是上级政府拨款资助的公共产品。AB为地方政府在原来的支出水平上的预算约束线,如果当上级政府对其增加了一笔总额为$\triangle F$的拨款,这时的预算约束线将移动到CD,而无差异曲线由I_1移动至I_2,显然这时该地区的公共福利水平提高了。然而,事情还不止于此,从图中我们可以看出,无差异曲线的移动量与$\triangle F$是不相等的。在通常情况下,$\triangle F$将会大于$\triangle E$,而$\triangle E$代表的是地方财政收入总额的增加数。这就是说,在地方政府获得这一补助,扩大公共产品供给的同时,会减少税收征收,或减少收费。这就产生了另一个效果:接受补助的政府降低了其"价格"——减轻了税收负担,因而,有利于那些不发达地区的经济发展和人民生活水平的提高。

(2) 有条件拨款。有条件拨款,也称为专项补助,是指上级政府规定其用途的拨款。这就是说,它规定地方政府只能购买指定的公共产品,而不能用于其他用途。当然,地方政府会改变未来的预算,以适应新的支出结构。

有条件拨款因拨款的条件不同,还可具体分为:

① 非匹配补助。非匹配补助是指上级政府指定用途,但不需地方配套的拨款。例如,上级政府拨出一笔款专门用于地方公路建设,或者资助地方农业现代化的建设。虽然这一拨款指定专款专用,但不规定地方配套资金。

非匹配补助的效果如图10-5所示。在图10-5中,AB是未补助前的预算约束线,CD为补助后的预算约束线。在非匹配补助的条件下,该补助款的用途是指定的,只能购买指定的公共产品,因而,补助后的预算约束线为一条折线。但就无差异曲线的位置看,其效果与无条件补助是相同的。

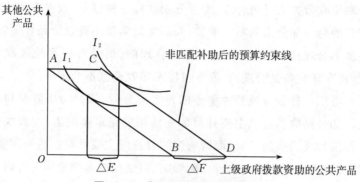

图 10-5 非匹配补助的效果比较

② 匹配补助。匹配补助是指上级政府指定用途,并要求地方配套的拨款。这类拨款的条件比较苛刻,它不仅规定了拨款的用途,而且规定了地方政府或者居民等受补助人需要配套的资金。

匹配补助的效果如图 10-6 所示。在该图中,AB 是匹配补助前的预算约束线,AD 为匹配补助后的预算约束线。I_1 为补助前的无差异曲线,而 I_2 为补助后的无差异曲线。上级政府对其补助额仍然为 $\triangle F$,与前面相比,我们不难发现,$\triangle E$ 减小了,而 I_2 也在 I_3 的内侧,因而其效用较差。这说明,虽然上级政府花的钱相同,但采用不同的补助措施,其效果却存在差异。通常,非匹配补助的效果要比匹配补助的效果更好些。

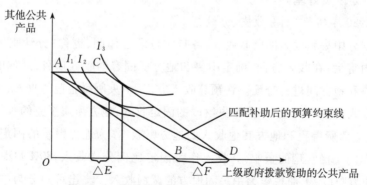

图 10-6 匹配补助与非匹配补助的效果比较

(三) 收费

有学者提出,可以让中央政府以下政府更多地利用收费来为其提供的服务融资。伯德(Bird)、福斯特(Foster)等在有关著述中对收费问题进行了讨论。我们在这里主要谈两点:

(1) 利用收费方式是否合理,需要分别就每一种服务,或更准确地说需要根据某种服务的每一部分来判断。例如,人们觉得学校午餐收费是合理的,而学校课程收费就不合理;处理工业垃圾收费是合理的,而处理生活垃圾收费就不合理;市中心停车场收费是合理的,而乡村停车场收费就不合理。

(2) 在考虑每种服务或某种服务的每个部分时,需要考虑效率和公平两方面的因素。如公路收费应该主要针对那些使用公路最多的人,垃圾收费应主要针对那些排出垃圾最多的厂家,而博物馆的收费应主要针对那些经常参观的人。当然,收费对穷人会产生不良的再分配影响,但是这些影响原则上可以通过向相关群体提供额外补助来抵消。

第四节 中国地方公共经济的发展

一、分税制改革

(一) 1978年以来各级政府间的财政关系演变

改革开放以来,中央与地方财政关系经历了从高度集中的统收统支到"分灶吃饭"、包干制,再到1994年实施的分税制改革,初步构建了中国特色社会主义制度下中央与地方财政事权和支出责任划分的体系框架,为我国建立现代财政制度奠定了良好基础。

1. 1980年实行"划分收支、分级包干"

即划分中央和地方的财政收支,各自实行承包体制,也称"分灶吃饭"体制。其基本内容为:在收入方面,确定中央和地方所固有的收入项目,其他的共同收入在中央和地方间进行分配。在预算收入方面,中央所属企业的收入、关税和中央其他收入归中央财政,作为中央财政的固定收入;地方所属企业的收入、盐税、农业税、工商所得税和地方其他收入归地方财政,作为地方财政的固定收入;上划中央部门直接管理的企业,其收入作为固定比例分成收入,80%归中央财政,20%归地方财政;工商税作为中央和地方的调剂收入。支出可划分为中央、地方的经常性支出,属于中央的由中央负担,属于地方的由地方负担。经常性支出以外的专门项目支出,由中央财政以特别支出的形式承担。地方预算收支的包干基数以1979年预算收支执行数为基础,确定了为实现地方财政收支平衡的调整比率和定额补助。首先用地方固定收入和固定比例分成收入抵补,有余者上缴中央,不足者由中央从调剂分成收入中弥补,并相应确定分成比例。上述三部分收入仍不足平衡地方预算支出的,则由中央按差额补助。所确定的调整收入比率和定额补助五年不变,在"分级包干"条件下,地方收入多就可以多支出,收入少则必须自求收支平衡。除广东、福建实行"定额包干,一定五年"的体制外,绝大部分地区实行"分灶吃饭"体制。

2. 1985年实行"划分税种、核定收支、分级包干"体制

其主要内容是:在收入方面,基本上按第二步"利改税"设置的税种划分收入范围,把预算收入划分为中央固定收入、地方固定收入、中央地方共享收入三种。在支出方面,仍按行政隶属关系分为中央支出和地方支出。少数不宜实行包干的专项支出仍由中央专案拨款;凡地方固定收入小于支出的,从共享收入中确定一个分成比例留给地方;凡是地方固定收入和共享收入全部留给地方仍不足以抵补支出的,由中央定额补助;收入分成比例或上缴、补助数额确定后,继续五年不变,地方多收多支,少收少支,自求平衡。其做法与第一次改革时基本相同,不同的地方在于:第一次改革,国有企业的利润是作为财政收入分配的,而在1983年、1984年间用"利改税"方式取代了利润上缴方式,全面引进了纳税方式。与此相适应,中央和地方间的分配也更加明确。

3. 1988年以后开始实行各种形式的预算包干

1988年国务院第十二次常务会议做出决定,从1988年到1990年期间,在原定预算体制的基础上,对预算包干方法做如下改进:全国39个省、自治区、直辖市和计划单列市,除广州、西安两市的预算关系分别与广东、陕西两省联系外,其余37个地区分别实行不同形式的包干方法:

(1)"收入递增包干",即财政收入扩大承包。以1987年的决算收入和地方应得预算支出为基数,参考各地近几年收入增加的状况,确定地方收入的递增率(环比)和地方留成、上缴比率。在递增率以内的收入,按确定的留成、上缴比率,分给中央和地方。超过递增率的收入,全部留给地方。没有达到收入增加率而影响向中央上缴部分时,由地方财力补足。

(2)"总额分成",即把财政收入总额的一定比率分配给地方。根据过去两年间的财政收支状况,确定收入、支出基数。根据地方支出占财政总收入的比率,确定地方的留成和向中央上缴的比率。

(3)"总额分成加增长分成",即总额分配和增加收入分配相结合。这种包干办法以上年实际收入作为基数,基数以内部分按总额分成比率分配。实际收入比上年增加部分,除按总额分配比率分配外,另加增长分成比例予以分配。

(4)"上缴额递增包干",即上缴额扩大承包。以1987年上缴中央的收入为

基数,以后每年按一定比率逐渐增加上缴额。

(5)"定额上解",即定额上缴。按原来核定收支基数的支出大于收入部分,确定固定的上缴额。

(6)"定额补助"。以事先确定的收入和支出为基数,算出超过收入的支出额的固定额向地方定额补助。

可见,在分税制改革以前,财政包干制是我国政府间财政关系的主要形式。以上三次财政改革大大提高了地方财政收入的比例,同时也有效调动了地方财政管理者的积极性。

(二) 1994年分税制改革

在经过十几年改革之后,基于1992年实施分税制试点的基础之上,我国于1994年1月1日起开始实行分税制财政管理体制,其目的在于理顺中央与地方政府间的财政关系,以适应社会主义市场经济的要求。分税制改革的具体内容包括以下四个方面。

1. 按照中央和地方政府的事权,划分各级财政的支出范围

中央财政主要负担国家安全、外交和中央机关运转所需经费,调整国民经济结构、协调地区发展、实施宏观调控必需的支出以及由中央直接管理的事业发展支出。具体包括:中央统管的基本建设投资、中央直属企业的技术改造和新产品试制经费、地质勘探费、由中央财政安排的支农支出、国防费、武警经费、外交和援外支出、中央级行政管理费、由中央负担的国内外债务还本付息支出以及中央本级负担的公检法支出和文化、教育、卫生、科学等各项事业费支出。地方财政主要负担本地区政府机关运转以及本地区经济、事业发展所需的支出,包括地方统筹的基本建设投资、地方企业的技术改造和新产品试制经费、支农支出、城市维护和建设经费、地方文化、教育、卫生、科学等各项事业费和行政经费、公检法支出、部分武警经费、民兵事业费、价格补贴支出以及其他支出。

2. 根据财权与事权相结合的原则,划分中央与地方收入

按照税制改革后的税种设置,将维护国家权益、实施宏观调控所必需的税种划为中央税;将适宜地方征管的税种划为地方税,并充实地方税税种,增加地方税收入;将与经济发展直接相联系的主要税种划为中央与地方共享税。具体划分如下:

中央固定收入包括:关税、海关代征消费税和增值税,中央企业所得税,地方

银行和外资银行及非银行金融企业所得税,铁道部门、各银行总行、各保险总公司等集中缴纳的收入(包括营业税、所得税、利润和城市维护建设税)、中央企业上缴利润等。外贸企业出口退税除1993年地方已经负担的20%部分列入地方上缴中央基数外,以后发生的出口退税全部由中央财政负担。

地方固定收入包括:营业税(不包括铁道部门、各银行总行、各保险总公司等集中缴纳的营业税)、地方企业所得税(不含上述地方银行和外资银行及非银行金融企业所得税)、地方企业上缴利润、城镇土地使用税、个人所得税、固定资产投资方向调节税、城市维护建设税(不含铁道部门、各银行总行、各保险总公司等集中缴纳的部分)、房产税、车船使用税、印花税、屠宰税、农牧业税、农业特产税、耕地占用税、契税、土地增值税、国有土地有偿使用收入等。

中央与地方共享税包括:增值税、资源税、证券交易税。增值税中央分享75%,地方分享25%;资源税按不同的资源品种划分,大部分资源税作为地方收入,海洋石油资源税作为中央收入;证券交易税中央与地方各分享50%。

在划分税种的同时,分设中央税务机构和地方税务机构,实行分别征税。中央税种和共享税种由国税局负责征收,其中共享收入按比例分给地方;地方税种由地税局征收。

3. 中央财政对地方税收返还数额的确定

为了保护地方既得利益,中央财政对地方税收返还数额以1993年为基准年核定。1993年中央从地方净上划的收入数额(消费税和75%增值税之和减去中央下划地方收入)全额返还地方,保证地方既得财力,并以此作为中央财政对地方的税收返还基数。1994年以后,税收返还额在1993年基数上逐年递增,递增率按全国增值税和消费税的平均增长率的1:0.3系数确定,即上述两税全国平均每增长1%,中央财政对地方税收返还增加0.3%。如若1994年以后中央净上划收入达不到1993年基数,则相应扣减税收返还数额。

4. 原体制中央补助、地方上解及有关结算事项的处理

为顺利推行分税制改革,1994年实行分税制以后,原体制的分配格局暂时不变,过渡一段时间之后逐步规范化。原体制中央对地方的补助继续按规定补助。原体制地方上解按不同体制类型执行:对实行递增上解的地区,按原规定继续递增上解;对实行定额上解的地区,按规定的上解额继续定额上解;实行总额分成和原分税制试点地区,暂按递增上解办法,即按1993年实际上解数并核定一个递增率,每年递增上解。

原来中央拨给地方的各项专款,该下拨的继续下拨。地方1993年承担的

20%部分出口退税额以及其他年度结算的上解和补助项目相抵后,确定一个数额,作为一般上解或一般补助处理,以后年度按此定额结算。

(三) 2002 年实施所得税收入分享改革,分税制改革进一步深化

随着分税制财政体制的平稳运行,为进一步规范中央和地方政府间的财政分配关系,完善分配机制,减缓地区间财力差距的扩大,促进市场经济的健康发展,2001 年国务院公布了《所得税收入分享改革方案》,规定从 2002 年 1 月 1 日起实施所得税收入分享改革。这是继 1994 年分税制后我国中央和地方政府间财政关系的又一次重大变革,也是 1994 年分税制改革的进一步完善和深化。

1. 确定了所得税分享的范围

从 2002 年 1 月 1 日起,打破当时按隶属关系和税目划分所得税收入的办法,除铁路运输、国家邮政、中国工商银行、中国农业银行、中国银行、中国建设银行、国家开发银行、中国农业发展银行、中国进出口银行以及海洋石油天然气企业缴纳的所得税继续作为中央收入外,其他企业所得税和个人所得税收入由中央与地方按比例分享。

2. 划定了全国统一的分享比例

2002 年所得税收入中央、地方各分享 50%;2003 年所得税收入中央分享 60%,地方分享 40%;2003 年以后年份的分享比例根据实际收入情况考虑。

3. 对所得税的征收管理进行了调整

根据改革方案,自方案出台后国家税务总局、地方税务局征管企业所得税的范围暂不作变动。自改革方案实施之日起新登记注册的企事业单位的所得税,由国家税务总局征收管理。

4. 原地方上解事项的处理

改革方案实施后,如果某省(自治区、直辖市)以后年度的所得税收入完成数达不到 2001 年数额,中央将相应扣减对该地方的基数返还,还调增该地方的基数上解。

(四) 2012 年以来进一步理顺中央和地方财政体制

《深化财税体制改革总体方案》确立的新一轮财税体制改革的目标是要建立与国家治理体系和治理能力现代化相适应的现代财政制度,财税改革的三大任务之一就是调整中央和地方政府间财税关系,理顺中央和地方财政体制。

1. 推进中央与地方财政事权和支出责任的划分

合理划分中央与地方财政事权和支出责任是政府有效提供基本公共服务的前提和保障,是建立现代财政制度的重要内容,是推动国家治理体系和治理能力现代化的客观需要。为适应建立事权和支出责任相适应的制度、适度加强中央事权和支出责任、推进各级政府事权规范化法律化的要求,2016年8月国务院印发《关于推进中央与地方财政事权和支出责任划分改革的指导意见》,对推进中央与地方财政事权和支出责任划分改革做出总体部署。意见明确,要推进中央与地方财政事权划分,完善中央与地方支出责任划分,加快省以下财政事权和支出责任划分。

2018年2月,国务院办公厅印发《基本公共服务领域中央与地方共同财政事权和支出责任划分改革方案》,一是将由中央与地方共同承担支出责任、涉及人民群众基本生活和发展需要的义务教育、学生资助、基本就业服务等基本公共服务事项,列入中央与地方共同财政事权范围;二是制定基本公共服务保障国家基础标准;三是规范基本公共服务领域中央与地方共同财政事权的支出责任分担方式,主要实行中央与地方按比例分担;四是在一般性转移支付下设立共同财政事权分类分档转移支付,对共同财政事权基本公共服务事项予以优先保障。

2. 全面推开营改增试点

2011年,经国务院批准,财政部、国家税务总局联合公布营业税改征增值税试点方案,从2012年1月1日起,在上海交通运输业和部分现代服务业开展营业税改征增值税试点。2016年3月,财政部、国家税务总局向社会公布了《营业税改征增值税试点实施办法》,经国务院批准,自2016年5月1日起,在全国范围内全面推开营改增试点,建筑业、房地产业、金融业、生活服务业等全部营业税纳税人,纳入试点范围,由缴纳营业税改为缴纳增值税。全面推行"营改增"彻底消除了"增营并征"的局面,纳税人无论是销售货物还是服务都需要缴纳增值税,这不仅简化和优化了我国的流转税制度,从制度层面上解决了货物和服务税制不统一等问题,而且还打通了增值税的抵扣链条,消除了上述重复征税问题,减轻了企业的税收负担。

为进一步理顺中央与地方财政分配关系,支持地方政府落实减税降费政策、缓解财政运行困难,同时考虑到税制改革未完全到位,推进中央与地方事权和支出责任划分改革还有一个过程,2016年4月国务院印发《全面推开营改增试点后调整中央与地方增值税收入划分过渡方案》,对中央与地方增值税收入进行划分。方案提出,既要保障地方既有财力,不影响地方财政平稳运行,又要保持目前中央和地方财力大体"五五"格局:以2014年为基数核定中央返还和地方上缴基数,所有行业企业缴纳的增值税均纳入中央和地方共享范围,其中中央分享增值税的50%,地方按税收缴纳地分享增值税的50%,中央上划收入通过税收返还方式给地方,确保地方既有财力不变。中央集中的收入增量通过均衡性转移支付分配给地方,主要用于加大对中西部地区的支持力度。该方案的过渡期暂定为2—3年,过渡期结束后,将根据中央与地方事权和支出责任划分、地方税体系建设等改革进展情况再研究是否进行适当调整。

3. 国税地税征管体制改革

2018年7月公布的《国税地税征管体制改革方案》要求,改革国税地税征管体制,合并省级和省级以下国税地税机构,划转社会保险费和非税收入征管职责,构建优化高效统一的税收征管体系。改革方案对税务部门领导管理体制做了规定,明确国税地税机构合并后实行以税务总局为主、与省(区、市)人民政府双重领导的管理体制。通过改革,将逐步构建起优化高效统一的税收征管体系,以纳税人和缴费人为中心,推进办税和缴费便利化改革,从根本上解决"两头跑""两头查"等问题,切实维护纳税人和缴费人合法权益,降低纳税和缴费成本。通过改革,调整优化税务机构职能和资源配置,增强政策透明度和执法统一性,统一税收、社会保险费、非税收入征管服务标准,促进现代化经济体系建设和经济高质量发展。

二、中国地方公共支出的现状

公共收入是手段,公共支出是目的,后者更明确地体现了政府职能,反映了政府活动的范围和方向。与中央公共支出相比,地方公共支出有其自身特点。我国是一个地区差异明显的发展中大国,研究地方公共支出尤为重要。

(一) 地方公共支出的总量分析

地方公共支出总量也即地方财政支出规模,是一定预算年度内地方政府通过预算安排的财政支出总量。它是衡量一定时期内地方政府支配社会资源的多少、满足公共需要能力高低的重要指标,反映了地方政府对社会经济发展影响力的强弱。一般衡量地方财政支出规模的指标既包括绝对指标,也包括相对指标。例如,地方财政支出占GDP(或GNP)的比重、地方财政支出增长弹性、地方财政支出边际倾向等都属于相对指标。

地方公共支出的规模对地方公共事业发展、基础设施建设等具有重大影响。自改革开放以来,我国经济一直稳步增长,地方公共支出总量也在逐年增加。同时,地方公共支出范围界定不够清晰,支出责任较重,导致地方公共收入的增长难以满足支出需求,地方财政的收支缺口不断扩大,尤其是省以下各级财政面临更大压力。从国际比较来看,中国地方财政支出在全国财政支出中所占比重属于较高水平[1],1994年分税制改革以来中国省级地方政府存在明显的支出规模扩张,而且中西部地区的扩张程度要高于东部地区[2]。

因此,结合地方政府的财力状况控制地方公共支出总量,对于化解地方财政风险、提高财政可持续性意义重大。这不仅需要中央政府通过一般性转移支付、专项转移支付和税收返还的方式来缩小地区间财力差距,而且需要通过中央与地方财政关系的合理科学划分来实现基本公共服务的均等化。

(二)地方公共支出的结构分析

1. 公共支出结构优化的含义

地方公共支出结构的优化涉及三个方面:一是地方政府的职责和功能要符合市场经济体制的要求,但这必须以整个政府系统的职能、功能被清楚界定为先决条件;二是由于地方公共支出结构的优化与地方政府的收入体系密切相关,地方政府的收入来源和支出方向要同地方政府的职责、功能相适应;三是地方政府财政支出结构要符合效率优先、兼顾公平的原则,并且要保证国民经济的稳定增长。

地方公共支出结构优化可以从静态和动态两方面予以定义。地方公共支出结构优化的静态定义是,地方政府在按照一定原则进行资源配置,安排转移支出以及其他公共支出时,使公共支出的现有组合达到了这样一种状态:在这种状态下,现有财政支出组合的任何变动都将使提供等量公共产品的成本增加,或在既定成本下公共产品的产出减少,那么这种状态就是地方政府公共支出结构的效率状态,也就是地方公共支出结构的优化。地方公共支出结构优化的动态定义是,通过对地方公共支出项目组合的不断调整,使地方公共支出结构达到效率状态的过程。

地方公共支出结构优化是静态和动态定义的统一,因为我们不能设想没有优化过程就出现效率状态的"优化",也不能设想只有"优化"过程而根本无法实

---

[1] 平新乔:《中国地方政府支出规模的膨胀趋势》,《经济社会体制比较》2007年第1期,第50页。
[2] 朱军:《中国地方政府公共支出规模膨胀实证研究》,《地方财政研究》2013年第7期,第50页。

现效率状态的"优化"——尽管这种效率状态很难实现。

地方公共支出结构的优化在本质上是指地方政府的职责和功能更加符合市场经济体制的要求,而且在客观上要求有一套统一的优化评价标准,虽然我国各地在经济发展过程、产业结构、部门及机构设置等方面存在较大差异,难以用一套统一的优化标准对各地政府的公共支出结构进行评判,但仍有一些基本的规律可循。第一,地方政府对于私人商品领域的投资应有缩小的趋势,私人商品的资源配置应由市场机制解决;第二,地方之间的贫富差距应有缩小趋势,不发达地区的投资吸引力应得到加强,不发达地区的全国"均等化"公共需求应得到保障;第三,应有利于国内统一市场的形成,要在国内统一市场的前提下发挥各地优势;第四,公共产品和服务的数量和质量得到不断提高;第五,公共收支的管理工作处于有序、变动状态。

2. 我国地方公共支出结构现状

经济发展的阶段不同,地方公共支出的重点和方向也有所不同。在国家发展初期,地方财政支出的重点多体现在基础设施建设上,到国家发展的成熟期,地方政府支出逐步转向以教育、医疗、社会保障为主的领域。从支出结构看,我国地方公共支出中经济建设支出占比明显下降,教科文支出占比显著上升,近年来行政管理支出也有所下降。

公共支出结构反映了政府向各方支付财政资金以实现其各种职能的活动,各种公共支出的组合及数量配比会受到地方政府经济状况和财政体制的影响。我国幅员辽阔,各地经济发展水平不均衡状况普遍存在,不同地区的公共支出差距较大。我国各省市政府根据自身地理环境特点以及资源优势,在公共支出的分配上各有侧重,不同地区间的公共支出结构具有较大差距。匡小平等研究者将我国地方财政支出结构划分为"偏高级服务支出"地区、"均衡支出"地区、"特殊结构支出"地区三种不同类型。[①] 张明喜以地方财政支出结构和经济发展水平为主要指标,使用聚类分析方法将全国的区域划分为经济发达地区、经济较发达地区、经济欠发达地区和经济落后地区四种类型。前两种类型的地区经济发展迅速,地方财政支出结构比较合理,但是也有待进一步优化。后两种类型的地区经济发展缓慢,地方财政支出结构亟须优化。[②] 张建迎将财政支出分为经济

---

① 匡小平、杨得前:《基于因子分析与聚类分析的中国地方财政支出结构的实证研究》,《中国行政管理》2013年第1期,第105页。

② 张明喜:《地方财政支出结构与地方经济发展的实证研究——基于聚类分析的新视角》,《财经问题研究》2008年第1期,第80页。

服务、社会服务、政府服务和其他职能,以聚类分析法对我国31个省级行政单位的财政支出结构进行了聚类分析,将财政支出结构分为五种类型。第一种类型为直辖市型,这些地方往往是全国经济和社会发展的中心城市,在推动我国经济发展和社会转型方面起到了重要作用;第二种类型为西部落后地区型,经济发展主要靠政府推动,政府既是投资者又是消费者;第三种类型的地方财政支出在经济方面的投资仍然占有较大比重,但是支出结构正在向社会服务方面调整;第四类支出结构为均衡发展型,处于由经济建设型向社会服务型转变的过渡时期,经济方面的投入在逐渐减少,社会服务支出逐步增长;第五类财政支出结构为社会服务型,这些地方政府在推动地方经济发展的同时,更加注重社会的和谐发展,把大量的财政资金用于科教文卫等事业,用于支付抚恤和社会福利救济费以及社会保障补助。①

谷金钟等研究者结合罗斯托的经济增长阶段理论,指出我国各省市之间的财政支出结构还存在一些差异,但总体呈现出趋同化的发展态势。② 孙长清等研究者从经济增长角度出发,认为我国地方购买性财政支出偏高,转移性支出、资本性支出等偏低。③ 陈志勇等从总体上研究,认为优化中国地方财政支出结构,应该削减基本建设支出、行政管理支出和政策性补贴支出,增加社会保障支出、支农支出、科教文卫支出。④

三、中国地方公共收入的现状

(一)我国地方公共收入的基本情况

1994年前,我国的财力分布格局是"地方多、中央寡"。在1949年到1979年的30年间,财政体制总体上实行"统收统支"的体制,全国的绝大部分财力集中在中央,由中央统一核拨各级政府的开支,地方仅享受地方税收和一些零星收入,无权留用其他收入。

随着改革开放的推进,"统收统支"的财政税收体制已经不适应经济发展的

---

① 张建迎:《中国地区财政支出结构的聚类分析》,《科技信息》2006年第3期,第168页。
② 谷金钟、吕静静、李梅芳:《中国地方财政支出结构的实证分析:基于因子分析、聚类分析法》,《中国市场》2016年第37期,第122页。
③ 孙长清、李辉:《基于Panel Data模型的地方财政支出结构优化实证分析》,《地方财政研究》2007年第1期,第50页。
④ 陈志勇、张明喜:《地方财政支出结构优化:理论模型与实证分析》,《财政研究》2006年第9期,第54页。

需求。自20世纪80年代改革开放之后,农村家庭联产承包责任制的兴起推动财政上实行"分灶吃饭"的财政体制改革,开始实行包干制。税收由地方负责征缴,超过收入基数的增量部分,按一定比例上缴中央财政。从前的中央财政统一平衡调度改为各地方财政自求收支平衡。大包干体制对激发地方和企业的活力发挥过一定的积极作用,但逐渐显露出弊端。由于信息不对称,中央不掌握征税的具体信息,地方通过各种方式截留中央税款的现象频频出现,致使中央财力不足。中央财政收入占国家财政收入的比重和国家财政收入占GDP的比重,从1985年的39.68%和22.79%,到1993年分别降为22%和12.6%。因此,国家推出了分税制改革,旨在提高中央财政收入比重,保证中央财政正常运转。

分税制改革使央地间的财政关系趋向规范,财力分配上体现为"先中央后地方",根本改变了过去的"先地方后中央"的做法,有助于形成更为合理的财政平衡体系,切实提高中央财政的宏观调控能力,增强财政体制的系统性、合理性。分税制改革后,国家财政收入占GDP的比重在1995年触底(10.7%)后开始出现持续稳定增长态势,中央财政收入的比重则从1993年的22%迅速提升至1994年的55.7%,此后一直保持在50%左右,到2018年,中央财政收入占比为46.6%。1994年的分税制改革奠定了我国财税体制的基本结构,但随着改革的深入,逐步形成财力向上集中、事权向下集中的倾向。(见表10-1)

表10-1 中国中央和地方财政收入及占比(1953—2018年) (单位:亿元,%)

年份	全国财政收入	中央财政收入	地方财政收入	中央财政收入占比	地方财政收入占比
1953	213.24	177.02	36.22	83.0	17.0
1954	245.17	187.72	57.45	76.6	23.4
1955	249.27	193.44	55.83	77.6	22.4
1956	280.19	222.1	58.09	79.3	20.7
1957	303.2	222.94	80.26	73.5	26.5
1958	379.62	305.26	74.36	80.4	19.6
1959	487.12	118.78	368.34	24.4	75.6
1960	572.29	142.8	429.49	25.0	75.0
1961	356.06	76.65	279.41	21.5	78.5
1962	313.55	93.07	220.48	29.7	70.3
1963	342.25	78.92	263.33	23.1	76.9

第十章 地方公共经济

(单位:亿元,%)(续表)

年份	全国财政收入	中央财政收入	地方财政收入	中央财政收入占比	地方财政收入占比
1964	399.54	100.81	298.73	25.2	74.8
1965	473.32	156.07	317.25	33.0	67.0
1966	558.71	196.49	362.22	35.2	64.8
1967	419.36	132.44	286.92	31.6	68.4
1968	361.25	107.11	254.14	29.6	70.4
1969	526.76	171.1	355.66	32.5	67.5
1970	662.9	182.95	479.95	27.6	72.4
1971	744.73	119.36	625.37	16.0	84.0
1972	766.56	105.81	660.75	13.8	86.2
1973	809.67	119.86	689.81	14.8	85.2
1974	783.14	134.77	648.37	17.2	82.8
1975	815.61	96.63	718.98	11.8	88.2
1976	776.58	98.91	677.67	12.7	87.3
1977	874.46	113.85	760.61	13.0	87.0
1978	1132.26	175.77	956.49	15.5	84.5
1979	1146.38	231.34	915.04	20.2	79.8
1980	1159.93	284.45	875.48	24.5	75.5
1981	1175.79	311.07	864.72	26.5	73.5
1982	1212.33	346.84	865.49	28.6	71.4
1983	1366.95	490.01	876.94	35.8	64.2
1984	1642.86	665.47	977.39	40.5	59.5
1985	2004.82	769.63	1235.19	38.4	61.6
1986	2122.01	778.42	1343.59	36.7	63.3
1987	2199.35	736.29	1463.06	33.5	66.5
1988	2357.24	774.76	1582.48	32.9	67.1
1989	2664.9	822.52	1842.38	30.9	69.1
1990	2937.1	992.42	1944.68	33.8	66.2
1991	3149.48	938.25	2211.23	29.8	70.2

(单位:亿元,%)(续表)

年份	全国财政收入	中央财政收入	地方财政收入	中央财政收入占比	地方财政收入占比
1992	3483.37	979.51	2503.86	28.1	71.9
1993	4348.95	957.51	3391.44	22.0	78.0
1994	5218.1	2906.5	2311.6	55.7	44.3
1995	6242.2	3256.62	2985.58	52.2	47.8
1996	7407.99	3661.07	3746.92	49.4	50.6
1997	8651.14	4226.92	4424.22	48.9	51.1
1998	9875.95	4892	4983.95	49.5	50.5
1999	11 444.08	5849.21	5594.87	51.1	48.9
2000	13 395.23	6989.17	6406.06	52.2	47.8
2001	16 386.04	8582.74	7803.3	52.4	47.6
2002	18 903.64	10 388.64	8515	55.0	45.0
2003	21 715.25	11 865.27	9849.98	54.6	45.4
2004	26 396.47	14 503.1	11 893.37	54.9	45.1
2005	31 649.29	16 548.53	15 100.76	52.3	47.7
2006	38 760.2	20 456.62	18 303.58	52.8	47.2
2007	51 321.78	27 749.16	23 572.62	54.1	45.9
2008	61 330.35	32 680.56	28 649.79	53.3	46.7
2009	68 518.3	35 915.71	32 602.59	52.4	47.6
2010	83 101.51	42 488.47	40 613.04	51.1	48.9
2011	103 874.4	51 327.32	52 547.11	49.4	50.6
2012	117 253.5	56 175.23	61 078.29	47.9	52.1
2013	129 209.6	60 198.48	69 011.16	46.6	53.4
2014	140 370	64 493.45	75 876.58	45.9	54.1
2015	152 269.2	69 267.19	83 002.04	45.5	54.5
2016	159 605	72 365.62	87 239.35	45.3	54.7
2017	172 592.8	81 123.36	91 469.41	47.0	53.0
2018	183 359.8	85 456.46	97 903.38	46.6	53.4

数据来源:国家统计局。

财政转移支付制度是现代财政制度的重要内容,是政府管理的重要手段。1994年实行分税制财政管理体制以来,我国逐步建立了符合社会主义市场经济体制基本要求的财政转移支付制度。中央对地方转移支付,主要分为一般性转移支付和专项转移支付。一般性转移支付,是指中央政府对有财力缺口的地方政府,按照规范的办法给予补助,不规定具体用途,由下级政府根据本地区实际情况统筹安排使用。专项转移支付,则是为了实现特定的经济和社会发展目标,中央给予地方政府的资金补助,并要按规定的用途安排使用。中央财政集中的财力主要用于增加对地方特别是中西部地区的转移支付,转移支付规模不断扩大,有力促进了地区间基本公共服务的均等化,推动了国家宏观调控政策目标的贯彻落实,保障和改善了民生,支持了经济社会持续健康发展。

　　但与建立现代财政制度的要求相比,现行中央对地方转移支付制度存在的问题和不足也日益凸显,突出表现在:受中央和地方事权和支出责任划分不清晰的影响,转移支付结构不够合理;一般性转移支付项目种类多、目标多元,使均等化功能弱化;专项转移支付涉及领域过宽,资金散、乱、小,难以形成合力,分配使用不够科学;一些项目行政审批色彩较重,与简政放权改革的要求不符;地方配套压力较大,财政统筹能力较弱;转移支付管理漏洞较多,信息不够公开透明;等等。若中央的转移支付划拨额度不能满足地方需求,就会出现"中央请客地方买单"的情况,就极易出现另辟蹊径获取财源的做法,近年来中央多次强调禁收的"过头税",即为地方在时间和幅度上过度征税,以充实地方财政的手段。

(二) 我国地方公共收入存在的问题

1. 地方税体系法制建设落后

　　美国、德国、日本等国家的税收立法体系比较完善,相比之下我国的税收立法相对滞后,税权的划分缺乏统一、规范的准则。地方税税种所依据的法律法规层级较低且税制陈旧,不利于依法推进各项税收工作。现行的印花税、房产税、城镇土地使用税、土地增值税、耕地占用税的法律依据仍然只是行政法规,且颁布时间大多数为20世纪末。这些行政法规从颁布至今,原先设计的计税依据、征税范围、税目等已不能很好地适应新时代的发展要求,影响了征收效率和征收效果,零碎的修订和补充不能从根本上解决税制的缺陷。部分税种的征收办法变动又比较频繁,降低了税收政策的稳定性和税收收入的可控性。财权与事权的划分也主要是以行政法规的规定为主,而不是以宪法或法律来明确,相关权责划分缺乏强有力的法律保障。同时,我国税收立法权高度集中于中央,目前地方税税种的相关法律法规都是由中央政府制定并颁布的,高度集中的税收立法权很难兼顾不同区域经济发展的需要,一定程度上会阻碍地方政府因地制宜进行调控的可能性,降低地方政府组织税收收入的积极性,不利于地方经济的可持续发展。

2. 央地财政事权划分不够清晰

财政事权是一级政府应承担的运用财政资金提供基本公共服务的任务和职责,支出责任是政府履行财政事权的支出义务和保障。以事权确定财权,要优先理清事权,再根据事权来配置中央和地方的财权。我国宪法并未划定央地财权和事权的边界,而我国预算法仅明确了国家实行中央与地方分税制,以及一级政府一级预算。以上规定是当前中央与地方财权事权分配的法律基础,然而在实践中,中央与地方财权事权的现有配置存在许多需要改进的地方。[①]

总体来说,现行的中央与地方财政事权和支出责任划分不同程度上存在着不清晰、不合理、不规范等问题,主要表现在:政府职能定位不清,一些本可由市场调节或社会提供的事务,财政包揽过多,同时一些本应由政府承担的基本公共服务,财政承担不够;中央与地方财政事权和支出责任划分不尽合理,一些本应由中央直接负责的事务交给地方承担,一些宜由地方负责的事务,中央承担过多,地方没有担负起相应地支出责任;不少中央和地方提供基本公共服务的职责交叉重叠,共同承担的事项较多;省以下财政事权和支出责任划分不尽规范。

尤其是越到基层,财政困境越为明显。例如,县级政府不仅需要承担本地区经济发展、基础设施建设、社会治安、行政管理等基本职能,同时也要实施国家提出的精准扶贫、新农村建设、新兴农村合作医疗等新农业农村政策。财政事权划分不明确造成县级政府财政事权不断积累,但财政自给能力有限,基层公共服务供给职能弱化。中国财政科学研究院"地方财政经济运行"课题组(2017)通过研究发现,2016年前三季度有18.6%的市县(区)一般公共预算收入出现负或者零增长,有15%的市县(区)一般公共预算支出出现零或负增长,县级财政收支矛盾突出。这些状况不利于政府有效提供基本公共服务,与建立健全现代财政制度、推动国家治理体系和治理能力现代化的要求不相适应,所以必须积极推进中央与地方财政事权和支出责任划分改革。

3. 地方税主体税种缺失

一个完整的地方税税种构成体系应包括两大块:一是地方税主体税种,一国地方税主体税种可以是一个税种也可以是几个税种,一般可以选择财产税类、商品税类和所得税类的税种作为地方税主体税种。二是辅助性税种,与地方税主体税种相比,其收入规模较小,税源零星分散,征管难度较大,但能充分体现受益原则。一般可以选择财产税类、资源税类、行为目的税类的税种为地方税体系的

[①] 王文婷:《稳步推进央地财权事权划分》,《学习时报》2017年1月4日,第7版。

辅助性税种。主体税种与辅助税种相互协调配合，构成一个完整的地方税税种体系。

自分税制改革以来，税收收入增长保持稳定水平。从税收收入结构来看，归属地方政府所有或分享的税种有 14 个，包括中央与地方共享的增值税、企业所得税、个人所得税，具有共享属性的印花税、资源税、城市维护建设税，收入完全归地方的房产税、契税、土地增值税、城镇土地使用税、耕地占用税、车船税和烟叶税以及环境保护税。其中纯粹的地方税种只有七个，在全部税收收入中比重不到两成，地方税收收入高度依赖共享税。以 2016 年为例，全国税收收入中共享税收入 6329 亿元，占比达到 50.9%，如果再加上具有共享性质的地方税种，占比高达 70.3%，因此，税收收入中绝大多数都是中央税及共享税。地方税收收入内部结构同样不够合理，2016 年地方税收收入总额中，7 个纯粹的地方税种收入贡献为 22.3%，其中的税收返还、共享税分成收入和具有共享性质的地方税收收入，三者加起来比重达到 72.4%。[①] 由此可见，地方专享税占比不高，且税收结构过于单一，不仅反映出地方政府的税收自主性较低，也体现出地区经济结构上的风险积聚。

营改增之前，营业税作为地方政府专享的第一大税种，占地方税收的比例超三成。伴随营改增的推进，增值税涵盖了所有货物、服务和劳务，营业税已经退出历史舞台，尽管名义上地方税涉及的税种有 14 个，但这些税种的特点和规模还不能承担保障地方财力的重任，这些税种大都是适合地方征管、征税成本较高、课税基础及税源相对较弱的税种，即使如资源税、车船税、房产税等也并不具备充当主体税种的能力。营改增之后，地方税收主要来源于增值税和所得税中的地方分成部分，2017 年二者占比达 65% 以上。此外，近年来进行放管服改革及减税降费措施对于非税收入的增长产生一定的冲击，2017 年中西部地区非税收入均为负增长，非税收入的显著减少也对地方财力形成了极大挑战。

4."土地财政"依赖程度过深

地方政府财政收入包括一般公共预算收入、政府性基金预算收入、国有资本经营预算收入和社会保险基金预算收入四项。近十年来政府性基金收入规模明显扩张，对地方财力的贡献度明显提高，主要是因为土地出让收入快速增长。土地出让金收入计入政府性基金预算中，是基金收入的主要来源。

1994 年分税制改革极大地压缩了地方政府的税收分成比例，但却将当时规模还很少的土地收益划给了地方政府，奠定了地方政府走向"土地财政"的制度基础。随着人口的持续增长和城市化的快速推进，新增城市人口对住房的需求

---

① 根据财政部官网 2016 年全国财政及地方财政决算表计算获得。

增加,收入增长的城市家庭也有了巨大的改善住房的需求,城市房地产市场得到快速发展,成交量和成交价格迅速攀升,带来了对城市住宅用地的巨大需求。自20世纪80年代末中国开始逐步有偿出让建设用地后,除了少数年份外,土地出让收入一路水涨船高,在地方政府财力中占了较大比例,基本在40%—70%之间浮动,如果加上其他相关收入,这个比例可能会更高。2017年,全国地方本级一般公共预算收入为91 469亿元,而政府性基金预算收入中,国有土地使用权出让金收入为49 997亿元,占地方本级一般公共预算收入的55%,成为名副其实的地方第二财政。(见表10-2)低价征地、高价出让的土地价格剪刀差给地方政府带来了巨大的土地出让收益,增加了地方政府的财政收入。同时,地方专享税对房地产业过于依赖,土地增值税、契税、房产税、城镇土地使用税、耕地占用税均与房地产相关,导致地方政府对"土地财政"的依赖日益严重。

表10-2 中国地方政府性基金收入(2012—2018年) （单位:亿元,%）

年份	全国政府性基金收入	中央政府性基金收入	地方政府性基金收入	地方政府性基金收入在全国政府性基金收入占比	国有土地使用权出让	国有土地使用权出让在地方政府性基金收入中的占比
2012	37 517	3313	34 204	91.2	28 517	83.4
2013	52 239	4232	48 007	91.9	41 250	85.9
2014	54 093	4097	49 996	92.4	42 606	85.2
2015	42 330	4112	38 218	90.3	32 547	85.2
2016	46 619	4178	42 441	91.0	37 457	88.3
2017	61 462	3825	57 637	93.8	52 059	90.3
2018	75 405	4033	71 372	94.7	65 096	91.2

资料来源:国家统计局。

2013年6月,审计署公布的《36个地方政府本级政府性债务审计结果》显示:2012年年底,4个省本级、17个省会城市本级承诺以土地出让收入为偿债来源的债务余额为7746.97亿元,占这些地区政府负有偿还责任债务余额的54.64%,比2010年增长1183.97亿元,占比提高3.61个百分点。这种对土地收益的高度依赖,受宏观经济政策和当地经济发展状况影响较大,若房地产相关政策发生变更或新政策出台,"土地财政"收入出现不稳定现象,会直接影响地方政府财政收入。对土地收益的高度依赖还会影响地方经济发展方式的转变,助推地价房价双高。而且对土地资源的过度透支也会加速积累财政风险,还容易引发征地拆迁补偿、资金浪费等经济社会问题,成为社会稳定的潜在威胁因素。因此,当前迫切需要政府主动引导和推动"土地财政"转型。

不过,"土地财政"的规模具有明显的区域差异。不同地区间政府性基金收入差距很大,土地出让收入的三分之二以上分布在东部沿海地区,这些地区"土地财政"规模巨大,其变化特征和全国趋势高度一致。相比较而言,中西部地区"土地财政"规模较小,增长相对较慢。主要原因在于中西部地区经济发展较慢,人口流出,导致城市房地产市场涨幅相对东部地区较慢。较低的房价,导致了降低的地价,从而导致了较低的土地出让收入和相关的土地税费。

5. 地方政府偿债压力大

2008年,美国次贷危机引发了全球金融危机,为应对金融危机,我国采取积极的财政政策,提出4万亿元的经济刺激计划。但在这4万亿元的投资中,中央政府仅投资不到30%,其余70%的资金需要由地方政府配套提供,即地方政府需要自行筹集资金进行当地的基础设施建设。地方政府本就存在收支缺口,配套政策更激化了地方财政收支矛盾。随着国家积极财政政策的推行,地方政府为了促进经济发展、提高公共服务能力,采取大举扩张的发展模式,不惜大幅举债来搞大型项目建设。

从当前我国地方政府的债务情况来看,债务总量较大,尤其是地级、县级和各类开发区政府,在一些地级市,债务总量甚至超出一般公共财政收入。地方债务性质复杂,我国1994年的预算法规定地方政府不得发行债券,于是许多地方政府就通过融资平台等变通方式进行融资,以及更为"隐性"的各种直接、间接方式借债。修改后的预算法规定,经国务院批准的省、自治区、直辖市预算中必需的建设投资的部分资金,可以在国务院确定的限额内,通过发行地方政府债券的方式筹措。这是一个重大突破。财政部数据显示,截至2017年12月末,全国地方政府债务余额164 706亿元,从法定限额的角度看,政府显性债务的风险并不高,但是如果考虑到隐性债务,地方债务规模巨大。债务期限结构不匹配,地方政府债务的偿还年限一般都在3—5年,但资金的回收期限往往在5年甚至10年、20年以上,贷款期限结构与收益时间严重不匹配。而且债务成本高,就地方政府贷款而言,开发性贷款的成本相对较低,国有股份制大型银行以及全国性股份制银行执行利率政策基本正常,但由于从这些银行贷款手续繁杂、周期较长、要求严格,很多地方政府为应对违约风险,不得不以高利率从其他渠道争取贷款。这些问题都增大了地方财政风险和金融风险,给我国地方经济安全和社会稳定埋下了隐患。

地方政府债务有双重性,有促进经济发展改善民生的积极作用,随着经济实力的提升,债务规模可以相应扩大。但是,如果脱离经济实力,不顾偿还能力,盲目举债,则会破坏经济发展,影响民生改善。随着我国经济由高速增长阶段向高质量增长阶段转变,各地也正经历着转变发展方式、优化经济结构、转换增长动能的经济发展攻关期,经济下行压力的持续加大,财政收入增速逐步放缓与财政支出刚性增长并存。近年来地方政府债务管理制度密集出台,监管问责持续施压,地方政府违法违规融资举债方式更加隐蔽。因此,在经济新常态下,为巩固地方政府债务监管成果,有效遏制地方政府隐性债务抬头,应通过综合施策加强地方政府债务管理。

6. 基本公共服务均等化有待推进

我国政府一直以来都高度重视民生兜底保障和推进基本公共服务均等化工作。"十一五"规划就首次在国家战略中提出了基本公共服务。到"十二五"规划纲要又提出了一个非常重要的理念,就是要把基本公共服务制度作为公共产品向全民提供,标志着基本公共服务均等化真正意义上从发展理念上升为国家实践。到了"十三五"时期,推进基本公共服务均等化成为从国家战略到全面实践的题中要义。

"十二五"以来的十年中,在各地区各部门的共同努力下,覆盖全民的基本公共服务制度基本建成,各级各类基本公共服务设施持续改善,国家基本公共服务清单项目全面落实,保障能力和群众满意度逐步提升。不过,由于发展基础、历史欠账等因素的影响,城乡、区域、群体之间的基本公共服务仍存在较大差距,基本公共服务发展仍存在不平衡不充分的问题;由于对基本公共服务具体内容认识的差异和服务提供能力的差距,各地基本公共服务的服务质量存在较大不同,城市优于农村,发达地区高于欠发达地区,常住人口强于流动人口;长期以来的"重经济、轻社会"的倾向,造成社会发展滞后于经济发展,服务水平与所处经济社会发展阶段不相适应。[①] 这就需要通过明确国家基本公共服务质量要求,达到区域间协调和群体间一致,通过明确国家基本公共服务标准和细化地方具体实施标准,实现服务水平与经济社会发展相适应。通过设定基本公共服务的设施建设、设备配备、人员配备和服务管理等软硬件标准,达到补短板、强弱项、提质量的效果。

2018年7月,中办、国办印发《关于建立健全基本公共服务标准体系的指导意见》,按照系统性、层次性和协调性的要求,从国家、行业、地方、基层服务机构四个层面,构建了基本公共服务标准体系的总体框架。提出要建立健全基本公共服务标准体系,规范中央与地方支出责任分担方式,推进城乡区域基本公共服务制度统一,促进各地区各部门基本公共服务质量水平有效衔接,以标准化手段

---

① 邢伟:《以标准化促公共服务均等化》,《经济日报》2019年2月20日,第7版。

优化资源配置、规范服务流程、提升服务质量、明确权责关系、创新治理方式,确保基本公共服务覆盖全民、兜住底线、均等享有,使人民的获得感、幸福感、安全感更加充实、更有保障、更可持续。力争到 2025 年,基本公共服务标准化理念融入政府治理,标准化手段得到普及应用,系统完善、层次分明、衔接配套、科学适用的基本公共服务标准体系全面建立;到 2035 年,基本公共服务均等化基本实现,现代化水平不断提升。

(三)解决地方公共收入问题的思路

针对当前我国地方公共收入存在的问题,需要进一步调整中央和地方政府间的财政关系,在保持中央和地方收入格局大体稳定的前提下,进一步理顺中央和地方收入划分,合理划分政府间事权和支出责任,深化地方税改革,建立起完备的地方税体系。

1. 进一步转变地方政府职能

改革开放以来,中国经济经历了 40 多年的高速增长。这种高速增长在使中国经济总量规模迅速扩大的同时,存在着经济增长效率低下、环境污染、资源浪费、经济结构不合理、收入差距扩大等问题。过去,许多地方都把工作重心放到"招商引资"、加快做大 GDP 上,最终导致经济社会发展不全面、不协调、不可持续的问题日益突出,房地产泡沫不断积累、地方债不断推升……实践表明,要想推动经济、社会持续健康发展,再延续既有的经验,靠经营土地、扩大政府投资,靠高投入、高消耗、高排放和扩大出口的旧模式已经行不通了。传统的发展思路、政策工具逐渐失灵,迫使各级政府反思既有的发展模式,探索新的发展路径。进入新常态后,经济增长速度持续下滑、经济结构快速优化、新旧增长动力转换等,对宏观经济管理提出了一系列新的要求和挑战。

经济决定税收,经济发展新常态必然决定税收工作也呈现新常态。进入 21 世纪以来,我国税收收入呈现高速增长态势,长期保持两位数增幅。在新常态下,随着经济增幅稳定在 7% 左右,税收收入将从原来的高速增长转变为逐步放缓,增幅将逐渐回落。而且随着近几年减税降费力度不断加大,地方财政收入受到较大的考验,也迫使地方政府加快职能转变。地方政府需要正确处理政府与市场、政府与社会的关系,合理确定政府提供基本公共服务的范围和方式,将应由市场或社会承担的事务,交由市场主体或社会力量承担,使市场在资源配置中的决定性作用得到充分发挥。应采取多种措施吸引社会力量参与,通过发展政府和社会资本合作(PPP)等方式,不断提高公共服务的公平性和可及性,最大限度地提高公共资金使用效果,最大限度地便民利民。地方政府需要认真贯彻国务院关于转变政府职能的部署,简政放权、放管结合、优化服务,围绕"大众创业、万众创新",在经济发展中培育和拓展税源,增强地方财政"造血"功能,营造主动有为、竞相发展、实干兴业的环境。

2. 明晰财政事权和支出责任的划分

财政事权和支出责任的划分首先应体现受益原则,体现国家主权、维护统一市场以及受益范围覆盖全国的基本公共服务由中央负责,地区性基本公共服务由地方负责,跨省(区、市)的基本公共服务由中央与地方共同负责。同时,结合我国现有中央与地方政府职能配置和机构设置,更多、更好发挥地方政府尤其是县级政府组织能力强、贴近基层、获取信息便利的优势,将所需信息量大、信息复杂且获取困难的基本公共服务优先作为地方的财政事权,信息比较容易获取和甄别的全国性基本公共服务宜作为中央的财政事权。

在完善中央决策、地方执行的机制基础上,明确中央在财政事权确认和划分上的决定权,适度加强中央政府承担基本公共服务的职责和能力。在中央统一领导下,适宜由中央承担的财政事权的执行权要上划,加强中央的财政事权的执行能力;适宜由地方承担的财政事权的决策权要下放,减少中央部门代地方决策事项的情况,保证地方有效管理区域内事务;还要明确共同财政事权中中央与地方各自承担的职责。省级政府要参照中央做法,结合当地实际,按照财政事权划分原则合理确定省以下政府间财政事权。将部分适宜由更高一级政府承担的基本公共服务职能上移,明确省级政府在保持区域内经济社会稳定、促进经济协调发展、推进区域内基本公共服务均等化等方面的职责。将有关居民生活、社会治安、城乡建设、公共设施管理等适宜由基层政府发挥信息、管理优势的基本公共服务职能下移,强化基层政府贯彻执行国家政策和上级政府政策的责任。

支出责任应与财政事权相适应,按照"谁的财政事权谁承担支出责任"的原则,确定各级政府支出责任。对属于中央并由中央组织实施的财政事权,原则上由中央承担支出责任;对属于地方并由地方组织实施的财政事权,原则上由地方承担支出责任;对属于中央与地方共同财政事权,根据基本公共服务的受益范围、影响程度,区分情况确定中央和地方的支出责任以及承担方式。通过合理划分中央与地方在基本公共服务提供方面的任务和职责,形成科学合理、职责明确的财政事权和支出责任划分体系。

3. 健全地方税体系

地方税体系是我国财政体制的重要组成,一个良好的地方税体系能够促进市场经济的发展,满足地方政府公共服务支出的需要,同时发挥调节收入分配作用,建立更加公平正义的和谐社会,为解决人民日益增长的美好生活需要和不平衡不充分发展之间的矛盾提供制度保障。党的十九大报告将"建立权责清晰、财力协调、区域均衡的中央和地方财政关系"放在了财税体制改革的首要位置,同时在税制改革部分明确提出"健全地方税体系"的要求。完善地方税结构,确立地方税主体税种,逐步提高直接税比重,是健全地方税体系的重要组成部分。

地方税税种应具备以下条件:税基应该具有明显的地域特征,课税对象和范围相对固定于某一区域,不随纳税人的流动而流动;收入具有地方受益性,纳税人所缴纳的税收与其享受的地方公共产品和服务是对称的,收入具有一定的弹性,可以基本满足地方政府的公共支出需要;征收管理具有便利性,地方政府及其职能部门易于掌握税源,方便管理。基于这样的原则,资源税、环保税、房产税、消费税等都是地方税的可选对象。另外,要稳妥推进房地产税立法。

我国作为幅员辽阔、区域间经济社会发展不均衡的单一制大国,需要构建既符合市场经济一般规律,又具有中国特色的中央和地方收入划分体系。在保持中央和地方财力格局总体稳定的前提下,应科学确定共享税中央和地方分享方式及比例。而且,完整的中央和地方收入划分体系不仅包括中央与省级政府间的收入划分,还要因地制宜、合理规范划分省以下政府间收入。2019年10月国务院印发《实施更大规模减税降费后调整中央与地方收入划分改革推进方案的通知》,其中提出三个方面的政策措施,包括:一是保持增值税"五五"分享比例稳定。二是调整完善增值税留抵退税分担机制,建立增值税留抵退税长效机制,并保持中央与地方"五五"分享比例不变。为缓解部分地区留抵退税压力,增值税留抵退税地方分担的部分(50%),由企业所在地全部负担(50%)调整为先负担15%,其余35%暂由企业所在地一并垫付,再由各地按上年增值税分享额占比均衡分担,垫付多于应分担的部分由中央财政按月向企业所在地省级财政调库。三是后移消费税征收环节并稳步下放地方。按照健全地方税体系改革要求,在征管可控的前提下,将部分在生产(进口)环节征收的现行消费税品目逐步后移至批发或零售环节征收,拓展地方收入来源,引导地方改善消费环境。

4. 完善转移支付制度

实行财政转移支付制度是实现财力与事权相匹配的重要手段,对于缩小地区间财力差距、推进基本公共服务均等化、促进区域协调发展具有重要意义。2014年国务院印发《关于改革和完善中央对地方转移支付制度的意见》(简称《意见》)提出了改革和完善转移支付制度的指导思想、基本原则和主要措施。《意见》明确指出,要合理划分中央和地方事权与支出责任,逐步推进转移支付制度改革,形成以均衡地区间基本财力、由地方政府统筹安排使用的一般性转移支付为主体、一般性转移支付和专项转移支付相结合的转移支付制度。属于中央事权的,由中央全额承担支出责任,原则上应通过中央本级支出安排,由中央直接实施;属于中央地方共同事权的,由中央和地方共同分担支出责任,中央分担部分通过专项转移支付委托地方实施;属于地方事权的,由地方承担支出责任,中央主要通过一般性转移支付给予支持,少量的引导类、救济类、应急类事务通过专项转移支付予以支持,以实现特定的政策目标。

一般性转移支付能够发挥地方政府了解居民公共服务实际需求的优势,有利于地方因地制宜统筹安排财政支出和落实管理责任;专项转移支付则能够更好地体现中央政府的意图,促进相关政策的落实,且便于监督检查。从国际上看,两者比例关系如何搭配,并无统一标准,而是与各国的基本国情相适应。我国人口多、地域广,经济社会发展不平衡,地方事务复杂多样,区域协调发展任务繁重,同时,中央政府支出规模相对较小,大部分支出在地方实现。因此,我国中央对地方的转移支付制度应以均衡地区间基本财力、由地方政府统筹安排使用的一般性转移支付为主体,一般性转移支付和专项转移支付相结合,实现财政事权和支出责任的匹配。

对于一般性转移支付,需要建立稳定增长机制,逐步将一般性转移支付占比提高到60%以上,按照国务院规定的基本标准和计算方法编制,并加强对其的管理。对于专项转移支付则需要继续清理整合,逐步取消竞争性领域专项转移支付,严格控制新设专项,杜绝变相增设专项,规范专项资金管理办法,取消地方资金配套要求。

5. 防范化解地方政府债务风险

长期以来,中央政府的政绩考核机制以 GDP 增长率为核心指标,这种机制对地方官员来说就是一种"锦标赛"式的政治激励,促使地方在基础设施建设、招商引资等方面投入巨大精力,同时却没有动力去提升回报周期较长的基础性公共服务的投入比重。地方政府债务的形成,很大程度上就源于扭曲的政府职能和不科学的干部政绩考核指标体系。因此,要解决地方债务庞大的问题,最根本的还是要积极推进政府职能转变,政府不应参与具体的经济事务,要发挥市场在资源配置中的决定性作用。同时精简机构和人员,减轻政府支出压力,改变"唯 GDP 论英雄"的政绩观,并把政府债务管理纳入领导政绩评价体系。地方政府债务的形成还源于财政事权与财权的不匹配,因此,需要推动中央与地方事权关系法治化的进程,明确各级政府支出责任清单。

同时赋予地方政府依法适度举债融资权限,加快建立规范的地方政府举债融资机制,坚决制止地方政府违法违规举债。对地方政府债务实行规模控制,严格限定政府举债程序和资金用途,把地方政府债务分门别类纳入全口径预算管理,实现"借、用、还"相统一。明确政府和企业的责任,政府债务不得通过企业举借,企业债务不得推给政府偿还,切实做到谁借谁还、风险自担,政府与社会资本合作的,按约定规则依法承担相关责任。推动融资平台公司公开透明、合法合规运作,严禁新设融资平台公司,分类推进融资平台公司市场化转型,剥离融资平台公司政府融资职能,坚决制止地方政府将公益性事业单位变成融资平台。加强债务管理,既要积极推进,又要谨慎稳健;在规范管理的同时,要妥善处理存量债务,确保在建项目有序推进。牢牢守住不发生区域性和系统性风险的底线,切实防范和化解财政金融风险。

【关键术语】

地方公共经济　地方公共产品　受益原则　蒂布特模型　分权制　分税制　补助　公共支出结构优化

【复习思考题】

1. 简述地方公共产品的特点。
2. 用"拥挤函数"表示地方公共产品的最佳数量。
3. 简述西方的分权理论。
4. 中央与地方公共支出的划分原则是什么?
5. 影响地方公共支出的因素有哪些?
6. 地方与中央公共收入的划分原则是什么?
7. 补助有哪些必要性?
8. 论述我国 1994 年的分税制改革。
9. 当前我国地方公共收入主要存在哪些问题?

【参考书目】

1. 刘尚希、张学诞:《地方税与地方治理》,经济科学出版社 2018 年版。
2. 王宝顺:《中国地方财政支出效率研究——理论与实证》,中国社会科学出版社 2018 年版。
3. 王敬尧:《地方财政与治理能力》,商务印书馆 2010 年版。
4. 王慎民主编:《地方财政改革与发展》,经济科学出版社 2013 年版。
5. 王玮编著:《地方财政学》(第三版),北京大学出版社 2019 年版。
6. 谢芬:《地方财政支出与城乡收入差距的关系研究》,西南财经大学出版社 2019 年版。
7. 游宇:《中国的地方财政体制与治理》,中央编译出版社 2020 年版。
8. 钟晓敏、叶宁:《中国地方财政体制改革研究》,中国财政经济出版社 2010 年版。
9. 钟晓敏主编:《地方财政学》,中国人民大学出版社 2017 年版。
10. 踪家峰等:《中国地方财政的实证研究——财政竞争、政治晋升与地方政府行为》,经济管理出版社 2017 年版。

第十一章 公共经济管理

【教学目的和要求】

本章从管理学的途径考察了公共经济的活动和过程,界定了公共经济管理的概念和原则,从宏观和微观角度分别讨论了宏观经济运行和公共规制,分析了公共经济的民主监督和效率、效应。

学习本章,要理解公共经济管理是区别于私人经济管理的特殊形态的经济管理,要认识公共经济管理的基本原则,总供给与总需求的关系,宏观经济运行的问题及其调控,公共规制的思想、实施过程和分类,要理解民主监督对于公共经济的重要意义,要学会对公共经济的效率和效益进行分析。

第一节 公共经济管理概述

公共经济作为市场经济条件下一种特殊的经济活动,与私人经济相对立,具有一般经济现象和经济活动的共性,同时具有自身的特殊规律性。考察公共经济活动有许多种视角和方法,比如政治过程的视角。这种视角根据"政府过程"(process of government)理论以公共经济政策(比如税收、预算、支出)的认定、形成、制定、执行和评估等环节作为关注的焦点,研究政治活动、政府过程对公共经济活动和过程的作用和影响。① 如果从管理学的视角考察公共经济活动和公共经济过程,便形成了公共经济管理的基本理念、基本概念和理论体系。我们称这种视角为公共经济的管理学研究途径。

以下对这一途径涉及的基本概念进行的界定和论证,在此基础上形成公共经济管理的概念和原则。

一、管理概念以及考察公共经济的管理学视角

对一般管理概念的探讨无论在中国还是西方都有悠久的历史。管理作为一

---

① 〔美〕爱伦·鲁宾:《公共预算中的政治:收入与支出,借贷与平衡(第四版)》,叶娟丽、马骏等译,中国人民大学出版社 2001 年版,第 1—349 页。

种人类特有的知识、技能、制度现象是随着人类实践活动的发展不断进步和完善的。管理活动贯穿在人类各种活动中,成为"由心智所驱使的唯一的、无处不在的人类活动"①。但作为一门学科出现的管理学却是近百年的事情。其标志性的事件是科学管理运动的兴起和发展。与科学管理运动相伴随,法约尔(H. Fayol)的管理过程理论、马克斯·韦伯的科层组织理论构成了古典管理理论。"霍桑实验"(Hawthorne Experiments)作为对科学管理教条的证伪掀起了以"人际关系—行为科学"为理论基础和方法原则的管理理论,即所谓的"管理理论的社会人阶段"②。二战后,随着管理领域的扩大,管理层次的细化,管理科学手段的信息化,管理社会基础的变化,管理研究方法的多元化,管理理论进入"管理丛林"阶段。在这一阶段,与科学技术领域"新老三论"的发展一致,管理学领域出现了对众多资源进行综合的管理趋势:一种趋势是受一般系统论的影响,建立了在系统论基础上的组织管理理论③;另一趋势是管理过程(职能的观点)对众多的管理思想进行综合,国外流行的教科书都采用这种综合。

(一)从管理的角度来考察经济活动的原因

首先,管理成为生产的第四要素。传统经济学理论认为,经济增长和发展依赖的要素是"劳动、土地和资本"以及这些要素之间的替代"技术"。但是,战后英国专家小组通过研究认为:"英国工业生产水平比较低的主要原因在于英国的组织管理水平比美国要低得多。美国之所以能够取得胜利,与其说是靠技术装备,还不如说靠它的管理水平。"④管理成为生产的第四要素。

其次,管理与经济增长的制度分析。随着研究经济增长和发展的学者对经济增长的研究从"要素"(包括资本、技术、劳动、人力资源、知识等)转向"制度",制度分析成为一门显学。⑤ 制度(institution)从广义上作为一种规则,约束人的行为,形成特定的激励结构、信用结构和社会秩序。管理对组织的研究、对管理过程的研究在很大程度上是一种制度分析,着重解决管理中的激励问题。从管理的角度研究经济活动是与制度分析的学术背景一致的,同时管理学也借用制

---

① 〔美〕弗莱蒙特·E.卡斯特、詹姆斯·E.罗森茨韦克:《组织与管理:系统方法与权变方法(第四版)》,傅严、李柱流等译,中国社会科学出版社2000年版,第7页。
② 〔美〕丹尼尔·A.雷恩:《管理思想的演变》,赵睿、肖聿、戴旸译,中国社会科学出版社2000年版,第308页。
③ 〔美〕弗莱蒙特·E.卡斯特、詹姆斯·E.罗森茨韦克:《组织与管理:系统方法与权变方法(第四版)》,傅严、李柱流等译,中国社会科学出版社2000年版,第126页。
④ 〔苏〕Г.Х.波波夫:《管理理论问题》,徐眉君、黄诠译,中国社会科学出版社1983年版,第3—4页。
⑤ 〔美〕迈克尔·麦金尼斯主编:《多中心体制与地方公共经济》,毛寿龙译,上海三联书店2000年版,译丛总序,第2页。

度分析的框架和方法为组织设计、过程再造提供指导。总之,从管理学视角透视经济活动,特别是公共经济活动,对于公共经济活动的优化,进而促进整个经济增长无疑是有积极作用的。

再次,从经济学与管理学之间的关系来看,经济学与管理学既有区别也有联系,并出现了两者融合交叉的局面,而且融合交叉的范围、领域、层次都有所扩展。具体来讲主要有以下几点。

(1) 经济学不仅与数学、心理学一起共同构成管理学的理论基础,而且还为管理学提供分析方法;(2) 经济学的历史比管理学的历史长些,但是管理学对于经济学的实用化有着巨大的作用,经济学只有通过管理才能转化为生产力,应用经济学就是在管理学的参与和帮助下迅速发展起来的;(3) 由于经济学与管理学的相互渗透、交叉和融合,在经济管理领域的研究大都兼有经济学与管理学的两栖性,几乎难以分清其为纯粹的经济学或纯粹的管理学。①

因此,从管理学的视角透视经济活动是与经济学和管理学交叉融合的学术路径一致的,这种学术路径反映了经济活动需要更为具体的、更富有解释力的理论与技术以提供支持,从而促进经济活动的理性化和经济系统的优化。

最后,从管理与公共经济活动的特殊性来看,从管理学的视角透视公共经济有利于针对公共经济的特殊性采用不同于私人部门的经济管理模式,可以更为具体地、实际地、可操作地提高公共经济活动的效率、效益和经济。那么公共经济活动的特殊性在哪里呢?传统政治学认为政府部门是至善的。传统经济学认为公共部门是慈善的、理性的、万能的。公共选择学派否定了这一假说,认为政府官员是谋求私利最大化的,公共目标是多元化弹性的,公共产出是难以测量、没有底线的。于是从管理学的视角透视公共经济,便采用了适合于公共经济特点的管理手段,设计组织结构,形成绩效测评体系,进行公共部门经济管理的"重塑"(reinventing)。

(二) 考察公共经济管理的管理学视角

开篇对管理思想的简单回顾,有助于我们形成较为全面的管理概念。本书从理念、工具、范式的角度对管理概念进行全面的阐释。

"理念"(idea)早在柏拉图的《理想国》中就提了出来,特指万事万物的本质和稳定性的规定。管理现象随历史时空变化,但管理理念却相对稳定不变,为管理的研究提供基本的原则规范和指导。② 人们也试图从理念层次上总结管理的

---

① 乌家培:《经济学与管理学的关系》,《管理科学学报》2000年第2期,第82—83页。
② 〔古希腊〕柏拉图:《理想国》,郭斌和、张竹明译,商务印书馆2017年版,第266页。

内涵,但并没有达成共识。

管理史家雷恩(Daniel A. Wren)认为:"管理历史研究表明管理是人们有组织的努力所必不可少的。给管理下一个广义而又切实的定义可把它看成这样的一种活动,即它发挥某种职能,以便有效地获取、分配和利用人的努力和物质资源,来实现某种目标。"①

《韦伯斯特词典》对管理做这样的解释:"管理:'管理的行动和艺术','引导或监督商业一类事务,特别是指商业活动项目中计划、组织、协调、控制等执行功能,对结果负责','为达到目的而明智地使用各种手段'。"

"工具"(tool)是达到成功理念的方法、途径、可操作的程序。从这个层次理解管理,管理的含义可谓异彩纷呈。有代表性的观点有:

"管理是计划、组织、指挥、协调和控制。"②

"管理就是决策。"③

"管理是一个数学模型和程序系统。"④

"管理是不同团体作用并协调其间的具有相互关系的文化系统。"⑤

"管理就是通过计划工作、组织工作、领导工作和控制工作的诸过程来协调所有的资源,以便达到既定的目标。"⑥

从上面关于管理的概念的罗列中,我们可以提炼出以下几点作为这些概念都具有的理念:首先,管理的目的在于实现组织目标。其次,管理需要一种理性的结构和过程,这种结构和过程充满了知识和心智的努力。再次,衡量管理好坏的标准是效率、效益和经济。复次,管理遵循主客体模式,管理者通过管理技术、制度、理性的结构控制、约束管理要素。最后,管理是组织的根本。这些构成了管理理念的基本规定,是管理概念中稳定的东西。从工具层面上讲,凡是某种途径、方法、程序体现了上述理念都可包含在管理的概念中。这些途径、方法往往拥有自己的基本假设和概念框架,能够解释预测许多管理实践,形成一种"范式"(paradigm)。⑦ 常见的范式有:过程范式("当今大多数管理教科书都采用过

---

① 〔美〕丹尼尔 A. 雷恩:《管理思想的演变》,孙耀君译,中国社会科学出版社 2000 年版,第 2 页。
② 〔法〕亨利·法约尔:《工业管理与一般管理》,迟力耕、张璇译,机械工业出版社 2007 年版,第 6 页。
③ 〔美〕弗莱蒙特·E. 卡斯特、詹姆斯·E. 罗森茨韦克:《组织与管理:系统方法与权变方法(第四版)》,傅严、李柱流等译,中国社会科学出版社 2000 年版,第 11 页。
④ 〔美〕丹尼尔 A. 雷恩:《管理思想的演变》,孙耀君译,中国社会科学出版社 2000 年版,第 455 页。
⑤ 同上。
⑥ 周三多等编著:《管理学——原理与方法》,复旦大学出版社 1999 年版,第 8 页。
⑦ 〔美〕T. S. 库恩:《科学革命的结构》,李宝恒、纪树立译,上海科学技术出版社 1980 年版,序。

程方法"①)、系统权变范式、决策范式、管理科学范式等。它们作为一种工具,作为一种实现管理理念的努力,不断丰富管理的内涵,推动管理理论和实践的发展。

本书对管理的理解也从以上三个方面入手,在管理理念的指导下,充分利用业已形成的众多的管理"范式"分析公共经济管理的过程和行为。在分析的过程中我们采用流行的做法,将管理看成是一个过程,这个过程包括计划、预测、决策、组织、领导、协调、控制、监督等环节,管理是管理过程、内容、方法、工具的统一。在全面把握管理概念的基础上,用管理的概念研究公共经济活动和公共经济过程就形成了公共经济管理的概念。

二、公共经济管理是一种特殊形态的经济管理

经济管理的概念与经济活动的目标相关、与经济活动的组织相关、与经济活动的过程相关、与经济活动的评估相关。但对于与经济管理的学科归属有两种不同的意见。一种意见认为经济管理学属于广义经济学,广义经济学就是研究社会生产方式及其发展规律的科学,包括政治经济学、生产力经济学、经济管理学。在这种定位之下有学者认为,所谓经济管理学就是"研究经济活动的合理组织及其规律性的科学,具体地说来,它是研究对社会经济活动进行组织、计划、指导、监督、调节等方面的科学"②。另一种意见认为经济管理学属于管理学,是管理学中的特殊门类。③ 本书认为两种观点并不存在根本的矛盾,因为管理学往往采用经济学的方法,经济学也研究具体的管理问题。如果将经济管理看成更为具体的技术学科,那么强调两者的区分没有多大意义。本书主要以管理学的一般性框架作为公共经济管理的基本概念,并且在此框架中充分照顾到公共经济管理的特殊属性,论述公共经济管理所具有的特殊管理模式。

为此有必要对公共经济做出基本的界定。从现有的流行的教科书来看,公共经济的定义虽然各有千秋,但是在基本理念、价值、分析方法、研究对象等方面还是有共识的。④

亚当·斯密创立的财政学以马斯格雷夫的《财政学原理:公共经济研究》的

---

① 〔美〕斯蒂芬·P.罗宾斯:《管理学(第四版)》,黄卫伟等译,中国人民大学出版社1997年版,第36页。
② 中共北京市委党校国民经济教研室:《经济管理学概论》,中国财政经济出版社1982年版,第8页。
③ 艾绍扬等编:《当代经济管理学概论》,中国经济出版社1988年版,第8页。
④ 〔美〕鲍德威、威迪逊:《公共部门经济学(第二版)》,邓力平等译,中国人民大学出版社2000年版,译序,第1页。

出版为标志转向了公共经济学,其范围从围绕财政与国家或政府之间的关系,转为政府与市场之间的关系。这一转变内蕴着理念转变、学科理论依据转变、研究内容和范围转变以及研究方法的转变。①

当然,公共经济学并不只来源于财政学,而是依据众多的学科,"经常在经济学的边缘探讨,越来越与伦理学、政治学、组织机构研究(公共选择与制度经济学)相联系,并随着与心理学和社会学的有关研究相结合而取得突破"②。之所以如此,是因为公共经济的复杂性。公共经济学关注的核心问题是"当市场较好地发挥作用时,或者当一个有希望的'第三部门'和互惠关系可能成为更好的解决方案时,公共部门起到什么作用"③。

基于以上认识,我们可以对公共经济做出一个比较合理的定位:所谓公共经济是与私人经济相对立的概念,是在市场经济背景下公共部门(国际的和国内的,政府和非营利机构)与私人经济部门之间的经济关系,公共部门经济活动各要素之间的关系(包括生产、交换、分配、消费等环节)以及公共部门与市场之间的结构模式与整个经济体系之间的关系。

公共经济管理就是对公共经济三大关系的管理。具体地说就是公共经济主体为了实现公共经济的效率和公平,对公共经济三大关系进行计划、预测、决策、组织、领导、协调、控制、监督的过程。这一概念包括以下要素:

公共经济管理主体。公共经济管理的主体包括国际公共经济组织、各国的政府、提供公共产品的非营利组织。在这当中,政府是最主要、最重要的公共经济管理主体。

公共经济管理客体。公共经济管理客体就是公共经济活动的三大关系。首先是公共部门与私人部门之间关系的管理,包括公共经济部门的经费来源的管理、公共部门支出的管理、公共部门的公债管理、社会保障管理等。其次是公共部门经济活动要素和过程的管理,包括对资金要素、信息要素、人力资源、技术要素等公共经济活动要素的管理和公共经济活动过程的管理,即公共经济产品的生产、交换、分配、消费的管理。最后是公共部门与市场关系模式选择的管理。公共经济的核心问题就在于当市场较好地发挥作用时,或者当一个有希望的"第三部门"和互惠关系可能成为更好的解决方案时,公共部门起到什么作用。因此,对公共部门所起的作用进行评估,根据不同的经济情况,对公共部门的适

---

① 郭庆旺等编著:《公共经济学大辞典》,经济科学出版社1999年版,前言,第1页。
② 〔英〕约翰·伊特韦尔等主编:《新帕尔格雷夫经济学大辞典》,陈岱孙主编译,经济科学出版社1992年版,第1125页。
③ 同上。

当的定位进行管理是公共经济管理难度最大、涉及的变量也最多的部分。变革既定的公共部门与私人部门之间的经济结构往往与政府过程相关,包括问题的认定、公共议程的确立、公共政策的形成等一系列过程。对这一过程进行管理能够增强公共经济变迁的前瞻性、主动性。当然,公共部门与市场的模式与整个经济增长之间的关系也是公共经济管理的重要内容。这三部分的管理是一个统一的整体,有静态的管理也有动态的管理。从动态的角度看,三者是融合在一起的,比如收支管理会直接影响到公共部门的经济活动和过程的管理,公共部门与私人部门关系模式的管理也会影响到收支的管理。

公共经济管理是管理理念、管理过程、管理内容、管理组织与管理方法的统一。管理过程包括确定目标、预测决策、制订计划、监督控制、评估反馈等环节。管理内容包括人力资源、物质资源、信息资源、技术资源、时间、空间等要素。管理组织包括管理体制、组织结构、组织设计、组织激励等众多的内容。管理方法包括经济方法、行政方法、法律方法、科学技术等。

三、公共经济管理的基本原则

从公共经济管理的基本概念出发可以引出公共经济管理的基本原则。

(一) 公共经济管理的有限原则

现代经济体系中经济活动的主体可以概括为三类:居民、企业、政府(公共部门)。经济学关心的是在资源稀缺的前提下,通过何种机制使得资源的配置有效率。效率包括"交换效率、生产效率和总体效率"[①]。判断效率的标准是帕累托最优。

在古典经济学的视野里,经济人通过"看不见的手"可以使经济体系中的资源配置达到效率最优。因此,政府和公共部门不需要介入经济活动,充当"守夜人"的角色。随着时代的发展,人们发现市场机制发挥作用需要一系列严格的条件限制,比如理性经济人、完全的竞争性的市场、整个经济体系的交易费用为零、信息充分对称等。这些要求导致实际经济运行中的效率目标很难实现,表现为市场失灵。所谓市场失灵就是说在实际的经济运行过程中,由于不能满足市场有效运作的前提条件和假设而使得资源达不到有效配置,不能满足社会需求,主要表现在诸如公共产品供给不足,外部经济效果,规模效益递增导致垄断定价高于边际成本,风险和不确定性,宏观经济不稳定,国家基础知识创新等方面。

---

① 〔美〕鲍德威、威迪逊:《公共部门经济学(第二版)》,邓力平等译,中国人民大学出版社2000年版,第14页。

这些问题都无法用市场机制加以解决。市场失灵为公共经济提供了可能性,也为公共经济活动限定了范围和内容。也就是说公共经济活动和公共经济管理必须遵循有限原则。

有限原则是与无限原则相对立的范畴。无限原则是指在经济活动中,公共部门的经济活动完全替代市场机制来对配置资源起作用。经济活动被一个万能的理性计划控制,结果导致了"致命的自负"①。与无限原则相对立,有限原则指在市场经济运行的框架下,市场在资源配置中具有优先性、前提性、基础性、长期性的地位和作用,公共经济管理的目标、组织、过程、手段旨在弥补市场失灵,为有效率的市场发挥作用创造前提条件,提供一个法律、政策、管理框架。也就是说,通过有限度的公共经济活动,使公共部门与私人部门在市场经济背景下达到资源配置的最优。

（二）公共经济管理的约束原则

古典和新古典的经济学认为市场是有效率的,政府是仁慈的、理性的和万能的。市场失灵部分就交给政府解决,政府也能够很好地解决这些问题。但实际上政府以及公共部门也存在类似于市场失灵的"庇古离差"(Pigovian Divegencies)。② 公共选择学派认为公共部门政治家的目标只是追求权力、赢得选票,官僚是为了谋求自身利益的最大化,整个政治过程就是一个交易过程。在整个复杂的政治市场体系中,公共选择的最终结果不一定恰好能够弥补市场失灵,甚至可能造成扭曲市场效率的结果。

也就是说,市场和政府都可能失灵,这要求公共经济活动和公共经济管理必须受到约束。公共经济管理的约束原则的含义就是公共经济管理的目标、组织、过程必须受到宪政约束、法治约束、民主约束。

宪政约束:公共选择学派认为现代社会科学家没有注意到宪制(constitution)与立宪限制的极端重要性,一般只限于具体的政策选择的讨论,但是,那些决定政策效果的基本制度和规则更为重要。宪政约束规定了人们根本的决策准则,合理的宪政结构能够产生合理的公共选择,从而使得公共经济管理的目标得到合理的定位,以便形成公共经济和私人经济的和谐配合,使得市场经济发挥效率。

法治约束:法治的含义在于法具有至高无上的权威,个人的自由和公共权力的运作都必须以法律为准则。现代市场经济条件下,"法治通过两个经济作用

---

① 〔英〕弗里德利希·冯·哈耶克:《自由秩序原理》(上),邓正来译,生活·读书·新知三联书店1997年版,第296页。

② 胡代光主编:《西方经济学说的演变及其影响》,北京大学出版社1998年版,第457页。

来为市场经济提供制度保障。法治的第一个作用是约束政府,约束的是政府对经济活动的任意干预。法治的第二个作用是约束经济人行为,其中包括产权界定和保护,合同和法律的执行,公平裁决,维护市场竞争。这通常要靠政府在不直接干预经济的前提下以经济交易中的第三方的角色来操作,起到其支持和增进市场的作用"[1],"法治的核心是确定政府与经济人之间保持距离型关系,以有利于经济的发展"[2]。

之所以特别强调法治约束是因为:其一,公共经济属于市场经济的大范畴,是在市场经济背景和框架下公共部门的经济活动。而市场经济是法治经济,因此要求公共经济活动和公共经济管理遵循法治并受法治保障。其二,公共经济管理与企业管理、家庭管理相比,具有自身的特殊性,即公共性,公共经济管理的主体、过程、结果与公共利益、公共权力相关。公共权力具有垄断性、稀缺性、非竞争性、非排他性等特点;公共利益具有与价值观相联系的复杂性;公共机构具有官僚性;公共目标具有多元性和弹性。这些特性中公共权力的特性贯穿其中。公共经济管理贯穿着权力的获取、运用、分配、强化、丧失等过程。现代社会的最大特征就在于公共权力的制衡并在法治轨道内运行。因此,公共经济管理活动必须受到法治约束以防止公共权力的滥用。

民主约束:民主的现代含义是指在自由的前提下,民众对公共权力能够有效控制和主宰。从经济学的角度看,民主表明了公民个人的需求、集团的需求是形成公共需求的基点。公共部门为了满足公共需求而提供公共产品,是公共权力合法性的基础。也就是说,公共经济部门具有它建立的性质,具有手段价值,因此公民必须能够对公共经济管理进行参与和控制。以便形成以"顾客为导向"[3]的公共产品提供机制。

公共经济的民主约束包括这样两个基本的方面。一方面,在公共经济管理的目标、组织、过程中民众能充分参与,并能充分表达自身的需要。另一方面,民众能够对公共经济管理的全部过程进行监督控制。

(三) 公共经济管理的公平原则

市场机制主要解决也善于解决效率问题,遵循效率准则。但这并不是经济活动的唯一准则。特别明显的是,效率并不能保证经济福利在社会成员中公平的分配。公平可以有广义的理解,分为起点的公平、过程的公平、结果的公平。

---

[1] 钱颖一:《市场与法治》,《经济社会体制比较》2000年第3期,第1页。
[2] 同上。
[3] 〔美〕戴维·奥斯本、特德·盖布勒:《改革政府:企业精神如何改革着公营部门》,上海市政协编译组、东方编译所编译,上海译文出版社1996年版,第149页。

在研究资源配置效率的时候是以一定的起点(结果)的公平作为前提的。起点和结果(作为新的起点)的不公平很难保证过程的公平。公共经济作为区别于私人经济的活动,必须肩负起维持社会公平的职责,为经济效率的发挥提供可持续的和稳定的条件。

起点的公平主要指公共经济管理中公共部门在税收提取和转移支付当中,应该坚持权利和义务对等的原则,并使自然资源禀赋不足形成的竞争差距和竞争能力适度缩小。

过程的公平是指在市场经济运行过程中,公共经济管理必须按照公共原则行事,形成公平的市场竞争环境。

结果的公平是指公共产品的分配格局达到社会满意的状态。鉴于社会满意状态与价值判断相关,因此只能提出几条准则作为结果公平的判断标准:一是保证生存权利;二是尽量减少利率损失;三是共同富裕;四是社会公共程度量化的模糊性。[①]

公共经济管理的公共性原则就是指在公共经济管理活动中,公共经济的目标、过程、组织必须以公平的价值作为规范,使公共经济管理能够维持经济活动起点的公平、过程的公平和结果的公平。

以上是对公平做出的广义的理解。从狭义上讲,追求效率是将"蛋糕"做大,而促进公平则是将"蛋糕"合理地分割。在现实中,为了实现公平往往要牺牲效率,在既定的公平目标下,如何使效率损失最小化是公共经济管理的核心问题。

(四)公共经济管理的公共原则

公共经济管理这一概念本身是多重理念和价值、工具和方法的总和,而重要的伦理准则是"公共性"准则。公共经济管理必须遵循公共原则。公共原则与公共利益、公共产品、公共服务、公共收支、公共机构、公共权力相关。这些因素历来都因为价值标准、研究方法的不同而富有争议。一种简便的判断公共性的准则是:公共与私人相对立,具有成本—效益不对称的性质,在消费上具有非排他性和非竞争性。

公共经济的公共原则是区分私人经济的基本特征。其意义在于公共经济目标、公共经济产出、公共经济评估都具有公共性,受公共性的制约。因此,公共经济管理当中遇到的问题,诸如目标设定、预测与决策、计划与规划、组织与流程、人员与激励、过程与控制、结果与绩效等方面的管理在很大程度上区别于私人部

[①] 吴俊培、许建国、杨灿明编著:《公共部门经济学》,中国统计出版社1998年版,第36—38页。

门的管理。这些问题的核心是公共经济管理的效率问题。西方公共经济管理中出现了"效率运动被质量运动取代"的趋势是值得借鉴的。

公共性的两个判断维度是可以组合使用的。于是整个社会产品可以划分为三类：纯公共用品、混合品、纯私人用品。这样划分的意义在于，公共经济管理活动必须依据公共性的不同表现，设计不同的管理模式。

（五）公共经济管理的理性原则

理性原则是公共经济的经济—技术判准。管理理念的核心在于效率、效益和经济，实现这一目标的两大维度是经济和技术。经济侧重于成本—效益分析，技术侧重于投入—产出分析。公共经济的理性原则就是说，公共经济管理的目标、组织、过程、内容、方法必须理性化，做到技术先进、经济节约、管理系统优化，在采用先进的科学技术手段基础上进行管理再造，对管理过程进行成本—效益分析。

技术是一种操作程序，先进技术的重要判断标准之一是较低的成本得到较高的产出。比如经济管理系统中引入管理信息系统、决策模拟系统、电子化税收系统等可以大大地降低交易费用，提高管理绩效。

成本—效益分析是分析和估价公共经济政策、公共经济管理的普遍标准和方法。它广泛应用于公共项目的可行性研究、税收管理等管理环节中，是公共经济理性原则的重要表现。

公共经济管理的理性原则还表现在根据交易费用确定市场组织、企业组织和政府组织的边界和格局。科斯在《企业的性质》中提出了确定企业与市场边界的"边际费用"比较分析方法。这一思想被后来的比较制度分析学者吸收了，边际费用的比较被普遍用来分析组织的边界。公共经济管理的理性原则要求在选择公共经济管理模式的时候对不同的管理手段（比如市场手段、行政手段、法律手段）进行比较分析，在此基础上选择满意的公共经济管理模式。

第二节 宏观经济运行及调控

公共经济管理的重要内容之一就是对宏观经济的总体运行进行综合调控，因此，本节主要探讨宏观经济运行与调控的相关问题。经济运行是各个经济主体通过各种经济资源载体进行生产、流通、分配、消费、投资等经济活动。在经济运行过程中，各个经济主体之间形成各种经济关系，这些关系受不同经济体制和运行机制的调节。从宏观上看，由经济运行载体的流动所形成的生产、流通、分配、消费、投资等经济活动也是每时每刻地同时发生，并交织在一起的。在经济运行过程中,各经济主体之间形成各种不同的关系,从生产和技术角度看形成各主体的投入产出关系;从经济角度看形成各主体的供需和交易关系;从财务角度看形成各主体的收入支出和债权债务关系;从经济运行角度看形成各主体的调节和相互影响关系。在市场经济条件下,经济运行过程和经济主体之间的关系一方面受供求机制、价格机制、竞争机制、信用机制等市场机制的调节,另一方面也受到政府的调节。①

宏观经济调控是指国家运用经济政策对这些总量及总的经济问题进行调节,以达到总需求和总供给基本平衡的经济总体平稳增长。宏观调控这一经济职能是在经济发展到一定阶段后才出现的。在自给自足的自然经济的历史长河中,单个经济之间缺乏联系,没能形成互相影响、互相牵制的社会总体经济,因而宏观调控没有存在的必要。而随着市场经济条件下生产的高度发展,社会分工、社会化大生产的普及以及商品经济的充分发展,不仅实现了生产的全部社会化,而且推进了全部消费——生产消费和个人消费——的社会化。这些生产的总体构成社会总供给,这些有支付能力的消费构成社会总需求,并在此基础上衍生了一个社会化大生产的关键性问题——总需求和总供给的非均衡状态。因此,为了缓解由总供给远远大于总需求所引发的生产过剩,以及一系列的经济危机问题,保证经济的稳平、均衡增长,国家就需要对总需求和总供给进行综合调控,使两者趋向相对均衡。②

一、宏观经济运行的发展历程与宏观调控的类型

(一)"自由竞争"宏观经济运行——"有限"的宏观经济调控

亚当·斯密一再地论证市场竞争自然秩序的无比优越性,他指出,由于需要所造成的事物的秩序是人类的自然倾向所促成的,人类曾经的制度频繁地阻碍了这些自然倾向。在斯密看来,每一个人自然是他自己利益的最好判断者,因此应该让他有按他自己的方式来行动的自由,假若他不受到干预的话,他不仅会达到他的最高目的,而且还能推进公共的利益。人类行动的各种动机经过细致的平衡,能使一个人的利益不致和其他人的利益相对立。由于深信人类动机的自然平衡,他提出了有名的论断:每一个人在追求他自己的利益时,都被一只"无形的手"引导着去促进并非属于他原来意图的目的。③ 因此,他认为自然体制中政府应负担起的正当职责只有三项:首先是抵御外国侵略的责任;其次是建立起

---

① 蒋选主编:《中国宏观经济运行与调控》,中国财政经济出版社 2006 年版,第 1—2 页。
② 汤在新、吴超林:《宏观调控:理论基础与政策分析》,广东经济出版社 2001 年版,第 3 页。
③ 〔英〕埃里克·罗尔:《经济思想史》,陆元诚译,商务印书馆 1981 年版,第 144—145 页。

一个严密的执行法律的机构;最后是维持那些由于无利可图为个人或团体所不愿经营的公共工程与机构。所以斯密主张的是一种"自由竞争"的宏观经济运行模式。

与这种宏观经济运行模式对应的是"有限"的宏观调控,而这种宏观调控类型的主要理论基础是瓦尔拉的一般均衡理论。该理论的基本思想是,任何一种商品的供求量不仅是该商品价格的函数,而且是整体价格的函数;市场行为人总是依据商品的价格信息做出商品交换的决定;当整体价格体系恰好使所有的商品都供求相等时,市场就达到了一般均衡。瓦尔拉均衡分析的突出特点是,它没有局限于单个市场均衡,而是考虑到了市场之间的相互依存关系,将整体市场的所有价格联系在一起去寻找总体市场的一般均衡条件。瓦尔拉一般均衡理论是以一系列严格的约束条件为立论前提。他所设定的约束条件的全部要点在于保证市场交易在完全肯定的条件下进行,进而从理论上论证了只要满足约束条件,那么,通过竞争机制调节市场价格达到均衡价格,就能实现充分就业的经济均衡。[1]

一般均衡的理论价值在于它从纯粹的经济关系中发现并强调均衡价格和经济均衡。从这个观点出发,该理论主张政府的宏观经济调控应该维护并支持自由经济的竞争机制,因此,应该尽可能少地干预具体的经济活动。即该理论相信,自由市场经济能够自动实现经济总量的均衡。

(二)"国家干预"的宏观经济运行——"扩大"的宏观经济调控

市场无法直接体现并按照全社会的利益和要求影响经济活动并进行社会调节。以价值规律为基础的市场机制对经济活动的调节不是事前的、自觉的、有意识的,而是事后的、自发的、带有盲目性的。价格信号虽然直接可靠,但它只反映过去和现在的市场供求状况及需求结构,而不能预示今后或未来的市场需求及供给状况,带有滞后性。因此,市场调节下资源的管理配置只能作为事后的结果,它要付出一定的社会代价,即由资源盲目转移造成的浪费,以及更必然伴随着经济的周期性波动和经济危机。1929—1933 年资本主义经济危机大爆发的事实,证明市场调节不是万能的。它标志着由"无形的手"一统天下的自由放任的市场经济模式的结束,开始了运用国家宏观经济政策对市场经济进行宏观调控的现代市场经济,即宏观经济运行日益表现出"国家干预"的特征,而国家的宏观经济调控职能也日益强化。

"扩大"的宏观经济调控的理论基础主要是凯恩斯主义。凯恩斯认为生产

---

[1] 汤在新、吴超林:《宏观调控:理论基础与政策分析》,广东经济出版社 2001 年版,第 93 页。

过剩经济危机的根源在于经济自由运行下的有效需求不足。他指出,以资源合理配置为对象的新古典经济理论所做的前提假设——市场是完全竞争的,供给会自动创造需求,市场价格机制会自动调节经济实现充分就业均衡——是不现实的。凯恩斯认为,要解决失业和危机,关键在于增加有效需求。正是在对有效需求的分析中,凯恩斯提出了国家必须干预经济的结论。凯恩斯关于国家一般经济职能理论的中心内容是,"国家必须用改变租税体系、限制利率,以及其他方法指导消费倾向"[1]。凯恩斯之所以从理论和政策上全面论证国家干预问题,目的在于构建现代市场经济宏观调控体系,以弥补自发的市场机制的不足,"让国家之权威与私人之策动力量互相合作"[2]。但是,凯恩斯反对"把社会上大部分生活包罗在政府权限以内"[3],这说明其主张的国家干预主义并不是极端的和绝对的。

(三)"竞争和调控"的宏观经济运行——"综合"的宏观经济调控

当代西方发达国家在本国经济发展中,越来越重视国家对经济活动的干预和调节。他们通过制订中、长期计划以及利用经济、法律和行政手段,加强对市场的管理,制定产业政策,发挥政府对经济发展的调节作用等,对克服市场的自发性和盲目性起到了一定的作用,促进了资源的优化配置。国家干预和计划调节在西方发达国家经济运行中已成为一种调节经济普遍使用的工具。同时,作为市场经济体制相对完备的国家,强调"自由竞争"的市场经济模式仍然是他们宏观经济运行的主要特征。而这种"综合"的宏观经济调控的理论基础主要是现代非均衡理论,该理论通过构建包含凯恩斯型失业、古典型失业和抑制性通货膨胀型失业的宏观非均衡综合模型,并且在对宏观非均衡区域特征的界定中,重塑了非均衡市场宏观经济运行的调节机制,为宏观经济理论提供了包括微观基础的综合的分析框架。

从有效供求的含义出发,现代非均衡学派推论出,现实市场的均衡只是一种短边的均衡。所谓短边均衡是指在没有摩擦的市场交易的条件下,处于市场短边(总的意愿交易量为最小的一方)的行为人能实现他们意愿的交易量,总交易量取决于整体需求和供给两者之间的最小量。当存在超量供给时,需求一边是短边;当存在超量需求时,供给一边是短边,反之则是长边。短边均衡是一种现实的市场交易现象,它表明的是即使价格未达到均衡点,交易中的任何一方既不会被强迫去交换超过他愿意交换的数量,也不会从超量交换中获得额外利益。

---

[1] 〔英〕凯恩斯:《就业、利息和货币通论》,徐毓枬译,商务印书馆1977年版,第326页。
[2] 同上书,第327页。
[3] 同上。

因此,短边均衡满足了自愿交换和市场效率的双重约束条件。[①] 总之,现代非均衡理论不仅提供了一种更为现实的宏观经济分析方法,而且也在一定程度上拓展了关于宏观经济调控的微观理论基础。

二、总供给与总需求

宏观经济运行的状况首先表现为总量之间的平衡关系,即总供给与总需求之间的平衡关系。为此,我们需要在认识总供给和总需求含义的基础上,对两者不同的平衡关系进行分析。

(一) 总需求和总供给的定义和内涵[②]

总需求是一个经济体系在一定时间期限内,实际占有和使用的全部产品和劳务的价值之和。总供给是一个经济体系在一定时间内所提供的全部产品和劳务的价值之和。总收入和总支出正如生产额和使用额一样都可以有许多种定义范围,最宽泛的总收入、总支出概念是国民经济总投入和总产出。在这个定义范围内,所谓总收入就是生产者全部投入的转化价值,即全部产出的销售价值=中间投入+初始投入。所谓总支出就是使用者的全部使用额,即全部产出的购买价值=中间使用额+最终使用额。比较狭窄的总收入和总支出概念是国民生产净值(NNP),从收入的角度看,不包括中间投入的转化价值和固定资产磨损的转化价值;从支出的角度看,不包括中间使用以及使用固定资产折旧金进行的投资。最狭窄的总收入和总支出概念是以通常所说的国民收入为定义范围的,间接税也被剔除出去。

但是,由于种种原因,今天大多数国家的大多数经济学家一般都从广义国民收入——国民生产总值(GNP)为总收入和总支出、总供给和总需求的定义范围。国民生产总值是国民经济总产出中扣除一切中间投入的增加值之和,是固定资产折旧、雇员报酬、经营盈余和间接税之和,它也正好是可以用于最终使用的全部产品和劳务的价值量之和——总供给。而作为国民生产总值总支出或总使用额的总需求,包括居民消费、政府消费、固定资产投资、储备的增加。在开放经济条件下,总供给和总需求还受到商品和劳务的进出口额的影响。严格来说,在开放的经济条件下,为适应进出口的统计衡量,必须以国内生产总值(GDP)来代替国民生产总值,这样计算的总供给和总需求才不致出现遗漏或重复。

---

① 汤在新、吴超林:《宏观调控:理论基础与政策分析》,广东经济出版社 2001 年版,第 143 页。
② 郭树清:《体制转轨与宏观调控》(第二版),中国人民大学出版社 2006 年版,第 7—8 页。

（二）有效总需求、潜在总供给与经济均衡①

决定宏观经济规模的两个最主要的变量是有效总需求和潜在总供给。其中,有效总需求是一个经济体系在一定时期内全部主动性支出的总和,它是前面所说的总需求中除去非主动性支出(非意愿投资)的全部余额。非意愿投资即企业被迫增加的储备,当然,并不是所有新增的储备都是非意愿的。在中国现阶段的经济中,企业的经营规模迅速扩大,新企业层出不穷,这些因素都会导致主动性存货的增加;但同时,中国经济长期以来就是一个高库存比例的经济,改革以来随着商品经济的发展,每年都有一大批企业在相对降低自己的库存水平,这两种因素相互抵消之后,全社会新增库存额基本上可以被视为是非意愿的。

潜在总供给是一个经济体系在一定时期内最大限度可能提供的产品和劳务的总和。潜在总供给在短期内主要取决于资本和劳动力数量,在长期内则取决于资源配置方式和技术进步。西方经济学家一般假定潜在总供给在一年时间内是稳定不变的。但是中国经济结构很不平衡,体制束缚十分严重,这意味着其资源配置方式所隐含的潜力大大超过西方国家,而在改革开放后,结构转换加速,制度变化较多,常常在一年时间内就会使生产能力有很显著的提高。一种简单的办法是,将潜在总供给在一年内的变化平均化,同时对每年潜在总供给之间的差别给予充分的估价。

而经济均衡通常是指有效总需求恰好等于总供给的经济状态。这就意味着非意愿投资等于零,在中国现阶段的经济条件下,即社会库存总量不变,没有新增储备。凯恩斯以前的经济学所理解的均衡都是充分就业均衡。而资本主义愈演愈烈的经济危机使得这种理论彻底破产了。凯恩斯依据经济危机的经济事实对传统理论提出批评,他认为均衡是可能的,但并不必然是充分就业均衡;总投资(固定资产投资加存货投资)与储蓄总是相等的,但是主动的或意愿的投资并不一定和主动的或意愿的储蓄相等;失业问题并不能靠降低工资率来解决,很可能恰恰相反,因为如果在危机时期降低工资率,意味着进一步减少有效总需求,这样生产规模势必还得缩小,失业会进一步扩大。

凯恩斯从对有效总需求的具体分析中得出结论,消费是收入的函数,消费随收入的变化而变化,投资虽然也受利率水平的影响,但更主要的决定因素是投资者对收益前景的预期,如果预期不佳,利率再低,投资者也不愿投资(陷入所谓流动性陷阱)。消费虽然也会波动,但是消费的波动要小得多;投资波动的可能性最大,波动的幅度也很大,因此,投资波动是经济不稳定的主要根源。总之,经

---

① 郭树清:《体制转轨与宏观调控》(第二版),中国人民大学出版社 2006 年版,第 16—20 页。

济规模是由有效总需求决定的,而有效总需求中意愿投资最为关键,只有当意愿投资等于储蓄时,经济才能达到均衡。均衡状态是有效总需求与总供给正好相等的状态,按照一般的逻辑推论,这也就是购买者作为总体愿意支付的价格,与销售者作为总体愿意接受的价格正好相同的状态。

三、中国宏观经济运行的问题和宏观调控体系

(一) 中国宏观经济运行的主要问题[①]

1. 经济增长问题

在扩大再生产的经济运行模式中,生产经营主体(企业)的供给量与消费主体(居民)的需求量都是不断增加的,供给量的增加取决于需求的增长、生产要素的增长和投资的增长,需求量的增长主要取决于收入的增长。如何在经济运行中使供给(收入)、需求、储蓄、投资处于良性循环,同时在提高资源使用效率的基础上不断增加产出,这就是经济增长问题。

2. 经济稳定问题

经济稳定不仅是指总供给与总需求处于均衡状态,而且是指在实现这种均衡的过程中,经济扩张与收缩的幅度保持在适当的程度内。经济的剧烈波动不仅造成资源的巨大浪费,而且会使各主体在经济运行中的联系遭受破坏。在市场机制自发作用下,经济运行中的这种波动是无法自行"熨平"的,因此减少经济波动幅度,保持经济稳定运行,是政府宏观经济调控面临的基本问题。

3. 充分就业问题

在生产过剩、供大于求的情况下,由于生产规模的萎缩,劳动力作为生产要素也会供大于求,从而形成失业。在经济结构进行大的调整时,由于劳动力供求结构的矛盾,也会造成失业。就业是劳动者赖以谋生的主要途径,失业问题的形成和扩大无疑会造成一部分劳动者及其家庭生活水平的下降,也给失业者心理上造成巨大的压力。因此,失业既是个经济问题,也是个社会问题,甚至会导致政治问题。对于我们这样的人口大国和劳动力大国来说,充分就业问题尤其重大。

4. 产业结构的调整和升级问题

我国是一个发展中国家,是一个较为落后的农业和比较现代化的工业"二元经济结构"特征比较明显的国家。自改革开放以来,我国经济实现了持续、高速的增长,人均收入水平显著提高。同时,在技术进步和国际竞争的推动下,我国的产业结构正处在重大调整的历史时期。尽管在产品结构、技术结构、劳动力

[①] 蒋选主编:《中国宏观经济运行与调控》,中国财政经济出版社 2006 年版,第 29—30 页。

结构方面,可以通过市场的作用进行一定程度的调整,但是就整个行业结构、产业结构的调整和升级而言,现阶段的不健全不完善的市场机制的作用是有限的。即使主要通过市场机制的作用进行调整,也需要漫长的过程,显然这是不现实的。因此,产业结构的调整和升级对我国来说也应视为宏观经济管理的重大问题。

5. 地区协调发展问题

作为一个发展中的大国,我国各地区的自然条件、资源分布、经济发展的历史都存在很大的差异。改革开放以来,在共同发展的前提下,各地区经济发展水平的差距也在扩大。这既不利于落后地区经济社会的稳定,也不利于经济发达地区的持续发展,更不符合社会主义社会共同富裕的基本准则。因此,如何发挥地区经济的各种优势,协调不同地区的经济关系和发展水平,是中国宏观经济管理必须关注的问题。

(二) 中国的宏观经济调控体系[①]

宏观经济调控体系是以政府为主体进行宏观经济管理的组织、目标、政策、手段等构成的具有完整管理功能的有机整体,其核心职责就是解决以上宏观经济运行中存在的问题。该体系如同计算机系统,由"硬件"与"软件"共同构成,其中"硬件"是指宏观管理组织机构,"软件"是指宏观经济管理的目标、宏观经济政策以及各种调控手段。宏观经济调控体系随着经济体制的变化而变化。

1978年以来中国经济进入了一个新的发展时期,以市场为取向的改革将市场机制引入经济系统,并使其逐步扩大作用范围,宏观经济调控体系也相应发生变化。2018年,根据国务院总理李克强提请第十三届全国人民代表大会第一次会议审议的国务院机构改革方案的议案,国务院机构设置包括:(1)宏观调控部门,主要是由国家发展和改革委员会、财政部、中国人民银行组成。(2)专业经济部门,主要由住房和城乡建设部、交通运输部、水利部、农业农村部、商务部、工业和信息化部组成。(3)教育科技文化、社会保障和资源管理部门,主要包括教育部、科学技术部、人力资源和社会保障部、自然资源部等。(4)国家政务部门,主要包括外交部、国防部、文化和旅游部、国家卫生健康委员会、国家民族事务委员会、民政部、司法部、公安部、国家安全部、审计署等,加上新组建的生态环境部、退役军人事务部、应急管理部,共有26个部门(国务院办公厅除外)。此外,在政府机构改革中,一些产业或行业主管部门不再具有政府职能,或者成为专事

---

① 本部分内容参考蒋选主编:《中国宏观经济运行与调控》,中国财政经济出版社2006年版,第71—74页。

国有资产运营的各级国有资产经营公司、控股公司、投资公司,或者成为兼有行业管理职能的总公司,或是成为大型企业集团的核心企业。此外,社会中介组织如各种行业协会、研究咨询机构、民间评估监督机构以及其他从事经营活动的机构逐步在经济运行中发挥沟通、协调、监督、咨询和服务等作用,成为政府宏观调控不可或缺的力量。

在宏观经济调控手段上,行政手段逐步削弱,经济手段(包括经济政策)和经济法规的作用日益增强。政府宏观经济调控进入了体制创新阶段,主要是改进了年度宏观经济总量和重大结构的平衡和协调方法,改革计划指标体系,建立和完善国家订货制度,建立国家计划报告制度,改进中长期规划方法等,建立了以指导性、宏观性、战略性、政策性为基本特点的国民经济发展规划。国民经济和社会发展规划的主要任务是:合理确定国民经济和社会发展的战略、宏观调控目标和产业政策,搞好经济预测,规划重大经济结构、生产力布局、国土整治和重点建设。

目前我国宏观经济调控目标分为短期目标、中期目标与长期目标。短期宏观调控目标是消除不利于国民经济发展和稳定的短期因素,从而实现国民经济的快速、稳定发展。不利于国民经济发展和稳定的短期因素主要是各种不同形式的总量失衡,如通货膨胀、总需求不足、国际收支失衡等。具体说来,短期宏观调控的目标是保持总供求的平衡。从中长期来看,国民经济中的大多数因素都是可变的,因此中长期调控的内容比短期调控要广泛得多,其核心是致力于经济效率与公平以及解决两者之间的矛盾。中长期宏观调控目标主要包括加快经济发展目标、产业发展目标、区域发展目标以及收入分配目标等。

四、中国宏观经济运行的特点和宏观调控体系的完善

(一)中国宏观经济运行的特点[①]

1. 市场机制日趋完善,政府干预力量仍然强大,地方政府行为失范

虽然我国已逐步建立起了社会主义市场经济体制的基本框架,市场机制在资源配置方面日益发挥基础作用,但同时政府对经济干预的意识、机制、效应都还较强。政府对经济发展主导作用突出地表现在:(1)虽然大部分的商品市场和一般的要素市场都已放开,但政府对土地、资金等重要生产要素仍然具有很大的主导权;(2)固定资产投资方面,各级政府还在一定程度上扮演投资主体的角色;(3)金融领域和基础建设领域尚未打破国有垄断与行政垄断的状态;(4)近

---

① 本部分内容参考蒋选主编:《中国宏观经济运行与调控》,中国财政经济出版社2006年版,第27—28页。

几年虽然大幅度废除了行政审批事项,但是某些实际的审批权控制得更严。

2. 微观基础的变化

国有经济仍有控制能力,非公有企业发展迅速,居民家庭成为要素提供(劳动力)、消费、投资的混合主体。可以说,在很大程度上国有企业仍是整个微观基础的核心,在国民经济中具有特殊的战略地位。国家宏观经济调控方式的转变、市场机制能否发挥基础性作用以及市场体系能否最终得到完善,直至如何体现社会主义市场经济,在很大程度上取决于国有企业如何定位、如何改革。目前国有企业改革的主要突破口是公司治理创新,而这又主要取决于公司治理机制的完善。

3. 供求总量互动关系呈现需求拉动为主,供求的结构性矛盾突出

20世纪90年代中期以来,以大部分最终产品的供大于求或供求基本平衡为标志,我国长期以来的总量"短缺"态势发生了根本转变,大部分商品的"卖方市场"转变为"买方市场",经济持续增长的主动力由对供给的不断推动,转变为由市场需求的拉动引导。"过剩"与"短缺"的长期并存表明经济发展的主要矛盾将是结构性的,经济发展的主线将是经济结构特别是产业结构的调整和升级。

4. 地区差距、城乡差距拉大,地区协调发展日益重要

在经济持续增长的同时,由于历史和现实的各种原因,我国地区间和城乡间的经济发展水平、居民收入和消费水平、基础设施建设、财政收支水平等方面的差距日益突出。以最令人瞩目的城乡居民收入差距为例,2014年年底,全国农村仍存在7000多万贫困人口,贫困人口和其他人群收入的差距在扩大,从1992年到2004年再到2019年,城乡居民的收入差距从2.33∶1扩大到3.2∶1,又逐步缩小为2.64∶1。国家近些年推出的西部大开发、振兴东北老工业基地、中部崛起等战略,就是协调地区发展的重大举措。而在2015年,国家主席习近平更提出"坚决打赢脱贫攻坚战,确保到2020年所有贫困地区和贫困人口一道迈入全面小康社会"。[①]

5. 经济增长与社会、环境的矛盾不断积累,效率与公平的关系亟待调整

以"效率优先"为主导的体制改革极大地促进了经济增长和效率提高,以要素投入数量为特征的粗放式增长方式也支持了经济的持续增长。也正因为如此,经济持续增长的成果并没有完全体现在社会稳定和社会进步上。居民收入

---

① 蒋选:《中国宏观经济运行与调控》,中国财政经济出版社2006年版,第28页;《脱贫攻坚战冲锋号已经吹响 全党全国咬定目标苦干实干》,新华网,http://www.politics.people.com.cn/n/2015/1129/c1024-27867560.html,2021年6月19日访问。

差距的不断扩大,失业现象的日益突出,资本原始积累所形成的对廉价劳动力的压榨和歧视,住房、医疗、教育、文化等民生领域对低收入群体的不公,部分政府官员和国企领导的腐化腐败,民意诉求体制和渠道的缺陷,社会治安状况的不稳定,社会道德风气的退化等等,都表明在经济增长中,经济和社会协调发展、效率与公平关系的调整已迫在眉睫。同时,在生产、消耗、消费各环节上资源的浪费、生态环境的破坏,呈现出边治理边积累的态势。

(二) 我国宏观经济调控体系的完善①

针对以上我国宏观经济运行的特点,我们必须进一步完善宏观调控体系。在中国经济体制转型过程中,不仅宏观调控的对象和内容在发生变化,宏观调控主体也必须适应这种变化而有所变化,这样才能更好地肩负起宏观调控的职责。

(1) 继续完善市场机制。在市场经济条件下,即使是在发育尚不成熟的市场条件下,宏观调控也必须以市场机制为基础,通过市场来实现企业优胜劣汰,促进生产和需求的协调。目前应进一步完善市场体系,尽快形成各种类型互相配套的要素市场,加强市场体系的规范化运作和法制化管理,逐步形成公平竞争的市场环境,在加快我国经济市场化程度的同时,提高市场机制资源配置的效率。

(2) 加快转变政府职能,规范政府行为。在西方发达国家,政府对经济的干预和调节需要依法进行,法律对政府职能也做出了明确的界定。而我国的经济体制改革正处于以政府为主体的强制性制度变迁过程之中。政府既与原有体制联系密切,又要担负起制度创新、构建市场经济体制的任务,这必然导致政府行为的两种倾向:既可能通过组织创新进一步推进市场导向的经济改革,也可能维持原有利益格局从而阻碍市场化进程。因此,我国急需从法律上对政府职能加以明确的界定和规范,使之尽快转变旧有体制的职能,成为适应市场经济发展的高效政府。

(3) 深化国有企业改革。国有企业存在的矛盾不仅阻碍了自身的发展,而且影响了我国金融体制、投资体制等方面的体制改革进程。因此,对国有企业的改革应加大力度:一是有步骤地调整国有企业的产权结构,规范设立国有企业的领域和范围;二是加大国有企业的改革、改组、改造的力度,有效实施"抓大放小"的改革方针,奠定政府宏观调控的微观基础。

(4) 加强财税体制改革。进一步加强财税在宏观调控中的作用,提高中央

---

① 本部分内容主要参见刘克逸:《市场经济国家宏观调控模式的比较与我国宏观调控体系的完善》,《财贸研究》1999年第4期,第55—56页;任保平、巩羽浩:《新发展格局构建中我国新经济发展的政策支持体系构建》,《湘潭大学学报(哲学社会科学版)》2021年第4期,第41—48页。

的财政调控能力,要使国家有能力通过财政政策,运用预算、税收手段和预算内外的综合财力来调节社会总供给和总需求,以及调节经济结构、地区结构和社会分配。针对国家财力不足、财政对宏观经济调控能力减弱的情况,必须深化财税体制改革,健全财税职能,加强税收管理,规范中央与地方的财政分配关系,调整财政收入增量分配体系,逐步改善中央财政状况,适当提高中央财政收入占全国财政收入的比重,进而增强中央财政的调控能力。

(5)深入推进金融体制改革。积极建立和完善与社会主义市场经济体制相适应的金融调控体系、金融市场体系和金融调控监督体系。我国应进一步强化中央银行独立执行货币政策的功能,依法维护金融秩序;金融市场体系的改革需要不断扩大公开市场业务的交易量,建立一个统一开放、竞争有序、治理严格的金融市场体系。

(6)协调运用各种宏观调控手段。目前,我国宏观调控的重点在促进产业结构的优化、升级和维持社会公平;宏观调控的着眼点在中长期调控;宏观经济政策在突出战略规划的同时,强化产业政策和收入政策的调节功能,并根据经济形势的变化,改变财政政策和货币政策的配合方式。

(7)强化信息基础建设,增强信息的宏观性、整体性、可靠性。一是继续加强宏观管理部门对信息基础设施建设;二是继续完善我国目前的数字化宏观调控体系,即确立以大数据为依据的因果思维,推行扁平化的组织体系以及数字化的调控方式;三是建立宏观经济监测预警系统,通过对未来数据进行预测及分析,防范经济体可能出现的重大风险,有效弥补我国宏观调控在危机爆发初期的不足。

(8)夯实法制建设。经济立法是西方国家干预经济的基本形式和主要手段,其宏观调控都有扎实的法律基础。由于我国的社会主义市场经济仍处于初级阶段,市场本身固有的"弱点"和"法律滞后性"使市场经济的发展因为没有完善的法律保障经常受到阻碍。因此,要完善我国的宏观调控体系必须健全法律体系。首先,根据国家宏观的调控要求,强化法律保障,在借鉴国外立法和执法成功的经验的同时,必须结合中国的实际,建立与我国市场经济发展相适应的法律保障体系;其次,根据市场经济发展的要求,还需要继续抓紧制定关于规范市场主体、维护市场秩序、加强宏观调控、完善社会保障、促进对外开放等方面的法律。

第三节 公共规制

公共规制,又称为"规制",有的地方则称为管制,来自英文单词 regulation,

是政府根据一定的规则,对市场中的主体的行为进行规范,其目的在于影响此个体或群体对于资源的配置,以便调控市场。由此可知,规制与货币政策或财政政策都是政府调控市场的方式,然而货币政策与财政政策主要影响公共经济活动的总体运行,属于公共部门的宏观调控,而规制则主要影响市场基本单元,属于公共部门的微观管理。

一、公共规制的定义

公共规制是公共部门为了实现某一经济性或社会性的目标,利用法律、政策、规章、制度等对市场经济主体进行规范或制约。首先,规制的主体是公共部门,可以是行政部门,也可以是立法或司法部门,但一般多为被授权的行政部门,如各种监督管理委员会或管理局。其次,公共部门对市场进行规范是因为市场本身会产生不可避免的失灵,如罗斯福在20世纪30年代推行的"新政",开创了国家强力干预社会经济的先例,解决了美国的经济危机。再次,规制是为了追求效率或公平,使市场资源的分配接近帕累托最优状态,实现社会总福利的最大化,其背景是市场经济、自由竞争的状态。最后,规制过程中必须提升公众参与度,防止政策制定被利益集团利用,改变传统的精英制定模式,使政策或法规更能代表大多数人民的利益,这就涉及公共政策与公共选择理论。

(一)公共规制的相关思想理论

市场失灵理论和帕累托原则在本书第一章有详细论述,公共选择理论在本书第四章有详细论述,在此不赘述。

1. 公共利益理论

公共利益的概念起源于早期西方政治思想,原意为政体或公共生活之"善"(the good)。到了17世纪末,公共利益(public interest)一词逐渐取代了政治学中惯用的"共同善"(common good)或"公益"(public well)。[1] 19世纪,公共利益理论诞生。该理论假定政府是公共利益的代表,当市场失灵时,政府为了维护公共利益,有权对市场中的经济主体进行规制,以解决市场失灵问题,增加社会总福利。

2. 规制俘获理论

政府的规制目的本是提高社会福利,但规制的设定者或执行者容易被利益集团"俘获",使得规制的结果反而对利益集团有利,损害社会整体的利益,形成规制失灵。例如,垄断型企业会通过权钱交易,要求规制制定者制定出较高的价

---

[1] 吴定编著:《公共政策辞典》,五南图书出版股份有限公司2003年版,第158页。

格,而不是符合消费者利益的较低的价格。这便是俘获理论的核心思想。

3. 公共政策

对于公共政策,各家学者给予了不同定义:"威尔逊认为:'公共政策是由政治家,即具有立法权者制定的,而由行政人员执行的法律或法规。'戴维·伊斯顿认为:'公共政策是政府对社会价值做权威性的分配。'而戴伊认为:'政府决定做或不做的事,就是公共政策。'"① 各个定义不同只是因为各学者由不同的层面切入分析。总的来说,公共政策应该具备以下特征:(1) 公共政策必须由公共部门所制定。(2) 公共政策必须是以社会整体利益为考虑,具有普遍性。(3) 公共政策必须通过立法过程,具备合法性与强制性。

规制是政府对某一行业或团体的规范或政策,所以在制定规制政策时,应该采用现代化的科学的公共政策制定过程,这样才能制定出合情合理、便于执行的规制。

(二) 公共规制的实施过程

公共规制包括了制定、执行、调整或解除三阶段。

1. 规制的制定

一项好的规制,除了必须具有合法性外,也必须合情合理,这就必须鼓励政策利害相关人表达意见,所以政府必须召集相关部门的官员、专家、行业生产者、消费者等共同协商,官员负责沟通协调与行政上的支持,专家提供专业信息与技能,生产者与消费者则代表各自的利益集团进行博弈。最终,立法机构要确定某一机构对该行业采取何种规制。这一阶段需要投入较多的时间与金钱,因为在了解、协调各方意见时必须举办辩论会、听证会。也是在这一阶段,容易出现权钱交易等政府官员被"俘获"的现象,所以政府在此阶段必须明确官员的权责,不给相关行业或企业任何非法游说的机会。

2. 规制的执行

与立法阶段相比,执行阶段更复杂、时间更长、成本更高。因为此阶段包含了规制的宣传费用,规制机构的维持、执行费用与监督费用。同时,许多规制在执行层面无法细化目标,所以给予执法人员现场的自由裁量权,这固然便于更灵活有效地执法,却也给予了执法人贪污受贿的机会,相关机构应该特别注意执法人员的行为与执法力度。

3. 规制的调整或解除

由于外部环境的改变,经过一段执行时间后,规制往往需要进行调整或消

---

① 陈庆云主编:《公共政策分析》,北京大学出版社 2006 年版,第 4—5 页。

除,有可能规范得更严格,也有可能放松或解除,这取决于几点原因:首先是政府经济理念的转变,即对市场实行紧缩、限制或放宽的政策。其次是规制执行的反馈。之前的规制可能没有很好地解决市场失灵的问题,可能加重了社会矛盾,或是引发了新的社会问题,需要按照环境变化、需求变化或条件变化对修正进行规制。最后是技术的变迁。随着知识普及与技术进步,某些行业的垄断性质发生了改变,这也导致规制的放松或解除。

(三) 公共规制的分类

萨缪尔森等将规制解释为政府用来控制企业行为的法律或规定,并按照规制内容将其分为经济规制(它影响价格、市场准入、单个行业的服务,如电话服务业)和社会规制(它试图矫正影响到许多行业的外部性,如空气或水源污染)。[①] 按照规制手段,还可以将规制分为直接规制与间接规制。

1. 经济规制与社会规制

经济规制是公共部门为了达到市场资源配置最优化,对特殊行业中的企业,在关于价格与产量、进入与退出等决策方面施以强制性的约束,主要包括存在垄断与信息不对称的领域。这类的行业有交通、通信、水电等行业。

社会规制是政府为了市场中的消费者的健康与各种安全,对产品与服务的质量及供应它们的一切相关活动给予严格规范或限制。社会规制不同于经济规制,不是针对某个行业,而是针对市场中的一切商品和行为。

2. 直接规制与间接规制

直接规制是公共部门通过合法的规制直接影响市场中的经济主体的决策,包括其采购、生产、定价、销售等过程,其目的是直接阻止垄断、信息不对称、负外部性等市场失灵现象的发生。

间接规制是政府尊重市场中的经济主体的自由决策权,在不影响其自由决策的情况下,依据反垄断法或其他相关法律法规,对某些可能导致市场失灵的行为加以约束或限制,目的在于建立一个完善的制度框架,以保障市场的运行。

二、经济规制

(一) 经济规制的内容

日本学者植草益认为:"经济规制是指在自然垄断和存在信息不对称的领域,主要为了防止资源配置低效和确保利用者的公平利用,政府机关利用法律权

---

① 〔美〕保罗·萨缪尔森、威廉·诺德豪斯:《经济学(第17版)》,萧琛主译,人民邮电出版社2004年版,第628页。

限,通过许可和认可手段,对企业的进入和退出、价格、服务的数量和质量、投资、财务会计等有关行为加以规制。"① 可以发现,经济规制主要针对自然垄断和信息不对称两方面。

自然垄断行业包括水电、煤气、供暖、邮政等,这些行业的特征是在政府不干预的情况下,因为其经济的规模、范围、资源稀缺性等因素,使得该行业容易被少数几所企业垄断经营。对于自然垄断行业,政府应该建立纵向经济规制,直接约束该行业。信息不对称行业指的是消费者对该行业没有充分的信息,导致消费者在与生产者交易时无法做出准确决策。与市场中的生产者相比,大多数的消费者皆处于信息弱势的一方,这类的行业如医疗、食品、金融等。对此,政府应该建立横向的、不以行业为区分的经济规制,以此维护产品或服务的质量,保护消费者权益。

(二)经济规制的政策

政府的经济规制政策主要有以下四种。

1. 进入和退出规制

进入规制是政府针对某行业的市场结构特点,对于企业进入某行业进行规范。其目的一是使资源配置最佳化,使企业避免恶性竞争而造成资源浪费。为此,政府应对某行业实施审批制度或特许经营制度,经过政府相关部门的许可后,方能进入市场。二是在于将企业纳入依法经营的范围,对该企业进行监督。为此,政府应该对所有企业实施注册登记、办理营业执照,待企业完成手续后方能进入市场。三是限制企业的规模与范围,也就是限制消费者的购买范围和双方的交换机会,还有限制企业提供的产品种类。

退出制度是针对企业运营状况,强制或限制已进入垄断行业的企业退出市场。在企业进入市场之后,为了保障消费者权益,政府应该对企业规定"供给责任"制度,使良好的企业继续为消费者服务,并强制达不到规制要求的企业或对消费者造成损害的企业退出市场。

2. 价格规制

价格规制是指政府在自然垄断或信息不对称的领域,对企业的产品价格进行规制。在自由竞争的市场中,价格取决于供需双方的平衡,但在垄断或信息不对称的行业中,生产者往往会提高产品价格损害消费者利益。所以政府必须平衡消费者需求与生产者利润,确定适当的价格范围,使生产者节约成本、消费者不过度消费。

---

① 王雅莉、毕乐强编著:《公共规制经济学》(第2版),清华大学出版社2005年版,第93页。

价格规制包括价格水平规制与价格结构规制。价格水平规制是政府根据企业总收入和利润,确定单位产品的价格范围,这也意味着合理的价格等于单位成本加上报酬。若以边际成本计价,依照规模效益中边际成本递减的原则,企业的产品价格有可能无法支付企业成本,而造成亏损。这种情况下,政府必须对企业进行补贴。若希望企业在政府不进行补贴的情况下能获得合理收益,则必须参照投资回报率和以最高限定价格来规制产品价格范围。价格结构规制是指将企业提供的产品价格与市场中对该产品的实际需求结合起来的各种价格组合。其目的是监督企业如何把许多共同成本合理地分摊到各种商品或服务之中,由不同类型的顾客分担,既保证价格结构有利于现实资源的充分利用,又防止发生不适当的收费情况,确保价格的合理与公正。①

3. 投资规制

广义的投资规制是政府对社会投资中的资金筹募、证券发行、信息管理、交易方式等一系列行为进行规制,其目的主要在于规范与保护市场。狭义的投资规制是只针对目标行业的投资进行规制,其目的在于鼓励企业进入需要开发的产业,以及避免重复投资与过度竞争,造成资源浪费。

对于投资规制必须注意的是规制的滞后性。由投资到产出需要一定的时间,如果政府不紧跟市场环境的变化做出弹性调整,企业可能因为无法获得令其满意的投资回报而缺乏继续投资的信心,使其他投资者却步,进而导致市场投资不足。所以政府的投资规制既要具有一定的稳定性,又要根据环境变化做出适当调整。

4. 质量和数量规制

质量与数量规制又称为"产品特征规制",其目的在于保护消费者利益而对目标产品的特征进行规范。

质量规制是政府要求企业产品在一定的价格与数量范围内保证产品的质量。而与质量息息相关的是价格水平,通常质量与价格水平的关系成正比。如果缺乏政府监督,在固定价下,生产者由于缺乏竞争刺激,容易出现质量下降的问题。即使处于竞争环境中,生产者同样可能为了竞价而压缩成本,生产劣质商品。数量规制则是政府要求企业在一定的价格和质量范围内,提供一定数量的产品。数量同样与质量和价格密切相关,如果不确实规范产品的质量,生产者可能会为了生产较多商品而牺牲质量要求。

虽然质量和数量规制限制了生产者的生产范围,也压缩了消费者的选择范

---

① 张兆本主编:《公共经济学》,人民出版社 2006 年版,第 289 页。

围,但既可以稳定合理的价格刺激生产者的生产意愿,提高资源配置效率,又可以保障消费者的安全与健康。

三、社会规制

(一) 社会规制的内容

社会规制涉及全体的生产者与消费者。社会规制针对任何会危害全体人民(特别是消费者与劳动者)的健康、安全、环境的行为予以限制或禁止。日本学者植草益认为:"社会规制是以确保国民生命安全、防治灾害、防治公害和维护环境为目的的规制。"①由此可知,社会规制是:(1)以促进社会福利为目的;(2)具有固定而普遍的标准;(3)对被规制者的行为采取限制。所以与经济规制相比较,二者有三个不同点:(1)对象不同。经济规制的对象是垄断型企业,而社会规制针对全体企业。(2)范围不同。经济规制关注某产业活动,而社会规制针对社会活动。(3)目标不同。虽然二者都以维护社会利益为主,但经济规制更集中于优化资源配置,而社会规制偏向维持社会稳定、保障人民安全。

对于尚未完善的中国市场,社会规制更肩负着三大目标:(1)保护环境,坚持可持续发展。在21世纪,中国应舍弃"先污染后治理"的方式,转而强调人与自然和谐互动。欲达到此目标,除了市场经济主体自我监督之外,还必须配合社会规制这类外部监督。(2)维护消费者利益,保障社会公平。改革开放初期,由于市场经济体制的不完善,使得低质量的产品充斥市场,损害了消费者的权益和中国商品的声誉,也使政府必须负担大量公共支出为不良的生产者买单,严重破坏社会公平与团结。在重视社会和谐的今日,政府更有责任通过社会规制来约束企业,使消费者放心地选购商品。(3)保障困难群体的知情权,提高社会道德水平。由于市场中的生产者与消费者处于信息不对等的状态,生产者的充足信息使其出于趋利目的而存在道德风险。② 因此,社会规制在消极层面可以改善消费者的弱势地位,而在积极层面更可以激励生产者的道德意识,促使市场的物质与精神层面共同完善。

(二) 社会规制的政策

社会规制主要集中在消除信息不对称与负外部性等两方面,其对应政策主要有健康规制、安全规制和环境规制。

1. 健康规制(健康与卫生)

健康规制体现在食品、药品与保健品、化妆品等方面。中国在2003年组

---

① 〔日〕植草益:《微观规制经济学》,朱绍文、胡欣欣等译,中国发展出版社1992年版,第281页。
② 指生产者在消费者不知情的情况下影响消费者的决策。

建了"国家食品药品监督管理局",针对食品、保健品、化妆品等进行严密监督与审批,内容有中西医药品的研制、流通、使用的行政监督与技术监督;食品与保健品、化妆品安全管理的综合监督,通过对产品的各项监控保障消费者的健康。

2. 安全规制(生命安全)

安全规制主要是针对劳动者和低收入群体的生命安全和工作安全方面,保障其最低生活标准与质量。与劳工灾害与疾病相关的有:劳动基准法、劳动安全卫生法的相关标准。与劳工医疗、失业、养老保险相关的有:医疗标准、失业救济标准和退休生活标准。而与低收入群体相关的有低收入群体基本生活标准。这些标准不但可以保障劳工身心,使其在安全的环境下发挥最大作用,还可以保障丧失工作能力者的生命安全,增加社会福利。

3. 环境规制(公害防治)

环境的恶化是整体社会造成的负外部性,生产者为了节省成本而排放废气废水,消费者的消费行为也不可避免地污染了环境,例如汽车驾驶排放废气、吸烟者乱扔烟蒂。国家为了维护环境质量、保持生态平衡、维护公众的健康与财富,制定并执行一定的法律处法规,便是环境规制。

早在19世纪,西方国家便察觉市场中的某些行业具有垄断性质,容易产生浪费资源与生产效率低的现象,仅依赖市场的自身调节无法控制垄断行业的行为,所以政府采取一系列积极的干预以避免市场失灵,这些政府行为属于经济规制,也是最早的公共规制。至1970年以后,发达国家关注环境与人类安全的重要性,开始发展社会规制。就经济层面而言,宏观调控与微观规制成为政府消除市场失灵的重要手段。中国政府规制也较西方国家发展得晚,但随着改革开放的深化、世界经济一体化带来的复杂变化,公共规制(特别是社会规制)的重要性显著提升,未来政府应更快速有效地推动各类规制的实施,以优化资源配置、促进企业竞争与增进社会公平。

第四节 公共经济与民主监督

一、公共经济的公共性与民主监督的意义

公共经济作为一种资源配置方式,其最本质的特性是公共性。正是公共经济的公共性特征,使公共经济明显区别于其他资源配置方式,如私人经济。关于公共性的实现路径,不同的学者和学派有不同的论述。如公共选择学派从个人主义的方法论出发,认为政治和经济活动的公共性主要是通过某种集体选择机

制来实现的。集体选择机制通过一系列制度安排将个人的偏好引入社会选择体系,从而达成某种关于社会重大问题的公共选择。而在多元主义民主理论的代表人物罗伯特·达尔看来,在一个多元化的社会中,公共性主要体现众多的社会中介团体之间的博弈过程,具体表现为社会团体对政治过程的竞争和参与,从而达成的某种社会平衡状态。[①] 上述关于公共性实现的表述不一定完全适合我国的国情,但对于我们理解我国公共经济的公共性特征具有借鉴意义。

我国公共经济的公共性特征主要体现在以下几个方面。

首先,公共经济的主体责任的公共性。尽管现在私人和社会第三部门开始参与到公共经济的运营中去,但这绝不意味着政府在这些公共经济活动中责任的让渡。从公共责任角度讲,政府是所有公共经济活动的责任主体,尽管它不一定要直接从事某些公共经济活动。按照社会契约理论,政府公共部门是社会公共利益的代表者,因此,政府公共部门的最大特征是其代表性和基于此而产生的公共性。公共经济的公共性,首先就体现为公共经济主体责任的公共性。

其次,公共经济的公共性体现为公共经济服务对象的公共性。我们知道,公共经济的服务对象是普遍意义上的社会公众,而不是特定的社会集团、群体甚至个人。换句话说,公共经济的目标取向是社会的公共利益。因此,公共经济所指向的对象的公共性也是公共经济公共性的重要体现。

最后,公共经济公共性的最本质体现在于公共经济管理过程的公共性。我们知道,公共经济活动的意义很大程度上不在于资源配置结果的绝对公平,而在于公共经济活动的过程要反映不同社会群体和个人的利益与价值偏好,即对社会多元的需求进行回应。因此,从应然的角度讲,公共经济活动过程应该是一个广泛吸纳社会参与的过程,应该听到不同群体的声音和诉求,应该允许社会公众基于社会公共利益的考虑而对公共经济活动实施充分的监督。这一过程的公共性从根本上体现了公共经济的公共性特征。

从静态过程来看,公共经济的公共性主要体现主体和客体的公共性特征。而从动态过程来看,公共经济的公共性主要体现为公共经济活动过程的公共性特征。但是,静态意义上公共经济的公共性并不意味着动态意义上公共经济公共性的实现。具体来说,公共经济的活动过程是一个双向过程,它不仅是公共经济主体对公共经济活动的单向管理,更重要的是在这一过程中,社会公众对公共经济活动过程的参与和表达是不可或缺的,这是动态层面上公共经济公共性的

---

① 〔美〕罗伯特·达尔:《多头政体——参与和反对》,谭君久、刘惠荣译,商务印书馆2003年版,第37页。

最本质体现。缺少社会公众参与的公共经济活动是毫无公共性可言的。而社会公众对公共经济活动过程的参与主要表现为社会公众对一项公共经济活动进行的民主监督。虽然说公共经济主体自身的内部监督对于保持公共经济的公共性是重要的,但是还远远不够。只有充分动员社会的力量,不断推进公共经济的活动过程中的参与式的民主监督,才能形成对掌握公共资源的公共经济主体的有效的社会制衡。

总之,公共经济活动过程中民主监督的本质意义在于,通过社会公众对公共经济主体的监督和制约,使公共经济主体活动充分反映各种社会群体的偏好,从而具备最大限度的包容性,防止公共经济活动为特定集团的特殊利益服务,即防止公共经济的公共性的蜕变。

二、公共经济活动中民主监督缺失的危害

来自社会的民主监督的缺失,将会从根本上削弱公共经济的公共性特征,继而给公共经济的管理带来种种不虞效果。这主要表现在以下几个方面。

(一)民主监督缺失导致公共经济管理中组织效率的低下

这主要表现为公共部门中的"目标取代"现象。具体来说,"目标取代"是指,在一个组织中,组织成员对组织规章制度的遵守本来是实现组织目标的手段,但是逐渐成为目标本身,导致组织成员行为的僵化和形式主义泛滥。正如默顿所指出的:"一种工具性的价值变成了一种终极性的价值……人们不把它(遵守纪律)看做是旨在实现具体目标的一种做法,而逐渐把它变成一种官僚在组织中生活的直接价值。由于原有目标移位的结果,强调纪律会发展成为一种僵硬的做法,并且缺少迅速做出调整的能力。形式主义,甚至仪式主义,造成的结果是毫无异议的坚决要求一丝不苟的坚持形式化的程序。"[①]因此,在社会对公共经济主体尤其是政府公共部门民主监督缺失的情况下,必将导致公共经济管理过程中形式主义和官僚主义的泛滥,其结果必然是公共经济管理组织效率低下。

(二)民主监督缺失导致公共经济活动中资源的严重浪费

在公共选择学派中,威廉·尼斯坎南是研究政府公共部门资源浪费行为最具影响力的学者之一。他在1971年出版的《官僚制与代议制政府》一书中指

---

① 〔美〕罗伯特·K. 默顿:《官僚制结构和人格》,彭和平、竹立家编译:《国外公共行政理论精选》,中共中央党校出版社1997年版,第88—89页。

出:"国家只不过是其组织成员实现偏好的工具。"①政府对预算最大化的追求导致政府开支的急剧膨胀和公共产品的过剩供给。尼斯坎南从政治家和官僚是追求个人利益最大化的理性经济人的假设出发,首先分析了官员个人利益的组成。在尼斯坎南看来,官僚追求的个人目标有"薪金、职务津贴、社会名望、权力、人事权、较大的影响力、轻松的工作等"②。尼斯坎南的研究证明,除后两项外,其余目标的实现都与官僚所在机构的预算规模呈单调正相关关系。因此,官僚及其机构追求自我利益的必然结果是政府预算规模的最大化。

政府预算的膨胀必然导致政府机构和开支的膨胀。一方面,政府人员和行政管理费用急剧增长。正如帕金森定律(Parkinson's Law)所揭示的,无论政府的工作量是增加了还是减少了,或者已根本没有工作可做了,但政府机构的人数总是按同一速度递增,导致政府人浮于事,过度开支。另一方面,政府预算的最大化导致政府提供的公共产品过剩,高于社会实际需要的公共产品量,造成社会资源的极大浪费。因为在政府机构中,公共产品的生产是按照预算约束产量而不是按照社会需求约束产量进行生产的,官僚们总想把预算最大限度地花费掉,否则剩余的预算不仅要上交,而且还将导致下一年预算拨款的减少。

可见,在缺少社会公众对公共部门进行民主监督的情况下,政府的扩张行为包括预算的最大化、政府机构的膨胀等必然导致政府支出的过度增长和公共产品的过剩供给,其结果必然是公共资源的极大浪费。

(三)民主监督缺失导致公共经济活动中的腐败现象

公共经济活动是掌握公共权力和公共资源的公共部门对公共资源在全社会范围内的权威性分配。但是,公共部门官员同样具有自身的个人利益和部门利益,甚至受到特殊集团利益的影响。在民主监督机制缺失的情况下,不受制约的公共经济主体很可能会过度追求个人利益、部门利益甚至特殊集团的利益,由此导致对社会公共利益的偏离。这表现为公共经济活动中的腐败现象。举例来说,过去政府存在收费膨胀的问题,其重要原因在于,政府公共权力的行使缺少有效的民主监督,尤其是来自社会公众的监督,致使政府权力的运行充满了任意性,从而为腐败创造了空间。

(四)民主监督缺失影响到公共经济主体和社会之间信任关系的建立

正如上文提到的,从应然的意义上讲,公共经济主体为社会提供公共服务的

---

① William A. Niskanen, *Bureaucracy and Representative Government*, Chicago: Aldine-Atherton, 1971, p. 4.

② Ibid., p. 38.

过程不是单向度的,而应是公共经济主体和社会之间相互作用的双向过程。它既包括公共经济主体对社会的作用,又包括社会对公共经济主体的反作用。但从实然的角度讲,目前公共经济主体的活动基本是单向的,缺少社会对公共经济活动的参与和监督。我国政府预算的出台过程是一个典型例证。由此,缺少社会公众参与和实施监督的公共经济活动过程,将会导致社会公众对公共经济主体的支持性情感的削弱,继而影响到公共经济主体和社会之间信任关系的建立。

总之,公共经济活动中民主监督的短缺必将破坏公共经济的公共性价值,这不仅关系到公共经济主体的组织效率和资源配置效率的提高,还影响到公共资源配置和分配的公正性问题,并从根本上影响到公共经济主体和社会之间信任关系的发展。

三、加强对公共经济活动的民主监督

为了维护公共经济活动的公共性价值,加强对公共经济主体的民主监督势在必行。我们不仅要重塑民主监督的理念,关键要诉诸一系列体现民主监督精神的制度安排。具体来说,除了加强公共经济主体内部的民主监督机制外,我们更要通过强化一些制度安排来加强社会对公共经济主体的外部监督和制约,并通过社会的参与和表达,形成关于政府公共经济活动的公共选择机制,从而使公共经济活动成为真正的民主过程。我们可尝试进行下述制度安排的创新。

首先,继续加强各级人民代表大会的监督和制约作用。我们知道,人民代表大会是我国社会公众参与和监督政府治理的代议机关,是形成关于社会治理问题的公共选择的场所。过去,人民代表大会对政府治理的参与、表达和监督制约作用并没有完全发挥出来,这与建设社会主义民主的政治目标是不相符合的。很多情况下,政府决策的制定过程缺少社会公众的广泛参与,表现为人民代表大会在政府决策过程中起到的更多的是形式上的作用。举例来说,针对我国目前的预算制度,有学者陈列了几大弊病。具体表现为,一是"缺":预算只包括预算内资金的使用计划,预算外和制度外资金在预算中全然得不到反映。二是"慢":预算编制太迟,到向人大报告预算时,新的财政年度早已开始,有先斩后奏之嫌。三是"散":各级政府的预算往往并不包括其所属各部门各单位的预算。四是"粗":报送人大审议的预算草案往往只列举几大类的开支,没有详尽的分类分项计划。五是"软":预算对政府的行为没有有效的约束力,挤占挪用预算资金的现象十分普遍。六是"黑":预算内容和预算过程缺乏透明性,致使政府财政行为非常不规范,尤其是那些掌管资金分配的部门往往利用

职权随意调剂财政资金。① 因此,加强人民代表大会的监督和制约作用,是规范公共经济活动包括公共收入、公共支出、公共分配等活动在内的关键所在。2021年4月29日,第十三届全国人民代表大会常务委员会第二十八次会议修订了《全国人民代表大会常务委员会关于加强中央预算审查监督的决定》,并从公布之日起施行,这代表未来全国人民代表大会及其常务委员会的预算审查监督职责将进一步地被落实。

其次,建立关于重大公共经济活动的听证制度,确保社会公众的知情权,吸纳社会公众对公共经济活动广泛的参与和监督。具体来说,听证制度是指行政机关为了合理、有效地制定和实施行政决定,公开举行由利害关系人参加的听证,以广泛听取各方意见,保证行政机关的行政决定合法、适当。具体而言,建立关于重大公共经济活动的听证制度,主要分三个阶段,即事前听证、事中听证和事后听证。事前听证是指,公共经济主体在对一项重大公共经济活动进行决策之前,应举行听证会,就某项公共经济活动的情况对公众详细说明,并广泛征求社会各界尤其是目标群体的建议,从而最大限度地保障社会公众的知情权。在此基础上确保社会公众对政府行为进行充分的事前监督。事中听证是指,在一项公共经济活动的执行过程中,公共经济主体举行听证会,就该项公共经济活动的执行情况对社会公众做出详细说明,以使社会公众进行充分的事中监督,从而防止政府公共部门的行为偏差。事后听证是指,在一项公共经济活动的政策执行完结之后,有关公共经济主体举行听证会,就该项公共经济活动的整体执行情况向公众做说明,以利于社会公众对该项公共经济活动的成本—效益和执行主体本身的效率进行综合性的评价,指出经验和教训,以利于今后的改进。总之,建立关于重大公共经济活动的听证制度,其本质意义在于通过灵活的方式来保障公民知情权和保障公民参与公共治理过程的权利,实现对公共经济主体的监督和制约,从而最大限度地实现公共经济的公共性价值。

再次,加强对公共经济活动主体自身的制约和监督,提高其责任意识和法律素质。由于公共经济活动会在一个相当长的时期内存在,要保证其主体不背离公共经济活动公共性的要求,就必须对其活动主体运用公共权力的过程、方式、结果进行制约监督。不仅要对公共经济活动主体的产生、更换有严格的制约,更要通过制度化的机制保证公共经济活动主体的行为公开化、程序化,以防止公共权力被其行使者用以谋私而产生腐败。比较有效的方法有:一方面加强公民监督权的制度。公民行使批评、建议、申诉、控告和取得赔偿权的目的本身主要不

---

① 王绍光、王有强:《公民权、所得税和预算体制——谈农村税费改革的思路》,《战略与管理》2001年第3期,第12页。

在于监督国家机关及其工作人员,而主要在于维护自身权益,既起到监督的作用,又符合公民实现合法权益的内在要求,使得该监督权的行使无须动员,这种监督便可保持长久的活力。另一方面,对公共经济活动权力行使主体实行严格的责任制。尽管我国宪法对此做了相应地原则性规定,但在实践中贯彻得还不够,表现为对经济活动主体在行使权力之后所应承担的相应后果追究措施不足、力度不够。一项好的制度若不能有效实行便成一纸空文。当前,应加强人大对公共经济活动主体的监督,特别是从责任制方面着力追究活动主体违法失职所应承担的相应后果,改变目前责任制仅限于权力主体自我制约、内部制约的单一制约方式,建立开放式的制约体制,引进引咎辞职等强有力的制约模式。

最后,发展与重视第三部门对公共经济活动的制约与监督。第三部门也称为非政府组织,主要指在政府部门和以营利为目的的市场部门之外的"非营利部门",它与政府部门、市场部门共同构成现代社会的三大支柱。非政府组织的主要特点就是它们是群众性或大众化的。非政府组织是人民与政府进行沟通的一个重要环节,将人民的需求和期待传达给政府,然后又帮助政府完成部分直接与人民生活休戚相关的事务。非政府组织正是利用不属于政府的特权,代表广大公民个体监督公共经济部门及其负责人的活动,这种监督通常比公民个体的监督更有主动性和组织性,从而能够对公共经济部门的活动施以更强的约束力和影响力。当然,尽管非政府组织本意是为人民服务,同样也尽力为人民办好事,但仍有各种不良因素影响着非政府组织。非政府组织有时发生经济腐败问题,有时也会做一些违背自身原则的事。

总之,加强对公共经济活动的民主监督,其形式是灵活多样、不断变化发展的,这还有待于我们在实践中进一步探索。

第五节 公共经济效率与效益分析[①]

一、公共经济效率辨析

在一般意义上而言,效率是指产出与投入之间的比率。相对于私人经济效率来说,公共经济效率是公共经济主体在一项公共经济活动中,公共产出与投入的公共经济资源之间的比率。在这种意义上,公共经济效率与私人经济效率有共同之处,即二者都包含对资源配置合理化和最优化的追求,这体现为纯粹意

---

① 本节主要参考周志忍:《公共悖论及其理论阐释》,《政治学研究》1999年第2期,第9页。

上的生产效率,主要通过一系列经济指标加以衡量。

但是,公共经济效率和私人经济效率还存在着本质的区别。这主要是因为,公共经济主要满足的是公共需要,私人经济主要满足的是私人需要。具体来说,公共经济主体除了考虑生产效率外,还要对公共经济要实现的公共目的、公共需要以及公共责任等公共性特征加以考虑。即公共经济的目标是多元的,如社会公平、民主程度和对公共需要的满足程度等,而不是纯粹的生产效率。因此,对于私人经济来说,效率是它追求的最大目标。正如有学者所指出的,"看不见的手可以引导我们到达生产可能性边缘的外围极限,但是,它并不一定是以可以接收的方式来分配这些产品的"①。换句话说,市场机制的优势在于效率,市场的主要责任也是效率,而效率以外的其他价值主要是靠其他机制来实现的。对于公共经济来说,效率并不是其首要目标,即公共经济主体要在多元的目标之间实现平衡。具体体现在以下几个方面。

首先,公共经济要处理好效率与公平的关系。公共经济除了关注效率外,它的一个重要目标是对社会公平的追求。正如萨缪尔森所指出的:"当一个民主社会不喜欢自由放任的市场机制下用对货币选票进行的分配时,它可以通过再分配政策采取措施来改变其结果。"②而再分配政策正是公共经济实现社会公平的重要手段。行政学家英格拉姆进一步论述道:"有许多理由说明为什么政府不同于私营部门。最重要的一条是,对许多公共组织来说,效率不是所追求的唯一目标,还存在其他目标。……在世界上许多政府中,公共组织是'最后的依靠'。它们正是通过不把效率置于至高无上的地位来立足于社会。"③因此,公共经济是实现社会公平的重要保障。

其次,公共经济要处理好效率与民主之间的关系。民主同样是公共经济关注的另外一个重要目标。公共经济是利用社会公共资源来满足社会的公共需要。从应然的意义上讲,公共经济过程应广泛吸纳社会公众的参与和表达,因此是一个社会公众进行公共选择的民主过程。然而,在某种意义上,民主同效率是相悖的,因为民主过程可能导致公共经济生产的低效率。但是,公共经济活动并不能因此而牺牲必要的民主程序,否则将削弱公共经济的公共性价值。

---

① 〔美〕保罗·A.萨缪尔森、威廉·D.诺德豪斯:《经济学(第十二版)》,高鸿业等译,中国发展出版社1992年版,第83—84页。

② 同上书,第84页。

③ 〔美〕帕特里夏·英格拉姆:《公共管理体制改革的模式》,载于国家行政学院国际交流合作部编:《西方国家行政改革述评》,国家行政学院出版社1998年版,第62—63页。

最后,公共经济要处理好效率与公共需要之间的关系。公共需要的实现主要表现为社会公众对公共经济所提供的公共服务的满意程度。但是,公共经济的高效率并不能一定带来社会公众高满意度,即不一定能满足社会公共需要。因此,处理好这二者的关系同样是重要的。

总之,理解公共经济的效率,我们应该明白,效率虽然是公共经济追求的重要目标,但不是首要的和唯一的目标,它只是公共经济要实现的多元目标中的一个。认识到这一点,公共经济主体才能够更好地提供公共服务,满足社会的公共需要,实现公共经济的公共性价值。

二、公共经济低效率的原因

我们知道,和私人经济相比,公共经济往往存在效率低下的情况。导致这种现象的原因是多方面的。除了上文所分析的公共经济活动中的"目标取代"现象和资源的严重浪费外,其他原因有以下几个方面。

首先,公共经济的垄断性特征。尽管公共经济主体已经向多元化发展,但政府部门依然是公共经济的最大垄断者。在一些具有自然垄断性质的公共经济部门进行垄断,具有一定的合理性。但是,对具有竞争性质的公共部门进行垄断,必然意味着对竞争的排斥和限制。其结果正如公共选择学派所言,垄断免除了公共部门的外部竞争压力,同时也就免除了提高效率和服务质量的内在动力,由此导致一些公共部门效率低下。

其次,公共经济产出的性质。私人经济的一个明显优势在于,其产出很容易用一套明确的评估标准加以测定。而在很多情况下,公共经济产出是无形的服务,具有非市场性质,因此,很难用量化的标准加以测定。同时,由于公共经济产出过程是一个公共选择的过程,在产出和产出的社会效果之间往往存在时间上的滞后性。这同样给公共经济产出效率的评估带来了困难。因此,公共经济产出的性质很大程度上导致了公共经济效率的低下。

再次,公众监督的困难。在我国当前的公共经济活动中,作为公共经济主体之一的政府,不仅垄断了大部分的公共经济资源,而且还垄断了关于公共经济活动的信息。这主要表现为政府公共经济活动的非透明化。在信息缺乏的情况下,也就谈不上公众对公共经济活动的监督了。政府的公共经济活动很大程度上是一个单向过程,而不是与社会积极互动的结果。此外,相对于政府来说,众多的社会公众是分散的,这就导致了问题的产生,即社会公众形成有效的集体行动是困难的,往往会陷入集体行动的困境。① 因此,在形成对公共经济活动有效的社会监督机制上,社会公众处于相对弱势,无法形成对公共经济活动的有效监督和制约。由此,公众监督的困难,很大程度上导致了公共经济效率的低下。

复次,民主过程的成本。这一点在上文已有所提及。与私人经济过程不同的是,一项公共经济活动除了是一个经济过程之外,还是一个民主过程。公共经济的目的是满足公共需要,因此,一项公共经济活动需要社会公众广泛的参与和表达,听取各种社会群体的意见。从本质上看,这是一个包括公共经济主体、各种社会群体在内的博弈过程。这个过程可能包括诸多的民主程序旷日持久的讨论等。因此,一项公共经济活动很可能伴随着效率的低下,这就是民主过程的成本。

最后,政治过程的影响。公共经济活动过程尤其是以政府为主体的公共经济活动,在很大程度上是一个政治过程。在很多情况下,政治家所考虑的公共经济活动的首要目标不是效率,而是政治利益的得失。为了维护既得的政治利益,政治家们往往以牺牲公共经济活动的效率为代价。这在很大程度上体现了公共经济活动是一个政治过程,而非是一个纯粹意义上的经济活动。

三、提高公共经济效率的途径

尽管效率仅仅是公共经济活动实现的目标之一,甚至不是首要的目标,但效率的提升对于公共经济主体更好地满足社会的公共需要并有效节约社会公共资源是不可或缺的。鉴于导致公共经济效率低下的种种原因,我们来探讨提高公共经济效率的多种途径。具体来说,主要有以下几个方面。

首先,引入竞争机制,实现公共经济主体的多元化。正如上文分析所指出的,政府对公共经济活动的垄断很大程度上导致了公共经济效率的低下。因此,在公共经济领域引入竞争机制,打破政府公共部门的垄断局面,实现公共经济主体的多元化,是提高公共经济效率的重要途径。因为,政府并不是公共产品的唯一供给者,在政府供给之外还存在其他成功的公共产品的供给形式。正如文森特·奥斯特罗姆所指出的,"每一公民都不由'一个'政府服务,而是由大量的各不相同的公共服务产业所服务。……大多数公共服务产业都有重要的私人成分"②。这意味着随着经济领域和社会领域自组织力量的发展,政府作为公共经

---

① 参见〔美〕曼瑟尔·奥尔森:《集体行动的逻辑》,陈郁、郭宇峰、李崇新译,上海三联书店、上海人民出版社1995年版,第3页。
② 〔美〕迈克尔·麦金尼斯主编:《多中心体制与地方公共经济》,毛寿龙译,上海三联书店2000年版,第114页。

济领域垄断者的单中心治理模式已经发生改变。公共经济领域的治理已出现了某种多中心倾向。公共领域的多中心治理体制否认了政府作为单中心治理者的合理性,认为政府的作用是有限度的,主张建立政府、市场和社会三维框架下公共经济领域的多中心治理模式,私人主体和第三部门同样可以从事某些公共经济活动。竞争主体的多元化,对于提高公共经济的效率是非常必要的。

就具体形式而言,我们可以灵活采用多种方式,比如民营化、公共服务合同出租、建立内部市场等,由此建立包括私与私竞争、公与私竞争和公与公竞争在内的多种竞争关系,从而通过多种公共经济主体之间的竞争来提高公共经济效率。

其次,在政府公共部门中引入私人经济的管理方式。作为公共经济主体的主要组成部分,提高政府公共部门的效率是提高公共经济效率的根本举措。前文已经分析过,仅就效率而言,公共经济效率和私人经济效率在很大程度上是相通的。因此,尽管公共部门和私人部门存在种种差异,我们仍有理由借鉴在私人部门中取得佳绩的管理方式与方法。比如,我们已经将私人经济管理中的全面质量管理等现代管理方式引入政府公共部门,并取得了良好的效果。这值得我们进一步深入探索。

再次,加强对公共经济主体的监督。我们知道,公共经济效率低下的一个重要原因是公共经济主体尤其是政府公共部门内部的"目标取代"和预算最大化现象。这充分体现为"官僚病"的盛行。因此,加强对包括政府公共部门在内的公共经济主体的监督和制约,是提高公共经济效率的重要内容。具体内容上文已进行了分析,这里不再赘述。

最后,建立完善的公共经济效率评估体系。无论对于何种经济形式,若想提高其效率,必须建立一套可加以考虑的示标。因为"要改进绩效,你必须首先了解目前的绩效水平是什么。测定是绩效管理的一个关键环节:如果你不能测定它,你就无法改善它。除非在绩效目标实现程度的测定方法方面达成一致或谅解,一切确定绩效目标或标准的努力都是徒劳无益"[①]。因此,建立一套完善的公共经济效率评估体系,对于提高公共经济效率是非常必要的。至于该评估体系包含什么样的示标,与私人经济的效率评估体系有何相同和不同之处,仍然有待我们的进一步研究。

四、公共经济效益辨析与评估

(一)公共经济效益辨析

谈及公共经济效益,我们有必要将其与公共经济效率加以区分。上文已经

---

① 周志忍:《公共悖论及其理论阐释》,《政治学研究》1999年第2期,第14页。

指出,公共经济效率主要是指在一项公共经济活动中,公共产出同公共资源投入之间的比率,即公共资源的合理配置和有效使用程度,是就一项公共经济活动本身而言的。而公共经济效益具体指,一项公共经济活动发生后,为社会带来的综合性和整体性的利益结果,具体表现为对社会公共需求的满足程度以及对社会发展的推动程度。也就是说,公共经济效益所关注的对象是社会本身,而公共经济效率关注的是公共经济活动本身,这是二者的区别所在。

评价一项公共经济活动的成功与否,我们除了通过一系列计量指标考虑该项公共经济活动的效率之外,更为关键的一方面是要评价公共经济活动的效益。因为,公共经济的本质目的在于满足社会公共需要以及在此基础上对社会发展的推动程度,这也就是公共经济活动的效益问题。如果一项公共经济活动效益低下,即使有再高的效率,也从根本上偏离了公共经济活动的本质。因此,对一项公共经济活动的效益进行评估,是对公共经济活动进行综合考虑的本质内容。

(二) 公共经济效益低下的原因

在现实中,公共经济效益低下的原因是多方面的。我们不能简单地将公共经济效益的低下归因于公共经济效率的低下。实质上,因为二者考察的重点是不同的,所以二者之间不存在简单的线性对应关系。公共经济效率低下并不一定意味着公共经济效益的低下,而公共经济效率高也绝不意味着公共经济效益就高。显然,公共经济效率不是决定公共经济效益高低的本质因素。我们知道,评价公共经济效益高低的标准是对社会公共需要的满足程度,有些公共经济活动能较好地满足社会的公共需要,而有些则不能很好地满足,原因是什么呢?在我们看来,公共经济效益低下的根本原因在于公共经济活动过程中社会公众参与的缺失,以至于公共经济活动不能很好地回应社会的公共需要。

正如上文分析所指出的,公共经济的最大特性在于其公共性,是对社会公共需要的回应。因此,了解社会的公共需要并对其进行反馈是提高公共经济效益的关键。也就是说,公共经济活动从根本上是一个双向过程,是公共经济主体和社会公众的互动过程。反过来说,如果一项公共经济活动是单向度的,即只有公共经济主体对社会的作用,而无社会对公共经济主体的反作用即缺乏社会公众的参与,这种情况下,出现公共经济的实际运行偏离社会公共需要的情况也就不足为奇了。这种偏离主要表现为两个方面:一是公共经济中的腐败现象,即公共经济主体利用公共经济资源来谋取个人私利、部门利益或者所偏好的特殊利益集团的利益,这是与公共经济的公共性价值直接相悖的;二是一项公共经济活动虽然有高效率、高质量的产出,但是不符合社会的公共需要,这种情况同样偏离了社会的公共需要。造成这种偏离现象的原因值得我们深思。从根本上讲,偏离现象发生的原因在于公共经济活动中社会参与的缺失。社会参与的缺失,其后果是,一方面,导致了公共经济主体的活动失去了必要的社会监督,致使腐败现象泛滥;另一方面,导致了公共经济主体缺乏关于社会公共需要的信息,在不了解公共需要的情况下提供了社会公众不需要的公共产品或服务。这两方面都表现为公共经济效益的低下。

因此,提高公共经济效益,除了着眼于其他方面的考虑外,我们要从根本上将社会公众的参与和表达引入公共经济活动之中,使其真正变成一个公共经济主体和社会公众之间的双向互动过程,将社会的公共需要真实地融入公共经济主体对公共经济的把握和运营中去,从而最大限度满足社会公共需要,提高公共经济效益。

(三) 公共经济效益评估

评价一项公共经济活动的效益,不是靠抽象的社会道德标准,而是应该诉诸公共经济自身的评估机制。与私人经济所满足对象不同的是,公共经济所满足的社会公共需要是一个较为抽象的概念。在实践中如何考察一项公共经济活动对社会公共需要的满足程度呢?如何评估公共经济活动的效益呢?具体来说,对公共经济活动效益的评估可以通过两个途径来进行。

一是具体的公共经济活动的效益分析方法,主要通过考察消费者剩余来进行。一般来讲,消费者剩余不能通过市场价格直接进行计算,而只能通过补偿需求线来进行考虑。举例来说,作为一项公共经济活动,政府修建了一座桥梁,如何考察该桥梁的社会效益呢?我们可以通过过桥者节约的时间来间接地加以计算。再者,如何评价政府治理水资源污染的效果呢?我们可以通过对某一水资源严重污染地区人们身体健康状况的改善来计算。由此,人们对桥梁的需要就转化为了对时间节约的需要,对高质量水资源的需要就转化为对身体健康的需要。这就是所谓的补偿需求线,即我们对一项公共经济活动效益的评估,可以通过对和该项公共经济活动效益密切相关的其他变量的考察来进行。这是一种较为具体的评估方法。

二是通过社会公众的公共选择过程来完成。在这一过程中,社会公众的公意反映了社会公共需要的形成、表达和具体的偏好所指。社会公众对一项公共经济活动效果满意与否在这一过程中可以清晰地反映出来。因此,对一项公共经济活动效益的评估也应该在社会的公共选择过程中通过综合社会公众的真实偏好来进行。这主要通过各级社会代议机构中投票机制来完成。对于我国来说,社会公众的公共选择过程主要体现在社会公众对各级人民代表大会的参与和表达之中。因此,切实加强各级人民代表大会的表达和参与作用,形成反映社会公众真实偏好的公共选择过程,是衡量和评估一项公共经济活动效益的关键所在。

五、公共经济效率与效益的统一

从以上的分析中我们可以看出,公共经济活动的目标是多元的,它既追求对公共资源的优化合理配置,更包括对社会公共需要满足的考虑。前者即公共经济效率,后者即公共经济效益。虽然效率和效益有时存在相互冲突的情况,但二者的关系仍然是密不可分的。具体来说,没有公共经济效率的实现,公共经济的效益也将显得苍白无力,成本高昂;而如果放弃对公共经济效益的追求,即使有再高的公共经济效率,也只是偏离了社会公共需要的效率,必将在根本上淹没公共经济的公共性价值。因此,对于公共经济活动来说,效率和效益同样是不可或缺的,在实际中我们要将二者有机地统一起来。这充分体现了公共经济活动对"经济性"和"公共性"的追求。

【关键术语】

宏观调控　总供给　总需求　有效总需求　潜在总供给　公共规制　经济规制　社会规制　民主监督　公共经济效率　公共经济效益

【复习思考题】

1. 如何从管理学途径考察公共经济?
2. 怎样理解公共经济管理是一种特殊形态的经济管理?
3. 如何理解公共经济管理就是对公共经济三大关系的管理?
4. 公共经济管理的有限原则、约束原则、公平原则分别是什么?都有什么意义?
5. 宏观经济调控的类型和理论基础是什么?
6. 总供给和总需求的定义和内涵是什么?
7. 我国宏观经济运行主要存在哪些问题?
8. 我国宏观经济运行的特点是什么?
9. 如何进一步完善我国的宏观经济调控体系?
10. 公共规制的内涵与分类是什么?
11. 如何理解公共经济的公共性?
12. 公共经济活动中民主监督的意义何在?如何加强对公共经济活动的民主监督?
13. 公共经济效率与私人经济效率的区别何在?

14. 试分析公共经济低效率的原因以及提高效率的途径。

15. 公共经济效益的本质是什么？

16. 如何实现公共经济效率与效益的统一？

【参考书目】

1. 褚松燕：《权利发展与公民参与：我国公民资格权利发展与有序参与研究》，中国法制出版社 2007 年版。

2. 樊勇明、杜莉编著：《公共经济学》，复旦大学出版社 2001 年版。

3. 郭树清：《体制转轨与宏观调控》，中国人民大学出版社 2006 年版。

4. 蒋选主编：《中国宏观经济运行与调控》，中国财政经济出版社 2006 年版。

5. 李克穆：《中国宏观经济与宏观调控概说》，中国财政经济出版社 2007 年版。

6. 李文溥主编：《转轨中的宏观调控》，经济科学出版社 2006 年版。

7. 厉以宁：《国民经济管理学》（修订本），河北人民出版社 1997 年版。

8. 刘振彪：《国家宏观调控演变》，湖南人民出版社 2004 年版。

9. 汤在新、吴超林：《宏观调控：理论基础与政策分析》，广东经济出版社 2001 年版。

10. 王传纶、高培勇：《当代西方财政经济理论》，商务印书馆 1995 年版。

11. 吴俊培、许建国、杨灿明编著：《公共部门经济学》，中国统计出版社 1998 年版。

12. 张国庆主编：《行政管理学概论》（第二版），北京大学出版社 2000 年版。

13. 周三多等编著：《管理学——原理与方法》，复旦大学出版社 1999 年版。

14. 〔美〕T. S. 库恩：《科学革命的结构》，李宝恒、纪树立译，上海科学技术出版社 1980 年版。

15. 〔美〕爱伦·鲁宾：《公共预算中的政治：收入与支出，借贷与平衡（第四版）》，叶娟丽、马骏等译，中国人民大学出版社 2001 年版。

16. 〔美〕保罗·萨缪尔森、威廉·诺德豪斯：《经济学（第 17 版）》，萧琛主译，人民邮电出版社 2004 年版。

17. 〔美〕鲍德威、威迪逊：《公共部门经济学（第二版）》，邓力平等译，中国人民大学出版社 2000 年版。

18. 〔美〕戴维·奥斯本、特德·盖布勒：《改革政府：企业精神如何改革着公营部门》，上海市政协编译组、东方编译所编译，上海译文出版社 1996 年版。

19. 〔美〕丹尼尔·A. 雷恩：《管理思想的演变》，赵睿、肖聿、戴旸译，中国社会科学出版社 2000 年版。

20. 〔美〕弗莱蒙特·E. 卡斯特、詹姆斯·E. 罗森茨韦克：《组织与管理：系统方法与权变方法（第四版）》，傅严、李柱流等译，中国社会科学出版社 2000 年版。

21. 〔美〕迈克尔·麦金尼斯主编：《多中心体制与地方公共经济》，毛寿龙译，上海三联书店 2000 年版。

22. 〔美〕曼瑟尔·奥尔森：《集体行动的逻辑》，陈郁、郭宇峰、李崇新译，上海三联书店、上海人民出版社 1995 年版。

23.〔美〕斯蒂芬·P. 罗宾斯:《管理学(第四版)》,黄卫伟等译,中国人民大学出版社 1997 年版。

24.〔苏〕Г. X. 波波夫:《管理理论问题》,徐眉君、黄诠译,中国社会科学出版社 1983 年版。

25.〔英〕安东尼·B. 阿特金森、〔美〕约瑟夫·E. 斯蒂格里茨:《公共经济学》,蔡江南、许斌、邹华明译,上海三联书店、上海人民出版社 1994 年版。

26.〔英〕大卫·格林纳韦主编:《宏观经济学前沿问题》,杜两省译,中国税务出版社、北京腾图电子出版社 2000 年版。

第十二章 公共经济政策

【教学目的和要求】

通过本章的学习,使学生基本了解中国公共经济政策的一般原则和目标,同时掌握公共经济政策的主要工具以及各种条件下对各主要工具的综合运用。此外,还对中国历史各个时期中国公共经济政策,特别是 1949 年以后、改革开放和社会主义经济建设新阶段的中国公共经济政策进行了系统的回顾,使学生对中国公共经济政策的发展历史有一个较为完整的把握。

第一节 公共经济政策的原则与目标

一、公共经济政策的原则

(一) 系统原则

人类社会不是由若干个人简单组成的统一体,而是一个有组织、有秩序的系统。社会上的一切事物都存在着相互依赖的关系,组成了多层次的复杂系统。政策本身是一个系统,但它不可能独立存在,总是与其他政策相联系,组成一个更大的系统。因此,无论是哪项政策,都要把它置于政策体系中考虑,搞清楚它与其他政策的关系,充分估计体系的整体效应。如果一项政策从某个角度或局部范围分析是合理的,但在整个体系中产生一定负效应,那就应该制定一定的政策与之配套,否则暂时就不能执行这项政策。因此,应坚持正确处理全局与局部关系,坚持统筹兼顾,使公共经济政策达成系统原则的基本要求。既要看到全局,又要统率局部,局部依赖于全局;还要看到全局是由局部组成的,局部的状态会直接影响到全局结果。

(二) 预测原则

政策是对未来行为所做的一种设想,是在事情发生之前的一种预先分析与选择,具有较强的预测性。制定政策的基本目的是按照政策制定者的意愿和设想安排未来,实现一定的目标。要达到这个目的,首先要估计未来可能会出现的各种后果,即对各种可能发生的实践加以认真考虑,以适应未来的多种变化。预测是根据过去、现在的相关信息,探索和推测所关心的研究领域在未来的发展趋势,并估计和评价各种可能的结果。所以,预测是制定政策的前提,只有建立在可靠预测基础之上的政策,才是切实可行的。政策分析中所涉及的预测因素错综复杂,要得到理想的预测结果,必须在预测中全面了解所要研究的政策问题的历史和现状,要注意数据资料的收集和整理,保证其可靠性和完整性。

(三) 协调原则

协调是根据大系统总任务、总目标的要求,使各小系统相互协同配合,在各个小系统局部最优化的基础上,通过调节控制,实现大系统的全局最优化的手段。公共经济政策协调的最大特征是利益的协调。如中国改革开放以来,人们之间的利益关系发生了重大改变与调整。改革中的公共经济政策,就是为了不断协调社会方方面面的利益关系,提高社会各方面的积极性与凝聚力。需要强调的是,人们在讲公共经济政策协调时,往往只看到不同主体不一致的一面,即事物的对立面,而没有看到事物之间还有相互联系的一面,尤其是互补的一面。公共经济政策的利益综合性,实际上是不同事物间的互斥利益经过整合的结果。在一定程度上,公共经济政策系统整体性功能的大小,往往由所组成要素之间的协同作用的大小而定。一个完整的政策过程,包括政策问题的提出、政策方案的制订、政策执行、政策评估等多个相关的环节。这些环节相互配合,相互协调,形成一种统一的政策合力。同样,政策主体、政策客体与环境之间的关系也是如此。协调的目的是为保持某种平衡,平衡前的失调说明事物之间的失衡、无序和不稳定。从利益的角度看,失调说明利益分配失衡,利益关系不稳定。政策制定者应从社会改革、发展与稳定的全局出发,坚持从整体上协调,从利益机制上协调,坚持从平衡—不平衡关系中协调,是政策制定者应该牢记的。

(四) 多样性原则

多样性是一个系统的可能状态的数量,也是系统复杂性的量度。如果多样性增加,而对多样性的认识和反应能力没有相应地加强,系统就会变得不稳定,甚至可能突然土崩瓦解。系统在承受多次干扰,特别是当一种新干扰来得很迅速,往往快于系统的放松速度,即快于系统在一次干扰后重新恢复平衡所耗费的时间时,因系统不能实现有效平衡、进行自我调整,系统的适应过程就会停止,随之而来的就是崩溃性的灾难。为避免这种后果,系统必须接受多样性控制器的控制。政府经常使用的控制器,有四种形势会导致系统瓦解:(1)每个政府都建立一个模型,并几乎从不改变。有时在出现新的多样性时,就建立新的部门,而老部门几乎看不到新的多样性。(2)每个部门都有自己负责的领域模型,人们不把所负责的领域看成是"动态生存系统",而视为静态集合体。(3)随着所收集数据的增多,整理、综合信息工作变成了关键环节,然而人们很少按照控制论原理开展这项工作,这导致了对多样性进行控制的关键信息的缺失。(4)政府总是力图用过时的信息对多样性进行控制,在信息加工过程中,出现严重滞后现象。因此,掌握最新的多样性的信息极其重要,但其却很难获得。政策滞后不仅说明已失去系统干预的最佳机会,而且意味着系统的多样性已超出多样性控制的范围。

(五)分解综合原则

分解是将具有比较密切结合关系的要素分组化。对公共经济政策系统来说,分解是要归纳出相对独立、层次不同的子系统。综合则是完成新系统的设计过程,即选择具有性能好、适宜标准化的子系统,设计它们之间的关系,从整体到部分,再从部分到整体,形成更具广泛性的系统。现代社会,科学技术突飞猛进,社会信息量骤增,使得时空跨度拉大,不确定因素增多。但不管社会多么复杂,人们总可以把它分为几个相关的子系统,利用以往的经验和知识去处理,尤其是将这些子系统的特征与性能进行标准化、数字化处理,以便于计算机操作。分解的规则是既要有利于政策系统设计,并保障系统的可靠性,又要便于论证、实施与管理。

二、公共经济政策的目标

政府调控经济的目标是多重的,这些目标构成一个体系,其中主要目标为:

(1)充分就业。充分就业是指非自愿失业者都能够就业。非自愿失业是指人们愿意接受比现行工资更低的工资但仍然找不到工作引起的失业。在充分就业时,自愿失业(人们不愿意接受现行工资而造成的失业)和摩擦失业(生产过程中由于工作的季节性、工种转换困难等原因形成的难以避免的局部的、暂时的失业)仍然存在。按照国际惯例,失业率在4%—5%即为充分就业。

(2)物价稳定。物价稳定是指一般价格水平的稳定。一般价格稳定不是指每种商品价格固定不变,而是指价格指数不变,即没有通货膨胀。

(3)经济持续均衡增长。它是指在平和消除经济周期性波动的同时,实现宏观经济的长期稳定发展。

(4)国际收支平衡。国际收支平衡是指国际贸易(包括商品和劳务)的平衡和国际资本流动的平衡。

(5)收入公平分配,保障最低生活需要,提供均等竞争的机会。

(6)控制人口。受工业化程度、城市化程度和社会保障程度的限制,人口特别是农村人口问题比较突出,因此,人口问题本质上是经济问题,控制人口数量、提高人口素质已成为宏观经济调控的重要目标。

(7) 保护和改善生态环境。这是保证经济长期可持续发展、提高人们生活质量的必要条件。

(8) 合理配置资源,实现区域经济协调发展。

在政府的宏观经济调控中,最直接、最重要的目标是前四个目标。

第二节 公共经济政策的主要工具

公共经济政策的实施,需要有一定的政策工具与之相配合,所谓公共经济政策工具就是为达到特定的公共经济政策目标的具体的政策措施和手段,其主要包括财政工具、金融工具、直接控制工具和制度工具。近年来随着国际经济形式的发展,又出现了上述工具的组合使用方式,如国家主权财富基金等。

每种公共经济政策工具及具体措施的作用方式、作用时效各不相同,例如,政府增加支出和改变存款准备金率的作用比较激烈,而税收措施和公开市场业务的作用比较弱;调整存款准备金率的作用比较快,改变贴现率的作用比较慢;改变政府支出的作用快些,变动税率的作用慢些;等等。这些工具的差异很大,对经济产生的作用有的相互抵消,有的相互加强,因而其组合效应也就呈现出了复杂的多模式,这种多模式效应一方面为选择政策工具带来了更大的空间,另一方面也带来了很大的不确定性。因此,为了选择恰当的公共经济政策工具,更有效地实现各种政策目标,我们有必要对这些政策工具做进一步地深入了解。下面我们将就财政工具、金融工具、直接控制工具和制度工具的基本含义、作用机理及其实际应用做一简要的介绍,同时对于国家主权财富基金这一工具进行概述。

一、财政工具

财政工具是政府在调节经济运行时最常使用的工具,通过调整财政收入与支出,即运用预算、财政投资、财政补贴、税收和国债等调节社会总供给和总需求的均衡和结构均衡。财政工具一般直接影响总需求规模,这种直接作用没有任何的中间变量,也就是说通过财政工具的作用可以直接对总需求的组成因素——消费需求、投资需求、政府需求和国外需求产生刺激或抑制作用,进而影响到总需求的规模。

政府主要通过调节财政支出与财政收入来实现具体的公共经济政策目标。

在财政支出方面,具体措施有改变政府投资,变动政府购买支出,调整政府转移支付等;在财政收入方面,政府则主要通过变动税收和公债来调节经济。

(一) 财政支出

1. 政府投资

政府投资是指政府机构作为经济主体进行投资,即政府固定资本形成和存货投资,包括对公共事业和基础设施的支出等,它是政府最常使用,也是最重要的手段。政府投资具有需求效应,投资在成为固定资产和流动资产的过程中,需要不断地用货币资金购买物资和支付工资,引起对生产资料和消费资料的大量需求,从而导致经济中的总需求增加。政府投资还有供给效应,投资项目建成投产后,可形成新的生产能力,引起经济中总供给的增加。政府投资具有很强的综合性,遍及国民经济各部门、各地区,涉及宏观经济和微观经济,可以有效地促进国民经济的增长,引导经济中各投资主体的投资规模、投资结构和投资方向,但同时政府投资的资金软约束也使其具有强烈的扩张性,因此在实际运用中必须谨慎决策。

2. 政府购买

政府购买是指政府对商品和劳务的购买,如购买军需品、机关用品、政府雇员报酬等。政府购买是一种实质性支出,有着商品和劳务的实际交易,其直接形成社会需求和购买力,变动政府购买支出对整个社会总支出水平具有调节作用。在总支出水平不足时,政府可以提高购买支出水平来增加社会整体需求水平;反之,在总支出水平过高时,政府可以采取减少购买支出的政策,降低社会总体需求。虽然政府购买更多地作为一种政府的经常性支出而存在,但变动政府购买支出水平与方向也是一个有力的财政工具。

3. 政府转移性支付

政府转移性支付是指政府在社会福利保险、贫困救济和补助等方面的支出,包括对个人或家庭的社会保险支付、特定产业补助和地区补助以及供给转移支出(如对外援助)等。政府转移性支付是一种货币性支出,政府在付出货币时并没有相应地商品和劳务的交换发生,其主要通过转移支付乘数作用于国民经济。如在总支出水平不足时,失业会增加,这时政府增加社会福利费用,提高转移支付水平,从而增加人们的可支配收入和提高消费支出水平,使得社会有效需求增加;在总支出水平过高时,通货膨胀率上升,政府减少社会福利支出,降低转移支付水平,从而降低人们的可支配收入和社会总需求水平。政府转移性支付还可以实现公平的目标,通过政府的转移支付可以调整产业结构、促进地区均衡发展,实现收入再分配。

(二) 财政收入

1. 税收

税收是政府凭借政治权力从企业、个人或其他组织强制取得的收入。税收具有强制性、无偿性和固定性等特点,它是政府财政收入中的最主要部分。依据不同标准可以将税收进行不同的分类,根据课税对象,税收可以分为四大类:财产税、所得税、流转税和行为税。财产税是对不动产或房地产,即土地和土地上建筑物等所征收的税,遗产税、房产税、车船牌照税等都属于财产税,它有利于限制财产过分集中,促使纳税人提高财产的经济效益。所得税是以纳税人的各种效益额为课税对象的税种,企业所得税、外商投资企业所得税、外国企业所得税和个人所得税均属于所得税,所得税的特点是它可以直接调节纳税人的收入,发挥其独特的作用。流转税是对流通中商品和劳务买卖的总额征税,增值税、营业税、消费税和关税是流转税的主要税种,流转税不受成本费用的影响,有利于保证国家财政收入的及时性和稳定性。行为税是以纳税人的特定行为为课征对象征收的税,其目的是限制某些行为。根据收入中被扣除的比例,税收则可以分为累退税、累进税和比例税。累退税是税率随征收税客体总量增加而递减的一种税;累进税是税率随征税客体总量增加而增加的一种税;比例税是税率不随征税客体总量变动而变动的一种税,即按固定比率从收入中征税,多适用于流转税和财产税。这三种税通过税率的高低及其变动来反映赋税负担轻重和税收总量的关系。

税收的变动对国民收入的变动具有倍增的作用,即它同政府转移支付一样具有乘数效应。税收对总收入的影响既可通过税率的变动来实现,也可通过变动税收绝对量来实现。如通过降低所得税率来引致社会总需求增加和国民产出的增长,或通过一次性减税来达到刺激社会总需求增加的目的。税收可以根据不同时期、不同的战略发展需要调节生产要素的部门流动,协调产业结构和地区经济结构,调节社会再生产比例关系,调节经济发展速度等,是重要的公共经济政策工具之一。

2. 公债

公债是政府对公众的债务。与税收不同,公债是政府运用信用筹集财政资金的特殊形式。公债的发行,既可以筹集财政资金,弥补财政赤字,又可以通过公债的发行与在资金市场的流通来影响货币的供求,从而调节社会的总体需求水平,对经济产生扩张或抑制性效应。当总需求过大时发行公债,可以减少货币流通量和市场购买力,从而抑制总需求;反之,则可刺激总需求。公债是财政政策和货币政策的有效结合点。

上述财政工具具有稳定经济、配置资源、调节分配、筹集资金等基本作用,但它们对基本政策目标产生的影响程度不一样,它们在不同程度上受到市场制度、信息充分度等因素的影响,使用不当会产生偏差,即工具的应用达不到预期的政策目标,因此,在实际运用中应根据现实的经济情况和所要实现的公共经济政策目标恰当地选择工具。以 1998 年为例,当时受亚洲金融危机等因素的影响,中国经济发展呈现出不景气的迹象,经济发展速度明显下降,政府实施积极财政政策促进经济的发展,采取了以加大政府投资为主,辅以一定的税收减免的措施。政府发行了大量专项国债用于电信、铁路、市政、环境保护、水利设施等方面的建设,不仅刺激了经济的复苏,而且带动了相关产业的发展,提高了全社会的劳动就业水平。而在进出口、纺织品等领域的税收减免措施有效地配合了扩大政府投资的政策,带动了企业投资和外商投资的增长。通过以上各项政策措施的努力,整个经济形势开始出现好转,1998 年经济增长 8% 的既定目标也得以实现。再譬如,2008 年以来,我国持续实施积极财政政策,但在这十几年间,财政政策的目标和工具应用随经济形势不断变化。早期(2008—2012 年)因美国金融危机对我国经济的影响,积极财政政策的目标是拉动经济的增长,在工具上以扩大政府公共投资为主,以增发长期国债为主要筹资来源,2008 年我国共发行国债 8615 亿元。后期(2012 年至今)积极财政政策的目标是稳增长,在工具上主要是降低税收负担和加大财政的社会性支出。

二、金融工具

金融工具一般是通过对利率和货币供给量的调节来实现特定的政策目标。金融工具的核心是通过改变货币供应量,使货币供应量与货币需求量之间形成一定的对比关系,进而调节社会总供给与总需求。与财政工具直接作用于总需求不同,金融工具是通过利率的变动来间接影响总需求的,即利用金融工具调节货币供给量(增加或减少),进而对利率水平产生影响(下降或上升),从而对消费和投资产生作用(刺激或抑制),最终达到调节总需求水平的目的。

金融工具中最主要的三项措施是公开市场业务、再贴现和变动存款准备金,它们被统称为一般性措施,除此之外金融工具还包括一些选择性措施、直接信用控制措施和间接信用控制措施。

(一) 一般性措施

1. 公开市场业务

公开市场业务是指中央银行在金融市场上公开买卖政府证券以控制货币供给和利率的行为。通过公开市场操作,可以有效地调整货币供应量,进而影响利率。当中央银行在公开市场上购进有价证券时,会增加商业银行的准备金,使银行创造信用的能力增强,从而增加货币供给;反之,中央银行在公开市场上出售有价证券回笼货币,就减少了货币供给量。公开市场业务是中央银行控制货币供给量最主要的手段,它不仅可以准确地控制银行体系的准备金,而且对货币供给的影响也可以比较准确地预测出来。

2. 再贴现

再贴现是指中央银行通过变动给商业银行及其他存款机构的贷款利率来调节货币供应量。再贴现率是中央银行对商业银行及其他金融机构的放款利率。再贴现率提高,商业银行向中央银行借款就会减少,准备金进而货币供给量就会减少;再贴现率降低,商业银行向中央银行借款就会增加,准备金进而货币供给量就会增加。再贴现不是一个具有主动性的政策,如果商业银行不向中央银行借款,则贴现率工具就无法使用,而通过变动再贴现率来控制银行准备金的效果也十分有限,因此,再贴现一般仅作为补充手段而和公开市场业务措施综合使用。

3. 变动存款准备金

变动存款准备金是指中央银行通过法律形式规定或调整商业银行交存中央银行的存款准备金比率来调节货币供应量。存款准备金率是金融机构按规定向中央银行缴存的准备金占存款总额的比率,改变存款准备金率能够调节和控制信贷规模,影响货币供应量。提高存款准备金率,银行可用于贷款的资金减少,贷款规模收缩;同时,提高存款准备金率还将导致货币乘数变小,货币供应量相应减少。反之,降低存款准备金率,货币供应量将增加。变动存款准备金的作用十分猛烈,一旦准备金率变动,所有银行的信用都必须扩张或收缩,对社会货币供应总量影响明显。正因为如此,很多国家尤其是西方国家的中央银行在实施货币政策时往往把重点放在再贴现率的调整和公开市场业务操作上,调整法定存款准备金率时比较谨慎。

(二) 选择性措施

1. 消费者信用控制

消费者信用控制是中央银行为了控制需求过旺及通货膨胀,对商业银行与其他金融机构发放的购买耐用消费品的贷款采取控制的行为。它主要包括:规定用分期付款购买耐用消费品时第一次付款的最低金额;规定用消费信贷购买商品的最长期限;规定可用消费信贷购买耐用品的种类及对不同消费品规定不同的信贷条件等。

2. 证券市场信用控制

证券市场信用控制是中央银行为了限制借款购买证券的数量、防止过度投资而对有关证券交易的各种贷款进行限制的行为。控制方法包括规定一定比例的证券保证金比率(以现款支付的金额占证券交易额的比例),并根据金融市场的变化予以及时调整等。

3. 房地产信用控制

房地产信用控制是中央银行对商业银行办理房地产之类不动产抵押放款的一种管理措施,主要包括规定放款的最高限额、最长期限及第一次付款与分期还款的最低金额等。

4. 优惠利率

优惠利率是指中央银行对国家重点发展的经济部门或产业所采取的一种鼓励性政策工具。其目的在于促进重点经济部门的发展,实现产业结构的及时调整与升级。

(三) 直接信用控制措施

直接信用控制是中央银行以行政命令或其他方式,直接对商业银行及其他金融机构的信用活动进行管制,主要包括最高利率限制、信用配额、流动性比率、直接干预、特别存款等。

(1) 最高利率限制,即中央银行对商业银行的定期与储蓄存款规定最高利率,用以限制商业银行抬高利率的恶性竞争。

(2) 信用配额,指中央银行根据需要对各个商业银行的信用规模加以分配,以限制其最高数量。

(3) 流动性比率,即中央银行规定流动资产占存款的比重。商业银行为了保持中央银行规定的流动性比例,必须压缩长期贷款,扩大短期贷款,同时提高随时应付提现资产比率,由此满足中央银行压缩投资规模的要求。

(4) 直接干预,指中央银行直接对商业银行的信贷业务、放款范围等加以干预。

(5) 特别存款,即中央银行在严重通货膨胀时期要求商业银行及其他金融机构存入一种特别款项,由此削弱这些金融机构的信用扩张,减少货币供应量。

(四) 间接信用控制措施

间接信用控制,也称道义劝告,是指中央银行运用自己在金融体系中的特殊地位和威望,通过对银行及其他金融机构的劝告,影响其贷款和投资方向,以达到控制信用的目的,如在衰退时期,鼓励银行扩大贷款;在通货膨胀时期,劝阻银行不要任意扩大信用。这样做往往能收到一定效果,但因为道义劝告没有可靠的法律地位,所以它并不是强有力的控制工具。

此外,中央银行还通过汇率的变动影响进出口贸易及资金的流入和流出,以实现国际收支的平衡。汇率的变动会引起进出口商品价格的变动,从而使进出口发生变化。如一国提高外汇汇率,本国货币贬值,该国出口商品外币价格下跌,进口商品的本币价格上升,所以,出口商品需求上升、出口增加,而进口商品需求下降、进口减少;同时,以本国货币计值的金融资产相对价值下跌,短期资金外流。反之,则相反。汇率工具的作用范围往往不只是限于国内,它还将对其他国家的经济产生一定影响,因而在当今的国际经济和金融秩序下,该工具的使用范围常常受到极大的限制,其不当使用会导致国家间的经济摩擦。同时,本国货币的过度贬值也会影响人民的情绪。因此,该政策工具的使用需要慎之又慎。

上述金融工具对于保持收支平衡、物价稳定和充分就业都有不可忽视的作用,但这些金融工具不是对总需求直接产生影响,因此其作用会受到一定的限制。如从货币市场均衡的情况看,增加或减少货币供给要影响利率的话,必须以货币流通速度不变为前提,如果这一前提并不存在,那么货币供给变动对经济的影响就要打折扣。再有,与财政工具相比,货币工具的时滞性一般较强,即金融工具的作用往往要经历很长一段时间才能显现出来。仍以1998年为例,在1998年经济增长率呈现出下降的趋势后,政府从实施适度从紧的货币政策转向了适度积极的货币政策,在实施降息措施的同时,采取调整存款准备金率、取消对贷款规模的控制等措施,从而达到了适度放松银根,刺激经济发展的目的。

三、直接控制工具

所谓直接控制就是政府通过行政手段或立法方式对经济社会生活实行的直接干预。政府采用直接控制工具的出发点大都是要纠正市场失灵时所出现的资源误置,但有时也会出于非经济考虑而使用。直接控制是政府利用自身的权力、威严和强大的物质力量对经济活动的强制性干预。可以说,财政工具和金融工具更多利用的是市场机制的作用,而直接控制工具更多利用的是行政命令的作用。

直接控制可以分为对内经济管理和对外经济管理两大类。对内经济管理包括价格管制、非价格管制、投资管制等;对外经济管理则主要包括外贸管制和外汇管制两大类。

(一)对内经济管理

1. 价格管制

价格管制是指政府直接制定、调整某些重要商品或生产要素的价格和服务收费标准,如对某些商品规定最高、最低限价,对农副产品制定支持价格,采取临时性的冻结物价等措施。价格管制可以用来达到稳定物价和实现公平的政策目标。

2. 非价格管制

在物品或资源短缺的情况下,政府往往会采取一些非价格手段来分配物品或资源。配给制就是一种非价格管制手段,它直接通过行政手段来分配物资,而不依赖于价格体系。

3. 投资管制

投资管制是指对经济主体的投资活动附加某些条件,以调节和控制投资领域的各项经济活动,保持社会总需求和总供给的价值总量与实物结构的平衡。通过投资管制可以有效控制投资规模,优化投资结构,促进投资布局合理化。

(二) 对外经济管理

1. 外贸管制

外贸管制是政府对国际贸易实施的干预,最典型的措施是通过补贴来刺激出口和设置壁垒来限制进口。出口补贴可以是直接的现金支付,也可以是间接地通过降低出口商品的成本来实现。限制进口的政策除关税外,最主要的就是非关税壁垒的一些政策,包括:进口限制额,即对进口商品的数量直接进行限制;自动出口限制额,即进口国与出口国协商,双方将其出口"自愿"限制在一定额度内;苛刻的技术标准,即通过安全规定、卫生检疫和包装标签规定来限制外国商品输入;反倾销,针对倾销实施的贸易保护等。

2. 外汇管制

外汇管制是指一国政府对黄金外汇买卖、国际资本移动和国际结算所实行的限制性措施。通过对外汇汇率的管理,对国内外汇兑换、使用和分配加以管理,可以促进出口、防止投机性资金流入或外逃,改善国际收支,维护本国货币的稳定。

直接控制工具可以涵盖几乎所有的经济领域,实现不同的政策目标,同时直接管制工具可以有效地发生作用,迅速实现预期目标。但是,直接控制是作为一种应急工具而存在的,一般认为它与市场机制不兼容,在某种程度上会破坏市场机制有效配置资源的作用,因此在现实经济生活中,人们要求政府尽量让自由的市场发挥作用,减少对直接控制工具的使用。目前在中国,直接控制还是政府管理经济的一个基本手段,但我们应根据需要谨慎地加以选择。

四、制度工具

制度工具是指政府通过立法的形式确定或调整经济运行的制度框架、契约关系或行为规范准则。制度是管束人们行为的一系列规则,制度的变迁对于约束经济关系,引导社会经济的运行有着重要的作用。与上述三个工具相比,制度工具一般不是以直接实现特定政策目标为目的,而是提供政策或政策工具发生作用的前提条件或背景。因此在更多的分析中,制度往往被视为一种既定的环境,而重点则是分析其他政策工具。

新制度经济学家西奥多·舒尔茨(Theodore W. Schultz)将制度分为四类:用于降低交易费用的制度(如货币、期货市场),用于影响要素所有者之间配置风险的制度(如合约、公司、保险等),用于提供职能组织与个人收入流的联系的制度(如产权、资历和劳动者的其他权利)以及用于确定公共产品及其服务的生产与分配框架的制度(如高速公路、飞机场、学校等)。以上各类制度的变迁均会对经济环境产生影响,进而影响到公共经济政策目标的实现。

制度工具具有相对稳定性,制度变迁也不是一朝一夕就能完成的,因此制度安排及变迁对于政策目标的影响是长远的而非短期的。再有,制度工具属于非经济性工具,它的工具效果不明显且难以计量。

五、国家主权财富基金工具

"主权财富基金"(Sovereign Wealth Funds,简称SWFs)是近些年逐渐兴起的一种国家财富投资和资本管理(特别是外汇管理)新模式,是指政府将通过特定税收与预算分配形成的,或者通过可再生自然资源收入和非资源性贸易顺差等方式积累形成的国家财富(通常是外汇形式)实施由国家为投资主体,中央政府拥有、控制和支配,专家负责日常经营和投资管理的投资模式,其目标是追求风险调整后的回报最大化。

传统上一国政府需要有与其经济规模相适应的外汇储备,以维护对外支付和维护本国币值稳定。但从经济效率的角度讲,持有过多低收益率的外汇储备会造成金融资源浪费;而投资海外不动产等,往往又面临巨大的政治风险和流动性差等问题。因此,很多政府把官方外汇储备的多余部分(在满足国际流动性与支付能力之外的超额外汇储备资产)从央行资产负债平衡表分离出来,成立专门的政府投资机构,即主权财富基金,通过专家管理来选择更广泛的投资工具、构造更有效的资产组合以获取风险调整后的高回报。

1953年,世界上第一只主权财富基金诞生在科威特。截至2017年,全球范围内已有近50个国家和地区设立主权财富基金,总资产规模超7万亿美元,其中大部分是由资源输出国或大宗商品出口国利用相应地出口收入所创建,包括阿联酋、科威特、沙特等石油输出国组织(OPEC)产油国,以及俄罗斯、挪威、文莱等非OPEC产油国以及美国阿拉斯加等盛产石油的独立地区,同时还有铜矿出口国智利以及钻石出口国博茨瓦纳等。长期以来存在持续贸易顺差的新兴市场国家和地区则利用国际收支盈余创建的主权投资基金,主要集中在亚洲国家,如新加坡、马来西亚、韩国等。

国家主权财富基金的特点是商业化、专业化与独立化。主权财富基金一方面要在公司章程中明确基金及其董事会与股东(国家)的关系,与央行和财政部的关系,与政府其他部委的关系,与金融监管当局的关系,以及与旗下投资对象尤其是与由其参股控股的子公司之间的关系。另一方面,主权财富基金的内部组织架构、治理模式与管理团队都致力于仿效国际金融市场上的私人投资公司的组织,避免仿袭照搬政府行政机关的架构,尤其是突出董事会与专业投资委员会的核心决策职能与自主权,讲究组织上的精简与决策的效率。

从用途和目的上,国家主权财富基金可以划分为五类,包括:(1)稳定型主权财富基金(Stabilization-oriented Fund),目的是减少国家意外收入波动对经济和财政预算的影响;(2)冲销型主权财富基金(Sterilization-oriented Fund),目的是协助中央银行分流外汇储备,干预外汇市场,冲销市场过剩的流动性;(3)储蓄型主权财富基金(Savings-oriented Fund),其目的是力求更公平地分配社会财富,为子孙后代积蓄;(4)预防型主权财富基金(Preventive Fund),目的是预防国家社会经济危机,促进经济和社会的平稳发展;(5)战略型主权财富基金(Strategy-oriented Fund),主要目的是支持国家发展战略,在全球范围内优化配置资源,培育世界一流的企业,更好地体现国家在国际经济活动中的利益。

2007年9月29日中国投资有限责任公司在北京正式挂牌成立,作为国有独资公司,其注册资本金为2000亿美元,负责管理中国2000亿美元的外汇储备,从事的外汇投资业务以境外金融组合产品为主,同时代表国家对国有金融资产(主要是股权资产)进行更有效的管理,帮助改善国有控股、参股金融机构的公司治理、内部管理与经营效率。中国投资有限责任公司的成立标志着中国国家主权财富基金的正式确立。

六、公共经济政策工具与公共经济政策目标之间的关系

与一般的经济目标相比,公共经济政策工具的特别之处在于以下几方面。

(1)公共性。公共经济政策工具作为公共产品的一种,具有非竞争性和非排他性的公共产品基本特征。

(2)广泛性。作为政府行为,公共经济政策工具的作用对于社会生活各方面和国家公民、组织等都会造成直接的影响。

(3)强制性。公共经济政策同国家的其他政策一样,是国家意志的体现,由国家机器来保证其执行。

正是上述三个特征,形成了公共经济政策工具的特殊之处,也使得公共经济政策工具可以有效地实现国家的公共经济政策目标。朱东平在其著作《经济政策论》中把经济政策工具与目标的具体对应关系总结为[①]:

(1) 为实现经济增长这一公共经济政策目标,可以采用的公共经济政策工具有:鼓励个人和企业增加储蓄的税收政策;通过增加公共投资带动民间投资,并为市场的经济活动准备必要的基础设施(道路、港湾等);发放政府补贴,资助推动技术进步的科学研究;维持长期低利率的金融政策;编制必要的指导性计划,为民间投资提供方向等。

(2) 为实现改善资源配置这一公共经济政策目标,可以采用的公共经济政策工具有:进行为维护公平竞争所必需的立法(如反垄断法和反不正当竞争法等);强化职业教育和训练,以促进劳动力资源的自由移动;提供公共产品,限制公害等。

(3) 为实现物价稳定这一公共经济政策目标,可以采用的公共经济政策工具有:紧缩性的金融政策,提高汇率,整顿流通机构,提高劳动生产率,抑制公共部门所提供的商品和服务的价格等。

(4) 为实现充分就业这一公共经济政策目标,可以采用的公共经济政策工具有:采用第(1)条中为实现经济增长所采用的政策工具,以推动经济增长;通过伸缩性的财政和金融政策工具,缓和经济变动幅度;对工资进行必要的控制等。

(5) 为实现改善国际收支这一公共经济政策目标,可以采用的公共经济政策工具有:通过财政和金融工具调整国内的总需求和总供给,变动汇率,进行外汇管制,对外贸和资本移动进行管理等。

(6) 为实现改善收入分配这一公共经济政策目标,可以采用的公共经济政策工具有:实行累进所得税等税收政策,实施包括社会保障制度在内的有利于低收入者的政府支出政策等。

(7) 为实现保护特定地区和特定产业这一公共经济政策目标,可以采用的公共经济政策工具有:发放政府补贴,提高关税和非关税壁垒等。

(8) 为实现改善消费方式这一公共经济政策目标,可以采用的公共经济政策工具有:开征消费税,对烟酒等不利于健康的商品课以高额税收;反之,对有利于健康的产品则予以补贴,对商品质量和规格进行管理等。

(9) 为确保重要基础物资的供给所采用的政策工具有:建立国有企业进行生产,与供给国订立长期合同,分散进口的地区,建立储备和本国生产基地等。

---

① 朱东平:《经济政策论》,立信会计出版社1995年版,第19—20页。

（10）为改善生活环境所采用的政策工具有：开发和引进节能技术与设备，加强对下水道及各种废弃物处理设施的建设，强化环境保护立法等。

可以说，上述内容是对公共经济政策工具与政策目标之间关系的简单梳理，在实际中，公共经济政策工具与政策目标之间的关系其实极为复杂。一般来说，政策工具和政策目标之间有三种基本关系：第一，某种政策工具对两种以上的政策目标都有积极作用。如当国内失业严重而国际收支出现赤字时，采用汇率贬值的政策工具，可以增加出口，这样既减少失业的目标，又减少国际收支赤字，对稳定的作用是双重的。第二，某种政策工具对一种政策目标是有利的，而对另一种政策目标则是不利的，这是最常见的一种情况。如累进所得税的征收，虽然可以有效地实现公平的政策目标，但对效率目标往往是不利的。第三，某种政策工具对多种政策目标都不利，这种情况往往出现于对经济形势判断失误，而采取了不恰当的政策工具的场合。

与此同时，我们还要注意不同政策工具之间的搭配与协调问题。各项政策工具都有自己的特点，对经济的调控作用也各有优越性和局限性，只有协调各项经济政策工具，适时操作、把握力度，才能充分发挥其互补的功能，有效地调节经济运行。如在通货膨胀率和失业率都较高时，要实现降低通货膨胀率和减少失业率的目标，就需要适度紧缩的货币政策和扩张的财政政策相配合。这时可以考虑减少贷款，在市场上卖出债券，提高贴现率或存款准备金；政府增加直接投资，减少税收，扩大财政支出；同时，对产品价格实行严格的管制。在政策措施的时间安排上，可以考虑扩大财政支出、减少再贷款、严格控制价格在先；然后，再增加政府直接投资、提高贴现率；如收效不明显，再采用改变存款准备金和减税等措施；如果外资流入过多，外汇占用款较多，则还需要其他的减少货币供给的措施，如进一步减少再贷款，以抑制物价等。

还需要注意的是，对上述主要公共经济政策工具所做的分析及得出的结论是根据被普遍认同的经济模型而得到的，如果依据其他经济模型可能会带来不同的效应分析结论。而且，政策工具的效应可能还依存于政府活动的其他方面，如与社会政策的配合等。因此，在确定公共经济政策目标后，究竟选择哪种或哪几种政策工具，这些政策工具之间如何配合与协调，以有效地达到既定的政策目标，必须根据具体的政策问题加以认真地分析研究。

第三节 中国公共经济政策的历史回顾

自从国家这一政治实体出现以来，公共经济一直是中央政府的重要职能之一,也是体现国家意志的重要方面。本节将主要回顾中国历史上封建社会时期和半殖民地半封建社会时期的公共经济政策。

一、封建社会时期

秦朝时,黄河流域农业全面发展时期,是北方旱作精耕细作技术体系的确立形成期。而汉朝时,农具开始定型和成套使用。从东汉经魏晋到南北朝时期,黄河流域的农业生产技术已基本成熟。之后的唐宋,是中国南方水田工具改进和创新的重要阶段,传统农具发展至完全成熟。唐前期统一安定的社会环境促进农业技术的普及,而唐中后期,黄河流域的农业因战乱而遭受严重破坏,随着北方人口的南迁,南方经济快速发展。① 同时,北人南迁时也将原有的农业技术与知识带入南方。而在耕作制度上,秦汉时期由于铁制农具和牛耕的广泛使用,耕作水平提升,甚至出现了轮作复种制,由一年一熟到两年三熟,甚至出现了一年两熟。隋唐时期,两年三熟和一年两熟有了进一步发展,并且随着人口南迁,南方也出现了稻麦两熟的制度。到了宋朝,由于早熟稻的引进,中国农业正式过渡到了一年两熟的制度,水稻的产量首度超越了北方麦粟的产量,这使得宋朝成为中国封建社会的重要转折。12世纪末到14世纪初这一百多年间,中国在整体的政治经济环境上取得重大的进展,这个进展主要表现在农业生产的效率与效益方面的提升,以及相关的政府与社会活动。由于农业的耕作模式、农具、农业知识、农作物引进等方面的改进,中国人的收入、产出、人口从宋朝开始大幅提升(见表12-1至表12-4)。

表12-1 1400—1952年中国农业的重要指标

公元纪年	人口（百万）	粮食总产出（千吨）	种植面积（百万公顷）		粮食单产（千克/公顷）
			粮食	全部作物	
1400	72	20 520	19.8	24.7	1038
1650	123	35 055	32.0	40.0	1095
1750	260	74 100	48.0	60.0	1544
1820	381	108 585	59.0	73.7	1840
1952	569	162 139	86.3	107.9	1879

资料来源:〔英〕安格斯·麦迪森:《中国经济的长期表现:公元960—2030年》,伍晓鹰等译,上海人民出版社2008年版,第27页。

---

① 陈锋、张建民主编:《中国经济史纲要》,高等教育出版社2007年版,第64页。

表 12-2　1—1700 年中国及欧洲人均 GDP 水平　　（单位：美元）

公元纪年	中国	欧洲
元年	450	550
960	450	422
1300	600	576
1700	600	924

资料来源：〔英〕安格斯·麦迪森：《中国经济的长期表现：公元 960—2030 年》，伍晓鹰等译，上海人民出版社 2008 年版，第 19 页。

表 12-3　公元元年—1998 年日本、中国和西欧的人口增长比较　（单位：千人）

公元纪年	日本	中国	西欧
元年	3 000	59 600	24 700
1000	7 500	59 000	25 413
1300	10 500	100 000	58 353
1400	12 700	72 000	41 500
1500	15 400	103 000	57 268
1600	18 500	160 000	73 778
1700	27 500	138 000	81 460
1820	31 000	381 000	132 888
1850	32 000	412 000	164 428
1870	34 437	358 000	187 532
1998	126 469	1 242 700	388 399

资料来源：〔英〕安格斯·麦迪森：《世界经济千年史》，伍晓鹰等译，北京大学出版社 2003 年版，第 27 页。

表 12-4　公元元年—1998 年日本、中国和西欧的人口增长率（年均复合增长率）

（单位：%）

	日本	中国	西欧
元年—1500	0.11	0.04	0.06
1500—1700	0.28	0.15	0.18
1700—1850	0.10	0.73	0.47
1850—1998	0.93	0.75	0.58

资料来源：〔英〕安格斯·麦迪森：《世界经济千年史》，伍晓鹰等译，北京大学出版社 2003 年版，第 27 页。

第十二章 公共经济政策

明清由于人口激增,除了引进更多作物,如番薯、玉米之外,还出现了一年三熟的制度。伴随着制度提升的是土地垦殖,战国时期的诸侯为了富国强兵,鼓励垦荒运动,大量土地被开垦出来。到了秦汉,黄河流域和关中农业经过休养生息后,达到历史上第一个高潮。三国两晋南北朝时,由于战乱,荒地较多,土地的垦殖以恢复性垦殖为主。而在南北朝时期,南迁的人民将北方的农耕技术带到南方之外,也开始开垦南方土地。① 隋唐时,开垦的土地到了秦岭以南和丘陵湖泊地区,但此时的开垦还是属于火耕。到了宋朝,由于早熟稻的引进,土地开始被开发为水田,原本的火耕也消失了。因此土地大规模被开发、粮食生产也提升了。到了元以后,土地被开发殆尽,出现了与山争田、与海争田的现象,如梯田、淤田、湖田等就是在此时开发的。而土地利用与耕作制度也促使中国人彻底地利用资源,如利用残余的食物饲养鸡、猪,以增加蛋白质来源。还有利用水田养鱼、田边种桑养蚕,同时解决了食、衣的问题。

不论中外,在工业革命前,农业是全球的主要产业,尤其中国在悠久的历史长河中积累了丰富的农业技术和知识,丰富的农耕知识也提高了农业的生产。特别是中国的政治和农业与西方有着本质上的区别,促使了中国的市场与政府管理的不同。中国从秦以来便是大一统帝国,虽然有朝代的更迭,或是部分时期的分裂,但每个朝代与王朝的统治者均是集大权于一身,并不同于欧洲的封建制度。这使得中国的农民除了向中央纳税之外,生活必需品便是由自身生产与从市场上的交换所得。而欧洲的封建社会在政治上形成了诸侯分据,在经济上则产生了庄园制度,在庄园里有庄园主人与各式各样的农奴,而一个庄园里的经济是可以自给自足的。

这一时期的中国公共经济政策有以下特点。

(1)"家天下"观念导向。

封建社会的统治者认为自己是天子,是天下的代表,也是人民的领导,既高高在上,又能代表万民。"普天之下,莫非王土。"所以天下的财富、名山大泽、各种劳务都属于统治者所有,"国库通私库"即公私不分,统治者的安全即公共安全,统治者的收入即公共收入,统治者的支出即公共支出。虽然汉朝以来独尊儒术,儒家影响统治者最深,然而"民贵君轻""民胞物与"的精神却只流于形式。现实的情况是不论君、臣、民都认为统治者是国家的重心,市场上的各种商品与劳务是为了服务统治者。如果人民能满足自身需求,并不是因为统治者时刻关心人民而做出的便民政策,而仅是为了削减人民倾向于革命的不安定因子,或是

---

① 陈锋、张建民主编:《中国经济史纲要》,高等教育出版社2007年版,第67页。

为了彰显统治者的德政。从秦始皇自封为"始"皇,想后世能二代、三代……乃至于万代,将个人利益置于集体利益之上,认为个人能代表群体,这种思维一直传至清末的宣统皇帝。故在此时期,统治者认为统治集团经济的管理即公共经济的管理。

(2) 公共产品以农业相关产品为主。

中国自古以农立国,也唯有农业才能带来统治者所需的经济与稳定。但有时因为天灾导致盗贼频出等人祸,使国内局面不稳定时,便需要军队。此外,相较起周边的游牧民族,农业文化不具侵略性,也使得农业部落需要一支防卫性的国防力量。故公共产品集中在农业、国防、交通三方面,实现农业与国防结合、农业与交通结合。

长城可以说是中国历代沿用并维护的历史悠久的公共产品之一,从秦以前的战国时期到明朝,不断地沿用、维护、更新建造。以长城为界,长城以内是农耕社会,而长城以外是游牧社会,长城并不是虚弱、消极的象征,而是以农耕社会丰富、可持续的生产来与生产形态不稳定的游牧民族进行对抗。因为如果没有足够的人力、物力,根本无法修筑这种耗时耗力的大规模的公共产品。从《史记·蒙恬列传》里可以知道,"秦已并天下,乃使蒙恬将三十万众,北逐戎狄,收河南,筑长城。因地形,用险制塞,起临洮,至辽东,延袤万余里"。

大多数的交通运输等公共产品与国防、农业皆有极大的关联。早在秦始皇时期,便修筑驰道、沟通水路。驰道以秦首都咸阳为中心,往北到边疆,往东北到燕赵等地,向东到海,向南到海南,朝西南到巴蜀,西北到甘肃(成为日后的丝绸之路)。水路则疏浚鸿沟作为水路枢纽,又于公元前214年,修长达六十多里之灵渠,沟通长江与珠江两大水系,开发了黄河、长江、珠江的内河航行。在战时或国内动荡时期,军队可通过这些交通快速地集结到目的地。而在平时可以将统治者所需的物资,如米、盐等送至首都咸阳,也可将中央政策通过水路交通传达到各地。司马迁在《史记·留侯世家》里说:"诸侯安定,河渭漕挽天下,西给京师;诸侯有变,顺流而下,足以委输。"这些公共产品除了方便政府利用以行使其行政权力外,更让人民的市场交易行为更加顺畅,南北货物得以输送,资源得到有效利用。《史记·货殖列传》里说:"富商大贾周游天下,交易之物莫不通。"而从秦以后,水路交通网不断扩大,隋唐时的五条大运河更连接了黄河、长江、珠江三大水系,不仅使得国内交易畅通,更扩大了国际贸易,通过这些水运,可由长安东去朝鲜与日本。而在陆路交通方面,驿站制度则连接了中国与中亚的交通。而这五条运河也将各地物资运往关中,使首都需求不虞匮乏,是隋唐帝国的生命线。

农业高度依赖水利灌溉,在于提高土地肥力,降低水旱灾风险。最有名的水利工程如四川的都江堰,其使用历史比长城更悠久,从秦朝沿用至今,并使得四川由水旱无常之地转为天府之国。14世纪以前中国经济活动范围主要在北方,北方的田地主要依赖黄河灌溉,每当朝代衰落,水利不修时,黄河即会泛滥。故水利成为各朝代经济治理的重要目标。14世纪以后中国经济活动转移到了南方,宋朝引进的早熟稻需要水田,水利工程更是不断扩大(见表12-5和表12-6)。由表可知水利建设的增长速度在唐宋时期最显著,这是因为南方耕地的开发与早熟稻的引进。

表12-5 分朝代有记载的水利灌溉工程数量

	齐(包含维修工程)	帕金斯(不包含维修工程)
唐朝之前	16	10
唐朝	87	79
宋朝	349	233
元朝	351	492
明朝	822	723
清朝	1222	600

资料来源:根据齐和帕金斯两位学者的调查得出平均每世纪工程的数量。参见〔英〕安格斯·麦迪森:《中国经济的长期表现:公元960—2030年》,伍晓鹰等译,上海人民出版社2008年版,第24页。

表12-6 灌溉面积(1400—1995年)

公元纪年	灌溉面积(百万公顷)	总耕地面积(百万公顷)	灌溉面积比率(%)
1400	7.5	24.7	30.3
1820	21.7	73.4	29.4
1952	20.0	107.9	18.5
1995	49.3	94.9	51.9

资料来源:〔英〕安格斯·麦迪森:《中国经济的长期表现:公元960—2030年》,伍晓鹰等译,上海人民出版社2008年版,第24页。

(3)公共收支具有形式多样性。

公共收入可以分为与民征税和国营收入两部分。就税收方面而言,帝制时代的农民有几种负担:田租、算赋、更戍。[①] 田租是田税,每年缴纳定额租税,汉

[①] 钱穆:《国史大纲》(上册),商务印书馆2007年版,第133页。

代是取田地收入的十五分之一,有时是三十分之一,上交粟米。算赋即人口税,各处按人口提供车牛或劳役,后来逐渐转变为以钱币代替。而更戍即兵役,古代农民本无武装,到了战国以后战事渐多,所以编壮丁为军队。有在中央当防卫的,也有去边疆戍守的,也有服一般地方性劳务的。如果家中富有又不想服役的,可以出钱雇用贫者代替。所以农民面对的不单是田税、人口税,还要负担劳役、兵役,这些负担是极为沉重的。许多农民无力交税只好出卖耕地,但卖了地后日子却是更苦,只好再卖妻小,最后出卖自身,这也是帝制时代奴仆盛行的原因。也有人不愿意出卖自身,只得脱去籍贯、远走他乡,这在当时属于违法行为。到了初唐盛世,改北魏的"均田制"为"租庸调制"。均田制是按人授田。租庸调制是18岁以上授予口分田八十亩,身死还官;永业田二十亩,身死不还。如此以使人有其田,维持生计。每人每年上交粟米,是租。每户上交布帛,是调。服劳役为之庸,不服劳役者可以交布帛代替。"租庸调"制度的特色有二:轻徭薄役,税收项目分明。汉朝赋税是取十五分之一,而唐朝取四十分之一,其比起西晋的税负也减轻至原来的二十分之一。而且庸与调在唐朝也较汉朝与其他朝代为轻。而项目分明是指租庸调是依照田、身份、户口收税,有田则有租、有身则有庸、有户则有调。这种人性化、制度化的税收才能造成唐朝的贞观之治与开元盛世。而到了中唐以后,田籍损坏,租庸调制不能再行,便改为"两税制",其特色是量出为入,依照户籍与贫富差距收税,夏秋两季征税,免除庸调,以货币纳税。这使得贫困或者寄居大户的佃农可以免税,而以后的税制也仅是沿着两税法稍事修改。两税法的好处是制度简明清楚,但坏处是失去了为民治产的精神,而量出为入也与农业经济不合,同时以货币纳税是利商而不利农。① 到了宋朝以后,因为北方的战事多、赔款多,使得人民的赋税是唐朝的十倍之多。

至于国营事业始于秦朝,《汉书·食货志》中记载董仲舒上书汉武帝说:"至秦则不然,用商鞅之法,改帝王之制,除井田,民得买卖……田租口赋,盐铁之利,二十倍于古。"说明秦朝已有盐铁专卖。② 而各朝代国营收入的不同源于对政府直接投资从事商品买卖的思想不同,汉、唐、宋因为重视政府投资经营商品,所以汉、唐、宋也是国营事业活动的三个高潮。汉武帝时期开设国营商店,实施盐铁酒专卖。唐肃宗时也施行盐铁专卖的政策。到了唐文宗,政府自行制作并出售茶叶,使得政府投资商品的种类扩大到了经济作物。而唐朝国营卖盐的成效良好,每年盐利收入就占唐代宗大历末年政府全部税赋的一半以上。到了宋代时,宋神宗年间设立了"市易务"专门从事商品营销活动。市易务有三种功能:贸迁

---

① 钱穆:《国史大纲》(上册),商务印书馆2007年版,第420页。
② 郭库林:《中国古代宏观经济管理》,上海财经大学出版社2001年版,第189页。

第十二章 公共经济政策

货物(外地到京师经商的商人可以将积压的货物到此投卖),契书金银的抵当和结保赊请(商人可找保人或以财产抵当向市易务借官钱,而市易务从中获息谋利),在街市开店直接经营商行。由上可知,国力较强的汉唐和经济发达的宋朝之所以国家收入丰富便是因为善于利用国营事业,而国营事业也是各朝代公共收入的重要来源。

公共支出分为民间支出与政府支出,而民间支出又分为一般性支出和临时性支出。民间的一般性支出用于上述的公共产品,而临时性支出主要是为了因应临时性的天灾与人祸。而不论是一般性支出或是临时性支出,很大一部分是应用于保障救助方面。中国幅员辽阔,自然条件复杂,自然灾害也多种多样(见表12-7)。同时中国的农业是集约型农业,人口与总产量维持高度平衡,但是一旦遇到天灾人祸,影响了该年的收入,社会便会因为严重的粮食短缺而陷入动荡。政府为了解决临时性的天灾,每年花费固定的支出投入到备荒仓储设备中,或是当灾难发生时拨出临时性的灾荒救助支出。备荒仓储制度在中国历史悠久,在春秋战国时已出现。魏文侯时期,李悝设"平籴法",也就是政府以参加市场交易的方式来调控价格,"取丰年之有余,补凶年之不足",当市场中出现供过于求,政府便买进多余的物资,反之则卖出。这不仅可以调节贵贱,解决经济问题,更可以在饥荒发生时稳定民心,解决社会问题。此制度到了秦汉、唐宋时期全面发展,而今日的国家粮食储备库也可说来源于此。粮仓是固定支出以备天灾时的不时之需,若灾情严重,政府投入临时性支出而以救助的形式呈现。关于先秦时的灾后救济状况,《周礼·地官司徒》有着详细说明:一曰散利,二曰薄征,三曰缓刑,四曰弛力,五曰舍禁,六曰去几,七曰眚礼,八曰杀哀,九曰蕃乐,十曰多昏,十有一曰索鬼神,十有二曰除盗贼。而散利是发送公家仓储的粮食、种子给灾民,薄征是减轻各种租税负担;缓刑是宽缓刑罚;弛力是宽免力役负担;舍禁是开放平时封禁的山泽供灾民采集;去几是宽免市场货物税以利流通;眚礼和杀哀是在灾年节省吉、丧礼的繁文缛节;蕃乐就是收闭乐器不奏;多昏(多婚)就是宽减婚礼婚配条件使匹夫匹妇得以结合;索鬼神是搜寻已废的祭祀,重修而祭之,以求鬼神保佑;除盗贼是荒年多盗贼,务必尽快除之。[①] 这些减轻灾时人民负担的方式其实不外乎是补贴减税、重修法规、推出鼓励性政策等,这些方式在今日也常见到,可以说,其实从古至今统治者的工作和人民的需求基本上是没有变化的,只不过随着时间的推进、环境的改变,在激励的方式或法条的内容上必须与时俱进。

---

① 郭庠林:《中国古代宏观经济管理》,上海财经大学出版社2001年版,第454页。

表 12-7 邓云特统计中国历代自然灾害表

朝代	自然灾害									
	水灾	旱灾	蝗灾	雹灾	风灾	疫灾	地震	霜雪	歉饥	总计
商	5	8								13
周	16	30	13	5		1	9	7	8	89
秦汉	76	81	50	35	29	13	68	9	14	375
魏晋	56	60	14	35	54	17	53	2	13	304
南北朝	77	77	17	18	33	17	40	20	16	315
隋	5	9	1		2	1	3		1	22
唐	115	125	34	37	63	16	52	27	24	493
五代	11	26	6		3	2	3			51
宋金	193	183	90	101	93	32	77	18	87	874
元	92	86	61	69	42	20	56	28	59	513
明	196	174	94	112	97	64	165	16	93	1011
清	192	201	93	131	97	74	169	74	90	1121
民国	24	14	9	4	6	6	10	2	2	77
总计	1058	1074	482	550	518	261	705	203	407	5258

资料来源：陈锋、张建民主编：《中国经济史纲要》，高等教育出版社2007年版，第401页

政府支出，在今日是政府组织的支出，而在古代是政府组织支出的同时也是皇家支出。如前所述，古代统治者有着家天下的观念，公私不分、国库通私库，因此国库中的国家收入可能被用于国家支出，如兴修水利、修筑长城，也可能被用于国家外交，如赏赐藩属国家，但更可能被用于统治者的个人享受，如赏赐王公大臣、嫔妃，或是修建个人陵寝、宫殿等。中国古代皇室支出主要有膳食费、被服费、器物费、舆马费、医药费、赏赐费、娱乐费、宫室陵墓土木建筑费、皇室成员与宫廷服务人员的俸禄支出费、诸王公主的费用等等。虽然在某些时期的统治者会将国家财力与皇室财力分开管理，或是将国家收入中的固定比例拨予皇室，但是这仅是相对，总的来说皇室收支与国家收支的管理仍是互有交集、难以分清的。如汉朝孝元帝时，国家财政年收入为四十万万钱，但皇室财政年收入却达四十三万万钱，皇室收入竟超越国家收入。[①]

---

① 张九洲：《中国经济史概论》，河南大学出版社2007年版，第395页。

由以上三点知道,中国在农耕环境下经济、政治、社会呈现稳定而有组织的发展,并且政策的制定与走向不离农业导向;即使宋朝的农业改良、人口与收入增加,但政府在公共经济的规划与治理模式上仍没有脱离前朝模式,这是因为农耕社会的环境特征是高度稳定的。这种稳定的农业文化以及经济局面直到鸦片战争以后,才被西方的商业侵略所破坏。

二、半殖民地半封建社会时期

(一)晚清时期

鸦片战争后,中国传统的政治经济环境遭受破坏,人民开始寻找合适的发展方式。战前,朝代衰亡的原因属于内部因素,主要是因为政治上的腐败导致市场混乱、公共产品缺失、经济萧条、社会贫富差距扩大、政府收支失衡,加上连年的自然灾害,人民流离失所,生活不下去,爆发了人民起义。但鸦片战争后中国却要面对来自西方的力量,这是过去中国不熟悉,甚至瞧不起的力量,外国用坚船利炮打开了中国全面通商的大门,挟带了大量资本进入中国,摧毁了中国的市场,进行了大规模的经济与政治的侵略。在这段时期,清政府也做了许多变革,其中许多政策也符合日后潮流,如中央与地方二元化的财税管理、中央的银行统一发行纸币、公共产品与国营事业的经营等,但由于统治集团无法放下自身利益,大多政策无法彻底落实。

这一时期,中国的公共经济政策主要有以下几方面。

1. 财政制度

1792—1808 年的十七年间,中英贸易数字表明中方收入高达 800 万英镑。鸦片大量输入后,1800—1840 年间,白银外流 2.5 亿—3 亿两。鸦片战争前夕,中国每年白银外流量保守估计 1000 万两,是清政府年收入的四分之一。白银外流造成两个严重后果:(1)银贵钱贱。1820 年,纹银一两折合铜钱 1000 文,1832 年为 1350 文,1839 年则为 1600 文,银价上涨、银贵钱贱。(2)财政枯竭,国库空虚。18 世纪初,户部存银 2000 万两,乾隆时增加到 7000 万两,而到了 1820 年,仅存 1000 万两。① 由以上可知鸦片不但造成中国税收不足,更打乱了中国的货币制度。

财政制度由一元走向二元。清初,清政府建立了中央集权型的财政体系,财权由户部掌握,税收由户部统一制定,开支由户部统一核销。地方没有财政权,各省的经费由户部拨给各省布政司,各省没有独立的"地方收支"。鸦片战争后,国库亏空,财政矛盾凸显,1850 年户部实际存银只剩 187 万两,各省亏空情

---

① 韩学儒、吴永涛主编:《中国近代史》,西北大学出版社 1988 年版,第 14 页。

况严重。太平天国运动后,中央集权型的财政体系已经名存实亡。甲午战争后,清政府为了支付赔款,把还款本息分到各省,只要各省能保证偿还款项,默许地方采取一切办法,这就等于下放了地方税收的范围、税率及征收办法的权限。于是地方有权扩大税项、提高税率,中央权力被架空。1900年,在户部提出的非正式预算项目中不再把丁潜、盐课、盐厘、关税、厘金以及各种捐输税杂等收入列入"中央入款"而划入"地方入款"中。[①] 此变化结束了国家财政高度中央集权的格局,形成了中央与地方分权并存的二元财政管理模式。

财税收入的扩张。从鸦片战争到中华民国成立之前,清政府赔款金额共近13亿两白银。19世纪60年代开始洋务运动,每年也支出约2千余万两白银。这些费用的支出需求直接导致了财政收入的扩张,主要有四种形式。一是创设新的项目收入,主要有:(1)厘金商,商人行经水陆关口的货物通关税。(2)洋税,又叫海关税,不过关税方面因为不平等条约的束缚,关税制定掌握在列强手中。(3)鸦片烟税。分为"洋药税""土药税",征收对象分别是外国进口的鸦片和中国国产的鸦片。(4)赌捐,即在规定的四种赌博上进行抽捐。二是举借内外债。三是发行纸币和大钱。但1853—1861年,清政府因为滥发纸币和大钱,从社会上捞取6千万两白银,损害人民极大。四是新型企业收入。清政府兴办的各种新式企业,虽然收益不多,但仍提供一些收入。虽然税收不断扩张,但因不断的战败、赔款,特别在甲午战争后清政府严重入不敷出,如1899年收入8800万两白银,支出1.01亿两白银,赤字1300多万两白银;1903年收入1.05亿两白银,支出1.35亿两白银,赤字3000万两白银;1911年收入2.97亿两白银,支出3.81亿两白银,赤字8000万两白银重收支严重不平衡。[②]

2. 货币制度

义和团运动后,清政府试图统一货币,但直至清朝灭亡货币问题也没能有效解决。首先,当时在中国有银币、铜币、纸币。1850年以后,市场上流通着各式货币,有官办银行、私人银行、钱庄、外国银行等发行的货币,它们之间也没有固定兑换率,当时不论国内外皆建议中国统一货币。德、法支持清政府采取金本位制,但英、俄反对。清政府在张之洞的建议下,采取银本位制。张之洞建议如下:(1)不应允许外人干涉中国货币问题。(2)中国通常使用铜币,故使用银本位已经足够。(3)当时金、银的兑换率是1∶40,若采金本位后,金银兑换比将采取1∶32,这明显是一种欺骗行为。(4)世界银价下降,虽然不利于中国应付赔款和外债,但有利于促进出口而限制进口。当时清政府准许了张之洞银本位的建

[①] 郑学檬主编:《简明中国经济通史》,人民出版社2005年版,第596页。
[②] 张九洲:《中国经济史概论》,河南大学出版社2007年版,第415页。

议,而下一步就是确定使用一两的银币还是相当于美国银圆的一元银币。但因银两制的支持者张之洞逝世还有袁世凯遭罢黜,清政府在1910年取消银两制,但这不代表之前的银通货停止使用,而是在旧的货币体系上增加了新的银币,使得货币市场更混乱。其次,因为财政权力从中央一元发展到中央与地方二元的局面,各省为了筹措经费,不管中央禁令各自铸铜币,直到清朝灭亡各省仍有铸币行为。最后是纸币的发行。清末各地银行与钱庄不受限制地发行纸币,引发通货膨胀。清政府在1910年决定只有大清银行才能发行纸币,但未能全面实施,清朝已灭亡。

3. 公共产品和国营事业类型以现代化为导向

鸦片战争可以说是一场农业社会与工业社会的较量,毫无疑问,工业社会强大的科技与生产力是农业社会所不能及的。经过两次鸦片战争和太平天国运动,清政府开始了解外国的军事科技与工业实力,开始模仿西方的器物,开启了洋务运动,也就是自强运动。然而甲午战争证明洋务运动是不成功的,说明清政府应学习的不仅是西方的器物,更重要的是西方的制度,这又促成了维新运动。虽然这两次运动都失败了,但是在运动中所涉及的制度、公共产品、国营事业,都为中国日后的现代化提供了很好的经验。

两次运动涉及公共产品与国营企事业单位方面的举措主要有以下几方面。自强运动的内容有:(1)军事。发展新式工业,设立江南制造局、福州造船厂,江南制造局便是当时规模最大的军事企业。向外国购买军舰。成立北洋水师(第一支现代化海军)、武备学堂、福州船政学堂(最早的海军学校)。成立汉阳兵工厂,制造新式兵器。(2)交通工矿。建铁路、发展轻工业、开办大清邮政、开采矿冶(设矿务局)、架设电报线(设电报局)等等。李鸿章创办轮船招商局,是中国最早设立的大轮船事业。(3)教育。发展新式教育,设立京师同文馆、广方言馆,培育翻译及外交的人才,并派留学生赴美学习水陆军械等技艺。而维新运动的部分内容(因为有些政治制度的改革不被视为公共产品)有:(1)军事。军队改习洋枪;武官考试,停试弓箭骑剑,改试枪炮。各省设民兵,行保甲制度。(2)教育。废八股取士,改试策论。地方办高等、中等及小学堂,兼习中西学科,选派学生出国留学,培养人才。(3)文化。设立书局编译书籍,并奖励新著作。准许自由开设报馆和学会。(4)经济。设矿务铁路总局、农工商总局,倡办各种实业。奖励新发明,实行专利制。编制国家财政预算,公布每年收支。

由以上举措可知,自强运动以军事与工业为主,维新变法以政治制度与文化为主。首先在以往被视为公共产品的军事、交通、矿业,皆改变以往在农业社会的旧内容,变更为现代化内容。以往被视为私人产品的教育、创新制度等,也因为能给整个国家民族带来效益,而被作为公共产品加以推广。如教育,以往大多属于私人讲学机构,讲学内容也以传统儒学为主,因为忠孝思想便于统治者管理旧时农业社会。但新式教育增加了工业科技、外语等新式科目,并由国家设立学校进行推广,或是各种关于军事的教育机构与工厂,为国家培养新式军事人才。其次,如果是以往所没有的机构或服务,民间无力办理,也由国家承担,如电报、铁路等实业。同时,在设立某些资金庞大的公共产品时,清政府也采用了官督商办性质的管理方式。例如筹建开平煤矿时,便招股八十万两白银作为资本。

总之,鸦片战争后的公共产品的特点便是以现代化为重心,在于求新求变求效率,而之前的公共产品以稳定为重心。同时,新式公共产品与国家企事业的含义在于:(1)揭开了中国用资本主义生产方式的序幕;(2)促进了中国民族资本主义的产生;(3)抵制外国资本主义的侵略;(4)培养出了新型知识分子与人才;(5)推动近代企业的建立和民族资本主义的产生和发展,使中国社会的阶级发生变化。①

4. 鼓励私人资本进入市场,改变千年来重农抑商的观念

清政府在鸦片战争后开始重视实业,也就是工商业,推动传统小农经济社会的"重农抑商"政策向现代工业社会要求的新经济政策转变,其历经三个阶段。(1)自强运动到甲午战争前。这段时期是清政府为了顺应社会经济新变化而调整经济政策的初期,特点是扶植和发展官办现代实业,对现代私人实业采取限制和约束的政策。此时限制私人资本是因为清政府尚未完全脱离传统抑商的观念。(2)甲午战争后到1903年商部成立,是清政府对私人工商业政策的松动时期。甲午战败,给清政府莫大刺激,迫使其采取更新的经济政策,同时,民间人士也大力上书鼓吹中国必须发展工商业,要求解除对民间的禁令,推行有利于社会经济发展的政策。此时,清政府开始鼓励民间私人资本的发展,其有两点积极意义:一是开了中国近代国家政权扶植民间工商业发展的先河,对中国资本主义发展和新兴社会力量的成长壮大有推动作用。二是使官商之间关系有所改善,有利于保护工商业者的利益。此时期仍有许多苛捐杂税不利于工商业发展,但这已是一个历史性的进步。(3)商部成立到1911年,是清政府对私人工商业的重视和积极推动时期。《辛丑条约》签订后,巨额赔款使清政府陷入困境,不得不进一步调整经济政策。先后在各省成立商务局、劝业道,以负责振兴实业。之后设立商律馆、商报馆,负责草拟振兴实业的各种法令与政策及其后续宣传。制定相关的各种法律条文,例如1903年的《商人通利》与《公司律》,1904年颁布的《公司注册试办章程》和《商标注册暂拟章程》,1906年的《破产律》等。

---

① 韩学儒、吴永涛主编:《中国近代史》,西北大学出版社1988年版,第180页。

清政府这一系列法令和政策的颁布,尽管是出自对王朝的自救,但也反映了时代需求与资产阶级的愿望,因而起到了积极作用,对中国社会经济和社会思想的现代化发展也有积极意义。①

鸦片战争改变了中国人的思维,也改变了统治者的治理手段。但统治者依然脱离不了自身利益至上的想法,所以尽管有这么多的变革,仍然无法彻底改变千年来的旧有治理模式。但不论如何,它至少走出了中国人追求现代化的第一步,使得之后的民国时期能依据这一目标进一步完善其管理模式。

(二) 民国时期

1911 年辛亥革命推翻了封建帝制,中国开始使用新的方式来面对新局面。但直至 1928 年国民党第二次北伐攻占北京,消灭军阀,全国才实现了表面上的统一。然而即便北伐完成后,国民政府的势力范围也只有以南京为主的东南沿海区,其他地区仍被旧有势力控制。同时日本也没有停止对中国的侵略,企图破坏中国现代化进程。1945 年抗日战争胜利后,中国又进入解放战争时期,至 1949 年,国民党战败退往台湾,民国结束。这 38 年间,国民政府在内忧外患中惨淡经营,对内试图解决国家统一、政经制度无法顺利运行的问题,对外为反抗帝国主义的压迫和消除帝制时代遗留的种种不平等条约做出了一些努力,为中国国内市场的自由、自主奠定了一定的基础。

这一时期中国的公共经济政策主要有以下特征:

1. 以孙中山先生思想为指导原则

孙中山先生的"三民主义"思想,体现在经济方面是"平均地权、节制资本"。平均地权指的是人人有田、人人有地,也就是人人有资本,每个人都有了资本便能在市场上自由贸易、自由竞争。节制资本指的是节制个人资本而发挥国家资本,阻止大企业家进行垄断压迫自由市场中的其他竞争者。每个人参与市场竞争,这就是资本主义强调的效率。保护每个人的竞争权,防止土地与资本集中在少数人身上,保护市场中的个人不被垄断企业压迫,强调的是公平。同时,在市场进行初次分配后,政府应该利用社会救助、社会福利去保障市场竞争中的失败者与天生身心障碍者,使"鳏、寡、孤、独、废、疾者皆能有养"。如同孙中山"三民主义"中"民生主义"的目标:追求均富,不是先均后富,也不是先富后均,是同时均富。"发达生产以致富;合理分配以求均",而均富正是现代化的目标。

而孙中山《建国方略》中的第二部分《实业计划》强调物质建设,包括港口建设、铁路、道路建设、采矿业、治河道等八个范畴,这其实就是提供公共产品与兴

---

① 张九洲:《中国经济史概论》,河南大学出版社 2007 年版,第 451 页。

办国家企业以发扬国家资本,并且更进一步地开放市场,引进外资。实业计划包括六大计划:(1)筑北方大港于直隶湾,建筑铁路系统;开浚运河,以联络中国北部、中部通渠及北方大港;开发山西煤铁矿源,设立制铁、炼钢工厂。(2)筑东方大港;整治扬子江水路及河岸;建设镇江、南京、芜湖、安庆、鄱阳湖、武汉等内河商埠;改良扬子江之现存水路及运河;创建大水泥厂。(3)改良广州为第一世界港;改良广州水路系统;建设中国西南铁路系统;建设沿海商埠及渔业港;创立造船厂。(4)除西南、西北铁路系统外,建设中央、东南、东北、高原铁路系统,扩张西北铁路系统,创立机车、客货车制造厂。(5)发展工业本部——个人及家庭生活所必需及生活安适所必需的粮食、衣服、居室、行动、印刷等工业。(6)发展采矿工业,包括铁矿、煤矿、油矿、铜矿、特种矿之采取;矿业机器之制造;冶矿机厂之设立。虽然这些实业规模庞大,但并不是全由国家承办,与民争利。孙中山曾说:"凡夫事物之可以委诸个人,或其较国家经营为适者,应任个人为之。"①这反映了现代公共产品的精神:政府之所以提供公共产品,是因为个人无法或不愿意承办。若以中国当时国力无法开发这些实业则如何?孙中山《在南京同盟会会员饯别会的演说》中也说:"欲兴大实业,而苦无资本,则不能不借外债。……借外债以营生产之事则有利。"②这便是开放国际市场、借用外国资本,以开发民族资本。同时"惟发展之权,操之在我则存,操之在人则亡,此后中国存亡之关键,则在此实业发展之一事也"③,这也是引用外资,但不以外资为主,不受外资操纵,维护国家主权。

孙中山的经济思想,若简单概括,可以借用他上书李鸿章时所说的"人尽其才、地尽其利、物尽其用、货畅其流"——先将蛋糕做大,再将蛋糕分好的现代经济学家重视的兼顾公平与效率的做法。

2. 财政政策较为稳定

中华民国成立后国内政局混乱,袁世凯死后军阀割据,各地关卡林立,同时海关自主权也落在列强手中,中央收入严重不足。在1928年北伐完成后,国民政府采取一连串财政措施,重要的有关税自主、裁厘改统、盐税改革、发行债券等。

(1)关税自主。鸦片战争后,中国丧失关税自主权。到了中华民国成立后,在1919年,中国在巴黎和会上提出恢复关税自主的要求,但被列强拒绝。1925年关税特别会议在北京举行,列强口头承诺中国关税自主,但必须等废除厘金后

---

① 孙中山:《建国方略》,中国长安出版社2011年版,第88页。
② 孙中山:《孙中山选集》(上),人民出版社2011年版,第101—102页。
③ 孙中山:《建国方略》,中国长安出版社2011年版,第83页。

方可实施。1928年中国提出在平等互惠、互重主权的宗旨下与各友邦订定新约,除了日本外,各国与中国签订新约。国民政府在1928年颁布第一个《海关进口税则》,从1929年实施。但因日本阻挠,中国未能彻底实施新约。直至1930年,日本正式与中方签订新的关税条约,中国才真正地实现了关税自主。

(2)裁厘改统。厘金,即商人行经水陆关口的货物通关税。它增加了交易成本,阻碍了市场流通,不仅国人反对,外国人也认为厘金妨碍了外国货品在中国的流通,要求中国废除厘金。在1919年的巴黎和会上,中国为了收回关税自主权,愿意以废除厘金作为交换。1925年,在北京关税特别会议中,中国政府宣布废除厘金。1930年中国关税自主,同时宣布全国厘金及与其相关的各种税永远废除。然而,厘金原本在中国政府收入中有重要地位,如1927年中央政府全年厘金收入5000多万元,地方厘金收入8000多万元,国民政府裁撤厘金,就必须以扩大统税的方法来增加收入。①

统税本是清政府为了充裕国库特地新增的新型货物税,该赋税为课征于特定货品的货物商品税,因税收方式视商品类型按统一税率征收而得名。清朝灭亡后,中国税制混乱,统税制度并未全面施行。1926年,武汉国民政府开始统税的征收,但仅限于卷烟。1928年,共有卷烟、面粉、棉纱、火柴、水泥五种物品需收统税。实施统税后,1928年全国统税收入为4000万元,1929年为4485.2万元,1930年为5502.6万元,1931年为7577.7万元,1932年为8971.3万元,1933年为9297.5万元,1934年为11 696万元,1935年为11 329.8万元,1936年为13 279.6万元,1937年为17 561.8万元,平均年增长为17.8%②,统税与关税、盐税并列成为中国三大税源。

(3)盐税改革。盐税,与关税、统税均为重要税收,民国初期的盐税改革存在两大困境。第一,各地截留盐税的事情屡见不鲜,地方各自为政,将原本要上交的盐税拦截下自用。但后来各省截留盐税后发现仍是入不敷出,便在盐税上增加各种附加税,使人民不堪重负。第二,包商引岸是民初盐税改革最不彻底之处。包商引岸即商人事先向政府盐政部门缴纳一定数量的费用以获得盐引,然后凭着盐引到各盐场收购食盐,然后运往指定的地区销售,并主管该地盐税。这使得中间商人剥削民众甚剧,并且导致严重的寻租现象。北伐完成后,1928年全国财政会议上改定盐政、废除引岸是重要议题。之后国民党中央执行委员会第二次会议决议:整理盐法、减轻盐税、剔除积弊、调节盐价。随后有关部门开始

---

① 张九洲:《中国经济史概论》,河南大学出版社2007年版,第487页。
② 贾德怀编:《民国财政简史》(上册),商务印书馆1946年版,第117页。

修法,于1931年公布。① 其内容有:废除包商制度,改以自由运销制;取消或减少盐税附加;统一盐税税率。但受到战争影响,战前自由运销未能全面实施。经过改革后,盐税收入逐年增加,从1927年的2080万元增加到1936年的24 740万元,十年增长10.9倍,占国家财政收入的20%—30%,成为仅次于关税的第二大税。②

3. 改革金融货币

(1) 金融。国民政府为了统一货币金融,建立了以"四行二局"为中心的金融体系,即中央银行、中国银行、交通银行、中国农民银行与邮政储金汇业局、中央信托局。③

成立中央银行。1927年,国民政府颁布《中央银行条例》及《中央银行监理委员会组织条例》,规定中央银行为特定国家银行,是国内最高金融机构,为国民政府经营。它可以募集不超过资本额49%的商股;有依据法令发行兑换券、经理国库、募集公债、铸造发行国币的权力。之后于1928年公布《中央银行章程》,规定中央银行有协助政府统一币制、调剂金融之责。同年,中央银行在上海开业,总裁宋子文明确提出:中央银行的业务方针就是统一币制、统一金库、调剂金融,以达到成为"银行之银行"的目的。1933年,中央银行钞票发行额增加7倍,存款额增加15倍,放款额增加35倍,纯利润增加70倍。1935年,孔祥熙提议,由财政部拨现款及国库券各3000万元,加上原资本和公积金各2000万元,使中央银行资本总额达到一亿元,为全国之首。

成立中国银行、交通银行、中国农民银行。中国银行与交通银行成立于清末,信誉卓越,有重要地位。国民政府在1928年公布《中国银行条例》,规定该行成为"特许之国际汇兑银行",资本总额为2500万元,政府控股500万元,其余为商股。主要业务是:代理政府发行海外公债及经理还本付息事宜、经理政府存在国外的各项公款、发展及扶助海外贸易、代理一部分国库事宜。同年公布《交通银行章程》,规定该行为发展国内实业之银行,资本总额为1200万元,政府认股200万元。其业务是:代理公共实业机关发行债票及经理还本付息事宜、代理交通事业之公款出入事项、办理其他奖励及发展实业计划、代理一部分国库事宜并发行兑换券。而1935年,国民政府通过发行金融公债增加官股,占了中国银行全部资本的50%,占了交通银行的55%,使两间银行的官股比例过半,由政府控制。1932年,设立了"农村金融救济处"。1933年将其升级为鄂豫皖赣四省

---

① 朱伯康、施正康:《中国经济史》(下册),复旦大学出版社2005年版,第529页。
② 贾德怀编:《民国财政简史》(上册),商务印书馆1946年版,第98页。
③ 魏宏运:《中国现代史》,高等教育出版社2002年版,第247—250页。

农民银行,1935年扩大为中国农民银行。同年公布《中国农民银行条例》,规定该行为股份有限公司,资本总额为1000万元,为供给农民资金、复兴农村经济的专业银行,享有发行兑换券、农业债券和土地债券等权力。

邮政储金汇业局和中央信托局。1930年,国民政府成立邮政储金汇业总局,直属交通部。1935年,改为邮政储金汇业局,隶属邮政总局。主要业务为:开办定期、活期储蓄,经办汇兑、抵押、贴现放款,购买公债或库券,办理各种保险业务。通过该局,国民政府吸收大量储蓄存款,并通过邮政体系延伸其金融势力。1935年,中央银行出资1000万元,成立中央信托局,下设信托、储蓄、购料三处,后增设保险部和中央储蓄会,业务为:经营信托、储蓄、保险,代理政府从国外购买军火。①

除了四行二局,国民政府也采取其他措施以扩展国有资本、控制民间银行,包括以下五类:一是,在民营商业银行经营出现困难之时,向其加入国有资本,通过股份优势对其控制。二是,收买改组。在民营银行倒闭时,对其购买和改组,将其置于国家金融体系的控制下。三是,提高储蓄银行进入门槛,对民间中小企业银行进行挤压。四是,利用法币政策之机,取消一些民间银行的货币发行权。五是,通过人事交流或人事改组,控制民间银行。国民政府通过这些手段加强四行二局在金融体系的优势地位,强化国家资本在金融业中的干预和控制能力。②

(2)货币。民国时期重要的货币改革有二:废两改元、法币政策。

废两改元。清末,因为银两制的支持者张之洞去世和袁世凯丢官,清政府暂停了本要实施的银两制,但市场中并没有停止使用银两,使得各式各样的银两银圆充斥市场,甚至有许多美、日、法等外国银元,直到中华民国成立时局面仍然混乱。混乱的银两阻碍了经济的发展:一是因为国家对银的质量没有检验标准,各地制造的银两外形与成色又不同,各地使用各自的货币,一地的货币到外地要先进行兑换,增加了商业往来的成本。二是所谓银两乃重达一两的银币,不利于大规模的交易。相较之下,银元有固定的重量与质量,便于交易。1928年,国民政府就在全国经济会议中提出"废两改元"的动议。1933年,立法院通过了财政部的《银本位币铸造条例》,同时,财政部也颁布了《废两改元令》,在上海试行,中央造币厂开始铸造新银元以代替旧银元。之后全国货币虽逐渐统一,但辅币仍是银角、铜币、纸币。中国作为当时世界上最大的银本位国家,且白银大多靠进口,货币极易受国际银价影响。在此情况下,国民政府不得不考虑进行货币改革与放弃银本位。1935年1月,国民政府财政部发布《施行法币布告》,主要内容

---

① 魏宏运:《中国现代史》,高等教育出版社2002年版,第247页。
② 张九洲:《中国经济史概论》,河南大学出版社2007年版,第489页。

为:第一,自1935年11月4日起,以中央、中国、交通三家银行所发行之钞票定为法币。所有完粮纳税及一切公私款项之收付,概以法币为限,不得行使现金,违者全数没收,以防白银之偷漏。第二,中央、中国、交通三行以外,曾经财政部核准发行之银行钞票,现在通行者,准其照常行使。其发行数额,即以截至1935年11月3日流通之总额为限,不得增发,由财政部确定限期,逐渐以中央银行钞票换回。第三,法币准备金之保管及其发行收换事宜,设发行准备管理委员会办理。第四,凡银钱行号商店及其他公私机关或个人,持有银本位币或其他银币生银等类者,自11月4日起,交由发行准备委员会或其指定之银行,兑换法币。第五,旧有以银币单位订立契约,应各照原定数额于到期日概以法币结算收付。第六,为使法币对外汇价稳定起见,应由中央、中国、交通三行无限制买卖外汇。①

法币政策。其对中国的影响是:第一,放弃银本位,实施管理通货制。切断了中国货币与白银的关系,也使中国货币不受世界白银价格波动的影响,使货币管理走向现代化。第二,法币的发行统一了国内货币,实现了统一发行、统一流通,对形成国内统一市场、扩大商品流通有促进作用。第三,白银收归国有,实行兑换本位制,使国民政府拥有一定数量的白银,换取一定量的外汇准备金,稳定法币价值,增强其在国际金融市场的活动能量。第四,货币改革稳定了物价,刺激农工业的生产和对外贸易,国民政府财政收入增加,为日后持久抗战奠定基础。②

在北伐完成后,国民政府整顿内政,取得良好成绩。从1928年到1937年这十年,被学者誉为所谓"黄金十年"。1927—1936年间,中国工业增长率达8%以上,社会经济状况也呈现蓬勃发展的趋势,中国已进入工业化的起端,正逐步走向现代化。据统计,这一时期中国电力工业年平均增长9.4%,煤炭工业增长7%,水泥工业增长9.6%,钢增长40%。③ 如果没有日本的侵略,中国必会更快达成现代化目标。但是,在抗战胜利后,因为政治经济环境的变化,中国百废待兴,而国民政府政治与经济上的决策屡屡失误,导致社会分化,随后爆发内战,使得中国朝向现代化行进的速度停滞下来。

第四节 现代中国的公共经济政策

1949年新中国成立后,中国进入全面建设现代化时期。自新中国成立以

---

① 财政部财政科学研究所、中国第二历史档案馆编:《国民政府财政金融税收档案史料(1927—1937年)》,中国财政经济出版社1997年版,第423页。
② 魏宏运:《中国现代史》,高等教育出版社2002年版,第253页。
③ 杨红林:《近代中国追赶世界 日侵华催毁现代化最后良机》,《环球时报》2006年6月8日,第13版。

来,作为现代化建设时期的中国公共经济政策的沿革可以从不同角度划分为若干阶段,其中最重要的是从所有制发展和改革的历程角度,将其从时间上分为计划经济时期(1949—1978年)、计划经济向市场经济转型时期(1978—1992年)、市场经济全面建设时期(1992—2002年)、新世纪开创中国特色社会主义事业新局面时期(2002—2011年)、全面深化改革时期(2012年至今)等几个阶段。从公共经济政策的指导思想、政策内容和实施效果等方面看,这几个阶段有着明显的差异,同时在一个阶段内部又可以再进行进一步的细分。公共经济政策作为一个庞大的政策系统,其所包括的政策措施和政策内容是多方面和多层次的。在对于不同阶段的公共经济政策进行阐述时,本书将以其中重要的和影响力大的相关政策为主,如所有制政策、财政政策、货币政策、土地及产业政策等。

中国公共经济政策的沿革,可以一直追溯到1949年新中国成立之时。在此前,由于长期进行国内革命战争,经济建设一直不是政府工作的重点。从1949年新中国成立以后到现在,经济发展过程可以划分为五个历史阶段,体现了不同时期国家公共经济政策的发展。

一、计划经济时期

从1949年到1978年可以从总体上看作一个发展时期。这个时期内又可以分为不同的几个阶段,第一个阶段是1949—1957年。中华人民共和国成立后,人民政府在财政、商业、银行等方面采取了强有力的措施,消除了旧中国长期存在的恶性通货膨胀,使全国物价迅速稳定下来。1952年国民经济基本恢复。第二个阶段是1958—1978年,由于政治动荡对经济建设的冲击,我国片面追求总产值的增长速度,实行粗放式扩大再生产,忽略了对经济效率和经济效益的追求,导致这一时期的经济增长质量差,同时国家宏观经济政策调节失控,中国经济基本上处于徘徊、停滞状态。

(一) 1949—1957年

1949年到1952年,是中国经济恢复时期。这一时期的国家主要公共经济政策的目的是尽快恢复国民经济。经过长达二十余年的国内革命战争,到1949年新中国成立时中国经济已经在崩溃的边缘。同时,国内政权尚未稳定,为此,国家依靠强制力量,推行了一系列经济措施,以迅速稳定国家经济形势,为接下来的由新民主主义革命向社会主义建设的转变打下基础。经过三年时间,人民政府完成了民主革命的经济任务,新民主主义经济体制和政策在中国全面贯彻实施,彻底铲除了根深蒂固的封建土地制度;建立了强大的国营经济和覆盖面很广的供销合作经济,实现了"节制资本"和"统制贸易"。国家通过对私营经济实行利用、限制、改造的政策,使其符合国家的宏观经济计划和社会发展目标;通过海关自主、实行"贸易许可证"和"结汇制",将对外贸易控制在政府手中。恢复时期的三年,实行的仍然是国营经济领导下的多种经济成分并存、计划管理与市场调节相结合的经济体制。同时国家掌握了国民经济命脉,控制了金融、市场和重工业,党和人民政府的行政力量空前强大,实际上为1953年以后我国迅速平稳地向单一公有制和计划经济过渡奠定了基础。

这一时期的主要政策包括:在资本和所有制政策上,实行区别对待,其中对于官僚资本进行没收,改造为社会主义国营资本;对于民族资本进行调整,包括公私关系、劳资关系和产销关系等,贯彻"公私兼顾,劳资两利"的基本原则,实际开始逐步对非公有制经济的发展进行限制。在财政政策上,实行统一财政工作管理,平衡财政收支,包括全国统一财政收支,统一物资调度,统一先进管理,同时压缩政府经费开支。在价格政策上,实行国家限价,同时重点打击金融领域内外币、金银投机活动和流通领域内囤积商品的行为,稳定物价。土地政策上,则继续在新解放区实行土地改革,一直到1952年基本结束。在产业政策上,则以恢复农业生产、交通事业和工业生产为主。

从生产力的角度来看,这个时期就是国民经济恢复时期。这一时期遵循了党中央和毛泽东提出的新民主主义经济纲领;建立了计划经济体制的雏形;坚持把恢复和发展生产作为中心任务;建立高效率的政务院财政经济委员会;迅速稳定了物价;恢复和发展了农业、运输邮电业和商业;发展了以苏联为主的对外经济贸易关系;以现有工业为主进行调整和恢复。这个时期开始的朝鲜战争大大影响了国家原有的经济发展部署,国家不得不拿出相当大一部分的国家财政力量以保证抗美援朝尽快取得胜利。而"三大运动"的开展,也进一步消除了非公有制经济,加强了国家对于国民经济体制的控制力和影响力。

在三年恢复时期以后,国家政权得到了稳固,国家经济建设逐步走上正轨。1952年到1957年,中国仿照苏联的做法,开始实施国民经济恢复以后的第一个五年计划。这一时期总体的经济指导思想就是党在七届四中全会批准的过渡时期总路线,在1954年又发展为"一化三改":中国社会主义工业化思想;准备在一个相当长的时期内,逐步实现国家对农业、手工业和资本主义工商业的社会主义改造。市场机制的作用逐步缩小,以中央计划为主的经济管理体制逐渐建立,企业生产、原材料调拨、商品销售等开始实行国家统一计划指导。到1956年年底,计划经济体制与市场经济体制并存的"双轨制"格局被计划经济体制(计划经济加市场的体制结构)的"单轨制"取代。通过"一五"期间对非公有制经济成分的社会主义改造,公有制经济的绝对优势形成了,这就奠定了国家直接计划管理的所有制基础,建立起苏联模式的中央计划经济体制,实现了国家政权对国民经济的全面控制。特别是通过农业集体化运动在全国范围内建立的人民公社制度,配合了农产品统购统销制度,确保国家能够通过低价收购农产品的方式保证国民经济体系中工业建设发展的需要。

这一阶段的主要公共经济政策,在资本与所有制方面,集中对个体农业、手工业、资本主义工商业进行社会主义改造。农业上推广合作社制度,私人资本主义工商业实行从低级到高级的国家资本主义过渡形式。在产业政策上,中央政府充分吸取旧中国重工业建设不足的教训,同时为保卫国家安全和政权建设,选择了激进的经济赶超战略,推行优先发展重工业的经济起飞方式,以苏联提供帮助的156个基础建设项目为核心,以重工业为建设重点。在财政政策上,政务院(后更名国务院)建立了财政经济委员会及其他中央财政经济管理部门,统一全国财政收支,对于财政、信贷、劳动工资等实行统收统支、统存统放、统分统配,奠定了以集中统一为基础的财经管理体制的雏形;在中央与地方财政关系上实行三级财政管理体制、财政收入分类分成制度;同时以国家为主导,开始大规模经济建设投入。在劳动力政策上,国家在城市推行统一安排就业制度,建立城乡分割的户口制度,自由劳动力市场开始消失,人口的自由流动受到限制。在粮食体制上,实行计划收购和计划供应,同时对于工业、物资、交通运输等实行直接计划和实物调拨。依托户籍制度,城乡二元体制和城市物资计划供应体制开始逐步形成。在价格政策上,则实行统一领导、分级管理的中央计划体制,以配合国家对于生产资料和生活资料的统一管理,保证国家计划发展重点项目的顺利进行。鉴于当时国内经济的社会主义改造尚未完成,所以在经济体制上仍然允许多种经济成分并存,允许一些公私合营经济和个体经济作为公有制的补充,允许发展部分农民家庭副业和集市贸易等。

1957年年底第一个五年计划完成时,新的社会主义经济体制初步建立和形成。中国政府不但成功地在战争废墟上恢复了国民经济,而且开始了大规模的经济建设,取得了令世界瞩目的成就。第一个五年计划的完成,为中国的工业化奠定了坚实的基础,大大缩短了中国与发达国家工业发展水平的距离。从1953年开始,随着大规模经济建设的开始,中国同时走上快速推进工业化和向苏联模式的社会主义经济过渡的道路。一是在经济落后、资金和人才短缺的条件下,为加快工业化步伐,建立了实行进口替代和压缩消费、优先发展重工业的战略;二是为保障上述战略的实施和"一五"计划的完成,加快了社会主义改造的步伐,即通过实行单一公有制,排除市场调节对优先快速发展重工业战略的障碍,将资源配置权控制在政府手中。这种经济发展战略和经济制度的变革,在当时保证了"一五"计划时期的经济高速增长和重工业的迅速发展,但是其消极后果也是很严重的。一方面这种发展造成后来的全面"短缺经济",使工业化缺乏后劲,引发了周期性的波动;另一方面,由此形成的单一公有制和计划经济体制,从长期来看,不利于调动各方面的积极性,不利于国民经济的全面健康发展。这种经济体制的缺点具体表现在:对于生产资料所有制的社会主义改造,要求过急,形式渐趋单一化;政企职责不分,企业成为各级主管部门的附属机构;直接计划的范围过大,割断了地区间及不同部门、企业之间的横向联系;财务分配中,中央的比例偏高,地方尤其是企业的留利和超收分成比例过低;消费品的定额配给逐步扩大,消费者的选择权越来越小。这些缺点,正是带有供给制因素的集中计划经济模式的基本特征。

1956年前后,中国共产党根据自己的经验和吸取苏联的经济建设教训,曾对如何建设中国的社会主义经济和工业化进行了认真全面的探索,但这种探索因体制弊端未充分展开也因"反右"运动的干扰而中断。

(二) 1958—1978年

1958年到1978年是中国经济发展的一个动荡时期。由于政治形势的冲击,正常的经济建设受到很大影响。这个时期内,中央指令性计划经济体制的格局,经过收权—放权—再收权三个发展阶段后正式形成。国民经济中虽然也存在市场,但这个市场已失去资源配置功能和作为经济体制的独立性。就经济建设来说,这二十年中国取得了很大成就,在不利的国际环境中,基本建立起相对独立的工业体系,在国防工业、尖端科学方面取得了巨大进展,并在改善基础设施、缩小沿海与内地差距方面取得很大成绩。从1957年年底到1978年年底,按可比价格计算,社会总产值增长3.25倍,工农业总产值增长3.64倍,国民收入增长1.96倍,工业总产值增长5.99倍(1958年按照1957年不变价格,1978年则按1970年不变价格)。从1958年到1980年,全国基本建设新增固定资产4339.39亿元,是"一五"计划时期新增固定资产的8.82倍。①

这一时期的主要公共经济政策包括:在资本与所有制政策上,加快社会主义公有制的发展,追求"一大二公",在农村进行人民公社化运动,在城市基本取消个体经济,限制集体经济,扩大国营经济比重。在财政政策上,前期(1958—1960年)大量下放管理权,包括基本建设项目审批权、财政税收权、劳动管理权以及商业、银行管理权等,让地方自成体系,将"一五"计划时期实行的"以收定支,一年一变"改为"以收定支,五年不变";减少企业指令性计划,实行全额利润分成制度。中期(1961—1966年),根据前期所暴露出的弊端,财政政策进行了有限的调整,加强计划的统一指导,实行财政"总额分成,一年一定"的形式,收回重

---

① 国家统计局:《中国统计年鉴(1983)》,中国统计出版社1983年版,第348—351页。

点企业作为中央固定收入来源,收回地方基础建设审批权。后期(1966—1976年),由于受到"文化大革命"的影响,原有的国家财政政策体系被打乱,财政政策变化频繁,在不同时期和地方先后实行过"收支两条线""大下放、大包干""收入规定比例留成、超收另定分成比例、支出指标包干""收支挂钩、总额分成""固定比例包干""增收分成、收支挂钩"等多种办法。基础建设上以中央政府为主体,投资规模不断扩大。在分配政策上,则否定企业和个人有自己的物质利益,否定按劳分配,逐步主张供给制,使平均主义合法化;同时强制性加强积累基金,减少消费基金,以抑制消费为代价来发展工业。根据统计,1953—1978年间国内平均积累率高达29.5%。这个时期,为了保证国家统分体制的运行,国家进一步加强对于价格的管理,于1962年成立全国物价委员会,进行价格管理,制定价格政策,实行国家统一定价。

在这个时期内,国家正常的公共经济政策的制定和执行中一共出现过两次较大的偏差。第一次是在1958年前后开始的"大跃进"运动时期,"左"的错误思想占了上风,经济体制也有很多突然的变化。对于"大跃进"中出现的错误,中央政府曾经有所察觉,并提出了一些正确政策加以纠正,包括肯定社会主义阶段还存在商品生产和商品交换,价值规律仍起作用;批判了企图过早地取消集体所有制与混淆集体所有制和全民所有制界限的看法和做法;批评了企图"跑步进入共产主义"与混淆社会主义和共产主义界限的空想;认识到"大跃进"的主要教训是没有安排好国民经济的比例关系和综合平衡等。在实践中则采取若干措施,调整人民公社内部的所有制结构,制止社员之间的平调并承认小私有,调整城镇手工业的所有制结构和经营规模,上收一部分企业和调整地方的经济管理权,强调建立各种责任制,以整顿和加强企业管理,适当扩大地方管理权限;在继续加强集中统一的前提下,逐步把一些该由地方负责的事情下放给地方管理,包括计划留有机动和提高财政预备费的比例、给予调剂物资分配的权限等。中央决定在公共经济政策的总体指导思想上,实行"调整、巩固、充实、提高"的方针。这些措施收到了一定的成效,但没有根本扭转"左"的倾向。在庐山会议后,全国开展"反右倾"斗争,又恢复和发展了"左"的错误,使国民经济遭受损失,人民生活受到影响。

这个时期内公共经济政策出现的第二次重大偏差是在从1966年开始到1976年结束的"文化大革命"时期。从宏观计划管理来看,从1966年开始实施的第三个五年计划到1976年开始实施的第五个五年计划,都没有正式形成计划,计划管理的水平相当低,实际上是一种行政管理性质的、粗放的、随意性很大的计划经济。可以认为这十年当中所施行的公共经济政策是一种对于经济正常发展秩序的扭曲。这个时期内,在所有制政策上,以全民所有制国营经济为目标,排斥多种经济形式和经营方式,集体经济不断削弱,个体经济日益衰亡,所有制的结构和形式越来越单一化。在财政政策和价格政策方面,经济活动的决策权高度集中于中央政府手里,政府机构的地位和行政管理作用日益增强,基本上是自上而下的指令性计划安排,属于单一的计划调节体制,也就是以采取行政手段为主,产品统一调拨的范围扩大。价格被扭曲,市场机制几乎完全被取消。在分配政策上,则片面强调国家的统一利益,无视企业和个人的差别利益,分配上的平均主义严重。与之相配合的产业政策上,在国民经济发展计划中,重点发展重工业和基础工业的产业结构政策发展到极端,在工业领域中全面推行"以钢为纲"。具体政策措施上,则继续实行优先发展重工业和基础工业的产业结构政策。建立扭曲产品和要素价格的宏观政策环境和国家对资源集中支配的体制,以强制积累的方式筹集建设重工业和基础工业所需的资金;在重工业内部,片面发展钢铁工业和机械制造业,忽视了能源、原材料工业的发展,使国民经济发展在能源、原材料等方面遇到瓶颈。在农业内部,强调"以粮为纲",片面注重种植业发展,忽视林牧副渔业的发展。在种植业内部,则搞粮食种植"单打一",忽视棉花、油料等经济作物的发展。

对于这个时期整体的公共经济政策,从实施效果上来看,在计划经济体制支持下,从1952年起中国经济发展形成了"高积累、高投入、高增长"格局,初步完成了经济起飞任务,中国经济结构相应发生质态跃迁,从落后的农业国结构进化为准工业国结构。在1952—1978年间,重工业年均增长12.1%,在工业总产值和工农业总产值中所占的比重分别由1952年的35.5%和15.3%上升至1978年的56.9%和42.8%。① 这个时期的公共经济政策的实践表明,计划经济体制能够使中国经济在极端落后的条件下实现经济起飞,尤其是通过重工业的不平衡增长建立了相对完善的工业体系。但是,随着经济的发展,这种僵化的中央计划经济体制无法再适应社会发展和人民生活的需要,内部缺乏激励机制,外部缺少竞争环境,最终造成企业生产效率低下,经济发展乏力。到20世纪70年代后期,社会整体经济效率低下、经济波动剧烈、人民生活水平改善缓慢等负面效应日益突出,国民经济基本比例关系严重失调。特别是"文化大革命"对于整个国家经济体制的冲击,使中国经济处于崩溃的边缘。

二、计划经济向市场经济转型时期

以1978年中共十一届三中全会的召开为标志,中国进入了一个新的历史时

---

① 蔡昉:《中国发展蕴含的工业化规律(光辉的历程 深刻的启示·庆祝新中国成立70周年)》,《人民日报》2019年8月28日,第8版。

期。在这个时期,中国共产党提出了中国处在社会主义初级阶段的理论。这个理论认为,中国虽然建立了社会主义公有制,但是生产力总体水平落后并且呈现多层次性,因而客观上要求除公有制经济以外的其他经济成分(如个体经济、私营经济与外资经济)的存在与发展;同时中央政府开始逐步认识到市场机制在资源配置等方面所具有的不可替代的作用,以及现代政府公共经济管理的基本模式。这个时期是传统的中央计划经济管理体制逐步解体、市场经济开始建立的阶段。

1976年到1992年是中国经济重建与开始社会主义经济建设的探索时期。从1976年粉碎"四人帮"后到1978年党的十一届三中全会召开前的两年多时间里,经济建设基本处于恢复发展阶段。1978年党的十一届三中全会到1984年党的十二届三中全会期间,国家开始对农村经济体制进行改革,并以此为突破口,开始对原有的中央集权的经济体制进行全面改革。1984年党的十二届三中全会通过《中共中央关于经济体制改革的决定》,提出中国社会主义经济是在公有制基础上的有计划的商品经济。1987年党的十三大召开后到1992年,基本确立了"国家调节市场,市场引导企业"的社会主义商品经济新体制和深入进行政治体制改革的基本框架。随着这一基本框架的确立,国家开始逐步对传统的中央计划经济管理体制和经济政策手段进行改革,包括缩小指令性计划范围、扩大指导性计划和市场调节的范围、扩大企业经营自主权、重视运用经济政策和经济调节手段促进计划目标实现等。中国经济步入以改革开放为动力、以开创中国特色社会主义经济建设道路为目标的经济快速发展时期。这个时期是从之前奠定的经济基础和经济制度上起步发展的,前进的起点比较高,但后续受到了传统的发展模式和经济体制的束缚和"文化大革命"的冲击。因此,1984年以前,中国经济以1978年党的十一届三中全会为转折点,第一,纠正和清算了前二十年"左"倾错误,根据中国国情,重新探索社会主义建设道路。第二,在经济发展方面,着手整顿国民经济,理顺农轻重、积累与消费的关系,制定以到20世纪末国民生产总值翻两番为目标的新的发展战略。第三,在经济体制改革方面,以原有体制中最薄弱、受压抑最重的农村经济为突破口,并取得巨大成效,产生了"农村包围城市"的改革示范效应;与此同时,还在沿海设立经济特区,率先实行对外开放政策。

这一时期的主要公共经济政策包括:

(1)资本与所有制政策。首先是对人民公社和国有企业进行改革,培养市场主体,并根据市场供求变化调节生产。与此同时,允许个体、私营、外资等非公有制市场主体出现,并允许它们同国有企业竞争;在农业上,坚持土地等生产资料公有制的基础上,普遍推行家庭联产承包责任制,实行统分结合的双层经营体制。从1979年起,在中央制定的"调整、改革、整顿、提高"的经济思想指导下,开始实施重点发展农业和轻工业的补偿性结构倾斜政策,逐步缩小对农业和轻工业的各种政策性和制度性歧视;废除农村人民公社制度而建立家庭联产承包责任制,允许和鼓励私营企业和个体经济发展,转变国有企业经营机制,进行微观经济组织改造;通过解除政府管制、收缩直接计划管理范围和培育市场,增加资源配置的市场调节成分。1982年中共十二大对传统计划经济体制与重工业优先发展战略进行了全面检讨,制定了"翻两番"经济发展战略。1984年通过的《中共中央关于经济体制改革的决定》提出了有计划商品经济理论,明确了改革的方向、性质、任务和基本方针,经济体制改革开始在城市全面展开。到1987年中共十三大阐述的社会主义初级阶段理论,开始确立建立社会主义市场经济的基本原则,提出社会主义有计划商品经济的体制应该是计划与市场内在统一的体制。党的十三届四中全会后,则提出建立适应有计划商品经济发展的计划经济与市场调节结合的经济体制和运行机制。

（2）财政政策。在中央与地方财政上,从1980年开始实行"划分收支、分级包干"的政策,到1985年普遍推行"划分税种、核定收支、分级包干"的适当集中的财政管理体制;在1991年又颁布《国家预算管理条例》,将原有的单式预算改为复式预算,开始将国家各级财政预算工作纳入制度化、法治化的正确道路。同时,对于民族地方、沿海开放城市和计划单列市也根据其地方经济发展特点制定了不同的财政管理政策。在国有企业与国家分配上,从1983年开始逐步实行"独立核算、国家征税、自负盈亏"的"利改税"方案,作为推动国有企业改革的开始。在国家计划内资金的使用上,将原有的由财政和银行双轨制供应、财政为主的管理体制改变为银行统一管理的体制。在具体实施上,这一时期财政政策的总体趋势体现一种从投资规模过大到紧缩财政、压缩固定资产投资的政策过程。

（3）价格政策。从1978年以来,在第一阶段（1979—1984年）开始调整农产品、副食品及部分工业品的价格,以小步前进的方针,采用调价的方式,同时对部分产品实行了浮动价格,并放开了小宗农产品和小商品的价格;1984年党的十二届三中全会通过《中共中央关于经济体制改革的决定》后,价格政策又发展为以放为主,放调结合,包括对于工业生产资料实行双轨制价格,对于农产品逐步取消国家统一定价、统购、派购的方式,改为合同定购;到1991年又对多种重要生产物资实行计划内外价格并轨,取消双轨制;针对1988年前后出现的严重通货膨胀情况,采取了加强市场监管、对于部分商品实行专营等政策措施,有力地配合了国家的宏观经济政策的实施。

（4）货币与金融政策。首先在机构上分设了专业银行和保险公司,设立中央银行,建立了在中央银行统一领导下的二级银行体制。其中,中国人民银行逐步取消了一般银行业务,而成为国家中央银行,与财政部、国家计委等一起担负国家经济宏观管理的职责。在货币发行政策上,实行中央银行集中统一的原则,根据国民经济发展的需要进行货币发行。在信贷资金管理上,实行统一计划、划分资金、实贷实存、相互融通的管理原则;同时,要求银行本身坚持信贷收支平衡的原则,为后来银行体制改革和商业性银行的建立打下基础。

(5)产业政策。开始由重点发展重工业和基础工业向国民经济各部门协调发展转变,改变长期以来通过农业剪刀差支持工业,和"重生产,轻流通,轻服务"的政策,大力发展农业和第三产业。三大产业比例逐渐走向协调。从1979年到1990年,中国主要的产业政策包括加快农业发展,适当降低工业发展速度,调整工业内部结构,优先发展轻工业。

在市场取向的经济体制改革推动下,被长期桎梏的中国经济得到了迅猛的发展。中国经济在1979—1990年间发展速度明显高于1952—1978年间增长速度的同时,居民消费水平有了显著提高,表现出"高消费、高效率、高增长"的经济发展态势。

但是,中国经济政策并没有随着经济体制转型和经济发展战略转变而相应调整,仍然通过信贷配给方式直接扶持重点部门增长,埋下了微观经济行为市场化与宏观经济环境非均衡冲突的种子。特别是20世纪80年代中后期,在价格双轨制下,不平衡的通货膨胀提高了计划控制产业和产品的比较利益,而降低了市场调节产业和产品的比较利益。随着中国经济改革从农村向城市、从农业向工业的推广,投资取代消费成为工业以及总体经济增长的拉动力量,工业重新确立了其作为中国经济增长主导部门的地位,部门比较利益重新向加工业倾斜,经济资源从农业和基础产业大规模流出,工业的高速增长伴随着农业和基础产业相对停滞而难以为继。特别是长期以来的中央计划经济的传统思想和新旧体制的摩擦,使经济在繁荣中走向过热。与此同时,经济体制的变化、对外开放以及原有社会各阶层经济地位的变化,都使整个社会处于躁动和不安之中。在这种形势下,是以稳定经济为主还是继续加快改革,人们的意见不一,对改革中计划与市场的关系,分歧也很大,于是,国民经济经历了1986—1987年的"软着陆",1988年价格"闯关"和1989—1991年治理整顿的曲折。

三、市场经济全面建设时期

以1992年邓小平同志南方谈话为契机,中国的经济发展进入了一个全新的发展阶段,社会主义市场经济建设全面展开,同时,中央政府对于公共经济政策的制定和实施也上升到了一个新的层次。一方面,政府对于通过多种调控方式,如财政、货币、金融、税收等手段的使用越来越熟练;另一方面,政策得以有效实施的微观基础也逐步形成,包括随着金融、财税、外贸和外汇等各方面的改革的推进,国内形成了较完善的市场化机制,特别是货币、资本及外汇市场的发展为公共经济政策的成功实施提供了初步的操作空间和体制环境,而且,市场化的微观主体,即市场的参与者——现代企业逐渐发展成熟,成为市场竞争的主体。由此,两方面相互促进,开始进入正循环的轨道。

1992年以后,中国的社会经济发展到了一个新的阶段。社会主义市场经济的建设全面展开,成效显著。在国民经济的各个领域都取得了巨大进展,国家综合国力空前提高。同时,在社会经济的不同方面,都先后开始了意义重大的改革措施,一直持续到现在。

以1992年中国共产党十四大建立社会主义市场经济体制决议为标志,中国经济体制改革的市场经济目标模式正式确立,市场经济制度的发育和成长进程加快,市场机制逐步取代计划机制成为经济资源配置的基本调节机制,有力地支持着中国经济发展的现代化进程。

从计划经济向市场经济过渡的经济体制改革、从封闭经济向开放经济转变的对外开放以及从农业—工业国全面转向工业国建设的经济发展的目标,在20世纪90年代得到基本实现。从1992年开始,由于及时正确处理"改革、发展、稳定"三者之间的关系,大力推进改革,积极平衡总量,切实调整结构,"八五"计划成为中国经济发展波动最小的五年计划。到1997年,中国国民经济已经提前实现了原定于2000年才实现的翻两番任务,基本上改变了中国长期存在的供给主导型的短缺经济。其间,1998年中国在遭遇亚洲金融危机和世界经济不景气的情况下,仍然保持了人民币汇率稳定和国内生产总值增长7.8%的高速度。可以说,经过二十年的经济体制改革,中国的经济发展基本上实现了党和政府长期追求的"高增长、低通胀"目标,国民经济已经走上良性循环道路。同时,经济建设的实践表明,中国政府运用经济规律替代计划体制下的行政指令,对于国家经济进行调整的方式日益成熟。如中国经济从1991年开始回升,并且受到1992年邓小平南方谈话的推动,在经历短暂的经济快速扩张后发生了严重的通货膨胀。而与"七五"计划时期相比,中国经济在1996年成功实现了"软着陆",按通货膨胀治理的牺牲率指标进行评价,1995年和1996年牺牲率分别仅为0.32%和0.01%,而上次经济收缩阶段1989年牺牲率高达10.29%。[①]

(一)所有制政策和社会主义市场经济

在所有制政策方面,从1992年以来,对于非公有制经济在国家经济体系中

[①] 郑超愚、沈葳:《市场深化在中国经济的均衡发展》,《财经问题研究》1999年第10期,第3—9页。

的地位与作用逐步得到公众承认,同时建设"有中国特色的社会主义市场经济体制"成为中国的基本政策。1992年10月中共十四大正式提出,中国经济体制改革的目标是"建立社会主义市场经济体制"。在1993年11月中共十四届三中全会上又通过《中共中央关于建立社会主义市场经济体制若干问题的决定》。到1997年,江泽民同志在中共十五大报告中对公有制理论和社会主义市场经济设想进行了全面的阐述。至此,中国特色社会主义市场经济体制理论正式形成,并成为指导当前中国各项公共经济政策的最根本指导方针。

(二)财政政策

财政政策上,从1992年开始,中国政府在全国范围内进行以明确划分中央与地方事权为基础的分税制财政体制,其内容包括在现有事权分工的基础上划分中央与地方的财政支出范围,按税种划分中央与地方的收入范围,同时为保障地方利益实行税收返还,并分设中央和地方财务机构;在随后的党的八届人大四次会议上通过的《中华人民共和国国民经济和社会发展"九五"计划和2010年远景目标纲要》中,提出2010年财政发展的目标是建立比较完善的适应社会主义市场经济发展要求的税收财政体制和运行机制,将财政收入占GDP的比重进一步提高到合理水平,彻底改变入不敷出的局面。为此,当时的财政政策包括:

积极推进"两个根本转变",不断扩大国家财政;进一步完善税收制度,加强税收征管;完善分税制财政体制,进一步理顺中央和地方财政分配关系;整顿政府分配秩序,加强预算外资金管理。同时,在中央政府的层面上注意改进和加强财政管理,健全国家财政职能,完善复式预算制度,制定合理的债务政策。在理顺中央财政与中央银行的资金关系的基础上,加强财政政策与货币政策的协调配合,实行适度从紧的政策。

在具体的政策措施上,由于1995之后所出现的国内"有效需求不足"现象一直持续,再加上从1998年起,出口需求受亚洲金融危机冲击锐减,宏观经济运行呈现经济增长停滞、失业增加而通货紧缩的态势,为此国家采取了以增加基础设施投资为主要内容的扩张性财政政策以扩大国内需求,实施向基础设施倾斜的投资政策,通过补偿社会间接积累进而优先发展基础产业。在"九五"计划期间,政府采取了一系列积极的扩张性财政政策,包括:发行450亿元专项国债和2700亿元特别国债,分别用于补充非国有商业银行资本金和国有商业银行资本金;出台了难度很大的扩张性财政政策,增发1000亿元国债用于基础设施建设;同时伴随税收政策上的调节。这些积极的财政政策对促进经济增长起了至关重要的作用,但财政负担也相应加重。再加上中央财政在国民生产总值中所占的比例日益下降,中央政府的财政赤字呈现逐年上升趋势。

在金融体制方面,中国人民银行进行了管理体制改革,中央银行新的管理体制得以进一步完善和确立。同时,中共中央金融工作委员会成立,建立垂直管理的领导体制;银行、保险、证券业的分业经营和分业监管体制形成;对于商业银行的改革和风险管理也得到加强。此外,金融市场开始逐步向民间资本和外国资本开放。

(三)税收政策

从1994年开始,作为建立社会主义市场经济体制的一部分,中国政府确立了税收政策的基本指导思想,即"统一税法,公平税负,简化税制,合理分权"。到2001年为止,中国成功地完成了新旧财税体制的平稳过渡,在法律上实现了以增值税为主体的流转税制,统一了内资企业所得税,进一步完善个人所得税法,调整了一些税种。在税收体制上则初步建立起分税制的基本框架,财政分级分税体制已经落实到县级,通过规范分配方式,理顺分配关系,形成合理的分配机制,以利于国民经济持续、快速、健康发展。其中,中国税收政策的最终目标是建立一个具有中国特色的符合社会主义市场经济体制要求的税收体系;通过改革流转税、所得税,完善地方税,使各种税种的功能得到充分发挥,建立分税制,增强税收的聚财作用和调控功能。

该阶段的主要税收政策包括:重点推行规范化的增值税,确立在生产和流通环节普遍征收增值税,并采用一档基本税率和一档低税率相结合的方式;实行统一的企业所得税,取消国内企业的能源交通重点建设基金、预算调节基金和国有企业调节税,以企业所得税来规范国家和企业的分配关系;提高地方税的比重,调整税制结构,建立地方税收体系,合理划分税收管理权限;完善分税制,清理、停止过渡性税收优惠政策,按照中国参与的国际条约、国际惯例调整税收制度;调整税收优惠政策,将税收优惠政策从以企业性质、资金来源和地区特性为主,转变为以产业性质为主,充分发挥税收制度的杠杆作用,配合产业政策发展;进一步完善税收征管体制和税收法治建设,强化税收管理,严格以法治税,充分发挥税收在增加财政收入和宏观经济调控中的作用。

在"八五"计划期间,为配合刺激经济增长的扩张性财政政策,国家在税收方面也采取了配套措施,包括对国家鼓励发展的国内投资项目和外商投资项目进口设备免征关税和进口环节增值税;提高了部分产品的出口退税率,降低了部分外资企业进口商品的税率;清理各种不合理基金和收费,用相应税种取代具有税收性质的收费,规范税费征缴,合理税负,减轻企业等市场主体负担。

在税收管理和税种设置方面,由于中国已经成为WTO的正式成员,在相关财税制度的建设上开始与国际标准接轨,向国际通行做法看齐。随着改革开放的逐步深入,这种影响的表现将日益明显。

(四) 货币与金融政策

自 20 世纪 90 年代前期以来,固定资产投资过大和消费基金增长过快,引发了严重的通货膨胀,为此,从 1993 年开始中国一直在实行适度从紧的货币政策,控制货币的发行,以保证物价涨幅低于经济增长率。

该阶段中国主要货币和金融政策包括:合理确定货币供应量增长;积极稳妥发展债券和股票业务,适当增加对于商业票据的贴现、再贴现业务,合理吸收国外资金;在资金投放上,支持农村经济工作,支持西部大开发战略,支持重点企业和高科技产业的发展,控制固定资产投资;发放资金坚持择优原则,坚持信贷资金不能用于财政支出;改进金融调控方式,中央银行从贷款规模控制为主过渡到以运用多种货币政策来调节货币供应量,包括公开市场业务、压缩信用放贷,适当扩大再贴现范围及数额,及时调整利率;在具体运营上,扩大银行的自主权,允许银行在一定的浮动幅度内自行决定贷款利率,同时加强金融监督,防范金融风险;加强内部管理,加快国有专业银行向商业银行的转变,合理调整银行业务机构,增加资本金,推动经营方式与国际接轨;逐步建立黄金市场,加快保险市场建设,有计划、有步骤地增加外资金融机构。在外汇政策方面,该阶段中国外汇政策包括以完善市场供求为基础的单一浮动汇率,保持汇率相对稳定;实行银行结汇制,实行经常项目中的人民币自由兑换等具体政策。

实际上,中国在自 1978 年后的整个改革阶段内一直在实行稳健的货币政策。如 1979—1997 年,国家银行贷款年增长率没有超过 18% 的,扣除实际国内生产总值增长率之后,货币量年平均增长率为 17.4%,而在此期间的年均通货膨胀率略高于 7%,所以通货膨胀对经济发展的负面影响非常小。当 1994 年年通货膨胀率升到 24% 时,中国政府认为这已对宏观经济的稳定构成了威胁,因而实行了银根紧缩的措施,促使 1997 年年通货膨胀率下降到比美国和日本还低的 0.8%。

在具体的政策措施上,国家一直采取多种政策手段综合使用的调节方式。如在 1998 年,为配合国家扩大内需的总体经济政策,中国人民银行在年初确定了广义货币增长 16%—18%、狭义货币增长 17%、人民币汇率稳定的货币政策目标,并在全年采取了一系列积极的货币政策措施。这些措施主要包括:取消了对国有商业银行的贷款规模限额控制;下调存款准备金率及利率;改革贴现、再贴现利率形成机制,下调再贷款利率;在前两年已连续三次降息的基础上,一年内又连续三次降低金融机构存贷款利率;配合国家投资政策调整,增加固定资产投资贷款计划;调整国有商业银行存贷比例和全年指导性贷款计划;配合 1000 亿元国债的发行,相应增加 1000 亿元配套贷款;恢复公开市场操作;加强对商业银行的窗口指导;加强外汇管理,打击违法行为,保持汇率稳定。

在这些措施的作用下,1998 年金融机构各项贷款年末余额为 86 524.1 亿元,同比增长 15.5%,其中国家银行贷款余额为 68 442.1 亿元,当年增加 9100.4 亿元;全部金融机构各项存款年末余额为 95 687.6 亿元,同比增长 16.1%,其中,企业存款增长 13.4%,居民储蓄存款增长 17.1%;广义货币增长 15.3%,狭义货币增长 11.9%,累计净投放现金 1026.5 亿元;年末外汇储备达到 1450 亿美元,比上年年末增加 51 亿美元,人民币汇率继续保持稳定。[①] 从全年金融运行的结果看,货币政策目标基本实现,有力地支持了经济的稳定增长。

在外汇政策上,由于中国开放的力度不断增加,日益融入世界经济体系,随着对外经济依赖程度的增加,国家的外汇政策也在随之调整。如在 1998 年亚洲金融危机期间,中国政府做出了人民币不贬值的承诺,国内通货紧缩在名义汇率稳定情形下引起人民币汇率实际贬值,通货紧缩实际上成为人民币汇率的均衡化校正的变通方式。在外汇储备上,由于在 1994 年对人民币实行了预防性贬值而低估,由此产生的国际收支盈余增加了国家外汇储备 304 亿美元。自此,由于中国国际贸易出口增长强劲和国外直接投资的增加,外汇储备逐年增长。到 2000 年为止已经超过 1800 亿美元,成为世界第二大外汇储备国家。强大的外汇储备和恰当的外汇政策及汇率调节手段,保证了人民币的实际价值,并奠定了中国在世界经济体制中的重要地位。

(五) 价格政策

经过近二十年的建设,中国初步建立了市场形成价格的机制。截至 2001 年,中国 90% 以上的生产资料价格和农产品价格,以及 95% 以上的工业品价格已由市场决定。有关资料表明,中国工业产品十年来价格水平的波动,与市场供求关系的变化高度一致,如能源、原材料价格的变动调节了资源配置,从而调整了工业经济结构,使过去制约经济发展的"瓶颈"得到了很大改善。据 2001 年国家统计局对全国工业四十大行业产品出厂价格及资金利税率的对比分析,十年来在价值规律的作用下,中国工业产品价格比关系逐步趋向合理,生产不同产品的行业出现利润平均化趋势,统一开放、优胜劣汰、竞争有序的市场体系正在形成之中。

(六) 国际贸易政策

这一阶段,中国政府对于国际贸易进行管理的主要依据是 1994 年 5 月 12

[①] 中国人民银行研究局课题组:《中国货币政策分析》,《经济研究》1999 年第 3 期,第 28—35 页。

日第八届全国人民代表大会常务委员会第七次会议通过的《中华人民共和国对外贸易法》,其管理的对象包括货物进出口、技术进出口和国际服务贸易等。在对外贸易体制上,根据中共十四大报告所提出的方针,其目标是要建立统一政策、放开经营、平等竞争、自负盈亏、工贸结合、推行代理制,逐步建立起适应社会主义市场经济体制要求和符合国际经济通行规则的外贸体制。具体政策方针上包括优先发展出口,努力增加创汇能力;国内外统筹兼顾,立足于发展生产,以外贸促进生产;坚持自力更生,有重点地安排进口,提高外汇使用效率;正确处理各外贸主体的利益关系,既调动各方积极性,又统一对外,国家鼓励发展对外贸易,发挥地方的积极性,保障对外贸易经营者的经营自主权;积极合理有效利用外资,提高外资利用的质量与水平;加强对外经济技术援助,遵从国际通行做法,推行政府贴息优惠贷款、项目合资合作等;实行对等原则,对外贸易方面根据所缔结或者参加的国际条约、协定,给予其他缔约方、参加方或者根据互惠、对等原则给予对方最惠国待遇、国民待遇;任何国家或者地区在贸易方面对中华人民共和国采取歧视性的禁止、限制或者其他类似措施的,中华人民共和国可以根据实际情况对该国家或者该地区采取相应地措施。同时,在加强对外贸易建设的途径中,坚持对外开放和适当保护国内市场及分领域、分阶段逐步开放的原则,在平等互利的基础上积极参加国际经济组织,推动地区和国际经济贸易合作,促进和发展同其他国家和地区的贸易关系等。

作为对外开放政策的重要组成部分,中国政府实行的自由对外贸易政策对国家经济发展起到了巨大的推动作用。中国对外贸易额的年增长率从1978年的2%—3%增长到1996年的17%—20%,进口和出口各占国内生产总值的比例相应从改革前夕的5%和6%提高到1996年的17%和15%。中国的出口额增加了14.2倍和超过了1520亿美元,进口额增加了11.5倍,引进的外国直接投资从1978年占国内生产总值的0.11%增长到1997年的5.08%,到2000年时我国已经成为仅次于美国的世界第二大吸引外国投资的国家,吸收的国际直接投资在发展中国家里名列第一。伴随中国积极参与国际劳动分工、经济增长率提高的同时,中国在世界贸易体系中的地位也在不断上升,一直处于世界前十大贸易国之列。

2001年11月20日,世贸组织总干事迈克尔·肯尼思·穆尔(Michael Kenneth Moore)致函世贸组织成员,宣布中国政府已于2001年11月11日接受《中华人民共和国加入世贸组织议定书》,这个议定书于2001年12月11日生效,中国也于同日正式成为世贸组织第143个成员。

(七)产业与区域发展政策

在"八五"计划和"九五"计划期间,针对中国产业结构中所存在的问题,以及经济建设的远景规划,中国产业政策的主要内容包括:大力发展农业,强化农业的基础地位;加强基础设施和基础工业建设,加快石油、重化工、钢铁、机械、汽车、电子和建筑业等支柱产业的发展;大力发展第三产业,继续发展商业和生活服务业,积极发展旅游、信息、咨询、技术、法律、财务会计等信息服务行业,规范金融证券、保险、期货、地产等产业;促进国有大中型企业发展,增强企业活力,发挥规模效应;同时积极引导、扶持小企业发展;鼓励企业间公平竞争、横向联合、合作,推动企业市场竞争和优化组合,推动企业兼并、租赁、承包、股份制改造等;积极促进科技开发,加快科技成果转化;加强和保持经济发达地区的科技和产业。

中国的产业政策自1978年以来进行过多次的调整,以配合国家总体经济建设目标的实现和国际环境发展的变化。从政策实施效果而言,其收效是相当显著的。以农业政策为例,通过从20世纪80年代开始的农村体制改革为契机,国家不断加强对于农业的基本投入。据统计,粮食、棉花产量分别从1978年的30 477万吨、216.7万吨,增加到1996年的49 000吨、420.3万吨;油料、糖料、水果、猪牛羊肉和水产品分别增长3.2倍、2.5倍、5.4倍、4.6倍和5.0倍。① 主要农产品产量的大幅度增长,使长期以来农产品供不应求的状况得到极大改善,城乡居民由改革前有三分之一的人吃不饱肚子,很快便跨入了温饱阶段,继而膳食结构和质量得到明显改善和提高。随着农业产出的快速增长和全面发展,农村经济从以往的农业单一结构转向多产业多部门的综合发展。中国农业的成功,不仅极大地推动了农村经济的全面高速发展,而且为其他产业的发展奠定了坚实的基础。同时,中国的产业结构日趋合理,工业和第三产业在国民经济中所占比例不断增加,日益向现代化国家迈进。特别是1991年以来中国经济的高速增长及其"软着陆"促进了产业结构的高级化。"八五"计划时期,第一产业增长趋于平缓,增长速度与"七五"计划时期持平,而第二产业增长强劲,年平均增长17.4%,与第三产业共同推动着中国经济快速增长。

"九五"计划期间,中国的产业政策按照进一步强化农业政策,改善经济结构的目标进行调整和实施。农业改革方面,包括稳定和加强农业,加大以水利为重点的农业基础设施建设和生态环境建设,提高农业抗御自然灾害的能力;引导农民根据市场需求的变化,调整和优化种植结构,提高农产品质量。在工业政策方面,积极而主动地调整工业结构,改善企业组织结构。一方面,加大对新兴产业和技术产业的扶持力度,积极培育新的经济增长点;另一方面,加大对衰退产业的淘汰力度。继续加强在建基础设施项目,扶持重大技术装备国产化和高技

---

① 根据国家统计局1978年和1996年的年度统计公报计算得出。

术产业化项目,并严格控制一般性加工工业项目,制止低水平重复建设。在企业体制建设方面,则稳步推进国有企业改革,继续贯彻"抓大放小"方针,推动企业联合重组,改变国有经济布局分散、竞争力不强的状况。规范和完善已经改组联合的大企业和企业集团。同时进一步放开搞活国有小企业。

与国家产业政策相适应的,是国家的区域发展政策。在地区经济发展的政策目标上,《中华人民共和国国民经济和社会发展"九五"计划和2010年远景目标纲要》中明确提出,中国区域经济发展政策的原则是"统筹规划、因地制宜、发挥优势、分工合作、协调发展"。主要政策包括合理确定东部沿海地区和中西部地区的投资分配,加快西部大开发战略;在全国东部、中部、西部三大经济带的基础上,以重点城市为中心,进一步划分经济区;进一步发展沿海地区,同时积极推进长江沿岸地区、京九铁路沿线等地区的开发;在统一调控的基础上实行分区管理;打破地方保护主义,建立全国统一、自由流通、公平竞争的市场体系;扶持欠发达地区产业发展,鼓励各地按照本地区优势选择重点行业,同时加强全国范围内的合理布局和均衡发展等。

(八) 收入分配与社会保障

收入分配制度和社会福利保障制度是现代国家重要的公共政策之一。在中央计划经济时代,曾经长期实行过低工资、高就业和平均主义分配政策,同时国家对于城市居民提供各种社会服务福利保障。改革开放之初,邓小平同志在1978年2月的中央工作会议上提出,允许一部分地区、一部分单位、一部分人先富裕起来,然后先富带动后富,实现共同富裕。对于中国现阶段的分配政策的基本原则,党的十五大提出,要坚持按劳分配为主体、多种分配方式并存的制度;把按劳分配和按要素分配结合起来,坚持效率优先、兼顾公平;依法保护合法收入,允许和鼓励一部分人通过诚实劳动和合法经营先富起来,允许和鼓励资本、技术等生产要素参与收益分配;规范收入分配,使收入差距趋向合理,防止两极分化。

该阶段政府收入分配政策的主要内容包括综合运用财政、税收、法律等手段,合理调节国家、集体、个人三者间的利益关系,确定积累基金与消费基金之间的合理比例关系;通过财政、税收、信贷、转移支付等手段,调节不同地区、行业、人群的收入差距;保证社会经济总体增长的前提下,保证基本生活条件,缩小收入差距,兼顾社会公平;改进和完善个人所得税,加强所得税征管力度,在适当时机开征遗产税;进一步克服平均主义,同时认真解决收入分配差距问题,理顺分配关系,调整分配格局等。

与收入分配制度相适应的社会保障政策,其基本原则包括:保障水平与经济发展水平相适应;国家、集体、个人三者利益相协调;统一性与多样性相结合;政府主导、社会协办和政策统一、分级管理相结合。同时根据中共十四大确立的基本原则,实现全民保障模式向重点济贫阶层转变;由企业办保障向政府统管转变;保障对象由单一向多元转变;保障费用由现收现支、实物化和无偿性向积累性、货币化、按贡献与需求相结合的分配方式转变。在具体的保障政策上包括:集中管理,建立比较完善的社会保障法律体系框架;确定社会保障体系建设的重点,包括两个基线(最低工资标准、最低生活标准)、三种保险(养老保险、失业保险、医疗保险);加强社会监督和社会配套制度实施,实现社会保障与个人商业化保险等相结合的综合社会保障体系。其中,为与国有企业改革配合,1998年社会保障制度的改革进一步加快。到9月,有下岗职工的国有企业全部建立了再就业服务中心,下岗职工进入企业再就业服务中心的比例达到98.1%。企业职工养老保险制度改革方面也取得了一系列进展。11个实行养老保险统筹的行业,全部按要求将业务移交地方政府管理,基本养老保险的省级统筹稳步推进,企业离退休人员养老金基本做到按时足额发放。失业保险制度的建立也向前推进了一步,失业保险基金的缴费比例由企业工资总额的1%提高到3%,由企业单方负担改为企业和个人共同负担。医疗保险制度改革已经出台,从1999年起全面实施。在住房制度方面,从1998年7月起,取消了长期实行的福利分房制度,住房商品化和货币分房的形式已经全面普及。

江泽民同志在中共十六大上的报告对这一阶段总结如下:国民经济持续快速健康发展。实施扩大内需的方针,适时采取积极的财政政策和稳健的货币政策,克服亚洲金融危机和世界经济波动对我国的不利影响,保持了经济较快增长。经济结构战略性调整取得成效,农业的基础地位继续加强,传统产业得到提升,高新技术产业和现代服务业加速发展。建设了一大批水利、交通、通信、能源和环保等基础设施工程。西部大开发取得重要进展。经济效益进一步提高,财政收入不断增长。"九五"计划胜利完成,"十五"计划开局良好。

改革开放取得丰硕成果。社会主义市场经济体制初步建立。公有制经济进一步壮大,国有企业改革稳步推进。个体、私营等非公有制经济较快发展。市场体系建设全面展开,宏观调控体系不断完善,政府职能转变步伐加快。财税、金融、流通、住房和政府机构等改革继续深化。开放型经济迅速发展,商品和服务贸易、资本流动规模显著扩大。国家外汇储备大幅度增加。我国加入世贸组织,对外开放进入新阶段。

人民生活总体上达到小康水平。城乡居民收入稳步增长。城乡市场繁荣,商品供应充裕,居民生活质量提高,衣食住用行都有较大改善。社会保障体系建设成效明显。"八七"扶贫攻坚计划基本完成。

四、新世纪开创中国特色社会主义事业新局面时期

2002年11月召开的中国共产党第十六次全国代表大会,选举和产生了新一届党中央领导集体,同时也对1992年以来中国改革开放各项事业所取得的成就与不足进行了深刻总结,提出了新的历史条件下的国家发展建设的目标,即"高举邓小平理论伟大旗帜,全面贯彻'三个代表'重要思想,继往开来,与时俱进,全面建设小康社会,加快推进社会主义现代化,为开创中国特色社会主义事业新局面而奋斗"。如江泽民在党的十六大报告中所指出的,"当人类社会跨入二十一世纪的时候,我国进入全面建设小康社会、加快推进社会主义现代化的新的发展阶段"。

正是以党的十六大召开为标志,中国的社会主义建设事业进入新的阶段,各方面配套的公共经济政策,包括政策内容和政策工具,也都顺应总目标和时代发展,进入了新的阶段。

中国经济从1978年开始进行改革开放以来所取得的巨大成就已经为世界所公认,被誉为中国奇迹。国内有学者认为,中国经济奇迹可以在新古典经济理论框架内进行解释。首先在劳动方面,二元经济结构蕴涵着几乎无穷的农村剩余劳动力和近似无限的劳动供给,教育发展以及劳动力在职训练促进了人力资本的积累。在资本上,与经济发展加速相伴生的居民收入水平提高,形成了强劲的内部储蓄能力。同时,规模巨大的外资流入有效地弥补了国内储蓄缺口。在技术领域内,技术开发能力与技术传播机制得到加强,利用发展中国家后发优势跳跃式发展,由经济体制市场化推动的制度创新以及相应地经济结构均衡化调整构成了技术进步的主要来源。此外,中国特有的文化传统、历史背景、社会制度等也是促成中国经济高速发展的重要原因。

进入新世纪后,中国的整体经济发展进入了新的阶段,同时国际经济形势发展也出现了新的情况。为了保证国家竞争力的持续发展与提高,保证国民生产总值的提高以及人民生活水平的有效改善,中国政府综合利用各种经济管理政策,走出了一条从积极财政政策向稳健财政政策转变,再向积极财政政策发展的螺旋式发展道路。

2001年到2002年期间,世界经济尚处在恢复当中,中国的各项相关财政改革也在稳步推进的过程中,因此中央政府继续执行积极财政政策,一方面增收节支,另一方面保持积极财政政策的实施力度,促进国民经济可持续发展;同时继续深化财政管理制度改革,完善财政体制,扩大农村税费改革,增强社保投入和保证农业、科技的投入,并进一步规范中央财政和各级地方财政的管理体制,加大财政法制建设。在2003年,国际政治经济局势出现较大动荡,同时中国国内

出现"非典"疫情以及大量自然灾害天气,给国家公共经济政策的制定和实施带来很多不利影响。在这种情况下,为保持宏观调控政策的连续性和稳定性,2003年中国继续实施了积极的公共经济政策,全国经济和社会事业发展依然保持了良好势头,中央和地方财政预算执行情况较好,全国财政收入首次突破人民币2万亿元,达到21 715亿元。

2004年中国经济继续处于高速发展当中,前期积极公共经济政策的效果进一步体现。这一年当中,全国地方财政收入也超过2万亿元(含中央税收返还和补助收入)。在总体形势良好的局面下,社会经济整体运行中的一些深层次的结构性矛盾开始显露出苗头,中央政府及时采取宏观调控政策,以避免经济发展出现较大波动。到2005年,国家公共经济政策已经从全面的积极政策转变为保证持续发展基础上的稳健政策,基本政策内容包括"控制赤字、调整结构、推进改革、增收节支"等几个方面。在2005年,全国财政收入首次突破人民币3万亿元,达到31 649亿元。这一年经济增长中出现大量非经常性的增长因素,如基础能源、原材料价格大幅度增长,房地产行业超常发展,导致国家整体经济开始呈现出一种过热态势。此后,伴随国内投资的高速增长、海外直接投资的增加和国际资本市场泡沫的影响,中国国内资本流动性过剩的局面开始显现,直接导致CPI大幅度增加。为此,2006年作为"十一五"计划的第一年,中央果断采取紧缩性财政政策,控制经济增速,以缓和经济过热局面,将经济发展的着力点放到调整经济结构、转变经济增长方式、提高经济效益上,实现经济发展的软着陆。整体上看,2006年依然保持了"增长速度快、经济效益好、价格涨幅低"的良好发展态势,国民经济平稳较快增长。2007年在一定程度上仍然延续了2006年的宏观调控政策,虽然社会经济发展由于惯性因素,仍然出现了一定的泡沫现象,包括资本流动性过剩、居民消费价格总水平呈现快速增长等,但是整体发展较为平稳,2007年国内生产总值增长率约为11.5%,明显超过了年初政府工作报告提出的保持在8%左右的目标,也高于2006年10.7%的增速。随着2007年国际金融市场发生巨大动荡,全球经济开始出现衰退迹象,中国政府也及时调整政策,将原有的防止经济增长由偏快转为过热而采取的紧缩政策,逐步变更为刺激内需、优化产业结构、实现产业升级,从而减小国际经济不景气和金融危机对中国经济的影响,加大对民生的投入力度,保证中国经济继续保持健康良好增长。2008年11月,时任国家总理温家宝主持召开国务院常务会议,研究部署进一步扩大内需促进经济平稳较快增长的措施,确定了进一步扩大内需、促进经济增长的十项措施,宣布了在2010年总额达到4万亿元的全面投资计划。这项自新中国成立以来规模最大的投资计划,标志着中国的公共经济政策的走向转变为积极的财政政策。

党的十六届三中全会通过的《关于完善社会主义市场经济体制若干问题的决定》提出：按照统筹城乡发展、统筹区域发展、统筹经济社会发展、统筹人与自然和谐发展、统筹国内发展和对外开放的要求，更大程度地发挥市场在资源配置中的基础性作用，增强企业活力和竞争力，健全国家宏观调控，完善政府社会管理和公共服务职能，为全面建设小康社会提供强有力的体制保障。"五个统筹"思想也成为指导中国在之后一段时期内各项社会经济建设工作和公共经济政策制定的基本原则。

(一) 所有制政策和社会主义市场经济

所有制改革一直是中国公共经济政策的核心内容和重要的指导方针。而2002年以来，社会主义市场经济的基本指导思想随着中国社会经济发展的实践被进一步发展和强化。

2002年，党的十六大上提出和论述了小康社会建设的历史任务，提出了"毫不动摇地巩固和发展公有制经济。……毫不动摇地鼓励、支持和引导非公有制经济发展"。"社会主义市场经济体制"的提出是对马克思主义理论的重大突破，是中国经济体制改革在理论和实践上取得的重大进展。

2003年10月11—14日召开的党的十六届三中全会所做的《中共中央关于完善社会主义市场经济体制若干问题的决定》，全面、系统地论述了完善社会主义市场经济体制的主要任务。后来，进一步提出了"改革攻坚"的战略任务和"科学发展观"的基本思想。该决定指出，完善社会主义市场经济体制的主要任务是：完善公有制为主体、多种所有制经济共同发展的基本经济制度，建立有利于逐步改变城乡二元经济结构的体制；形成促进区域经济协调发展的机制；建设统一开放竞争有序的现代市场体系；完善宏观调控体系、行政管理体制和经济法律制度；健全就业、收入分配和社会保障制度；建立促进经济社会可持续发展的机制。

2006年10月党的十六届六中全会通过了《中共中央关于构建社会主义和谐社会若干重大问题的决定》，把中国的经济体制改革进一步向整个社会生活的各个方面全面推进。该决定明确指出："社会和谐是中国特色社会主义的本质属性。"这是中国共产党总结中国社会主义建设长期历史经验得出的基本结论，是对中国特色社会主义本质的新认识。"和谐社会"的提出，使中国的社会主义现代化建设总体布局，由发展社会主义市场经济、社会主义民主政治和社会主义先进文化三位一体，扩展为包括社会主义和谐社会的内容，实现了四位一体的飞跃，为中国政府制定包括公共经济政策在内的各项政策，在今后一段时间内提供了指导方针。

2007年10月1日,经过十三年研究,历经七次审议、上百次修改的《中华人民共和国物权法》(简称物权法)正式实施,该法明确规定对公有财产和私有财产给予平等保护,规定"国家、集体、私人的物权和其他权利人的物权受到法律保护,任何单位和个人不得侵犯"。物权法作为调整财产支配关系的法律,是明确物的归属,并在此基础上保护物权,以充分发挥物的效用,维护社会主义市场经济秩序;是维护国家基本经济制度的重要法律,也是与人民群众切身利益密切相关的民事基本法律。物权法的出台,是宪法原则的具体化,也是中国改革开放以来所有制体制改革的重要成果之一。

(二) 财政和税收政策

从1997年亚洲金融危机后,一直到2002年,中国政府基本都在延续积极财政政策。随着世界经济的逐步复苏和扩张型政策实施过程中政府投资的拉动,从2003年起,中国经济已稳定地走出通货紧缩和需求不足的阴影,进入新一轮上升时期。与此同时,出现了一些行业和地区投资过旺和低水平重复建设倾向。至2004年12月中央经济工作会议做出明确的决定,实行稳健的财政政策。2006年到2007年中国的物价总水平持续上涨,通货膨胀逐渐成为中国经济面临的一个重要问题。在2007年年底,中央经济工作会议就明确提出,要把防止经济增长由偏快转为过热、防止价格由结构性上涨演变为明显的通货膨胀作为宏观调控的首要任务。中央政府为了防止出现明显的通货膨胀,在继续实行稳健的财政政策的同时,及时采取了从紧的货币政策,与稳健的财政政策相结合,避免中国经济出现过热、过快增长。而在2008年集中爆发的国际金融危机,使得已经成为世界经济重要组成部分的中国经济也面临严峻考验。在这种情况下,中国政府再次将财政政策从稳健转变为积极,从扩大内需、产业升级、提高人民生活水平的方面入手,利用积极的财政政策应对。2008年11月,中央研究部署进一步扩大内需、促进经济平稳较快增长的措施,确定了进一步扩大内需、促进经济增长的十项措施。2008年12月,中央经济工作会议上再次提出将"保增长、上水平、增活力、重民生"作为2009年经济工作的主线。随着财政政策由"积极"(扩张)向"稳健"(中性)转变,财政政策的主要内容确定为:控制赤字、调整结构、推进改革、增收节支。

在这一阶段中,主要的财政政策措施包括:

适当减少财政赤字和国债资金规模。在财政收支方面,稳健的财政政策收缩财政开支,以减轻经济过热的程度,避免资产泡沫化。1998年到2004年间实施积极的财政政策时,财政赤字和国债被作为反周期财政政策的主要工具,政府积极主动"创造"财政赤字和增发国债来刺激社会总需求。2002年财政赤字急剧上升到 3 149 151 亿元，2003 年、2004 年赤字水平有所回落，但仍然分别维持在 293 417 亿元和 2 090 142 亿元的较高数值上。政府大规模增发国债，加上财政赤字的引致作用，导致中国国债规模呈跳跃式增长状态。从 2005 年开始实施稳健的财政政策，着力点在控制赤字和减少长期建设国债发行规模，但仍然保持较大规模的财政赤字和国债。在以后年度的财政预算支出安排中，不断减少长期国债的发放规模，减少财政赤字的规模，对一些以国债筹资的建设项目的资金拨付进度有意放缓，对由预算资金拨款支持的基本建设项目，在支出进度上也做了有意的控制。

显著强化财政资金使用中的结构导向。加强基础设施建设和大型骨干企业技术改造，投资重点向农村、结构调整、中西部地区、科技教育和生态环境建设等方面倾斜，更加注重城乡、经济社会等方面的协调发展。大力支持农业、公共医疗、就业、社会保障、环境保护等重点领域的资金投入。加强基础设施建设，加快南水北调、东线一期工程建设进度。

调整完善财政管理体制，加大对中西部地区转移支付力度。2002 年，实行所得税收入分享改革，由原来按企业隶属关系划分中央与地方所得税的做法，改为按比例分享。对当年所得税增量收入中央与地方按五五比例分享，从 2003 年起按六四比例分享，中央财政从所得税增量中多分享的收入全部用于增加对地方主要是中西部地区的转移支付。从 1994 年至 2007 年，中央财政对地方的转移支付占地方一般预算支出的比重由 13.6% 提高到 2007 年的 36.7%，年均上升 1.8 个百分点；其中财力性转移支付由 189 亿元增加到 7093 亿元，年均增长 32.2%；专项转移支付由 361 亿元增加到 6898 亿元，年均增长 25.5%。①

调整税收政策，完善分税制财政体制，增强税收调控功能。2002 年，中央对分税制财政体制进行了较大的调整完善，改革按企业隶属关系划分所得税收入的办法，对企业所得税和个人所得税收入实行中央与地方按比例分享。2003 年，新一轮税收制度改革启动。党的十六届三中全会做出了"分步实施税收制度改革"的部署，提出要按照"简税制、宽税基、低税率、严征管"的原则进行税制改革。2004 年 9 月，在东北老工业基地八大行业试点增值税转型，2007 年 7 月试点范围推进到中部六省部分城市。2008 年 1 月 1 日，新的《中华人民共和国企业所得税法》(简称企业所得税法)实施。新税法中就包括了税收收入的跨辖区分配，规定了收入在来源地和居住地（或实际管理机构所在地）之间进行划分的新措施。

---

① 贾康：《公共财政是渐进式改革派"发动机"》，搜狐网，http://news.sohu.com/20081230/n261487427.shtml，2021 年 10 月 18 日访问。

调整税率和项目,减少税收,增加人民实际收入水平,减轻企业负担。(1)关税。2002年到2004年间,中国关税税率总水平由1997年年底的17%逐步降至2004年的10.4%。2008年10月,经国务院批准,财政部、国家税务总局发出《关于提高部分商品出口退税率的通知》,明确从2008年11月1日起,适当调高部分劳动密集型和高技术含量、高附加值商品的出口退税率。此次出口退税率调整涉及内容广泛,共涉及3486项商品的出口退税率,约占中国海关税则中全部商品总数的25.8%。主要可归纳为两个方面:一是适当提高纺织品、服装、玩具等劳动密集型商品出口退税率。二是提高抗艾滋病药物等高技术含量、高附加值商品的出口退税率。这是自2004年以来中国调整出口退税政策涉及税则号最多、力度最大的一次。此次出口退税调整是在扩大内需的基础上,提高企业出口竞争力,支持企业扩大出口的一项政策措施,有利于促进国民经济平稳较快发展。(2)企业所得税。2007年3月16日,十届全国人大第五次会议通过了《中华人民共和国企业所得税法》,决定从2008年1月1日起实施。企业所得税法的颁布实施,统一了内外资企业所得税制度,各类企业的所得税待遇一致,形成了各类企业公平竞争的税收环境,将进一步完善中国社会主义市场经济体制。(3)个人所得税。对于个人所得税的纳税基数,于2007年12月将个税负征额自2008年3月1日起由1600元提高到2000元,从而大大减轻工薪阶层人群的负担。(4)农业税。从2004年开始,中央政府决定免征除烟叶税外的农业特产税,同时进行免征农业税改革试点工作。2004年,农业税占各项税收的比例进一步降至1%。2005年12月,十届全国人大常委会第十九次会议通过决定,自2006年1月1日起废止《中华人民共和国农业税条例》。该决定极大地减轻了农民负担,对于农民切身利益提供了进一步的保障,同时有利于转变农村基层政府的管理职能。(5)燃油税。2008年12月19日,国务院发布《关于实施成品油价格和税费改革的通知》,宣布取消公路养路费、航道养护费、公路运输管理费、公路客货运附加费、水路运输管理费、水运客货运附加费等六项收费,提高现行成品油消费税单位税额,不再新设立燃油税。这次成品油价格和税费改革,对规范政府收费行为,公平社会负担,促进节能减排和结构调整,依法筹措交通基础设施维护和建设资金,促进交通事业稳定健康发展,都具有重大而深远的意义。(6)增值税。2008年11月,国务院通过《中华人民共和国增值税暂行条例》,规定自2009年1月1日起,在全国所有地区、所有行业推行增值税转型改革。改革的主要内容是:允许企业抵扣新购入设备所含的增值税,同时,取消进口设备免征增值税和外商投资企业采购国产设备增值税退税政策,将小规模纳税人的增值税征收率统一调低至3%,将矿产品增值税税率恢复到17%。经测算,2010年实施该项改革将减少当年增值税收入约1200亿元、城市维护建设税收入约 60 亿元、教育费附加收入约 36 亿元,增加企业所得税约 63 亿元,增减相抵后将减轻企业税负共约 1233 亿元,从而大大提高中国企业的竞争力。

(三)货币与金融政策

1995 年通过的《中华人民共和国中国人民银行法》第三条明确规定:中国的"货币政策目标是保持货币币值的稳定,并以此促进经济增长"。货币政策的实施是为了实现宏观经济调控的四大目标,即稳定物价、促进就业、促进经济增长、平衡国际收支等;而资金信贷政策的总方针依然是要遵循"统一计划、划分资金、实贷实存、相互融通"的根本原则。

2006 年以来,中国货币和金融政策适应中国经济景气的周期阶段演化而调整其需求管理取向,从稳健的货币和金融政策转变为稳中适度从紧的政策进而转变为从紧的政策,加强流动性管理而防范通货膨胀与经济过热风险,促进中国经济持续快速增长。

2011 年之前,中国货币和金融政策改革的方向是由直接货币政策工具向间接货币政策工具转变,利用利率政策在实现利益均衡、资金有效配置、促进经济增长和就业等方面发挥积极的作用。在经济改革之前以及改革开放初期,中国一直把贷款规模作为货币政策的中介目标。但随着改革的深入,货币政策的中介目标逐渐过渡到货币供给量上,1996 年中国人民银行正式把货币供给量作为货币中介目标。

在此阶段,中国政府的主要货币和金融政策与具体措施包括:

提高中央银行决策的独立性,增强货币供给的外生性。从制度改革上入手,理顺中国人民银行和商业银行的关系,增强中国人民银行的宏观调控能力,巩固中央银行公有产权形式,并根据经济发展、金融发展结构等要求,按经济区域设置分支机构,保证商业银行改革、完善投融资环境的同时,加快现代企业制度建设,提高其经济活动的利率弹性,进而保证货币政策的有效性。

在积极进行公开市场操作的同时,利用金融机构法定存款准备金率和金融机构人民币存贷款基准利率,调节银行体系的货币创造能力而控制银行体系的过剩流动性。转变中央银行利率控制手段和机制,逐步建立健全利率调控体系。2007 年到 2008 年间,中国政府集中使用金融机构存贷款基准利率和法定存款准备金比率工具,6 次调整金融机构存贷款基准利率,10 次调整法定存款准备金比率,以引导货币信贷和投资的合理增长,调节和稳定通胀预期,维护物价总水平基本稳定,同时加强银行体系流动性管理,保持流动性水平基本适度,防止货币信贷过快增长,引导金融机构优化信贷结构,控制通货膨胀态势。

注重货币流通速度,增强货币政策的有效性,深化市场体制改革,促进形成合理、稳定的货币需求,同时逐步健全工商企业和金融机构等微观经济主体的风险约束和稳健经营机制。在经济的不同发展阶段,完善货币政策传导机制的微观基础,同时重视货币流通速度的变化,通过利率调节、货币发行量控制等各项措施的相互配合,影响并引导货币流通速度向有利于提高货币政策有效性的方向变化。

取消对商业银行信贷规划的约束,并引导商业银行扩大贷款总量,坚持区别对待、有保有压,引导新增信贷资源向重点领域和经济薄弱环节倾斜。

加大公开市场操作力度,适时延长央行票据期限,大幅提升央行票据利率。针对银行体系流动性过剩的情况,2007年央行加大了公开市场对冲操作力度,加大发行央行票据(简称央票),同时在发行方式上,央票采取市场化发行与定向发行相结合的方式。

加大对房地产市场调控力度。针对当时中国房地产市场存在过热的现象,2007年9月27日央行和银监会联合发布《关于加强商业性房地产信贷管理的通知》,稳步推进金融企业改革,深化国有商业银行股份制改革,加快转变经营机制,强化内部控制和风险防范机制,确保新体制、新机制在全系统有效运行。截至2007年9月,中国工商银行、中国银行、交通银行和中国建设银行4家改制银行全部实现了香港和上海两地上市,进一步支持了境内资本市场的健康发展。同时,2007年农村合作金融机构改革试点工作取得重要进展。产权改革开始起步,法人治理构架初步建立,资金支持政策逐步得到落实,涉农信贷投放大幅增加,各项业务得到快速发展。

(四)价格政策

价格管理是中央政府依据法律规章、在尊重市场运营规律的基础上对于价格进行的强制性管理。目前中国的价格政策所遵循的基本原则是尊重价值规律、维护公平,兼顾国家、经营者和消费者三者利益,同时以间接管理为主,直接管理为辅,实行集中领导、分级管理。其中在主要的价格政策上实行按照其性质决定恰当的管理方式的原则,如对于关系国计民生、稀缺资源、自然垄断性强、具有社会公益性以及不适合市场竞争的商品和服务由政府直接进行价格管理;对于部分商品实行政府指导价格和政府定价相结合的方式,其中政府定价是在考虑到国家有关经济政策和国际价格的基础上,为保持物价、人民生活稳定,全面促进国民经济和地区经济协调发展,由政府规定强制性基准价格和容许的浮动幅度(采用政府指导价格的如化肥、特种钢材等),而对于间接管理的商品范围目前主要是对副食零售产品,包括粮食、大宗蔬菜、蛋奶等,依靠税率、利率、汇率、补贴和吞吐等手段对价格进行影响。作为农业为本的国家,在价格政策上实行放开和提高粮食、棉花的收购价,同时积极引入市场价格调节机制的方式。同时放开统配煤炭、有色金属、铁矿石和大多数种类钢材价格;实行原油的统一两档定价。在法律体制上,加强价格立法、编制价格计划,加强对市场价格的监督,同时逐步建立价格管理的听证会制度。在价格政策与总体宏观经济政策上,则相互协调,实行价格补贴制度、商品储备制度和风险基金制度,实行部分商品的最高限价和最低保护价等。

中国经济从2002年起再次进入经济周期的扩张阶段,但波动幅度较之前的周期明显缓和。2004年以来的中国高速经济增长具有恢复增长性质,至2006年最终完成了从经济萧条到经济繁荣的经济景气周期形态转换。2007年中国经济继续强劲扩张,在将CPI和通货膨胀率控制在2%以下的同时实现11%以上的实际GDP增长速度。随着2007年上半年中国经济高速增长,固定资产投资增长过快、国际贸易顺差过大以及银行体系流动性过剩问题突出,最终消费品价格在粮食及其他农产品价格的成本推动下明显上涨。2005年中国的广义CPI上涨1.8%,2006年上涨1.5%,2007年7月升到5.6%,2008年2月CPI增长速度达到了8.7%,是截至2008年连续11年来的最大涨幅。

针对2007年以来,受食品、能源等结构性因素的影响,居民消费价格指数持续攀升,通货膨胀压力不断加大的局面,中国政府也采取了相应地价格政策措施,包括:

实行临时价格干预措施。从2008年1月15日起对粮、油、肉、蛋、奶、液化气等重要商品和居民基本生活必需品的临时价格进行干预,对达到一定规模的生产企业实行提价申报,对达到一定规模的批发、零售企业实行调价备案,努力保证重要商品及服务价格基本稳定和市场正常供应,要求成品油、天然气、电力价格,以及地方管理的供电、供气、供水、供暖、城市公交、地铁票价等公用事业价格和游览参观点门票价格,近期一律不提价。

加快农业生产扶持力度,增加农产品供给,稳定物价。从2007年5月开始,中国政府对生猪、奶业、油料、粮食生产采取了一系列扶持措施。通过区域间调剂、投放储备、组织企业采购、进出口调节等多种形式缓解供求矛盾,稳定市场供应,控制以食品价格为主的物价上涨。

实行价格补贴措施,进一步落实提高企业最低工资标准的要求,提高企业退休人员基本养老金标准,提高失业保险金,落实对高等学校学生食堂补助政策,稳定提高城市低保补助水平,加快建立低保制度,确保低收入人群生活水平不因价格上涨而降低。

加强价格行政执法和价格监管。在价格行政执法方面依据新修订的《价格违法行为行政处罚规定》,严肃查处串通涨价、合谋涨价、囤积居奇、哄抬价格,以及捏造和散布涨价信息,以宣布涨价、促销等手段制造紧张气氛、扰乱市场秩序等价格违法违规行为,严肃查处违反《价格违法行为行政处罚规定》和临时价格干预措施的行为。

(五)国际贸易政策

国际贸易政策是国家实施对外经济贸易管理中的具体措施,是由一系列相关政策所构成的,同时涵盖和影响国家公共经济的诸多方面。从手段上讲,包括通过间接管理的经济手段(关税和其他税收政策)和法律手段,同时也包括直接对于行政客体进行管理的行政手段等。其中,现代国家越来越强调以尊重市场交易规则为基础的经济、法律手段应用,顺应世界经济一体化发展,实现经济开放,减少行政管制和关税壁垒等。

对外开放是中国的基本国策之一,在平等互利的基础上积极参与国际经济体系是中国的一贯做法。作为建设社会主义市场经济的重要组成部分,中国对外贸易政策的总目标是提高出口效益;吸引和充分利用国外资金;保持国际收支平衡等。在这种目标下的总的国际贸易政策的原则包括:遵从国际惯例与从中国经济发展实际情况出发相结合;国内经贸主体实行统一政策、对外联合;对外进行经贸往来时强调平等互利、互守信用等原则。

2006年,中国已成为全球第三大贸易国。2005年中国经济增长对全球的贡献已达到29%。中国的外汇储备居全世界首位,2008年9月末,中国外汇储备余额达到19 056亿美元。

这一时期中国国际贸易政策的重心,是维持国际收支平衡,继续推进国家产业结构和外贸结构提升。自2007年开始,中国国际贸易政策进行了重大战略调整,在保持出口和利用外资合理增长的同时,积极扩大进口。在中国商务领域的第一个中长期总体发展规划《商务发展第十一个五年规划纲要》首次明确指出,"十一五"期间,中国将调整外贸发展策略,外贸增长方式也将发生重大转变,到2010年,中国外贸进出口调控目标为23 000亿美元,年均增长10%左右,进出口实现基本平衡。

在政策方针方面,中国将正确定位贸易政策,改变出口支持方式,改进贸易政策目标,减少不必要的行政干预,提高自由竞争程度,同时注意补偿因高出口而付出的社会成本,及时调整出口退税政策。

在汇率和外汇管理方面,重点是改革宏观政策环境里的汇率,取消汇率双轨制,实行以市场为基础的有管理的浮动汇率制度。为完善汇率制度,增强人民币汇率浮动弹性,加快外汇管理体制改革,央行在2007年推出了一系列措施,包括银行间即期外汇市场人民币兑美元交易价日浮动幅度由3‰扩大到5‰;施行新的《个人外汇管理办法》；取消对境内机构经常项目外汇账户的限额管理；拓宽外汇资金流出渠道，允许保险机构运用自有外汇或购汇进行境外投资；稳步扩大合格境内机构投资者对外证券投资；丰富外汇市场交易品种，在银行间市场推出人民币外汇货币掉期交易等。

（六）产业与区域经济政策

区域经济政策是一国为解决各地区经济发展中的问题和矛盾而采取的各种措施。它包括制定区域经济发展战略和规划，利用财政手段协调各地区间的利益关系，组织区域间的经济与技术合作，采取扶贫措施促进贫困地区的发展等。其目标是既使国家资源发挥最大的效益，又能逐步缩小地区间的差距，兼顾效率与公平。

"十一五"以来，在新的区域经济发展战略与政策引导下，中国区域经济发展出现良好态势，区域间相对差距有所缓解，但总量差距以及增长质量的差距仍在扩大，国家区域政策由主要促进区域经济发展转向强调缩小不同地区间公共服务和居民收入水平的差距上。在此政策背景下，"十一五"后期和"十二五"时期区域经济发展格局是：东部地区仍将保持领先，并在更为严格的土地、环境和产业政策作用下加快升级；中部地区在承接东部产业转移过程中崛起步伐加快；西部地区在特色优势产业和重点区域发展上取得明显成效；东北地区具有特有的制造业基础优势，应充分发挥潜力。

在"十一五"后期中国区域经济发展的政策取向包括：以基本公共服务均等化为重点调整和规范中央地方关系，强化政府在公共产品供给中的主体地位和主导作用，加快建立有限政府和有效政府；加快推进主体功能区建设，调整和完善相关政策，加紧编制全国和省级主体功能区规划；适当控制东部地区的开发强度，提高承接国际产业转移的质量，主动引导劳动密集型和一般低附加值产业向中西部地区转移，全面提升外向型经济水平，把利用外资的重点转向引进国外先进技术和管理经验上，注重提高外资利用和国际产业转移的质量；积极促进东北地区全面振兴；提高中西部地区产业配套能力，积极承接东部地区产业转移；抓好西部重点经济区建设，以灾后重建为契机，实行重点开发，形成支撑西部地区经济发展的产业带和城市群，由此带动整个西部地区经济社会的持续快速发展，推动西部大开发的深入进行。

产业结构主要指国民经济中各种产业间的组合关系。产业结构是否合理、优化，对一个国家和地区的资源能否有效配置，以及国民经济能否持续增长和增长质量的高低，起着重要的作用。中国的产业政策是指对于产业结构进行干预引导，以促进其优化发展的政策。

作为农业大国,中国政府一直将发展农业作为各项工作中的首要工作。根据2008年中央经济会议的部署,在今后一段时间内中国政府将在农业方面继续加大政策投入,具体措施包括:确保农业特别是粮食安全不出问题,把提高农民收入、夯实农业基础作为扩大内需的重要内容;高度重视粮食生产和主要农产品供给,调动农民种粮、地方政府抓粮的积极性,及时采取调控和引导措施,确保粮食和其他主要农产品生产稳定、市场稳定;大幅度增加对"三农"投入,保证各级财政对农业投入增长幅度高于经常性收入增长幅度,大幅度增加国家对农村基础设施建设和社会事业发展的投入,大幅度提高政府土地出让收益、耕地占用税新增收入用于农业的比例,大幅度增加对中西部地区农村公益性建设项目的投入;完整、准确、严格贯彻党的十七届三中全会精神,农村现有土地承包关系要保持稳定并长久不变,在依法、自愿、有偿流转土地承包经营权的过程中,不得改变土地集体所有性质,不得改变土地用途,不得损害农民土地承包权益;高度重视农民工就业和促进农民增收出现的新情况,最大限度拓展农村劳动力就业渠道和农村内部增收空间等。

对于第二和第三产业,总的政策目标是按照产业结构优化升级和优胜劣汰的要求,着重缓解和消除发展的瓶颈制约,切实淘汰落后生产能力和加快产品更新换代,增强自主创新能力和产业竞争力,注重可持续发展,以提高自主创新能力和增强三大产业协调性为重点,优化产业结构。着力突破制约产业转型升级的重要关键技术,精心培育一批战略性产业,加快企业兼并重组、支持重点企业技术改造,加快发展生产性服务业和生活性服务业,加强铁路、水利等基础设施建设。全面加强节能、节水、节地、节材和资源综合利用工作,突出抓好节能减排、生态环境保护重点工程建设等。坚持以信息化带动工业化,以工业化促进信息化,走一条科技含量高、经济效益好、资源消耗低、环境污染少、人力资源优势得到充分发挥的新型工业化道路。加快科技进步,应用信息技术,提高资金投入产出率,优化资源,降低生产成本,提高能源、原材料的利用效率,减少资源占用与消耗,推行清洁生产、文明生产方式,发展绿色产业、环保产业,加强环境和生态保护,逐步实现经济持续发展、社会全面进步、资源永续利用、环境不断改善、生态良性循环的目标。

(七)人事和用工政策

2002年以来的国家人事和用工政策,既有因解决国有企业遗留问题而制定的,也有为增强企业活力而制定的,特别是在2005年之后,随着跨国企业的进入,中国加大了人力资源与社会保障政策的改革力度。

2002年,为改变事业单位用人制度方面的弊端,国家人事部决定开展事业单位用工合同制,有效减少冗员,同时,建立了企事业单位工资指导线。

为进一步推动人才强国战略,中央在2003年召开了新中国成立以来的第一次人才工作会议。会议提出要以科学的人才观为统领,坚持党管干部和党管人才的原则,努力培养一批素质过硬、结构优良的党政人才、专业技术人才和专门技能人才队伍,克服过去人才评价中"重学历、资历,轻能力、业绩的倾向",要推进三项制度改革,形成科学、有效的人才选拔、使用、评价、激励与约束机制。同年,国家还增强了对退休人员"两费"的保障力度,积极试行了企业人员社会化管理服务,进一步稳定了退休人员的生活,增强了用人制度的灵活性。

2004年,为进一步建设党政领导人才队伍建设,中央从党政领导干部的选拔、竞争上岗、辞职以及对党政领导干部从事经营活动进行了探索和规定,为党政领导干部工作的法制化打下了良好的基础。同时,国家积极推进劳动社会保障体系建设,努力开展扩大再就业,提高养老保险统筹层次,完善省级调剂金制度,积极推进省级统筹。

2005年,在中央企业层面开展了试行企业年金及中央企业工资总额同经济效益挂钩制度,在推进省级养老保险金制度的基础上,完善全国职工基本养老保险制度等,进一步推进了三项制度改革,增强了企业的活力。

2006年,中国二十多年干部人事制度改革的结晶——《中华人民共和国公务员法》进入实施阶段,中国干部人事管理从此进入了有法可依阶段。进一步推进事业单位改革,事业单位员工实现了从身份管理向岗位管理的转变,加大了人才培训的力度,积极开展国际化人才的吸引工作,不断推进高技能人才的培养。同时,积极开展医疗体制机制改革,积极开展职业资格认证和鉴定。

2007年,党的十七大胜利召开,会议把自主创新提高到了国家战略的高度,提出要进一步加强创新型人才培养,要把努力打造一批领军型人才作为科技人才培养的关键,进一步完善了科研管理体制机制,开展了探索新型农村养老保险制度建设,持续推进再就业工作。

2008年,为进一步规范用工制度,维护企业和个人的合法权益,国家出台了《中华人民共和国劳动合同法》,从用工的形式、工作的内容、薪酬、保险以及争议的解决和处理方式等方面进行了规范,中国的劳动关系管理进入了一个新的发展时期。同年,中央召开了组织工作会议,提出了"注重品行、科学发展、崇尚实干、重视基层、鼓励创新、群众公认"用人的导向,推动了中国用人制度的改革。

(八)环境保护和资源开发政策

坚持走可持续发展道路,是我们党总结多年来经济社会发展经验和教训得出的必然结论,是立足现实、着眼长远做出的战略选择。党的十七大报告指出,要实行有利于科学发展的财税制度,建立健全资源有偿使用制度和生态环境补偿机制;完善有利于节约能源资源和保护生态环境的法律和政策,加快形成可持续发展体制机制。

1995年国务院批准的《国家环境保护"九五"计划和2010年远景目标》(包括附件《"九五"期间全国主要污染物排放总量控制计划》和《中国跨世纪绿色工程规划》)以及1997年中国政府向第19次特别联大提交的《中华人民共和国可持续发展国家报告》,实际上已经体现了中国环境保护的投资重点。在环保政策方面,中国所采取的政策包括:

在经常性预算中,把环境保护设置为一个独立的支出科目,安排相应地环保支出预算。在建设性预算中,加大财政环保投资力度,包括逐步提高环保投资占预算内投资的比重,更多利用贷款贴息方式,对于一些重要的投资数额巨大的国家级环保项目由国家财政采取直接投资的方式予以支持等。就目前来看,中国用于环保的资金占GDP比重在1%左右,近年来略高于1%,但仍需进一步加大对环保的投入。

在政府采购等方面,做好政府采购工作的前提和基础,加大节能产品认证工作的力度,积极稳妥地推进节能政府采购工作。《国务院办公厅公布的关于开展资源节约活动的通知》中明确要求"要将节能、节水设备(产品)纳入政府采购目录"。从2003年开始在中央单位试行节能产品的协议供货制度,即通过一次招标为有共同需求的各单位直接向中标供应商采购。通过政府的示范和引导,树立良好政府形象,推动节能工作。

建立环保基金,对环保项目、环保产业进行直接与间接补贴。鼓励与引导社会资源以及其他资金投入那些符合可持续发展要求的产业中,利用财政税收与补贴,鼓励有利于生态环境治理与保护等战略性环保产业,并禁止那些低效益、高污染产业的发展,从而促进生产要素的优化组合,实现生态环境资源配置的高效化、产业结构合理化、生产规模经济化及生态环境效益的最优化等。

由于受传统的粗放型经济增长方式的束缚,高投入、高消耗、低产出、低质量、低效益一直是困扰中国经济发展的突出问题。1999年中国能源综合利用率仅为32%左右,比国外先进水平低10个百分点,万元国内生产总值能耗比发达国家高4倍多,工业排污是发达国家的10倍以上,工业废物、大气污染、水污染、水土流失及土地荒漠化、草原沙化等现象日趋严重。同时,中国又是一个人口大国、资源小国,重要资源人均占有量远远低于世界平均水平,人口资源环境压力越来越大。只有实现经济增长方式的转变,才能实现可持续发展。因此,必须通过体制改革、科技进步和加强管理,进一步建立有利于可持续发展的经济运行机制和管理体制,逐步实现经济增长方式的转变,促进经济持续、快速、健康发展和社会的全面进步。

在自然资源的开发和利用方面,中国将加强自然资源的调查、勘查、开发、规划、管理、保护与合理利用,实施可持续发展战略,走新型工业化道路,努力提高自然资源对经济社会发展的保障能力。继续按照有序有偿、供需平衡、结构优化、集约高效的要求,通过实施有效的资源政策,最大限度地发挥自然资源的经济效益、社会效益和环境效益。

该阶段中国对资源保护与合理利用的总体目标包括:提高矿产资源对全面建设小康社会的保障能力;促进矿山生态环境的改善;坚持实施可持续发展战略;落实保护资源措施,正确处理经济发展与资源保护的关系。在保护中开发,在开发中保护;建立政府宏观调控与市场运作相结合的资源优化配置机制;坚持扩大对外开放与合作。改善投资环境,鼓励和吸引国外投资者勘查开发中国矿产资源。按照世界贸易组织规则和国际通行做法,开展矿产资源的国际合作,实现资源互补互利;健全法制,大力推进依法行政,加强对矿产资源勘查开发的监督管理。整顿和规范矿产资源管理秩序,促进矿产资源保护与合理开发等。

五、全面深化改革时期

这一时期,在世界经济整体低迷、国际金融危机阴霾未散的大背景下,我国经济实现平稳较快发展,取得了巨大成就。2012—2017年我国经济的平均增速达到7.2%,2018年和2019年分别为6.6%和6.1%。中国经济增速在世界主要经济体中位居前列,同期,发达国家的平均经济增速只有1.7%,其他金砖国家的平均经济增速同样为1.7%,新兴经济体的平均经济增速也不过4.4%,都明显低于我国经济增速。与此同时,我国经济结构调整取得积极进展。服务业在GDP中所占的比重不断提高,2013年达到46.1%,首次超过第二产业;2015年进一步达到50.5%,首次占据"半壁江山",2019年增长到53.9%。最终消费支出对GDP的贡献率更是从2012年的55%大幅提高到2016年的64.6%。① 我国经济呈现诸多新亮点,创新驱动发展战略持续推进,新产业、新业态、新商业模式不断涌现。

之所以能够取得如此巨大的成就,是因为在以习近平同志为核心的党中央坚强领导下,我们做出了中国经济发展进入新常态的重大判断,公共经济政策具有了一些与以往不同的新思路:预调、微调、适时适度调节的微刺激特点;针对经济发展中的突出矛盾和结构性问题定向调控的特点;更加强调财政政策和货币政策的主体地位的特点;需求管理和供给管理、总量调控和结构调控、短期调控

---

① 根据国家统计局2012—2019年的年度统计公报计算得出。

和中长期改革相结合的特点。

2012年,党的十八大选举产生了新一届中共中央领导集体,提出了到2020年全面建成小康社会宏伟目标,做出了全面深化改革的战略部署。党的十八届三中全会确定改革的总目标是完善和发展中国特色社会主义制度,推进国家治理体系和治理能力现代化;指出作为全面深化改革重点的经济体制改革,在于使市场在资源配置中起决定性作用和更好发挥政府作用;健全"以财政政策和货币政策为主要手段的宏观调控体系"。"十三五"规划纲要要求"完善以财政政策、货币政策为主,产业政策、区域政策、投资政策、消费政策、价格政策协调配合的政策体系"。这一时期的公共经济政策紧紧围绕国家治理体系和治理能力现代化的改革目标展开,将政府和市场的关系作为核心问题,财政政策和货币政策为主要手段,赋予公共经济以发展的制度动力。

(一) 所有制政策和社会主义市场经济

处理好政府和市场的关系是十八大以来社会主义市场经济政策的核心;坚持公有制为主体、多种所有制经济共同发展的基本经济制度,是所有制政策的基本精神;实施产权创新、加强产权保护制度建设是这一时期所有制政策的重大举措。

2012年党的十八大报告提出:"要加快完善社会主义市场经济体制,完善公有制为主体、多种所有制经济共同发展的基本经济制度。……更大程度更广范围发挥市场在资源配置中的基础性作用。"2013年党的十八届三中全会明确提出:"经济体制改革是全面深化改革的重点,核心问题是处理好政府和市场的关系,使市场在资源配置中起决定性作用和更好发挥政府作用。"发挥市场的决定性作用,更好发挥政府作用,就是要让市场在所有社会生产领域的资源配置中处于主体地位,坚持社会主义制度与发展市场经济相结合,充分发挥政府保护产权、科学实施宏观调控、弥补市场失灵和提高公共服务保障的作用。

党的十八届三中全会按照发挥市场决定性作用的原则,强调"公有制经济和非公有制经济都是社会主义市场经济的重要组成部分,都是我国经济社会发展的重要基础。必须毫不动摇巩固和发展公有制经济,坚持公有制主体地位,发挥国有经济主导作用,不断增强国有经济活力、控制力、影响力。必须毫不动摇鼓励、支持、引导非公有制经济发展,激发非公有制经济活力和创造力。……公有制经济财产权不可侵犯,非公有制经济财产权同样不可侵犯"。在公有制实现形式方面,积极发展混合所有制经济,国有资本、集体资本、非公有资本等可交叉持股,鼓励更多国有经济和其他所有制经济发展成为混合所有制经济。

2016年11月4日公布的《中共中央国务院关于完善产权保护制度依法保

护产权的意见》,是中国首次以中央名义出台产权保护的顶层设计。2016年中央经济工作会议强调指出,要加强产权保护制度建设,抓紧编纂民法典,加强对各种所有制组织和自然人财产权的保护,坚持有错必纠,甄别纠正一批侵害企业产权的错案冤案,保护企业家创新,支持企业家专心创新创业。

2017年,习近平同志在十九大报告中指出,中国特色社会主义进入了新时代,中华民族迎来了从站起来、富起来到强起来的伟大飞跃;坚持全面深化改革,要毫不动摇巩固和发展公有制经济,毫不动摇鼓励、支持、引导非公有制经济发展,使市场在资源配置中起决定性作用,更好发挥政府作用;以完善产权制度和要素市场化配置为重点,实现产权有效激励、要素自由流动、价格反应灵活、竞争公平有序。根据2019年党的十九届四中全会通过的《中共中央关于坚持和完善中国特色社会主义制度 推进国家治理体系和治理能力现代化若干重大问题的决定》,坚持公有制为主体、多种所有制经济共同发展,把社会主义制度和市场经济有机结合起来,不断解放和发展社会生产力是中国国家制度和国家治理体系的显著优势之一。

(二) 财政和税收政策

十八大以来,中国明确了财政在国家治理中的基础性地位,通过深化财政体制改革,建立了全面规范、公开透明的现代预算制度,建立了有利于科学发展、社会公平、市场统一的税收制度体系,充分发挥了税收筹集财政收入、调节分配、促进结构优化的作用,进一步理顺了中央和地方的收入划分,合理划分了政府间事权和支出责任。这一时期持续实施积极财政政策,但不同于2008年的积极财政政策,这一阶段财政政策的目标是稳增长,侧重为供给侧结构性改革创造条件,在结构性问题上发力。主要措施包括减税降费、优化支出、增加赤字等。这一阶段的积极财政政策让企业减负担、给市场加活力、为改革添动力、助民生得改善,取得了积极成效。

财税作用新定位、新部署。2013年党的十八届三中全会通过《中共中央关于全面深化改革若干重大问题的决定》,第五部分"深化财税体制改革"明确指出,"财政是国家治理的基础和重要支柱,科学的财税体制是优化资源配置、维护市场统一、促进社会公平、实现国家长治久安的制度保障"。2014年6月,中共中央政治局审议通过的《深化财税体制改革总体方案》中再次强调,"财税体制在治国安邦中始终发挥着基础性、制度性、保障性作用"。根据方案,2020年中国将基本建立现代财政制度,重点从预算管理制度、税收制度和央地财政关系三个方面深化财税体制改革。这三个方面的改革措施也是这一时期积极财政政策的核心内容。

改进预算管理制度。预算管理制度的目标是适应现代国家治理的要求,建立健全各级政府预算编制、执行、监督程序中相互制约、相互协调的机制。预算管理制度在这一时期取得了决定性进展。2015年1月1日新修改的预算法正式施行,为深化财税体制改革全局奠定了法律基础。预算法的修改是财政制度建设具有里程碑意义的一件大事,标志着中国加快建立全面规范、公开透明的现代预算制度迈出了坚实的一步。新修改的预算法体现了四大亮点:建立全口径预算体系,健全闭环式地方政府债务管理制度,系统规范财政转移支付,将预算管理公开透明正式纳入法制化轨道。在修改的预算法颁布之后、正式施行之前,国务院即依照修改的预算法出台了《关于深化预算管理制度改革的决定》,对预算管理和控制方式、跨年度预算平衡机制、权责发生制的政府综合财务报告制度、地方政府债务纳入预算管理、财政结转结余资金管理、预算资金绩效管理等方面的改革事项都做出了明确规定,意在保障经济新常态下财政健康可持续发展,为建立现代财政制度夯实基础。

减税降费,托起实体经济信心。党的十八大以来,积极财政政策进一步加大扩张力度,突出标志就是更大力度减税降费。2018年计划减税降费8000亿元,实际减税降费1.3万亿元,2019年减税规模达到2万亿元。(1)全面推开营改增试点。2012年1月1日营改增试点在上海交通运输业和部分现代服务业率先启动,2016年5月1日全面实施营改增试点,整体税负由2015年营业税的3.9%下降到2016年增值税的2.6%,2016年5月至2017年4月减税7000亿元。(2)推行普遍性降费举措。按照党中央、国务院关于推进收费清理改革的有关要求,财政部会同有关部门出台了一系列降费减负的政策措施,累计取消、停征、免征和减征了496项收费基金,每年减轻企业和个人负担超过1500亿元。(3)实施支持"大众创业、万众创新"税收优惠政策。完善股权激励和技术入股所得税政策,对符合条件的股权激励和技术入股实行递延纳税优惠,完善了研发费用加计扣除政策,放宽了适用加计扣除政策的研发活动范围。(4)实施便民、惠民、利民的个人所得税改革。基本减除费用标准提高到每人每月5000元;设立子女教育、继续教育、大病医疗、住房贷款利息或者住房租金、赡养老人等六项专项附加扣除;优化调整个人所得税税率结构,以现行工薪所得3%—45%七级超额累进税率为基础,扩大3%、10%、20%三档较低税率的级距,25%税率级距相应缩小,30%、35%、45%三档较高税率级距保持不变;完善自然人税收管理法律支撑。

扩大支出规模,优化支出结构。调整优化中央基建投资结构,集中投入交通、水利等关系经济社会发展全局的项目;重点支持"三去一降一补(去产能、去库存、去杠杆、降成本、补短板)"的供给侧改革;加大专项扶贫资金投入力度;支持发展现代农业;整合资金支持智能制造、高端装备、新能源等,推动产业转型升级;支持生态环保补短板;加大对困难地区、民族地区、中西部地区的补助力度,支持基层财政困难地区提高公共服务能力,促进地区间基本公共服务均等化;支持社会事业发展,持续加大对教育、社保和就业、医疗、住房等民生领域投入。

适度扩大财政赤字规模。改革开放以来,我国赤字率始终保持在较低水平。1998年财政赤字960亿元,赤字率首次突破1%。此后几年财政赤字有较大幅度增加,2000年赤字率曾达到2.9%。2005年之后实行了几年的稳健财政政策,赤字率相应降低。2013—2016年,全国财政赤字规模分别为12 000亿元、13 500亿元、16 200亿元、21 800亿元,赤字率从2.1%逐步提高到约3%;中央财政安排新增(代发)地方政府债券从3500亿元增加至11 800亿元,有力地支持了地方经济发展。2017年,全国财政赤字规模23 800亿元,比2016年增加2000亿元,赤字率保持在3%。

(三)货币和金融政策

在供给侧结构性改革的背景下,该阶段中国货币政策在保持稳健中性的同时,增强了灵活性和针对性,以实现"激活力、补短板、强实体"的效用。这一阶段的货币和金融政策可以归纳为两个方面:第一,放松金融管制,让市场在金融价格形成中起决定性作用;第二,建立多层次金融体系,精准服务实体经济。

放松金融管制,让市场在金融价格中起决定性作用的具体措施在《中共中央关于全面深化改革若干重大问题的决定》中有明确表述,"完善人民币汇率市场化形成机制,加快推进利率市场化,健全反映市场供求关系的国债收益率曲线"。我国的利率和汇率市场化改革从20世纪90年代中期开始起步,这一阶段的改革重点在形成机制。2013年7月央行全面放开金融机构贷款利率管制,2013年10月贷款基础利率集中报价和发布机制正式运行,2015年10月起央行不再对商业银行和农村合作金融机构等设置存款利率浮动上限,2018年央行提出"存贷款基准利率和货币与债券市场利率'两轨并一轨'",2019年8月,央行宣布完善贷款市场报价利率的形成机制。2007年开始央行就扩大了银行间即期外汇市场人民币兑美元交易价浮动区间,2014年3月浮动幅度由1%扩至2%,2014年7月央行取消了银行对客户美元挂牌买卖价差管理,2016年6月外汇市场自律机制成立。2017年2月将中间价对一篮子货币的参考时段由报价前24小时调整为前一日收盘后到报价前的15小时,从而避免了交易时间内美元汇率的变化在下一个交易日中间价报价过程中被重复考虑;2017年5月,将中间价报价模型由原来的"收盘价+一篮子货币汇率变化"调整为"收盘价+一篮子货币汇率变化+逆周期因子"。

构建多层次金融体系的基本思路是总量稳定、结构优化,具体措施包括定向降准和差别化的专项再贷款等。首先,始终保持货币政策的稳健中性。控制货币供给总闸门,保持广义货币(M2)、信贷和社会融资规模合理增长,维护合理稳定的流动性,为经济稳定增长和供给侧结构性改革营造了良好的货币金融环境。其次,采取差别化政策,加强对重点领域和薄弱环节的支持,包括"三农"、小微企业、战略性新兴产业、棚户区改造、保障性住房建设、制造业等领域和行业。2014年,央行于4月和6月两次实施针对小微企业和"三农"的定向降准操作,并于3月和8月各增加支农再贷款200亿元,2014年面向小微企业和"三农"的贷款增速比各项贷款平均增速分别高出4.2个百分点和0.7个百分点,补短板成效显著。2018年4月25日起,央行下调大型商业银行、股份制商业银行、城市商业银行、非县域农村商业银行、外资银行人民币存款准备金率1个百分点。同年,四次降准、增量开展中期借贷便利(MLF)等提供了充裕的中长期流动性,基本有效传导到了实体经济。2020年1月31日,人民银行宣布向9家主要全国性银行和10个重点省市的地方法人银行,提供3000亿元低成本专项再贷款资金,向重要医用、生活物资生产企业提供优惠利率的信贷支持,财政贴息后,企业实际贷款成本平均不到1.3%。

(四) 价格政策

价格机制是市场经济最核心的机制,如果价格机制失灵,那么市场经济的功能就得不到应有的发挥。价格机制失灵的突出表现是价格刚性的存在,无论是市场经济还是计划经济,都可能存在价格刚性,这也导致市场无法自动调节经济,需要政府进行价格管理。中国的市场经济是从计划经济转轨而来的,价格管理的主要手段是放松管制。2012年以来,中国价格改革的核心是完善重点领域和关键环节的价格形成机制,放开竞争性领域和环节的价格管制。

建立市场决定价格的机制,加强和创新价格市场监管是这一时期价格政策的两个主要方向。党的十八届三中全会提出要完善主要由市场决定价格的机制。2015年,《中共中央国务院关于推进价格机制改革的若干意见》从顶层对价格改革进行了设计,要求具备竞争条件的商品和服务价格一律放开,政府定价限定在重要公用事业、公益性服务和网络型自然垄断环节。政府定价实施以"准许成本加合理收益"为核心的科学定价制度。2016年起施行的中央定价目录,已由此前的13大类100种定价项目减至7大类20种,大致有97%以上的商品和服务价格已改由市场形成。地方定价项目也由平均100项缩减为平均45项。2015年,农产品实现了价格全部由市场形成。电力和天然气领域按照"放开两头、管住中间"的思路,2013年实施了非居民用天然气价格改革,2014年输配电价改革启动试点,2017年全面完成了省级电网输配电价改革,市场交易电量占到电网企业销售电量的23%左右;理顺了非居民用天然气价格,占消费总量80%以上的非居民用气价格主要由市场主导形成。药品和医疗服务价格改革重在破除"以药补医",2014年以来,除麻醉药品和第一类精神药品外的药品价格均已放开由市场调节,医疗服务价格改革已全面推开,公立医院药品加成已全面取消,对由此减少的医院合理收入,通过调整医疗服务价格补偿比率来弥补,此比率由原来的80%提高到90%。铁路运输领域,铁路货运按照与公路货运1∶3左右的比价关系,2013年至2015年分三步理顺国铁货运价格,并由政府定价改为政府指导价,允许铁路运输企业以国家规定运价为基准上浮不超过10%、下浮不限。

十九大报告确定了我国发展新的历史方位,要求坚持全面深化改革,加快要素价格市场化改革。继而,国家发展和改革委员会发布了《关于全面深化价格机制改革的意见》,按照新时代对价格机制改革的新要求,该意见提出,要进一步深化垄断行业价格改革,加快完善公用事业和公共服务价格机制,全面实施公平竞争审查制度,推进反价格垄断常态化执法,加强和创新市场价格监管。价格监管部门随后发布了《国家发展改革委2018年价格监管与反垄断工作要点》,对实施公平竞争审查制度、加强和创新市场价格监管、推进反垄断执法等工作做了具体部署。党的十九届三中全会通过的《深化党和国家机构改革方案》提出组建国家市场监督管理总局,以整合过去分散的工商行政管理、质量监督检验检疫、食品药品监督管理、价格监督检查与反垄断执法、经营者集中反垄断执法以及国务院反垄断委员会办公室等职责。以国家市场监督管理总局的组建为标志,市场价格监管的主要工作内容融入市场综合监管的大框架内。

(五)国际贸易政策

国际贸易是世界各国互通往来,实现优势互补和利益共赢的主要方式,是经济增长的发动机,这一点对于中国更加明显。中国国际贸易经历了外向型经济、开放型经济,目前已经发展到开放型经济体系。2007年十七大报告首次提出"开放型经济体系",十八大报告进一步要求适应经济全球化新形势,必须实行更加积极主动的开放战略,完善互利共赢、多元平衡、安全高效的开放型经济体系。这一时期的贸易政策旨在服务于打造开放型经济体系的整体要求。党的十八届五中全会明确要求,到2020年开放型经济新体制基本形成。贸易政策关注的目标更多在于贸易质量和贸易结构。从单纯地强调出口扩张到进出口贸易的平衡发展,从主要发展商品贸易向商品贸易和服务贸易的并重,发展政策型加工贸易到发展产业型贸易的转换,都是这一时期贸易政策致力于贸易增长方式转变、实现贸易质量和贸易结构优化提升的表现。

出口和进口并重。2011年的中央经济工作会议提出了2012年中国外贸的发展路径与目标:保持外贸政策的连续性和稳定性,保持出口平稳增长,推动出口结构升级,加强和改进进口工作,积极扩大进口,促进贸易平衡。2012年1月1日起,中国对730多种商品实施较低的进口暂定税率。商务部外贸司也表示,"十二五"期间,中国将进一步采取措施扩大进口。2012年4月30日,国务院出台了《关于加强进口促进对外贸易平衡发展的指导意见》,提出"要在保持出口稳定增长的同时,更加重视进口,适当扩大进口规模,促进对外贸易基本平衡,实现对外贸易可持续发展"。2014年国务院公布《国务院办公厅关于加强进口的若干意见》,就加强进口提出八个方面政策措施。李克强总理在《2018年政府工作报告》中强调,要"积极扩大进口",下调汽车、部分日用消费品等进口关税,促进产业升级和贸易平衡发展。商务部会同发展改革委、财政部等20个部门起草形成了《关于扩大进口促进对外贸易平衡发展的意见》并提出,在稳定出口国际市场份额的基础上,充分发挥进口对提升消费、调整结构、发展经济、扩大开放的重要作用,推动进口与出口平衡发展。该文件正式强调了"积极扩大进口"在贸易政策中的重要性。2017年5月,习近平主席在"一带一路"国际合作高峰论坛上宣布,中国将从2018年起举办中国国际进口博览会,这是中国推进新一轮高水平的对外开放的一项重大决策,是中国主动向世界开放市场的一个重大举措。扩大进口有利于补齐国内贸易转型升级的短板,丰富国内整体产品的供给,优化国内市场竞争格局,也会对国内同类产品形成较大的竞争压力,倒逼国内企业加大研发投入、加强人才引进、加快技术进步、提高产品质量,从供给端提升产品活力和竞争力,从世界角度看,也为其他国家提供了更多机会。

推动服务贸易发展。我国进入深层次全方位开放新阶段,开放结构正由货物贸易为主向服务贸易为重点转型。服务贸易成为我国对外贸易的重要增长点,我国对世界服务贸易增长的贡献率稳步提升。加快发展服务贸易,是我国扩大开放、拓展发展空间的重要着力点。党的十九大报告就提出了推进贸易强国建设、扩大服务业对外开放等一系列新目标新任务。2018年7月1日起,中国在北京等十七个地区进行深化服务贸易试点,试点推出六项便利举措,包括金融方面允许外商独资银行、中外合资银行、外国银行分行在提交开业申请时申请人民币业务;对全部面向国外市场的离岸呼叫中心不设外资的股比限制等。2019年,以服务贸易为重点的"二次贸易"进入快车道,商务部从三个方面加大推动服务贸易发展的力度。一是巩固扩大传统服务贸易优势。比如在服务外包领域,出台《关于推动服务外包加快转型升级的指导意见》,促进正向激励和优胜劣汰,增强服务外包企业活力,发展更多优质企业。二是着力提升服务贸易产业链水平。通过培育新兴服务贸易亮点,推动形成数字服务、中医药服务等出口新优势,推进国际产能合作,让高铁、核电等装备走向世界;拓展研发、设计、维修、检测等"两头在外"的服务贸易新业态新模式,努力提升在全球服务市场供应链、产业链、价值链中的地位。三是努力畅通服务贸易政策支撑体系。商务部在服务出口税收、服务外包监管方式等方面进一步推动完善服务贸易支持政策,与服务贸易重点伙伴,特别是"一带一路"相关国家和地区建立政府间合作机制,营造公开透明、互利互惠的服务贸易国际合作环境,推动企业之间的务实合作。

对外贸易发展综合政策。改革出口退税负担机制、退税增量全部由中央财政负担,设立13个跨境电商综合试验区,国际贸易"单一窗口"覆盖全国,货物通关时间平均缩短一半以上,进出口实现回稳向好。加大引智力度,来华工作的外国专家增加40%。沪港通、深港通、债券通相继启动,人民币加入国际货币基金组织特别提款权货币篮子,人民币国际化迈出重要步伐。

对外贸易亮点措施。第一,建立自由贸易试验区。2013年9月设立了首个自由贸易试验区——上海自由贸易试验区。2015年4月将自由贸易试验区扩展到了广东、天津、福建三个沿海地区。2016年9月,政府在辽宁、陕西、河南、湖北、重庆、四川和浙江建立了七个沿海和内陆试点自由贸易试验区。自由贸易试验区强调"一线放开,二线管住",意思是自由贸易试验区内使用的进口中间品将被豁免关税(一线放开),但使用此类中间品生产的最终品不允许在区域外销售到中国国内市场(二线管住)。自由贸易试验区实施"负面清单"投资模式,2018年这一措施推广到全国。自由贸易试验区推行事后监督机制,而不是事前批准。第二,"一带一路"倡议。作为构建开放型经济体系最重要的开放战略,"一带一路"构想自习近平同志2013年首次提出后便迅速受到重视;2015年3月,国家发展和改革委员会、外交部以及商务部联合发布《推动共建丝绸之路经济带和21世纪海上丝绸之路的愿景与行动》。伴随着"一带一路"倡议的实施,到2019年下半年,中国对"一带一路"沿线国家出口的比重达到了30.1%;商品结构也持续升级,机电产品的出口占比已经达到了57.9%,高新技术产品出口占比达到28.3%,民营企业出口占比达到51.4%。第三,区域全面经济伙伴关系。中国—东盟自由贸易协定并不是中国与东盟国家的最终目标,双方都希望将区域自由贸易协定扩大到覆盖亚太地区的所有16个国家,包括10个东盟国家和6个其他国家(中国、日本、韩国、印度、澳大利亚和新西兰),即"区域全面经济伙伴关系"(RCEP)。该协定是21世纪以来备受瞩目的亚洲自由贸易区协定。第四,自由贸易港试验。自由贸易港的概念首次提出是在中共十九大的报告中。报告明确指出,中国将赋予自由贸易试验区更大改革自主权,探索建设自由贸易港。自由贸易港具有自由贸易区和港口的特征。它具备贸易相关的许多功能,比如产品加工、物流和仓储,但它又是一个比自由贸易区更开放的平台。自由贸易港的建设将有助于自由贸易区营造更加透明的制度环境。同时,自由贸易港有必要在贸易便利化、船舶燃料价格、资金支持、海关监管和检验检疫等领域取得更多突破。因此,探索建立自由贸易港将更好地迎接全球环境的深刻变化。

(六)产业与区域经济政策

这一阶段产业政策的重点是抓好结构调整,促进转型升级。《2012年政府工作报告》提出:"促进产业结构优化升级。推动战略性新兴产业健康发展。" 2012年7月,国务院发布了《"十二五"国家战略性新兴产业发展规划》,规划旨在加快培育和发展节能环保、新一代信息技术、生物、高端装备制造、新能源、新材料、新能源汽车等战略性新兴产业,明确了每一类产业的重点发展方向和重大行动及政策。2012年11月,中共十八大报告提出:"着力激发各类市场主体发展新活力,着力增强创新驱动发展新动力,着力构建现代产业发展新体系,着力培育开放型经济发展新优势,使经济发展更多依靠内需特别是消费需求拉动,更多依靠现代服务业和战略性新兴产业带动,更多依靠科技进步、劳动者素质提高、管理创新驱动,更多依靠节约资源和循环经济推动,更多依靠城乡区域发展协调互动,不断增强长期发展后劲。"2013年,国家发展改革委发布《战略性新兴产业重点产品和服务指导目录》,引导社会资源投向战略性新兴产业的培育和发展,涉及7个战略性新兴产业、24个重点发展方向下的125个子方向,共3100余项细分的产品和服务;国务院公布《关于促进信息消费扩大内需的若干意见》,推动商业企业加快信息基础设施演进升级,增强信息产品供给能力,形成行业联盟,制定行业标准,构建大数据产业链,促进创新链与产业链有效嫁接;工业和信息化部公布《信息化和工业化深度融合专项行动计划(2013—2018年)》,推动信息化和工业化深度融合,以信息化带动工业化,以工业化促进信息化,以破解国际产业竞争日趋激烈、核心竞争力不足、资源环境约束强化、要素成本上升等发展瓶颈问题,实现工业转型升级。2014年,国务院公布《关于加快发展生产性服务业促进产业结构调整升级的指导意见》,力促产业由生产制造型向生产服务型转变。2015年,《中国制造2025》强化高端制造业发展,《关于积极推进"互联网+"行动的指导意见》解决互联网和传统产业融合问题。2017年10月,党的十九大报告指出:"建设现代化经济体系是跨越关口的迫切要求和我国发展的战略目标。必须坚持质量第一、效益优先,以供给侧结构性改革为主线,推动经济发展质量变革、效率变革、动力变革,提高全要素生产率,着力加快建设实体经济、科技创新、现代金融、人力资源协同发展的产业体系。"

区域经济政策方面,这一阶段着力推动形成优势互补高质量发展的区域经济布局,推动城乡区域协调发展,实现区域发展格局的新均衡。经济的高速发展往往会带来各个经济区之间格局的梯度差变大,而稳步的经济增速将会给这一现象带来改观。新常态下的经济发展环境,自然有利于区域发展格局的梯度变缓。党的十八大以来,以习近平同志为核心的党中央把促进区域协调发展摆在更加重要的位置,提出并实施了"一带一路"倡议、京津冀协同发展、长江经济带发展、粤港澳大湾区建设、长三角一体化发展、黄河流域生态保护和高质量发展等诸多重大战略。随着这些国家战略的不断实施推进,一个要素有序自由流动、主体功能约束有效、基本公共服务均等、资源环境可承载的区域协调发展新格局正加快形成。在顶层设计上,"十三五"规划纲要明确提出"创新、协调、绿色、开放、共享"五大发展理念,党的十九大报告首次把区域协调发展上升为国家战略,强调要建立更加有效的区域协调发展新机制。2018年年初,习近平总书记在主持中共中央政治局第三次集体学习时强调,要建设彰显优势、协调联动的城乡区域发展体系,实现区域良性互动、城乡融合发展、陆海统筹整体优化,培育和发挥区域比较优势,加强区域优势互补,塑造区域协调发展新格局。中共中央、国务院于2018年11月印发了《关于建立更加有效的区域协调发展新机制的意见》,对加快形成统筹有力、竞争有序、绿色协调、共享共赢的区域协调发展新机制进行了全面部署,对建立健全区域战略统筹机制、市场一体化发展机制、区域合作机制、区域互助机制、区际利益补偿机制、基本公共服务均等化机制、区域政策调控机制和区域发展保障机制提出了具体的指导意见。此外,这一阶段还实施了重点城市群规划,促进大中小城市和小城镇协调发展;出台了一系列促进西部开发、东北振兴、中部崛起、东部率先发展的改革创新举措;加大了对革命老区、民族地区、边疆地区、贫困地区扶持力度。

(七)收入分配与社会保障

这一阶段收入分配政策的"公平导向"较之以前更加明显,这也是"共享"发展理念的直接体现,习近平指出:"收入分配是民生之源,是改善民生、实现发展成果由人民共享最重要最直接的方式。""两个同步""两个提高"和"一个分配格局"是这一阶段收入分配政策的具体指挥棒,党的十八大报告明确阐述,"努力实现居民收入增长和经济发展同步、劳动报酬增长和劳动生产率提高同步,提高居民收入在国民收入分配中的比重,提高劳动报酬在初次分配中的比重。初次分配和再分配都要兼顾效率和公平,再分配更加注重公平"。党的十八届三中全会通过的《中共中央关于全面深化改革若干重大问题的决定》提出,扩大中等收入者比重,努力缩小城乡、区域、行业收入分配差距,逐步形成橄榄型分配格局。这是党的文件中第一次提出橄榄型格局的收入分配目标。

2013年2月出台的《关于深化收入分配制度改革的若干意见》指出,深化收入分配制度改革,要处理好劳动与资本、城市与农村、政府与市场等重大关系,推动相关领域改革向纵深发展。正确处理好"三个关系"为收入分配制度改革指明了具体路径。初次分配是个人收入的主要来源,这一阶段的初次分配政策在兼顾效率与公平的基础上,不断完善劳动、资本、技术与管理等要素按贡献参与分配的机制,提高最低工资标准、实施积极的就业政策保障重点群体的就业、促进中小企业发展、加大劳动培训力度、推进工资集体协商机制建设,不断健全由资本、技术、管理等要素市场决定的报酬机制,丰富居民的收入来源,大大提高了劳动者收入水平。据国家统计局数据显示,2015年劳动报酬占GDP的比重达到50.2%,在2013—2015年,我国居民人均财产性收入稳步提升,分别达到了1423.3元、1587.8元、1739.6元,占当年全国居民人均可支配收入的比率分别达到了7.77%、7.87%和7.92%。再分配政策的重点是通过税收杠杆和财政倾斜支出来缩小城乡之间、地区之间、行业之间以及行业内部之间的收入差距。这一阶段的税收制度改革坚持公平优先的理念,"结构优化、社会公平"为总目标,加大了直接税的比重,提升了所得税的累进效应。

这一阶段的社会保障政策围绕十八大提出的"社会保障全民覆盖,人人享有基本医疗卫生服务,住房保障体系基本形成,社会和谐稳定"的目标全面推进。2013年,国务院印发《关于加快发展养老服务业的若干意见》,对养老服务业发展的原则、任务和措施提出了指导性意见。2014年2月召开的国务院常务会议上,新型农村社会养老保险和城镇居民社会养老保险正式合并,随后下发的《关于建立统一的城乡居民基本养老保险制度的意见》拉开了建立全国统一的城乡居民基本养老保险制度的序幕,继而人社部和财政部联合印发《城乡养老保险制度衔接暂行办法》。2015年,机关事业单位工作人员养老保险制度正式实施,国务院出台《基本养老保险基金投资管理办法》;2016年,国务院印发《关于整合城乡居民基本医疗保险制度的意见》,至此,养老保险全覆盖和城乡统筹基本实现。2014年,国务院办公厅公布《关于全面实施城乡居民大病保险的意见》、三部委联合印发《关于进一步做好基本医疗保险异地就医医疗费用结算工作的指导意见》,推动大病保险和异地就医的实施,同年国务院公布并实施《社会救助暂行办法》。《中华人民共和国老年人权益保障法》于2018年第三次修正。此外,这一阶段中共中央和国务院印发《"健康中国2030"规划纲要》;国务院降低失业、工伤、生育保险三险费率;临时救助制度在全国范围内全面实施;全面启动三孩政策;困难和重度残疾人"两项补贴"制度建立,惠及2100多万人。2020年实现农村贫困人口全面脱贫的任务进展顺利。基层公共文化服务得到进一步加强,文化事业发展迅速,文化产业年均增长13%以上,全民健身广泛开展。

第十二章 公共经济政策

【关键术语】

公开市场业务 价格管制 再贴现 制度工具 变动存款准备金

【复习思考题】

1. 简述公共经济政策的原则。
2. 公共经济政策的目标有哪些？
3. 金融工具的一般性措施有哪些？
4. 非关税壁垒主要包含哪些政策措施？
5. 试述公共经济政策诸原则之间的内在逻辑关系。
6. 社会主义初级阶段的各项公共经济政策应遵从哪些原则？
7. 在选择公共经济政策工具时应该注意什么问题？
8. 政府投资会对经济运行产生哪些影响？
9. 制度因素是如何影响经济增长的？
10. 如何理解中国自 1949 年以来公共经济政策所走过的"之"字形和螺旋发展的道路？
11. 如何看待世界经济一体化对于中国当前各项公共经济政策所带来的机遇和挑战？
12. 结合中国实践，论述公共经济政策目标实现过程中的困境与对策。

【参考书目】

1. 蔡昉、林毅夫：《中国经济：改革与发展》，中国财政经济出版社 2005 年版。
2. 陈锋、张建民主编：《中国经济史纲要》，高等教育出版社 2007 年版。
3. 陈耀：《"十三五"时期我国区域发展政策的几点思考》，《区域经济评论》2015 年第 1 期。
4. 顾钰民：《当代中国经济发展研究》，同济大学出版社 1997 年版。
5. 国家统计局编：《大跨越——1992—1996 年中国经济》，中国统计出版社 1997 年版。
6. 国家行政学院经济学教研部编著：《中国经济新方位》，人民出版社 2017 年版。
7. 胡锦涛：《在纪念党的十一届三中全会召开 30 周年大会上的讲话》，人民出版社 2008 年版。
8. 胡乃武、杨瑞龙主编：《中国经济非均衡发展问题研究》，山西高校联合出版社 1994 年版。
9. 胡莹、郑礼肖：《十八大以来我国收入分配制度改革的新经验与新成就》，《马克思主义研究》2018 年第 2 期。
10. 林毅夫等：《中国的奇迹发展战略与经济改革》（增订版），上海人民出版社 1999 年版。

11. 刘国光:《中国经济改革和发展的新阶段》,经济管理出版社 1996 年版。

12. 刘尚希:《以积极财政政策推动结构性改革》,《中国财经报》2016 年 7 月 5 日,第 7 版。

13. 刘伟、陈彦斌:《十八大以来宏观调控的六大新思路》,人民网,2017 年 3 月 1 日,http://theory.people.com.cn/n1/2017/0301/c40531-29114608.html,2021 年 6 月 22 日访问。

14. 刘伟主编:《中国经济增长报告 2017:新常态下的增长动力及其转换》,北京大学出版社 2017 年版。

15. 马洪、刘国光、杨坚白主编:《当代中国经济》,中国社会科学出版社 1987 年版。

16. 全国人大财政经济委员会办公室、国家发展和改革委员会发展规划司编:《建国以来国民经济和社会发展五年计划重要文件汇编》,中国民主法制出版社 2008 年版。

17. 王洛林主编:《经济周期研究》,经济科学出版社 1998 年版。

18. 王梦奎:《世纪之交的中国经济》,中国经济出版社 1997 年版。

19. 王梦奎:《王梦奎看中国经济走向》,中共中央党校出版社 2008 年版。

20. 王一江等:《国家与经济——关于转型中的中国市场经济改革》,北京大学出版社 2007 年版。

21. 王元年、罗炳良主编:《中国革命与建设史论》,中国人民大学出版社 1994 年版。

22. 萧国亮、隋福民编著:《世界经济史》,北京大学出版社 2007 年版。

23. 中共中央文献研究室编:《三中全会以来重要文献选编》,人民出版社 1982 年版。

24. 中共中央文献研究室编:《十一届三中全会以来党的历次全国代表大会中央全会重要文件选编》,中央文献出版社 1997 年版。

25. 中国人民大学政治经济学教研室编:《中国社会主义经济问题》,中国人民大学出版社 1960 年版。

26. 中华人民共和国国家计划委员会:《国民经济和社会发展"九五"计划和 2010 年远景目标纲要讲话》,中国经济出版社 1996 年版。

27. 〔美〕道格拉斯·C.诺思:《理解经济变迁的过程》,胡志敏译,《经济社会体制比较》2004 年第 1 期。

28. 〔美〕迈克尔·波特:《国家竞争优势》,李明轩等译,华夏出版社 2002 年版。

29. 〔英〕安格斯·麦迪森:《世界经济千年史》,伍晓鹰等译,北京大学出版社 2003 年版。

30. 〔英〕安格斯·麦迪森:《中国经济的长期表现:公元 960—2030 年》,伍晓鹰等译,上海人民出版社 2008 年版。

第十三章 市场经济危机与危机管理

【教学目的和要求】

市场经济的运行必然出现经济总量扩张与收缩的交替变动现象,即经济周期。经济运行过程中的矛盾激化,不断地产生和积累着爆发经济危机和金融危机的能量。在经济上升转向下降的拐点处,这种能量在不同程度上得到释放。如果这种能量的积累已经达到相当严重的程度,而且转折是突发性的,它往往是巨大的能量释放,形成经济危机,并会对社会经济造成非常严重的负面影响。本章通过对经济危机和金融危机的基本概念、产生原因、传导机制等的理论分析和实证分析,探讨危机的预防办法、预警系统和治理手段。

学习本章,要了解经济周期与经济危机、经济危机与金融危机之间的区别与联系;在掌握经济周期、经济危机和金融危机的基本概念、产生原因及其危害之后,明白政府为防范和治理危机所采取的一些必要手段和对策。

第一节 经济周期

一、经济周期概述

(一)经济周期的含义

所谓经济周期(business cycle),也叫经济循环或商业循环,是指经济围绕长期增长趋势周期性出现的经济扩张与经济紧缩交替更迭往复的一种现象。经济周期的波动一般使用国民生产总值、就业率(失业率)、国内生产总值、通货膨胀率等指标加以衡量。

美国经济学家米切尔(W. Mitchell)和伯恩斯(A. Burns)于1946年在《衡量经济周期》一文中给经济周期下的定义是:"经济周期是在主要按照商业企业来组织经济活动的国家的总体经济活动中所看到的一种波动;一个周期由几乎同时在许多经济活动中所发生的扩张,随之而来的同样普遍的衰退、收缩和与下一个周期的扩张阶段相连的复苏所组成;这种变化反复出现,但并不是定时的;经济周期的持续时间在一年以上到十年或十二年。"①

从以上表述可以看出:第一,经济周期是任何市场经济社会不可避免的波动。只要是按照商业企业来组织经济活动的国家,经济周期就会反复发生。第二,经济周期发生时的波动是总体经济活动的波动,而不是某一个或几个部门/地区所产生的局部波动。第三,经济周期可以分为谷底、复苏、繁荣和衰退四个阶段。

(二)经济周期的阶段及其特征

经济周期可以分为两个大的阶段:扩张阶段和收缩阶段。但更为常见的是把经济周期分为四个阶段。

第一个阶段是谷底。谷底(trough)是指经济活动水平变化的最低点。如果经济活动水平下降得十分剧烈,谷底又称为萧条(depression)。谷底阶段的特点是存在大量的失业人员和闲置的生产设备,企业利润降到很低,甚至为负数,商业银行和其他金融机构的资金贷不出去,厂商不愿意增加投资。

第二个阶段是复苏。复苏(recovery)表示经济活动水平走出低点而趋于上升。在复苏阶段,机器设备开始更新,利润、就业量趋于增加,闲置的机器设备得到利用,厂商逐步增加投资。

第三个阶段是繁荣。繁荣(boom)是国民收入与经济活动高于正常水平的一个阶段。特征是现存的生产能力得到充分利用,投资增加,信用扩张,劳动、原材料和银行贷款开始变得短缺,供不应求的现象频繁发生,价格趋于上升,当价格水平的上升变得持续和普遍时,就会发生通货膨胀。繁荣的最高点称为高峰(peak),这时就业和产量水平达到最高,但股票和商品的价格开始下跌,存货水平高,公众的情绪由乐观转为悲观。

第四个阶段是衰退。衰退(recession)表示经济活动水平达到最高点后开始下降。在衰退阶段,生产普遍过剩,就业和产量水平下降,利润减少。这时,不仅净投资为零,而且连正常的更新投资也不能进行。这样经济活动水平逐渐下降到最低点,又开始新的周期运动。

(三)经济周期的类型

经济学家们根据不同的统计资料和划分标准,按照周期的时间长短将经济周期划分为短周期、中周期、中长周期和长周期。

(1)基钦周期(Kitchin cycle)。英国经济学家基钦提出。他认为经济周期

---

① Arthur F. Burns and Wesley C. Mitchell,"Measuring Business Cycles", *National Bureau of Economic Research*, Vol. 109, 1946, p. 560.

实际上有大小两种周期,其中小周期平均为 40 个月左右,在商业活动中非常典型;而一个大周期通常包括 2—3 个小周期。这里的大周期相当于下面的朱格拉周期。这种 40 个月左右的小周期又被称为短周期。

(2) 朱格拉周期(Juglar cycle)。法国经济学家朱格拉认为,危机或恐慌不是一种独立的现象,而是经济社会不断面临的三个连续阶段中的一个,这三个阶段是繁荣、危机和清算。这三个阶段反复出现形成了周期现象。平均一个周期的长度为 9—10 年,以国民收入、失业率和大多数经济部门的生产、利润和价格波动为其标志。这种周期又被称为中周期。

(3) 库兹涅茨周期(Kuznets cycle)。1930 年,美国经济学家库兹涅茨在一项有关生产和价格长期运动的研究中,着重分析了美、德、英、法、比等国从 19 世纪初期和中期到 20 世纪 60 种工农业主要产品的产量和 35 种工农业主要产品的价格波动的时间数列资料,以及有关数列的长期增长过程,提出了在西方主要国家存在着长度从 15 年到 22 年不等,平均长度为 20 年的周期论点。这是一种中长周期,被称为"库兹涅茨周期"。由于该周期与建筑行业扩张与收缩的关系密切,又被称为"建筑周期"。

(4) 康德拉季耶夫周期(Kondratieff cycle)。苏联经济学家康德拉季耶夫认为,经济中有一种较长的循环,平均长度为 50 年左右。这种 50 年左右的长周期是以各时期的主要发明、新资源的利用、黄金的供求等作为其标志的。

对于上述类型的经济周期,经济学家的重视程度并不一致。对于长周期,多数人认为它与人们关注的经济活动的关联不大。中周期是大多数经济学家关注的对象,众多经济学文献都是研究中周期的。而在实际经济的微观层次上,代表存货调整的短周期则受到更多的重视。至于库兹涅茨周期则是在特定时期、特定环境下受关注的对象,一般情况下,对它的重视也小于对中、短周期的重视程度。

二、经济周期的原因

自 19 世纪西斯蒙第提出消费不足论以后,经济学家们提出了数十种的经济周期理论。如果以凯恩斯的宏观经济理论的建立为界限,则此前的学说和流派可以统称为传统的经济周期理论,此后的则是现代经济周期理论。

(一) 传统的经济周期理论

1. 消费不足理论

消费不足理论的代表是西斯蒙第(Sismondi)和马尔萨斯(Malthus),近代则以英国经济学家霍布森(Hobson)为代表。从严格意义上说,消费不足理论不是一个完整的经济周期理论,它只是解释了经济周期中萧条出现的原因,因而它实际上是一种经济危机理论,这在本章第二节有详细的介绍。

2. 投资过度理论

投资过度理论从投资角度来解释经济周期的形成。其中心论点是由于投资过多,与消费生产相比,资本品的生产太快了。在周期的繁荣阶段,资本品生产的扩大与萧条阶段资本品生产的收缩都大于消费品的生产与收缩。资本品生产的扩大使经济进入繁荣阶段,但是资本品生产的过度扩张将导致资本品生产与消费品生产的比例严重失调,诱使经济进入萧条阶段。这样,投资的变动就引起了经济的周期性波动。

根据对引起投资原因的解释不同,投资过度理论可分为两个流派。第一派认为是货币的发行过度引起了投资的过度扩张,被称为货币投资过度理论。这种理论的主要代表是米塞斯(Mises)、哈耶克等人;第二派认为是新发明、新发现、新市场的开辟等非货币因素引起了投资过度,被称为非货币投资过度理论,这种理论的建立者是瑞典经济学家卡塞尔(Kassel)。

3. 创新理论

创新理论是奥地利经济学家熊彼特(Schumpeter)提出的。所谓创新是指对生产要素的重新组合,包括引进新产品或提高产品的质量;采用新的生产方法或技术;开辟新市场;获得原材料的新来源;实行新的企业组织形式或管理方法。熊彼特用创新来解释经济周期,认为经济周期的根源是创新。经济周期性波动的原因是由创新所引起的旧均衡的破坏和向新均衡的过渡。社会进步就是通过一个均衡向另一个更高均衡的不断跃升来实现的。经济中的周期波动是经济发展的正常现象。

4. 心理理论

持心理理论者认为,公众的心理预期是经济周期性波动的主要原因。这种理论用心理上的乐观和悲观预期的交替来说明经济周期的形成。当企业家预计未来的投资利润率较高时,他将会增加投资,这样生产将扩大,形成繁荣。但是这种因乐观预期而导致的投资过度被察觉后,又会立刻转变为对未来的悲观预期,从而使投资过度收缩,导致经济萧条。在持续的萧条中,企业家对未来的预期逐渐好转,从而投资也将有所增加。企业家的再度过于乐观又将导致下一轮的经济周期性波动。

5. 太阳黑子理论

这种理论认为,太阳黑子的周期性活动造成周期性的恶劣天气,使农业生产发生周期性的波动,进而对工商业活动产生影响,从而形成经济周期。当农业丰收时,农产品将供大于求,由于农产品的需求弹性较小,农产品的价格将大幅下跌,以农产品为工业原料的工业和不以农产品为原料的工业利润都将大增,工人的实际工资也将增加,这些都促使了总需求的增加,引起投资增加,从而导致经济进入繁荣时期;反之,农业歉收时,农产品价格会大幅上升,使工业的利润下降,实际工资减少,总需求萎缩,投资减少,从而经济进入萧条阶段。

(二) 现代的经济周期理论

1. 凯恩斯的理论

凯恩斯关于经济周期的理论是将前人的理论与有效需求原理相联系。在他看来,由于有效需求尤其是投资需求不稳定,经济危机和经济周期几乎不可避免。投资需求主要以资本边际效率为转移。资本边际效率不仅取决于资本品的多少和当前生产成本的高低,而且也取决于人们对资本品未来收益的预期。构成预期的基础十分薄弱。以从繁荣后期到危机来临为例,在繁荣时期,人们对资本的收益预期十分乐观,资本投资不断增加。总投资量的扩张导致资本边际效率下降。人们的失望来临,这时流动性偏好大增,利率上涨,使投资进一步减少。边际消费倾向越高,投资的乘数作用越大,经济的波动就越大。只有经过相当一段时间后,经济才能走出萧条。因此,自由放任的经济无法避免产量和就业的剧烈波动,政府应该负担起调节有效需求的责任。

2. 萨缪尔森的乘数—加速理论

萨缪尔森致力于把凯恩斯的理论动态化。在凯恩斯那里,在一定的边际消费倾向下,投资的变化将导致收入水平的乘数变动,因此凯恩斯理论中的单一动态因子是乘数。萨缪尔森用克拉克(Clark)提出的"加速因子"对凯恩斯的观点进行了补充。乘数原理揭示了投资对国民收入的扩张性影响,而加速原理则反过来证明了国民收入也将数倍地影响到投资。具体来看,乘数原理告诉我们:投资的一个变化会导致国民收入的更大的变化。用公式表示是:$Y = K \times \Delta I$(K是乘数,它等于边际储蓄倾向的倒数;I是投资;Y是国民收入);加速原理则表明消费者需求(该需求与国民收入Y高度正相关)的一个小小变动会导致投资一个较大的变动。用公式表示是:$\Delta I = \beta \times \Delta C$($\beta$是加速数;$C$是消费)。

因为乘数对于投资的影响是$Y = K \times \Delta I$,从Y的变动中可以预计C的变化。而ΔC的变化进一步激化了加速因子($\Delta I = \beta \times \Delta C$)。投资的变化将进一步刺激乘数效应,而这一效应会产生更多的加速效应,如此循环往复。这种交互作用可以说明,为什么总量经济活动中小的扰动(无论是上升还是下降)会导致更大的混乱,也说明了为什么经济周期不可能是短期的自我修正事件。

3. 货币主义学派的观点

货币主义学派的主要代表是美国的弗里德曼等。该学派认为:是外生货币的扰动产生了经济周期的波动。其主要观点是,外生货币的扰动来源于政府的政策。如果没有外生扰动,私人支出包括私人投资是基本稳定的,私人支出与产业、就业的自然增长率是一致的。货币存量的变化对于经济活动具有重大的影响。弗里德曼用计量经济分析证明,在历史上,货币供应量的变化先于经济周期波动的向上和向下的大转折点。因而,由政府政策而产生的货币供给增长偏离经济趋势的时高时低的交替运动,导致了产出与就业偏离其趋势的波动。所以,该学派把经济周期波动的成因归于外生政府政策的冲击,即货币供应量的变化。据此,他们认为,货币政策的任务不是调节利率,而是通过均匀的、稳定的货币增长,保证货币领域不受干扰沿均衡轨道前进,并为实际经济领域提供一个稳定的环境结构。

4. 政治经济周期学派

该学派认为,政府在政治周期中的行为导致了经济的周期波动。主要代表是诺德豪斯(Nordhaus)和塔夫特(Taft)。他们认为,政府行为不是逆周期的,而是为了在选举中获胜的政治目的。当一届政府选举获胜刚上台时,首先采用紧缩政策,如增税,减少政府支出,提高利率等,压低通货膨胀,抬高失业率。到了下一次新大选前的一年多的时间里,改而实行扩张政策,如减税,增加政府开支,压低利率等,降低失业率,以获得更多的选票。这就形成了头两年是高失业率,后两年是高通货膨胀率的经济周期局面。

5. 理性预期学派

主要代表人物是美国的卢卡斯(Lucas)、萨金特(Sargent)、华莱士(Wallace)等。该学派认为,不稳定性是经济机构拥有的信息不完全、不完整的结果,并提出了政策无效性的定理。其主要观点是两个假设:(1)关于市场连续出清假设,即价格、工资和利率具有完全伸缩性或足够的灵活性。当市场的供求受到冲击时,它们将立刻做出反应,而不需要长期的调整时滞。这样,商品市场、劳动力市场和信贷市场将连续出清,使供给和需求达到平衡。(2)政策无效理论。在理性预期下,政府的政策冲击对于产出和就业将不再产生影响。因此如果政府的政策作为持续性、可预料的政策则是无效的,或者说被人们预期到的政策是无效的;而政府的政策作为随机性的、未预料的政策,或者在人们的错误预期下的,则是有害的,是制造波动的。

6. 实际经济周期理论

主要代表人物是美国的普雷斯科特(Prescott)等人,他们把经济波动的根源归结于以技术冲击为代表的实际因素。他们的解释具体如下:假设社会上出现一个技术进步冲击,这个冲击增加了产量,提高劳动需求和实际工资。对于这一冲击,每个经济当事人(劳动者或厂商)必须确定冲击有多少是暂时性的,有多少是永久性的,这又取决于技术冲击(未观察到的)序列相关程度。所以当事人面临一个信号筛选问题。假设一种极端的情况,劳动者都预期这一冲击是暂时性的,实际工资相对于未来的实际工资是高的,于是他们就会决定用未来的闲暇来代替现在的闲暇,为了充分利用不久就会消失的多赚钱的好机会,在现期提供更多的劳动,从而引起现期的就业量和产量都上升,使经济出现繁荣。再假定另一种极端情况,若劳动者都预期这一冲击是永久性的,这对他们的劳动供给可能就不发生影响。但生产者将进行新的资本投资以便在将来增加生产。技术冲击本身是序列相关的,这样就造成了产量波动的某些持续性。它鼓励生产者进行新的资本投资,不仅在冲击开始时,而且在冲击过后的一段时间里。资本的扩大需要一定时间,因此产量在冲击后相当长时间中增加,并且在一系列序列相关的冲击后的长时间中持续增加,直到冲击消失。如果不存在技术等实际因素的进一步冲击,生产者会发现,同保持稳定状态的增长所需要的资本相比,他们持有了太多的资本,这将促使他们放慢投资的速度,直到资本折旧使经济恢复到稳定增长的路径。在这一过程中,产量和就业会同资本一起波动。在这里,跨时期闲暇替代特别是资本形成需要一定时间构成了波动的传导机制。可见,实际经济周期理论在强调预期上与预期学派和货币主义学派有相似之处,而在强调技术冲击的重要性时与熊彼特的理论异曲同工。

三、经济周期是市场经济的客观存在

如果不把因自然灾害、战争、瘟疫等天灾人祸造成的混乱看作经济危机,而把经济危机理解为生产的相对过剩或有效需求的不足,那么,经济危机并非在任何社会条件下都存在。在自给自足的社会不可能有产品的相对过剩,因而没有经济危机。在简单的商品经济中,在物物交换条件下,买卖在时间和空间上完全一致,也不会出现经济危机。当货币出现以后,作为流通手段和储藏手段的货币使买卖在时空上出现了不一致;作为支付手段和借贷手段又使信用关系链条开始延长,因而也就有了经济周期和经济危机出现的可能性。但是当时商品经济的规模很小,即使发生了买卖的脱节和信用关系的破坏,也只波及小商品生产,影响范围不是全社会的。而且,简单商品经济以手工劳动为基础,商品数量有限,生产规模和市场规模都小,供求关系比较稳定。因此不存在引起整个社会波动的经济周期。

当商品生产进入社会化生产为基础的市场经济阶段以后,社会资源的配置是通过价格机制的调节实现的。一方面,各个生产者是独立的,他们为利润而进行生产。如果某种商品出现供不应求的现象,商品市场将通过价格的上升向生产者发出信号。在利润最大化的驱动下,生产者必然扩大商品的生产规模。由

于生产者之间没有协调,事实上也不可能协调,一旦生产者反应过度,这种商品将出现过剩。如果许多商品都这样,那么普遍的生产过剩就会到来。经济扩张之后,供需的不一致必将导致收缩。经济周期由此产生。另一方面,市场对于这种过剩或者短缺的调节是自发性和滞后性的,难以在短时间内重新优化资源的配置。基于此,凯恩斯提出了宏观财政政策和宏观货币政策的建议,用政府这只"看得见的手"去弥补市场这只"看不见的手"。

所以,经济周期发生的根本原因是市场经济机制。经济的周期性波动并非与特定的社会经济制度相关。只要有市场经济,就会有经济周期波动,就可能有经济危机。经济周期是市场经济的生理现象。在社会主义市场经济条件下,商品生产者之间的关系仍然是相互独立的商品交换关系,价格机制仍然自发地发挥着作用。社会主义市场经济也无法超越供求由非平衡到平衡再到非平衡的循环运动,因而经济周期同样会发生。我们应该做的是把这种波动尽可能控制在可接受的波动幅度范围之内。

第二节 经济危机与金融危机

经济周期是市场经济活动的客观规律,它表现为经济运行过程中的波峰和低谷。在经济周期的波峰阶段,一些经济的失衡被繁荣所掩盖。一旦经济周期走向低谷,潜藏的问题就会暴露出来,如果这种能量的释放是突然的、剧烈的,则会产生经济危机。经济危机会对社会经济造成极其严重的负面影响。因此,分析经济周期与经济危机的关系以及经济危机产生的原因非常重要。

同时,现代经济包含着越来越多的金融活动,金融在市场经济中扮演着越来越重要的角色,因此当代社会的经济危机更多地表现为金融危机。而且由于金融资产比产业资产更具有市场敏感性,金融危机往往先于经济危机而爆发。本节将对金融危机进行详细的介绍。

一、经济周期的危险阶段:经济危机

(一) 经济危机

经济周期波动可能会产生经济危机。经济周期是指总体经济活动上升与下降相互交替的周期性变化和发展的过程。而经济危机(economic crisis)则是指在经济周期的顶峰阶段如果出现了极度的失调,就会在一个突然的时间段总体经济情况掉头朝下,迅速进入经济低谷的现象。在马克思看来,经济危机是资本主义特有的现象,是资本主义制度下产生的生产相对过剩的危机。但是,事实

第十三章 市场经济危机与危机管理

上,只要实行市场经济,就有经济周期,就可能有经济危机。市场经济是波动性的经济,它的上升与下降过程就是内在矛盾推动的结果。并不是所有的经济周期都会有经济危机,如果经济的内在矛盾能够在一定幅度内自行消化,则不会酝酿起经济危机,但是当矛盾的能量累积到相当大的程度,在某些突发性因素的作用下,经济就可能迅速由繁荣进入到低谷阶段,则经济危机就产生了。具体来看,经济危机就是周期的四个阶段中从繁荣到衰退甚至是萧条的迅速转换时期。

(二)经济危机的主要表现

经济危机有多种表现形式,从内容上看,可以分为生产危机、金融危机等;从范围上看,可以分为一国性的经济危机、区域性的经济危机和世界性的经济危机。尽管历次经济危机的原因各有不同,所处的宏观背景也千差万别,经济危机给各国造成的后果也可能各有不同,但是经济危机仍有一些共同的表现形式。主要是:

(1)经济增长率下降,失业率上升。历次经济危机均会带来相关各国的经济增长速度的显著下降。例如1998年,亚洲金融危机使得亚洲各国的平均经济增长率由1997年的6.7%滑落至2%的水平。2008年4月,受金融危机的影响,IMF将美国的经济增长率预期从1.5%调低到0.5%;把全球经济增长率预期由4.1%下调到3%。根据奥肯定律,实际的国民收入相对于潜在的国民收入每下降1.5%—2%,失业率就将上升1个百分点。所以经济危机过程中或者之后的经济增幅下降必将显著地抬高受影响国家的失业率。同时经济危机中由于市场疲软,有效需求收缩,很多企业不得不裁减员工,造成更多的失业。

(2)货币币值波动,出现通货膨胀或者通货紧缩。1997年的亚洲金融危机因货币的大幅度贬值导致物价飞涨。1997年7月2日到12月31日,泰铢贬值46%,年通货膨胀率提高到7.7%,到1998年年初,通货膨胀率进一步上升到8.6%。同期,马来西亚、新加坡、印度尼西亚、韩国等也出现了类似的情况。通货膨胀的加剧,使企业不仅面临原材料涨价、工资支出增加等成本上升的困难,而且会遇到产品销售后买不到原料的风险;同时市场上不时出现的抢购现象人为地放大了市场供求的矛盾。反过来,有些经济危机不是导致通货膨胀的出现,而是因流动性的瞬间蒸发而导致通货紧缩。1929年的大萧条和2008年的金融危机在危机深化的时候表现出流动性黑洞的特征,这种流动性不足带来通货紧缩的局面。

(3)利率的非正常波动,企业倒闭率上升。经济危机的爆发,通常会导致利率的非正常波动,利率既可能显著上升也可能下降。在1997年的亚洲金融危机中,为防止国际炒家的投机浪潮和防止短期资本外逃,泰国等国家均把利率大幅上调。利率的提高势必加重企业的债务负担,很多企业资不抵债,不得不宣布破产。另外,如果经济危机的诱因是借贷危机,则危机爆发之后,流动性会突然消失,银行惜贷现象明显,即使央行多次降息也无法鼓励银行放贷,那么很多企业会因借不到营运资金,资金周转困难而破产倒闭。

(4)国际资本流向的改变。在全球经济一体化的今天,经济危机会改变国际资本的流向。通常国际资本会离开发生经济危机的国家而使得该国更加萧条;反过来,像美国这样的国家发生经济危机的时候,为解决其自身的流动性问题,很多美国大型公司和金融机构会把境外的资金撤回本国,从而又会引发其他国家的经济震荡。

二、经济危机产生的原因

经济危机成因理论是经济周期成因理论的延伸。在经济周期形成机制的理论中,有一些专门阐述了经济危机的生成原因,比较主要的有:

(一)马克思的经济危机理论

马克思的经济危机理论是从资本主义的基本矛盾入手,即生产的社会化和生产资料私人占有之间的矛盾,揭示了资本主义必然要爆发生产过剩的经济危机。马克思认为,资本主义生产的本质是不断扩大生产规模,追求更多的利润,因此就必须有一个不断扩大的市场容量。但是在资本主义制度下,广大劳动群众的有支付能力的需求却在相对或绝对地收缩。因而社会上生产出来的商品就会过剩。资本主义的生产过剩不是社会产品超过了社会实际需要,不是绝对的过剩,而是人民的购买力因两极分化而缩小的结果,因此是相对的过剩。当这种相对过剩的矛盾累积到一定的程度必然爆发经济危机。

经济危机在生产、流通各个领域都会表现出来,但是商品生产是最基本的,其他各种表现都是由生产过剩引起的。

(二)消费不足经济危机论

前面提到的消费不足理论是这样来解释经济危机的:随着经济的高涨,投资活跃,投资品部门产出增加。投资品一般具有较长的经济周期。只有经过一段较长的时间,投资品的增加才会带动消费品的增加。当这一转化尚未完成时,市场上消费品的供给显得不足,于是消费品价格上涨。这一情况刺激企业继续增加投资以增加消费品的提供。于是投资品部门孤立地向前发展。当投资品大量增加终于导致消费品大量增加的时候,消费品供给过剩又导致投资品供给过剩,于是爆发普遍生产过剩的经济危机。

第十三章 市场经济危机与危机管理

（三）凯恩斯的经济危机理论

1936年凯恩斯的《就业、利息和货币通论》出版，该书首先从就业问题入手，批判古典的均衡就业理论，提出经济中存在着非自愿失业，并认为这种非自愿失业的存在是"有效需求"不足引起的。有效需求由两个部分构成：一是社会总消费量；二是社会总投资量。一般来说，社会总消费量比较稳定，而投资量不稳定。决定投资量的因素或者刺激投资的诱因有两个：利率和资本边际效率。

在经济周期扩张的后期，人们对资本边际效率做出乐观的预期，由此推动了投资的增加、固定资本设备的扩大和各种制成品生产的扩大，从而使固定资本设备的供给价格或重置成本上升。随后，总投资量的扩大将使资本的边际效率降低。当对资本边际效率的失望来临时，一直由乐观情绪支配的市场，突然被悲观情绪所控制。资本边际效率的遽然下滑，导致新投资的崩溃和失业的产生，也就是经济向上扩张趋势的转折，危机降临。凯恩斯认为："一个典型的（通常是最普通的）恐慌，其起因往往不是利率上涨，而是资本之边际效率的突然崩溃。"①

（四）货币主义学派的经济危机理论

货币主义学派通过实证分析证实，虽然因时滞的存在，货币存量的变动与经济波动在时间上不一致，但两者变动的方向是一致的，而且变动的幅度也是成比例的，即货币存量的增加或减少总是引起经济的扩张或收缩。弗里德曼甚至断言，没有任何国家在任何时间有过严重的经济萧条而不伴随着货币数量的急剧下降；而同样地，没有任何货币数量的下降而不伴随着严重的经济萧条。弗里德曼就把1929年美国的经济大萧条归根于美联储不适当的紧缩货币政策。

三、经济危机与金融危机

（一）金融危机的含义

《新帕尔格雷夫经济学大辞典》中的"金融危机"（financial crisis）词条是由著名经济学家查尔斯·P. 金德尔伯格（Charles P. Kindleberger）撰写的。他指出：金融危机的定义是全部或大部分金融指标——短期利率、资产（证券、房地产、土地）价格、商业破产数和金融机构倒闭数——的急剧、短暂和超周期的恶化。金融危机的特征是基于预期资产价格下降而大量抛出不动产或长期金融资产，换成货币，而金融繁荣或景气的特征则是基于预期资产价格上涨而大量抛出

---

① 〔英〕约翰·梅纳德·凯恩斯：《就业、利息和货币通论》，高鸿业译，商务印书馆1999年版，第273页。

货币,购置不动产或长期金融资产。① 这个定义揭示了金融危机的主要表现形式是全部或大部分金融指标在一个较短时间内急剧恶化,且这种恶化是超周期的。美国哥伦比亚大学的明斯基(Mishkin)教授则从信息不对称角度把金融危机定义为:金融危机是逆向选择和道德风险严重扰乱了金融市场,以至于金融市场不能有效地把资金传送到最有生产率的投资机会中去的情形。②

(二) 经济危机与金融危机

1. 市场经济是一种信用经济

在市场经济中,经济活动中的每一个部门、每一个环节都渗透着债权债务关系:首先,家庭和个人的生存和发展离不开信用。一方面个人通过银行存款或购买企业和政府的债券而成为银行、企业和政府的债权人,另一方面也通过消费信贷、分期付款等方式成为银行或企业的债务人。其次,企业的生存和发展离不开信用。在现代经济中,任何企业都不可避免地要利用信用活动来保障生产的连续性或扩大再生产。最后,政府的存在和发展也离不开信用。从当代政府的财政预算来看,发行国债已经成为各国政府临时筹措资金的主要手段,而且,政府也常常以债权人或债务人的身份与银行和企业打交道。所以,市场经济是一种渗透着债权与债务关系的信用经济。信用关系成为经济正常运转的充分必要条件。

2. 经济运行中孕育着金融危机

随着时代的发展,经济活动中包含着越来越多的信用活动和金融活动。在经济危机前的繁荣时期,生产的高涨引起信用的扩张。生产企业借助于信用,例如发行有价证券、利用银行贷款等把生产尽量扩大,如果供给和需求急剧失衡,就会促成危机的爆发。当大量的商品积压不能销售,商品价格猛烈下降,信用就会发生动摇。过去的债务要立刻用现款来偿还,大批的企业因无法偿还债务而破产倒闭,进而又通过资金链导致连锁的多米诺骨牌效应。繁荣时期的生产企业越是依赖于银行借贷来融资,这种信用的危机就会越加严重。此外,繁荣时期的价格上升和利润增长极大地刺激了个人和企业进行商品和有价证券的投机,从而使信用的膨胀大大超过真实的经济基础,而形成大量的经济泡沫。这些信用扩张和投机活动盛行的泡沫最终是要破灭的,就会引致金融危机,进而发生全面的经济危机。

---

① 〔英〕约翰·伊特韦尔、〔美〕默里·米尔盖特、彼得·纽曼编:《新帕尔格雷夫经济学大辞典》(第二卷),经济科学出版社1996年版,第362页。

② Frederic S. Mishkin, *Financial Policies and the Prevention of Financial Crises in Emerging Market Economies*, Vol. 2683, World Bank, Washington, DC, 2001.

在经济危机后期,商品急剧跌价,大批企业倒闭,生产收缩,信用收缩,一部分以前的债务被强制清理,新的债务也因信用的收缩而大大减少。这就使信用的规模和它所依赖的真实生产基础进入一种重新适应的过程。因此从信用的角度来看,经济周期直接表现为金融周期,经济危机也直接表现为金融危机。

3. 金融危机是经济危机爆发的先导和主要表现形式

从经济危机的演化史来看,金融危机总是先于经济危机而爆发。这是因为金融资产比产业资产更具有市场敏感性。其市场敏感性体现在两个方面:第一,金融资产的流动性更强。因为金融资产属于虚拟经济,比实物资产更便于交割和买卖,具有更高的市场流动性。第二,金融资产的价格波动性强。因为金融资产与它所代表的实物资产分离了,所以它更容易受到市场心理的影响。一定的实物资产价格波动可能会导致市场预期的急剧变化,并对金融资产价格产生倍数的影响。

总之,随着金融市场的发展以及金融活动的扩大,现代社会的经济危机通常就是以货币、借贷、国际收支、资本等表现出来的金融危机。

四、金融危机的形成因素

国际货币基金组织曾经在 1998 年 5 月发表《世界经济展望》的报告。该报告认为,金融危机可以大概分为几种类型。货币危机(currency crisis)是指投机冲击导致一国货币大幅度贬值,抑或迫使该金融当局为保卫本币而运用大量国际储备或急剧提高利率。银行危机(banking crisis)是指真实的或潜在的银行破产致使银行纷纷终止国内债务的清偿,抑或迫使政府提供大规模援助以阻止事态的发展,银行业的危机极易扩散到整个金融体系。系统性金融危机(systemic financial crisis)是指金融市场出现严重的混乱局面,它削弱了市场的有效性原则,会对实体经济产生极大的负面效应,一次系统性的金融危机可能包括货币危机,但一次货币危机却不一定使国内支付体系陷入严重的混乱,也就不一定导致系统性金融危机的发生。最后,债务危机(debt crisis)是指一国处于不能支付其外债利息的情形,无论这些债权是属于外国政府还是居民个人。按照这一思路,金融危机形成的因素主要在于资金借贷的失衡、资本市场的失衡、国际收支的失衡和货币市场的失衡。

(一)资金借贷失衡引发金融危机

资金借贷的均衡反映了信用关系的稳定。当资金借贷均衡因某些原因而被打破时,市场上的信用链条被割断,金融机构就会陷入困难,面临巨大的风险甚至倒闭,从而引发全面的金融危机。资金借贷失衡导致金融机构不良资产增多和流动性风险加大,首先表现为银行危机。银行业的危机可能是因为外部债务危机和资本市场危机等事件的影响而爆发。外部债务危机主要是因企业或者个人的融资和偿债能力下降,破产倒闭数量增加,进而引起银行体系的呆账和坏账激增,造成抵御风险的能力下降。其中房地产危机是通过充当贷款抵押品的资本品价格的暴跌,以及投机的个人和机构的破产而增加金融机构的贷款损失来传导的。银行业的危机造成了存款人的损失和社会公众信心的丧失,引起整个社会经济的动荡,酝酿范围更大的金融危机。

(二) 资本市场失衡引发金融危机

资本市场均衡维系着金融资产价格的稳定。如果资本市场的均衡被破坏到一定程度,就会引发市场的恐慌,大量的有价债券被抛售,发生资本市场的崩溃从而引发全面性的金融危机。资本市场的失衡是内部或者外部原因所导致的,更可能是内外部因素的交织影响导致。内部因素主要是资本市场上泡沫的积聚;外部因素主要是因为实物经济和虚拟经济的失衡,经济增长速度的放慢或者即将到来的放慢,货币政策的调整,银行业的危机,外汇市场的危机和债务危机以及它们所带来的信心危机而导致。货币供求的失衡,资金借贷的失衡和国际收支的失衡都会或多或少地表现在资本市场上,表现为资本市场的失衡。失衡状况严重时,人们对于金融资产价格、整体经济的信心会急剧丧失,促使人们在短期内采取一样的行动,兑现和抛售有价证券,这导致资本市场崩溃,从而对整个经济造成严重的损害。

(三) 国际收支失衡引发金融危机

国际收支均衡维系着汇价的稳定和国际资金流动的稳定。相比较而言,国际收支逆差对于一国经济发展的负面影响较大。因为国际收支逆差反映出本国外汇市场上,外汇供给小于外汇需求,本币面临升值的压力。若逆差特别严重,则会引发本国货币危机。

通常,各个国家基本都实行某种形式的固定汇率制度。在固定汇率制度下,一般都会有某种程度的汇价扭曲。严重的汇价扭曲是导致国际收支失衡的重要动力;国际收支失衡反过来又造成汇价的大幅度波动,从而引发资本外逃、投资者信心崩溃和投机性攻击。因此,严重的国际收支失衡,经常是引发金融危机的导火索。除了汇价的扭曲会导致国际收支失衡外,外债负担过重也是国际收支失衡的重要原因。此外,国内资本市场失衡导致的金融资产价格暴跌,国内货币市场失衡导致的通货膨胀都会引起国际收支的急剧变动。总之,各种矛盾的激化,会导致汇率的剧烈波动,本币贬值预期进一步加强,引发大规模的投机资本炒作和资金大量外逃,造成大多数人信心的丧失和采取一致性的保值减损措施,引发金融危机。若政府动用外汇储备加以干预,那么随着外汇储备流失,则会引起一国对外支付的危机。若政府通过紧缩货币供给加以干预,那么迅速上升的利率会导致失业和经济增长的停滞。可见,国际收支逆差是一国发生金融危机,甚至经济危机的不可忽视因素。

(四)货币市场失衡引发金融危机

货币市场的均衡维系着币值的稳定。当货币供求均衡破坏到一定程度时,币值会发生较大波动,通货膨胀加剧,进而影响到人们对于货币的信心。人们信心丧失到一定程度时,货币制度和物价体系即濒于崩溃的边缘。从近几十年的金融危机实践来看,通常是未等到货币供求失衡严重到使货币制度和物价体系濒于崩溃边缘的时候,货币供求失衡所引起的金融恶化状况就已经足以引发一场金融危机了。货币供求失衡对于上述失衡也有连锁影响。货币供求失衡可能导致金融机构提供过度的融资而引起严重的道德风险问题,也可能导致金融资产价格的暴涨或暴跌,还可能导致汇率扭曲和国际收支的失衡。

(五)泡沫经济与金融危机

除了上述四种影响因素之外,金融危机的形成也与泡沫经济息息相关,甚至很多时候就是泡沫的大规模、突发性的破裂引起了金融危机。

在《新帕尔格雷夫经济学大辞典》中,泡沫状态(bubbles)被定义为:"泡沫状态这个名词,随便一点说,就是一种或一系列资产在一个连续过程中陡然涨价,开始的价格上升会使人们产生还要涨价的预期,于是又吸引了新的买主——这些人一般只是想通过买卖牟取利润,而对这些资产本身的使用和产生盈利的能力是不感兴趣的。涨价常常伴随是预期的逆转,接着就是价格的暴跌,最后以金融危机告终。"①这说明泡沫的三个特征:第一,泡沫是与商品价格相关的概念;第二,泡沫是商品市场价格对其一般均衡价格的偏移,这种偏移是持续较长时间的向上的运动;第三,泡沫中的买主购买的目的是"卖"。

进一步来看,泡沫经济是指占某国或某地区国民财富相当大比重的某种资产的市场价格总量,相对其均衡价格总量,出现了较长时期的、非平稳性的、幅度相当大的、向上偏移的系统性社会现象。② 在经济中产生的泡沫不一定形成泡沫经济。只有在过多的泡沫累积放大,并达到相当严重的程度时,才产生泡沫经济。经济泡沫的膨胀受社会可供资金量和大众心理的制约。一旦市场资金无法

---

① 〔英〕约翰·伊特韦尔、〔美〕默里·米尔盖特、彼得·纽曼编:《新帕尔格雷夫经济学大辞典》(第二卷),经济科学出版社 1996 年版,第 306 页。

② 石俊志:《金融危机生成机理与防范》,中国金融出版社 2001 年版,第 108 页。

支持泡沫的继续膨胀,或者市场主流心理由过度乐观转为悲观,则泡沫经济必将趋于破灭,引发金融危机。

根据泡沫经济的性质,可以把泡沫区分为四种:(1)金融资产泡沫。金融资产泡沫破灭所引发的金融危机是最常见的危机,其典型事件如"密西西比泡沫""南海泡沫""1929年华尔街股市大崩溃"等,都是在一定时间内金融资产价格的急剧暴跌对金融和经济造成严重损害。(2)汇率泡沫。汇率泡沫破裂的表现是汇率的大幅度下跌。它较多发生于开放型经济的发展中国家和地区。因为这些国家通常实行固定汇率,但是因其高财政赤字、高通胀和大波动的经济增长,要想保持汇率稳定是很困难的,本币实际汇率往往被高估,从而容易受到外部冲击而崩溃。1994年的墨西哥金融危机和1997年的亚洲金融危机都是以汇率泡沫的破灭为开端。(3)债权泡沫与房地产泡沫。债权泡沫往往引发银行危机。债权既包括国内的债权也包括国外的债权,其中银行资产泡沫在很多时候来源于向证券和房地产部门的过度放贷。当证券和房地产泡沫破灭,企业倒闭数上升时,银行的债权泡沫日益显现,并转化为损失,坏账比率因而上升。危机的深化使部分金融机构陷入资不抵债的困境。这些金融机构是否破产取决于其资产恶化的程度和政府的意志。

上述五个方面的因素是引起金融危机的主要原因,它们并非完全孤立地起作用,事实上,任何一次金融危机都是这些因素相互交织、协同作用、彼此推进的结果,其中最为突出的一个因素将会是金融危机爆发的直接导火索。

第三节 经济危机与金融危机的历史考察

自20世纪以来,世界各地的经济危机与金融危机时有发生,每次金融危机爆发的原因及其影响各不相同。本节通过对1929年的经济危机、1997年的亚洲金融危机和2007年的美国金融危机的考察,梳理并分析这几次金融危机的不同特点和产生原因。

一、1929—1933年的金融恐慌与经济危机

1929—1933年,资本主义世界爆发了一场有史以来最严重、最深刻的金融危机和经济危机。危机首先在资本市场由股市的大崩溃引起,通过金融传导效应,迅速从资本市场蔓延到整个金融领域,并由金融崩溃引发全球性经济危机,最后还导致了国际金本位制度的崩溃。

(一)危机的过程

1929年10月纽约证券交易所股票价格猛跌,50种主要股票价格下降了

40%,拉开了这场大危机的序幕,危机迅速蔓延,导致全球股市的暴跌,并由此引起了各国借贷市场的混乱。1931年5月,奥地利信贷银行破产成为各国信用危机的导火线。奥地利信贷银行宣布破产后,英美等国担心资金的安全,纷纷从存在严重国际收支危机的德国抽取资金,导致德国黄金储备在短短两个月就减少了42%。1931年7月德国政府宣布银行停业两天,接着,德国最大的两家银行破产,同年9月德国宣布停止支付外债,禁止黄金自由输出。德国中止对外支付后,英国在德国的资金无法调回,同时也遭遇了大量资金被抽走的命运。1931年年底,英国宣布停止黄金支付,停止纸币兑换,放弃金本位制度,英镑贬值31%。英国放弃金本位制后,与英镑关系密切的国家也纷纷放弃了各种类型的金本位制。1933年,美国又爆发了信用危机的浪潮,存款被大量提取,银行资金周转不灵,发生挤兑风潮,引起4000多家银行倒闭,资金大量外逃,联邦储备银行黄金储备锐减,美国不得不放弃金本位,美元贬值。到1936年,全球共有44个国家货币贬值。危机导致全球经济受损严重,股票市值萎缩。根据道琼斯指数统计,1933年7月,美国股票市场总市值仅相当于1929年9月的六分之一。危机导致了大量的银行破产倒闭。大危机前的1929年,美国的商业银行数量为25 568家,而到1933年,美国商业银行总量只有14 771家,有万余家银行破产。大危机使整个资本主义世界的工业生产降低了40%,比1913年的水平还低10%。

(二)危机的原因

1929—1933年的大危机的根源是生产部门的失衡引起的金融动荡,而金融动荡又反过来加剧了生产危机。20年代中期,一些主要的发达国家,例如美国、英国、德国、法国等先后进入了繁荣时期。随着经济实力的增强,这些国家都掀起了兼并的风潮。1925—1931年,全美最大的200家公司有37家被兼并,被兼并公司的资产平均高达1.5亿美元。大规模的兼并风潮提高了资本主义国家的工业集中度,扩大了企业的生产能力。但是资本主义国家的收入分配日益偏重于资本的利润所得,由于有效需求不足,供求失衡,出现了生产下降,工人失业的趋势。经济危机爆发的条件逐渐具备。

同时,经济的快速增长,必然引起信用的扩张和证券市场的投机行为。在经济繁荣时,华尔街股市也节节上升。股票价格的上升大大地刺激了人们发财的愿望,各阶层成千上万的人涌入股票市场。股票市场投机盛行,股票价格远远偏离了实际价值,资本市场的均衡被打破。如此严重的经济泡沫是注定要破灭的。

(三)危机的教训

1929—1933年的大危机带给世界很多教训。首先,一个稳定的宏观经济环境是金融体系得以正常运行的基础。凯恩斯主义认为,危机的根源在于市场经济的内在不稳定性所引起的总需求不足,如果放任市场经济自行运转,总需求不足就是必然的,危机就不可避免。只要一国政府采取总需求管理政策进行干预,尽管经济波动难以彻底消除,但是严重的危机可以避免。

其次,健全的金融体制是金融体系正常运行的组织保障。这要求中央银行有独立性,采取适当的货币政策,管理严密而规范。针对央行监管不健全的弊端,1933年到1935年美国政府对金融业进行了重大的改革,扩大了联邦政府管理货币和信贷的能力,使联邦储蓄银行真正具备了央行的权限;对银行业的监管进行了严格的规定,规定商业银行业务必须与投资银行业务严格区分;授权美联储监督和控制银行的信贷活动;建立了联邦存款保险公司对存款进行保险;对证券行业加强了监管;等等。

最后,作为金融监管部门,必须对民众的心理预期有足够的了解和估计。因为危机表明,人们的心理预期会对经济的运行产生重要影响。当人们对未来的预期在投机的氛围中被煽动得失去理性并高度一致时,泡沫就已经泛滥起来了,有可能导致经济危机的出现。

二、1997年的亚洲金融危机

(一) 危机的过程

以受影响最深的国家为分类依据,亚洲金融危机可以分为三个阶段:

1. 以泰国为中心的金融危机

1997年5月起,由于多方面的原因,泰国货币泰铢贬值的压力越来越大。为维护本已高估的泰铢对美元的汇率,泰国政府动用了自身大量的外汇储备。但是面对膨胀的美元需求,这些外汇储备只是杯水车薪。迫于经济与市场的双重压力,泰国政府于同年7月宣布放弃钉住美元的固定汇率,实行浮动汇率制,当天泰铢对美元的汇价就下跌20%,形成金融崩溃之势,且一发不可收拾。而后危机蔓延到菲律宾、马来西亚、印度尼西亚,连新加坡都未能幸免。到8月末,泰铢、菲律宾比索、马来西亚林吉特、印度尼西亚盾、新加坡元对美元的汇价较7月初分别下跌了38.5%、14.9%、14.9%、21.5%和5%。1997年9月初,东南亚金融市场稍稍回稳。但到9月下旬又开始连续走低。1997年10月31日,IMF总裁康德苏宣布国际社会将向印度尼西亚提供230亿美元的援助贷款,东南亚金融市场才逐渐稳定。

2. 以韩国为中心的金融危机

1997年11月,金融风暴猛袭韩国,这标志着东亚金融危机进入到第二个阶段。11月17日,韩国中央银行放弃了维持韩元兑美元不低于986:1的努力,当日韩元对美元汇率下跌至限幅允许的最低点 1008∶1,股票综合指数也狂跌不止。12 月 4 日,国际社会与韩国政府签署了向韩国提供 570 亿美元贷款的援助协议,其中国际货币基金组织提供 210 亿美元,世界银行提供 100 亿美元,亚洲开发银行提供 40 亿美元,其他国家提供 220 亿美元。以这项援助计划为契机,韩国金融市场暂时趋于稳定。但是到 12 月 13 日,韩元兑美元的汇价进一步贬值到 1737.60∶1,股指也跌到 350.68 的历史新低点。12 月 23 日,韩国政府宣布,外汇储备不足以偿还将要到期的巨额外债,投资者便疯狂地抢购美元,致使韩元兑美元的汇价急跌 12.5%,最低跌至 2067∶1。12 月 25 日,IMF 宣布提前向韩国输送 100 亿美元的援助。次日,汇价反弹,韩国的金融市场渐趋稳定。

3. 以印度尼西亚为中心的金融危机

进入 1998 年,亚洲金融危机的重心再次转向东南亚,印度尼西亚成为亚洲金融危机的潮头。印度尼西亚在第一和第二阶段就有比较大的损失,进入 1998 年后,其股市、汇市继续狂泻,通货膨胀更加严重,失业率不断上升,印度尼西亚陷入了有史以来最严重的经济衰退。到 1998 年 1 月 6 日,印尼盾对美元的比价跌至 7310∶1,比 1997 年 12 月中旬的汇价下跌了 80% 以上。1998 年 1 月 22 日,印尼盾汇价曾跌破 15 000 兑换 1 美元的大关。直到 1998 年 4 月 8 日印度尼西亚与 IMF 就一份修改的经济改革方案达成协议,东南亚危机才暂告平静。

(二) 危机的原因

亚洲金融危机的发生并不是偶然的。亚洲各国宏观经济内部的失衡、监管的不力、政府的过度干预,金融体系的缺陷都是诱发金融危机的共同因素。

(1) 宏观经济失衡。亚洲的经济增长模式在这次危机以前被人们认为是成功的发展模式。但是这种模式自 20 世纪 80 年代后期就出现了结构性失衡。随着东欧、拉美、非洲南部、中国等地经济的崛起,以劳动、资本密集型出口导向为主体的东南亚各国逐步面临着国际市场上制造业产品市场饱和、竞争激烈,国际资本流入放缓,国内劳动力低廉优势下降等一系列问题。此时迫切需要进行产业结构的调整和升级。但是东南亚各国并未把握机会推进产业的升级,造成产业成长链条的断裂。另外,因为缺乏新的主导产业群的引导,经济高速增长积累起来的资金投向了投机性很强的证券市场、房地产市场,形成一时的虚假性经济繁荣,即"泡沫经济"。而当大量的投机性资金投向不动产市场,而不动产市场又出现疲滞状态时,大量资金就被"套牢"了。银行的呆账、坏账等不良贷款大规模上升,金融危机全面爆发。

(2) 政府干预过度。政府主导型市场经济是东亚模式的重要特征。政府在经济发展的政策选择和资源配置上发挥了重要的主导作用。但是,当经济发展到一定程度之后,政府的干预如果不恰当,极有可能扭曲了资源的配置,使市场经济偏离正常的轨道。而且政府对于经济的干预容易形成官商结合,滋长腐败风气,强化危机的形成。例如韩国的大企业依靠政府的支持,从政府控制的银行手中获得了大量的贷款并盲目扩大投资,甚至涉足自己并不熟悉的领域,其中最大的五家大企业平均每家涉足 140 个行业。大量的银行资金源源不断地流向有问题的大企业。然而,沉重的债务负担、过大的摊子也使这些大企业的财务状况进一步恶化,致使许多企业无法偿还到期债务而倒闭。1997 年韩国连续有多家企业破产或陷入经营危机,由于它们负债数额巨大,也把其债权金融机构拖入困境,并且最终使整个韩国陷入金融危机。

(3) 过早开放国内货币金融市场。一国开放金融市场和实现货币的完全可兑换必须具备良好的宏观经济条件,而且该国的国内金融市场要发育较成熟,有较强的抗风险能力。但发生危机的亚洲国家却普遍不具备这一条件。在发生危机的东亚、东南亚国家中,货币已经实现了可兑换,或者对于资本项目下的可兑换限制正在逐渐减少。虽然经济高速增长,但是很多国家的金融市场发育程度是不具备抗风险能力的。开放资本市场以后,国际资本可以自由进出。短期投机性资本最容易冲击证券、房地产等市场,增加经济中的"泡沫"成分。泰国、菲律宾和印度尼西亚的情况即属于此类。另外,本国的投资者也容易将本币资产转化为外币资产,这一行为在危机时的放大效应不容小觑。

(4) 对金融机构监管不力。中央银行是全国金融机构的最后贷款者和支持者,同时也是金融机构的监督者。金融机构的资本充足率是否足够、资金运用是否安全、办理的业务是否合理、是否遵循了金融法令和业务程序等,都应该在中央银行监督管理的范围之内。然而,东亚和东南亚各国的中央银行没有很好地尽到这些责任,结果导致银行信贷过度扩张,金融机构信贷投向不合理,大量积聚于证券市场和房地产市场。加上亚洲银行业长期的"黑箱"操作,既损害了市场对金融体系的信心,又为投机冲击提供了可乘之机。

三、2007 年美国次贷金融危机和 2008 年世界金融危机

(一) 危机的过程

美国次级按揭贷款支持证券危机,简称"次贷危机"(sub-prime crisis),是指房地产市场上的次级按揭贷款因债务人无法偿债而引发的金融市场危机。次贷危机的产生与美国世纪之交的经济背景紧密相关。在 2000 年网络 IT 泡沫破灭和 2001 年"9·11"恐怖袭击的双重打击下,美国经济风雨飘摇,为避免衰退,美联储连续 13 次下调利率。联邦基准利率由 6.5% 降至 1% 的历史最低水平,并且

在1%的水平上停留了一年之久。如此低廉的利率驱赶着市场上的资金寻求能够带来高回报的项目。美国房市在此背景下节节升温。

美国的房地产按揭贷款大致分为三个层次:优质贷款、ALT-A贷款和次级贷款。优质贷款面向信用等级高、债务负担合理、风险小的优良客户,按揭利率相对较低;次级贷款是指向信用分数低、收入证明缺失、负债较重的客户的按揭贷款,如美国的低收入阶层和新移民;ALT-A贷款介于两者之间,泛指那些信用记录不错,但缺少或没有固定收入、存款、资产等合法证明文件的客户。在正常情况下,银行很少会贷款给次级贷款者,对于ALT-A贷款也是慎之又慎,但是在美国房地产价格迅速上升,而利率又走低的情况下,银行和房贷金融机构开始对信用度不高的贷款者大量发放次级贷款。他们认为即使次级贷款的违约率较高,但只要房价上升,一旦违约可以没收抵押品,通过拍卖收回贷款本息。

如果提供按揭贷款的银行只是把按揭贷款作为一种资产持有到期并通过利差赚取相应地月利润,那么次级贷款的不良坏账是不足以掀起金融海啸的。但是美国的金融市场是衍生品生产频度最高的地方,华尔街的经营哲学就是"太阳底下的任何东西"都可以证券化。为了盘活资金,商业银行和投资银行将各类贷款证券化,形成以个人住房抵押贷款为基础的抵押支持证券(MBS)、资产支持证券(ABS)和债务抵押担保证券(CDO)等一系列证券化商品,从而将贷款风险通过证券市场转移给投资者。随着贷款风险的转移,银行因贷款而占用的资本得到释放,回收的资金可以用来继续扩大贷款。在这种模式下,银行的放贷能力急剧上升,进一步放宽了贷款对象的信用要求,次级贷款规模更加扩张。仅在2006年,次级债占整个按揭贷款市场的份额就达到了20%。但是支持信贷扩张的基础并非建立在借款人的还贷能力上,而是建立在房价不断上升的预期上。

从2005年开始,随着美国经济过热征兆的凸显,美联储连续加息,而且美国的次级按揭贷款通常采取"2-18"的方式,即次级按揭的前两年是固定利率(为吸引借款人通常利率很低),其后的十八年执行浮动利率(因为次贷借款人的信用低下,且为了补偿前期低利率带来的利润损失,该浮动利率通常很高)。2005年以后,次级贷款借款人陆续面临高浮动利率,还贷压力剧增,次级贷款的违约率开始上升。一方面越来越多的房屋被收回后推向市场进行再销售,增大了房屋的供给数量;另一方面利率增加,融资成本的上升又大大减少了对于房屋的市场需求,这种供求关系的失衡推动房价下跌。当房价下跌时,维系在房价上升之上的次贷大厦便摇摇欲坠了。首先受到冲击的是一些资本充足率水平低的次级债房地产金融机构。

基础资产的风险也必然传递到其派生的金融衍生品上,抵押贷款违约率上升导致中间级或股权级MBS和CDO的持有者不能按时获得本息偿付,造成这些产品的市场价值缩水。而购买CDO次级证券最多的是对冲基金和投资银行。2007年7月，以美国第五大投行贝尔斯登的两只对冲基金的破产为开端，次级贷款的风险开始向以此为基础的证券持有人扩散。随着大批投资者资产组合的调整，大量的次级贷款证券被抛出，此类证券价格大幅下跌，甚至波及其他优质证券。为了应对投资人赎回的压力和银行提前回收贷款的压力，大批基金不得不变现其他市场的资产来满足流动性的需要。同时，银行因风险的扩大，需要拨付大量准备金以应对日益扩大的呆坏账，惜贷现象明显，进一步紧缩了市场的流动性，进而影响到实体经济的发展。

金融链条的延长与交织，数百家金融机构的卷入，使得次贷危机从贷款市场扩散到证券市场，从美国国内市场扩散到国际金融市场，从虚拟经济扩散到实体经济，演变成席卷全球的金融危机。

（二）危机的原因①

1. 宽松的信贷条件和日益膨胀的住房泡沫

住房贷款本应该是一件非常严肃的事情。按揭贷款的提供者要求借款者既要有充足的收入又要有一大笔存款来支付首付。可是自20世纪90年代中期以来，获取住房贷款变得极其容易。为了应对2000年前后的网络泡沫破灭，2001年1月至2003年6月，美国总统布什在美联储主席格林斯潘的支持下推行了富人受益的减税政策，为了促进经济增长和就业，美联储连续13次下调利率，联邦基准利率由6.5%降至1%的历史最低水平。过低的利率引发宽松信贷，也直接刺激了民众的贷款投资热潮，越来越多生活状况不稳定的民众通过银行贷款加入购房者的行列中。正是市场对美国房市前景普遍预期过高，极大地刺激了美国房市，房价在1996年至2006年飞涨了大约85%，为次贷危机的爆发埋下了种子。

2. 金融衍生品的滥用

美国的金融衍生品发展很快，其复杂程度也不断加剧。为追求利益的最大化，华尔街投行将原始的金融产品分割、打包、组合开发出多种金融产品，根据风险等级的不同，出售给不同风险偏好的金融机构或者个人，在这个过程中，最初的金融产品被放大为高出自身价值几倍或者几十倍的金融衍生品。买家看到这类衍生品的时候，除了投行提供的数字外，根本无法判断资产的质量。因为CDO等金融衍生品蕴含了巨大利润，美国几乎所有金融机构都参与其中，商业

---

① 本部分参考师子奇：《解析美国金融风暴之原因篇：六因素推动危机爆发》，中国经济网，2008年10月7日，http://intl.ce.cn/specials/zxxx/200809/27/t20080927_16942328.shtml，2021年8月10日访问。

银行、保险机构等都大量持有 CDO 等的债券,无论美国本土还是海外,越来越多的投资者开始了对这种金融产品近乎疯狂的追求。美国房地产的泡沫,也通过这类衍生产品将风险扩散到全球范围。一旦危机爆发,金融衍生产品的高杠杆效应必将极大地扩展危机的广度和深度。

3. 华尔街的道德风险

在无限放大的利益面前,华尔街日益变得疯狂。在对 CDO 的追逐中,华尔街日益提高资产权益比率,与此相对应,各家投行的杠杆率也逐渐变得越来越大。2003 年年底,美林的资产是其所有者权益的 17.9 倍,而到了 2007 年中期,美林的资产达到了其所有者权益的 27.8 倍。而同期,雷曼兄弟的杠杆率甚至达到了 31.7%。

4. 监管机构的失职与政策的失误

次贷危机产生的深层制度原因就在于金融监管存在缺陷。首先,美国金融监管机构对次贷及各类衍生品的发行规模和数量没有控制,监管的松懈以及对市场潜在金融风险的忽视,都是监管不力的表现。放松监管一贯是格林斯潘所推崇的管理之道,也正是在他担任美联储主席的这段时间里,美国央行降低了抵押贷款的标准,导致相当一部分信用或生存状况不佳的贷款人以低廉的成本通过贷款购买房屋。其次,美国监管机构对于市场评级机构也是监管不严的,评级机构在对次贷相关产品评级时的主观性很强。另外,美国证交会实行的"裸卖空"措施也是造成危机迅速扩大的一个直接原因。所以,监管部门的失职与政策的失误间接地触发了金融危机的大规模爆发。

5. 信用评级机构的失职

次贷危机爆发后,穆迪、标准普尔、惠誉等主要评级机构成为人们直接的批评对象。各评级机构被认定过高地提升了次贷产品的评级,并极大地促进了次贷市场的发展,这些评级机构的收入主要来源于证券发行商,却要它们对市场投资者负责,这种评级制度上是有漏洞的。金融衍生品的发展,有利于资金使用效率的提高,但其定价和交易则有赖于准确的市场评价。当市场评级机构这一环节出现问题的时候,信任危机也就随之开始。全球投资者正是出于对美国三大信用评级机构的信任,才放心地大肆购买次贷相关产品,可正是这些评级机构评定的同美国国债相同级别的 AAA 级债券,却在一夜之间成为投资者手中的垃圾。这些评级机构不切实际的评级和在次贷危机爆发后下降评级动作的迟缓,也在一定程度上加大了次贷危机的强度。

6. 美国政府对危机的认识不足,处理不力

2007 年 4 月 2 日,美国第二大次级贷款抵押机构——新世纪金融公司向法

院申请破产保护,这是美国房市降温以来最大的一起次级抵押机构倒闭案,却没有引起政府的重视,美联储简单地认为这仅仅是单个机构运营的问题,并非一场危机。直到 2007 年 7 月贝尔斯登所属对冲基金爆发风险,全球股市暴跌之时,美联储才做出反应,向金融体系注入流动性以增强市场信心,并始终认为形势可控。到了房利美和房地美的危机,雷曼破产和美林被收购等事情发生后,美国政府才充分认识到危机的严重性,并陆续出台救援方案和措施。自危机初露端倪到集中爆发,美国政府的救援行动实在有些跟不上节奏。这种对危机的认识不足和干预措施的滞后也放纵了危机的爆发和影响范围的扩大。

四、2009 年的欧债危机

(一) 危机的过程

2007 年美国次贷危机爆发之后,欧盟各国普遍实施了财政与货币双宽松的经济政策,这在有效抑制经济下滑的同时,也加大了政府财政赤字和债务规模。2009 年 11 月希腊新政府上台之后,发现上届政府隐瞒了真实的财政状况。2009 年年底,希腊政府披露其债务规模高达 3000 亿欧元,财政赤字与政府债务占其 GDP 的比重分别为 12.7% 和 113%[1],这远远超出欧盟《稳定与发展公约》所规定的 3% 和 60% 的警戒线,惠誉、标准普尔和穆迪等信用评级机构随之下调了希腊政府的主权信用评级。2010 年 4 月,标准普尔将希腊主权信用评级进一步下调至无法融资的垃圾债级别,从而拉开了欧债危机的序幕。此后,葡萄牙、西班牙、爱尔兰、意大利等国的主权信用评级也被相继下调(这四个国家与希腊一起,被称为"PIIGS",即"欧猪五国")。2011 年 9 月,穆迪调低了法国两家银行的信用评级,欧债危机由欧元区边缘国家向核心国家蔓延,对债券市场、银行系统乃至实体经济都造成了严重影响,市场担忧情绪不断升级。

为遏制欧债危机的蔓延势头,欧盟与国际货币基金组织紧急出台了对希腊等国家的大规模贷款援助措施,欧洲中央银行也在二级市场上购入私人投资者抛售的希腊国债。2011 年 10 月,第二轮欧盟峰会就希腊债务削减、欧洲金融稳定基金(European Financial Stability Funds,简称 EFSF)扩容、银行业资本状况等三个议题达成全面共识,同意减记私人部门所持希腊债务的 50%、将杠杆化引入 EFSF、要求银行资本充足率在 2012 年年中之前达到 9%。与此同时,欧洲中央银行和国际货币基金组织向希腊进一步提供援助。[2] 2012 年 1 月 30 日,欧盟于

---

[1] 马宇:《欧债危机的特殊性、解决方案与对中国的启示》,《开放导报》2010 年第 5 期,第 87 页。
[2] 参见徐洪才:《欧债危机的救助与前景》,《中国金融》2011 年第 22 期,第 64 页。

布鲁塞尔召开特别峰会,会议达成两项成果:一是欧盟25个成员(英国与捷克除外)通过了"财政契约"草案,其核心内容是欧盟成员国将签署具有法律约束力的经济货币联盟条约,并明确了违约惩罚措施;二是欧盟将于2012年7月启动欧元区永久性救助机制,即"欧洲稳定机制"(ESM)。2012年3月30日,在哥本哈根举行的欧元区财长会议决定,欧债危机"防火墙"(包括ESM和EFSF等在内)将由目前的5000亿欧元扩容至8000多亿欧元,以遏制欧债危机蔓延。

(二)危机的原因

欧洲债务问题的爆发不仅有外部原因,而且也有内部经济结构不平衡,财政、货币政策二元结构,财政纪律松散等多种原因。

(1)国家竞争力下降。债务问题往往与一国竞争力紧密相关。根据欧盟委员会的报告,德国是欧元区中唯一出现竞争力上升的大国,其他国家如法国、意大利、西班牙和希腊等都出现了竞争力大幅下降和贸易收支不平衡的趋势。例如,就经常账户赤字占GDP比重这一指标,2009年希腊达到8.8%,西班牙5.4%、葡萄牙10.2%,德国却是经常账户盈余4%,卢森堡盈余则高达11.6%。与此同时,欧元区大部分成员国遭受着劳动力成本的大幅度上升和新兴国家的经济冲击。20世纪90年代以来,欧元区大部分成员国工资成本不断上升。在此背景下,欧元区财政收入严重不足,只能依靠发国债来维持财政支出。随着债务负担的加重和金融危机的冲击,债务危机的爆发成为必然。

(2)福利过高。欧盟成员国大多数是高福利国家,巨大的社会福利需要一国较高的国民收入作为保障。而欧洲多国长期却是低增长、高支出的格局,于是过高的福利费用推高了财政赤字,提高了外债比例,且最终导致了欧洲债务问题的爆发。例如,竞选时,为获得更多支持,政党会提出许多不切实际的承诺,如提高福利、出台扩张性财政政策、减少税收等。一旦政党当选并将承诺实施,就会增加财政负担,形成恶性循环。虽然危机国的执政党和在野党清楚这样的措施会导致财政入不敷出,但对参选政党来说,承诺更高的福利政策以赢得选举,比所埋下的债务隐患更重要。同时,在危机尚未发生时,各政党都存在侥幸心理,期待债务危机不会在执政期爆发。因此,政党竞选成为"击鼓传花"游戏,使危机国公共开支透支,与其经济实力不匹配。以希腊为例,自20世纪80年代以来,希腊政党承诺高福利以争取民众选票,而无视本国经济的实际发展状况。2003年年底,希腊政府财政赤字占GDP的比例达6.4%,总外债占GDP的比例达104.92%;到2009年,希腊政府财政赤字占GDP的比例则高达13.3%,而总外债占GDP的比例高达177.63%。长期过高的财政赤字和外债负担势必导致严重的债务危机。

（3）财政、货币政策的二元结构。欧洲中央银行体系的建立及欧元的诞生，使得欧元区的货币政策统一由欧洲中央银行制定，欧元区各国央行丧失了独立制定货币政策的权利，而财政政策的决策权仍掌握在各国手中。这种财政、货币政策的二元结构安排，一方面容易导致各成员国财政、货币政策的冲突和错配，另一方面导致各国在遭受外来冲击时，由于无法调整货币政策，只能更加倚重财政政策，从而造成巨额赤字和债务负担。

（4）各国利益博弈导致解决问题效率低。经过多年的扩张，欧盟共有成员国27个，但各成员国都有自己的政治经济利益，且经济结构、发展程度存在很大差异。当一个国家出现危机，其他国家或出于自身利益的考虑，或自身难保，从而不会对危机发生国进行及时有效的救助，导致危机扩散。

（5）国际评级机构唱衰欧债。主权信用评级是对一国的综合实力进行评定，体现将来的可能性。从冰岛危机到现在，国际评级机构的声音一直伴随着欧洲债务问题。每当国际评级机构对某些国家主权债务进行评级后，都会带来相应地股票下跌、经济下滑等负面影响，使得面临债务问题的欧洲国家雪上加霜。

第四节　危机的防范与治理

经济危机是经济体制内部的扰动和外部的冲击，使得经济周期的涨落幅度过大而导致经济系统的高度不稳定。从系统论的观点来看，经济危机是由于经济的原稳态失衡之后向着另外一个稳态演进的失稳点。然而，尽管经济危机是对经济运行的"纠偏"，但是这种"纠偏"是以效率的牺牲和财富的缩水为代价的，甚至还可能丧失一国经济体的安全。因此，人们通常把经济危机视为一种灾难性的事件。伴随着经济全球化一体化的进程，经济危机的波及面将越来越大，而金融衍生工具的创新和资本流动的加剧更使得金融危机成为世界经济的主要威胁。各国包括世界经济组织都十分重视金融危机的防范与治理，采取了一系列的措施。

一、经济危机的一般防范措施

经济的失衡或者经济结构的不合理给经济危机提供了可以滋生的土壤。事实证明，遭受经济危机严重影响的国家无一不是经济、金融本身出了问题，如产业结构不合理，虚拟经济比重过大，供求失调，债务结构存在问题等。相反，一国如果经济结构健康，经济实力较强，经济增长较为稳定，就不会存在内在经济的过度失调，也不易受到外部的冲击。因此，防范经济危机首先要保持本国经济的基本面不出问题。

（一）平衡财政和控制通货膨胀

20世纪80年代的拉美经济危机和90年代的亚洲经济危机都证明了财政赤字会加重经济危机的程度,延缓经济危机的救助。首先,财政赤字的增加会加重通货膨胀,造成出口品成本的上升,贸易条件恶化,经常账户赤字。其次,赤字的增加需用外汇储备进行弥补。当国家的外汇储备减少到一定程度时,投资者对这个国家维持固定利率的能力失去信心,开始抛售该国货币,兑换外国货币。如果中央银行为了维持固定汇率,对外汇市场进行干预,外汇储备将进一步减少,致使投资者(或投机者)更加怀疑政府维持固定汇率的能力,并对该国进行进一步攻击,最终形成全面的危机。所以健康的财政状况和较低的通货膨胀率是维持固定汇率与民众信心的保障。

（二）保持国内经济与国外经济的协调

2008年的世界金融危机带给中国的一个重要启示是,在需求方面必须处理好外需和内需的关系。我们应该实行国内外市场多元化的战略,从依靠出口拉动转变为内需拉动为主。这样做一方面可以避免国际市场变化对我国经济带来的负面影响,另一方面可以为我国经济的发展打下牢固的基础。在供给方面,要引导企业进行产业创新,提高生产效率,转变增长方式,提高竞争能力,这是企业能够较好地吸收要素成本上升,应对国际国内经济形势变动的关键所在。

（三）在一定时期坚持一定程度的保护主义

很多发展中国家金融市场尚处于不成熟的阶段,抗冲击的能力有限。如果贸然实行金融开放会使该国的金融与宏观经济难以承受外来的力量冲击,因为该国的金融市场和经济规模缺乏足够的容量以及较完善的运行机制在保持平稳的条件下消化这种冲击。外部经济的波动很有可能导致该国经济的连锁反应,而外部的冲击也很容易引发该国金融市场的震荡甚至危机。因此在发展的早期,坚持一定程度的保护主义是有必要的。

二、金融危机的具体防范措施

（一）加强金融监管

加强金融监管是防范金融危机最重要的措施。由于金融创新的不断涌现,银行业与非银行金融业、金融业与非金融业(如房地产)、货币资产与金融资产的界限正在变得越来越模糊。这必然使得金融监管机构原有的调节范围、方式和工具不适应现实需求,需要进行调整。2008年世界金融危机之后,有学者提出应该进行监管性创新。监管性创新是指金融当局自觉适应金融的变化,超前进行法律方面的变革。这种创新主要体现在:(1)监管方式上,从机构监管过渡到功能监管。由于金融机构的全能化发展,传统的以机构为监管对象的方式便不再适应现实情况,而应以功能为基础进行监管。(2)监管标准上,从资本监管到全面性的风险监管。传统监管以资本充足率为标准,这种监管主要是针对信贷风险的,但金融创新使金融机构面临着其他各种风险,仅仅对信贷风险进行监管难以实现有效监管的目的。对信用风险、市场风险、利率风险、流动性风险等各种风险实行全面风险管理,已经成为各国及国际监管制度发展的一个重要趋势。(3)内部控制制度方面。传统的监管制度注重外部控制制度,随着金融创新的发展,各国及国际监管机构对于金融内部控制制度的健全性、有效性越来越给予高度重视。

(二) 建立金融危机预警系统

金融危机预警系统的基本框架是:明确金融危机预警的对象和指标,分析金融危机的征兆,预报金融危机爆发的可能性和程度。金融危机预警系统的步骤主要有五步:一是选定金融危机预警指标;二是确定预警指标在预警系统中的权重;三是测算金融危机发生的概率;四是确定金融危机发生的级别和威胁程度;五是预测金融危机爆发的时间。科学的金融危机预警系统的建立对于防范金融危机的发生,避免金融危机大爆发对于国民经济的不利影响,促进经济的健康发展非常重要。

(三) 改革现行的国际货币基金组织

由于受到美国和其他西方发达国家的过多干预,国际货币基金组织在贷款制度、全球资本流动的监测和预警系统方面存在着缺陷。有些经济学家主张改革国际货币基金组织,制定新的规则和宗旨,提高发展中国家在国际金融中的地位和作用,使发展中国家和发达国家平等参与国际资本流动和国际金融运行规则的制定,规范国际金融市场行为。目前需进一步提升其防范和支持当事国化解金融危机的能力,协调成员方的货币政策,提供中长期贷款以协助其克服国际收支的困难。

(四) 加强国际金融的合作与协调

经济全球化的加深,需要加强国际金融的合作与协调。从协调的国别上看,首先是发达国家和发展中国家的协调,其次是发达国家之间的协调,最后是区域之间的国际金融合作与协调。从协调的领域来看,则包括国际金融监管、国际金融内部控制、国际金融市场约束和国际金融经营环境等方面的合作与协调。2008年的世界金融危机显示了国际协调和合作的必要性。

第十三章 市场经济危机与危机管理

(五) 开征托宾税

诺贝尔经济学奖得主、美国耶鲁大学教授托宾(Tobin)针对金融资产的流动性大大高于商品和劳务市场,有可能脱离商品和劳务成为投机活动的工具这种情况,提出应该对所有与货币兑换有关的国际证券和外汇即期交易征收税率统一的国际税,即"托宾税"(Tobin tax)。托宾税试图以交易成本的提高来减少国际资本流动的不稳定性,并降低国际证券价格和汇率的波动性。托宾将这种国际交易税形容为向快速运转的国际金融的飞轮中撒点儿沙子,让飞轮转得慢一些。

托宾税应该能够起到一定的抑制金融投机的作用。因为金融投机者的目的是在买卖股票、期货、外汇和房地产中赚钱,其利润等于出售价格减去购入价格和单位成本。对于投机者而言,有钱赚的条件是买卖的价格差较大,交易成本较低。如果能够增大投机活动的交易成本,其利润就会下降,从而抑制一些投机冲动,减少一些投机频率。

三、金融危机的治理措施

金融危机的治理与金融危机的防范不同,防范重在长期目标,旨在通过构造一个稳定的金融系统,将潜在的风险抑制在较小的范围,从而达到延缓金融危机发生或在一段时间内不发生的目的。因此,金融危机的防范着重从宏观经济环境、微观制度设计、监管体系、国际金融合作等角度来进行。而金融危机的治理重在短期见效,目的是预防失败,是在金融危机已然生成后,对之进行的有的放矢的控制,以求其危害程度和辐射范围达到最小。因金融危机的主导因素各不相同,治理的重点也应该有所区分。现就四种比较常见的金融危机类型分析其具体的治理办法。

(一) 对银行危机的治理

对于银行危机的治理关键是稳定信心,治理的重点要放在救助金融机构、维护债权债务关系等方面。

(1) 救助金融机构。金融机构的救助常常根据不同的类型而有不同的治理方式。对于陷入危机不深的金融机构可以采取勒令整顿的方式,从其组织结构、人事管理、资产负债等多方面进行整顿,达到提高效率、恢复盈利能力的目的;对于陷入困境的金融机构还可采取购并或者合并的办法。所谓购并是由一家健康的金融机构收购不良金融机构的全部或者大多数的股权。合并是指不良的金融机构与其他金融机构的合并。这两种方式的目的是调整金融结构,获得规模经济,增强资金实力,改善信用,保护存款人的利益,避免金融恐慌和大规模的倒闭风潮。对于已无力通过自救手段渡过难关的金融机构还可以由外部力量进行接管。实施接管的机构主要是金融监管当局和存款保险组织。接管的目的是保护存款人的利益,恢复金融机构的正常经营能力,是一种行政性挽救措施,但是并不意味着接管后就可以避免破产。如果被接管的对象财务状况很坏,接管后仍可能宣布破产。在破产中不符合保险条件的债权人将不可避免地遭受损失,因此各国金融监管当局都尽力避免金融机构破产的可能性。但是,破产作为市场优胜劣汰机制的一种表现,对于增强金融机构、投资者的风险意识,调整金融业结构具有积极的意义。

(2) 维护债权债务关系。如果银行业危机中债权债务关系得不到维护就会动摇公众的信心,对整个经济和社会带来致命的打击。为了维护债权债务关系,事前的制度安排就是存款保险制度。存款保险制度是指,为了维护存款者的利益,维护金融体系的安全和稳定,各金融机构依法按其吸收的存款数额向保险公司投保,以便在非常情况下,由存款保险公司对金融机构客户支付必要的保险金的制度。存款保险制度起源于20世纪30年代的美国,旨在通过保障和维护存款人的利益来恢复公众对于银行的信心。当时的大萧条使美国意识到建立存款保险制度对于维护以银行为轴心的金融系统非常重要。20世纪60年代以后,欧洲、美洲和亚洲的大部分国家和地区逐步深化了对于存款保险制度的认识,先后效仿美国建立起存款保险制度。该制度的出发点是防止危机时对银行存款的挤兑,以稳定金融系统。但是该制度可能引发银行业的道德风险问题。

在银行危机时,为维护债权债务关系,使银行业渡过难关,必须对银行的不良贷款进行果断、迅速的处理。对不良贷款的处理方法主要有流量处理法和存量处理法。流量处理法是增加银行启动性贷款或股东注资,使债权债务关系正常化,并使债务人和债权人都能够获得一定程度的流动性支持,从而阻止危机的扩大。存量处理法则是对原有银行不良贷款进行处理,包括破产冲抵、债务拍卖、债务重组、债转股、债务豁免等方式。

(二) 对股市危机的治理

对以股市危机为先导的金融危机,治理的重点应放在稳定资本市场,恢复市场信心方面。

第一,设立涨跌幅度等措施来限制过度的投机和杀跌行为以稳定股市价格。例如,我国台湾股市每日上、下波动的范围都是7.5%。但是,2000年10月,因为担心股市下跌太快,金融管理当局两次把下跌幅度由7.5%修正为3.5%。

第二,通过停市、停牌等措施来限制股价的急剧下跌。

第三,通过调节货币供应量来稳定股票市场。实行宽松的财政政策和货币政策,扩大货币供应量,有利于股市价格的提高。此外,也可以由政府直接介入资本市场或国有金融机构入场护盘以稳定股市。例如近年来,针对中国股市的低迷,一度有学者呼吁建立股市平准基金来稳定资本市场。

第四,通过对个别企业或机构的救助来稳定市场信心。

(三) 对国际收支危机的治理

对国际收支危机的治理是要恢复国际收支的平衡,其治理的核心是汇率问题。对于什么样的汇率制度于经济稳定是有益的,学者们有两种观点。

第一,维持汇率的稳定,限制国际资本的流动。为了维护汇率的稳定,在外汇市场受到冲击的时候,该国的政府必须干预外汇市场,阻止名义汇率的变动。但这种措施在面临投机性冲击时成本通常很大,其结果反而会使政府对官方汇率的保护成为投机者投机牟利的来源,最后政府往往不得不放弃干预。1997年的亚洲金融危机中泰国等国家的经历就证明了这一点。为维持汇率的稳定,该国还必须要加强对于国际资本流入流出的管理,对于离岸外汇账户的资金进出规定限额,建立本地证券市场大额账户的管理制度,加强对于金融衍生工具杠杆作用的控制,以提高国际资本投机的交易成本等。

第二,实行灵活的汇率以适应市场。主要有两种方法可供选择。一种是放宽基准汇率的波动范围,缓解因汇率固定对外汇储备的损耗。但是,波动幅度以多大为宜则需要进一步考虑,还有放宽波动幅度也可能反而引发市场交易者的负面预期,使汇率进一步下跌。另一种方法是放弃固定汇率,实行浮动汇率。浮动汇率能够自动调节国际收支的平衡,避免因货币投机而引发的被动性贬值。另外,浮动汇率制度可以提高政府国内宏观经济政策的有效性和固定性。但是,广大的发展中国家由于产业结构、价格结构等方面与发达国家相比的差距较大,完全放开汇率可能引发经济和社会的全面动荡。

(四) 对货币危机的治理

货币体系的危机一般表现为公众对货币币值信心的丧失,因此治理的重点应该放在控制货币供应量、稳定物价、维持公众对货币的信心等方面。

第一,控制货币供应量。例如用提高存款准备金率、提高贴现率、在公开市场上卖出政府有价证券等紧缩性货币政策或者增加税收、减少政府开支等紧缩性财政政策来控制货币供应量。

第二,稳定物价。面对公众对于货币币值丧失信心,为保值减损而采取抢购商品的行动时,政府应采取紧急措施,如动用物资储备、紧急进口等办法来平抑物价。

另外,货币危机一般也会同时表现在股票市场、外汇市场等上面,因此还需要政府协调运用稳定股市和汇市的政策措施。

四、国家财政和中央银行的职能作用

经济危机影响范围广泛,牵涉面大,因而需要各个方面的配合才能够取得较好的治理效果。其中,国家财政和中央银行能够发挥重要的作用。

(一)国家财政的作用

从历次的经济危机治理方法和效果上看,国家财政发挥了重要的作用。国家财政在这方面的主要职能体现在:

第一,用公共资金直接购买不良资产。1989年,为了帮助凭自身能力无望恢复业务的储蓄贷款合作社处理储户的存款,美国政府成立了债券重组托管公司,其处理办法是:首先接管破产的金融机构的资产和存款,然后动用财政资金,通过发行专项债券来筹措资金或卖掉破产金融机构资产,再直接支付存款。

第二,直接收购和接管破产的金融机构。例如美国房地美和房利美两家房贷金融机构在2008年的金融危机中出现巨额亏损,资不抵债。美国政府不得不于2008年9月7日由联邦住房金融管理局接管了房利美和房地美。

第三,向金融机构注入资本,提高资本充足率。2008年10月,英国财政部表示政府将向苏格兰皇家银行及成功完成合并的哈利法克斯银行和莱斯银行总计注资370亿英镑。完成注资后,上述银行的一级资本比率都将超过9%,大大高于国际最低标准。同时英国还打算成立一个新的独立机构,以实现专业化及纯商业化管理其在进行资本重组后的机构中持有的股权。

第四,税收优惠政策。美国财政部对于陷入困境,但有可能依靠自身力量解决困难的金融机构往往给予税收优惠,帮助其渡过危急时刻。2008年9月,针对金融危机的泛滥,美国政府还出台了针对个人和企业的1520亿美元的减税计划,以此振作经济。

(二)中央银行的作用

中央银行的一个重要使命就是作为最后的贷款人保证整个金融体系的安全和稳定。最后贷款人制度是指,中央银行对商业银行和其他金融机构办理再贴现和再抵押的融资业务。其主要手段是通过提供信用贷款、抵押贷款、票据贴现、短期透支、购买资产的方式,来解决危机中金融机构遇到的流动性困难。在金融恐慌和支付链条中断的情况下,如果不采取相应措施,就会发生金融动荡和经济危机。最后贷款人的职责就是全力支持资金周转困难的商业银

行和其他金融机构,以免银行挤兑风潮的蔓延和扩大以至于导致整个金融机构的崩溃。

从本质上讲,最后贷款人制度是一种保护措施,但是,金融机构在预期中央银行必定会施以援手的情况下,可能会有从事高风险活动的激励,从而产生金融机构的道德风险问题。因此,中央银行的救助通常是有选择和有限度的。例如,瑞典在处理1991年到1994年的银行危机中,运用吊床方法来确定应该救援的银行。具体方法是把银行的所有财务信息输入到某一预测模型。由预测模型对银行今后三年至五年的财务状况进行概率估算。如果某银行在一段合理的时间段内不能够恢复赢利,则中央银行不予支持,任其进行清盘或者兼并。如果某银行有可能在短期内接近最低法定资本充足率,则这时可以该行的自救为主,但在需要的时候央行也可提供一定的资金援助。如果某银行虽已产生了信贷损失,但基本经营业务财务状况良好,中期内可以持续赢利,央行会走到台前对其进行救助。

除了救助和接管外,中央银行还会采取强制提高银行体系的资本充足率、加大对银行的监管力度和信息公布等措施来增强金融机构的抗风险能力。例如,2008年年初,美国财政部长保尔森(Paulson)公布了一份旨在对金融监管体系进行结构性改革的计划,内容涉及大银行、投资公司、地方保险代理以及抵押贷款经纪人等广泛领域。在这份计划中,美联储被赋予监管整个金融系统的权力,以确保整体金融市场的稳定。

五、2008年美联储应对金融危机的一些手段创新[①]

2008年美联储在次贷危机爆发后的危机救助阶段,不断改革原有的政策手段,并应用了一系列新的救助政策,扩展了中央银行的最后贷款人职能,有利于恢复金融市场的稳定。这些创新手段主要有:

(一)公开市场操作和贴现窗口

在这次危机中,美联储将贴现窗口再贷款的期限延长至90天,将公开市场操作中的回购协议延长至28天,这虽然取得一定效果,但是并不很令人满意。主要原因是就公开市场而言,美联储必须通过和一级交易商的交易才能够把资金转移给商业银行和其他长期资金市场。然而交易商向商业银行和长期资金市场借贷资金的效率低下。就贴现窗口而言,很多金融机构不愿意使用,它们害怕

---

① 本部分参考邓启峰、朱本桂:《美联储救助次贷危机的创新及其对我国央行应对危机的启示》,《海南金融》2008年第9期,第39—40页。

一旦借款被债权人和交易方知道,会被认为其出现财务问题,引发更加严重的流动性危机。

(二) 定期贷款拍卖(TAF)

正是因为上述弊端,美联储创造了定期贷款拍卖机制。它允许存款类金融机构通过当地联邦储备银行以一定利率投标借款。与公开市场操作和再贴现相比,这种工具使美联储可以接受更加广泛的抵押品,向更多的金融机构贷款,确保当银行间市场紧张时流动性支持能够生效。

(三) 定期债权出借(TSLF)

基于美国次贷危机扩大的事态,美联储又于2008年3月采取了定期证券出借工具,目的是促进美国国债和其他抵押品市场的流动性。美联储表示,向一级交易商提供的2000亿美元的美国国债借贷的期限为28天,而不是常规的隔夜形式。根据TSLF,美联储接受的抵押品包括联邦机构债权、联邦机构住房抵押贷款支持证券(MBS)以及非政府机构AAA住房MBS债券。这2000亿美元的美国国债将通过拍卖程序提供。

(四) 一级交易商信贷便利(PDCF)

这一计划允许一级交易商以更广泛的抵押品从纽约储备银行获得隔夜贷款便利。这些抵押品包括所有可用于公开市场操作的抵押品,以及价格可询的投资级公司债券、市政债券、抵押贷款支持债券和资产支持债券。在PDCF下,央行的触角从银行体系延伸到证券市场。

(五) 货币互换

在此次危机中,美联储与欧洲央行、瑞士央行开展了货币互换,额度分别达到300亿美元和60亿美元。货币互换满足了美国以外金融机构对美元的流动性需求,有效避免了海外金融机构通过抛售美元长期资产缓解流动性危机的问题,从而缓解了美国本土金融市场的抛售压力。

六、2009年欧债危机的启示

通过对欧债危机的形成过程、爆发原因的梳理,可以得到以下几点启示。

(一) 控制债务规模,维持主权债务的可持续性

一是债务规模要与其经济实力相匹配。政府债务不应超过国内生产总值的85%;发达国家的债务率应小于90%,发展中国家的债务率应小于60%;偿债率应小于15%;负债率应小于25%;(外汇储备/外债余额)应在30%—50%之内;(外债增速/GDP增速)应小于1;(短期外债/外汇储备)应小于1;国债依存度应

小于20%。①二是要改善债务结构。要尽量减少短期债务的比例,防止债务期限错配。应减少浮动利率债务的比例,可增加本币债务的比例。提高非营利性机构持有的债务比例,增加长期战略投资者持有的债务比例,减少短期投机者持有的主权债务的比例。三是债务使用领域应利于提高偿债能力。如尽量发展生产,而不是盲目扩大基础设施建设,或是借新账还旧账、改善国民福利、进口日用品、弥补军费开支等。因为这些都不利于提高一国的偿债能力,也就削弱了债务的可持续性。

(二)提高经济实力,增强偿债能力

由于房地产和金融业的过度增长会对实体经济产生挤出效应,以顺周期产业为主的经济结构抗不对称冲击能力较弱,因此各国首先应立足发展实体经济。尤其应振兴制造业,警惕金融业和房地产业过度增长,减少虚拟经济比重。欧美曾提出的"重振制造业"战略就是正确的抉择。同时,这也对新兴国家造成了冲击。以中国为代表的外贸依存度高的新兴国家要扩大内需以带动经济增长,不断增强本国产品和服务的竞争力,提高劳动生产率,增强财政实力,以规避主权债务危机的传导。其次,各国要减少国民负债率,提高私人储蓄率,藏富于民。在私人储蓄充足的国家,政府还可以向私人募集救市资金,尽快阻止危机蔓延。最后,应推进税收体制改革,增加财政收入,改善税收结构。受金融危机的影响,各国的税收有所减少,应实施税收改革,加大逃税打击力度,提升富人征税率,提高污染企业的环境税;同时减免低收入人群、中小企业的税收,以实现社会资源合理的再分配。

(三)提高金融监管的系统性和针对性

加强主权债务风险防范,亟须提高金融监管的系统性和针对性。一是要加强金融机构的宏观审慎监管。原有的监管更关注单个金融机构的稳健运营,而对多个金融机构之间的交易及合作的监督不够。而现有的金融机构往往包含商业银行、投资银行、基金公司、保险公司和证券公司等多家机构,一旦爆发金融危机,其连锁效应将对金融系统产生巨大冲击。宏观审慎监管的首要目标就是监测金融系统性风险,指导政府、金融机构及时处理系统性漏洞,规避危机发生。②《巴塞尔协议Ⅲ》就规定,2015年1月之前,各银行需增设"资本防护缓冲资金",不低于银行风险资产2.5%,银行在繁荣时期就可积攒防护缓冲资金。我国近期

---

① C. M. Reinhart and K. S. Rogoff, "Growth in a Time of Debt", *American Economic Review*: Papers & Proceedings, Vol. 100, No. 2, 2010, pp. 573-578.

② 〔日〕河合正弘、〔美〕迈克尔·波默里诺:《防范金融危机:宏观审慎监管与最低国际标准》,胡妍斌译,《新金融》2010年第4期,第5页。

也出台了各种宏观审慎措施,以促使银行从过热的房地产业抽身。这对减少房地产金融化对经济的损害十分必要。同时,还应加强国际监管与政策的协调。二是对冲基金的大举做空加剧了本轮债务危机的形成与传导,要加强对对冲基金的监管。2011年8月12日,法国、意大利和西班牙出台了禁止卖空交易的规定,使投资者和对冲基金转而做空美国股市。同时,监管方还可出台资本管制政策,以稳定经济金融形势。但这仅限在极其危急时短期启用,在中长期可能会扭曲资本配置。三是应改进资产负债表的记账方式,防止对手方风险。改进资产负债表记账方式有利于信贷市场的信息交流和数据采集,便于政府对本国资产负债情况进行风险分析,降低对手方风险。如2002年至2009年,东亚共有超7万亿美元外流,考虑到资本收益和其他计价方式等因素后,达9万亿美元。但只有约3万亿美元可跟踪到对手方数据,政府很难进一步分析资金外流的原因并采取有效措施,不利于金融稳定。

【关键术语】

经济周期　经济危机　金融危机　泡沫经济　次贷危机　托宾税

【复习思考题】

1. 什么叫作经济周期,它分为哪几个阶段?
2. 经济周期有哪些类型?
3. 列举五个经济周期的形成原因。
4. 社会主义市场经济会有经济周期吗?
5. 什么叫作经济危机?列举两个经济危机成因的理论。
6. 什么叫作金融危机?为什么金融危机往往是经济危机的先导?
7. 论述资金借贷的失衡会引起金融危机。
8. 阐述泡沫经济与金融危机的关系。
9. 你认为经济危机应该如何防范?
10. 什么叫作托宾税?它对金融危机的防范有什么意义?
11. 对银行危机的常见治理办法是什么?
12. 对股市危机的常见治理办法是什么?
13. 对货币危机的常见治理办法是什么?
14. 国家财政在经济危机治理方面的职能是什么?
15. 论述中央银行在金融危机中的治理作用。

【参考书目】

1. 白永秀、王颂吉:《欧债危机的深层次原因分析及其启示》,《河北经贸大学学报》2012年第3期。
2. 曹元芳等:《美国次贷危机:原因、机制及教训》,《华北金融》2008年第5期。
3. 陈学彬等:《当代金融危机的形成、扩散与防范机制研究》,上海财经大学出版社2002年版。
4. 邓启峰、朱本桂:《美联储救助次贷危机的创新及其对我国央行应对危机的启示》,《海南金融》2008年第9期。
5. 李树生、祁敬宇:《从美国次贷危机看金融创新与金融监管之辩证关系》,《经济与管理研究》2008年第7期。
6. 刘力臻:《国际金融危机四重分析》,东北师范大学出版社2002年版。
7. 栾彦:《欧债危机的形成机理、传导机制及防范策略研究》,《经济学家》2014年第3期。
8. 裴桂芬等:《国际金融动荡研究》,人民出版社2003年版。
9. 石俊志:《金融危机生成机理与防范》,中国金融出版社2001年版。
10. 陶存文:《论存款保险制度下的道德风险及其控制》,《对外经济贸易大学学报(国际商务版)》2005年第3期。
11. 王霞、王启利:《欧债危机:原因、对策与启示》,《河北经贸大学学报》2012年第3期。
12. 韦伟等:《金融危机论——经济学角度的分析》,经济科学出版社2001年版。
13. 向新民:《金融系统的脆弱性与稳定性研究》,中国经济出版社2005年版。
14. 郁方:《金融癌症——全球金融风险与秩序重整》,广东人民出版社2002年版。
15. 赵长峰:《国际金融合作:一种权力与利益的分析》,世界知识出版社2006年版。
16. 周骏等主编:《中国金融风险的管理与控制》,中国财政经济出版社2005年版。
17. 〔美〕查尔斯·P. 金德尔伯格:《经济过热、经济恐慌及经济崩溃:金融危机史(第3版)》,朱隽、叶翔译,北京大学出版社2000年版。

第十四章 政府采购

【教学目的和要求】

通过本章学习,掌握政府采购的基本概念;了解中国政府采购制度的实践框架;了解政府采购的监督约束机制;尝试提出创新政府采购制度的可行建议。

第一节 政府采购概述

一、政府采购的相关概念

(一) 采购的概念和分类

不同的人对于采购的概念有不同的理解。有人认为,采购是指采购人或采购实体基于生产、销售、消费等目的,购买商品或劳务的交易行为。它如同销售在市场上一样常见。美国采购学家斯图尔特·F.亨瑞芝(Stuart F. Heinrits)认为采购还包括采购交易前的计划、供应货源的研究以及采购交易后的合同管理等方面。

我国台湾学者叶彬认为采购是一种技术。"采购即是以最低总成本,于需要时间与地点,以最高效率,获得适当数量与品质之物资,并顺利交于需要单位及时使用的一种技术。"[①]

英国政府采购学者彼得·贝利(Peter Baily)等将采购描述为一种过程。"组织采购是这样一个过程,组织确定它们对货物与服务的需要,确认和比较现有的供应商和供应品,同供应商进行谈判或以其他方式同其达成一致的交易条件,签订合同并发出订单,最后接收货物或服务并支付货款。"[②]

不同的采购专家和学者基于不同的角度对采购概念的认识仁者见仁,智者见智,为我们从多角度认识采购提供了途径。

---

① 叶彬:《采购学》,立学社图书公司1982年版,第10页。
② 〔英〕彼得·贝利等:《采购原理与管理(第10版)》,王增东、李梦瑶译,电子工业出版社2009年版,第9页。

第十四章 政府采购

英国政府采购学者贝利依据采购职能的范围和目标以及采购职能在实现组织目标中的重要性将采购分为商业领域采购、公共领域采购和制造业采购。"商业领域采购是为了转售而进行采购和储存货物;公共领域采购包括在中央和地方政府以及其他公共服务部门,是为了向公众提供公共服务而采购;制造业采购是为了制造、加工货物或材料进行采购和销售。"①从本质上讲,商业领域采购和制造业采购有共同之处,即它们都是为了赢利,这一点与公共领域采购有着本质的区别。

另外依据采购主体的不同和赢利性等标准,也可以将采购划分为政府采购(公共采购)和私人采购。政府采购是以政府机构或履行政府职能的部门为主体进行的采购,而私人采购是以自然人或私有企业为主体进行的采购。它们之间既有共同之处,也有不同之处。其共同之处是两者根本目标的一致性:"采购之根本目标在于识别所需材料的来源,并在需要的时候以尽可能经济的方式按可接受的质量标准获得这些商品。采购部门必须能够快速有效地满足需求,并且采购政策和程序必须同商业惯例相吻合。"②

(二) 政府采购与私人采购的区别

美国著名学者哈里·罗伯特·佩奇(Harry Robert Page)认为政府采购和私人采购的区别主要体现在:

(1) 政府采购所支出的资金是公共资金,而不是公司业主或公司法人的资金,因此只能按法律的规定进行开支。为此,要实施严格的预算限制和公共审计程序。

(2) 采购和分配的产品是为了请购机关或部门之用,通常它们不用于制造或转售之目的。

(3) 从事和管理政府采购职能的人员没有公司雇员需要赢利的动机。

(4) 政府采购过程是或应该是在完全公开下进行的,所做的任何事情都要做记录,没有秘密可言。而在私营领域,管理当局没有必要透露采购的要求、规格、来源、招标条款或支付的价款。

(5) 政府采购程序事先经过严格规定,公共采购和物料管理者几乎毫无例外地在严格的法律和管理限制下操作。同私营领域的同行相比,他们没有多少灵活性。因此,公共领域采购的创新发展得相当缓慢。

(6) 公共官员、管理者受到公众和新闻媒体的监督,渎职、失误等行为都可

---

① P. J. H. Baily, *Purchasing and Supply Management*, New York: Chapman and Hall Ltd., 1978, p. 6.
② Herold E. Fearon, Donald W. Dolder and Kenneth H. Killen, *The Purchasing Handbook*, 5th ed., New York: McGraw-Hill, 1993, p. 3.

能被曝光。而在私营领域,只有重大的失误或欺诈才会被曝光,其他情况一般做内部处理。

(7) 政府可以而且确实具有至上的能力,其采购行为足以左右市场。这就使得公共采购官员处于一个具有相当大影响力的位置,有可能滥用他们的职权。而私营企业则很少有这样的影响力。①

(三) 政府采购的内涵和特点

政府采购的理论基础是"公共产品"理论。在社会总产品中,消费资料中用于公共需要的部分,就是我们经常所说的公共产品。马克思指出,用于公共需要的部分可分为三类:一是同生产没有直接关系的一般管理费用;二是用来满足共同需要的部分,如学校、保健设施等;三是为丧失劳动能力的人等设立的基金。马克思科学地预言:用于满足共同需要的那部分将会立即显著增加,并随着新社会的发展而日益增长。② 因此,为了规范政府的采购行为,一些市场经济发达的国家专门提出了政府采购这个概念。

政府采购属于财政支出的范畴,各国政府为满足本国的教育、国防、公共基础设施、公共健康和安全之需要,经常购买大量的货物、服务和工程,这些在政府支出中占有很大份额,并在国内经济发展中起着非常重要的作用。

2012年世界贸易组织修订的《政府采购协议》将政府采购界定为:在协议附录中列明的中央政府实体、次中央政府实体、全部其他实体购买、租赁、租购货物、服务以及其他未被排除的对象的行为。

《中华人民共和国政府采购法》将其规定为,各级国家机关、事业单位和团体组织,使用财政性资金采购依法制定的集中采购目录以内的或者采购限额标准以上的货物、工程和服务的行为。

综上,可以将政府采购理解为:一国政府及政府机构或其他直接和间接受政府控制的企事业单位,为实现其政府职能和公共利益,使用公共资金获得货物、工程或服务的行为。政府采购是社会集团购买的主要内容,既包括购买货物,也包括购买劳务。"政府采购不仅是指具体的采购过程,而且是采购政策、采购程序、采购过程及采购管理的总称,是一种对公共采购管理的制度。"③

政府采购行为在法律形式上大都采用合同形式。所谓政府采购合同是指政府部门、政府机构或其他直接或间接受政府控制的任何单位、企业,为了实现政

---

① Harry Robert Page, *Public Purchasing and Material Management*, Mass.: D. C. Heath Company, 1998, p. 7.
② 《马克思恩格斯选集》(第3卷),人民出版社1995年版,第303页。
③ 楼继伟主编:《政府采购》,经济科学出版社1998年版,第1—3页。

府职能和社会公共利益,以消费者身份使用公款而签订的获得货物、服务、工程等的合同。

综合中西方专家学者的观点,政府采购的特点可以概括为:

(1) 主体的特殊性。政府采购的主体是特定的,主要是依靠国家财政性资金运作的政府、政府部门、事业单位及其他授权机构。

(2) 资金来源的公共性。政府采购资金来源于政府财政拨款,即由纳税人的税收形成的公共资金,而私人采购的资金来源于采购主体的私有资金。

(3) 领域的广泛性。政府采购对象从汽车、家具、办公用品到武器、航天飞机等无所不包,涉及货物、工程和服务等各个领域,这是私营组织采购难以相比的。因此,采购领域的广泛性成为政府采购的一个重要特点。

(4) 程序的规范性。大多数国家都制定了系统的政府采购制度,对采购程序进行了严格的规范和限制。

(5) 过程的公开性。政府采购一般是在完全公开的情况下进行的,一切采购活动都要做公开记录,所以采购过程具有公开性。

(6) 市场的保护性。各国普遍重视政府采购过程中对本国产业及就业的保护。例如,美国虽然已签署世界贸易组织的《政府采购协议》,但《购买美国产品法》(Buy American Act)强调:政府出于公共目的必须购买本国产品,除非本国所供应的货物或服务的价格"不合理"或者不符合美国的公共利益。

二、政府采购的目标和原则

基于政府采购的管理性、公开性、平等性、竞争性等特点,政府采购目标的实现必须依靠完善的政府采购立法和有效的政府采购制度,并将政府采购的目标和为实现这些目标而贯穿在整个采购法律中的基本原则明确规定在这些法律制度中。在政府采购制度中确立政府采购的目标和原则,对建立有效的政府采购制度和实现这一目标具有重要的意义。国际政府采购规则都在其首要部分对政府采购的目标和原则进行了阐述。

(一) 政府采购的目标

1. 增强经济性和有效性

经济性和有效性目标是指政府采购所购入的商品或劳务,应成为有关政府部门运营过程中必需的,且规格适当、价格合理、品质合乎需要。也就是说,要用尽可能小的投入,获得尽可能大的产出。其中,经济性是指采购资金的节约和合理使用;有效性是指采购物品的质量要保证满足使用部门的要求,同时要注意采购的效率,要在合同规定的合理时间内完成招标采购任务。

由于政府采购资金来源的公共性,采购机构必须谨慎合理地使用采购资金,这就决定了它的最基本目标就是确保资源的有效利用,实现物有所值。而政府公共资金来源的有限性,决定了政府采购,不论是建设一个项目,还是机关发展开支,都受到政府财政预算的约束,客观上需要将有限的资金用在急需和优先发展的地方。而政府采购的非经济性行为,不仅会使采购达不到预期的目的,还可能导致宏观经济的失控和混乱。因此,政府开支的经济性对所有国家特别是资金短缺的发展中国家尤其重要。另外,政府采购的效率如何,直接关系到采购资金的节约或浪费。一方面,采购的效率低下,如周期太长、延误采购等都会直接带来损失。另一方面,采购程序如果过于烦琐,可能迫使投标报价升高。由此可见,采购效率是与采购的经济性紧密相连的,也是政府采购所要达到的重要政策目标之一。

国际政府采购规则都把政府采购的经济有效性作为首要目标。如世界银行在贷款协议中规定:"确保任何一笔贷款款项只能为提供贷款的目的之用,并在使用时充分考虑经济和效率,而不是适宜政治的或其他非经济性的影响或考虑。"①世界银行的《国际复兴开发银行贷款和国际开发协会信贷采购指南》(以下简称《采购指南》)为此规定:"在项目实施,包括有关的货物和工程采购中,必须注意经济和效率。"另外世界贸易组织的《政府采购协议》也将其作为应促进的目标之一,试图通过扩大政府采购的竞争范围,增强透明度和客观性来提高政府采购程序的经济和效率。欧盟的《政府采购指令》②也认为,通过实现《欧共体条约》来创设一个统一的内部市场,缔约国可以从中获得国际采购的比较价格利益,进而促进缔约国政府采购的经济有效性。

2. 促进国际贸易自由化

国际政府采购规则都将国际贸易自由化的实现作为主要目标。如世界贸易组织的《政府采购协议》就规定了其基本目标之一为:通过建立一个有效的关于政府采购的法律规则、程序和措施方面的权利和义务的多边框架,实现世界贸易的扩大化和更大程度的自由化,改善和协调世界贸易运行的环境。联合国的《采购示范法》也规定,应促进和鼓励供应商和承包商参与采购过程,尤其是在适当的情况下促进和鼓励不论任何国籍的供应商和承包商的参与,从而推进国

---

① 杜炎、曾刚编著:《企业如何参加政府采购》,民主与建设出版社2002年版,第5页。

② 欧共体早在1966年就在《欧共体条约》中对政府采购做出了专门规定。后来欧盟在该条约的指导下,相继颁布了关于公共采购各领域的公共指令,构成了目前欧盟独具特色的公共采购法律体系。在这个体系中,有四部指令是关于政府采购的实体性法律,有两部是程序性法律。这六部指令(《政府采购指令》)是适用于欧盟范围内的公共采购的主要规则。

际贸易的发展。欧盟的《政府采购指令》也同样规定了促进欧共体区域贸易自由化的目标。

这些国际组织之所以将促进国际贸易作为其基本目标之一,一方面是由这些规则的性质所决定的;另一方面是因为通过国际贸易的扩大,可以进一步加大投标商之间的竞争,从而使贸易机构可以获得投标之比较价格的利益。

3. 促进财政资金使用的公开、公正、公平

财政资金使用的公开、公正、公平目标对建立有效的政府采购制度具有重要的意义。这主要是因为,政府的采购会因其范围广、数量多、金额大而对腐败行为有较大的诱惑,或提供更多机会。尽管每一级政府都会参与物资和劳务的采购,但许多的官员或一般公众对采购程序却知之甚少,因而采购人员在没有大的被发现的风险的情况下使用各种方法来操纵结果是完全可能的。在实践中,政府采购中的腐败问题具有广泛性,而且是众所周知的事实。显然,政府采购中的腐败问题是一个值得注意的问题。

另外,采购过程中的廉洁将有助于提高公众对采购机构及有关方面的信任程度,有助于公众信任采购过程、信任政府部门。只有建立了这种信任关系,潜在的供应商才会积极参与政府组织的采购活动,进而实现采购的经济性。特别是在国际招标中,除非外商相信他们能够得到公平的机会、公正的待遇,并有机会中标,否则,他们不会浪费时间和金钱参加政府的采购活动。而通常对政府采购中腐败问题的防治,一方面需要增强政府采购的公开、公平原则,使政府采购过程处于公众的监督之下;另一方面要在政府采购立法中增加惩罚欺诈行为和行贿受贿的条款。现在的国际政府采购规则都规定了质疑、审查和接济程序,以实现政府采购的这一目标。

4. 扶持民族工业

为了确保本国经济的良好发展,并扶持民族工业,各国政府通常会要求在采购中优先照顾本国的商品、劳务、技术和工程等。而在此方面,发达国家比发展中国家要积极得多。如《购买美国产品法》就是美国政府通过政府采购立法直接干预国内经济的最明显例证,该法确立了美国产品在政府采购中的优先地位。

5. 其他社会经济目标

许多国家将促进技术转让和推广、优化本国进口产品的结构、改善国家的贸易平衡状况、节省外汇等作为本国政府采购的目标。美国联邦政府采购还将实现公共利益作为它的基本使命,通过将政府采购合同的一部分授予中小型企业,并优先分包给有资质的困难企业发展项目,以及将政府采购合同授予劳动力剩余地区的公司等措施来帮助和保护小企业和困难企业。

（二）政府采购的原则

政府采购原则是指贯穿于政府采购规则中,为了实现政府采购目标而设立的一般性规则。在市场经济国家,政府采购被称为"阳光下的交易",政府采购的官员被称为生活在"金鱼缸"之中,由此可以说明政府采购公平、公正、公开的特性,这也是政府采购的核心原则。[①] 归纳分析国际政府规则中的采购原则,大致有以下几个重要的原则,这些原则是实现政府采购目标的重要保障。

1. 竞争性原则

世界各国都将竞争性原则作为政府采购的一项重要原则。政府采购合同中一个重要的假设是,竞争价格是合理价格,政府采购目标主要是通过促进供应商、承包商或服务提供商之间最大限度的竞争来实现的。通过竞争,政府采购机构就可以形成买方市场,从而实现最有利于买方的市场局面。公开竞争是政府采购制度的核心。将竞争机制引入公共支出的使用过程中,符合纳税人对政府少花钱、多办事的愿望,同时提高了采购活动的透明度,便于纳税人监督公共资金的分配和使用。

竞争可以促使投标人提供更好的商品、劳务、技术等,并且设法降低产品成本或投标报价,从而使用户可以以较低的价格采购到质量较高的商品,实现政府采购高效率的目标。

在政府采购中,采用有组织、公开、规范的竞争采购方式,才能充分体现政府采购的公开、公平、公正。而招标投标是这种竞争方式的一种高级形式。因此在各国的政府采购中,首选的采购方法便是招标投标。

其中,竞争原则主要是通过发布招标公告或竞争邀请来体现。公告可吸引众多的供应商参与竞争,公告效应的大小直接决定着竞争程度,所以各国政府采购制度都规定了公告发布的形式、程序;同时,还对公告的时间效力做出了明确的规定,以确保供应商有足够的时间决定是否参与竞争或为参与竞争做准备。

2. 公开性原则

公开性原则亦称为透明原则,指有关政府采购的法律、政策、程序和采购活动都必须对社会公开。公开或透明是世界各国管理公共支出的一个重要特征,因为政府采购合同是采购机关使用纳税人的税款或其他公共专项资金签订的买卖合同,所以在采购中必须对纳税人及社会公众公开。

透明的采购方法和采购程序具有较科学的预测性,供应商可以计算出它们参加竞争的代价和风险,从而提出最有竞争力的价格;同时,透明的采购还有助

---

① 曹富国、何景成编著:《政府采购管理国际规范与实物》,企业管理出版社1998年版,第35页。

于防止采购机构及其上级主管部门做出随意或不公正的行为或决定,从而增加潜在的投标人的信心。在政府采购中,公开性原则须贯穿始终。首先,有关采购的法律和政策都公布于众,并严格依法采购;其次,采购项目和合同条件都要公开,投票人资格预审和评价投标的标准都事先告知公众,并且严格按照公布的标准、条件进行评标、开标;再次,在整个采购过程中,一切活动都必须有明确、真实的记录,以便公众和检察、监督机构审查和监督;最后,为保证公开性原则的实现,采购机构要接受来自投标方的质疑和询问,并对该质疑、询问进行真实的解答、说明。通过这些措施使政府采购真正置于广大纳税人或其他公共投资者的监督之下。

3. 公平性原则

公平性原则是指所有参加竞争的供应商都能获得平等的竞争机会,并受到同等待遇,亦即允许所有有兴趣参加投标的供应商、承包商、服务提供商平等地参加竞争;采购机构向投标人提供的信息等应一视同仁,不得采取歧视性的策略;资格审查和投标评价对所有参与政府采购的供应商使用同一标准。

另外,在政府采购法律制度中,公平性原则还体现在兼顾弱小企业利益方面。政府采购除了追求经济、高效的目标外,还要追求全社会共同进步、富足、繁荣的公共利益目标。在政府采购招标投标中,小企业、少数民族企业、边远地区企业、暂时困难的企业往往处于非常不利的地位,如果按照程序公平原则,它们很难赢得投标,获取与政府签订采购合同的机会。因此政府采购制度中需要针对具体的采购项目,采取一些特殊措施,使弱小企业也能签订一部分政府采购合同,从而推动全社会经济的协调发展。在一般的私人企业经济活动中,法律不可能强行要求强者一定照顾弱者,但是在政府采购这种以政府强制力干预经济生活、以社会公共利益为重的活动中,政府可以依法放弃自己的一部分利益去照顾弱者。

4. 公正性原则

公正性原则是建立在公开、公平基础之上的,只有在采购过程中保证了公开和公平,才能进一步确保采购结果的公正。公正原则主要由政府采购管理机关、执行机构和中介组织来执行。政府采购的管理机关要保证政府采购规则在执行中不偏不倚、一视同仁;执行机构必须对各供应商提出相同的供货标准和采购需求信息,对物品的验收要实事求是、客观公正;中介组织要在开标和评标过程中进行公正评价。

5. 效率性原则

效率性原则包括经济效率和管理效率两个方面。经济效率原则一方面要求政府采购制度在市场对资源配置起基础性作用的前提下,切实强化财政支出调控,有效提供公共产品,保持宏观经济稳定,实现经济结构调整,促进民族工业发展,以实现市场机制与财政政策的最佳结合;另一方面,也要节约财政资金,提高使用效率。管理效率原则很大程度上建立在公平原则基础上,要求政府经常公布招标信息,及时购买物美价廉的商品和劳务,减少资金流转环节,控制财政支出和加强财政监督,提高管理效率。一般来说,采购成本越低,节约的财政资金比例越大,管理效率也就越高。

此外,各国还根据本国的具体情况确定了自己的政府采购原则,如澳大利亚的道德原则、环境保护原则、促进本地工业发展原则等;韩国的诚实和信用原则等。

第二节 中国政府采购的实践运行

一、当代中国政府采购制度的建立与发展

(一) 当代中国招标投标制的建立

1980年10月17日,国务院发布的《关于开展和保护社会主义竞争的暂行规定》中提出"对一些适宜于承包的生产建设项目和经营项目,可以试行招标、投标的办法",这是我国首次在政府文件中提出招标、投标,也是推行招标、投标最早的国务院规定,同时它也标志着我国政府采购实践活动的开始。从1981年起,我国在深圳市和吉林省开始了招标、投标的试点。1983年,城乡建设环境保护部印发了《建筑安装工程招标投标试行办法》,规定"凡经国家和省、市、自治区批准的建筑安装工程,均可按本办法的规定,通过招标,择优选定施工单位。持有营业执照的国营建筑企业和集体所有制施工单位,均可通过投标,承揽工程任务"。这是我国第一个对招标、投标做出详细规定的办法。从1984年该试行办法发布实施起,我国开始全面推行招标投标制。其中在1984年,国务院颁发了《关于改革建筑业和基本建设管理体制若干问题的暂行规定》,提出"大力推行工程招标承包制","要改革单纯用行政手段分配建设任务的老办法,实行招标投标"。1985年,国家计划委员会和城乡建设环境保护部印发了《工程设计招标投标暂行办法》,规定"今后大中型项目的工程建设,都要积极创造条件,由建设单位或委托咨询公司进行设计招标。凡持有设计证书的国营、集体和个体设计单位都可以按照批准的有资格承担的业务范围参加招标"。这个暂行办法的颁布标志着我国除施工实行招标投标外,工程设计也实行招标投标制。1996年年底,城乡建设环境保护部参照世界银行贷款项目的招标投标做法颁布了《建设工程施工招标文件范本》,标志着我国招标投标进一步走向规范化。1984年

我国刚开始全面推行招标投标制时，招标投标的项目面积只占到当年建筑施工面积的 4.8%，到 1996 年已占到 54%。1999 年，我国为了规范招标投标活动，保护国家利益、社会公共利益和招标投标活动当事人的合法权益，提高经济效益和保证项目质量，通过了《中华人民共和国招标投标法》并于 2000 年 1 月 1 日起正式实施，随后在 2017 年又对该法进行了修正。2004 年，财政部也发布了《政府采购货物和服务招标投标管理办法》并在 2017 年进行了修订。

（二）政府采购法的出台

1. 出台政府采购法的背景

政府采购作为政府直接参与经济的活动，需要协调好政府宏观调控与市场正常运作，行政管理权限与市场规律、法律法规等多种关系，合理规范政府采购的程序、方式及自由裁量权的幅度。仅仅依靠 1999 年出台的《中华人民共和国招标投标法》、部门规章和地方性法规，仍会给政府采购制度留下一些"真空"地带，无法彻底起到规制作用。从促进财政管理体制改革、加强宏观调控能力、克服腐败现象、融入国际采购市场竞争格局等方面来看，我国都需要出台一部能统一规制政府采购的法律。

1999 年 4 月 9 日，全国人大财经委员会设立的政府采购法起草组成立，标志着政府采购法起草工作正式开始。2000 年 10 月，起草组提出了政府采购法的初稿。之后数次召开了政府采购立法国际研讨会，征求来自中央和各省市以及美国、德国、澳大利亚等国家的专家学者的意见和建议。2002 年 6 月 29 日，第九届全国人大常委会第二十八次会议通过了《中华人民共和国政府采购法》，并于 2003 年 1 月 1 日起施行。随后在 2014 年 8 月 31 日，十二届全国人大常委会第十次会议又对该法进行了修正。

政府采购法根据我国当前的国情，充分总结吸收了以往政府采购工作中取得的经验，借鉴比较了西方国家成熟的政府采购立法和有关国际条约，并注意到了政府采购对经济全球化和国际贸易自由化的影响。它的正式出台，标志着我国推进政府采购制度的进程又实质性地往前迈进了一大步。作为政府采购的基本法，政府采购法必然会在规范政府采购行为、统一地方性采购法规、加强与国际接轨等方面起到重大的作用。

2. 政府采购法的基本框架和内容

政府采购法分总则、政府采购当事人、政府采购方式、政府采购程序、政府采购合同、质疑与投诉、监督检查、法律责任和附则等九章，共计 88 条。总则中表明政府采购法的首要目的是规范政府采购行为，指出政府采购应当有助于实现国家的经济和社会发展政策目标，包括保护环境、扶持不发达地区和少数民族地区、促进中小企业发展等。

政府采购当事人有广义和狭义之分。广义的政府采购当事人是指任何在政府采购活动中享有权利和承担义务的人,除了采购方和供货商之外,还包括政府采购业务代理机构等参与政府采购的社会中介机构。狭义的政府采购当事人仅指采购方和供货商。政府采购法中的政府采购当事人使用的是广义上的概念。

采购人是指依法进行政府采购的国家机关、事业单位和团体组织。集中采购机构为采购代理机构,它是非营利的事业单位,根据采购人的委托办理采购事宜。供货商是指向采购人提供货物、工程或者服务的法人、其他组织或者自然人。而供货商的资格问题,世界各国和《政府采购协议》《贸易法委员会货物、工程和服务采购示范法》等都给予了充分的重视,纷纷规定了严格的供货商资格认证制度和资格预审程序。这主要是为了保证采购人能够在恰当的时间和地点,以合理的价格,购买到所需要的货物、工程和服务,以提高政府采购的效率。政府采购法也规定了供货商参加政府采购活动应当具备的条件:(1)具有独立承担民事责任的能力;(2)具有良好的商业信誉和健全的财务会计制度;(3)具有履行合同所必需的设备和专业技术能力;(4)有依法缴纳税金和社会保障资金的良好记录;(5)参加政府采购活动前三年内,在经营活动中没有重大违法记录;(6)法律、行政法规规定的其他条件。同时,采购人可以要求参加政府采购的供应商提供有关资质证明文件和业绩情况,并根据法律规定的供应商条件和采购项目关于供应商的特定要求,对供应商的资格进行审查。

政府采购法规定的采购程序主要包括以下几个阶段:(1)采购项目和资金预算的列出和审批;(2)确定采购方式;(3)审查供应商资质;(4)执行采购方式;(5)确定成交供应商;(6)采购合同的签订和履行;(7)供货商履约的验收;(8)采购文件的管理等。其中,可供选择的政府采购方式包括:公开招标、邀请招标、竞争性谈判、单一来源采购、询价、国务院政府采购监督管理部门认定的其他采购方式。政府采购法分别对上述采购方式规定了应当遵循的程序,同时还规定公开招标应当作为政府采购的主要采购方式。

一般的政府采购必须遵循公开透明原则,以公开的方式进行。但是,在涉及时效性很强的紧急采购等场合或涉及国家安全的国防采购等场合,如果仍然适用政府采购法,则会对国家重大利益造成损害,违背基本的社会价值目标。为此,政府采购法同时规定了适用豁免的事项,即对因严重自然灾害和其他不可抗力事件所实施的紧急采购和涉及国家安全和秘密的采购,不适用政府采购法。

(三) 其他配套政策的出台

为使政府采购法顺利实施,2004年我国开始研究政府采购相关的经济和社会政策,制定并公布实施了《政府采购货物和服务招标投标管理办法》《政府采购信息公告管理办法》和《政府采购供应商投诉处理办法》。2005年,我国政府采购有了更多的实质性研究成果和整改措施。①

2006年,我国就加入世界贸易组织《政府采购协议》的谈判与美国开展了技术性磋商,并与欧盟进行了对话,同时我国还正式承诺在2007年8月出台《国务院办公厅关于建立政府强制采购节能产品制度的通知》。

2007年,财政部和美方开展了第二次政府采购技术性磋商。同年12月,财政部公布了《政府采购进口产品管理办法》。2010年12月,我国正式实施新的《政府采购代理机构资格认定办法》。2013年10月,财政部部务会议审议通过《政府采购非招标采购方式管理办法》,并于2014年2月1日起正式施行。

2014年12月,国务院第75次常务会议通过《中华人民共和国政府采购法实施条例》,并于2015年3月1日起施行。

由上可知,我国政府采购制度建设从1996年启动以来,虽然经历的时间只有20多年,但在这期间,我国政府采购制度建设不断向前推进,取得了一系列积极进展。

二、政府采购的组织体系

纵观国内外政府采购的组织体系,一般都包括采购管理机构、采购执行机构、采购代理机构、采购仲裁机构、采购监督机构和供应商,它们是实现政府采购目标的保障。

(一)政府采购管理机构

为了加强对政府采购的管理,需要建立一个主管机构。根据国际惯例,公共采购可以由财政部管理,也可由国库部门或其他机构进行管理,如韩国的财政经济部公共采购管理局,新加坡的预算署采购处,英联邦国家的财政部、收入部和国库部,美国的财政部、总统预算办公室等,而在我国则主要是由财政部国库司主管。

政府采购主管机构的职责因国而异,大致包括:

一是制定政策。主要包括研究制定采购政策、采购管理办法和政府采购目录,解释采购中产生的疑义。

二是仲裁和协调。处理纠纷、争议及负责采购人员的培训,并协调好有关部门和单位的关系。

---

① 宋丽颖主编:《政府采购》(第二版),西安交通大学出版社2017年版,第17页。

三是搞好项目预算。主要是编制、审核、确定、落实项目预算。

四是负责采购管理。组织管理或指导采购工作，审批采购代理机构，确定市场准入条件，参加招标评审工作。

五是进行采购统计、分析和评估。对项目预算执行、采购工作进行统计分析，对项目的社会和经济效益进行考评，在供应商履约后，按合同支付货款。

（二）政府采购执行机构

政府采购的执行机构，又称政府采购机关，是指政府部门中为满足政府需要专门从事政府采购的机构。它们的采购活动需要得到专门的授权。政府采购机关的采购权力来源于宪法条款、法律和地方政府法规的有关规定。政府采购机关的活动受到诸多法律法规管理，因此也更容易受到公众的审查和监督。

根据职责范围，政府采购机关分为集中采购机关和非集中采购机关。集中采购机关是指负责为本级政府各部门统一提供某些采购服务的专门机构，政府采购中心就是一个集中采购机关。非集中采购机关是指各预算单位，负责自行组织本单位除集中采购业务范围之外的政府采购项目，主要是小额采购和非通用商品的采购。我们通常所说的采购执行机构（采购中心），一般是指集中采购机关。

政府采购执行机构的活动，从确定采购需求一直到接受物料并批准使用，贯穿于政府采购的全过程。它的业务范围包括：统一组织纳入集中采购目录的政府采购项目；组织由财政拨款的大型政府采购项目；受其他采购机关的委托，代其采购或组织招标投标事宜等。

在政府采购制度比较完善的国家，大多建立了专门的政府采购机构。如美国联邦政府一级，由联邦总务署负责为联邦政府的绝大多数民用部门组织集中采购，由国防后勤部负责为军用部门进行采购。韩国政府设立了国内采购局、国外采购局等分别负责国内外物资的计划与采购业务。新西兰政府专设政府物资委员会负责中央政府的采购工作。

（三）政府采购代理机构

政府采购代理机构是指集中采购机构以外，受采购人委托从事政府采购代理业务的社会中介机构。各级财政部门依法对政府采购代理机构进行名录登记、从业规范、信用评价、监督检查等方面的管理。由于政府采购（特别是招投标）技术性强，事物纷繁复杂，政府采购机构根据实际情况，可以将一些采购业务委托给作为社会中介组织的采购代理机构承办。另外，由于某些原因，有的支出单位不愿意或不能够自行承担可由其自身进行的较小数额采购，它们也可将这部分采购事务委托给代理机构办理，代理机构主要通过招标或其他有效竞争方式,选择合适的供应商推荐给使用单位,接受政府采购中心反馈的有关供应商提供商品的质量或标书中规定的相关指标存在问题的投诉,负责对供应商提出质询乃至诉讼。同时政府采购代理机构还可以接受供应商的委托,代为办理诉讼手续,对政府采购活动提出质疑或申诉。对于政府采购代理机构,一方面要支持、鼓励其建立并开展工作,另一方面应由财政部门对其加强管理。

（四）政府采购仲裁机构

在实行政府采购制度后,必然会产生许多矛盾需要进行仲裁,如果涉及国外厂商还存在一个国际仲裁问题。仲裁的主要内容是招投标和履约中的争议和纠纷。有些国家由财政部门对政府采购中的一些纠纷进行一般的仲裁,有些国家由地方法院进行仲裁,或明确政府采购仲裁机构,或设立独立的仲裁机构,以解决政府采购过程中发生的重大争议和纠纷,确保政府采购公开、透明、公平、公正原则的落实,维护政府的信誉。世界贸易组织的《政府采购协议》以及许多国家的政府采购制度中都对质疑和申诉问题进行了特殊的规定。如美国政府采购质疑和申诉机构是美国服务管理总局合同上诉委员会,该委员会有类似法院的正式听证程序,上诉人和采购机构都有权利出席。该委员会的法官有权终止合同行为,并将相当多的诉讼费判给胜诉的质疑方。澳大利亚规定在联邦一级可向两个机构提交诉状,一是联邦调查部门,另一个是联邦政府行政服务部。

（五）政府采购监督机构

政府采购的主管部门、采购实体、纪检、监察、审计、社会团体等均可作为政府采购的监督机构,对采购活动进行监督,对政府采购活动中出现的问题可按规定直接向政府采购管理部门投诉,或依照司法程序向法院提起诉讼,也可向仲裁机构申请仲裁。政府采购制度比较完善的国家还设立了专门的监督机构对政府采购活动进行监督。如英国各部门的支出就要受议会"公共支出委员会"的监控,该委员会受"全国审计办公室"的监督,而"全国审计办公室"则是由"部门审计员兼总审计长"领导。部门审计员兼总审计长享有高度的独立工作权,可以独自决定审计程序及方式,也可进行其他属于其职能范围的检查,决定其向议会所做报告的内容,对财政资金的使用情况拥有充分的监督权。这些检查一般是看是否"物有所值",即所谓的"计效审计"。另外,如澳大利亚也建立了全国采购委员会,监督其他部门是否遵守国家采购政策。

（六）供应商

供应商是为政府采购活动提供货源的人或单位。供应商要遵照政府采购有关法律法规参加政府采购活动;按规定向采购单位提供货物、工程及服务;不得擅自分包转包。

三、政府采购的主要模式

政府采购模式是指政府采购集中管理的程度和类型。各国的政府采购模式不尽相同,有的国家实行集中采购模式,有的国家实行分散采购模式,有的国家实行半集中半分散采购模式。一般情况下,在规定限额以上或采购目录范围内的采购应采用集中采购,在规定限额以下或采购目录范围之外的采购一般由采购实体分散采购,介于其间的采用半集中半分散采购。

(一)集中采购模式

集中采购就是将政府部门或机构及其管理的企事业单位所需的一切物资和服务的采购都由政府专门设立的特定机构集中进行的组织管理形式。如韩国中央政府及其驻地方机构所需的一切物资、工程和服务就都是由财政经济部下属的调达厅负责采购、分配和管理。集中采购的特点是采购权与使用权的高度分离,采购权的高度集中统一。

集中采购模式可以集中供应品使用机关的需求,使采购数量增多,从而降低采购价格;有利于采购程序的标准化,减少分散采购中的重复和浪费,从而降低采购成本;有利于国家制定和实施统一的采购政策和方针,实现国家管理社会和经济的目的;集中采购便于政府规范化管理和监控,防止采购中的腐败行为;还有利于专业分工,培养更多技能精湛、知识全面的政府采购人才。

(二)分散采购模式

分散采购是指由政府各消费或使用单位以货币形式直接采购所需货物、工程及服务的组织管理形式。分散采购不同于集中采购,它是将采购职能分解在整个组织内,由各个部门分别履行政府采购职能;分散采购的特点是采购者与使用者、采购权与使用权的合一。分散采购模式灵活、自主、手续简便,有利于采购人员与采购单位的快速直接沟通,从而缩短采购时间,加快具体问题的解决,同时还可降低采购成本等。但这种模式也有其自身的弊端:如监督管理不利,难以做到公开、公平、公正,容易滋生腐败;盲目采购、重复采购、过量采购现象严重,无法实现集中采购的规模效益等。

(三)半集中半分散模式

半集中半分散采购是指将集中采购与分散采购相结合、采购权适当集中与适当分散相结合的组织管理形式。该模式强调货物、劳务和采购权与使用权的适度分离,既有政府统一采购,也允许使用单位一定范围的自主采购,两种形式互为补充。美国和新加坡是采用半集中半分散模式比较成功的国家。

当然,一国采用何种政府采购模完全取决于该国的实际情况。但世界各国政府集中采购的实践表明,集中采购不仅有利于政府采购经济有效性目标的实现,而且也有利于政府实现其他的社会经济目标,代表了政府采购制度的发展趋势。因此,绝大多数政府采购制度比较完善的国家在本国的政府采购上都趋向于实行集中管理。

四、政府采购的主要方式

政府采购方式是指政府在采购所需的货物、工程或服务时所采取的方式和形式。只有根据具体情况采用最合适的方式才能使采购行为最有效、最经济。政府采购机构选择采购方式时主要考虑以下几个因素:有关政府采购的规章和程序;采购的金额和数量;所购产品的技术特征;市场的结构和性质;其他因素,如需求的迫切性、保密要求等。具体的采购方式主要有以下几类:

(1)按政府采购机构的参与程度划分为:政府采购机构直接组织的采购和委托招投标机构采购两种方式。前者适用于技术规范和要求相对稳定、批量大、规模效益显著的商品、服务和小型工程采购;后者适用于技术性能复杂且升级换代快的大型设备、专用设备和高新技术产品以及大型建筑工程的采购。

(2)按采购对象的不同划分为:货物采购、工程采购和服务采购三类。

(3)按供应商所在地域划分为:国际招标采购和国内招标采购。前者的适用条件是:采购实体所在国家或地区已加入国际或区域性政府采购协议,按协议规定必须采用国际性招标采购;采购实体所在国家或地区虽未加入国际或区域性政府采购协议,但国内供应商不能满足采购需求。后者的适用条件是:采购实体所在国家或地区未加入国际或区域性政府采购协议,在本国能够组织生产或承建并能满足采购需求的项目;采购实体所在国家或地区虽已加入国际或区域性政府采购协议,但预期国外供应商对采购项目明显不感兴趣,或国外供应商在国内没有相应地售后服务机构。

(4)按政府采购是否招标分为招标采购和非招标采购。公开招标、邀请招标属于招标采购,竞争性谈判、单一来源采购、询价和竞争性磋商属于非招标方式。

以下主要介绍公开招标、邀请招标、询价采购、单一来源采购、竞争性谈判这几种采购方式。

(一)公开招标

公开招标是指采购人依法以招标公告的方式邀请非特定的供应商参加投标的采购方式。公开招标采购首先要求招标程序要公开,即整个采购程序都在公开的情况下进行,包括公开发布投标邀请、公开开标、公布中标结果,事先公布投标商资格审查标准和最佳投标商评选标准以及采购法律等。其次是招标程序的竞争性。招标作为一种规范的、有约束的竞争方式，拥有一套严格的程序和实施办法。政府采购机关通过招标程序，可以最大限度地吸引和扩大投标人的竞争，从而使招标方有可能以最低的价格采购到所需要的物资和服务，更充分地获得市场利益，有利于政府采购经济效益目标的实现。再次是招标程序的公平性。即所有感兴趣的供应商都可以进行投标，并且地位一律平等，不允许对任何投标商进行歧视；评选中标商应按事先公布的标准进行；投标是一次性的并且不准同投标商进行谈判。所有这些措施既保证了招标程序的完整，又可以吸引优秀的供应商来竞争投标。

公开招标采购的优点是：公开招标可以使符合法律规定的供应商在公平的竞争条件下，以合适的价格，获得供货的机会；使招标采购者以合理的价格获得所需物资；促进供应商进行技术改造研究，以降低成本、提高产品和工程质量；防止徇私舞弊行为的产生；减轻采购人员的责任等。

公开招标采购存在的缺点是：程序和手续复杂，对一些急需物资难以适用；如果出现高价围标的情况，采购人往往被迫以较高价格成交；如果出现低价抢标的情况，一般又难以保障采购产品的质量和服务。

公开招标采购被认为是最能促进竞争和提高采购效益的方法，因此各国在其采购立法中都将公开招标采购方式纳入政府采购制度，并将其作为优先考虑采用的方式。如世界贸易组织的《政府采购协议》规定政府采购应使用公开招标；世界银行的《采购指南》要求在涉及利用世行贷款的采购项目上采用国际竞争性招标；欧盟的《政府采购指令》在公共领域内鼓励使用公开程序，邀请所有感兴趣的供应商、承包商或服务提供者进行投标；联合国的《采购示范法》将招标方法作为一般情况下货物和工程采购的规则；亚太经合组织的《政府采购非约束性原则》(以下简称《非约束性原则》)在透明原则基础上也鼓励公开招标或者对高价值、复杂的采购实行两阶段招标。

（二）邀请招标

邀请招标是指采购人依法从符合相应资格条件的供应商中随机抽取三家以上供应商，并以投标邀请书的方式邀请其参加投标的采购方式。它可以被看成是公开招标方式的变体，是针对不同的采购环境，对公开招标方式的纠正和补充。世界银行的《采购指南》第3.2款规定："有限国际性招标实质上是一种不公开刊登广告，而通过直接邀请投标商投标的国际竞争性招标。"只有收到了采购机构投标邀请的供应商、承包商才可以参加投标。它同招标采购的不同之处在于它允许采购机构不通过广告而直接向有限数目的供应商或承包商发出投标邀请。当然,也有例外。如欧盟的《政府采购指令》就规定采用该方法时要使用广告。邀请招标采购主要适用于:技术复杂或专门性的货物、工程或服务,只能从有限范围的供应商取得;采购价值低,研究和评审大量标书所需时间和费用与拟采购货物、工程或服务的价值不成比例,采购实体只能通过限制投标人数来达到经济和效益的目的。

然而,采用这一方式可能会出现采购机关过度限制供应商数量,从而限制有效竞争的情况。所以为了使这一采购方式既适合于真正例外条件又保证适当规模的竞争性,国际政府采购规则又规定了其适用的基本原则。如世界银行的《采购指南》规定,在采用有限国际招标时,借款人应从广泛的潜在供应商名单中寻求投标,以保证价格具有竞争性。联合国的《采购示范法》也规定,采用这一方式,应选定足够数量的供应商和承包商,以确保有效的竞争。

(三) 询价采购

询价采购是指询价小组向符合资格条件的供应商发出采购货物询价通知书,要求供应商一次报出不得更改的价格,采购人从询价小组提出的成交候选人中确定成交供应商的采购方式。

这种方式主要适用于:招标后,没有供应商投标或者没有合格标的;出现了不可预见的急需采购,而无法按招标方式得到的;投标文件的准备需要较长时间才能完成的;供应商准备投标文件需要高额费用的;对高新技术含量有特别要求的;政府采购管理机关认定的其他情形。询价采购邀请报价的数量至少为三个。

世界银行的《采购指南》规定报价的评审应按照买方公共或私营部门的良好惯例进行,联合国的《采购示范法》规定采购合同应授予符合采购实体需求的最低报价的供应商或承包商,并特别规定,采购实体不得为了采用此方式而分解合同。

(四) 单一来源采购

单一来源采购是指采购人从某一特定供应商处采购货物、工程和服务的采购方式。由于单一来源采购只同唯一的供应商、承包商或服务提供者签订合同,没有竞争,采购方处于不利的地位,有可能会增加采购成本;并且在谈判中还容易滋生腐败现象。因此单一来源采购方法的适用条件比较严格:只能从特定供应商处采购,或供应商拥有专有权,且无其他合适替代标的;原采购项目的后续维修、零配件供应、更换或扩充,必须向原供应商采购的;在原招标项目范围内,补充合同的价格不超过原合同价格50%的工程,必须与原供应商签约的;从残疾人、慈善等机构采购的;采购方有充足理由认为只有从特定供应商处采购,才能促进相关政策目标的实施。

尽管单一来源采购方式有其自身的弊端,但在某些特殊情况下,如紧急之需、采购标的来源单一、涉及国家安全等,它又是一种不得已的选择。因此,在各国的政府采购制度和国际政府采购规则中都规定了单一来源采购方法。

(五)竞争性谈判

竞争性谈判是谈判小组与符合资格条件的供应商就采购货物、工程和服务事宜进行谈判,供应商按照谈判文件的要求提交响应文件和最后报价,采购人从谈判小组提出的成交候选人中确定成交供应商的采购方式。

其适用条件是:招标后没有供应商投标或者没有合格标的或者重新招标未能成立的;技术复杂或者性质特殊,不能确定详细规格或者具体要求的;采购人不可预见的或者非因采购人拖延导致的;因采购艺术品或者因专利、专有技术或者因服务的时间、数量事先不能确定等导致不能事先计算出价格总额的。

世界上许多国家在政府采购中都采用谈判采购的方法,谈判程序广泛地运用于服务采购中,国际政府采购规则也对谈判程序做出了明确规定。世界贸易组织的《政府采购协议》第十二条规定:采购实体已经在第七条第二款要求的意向采购公告中表明此种意图,或从评标情况看,按照公告或招标文件规定的具体评标标准,没有一份投标明显最具优势,可以采用谈判方式。联合国《采购示范法》第三十条规定:对采购标的存在紧迫需要(造成此种紧迫性的情形既非采购实体所能预见,也非采购实体办事拖延所致)或由于灾难性事件而对采购标的存在紧迫需要,使用公开招标程序或者其他任何竞争性采购方法都将因使用这些方法所花费的时间而不可行;或者采购实体认定,使用其他任何竞争性采购方法均不适合保护国家基本安全利益,可以根据本法第五十一条规定进行竞争性谈判。另外,欧盟《公共部门采购指令》第二十九条、《公用事业采购指令》第四十七条也分别规定采购当局可以根据其他条款规定设立客观规则和标准进行竞争性谈判。

采购方式的多样化是政府采购发展的必然趋势。随着社会专业化分工的进一步加深,政府采购将趋于专业化和中介化,政府可以委托专业的中介公司进行采购,政府本身只用加强对采购过程的监督,而中介机构致力于寻找最经济的采购方式以降低采购成本,这在一定程度上必然会促进政府采购方式的多样化。政府采购是一种复杂的多样化行为,这就决定了没有哪一种方式能适应所有的采购活动,只有根据具体情况采用最适合的方式才能使采购行为最有效、最经济。

五、政府采购的一般程序

政府采购的运行程序是否科学合理,直接影响到政府采购活动能否客观、公

第十四章 政府采购

正地开展。一般情况下,政府采购活动起始于政府采购主体对产品或服务的需求,结束于使用机关对所购物品的消费和处置或对采购服务的支付完毕。一个科学规范的政府采购的运行程序大致包括下列主要步骤:

(1)确定采购需求。采购需求的确定是否合理、实际,将关系到整个采购活动的经济和效率。采购需求由各个采购单位分别提出,上报财政部门,财政部门经认真考察、审核,将符合条件的采购需求列入年度采购计划,对不符合规定的采购需求,如重复采购、超额采购等不得列入采购预算。

(2)预测采购风险。采购风险是指采购过程中可能发生的一些意外情况。如资讯不足、公开欠佳、监督不力、权责不清或招标期过短、采购人员失误等原因,可能会导致物非所需、价格过高、品质欠佳、推迟交货等现象或采购实体与供应商之间存在不诚实甚至违法行为,这些都构成采购风险。采购风险的存在会影响采购预期目标的实现。

为防止采购风险的发生,各国都采取了事前防范措施,进行了防止作弊的内部控制设计。如公开招标与开标的资讯、界定采购机构与其他机构的权责、限制招标期、加强稽查监督并允许供应商提出异议、申诉等。

(3)选择采购方式。采购方式的选择是否得当,直接影响采购速度及投资规模、采购成本。因而,选择采购方式必须慎重,应根据采购当期的目标及每个项目的特点,选择不同的采购方式。目前国际上通用的采购方式一般有招标采购、谈判采购、询价采购和单一来源采购等。采购实体应结合各种采购方式的不同特点和适用条件,做出适当的选择。

(4)审核供应商资格。只有合格的供应商才能参加投标,因此对供应商进行资格审查很有必要。资格审查是指政府采购机构对潜在的供应商或参加投标的卖方企业进行技术、资金、信誉、管理等方面的评估审核,一般包括收集信息、进行审核、确定投标人资格三个步骤。认真把好供应商资格审查关,可以提高招标机构的工作效率,降低成本,是保证采购项目按质按量完成的必要前提。

(5)执行采购方式。采购方式确定以后,要严格按照所规定的采购程序和步骤进行操作,中途不得随意变更;如果确实需要变更,应报经有关部门批准,并通知供应商。

(6)签订采购合同。经过一定的采购方式,确定出符合条件的供应商后,应签订采购合同,并由中标供应商预付一定金额的履约保证金,督促其按合同要求履行义务。

(7)履行采购合同。合同签订后,采购实体与供应商都必须严格履行合同规定的义务,任何一方都不得单方面修改合同条款。违约一方要按合同规定承担违约责任。

（8）验收。采购实体要由一些专业人员组成的验收小组对合同执行的阶段性结果或最终结果进行检验和评估，并做记录，分别在验收证明书和结算验收证明书上签字。

（9）结算。合同执行完毕，由财政部门根据验收证明书和结算验收证明书与供应商进行资金结算，履约符合要求时，采购实体应将履约保证金退还供应商。

（10）效益评估。采购项目完结，有关监督部门要对其效益进行评估，看是否达到了预期目标。通过效益评估，还可以对采购实体的决策、管理能力和供应商的履约情况做出判断，以资后续采购活动借鉴，不断提高采购效益。

具体来讲，不同的采购方式，其操作程序也有不同。

公开招标的主要程序一般是招标、投标、开标、评标、定标、合同授予等。[1]

邀请招标的主要程序一般是发布资格预审公告、随机选择供应商、发出投标邀请等。

询价采购的主要程序一般是成立询价小组、确定被询价的供应商名单、发出询价通知书、询价、确定成交供应商等。

单一来源采购的主要程序一般是确定采购需求、预测采购风险、确定单一来源方式、资格审查与公示、协商采购事宜、签订采购合同、履行采购合同、验收结算等。

竞争性谈判的主要程序一般是成立谈判小组、制定谈判文件、确定邀请参加谈判的供应商名单、谈判、确定成交供应商。

六、政府采购的其他要求

采购人应当根据集中采购目录、采购限额标准和已批复的部门预算编制政府采购实施计划，报本级人民政府财政部门备案。

采购人或者采购代理机构应当在招标文件、谈判文件、询价通知书中公开采购项目预算金额。

招标文件的提供期限是自招标文件开始发出之日起不得少于5个工作日。采购人或者采购代理机构可以对已发出的招标文件进行必要的澄清或者修改。澄清或者修改的内容可能影响投标文件编制的，采购人或者采购代理机构应当在投标截止时间至少15日前，以书面形式通知所有获取招标文件的潜在投标人；不足15日的，采购人或者采购代理机构应当顺延提交投标文件

---

[1] 马海涛、姜爱华主编：《政府采购管理》（第二版），北京大学出版社2016年版，第115—132页。

的截止时间。

采购人或者采购代理机构应当按照国务院财政部门制定的招标文件标准文本编制招标文件。

招标文件应当包括采购项目的商务条件、采购需求、投标人的资格条件、投标报价要求、评标方法、评标标准以及拟签订的合同文本等。

招标文件要求投标人提交投标保证金的,投标保证金不得超过采购项目预算金额的2%。投标保证金应当以支票、汇票、本票或者金融机构、担保机构出具的保函等非现金形式提交。投标人未按照招标文件要求提交投标保证金的,投标无效。

采购人或者采购代理机构应当自中标通知书发出之日起5个工作日内退还未中标供应商的投标保证金,自政府采购合同签订之日起5个工作日内退还中标供应商的投标保证金。

竞争性谈判或者询价采购中要求参加谈判或者询价的供应商提交保证金的,参照前两款的规定执行。

政府采购招标评标方法分为最低评标价法和综合评分法。

最低评标价法,是指投标文件满足招标文件全部实质性要求且投标报价最低的供应商为中标候选人的评标方法。综合评分法,是指投标文件满足招标文件全部实质性要求且按照评审因素的量化指标评审得分最高的供应商为中标候选人的评标方法。技术、服务等标准统一的货物和服务项目,应当采用最低评标价法。采用综合评分法的,评审标准中的分值设置应当与评审因素的量化指标相对应。招标文件中没有规定的评标标准不得作为评审的依据。

谈判文件不能完整、明确列明采购需求,需要由供应商提供最终设计方案或者解决方案的,在谈判结束后,谈判小组应当按照少数服从多数的原则投票推荐3家以上供应商的设计方案或者解决方案,并要求其在规定时间内提交最后报价。

询价通知书应当根据采购需求确定政府采购合同条款。在询价过程中,询价小组不得改变询价通知书所确定的政府采购合同条款。

单一来源采购的,采购人应当将采购项目信息和唯一供应商名称在省级以上人民政府财政部门指定的媒体上公示,公示期不得少于5个工作日。

除国务院财政部门规定的情形外,采购人或者采购代理机构应当从政府采购评审专家库中随机抽取评审专家。

政府采购评审专家应当遵守评审工作纪律,不得泄露评审文件、评审情况和评审中获悉的商业秘密。

评标委员会、竞争性谈判小组或者询价小组在评审过程中发现供应商有行贿、提供虚假材料或者串通等违法行为的,应当及时向财政部门报告。

政府采购评审专家在评审过程中受到非法干预的,应当及时向财政、监察等部门举报。

评标委员会、竞争性谈判小组或者询价小组成员应当按照客观、公正、审慎的原则,根据采购文件规定的评审程序、评审方法和评审标准进行独立评审。采购文件内容违反国家有关强制性规定的,评标委员会、竞争性谈判小组或者询价小组应当停止评审并向采购人或者采购代理机构说明情况。

评标委员会、竞争性谈判小组或者询价小组成员应当在评审报告上签字,对自己的评审意见承担法律责任。对评审报告有异议的,应当在评审报告上签署不同意见,并说明理由,否则视为同意评审报告。

采购人、采购代理机构不得向评标委员会、竞争性谈判小组或者询价小组的评审专家作倾向性、误导性的解释或者说明。

采购代理机构应当自评审结束之日起2个工作日内将评审报告送交采购人。采购人应当自收到评审报告之日起5个工作日内在评审报告推荐的中标或者成交候选人中按顺序确定中标或者成交供应商。

采购人或者采购代理机构应当自中标、成交供应商确定之日起2个工作日内,发出中标、成交通知书,并在省级以上人民政府财政部门指定的媒体上公告中标、成交结果,招标文件、竞争性谈判文件、询价通知书随中标、成交结果同时公告。

中标、成交结果公告内容应当包括采购人和采购代理机构的名称、地址、联系方式,项目名称和项目编号,中标或者成交供应商名称、地址和中标或者成交金额,主要中标或者成交标的的名称、规格型号、数量、单价、服务要求以及评审专家名单。

除国务院财政部门规定的情形外,采购人、采购代理机构不得以任何理由组织重新评审。采购人、采购代理机构按照国务院财政部门的规定组织重新评审的,应当书面报告本级人民政府财政部门。

采购人或者采购代理机构不得通过对样品进行检测、对供应商进行考察等方式改变评审结果。

采购人或者采购代理机构应当按照政府采购合同规定的技术、服务、安全标准组织对供应商履约情况进行验收,并出具验收书。验收书应当包括每一项技术、服务、安全标准的履约情况。

政府向社会公众提供的公共服务项目,验收时应当邀请服务对象参与并出具意见,验收结果应当向社会公告。

有关采购文件,可以用电子档案方式保存。

第三节 政府采购的审计与监督

一、政府采购的审计

(一)西方国家政府采购审计的发展概况

政府采购审计是在政府采购的基础上产生的。西方发达国家的有关法规对政府采购审计做出了明确规定。例如美国政府十分重视采购管理和采购监控工作,于 1990 年成立了联邦采购规则委员会,负责监管该法律在联邦的实施。如果在招标过程中招标人违反了有关规定,投标人可以要求招标人改正或对其行为做出解释,或请求仲裁,或向法院起诉,或要求审计总署对其有关事实做出独立审计。另外英国政府各部门的支出受议会"公共支出委员会"的监督控制,该委员会又受"全国审计办公室"监督,而"全国审计办公室"则是由"部门审计员兼总审计长"领导。部门审计员兼总审计长享有高度的独立工作权,可以自主决定审计程序与方式,也可以履行其他属于其职权范围内的检查,决定向议会报告的内容,对财政资金的使用情况拥有充分的监督权。比利时的招标采购法律执行的监管主要由公共委员会负责,通过审计等对招标采购过程进行严格的监督。

(二)政府采购审计的种类

政府采购按照不同的分类方法,可以分为管理审计和采购审计、内部审计和外部审计。

1. 管理审计和采购审计

管理审计的内容包括:对组织机构的审计、对个人活动的审计和对具体业务的审计。对组织机构的审计是指研究供应商企业的组织结构、决策、程序及资料系统、内部职工关系、工作效率考核方法等有关管理事项,同时考察招标采购部门的工作计划的制定及工作进展情况,考察其是否符合需要。对个人活动的审计包括评定工作人员完成工作任务情况,某些计划是否达到规定目标及标准。对具体业务的审计主要是指对组织结构、工作分配方法、工作计划及其活动、考核衡量方法进行审计,考察其成本价格及其有关财务事项,以达到经济效益目的。采购审计的内容包括:政府采购预算合法性审计、招投标过程合法性审计、固定资产审计等内容。

2. 内部审计和外部审计

内部审计是指采购机构内部组织、建立审计制度,对采购作业过程进行审计。外部审计是指根据有关法律、法规规定,由国家审计机关对政府采购活动进行的审计。为保证内部审计和外部审计的顺利实施,招标采购机构应制定审计工作手册或审计条例,作为执行审计工作的标准和指南。审计手册或条例应包括如下要点:(1)明确制定审计手册或条例的原则;(2)规定审计责任;(3)规定审计范围;(4)规定审计工作进程及方式;(5)规定审计的方法;(6)规定审计报告的内容。

(三) 政府采购审计的主要内容

1. 政府采购预算的合法性

政府采购预算的编制和确认要遵循一定的程序和办理一定的手续,否则就是不合法的预算。审计时,应查明预算的编制是否遵循规定的程序,其数字计算有无依据;要注意审查预算过程中有无任意追加或追减现象,预算的追加或追减是否遵照规定的审批程序办理。

2. 招投标过程的合法性

对招投标活动进行审计,主要目的是禁止投标行为和招投标过程中的违法行为,维护公平竞争,保护社会公共利益和经营者的合法权益。审计时,应注意投标者之间是否相互约定,一致抬高或者压低投标报价,或在招标项目中轮流以高价位或低价位中标;投标者是否先进行内部竞价,内定中标人,然后再参加投标;招标者在公开开标前,有无开启标书,并将投标情况预先告知其他投标者,或者协助投标者撤换标书,更改报价的行为;招标者是否与投标者商定,压低标价或抬高标价,中标后再给投标者或招标者额外补偿;有无招标者预先内定中标者或向投标者泄露标底等违规行为。如果政府采购过程中出现诸如小团体利益、地方保护主义、人情关系等问题,必将使政府采购产生变异,对此应予以高度重视。

3. 固定资产审计

对政府集中采购的固定资产坚持延伸审计,其目的是使国有资产得到合理的运用、妥善的保管与维护,避免损失和浪费现象。

4. 政府采购效益审计

政府采购效益审计的内容包括:首先是采购规模的审计,主要是细化预算,强化预算约束,减少资金流通环节,提高资金使用效率。其次是固定资产使用效率的审计。审计时要计算各类固定资产的比例关系,检查未使用固定资产、不需用固定资产的数量及其各占固定资产总额的比重,从而分析固定资产结构是否合理。检查未使用、不需用固定资产的原因及其时间的长短,评价固定资产未被利用所造成的经济损失。通过审计,一方面促使被审计单位加强管理,提高固定资产的使用效能;另一方面为财政部门制定新预算提供依据,提高政府采购预算的合理性。最后,要对政府采购机构的规模、人员素质做出评估,使采购机构的规模与采购规模相匹配。

(四)政府采购审计的意义

建立健全政府采购的审计制度,是顺利完成政府采购任务的保证。对政府采购过程进行审计,一是协助解决采购中所遇到的问题。在政府招标采购过程中,运用审计手段,监督整个招标采购过程,可以防止某些漏洞的发生,纠正不正确的操作方法和程序,确保采购财务支出的合理性。二是通过审计手段达到预定的采购效果,如达到经济的目的,以更好的方式交货等。三是为以后的采购积累经验。通过审计,可以总结政府采购中的成败得失,为以后提高采购质量服务。四是防止和查处政府采购中的腐败行为。

二、政府采购的监督

实行政府采购制度,就是通过公开、公平、公正的采购方式的运用,达到节约财政资金、提高资金使用效率、杜绝采购过程中腐败行为的目的。但在政府采购制度框架下,人们仍然会面临"囚徒困境"——他们为什么会遵守别人可能不执行的制度呢?所以,为了实现政府采购的目标,还需要有一套完善的政府采购监督机制。

(一)政府采购监督的分类

对政府采购的监督可分为内部监督和外部监督两种。

1. 内部监督

内部监督是指贯穿于政府采购活动始终的内部监督机制,主要是通过参与主体间的相互监督来实现。如前所述,政府采购的资金管理部门、管理机构、执行机构、代理机构、供应商等均可作为政府采购的监督机构,对采购活动进行监督。

(1)资金管理部门的监督。资金管理部门负责对政府采购资金使用情况进行监督,主要包括:对政府采购资金预算和政府采购合同的审查;对采购管理机关和采购机关是否按规定的用途使用采购资金进行跟踪检查和事后监督等。

(2)管理机构的监督。管理机构对采购机关组织实施的政府采购的全过程及各采购主体的采购行为进行监督,并对有关问题及时处理。监督的内容主要包括:政府采购活动是否符合有关法律、法规和规章制度的规定;政府采购是否按批准的计划进行;有无超计划或无计划采购行为;政府采购的方式和程序是否符合规定;有关政府采购文件是否按规定报同级财政部门备案;政府采购合同履行情况和采购资金拨付是否符合规定;应当监督检查的其他内容。

(3)采购(执行)机构的监督。采购机构负责监督采购过程中供应商和采购代理机构的活动。其中对供应商的监督主要包括:是否提供了虚假材料,骗取政府采购资格;是否提供虚假投标材料;是否与采购机关或者采购代理机构违规串通;是否向采购主管机构、采购单位、采购代理机构等行贿或提供其他不正当利益;是否以不正当手段排挤其他供应商等。对采购代理机构的监督,主要是检查其规章制度、工作章程、采购方案是否完善,检查其是否严格遵守规章制度,是否严格按工作流程办事,有无违章办事的行为等等。

(4)代理机构、中介组织以及供应商的监督。代理机构和中介组织主要是在履行各自的职能、开展业务、提供服务的过程中,通过自身的公平、公正的行为来对政府采购行为实施监督;供应商对采购过程中采购机构和采购代理机构的行为进行监督。

2.外部监督

为规范政府采购行为并促进廉政建设,必须实现内外监督机制的有机结合。外部监督就是通过外部力量来对政府采购的过程进行监督。

(1)纪检、监察、审计、技术监督等部门的外部监督。审计监督的作用前面已谈及,不再赘述。纪检、监察部门主要对其违反政府采购制度规定的行为追究一般责任和纪律责任,构成犯罪的,则移交司法部门依法追究其刑事责任。总之,这些部门除了参与政府采购机关金额较多、规模较大的政府采购事项外,在条件允许时也对政府采购机关进行较大范围的监督。而检察、审计等部门的外部监督作用则主要侧重于事后监督,同时,起到了明显的威慑和预防作用。

(2)社会的监督。公众及其他社会组织对政府采购机关所从事的政府采购工作进行全方位监督。社会监督主要是借助于社会舆论力量来监督政府采购工作,对违反政府采购管理规定的单位和个人,不仅要严肃处理,还要敢于公开曝光。社会监督机制的介入,不仅能保证政府采购制度的高透明度,促进采购过程中的反腐倡廉,维护政府部门形象,而且还能强化社会公众的公共参与、公共监督意识。公开接受群众监督是防止腐败的有效手段。

(3)法律监督。法律监督机制是一种全面、广泛、外在和刚性的监督机制,政府采购制度的存在及其有效运行必须建立在一套完整的政府采购法律体系之上。完善和配套的政府采购法律体系是政府采购制度的法律保障和行为依据,从政府采购制度运行的外部,以高于内部监督机制的形式对政府采购全过程进行监督,从而促进政府采购过程的依法行政、依法理财。可以说,加强政府采购监督机制,重要的前提就是"立法先行",法律监督机制无疑可以大大提高政府采购规则的权威性,有效遏制并预防潜在的违规行为。但须指出,充分发挥法律监督机制的作用应具备两个条件:一是科学、合理、明确、可操作的"阳光法案"

(政府采购法律规则);二是强化采购法律规则的执行力度。

(二)政府采购监督的方式

政府采购监督方式按不同标准分为不同的种类。其中,按其开展的持续性和目的性划分为日常监督和专项监督两种。

1. 日常监督

日常监督是指财政管理和监督部门在正常业务活动中开展的监督工作。政府采购是一项数额巨大的财政支出,为了保证采购支出能有较好的支出效益,需要经常对其实行有效的监督,以保证政府采购全过程的健康有序。因此,日常监督是采购管理工作的重要组成部分,也是政府采购监督活动中最基本、最主要的部分。日常监督的手段主要有财政监督、审计监督、中介机构监督、舆论监督、群众监督等。

日常监督形式尽管多种多样,但其本质特性都是共同的。一是广泛性与普遍性,是对政府采购活动全过程、全方位的监督;二是经常性与连续性,是对政府采购的每一个环节都实行有效的监督。

2. 专项监督

专项监督是由政府采购监督机构就政府采购项目的某一个问题,综合运用各种监督手段所进行的监督。它是政府采购监督的重要组成部分,也是一种行之有效的监督形式。它的主要特征有:

(1)监督目的的专项性和单一性。它一般是对政府采购的某一项或某一个问题而展开的,一般不延伸,体现出针对性强的特点。

(2)即时性和时效性。专项监督一般没有事先固定的计划,主要是根据当时情况来安排和进行。另外,由于专项监督内容比较单一,布置相对容易,所以时效性较强。

(三)政府采购监督的原则

1. 监督者与操作者相互分离的原则

政府采购一般有三个当事主体:管理监督者、操作者和使用者。管理监督者主要是财政部门;操作者一般指政府采购中心或其他招标中介组织;使用者主要是指采购单位。如果管理监督者与操作者不能相互分离,既当裁判员又当运动员,便很难保证监督工作的客观公正性,其效果也可想而知。

2. 依法监督的原则

经济手段、行政手段是不可缺少的监督手段,但不是主要手段。建立健全必要的政府采购法律、法规和政策制度体系,依据法律开展监督工作,应当成为政府采购监督工作的努力方向。

3. 专业监督和群众监督相结合的原则

如果为加强政府采购监督而专门成立一个部门,一般情况下既无必要也不具备条件,但政府采购中心进行自我监督又无法保证其廉洁、高效,因此,必须借助现有的纪检、监察、审计等部门的监督力量,建立以财政监督力量为主、其他专业监督部门力量为辅、社会中介机构监督力量为补充的监督队伍体系,做到内外结合,专兼结合。

4. 事前和事中监督为主的原则

对政府采购活动的监督,要从编制采购计划环节就开始实施。在采购过程中,要保证有相应地监督力量参与采购活动全过程,注重"防"和"堵",使监督的关口前移,发现问题及时解决,把问题解决在萌芽阶段,而不能把主要监督力量放在事后的"查"和"罚"上。

(四)政府采购过程的监督

对具体的政府采购过程的监督,是政府采购监督的重点。下面我们以招标采购为例,加以说明。

1. 对招标的监督

对招标阶段的监督主要包括以下内容:

(1)对招标通告的监督。采购机构在正式招标之前,必须在指定的媒体上刊登通告,以便让所有的潜在投标人获悉。同时,发布招标通告也是政府采购公开、公平、公正原则的体现。监督部门对招标通告的监督,一是监督是否发布招标通告;二是监督从发布通告到投标是否有足够的时间,以便投标人准备投标文件;三是监督招标通告的内容是否详尽、真实、合法,有无明显的倾向性。

(2)对招标文件的监督。招标文件是招标人介绍情况、指导工作、履行一定程序所使用的一种实用性文书。它是供应商准备投标文件和参加投标的依据,也是评标的重要依据。因此,对招标文件的监督是招标监督的一项重要内容。

其主要体现为以下几点:一是监督招标文件的内容是否详尽、真实、合法,方便投标人投标;二是监督文件内容是否存在针对某一潜在供应商或排斥某一供应商的内容;三是监督技术规格的制定是否明确、全面,有无增加评标难度的因素;四是监督招标文件是否存在违背国家有关政策、规定的内容;等等。

(3)对招标程序的监督。政府采购招标必须按照一定的程序进行。只有依程序招标,招标的结果才是有效的。因此,对招标程序的监督,直接影响到政府采购的效果和质量。

对招标程序的监督就是要监督采购招标是否严格按照程序进行,是否发布了招标通告,是否进行了资格评审,以及是否存在避开必要的程序而直接授予合同的情况,等等。通过监督,使招标采购严格按程序办事,杜绝幕后交易,提高采购的效益。

2. 对投标的监督

(1) 对投标资格的监督。进入政府采购市场的供应商,必须具备一定的资格条件才可以参加投标。一般来说,这些条件包括:合法的法人身份和独立承担民事责任的能力;良好的履行合同的记录;完备的生产和供货能力;良好的资金和财务状况;履行缴纳社会保障和税收义务;生产环境及产品符合国家环境标准;法人代表及高层管理人员在申请资格前没有职员犯罪和刑事犯罪记录;没有走私犯罪记录;没有歧视妇女和残疾人就业的记录;符合采购委员会规定的其他条件。

对投标人资格的监督就是要监督供应商是否具备上述条件,其中最重要的是审查供应商履行合同的记录、生产和供货能力以及资金和财务状况,以便把不符合资格的供应商排除在外,提高政府采购的效率。

(2) 对投标书的监督。投标书是投标人依照招标书中提出的条件和要求撰写的,交给招标委员会以说明自己投标的有关情况及意愿的文字材料。它是招标、投标活动的中心文书,也是中标后制定实施方案和签订合同的基础。它的各项经济指标具有严格的法律约束力。因此,投标书的项目必须切实可行,内容必须周密详尽。

对投标书的监督,一是要检查投标书的制作是否符合招标书的要求;二是检查投标书的内容是否真实可靠;三是检查投标书中的作价与技术规格等重要条款是否与投标人的能力相一致;四是检查投标书的有效性。

(3) 对投标过程的监督。一个完整的投标过程,应该包括申请资格预审、索取招标文件、研读招标书、调查、定价、制作投标文件和提供投标保证金、递交投标文件等步骤。对投标过程的监督,就是要监督其过程的完整性和公正性。对招标过程的监督主要包括:一是检查投标人是否经过了资格预审;二是检查投标人的询价定价是否与招标人有幕后交易;三是检查投标人是否提供了足额的投标保证金;四是检查投标文件是否在交投截止日期前递交。通过对投标过程的监督检查,确保投标过程公正、规范。

3. 对开标的监督

开标是招标采购的重要环节,一般要以公开的方式进行。对开标的监督,主要有以下内容:

一是开标日期。监督其是否在规定的时间内进行。

二是开标方式。监督其是否采用公开的方式开标。

三是参加者。监督参加开标的人是否符合要求。一般来说,参加开标的人员应有招标单位、评标委员会、投标人代表等。

四是开标程序。监督其是否严格按程序进行。一般来说,开标包括验标(检查标书的密封情况)、拆标、唱标(宣读标书内容)等步骤。

五是开标记录。检查记录是否完整、真实地记述开标情况。同时,要监督投标人与招标人在开标后的活动,严禁投标人与招标人在开标后的任何形式的协商谈判。

4. 对评标的监督

开标后,评标委员会要按照准确、公正、保密的原则对各投标文件进行评标,其目的就是对每个投标商的标书进行评价和比较,以评出最低投标价的投标商。评出的结果直接影响到谁是中标者,因此,对评标的监督就有着特别重要的意义。

对评标的监督,一是监督评标委员会的组成是否符合规定。二是监督评标的依据和标准。评标必须以招标文件为依据,不得采用招标文件以外的标准和方式进行评标;价格是评标的主要因素,但不是唯一因素,还应考虑其他有关因素。三是监督评标的过程。评标分为初步评定和详细评定;如果是两阶段招标,则要先评技术标,再评商务标。

5. 对决标的监督

评标结束后,招标代理机构应当将评标结果通知招标人,经招标人确认后决标。决标是招标采购的重要环节,政府采购监督部门应将决标作为监督的重点。一是审查中标者的资格条件,中标人与招标人之间是否存在非正当关系;二是审查授标的条件,中标人的投标是否为众多投标中的最优标;三是审查授标的形式是否在公开场合进行。

6. 对合同履行的监督

为了保证采购单位能及时地获得所要采购的货物、工程和服务,就需要对合同的履行情况进行全面的监督。而一般来讲,它是由财政部门进行,监督内容主要有:一是监督供应商是否按规定的时间交货;二是监督供应商所提供货物的规格是否与招标文件的要求相一致;三是监督财政部门是否按合同规定及时足额付清货款;四是监督采购单位对所采购货物的使用情况;等等。

三、政府采购的绩效评价

市场经济是效率经济,讲求高效,它不仅要求私人单位的经济活动要符合效率原则,而且政府部门的活动同样要讲求效率。政府采购正是市场经济条件下为强化政府支出管理、提高政府支出效率而采取的一项措施。目前仍有人认为,政府采购本身就是为了改善财政支出效率低下的状况而采取的措施,因此政府采购本身就应该具有效率,再探讨政府采购的效率是没有意义的。但实际上,这种说法是不正确的,政府采购本身效率的发挥不但需要完善的内部机制,也需要有利的外部条件作保证。

我国自1998年开始全面推行政府采购制度,并在不断地探索与完善。2002年颁布、2003年1月1日正式施行的《中华人民共和国政府采购法》是政府采购的制度规范,标志着我国政府采购终于有法可依,也标志着我国政府采购制度迈上了一个新的台阶。

2014年,该法被进一步修正。几年的实践经验表明,政府采购制度的推行节约了财政资金,极大地改善了财政支出效率。但是我国政府采购还处于起步阶段,很多因素仍制约着政府采购效率的更好发挥,因此对于政府采购效率的研究具有重要的意义。

(一)政府采购绩效评价的意义

所谓评价,是指为达到一定的目的,运用特定的指标、设定的标准和规定的方法,对事物发展结果所处的状态进行分析判断的计量。换句话说,评价就是通过对事物的比较分析做出全面判断的过程。政府采购绩效评价是政府采购绩效管理中不可或缺的组成部分,也是政府采购监督管理的重要方面,要建立科学有效的绩效评价体系来对政府采购活动事项进行评估和管理。在我国政府采购规模不断扩大、改革迫切性不断增强的今天,政府采购绩效评价显得尤为重要。

1. 进行政府采购绩效评价是提高政府采购效率的需要

(1)从政府采购的产生看,效率是政府采购的首要目的。我国财政界20世纪90年代之前一直是"重收入,轻支出",过分强调收入管理的重要性,却忽视了财政支出管理的重要性。我国不断进行政府采购制度改革的初衷也是发挥其本身固有的提高财政支出效率的功能。

(2)提高政府采购效率是公众的要求。政府采购花的是纳税人的钱,因此,政府采购一定要向纳税人负责,即用最少的财政资金采购到更多的货物,为纳税人提供公共产品或服务。

(3)提高政府采购效率是市场经济的要求。在政府采购中,政府采购机构不再以执政者的角色进入市场,而是以市场主体的身份进入市场。在政府采购中,政府采购机构要按市场经济规律办事,提高政府采购效率,适应市场经济的要求。

(4)提高政府采购效率是政府本身执政的需要。当今世界,各国政府在满足自身运转需要和服务于社会的同时,几乎都面临着财政赤字的巨大压力。赤字的解决无非有两条途径:一是增加收入,二是压缩开支。通过引入政府采购制度,不断提高政府采购效率,就能在节约财政支出方面取得很大的成就。可以说,提高政府采购效率,是消除财政赤字、提高执政能力的需要。

2. 对政府采购行为进行绩效评价是加强政府采购监督的一种方式

政府作为一个国家的行政机关,在国家内部拥有强制力。在这种优势地位下,要想保证政府的行为符合该国社会经济的发展需要,就必须为它建立一套制衡机制。政府采购评价体系的存在能够有效地促使政府按照评价的标准来执行采购工作;同时,它所形成的一系列评价结果也为政府采购活动接受外部监督提供了基本标准,人们可以很直观地通过评价结果来对政府采购形成自己的判断。

(二)政府采购绩效评价体系的构建

2004年,我国明确提出建立绩效预算评价体系的目标。而政府采购绩效评价正是预算绩效评价不可或缺的组成部分,因此,建立政府采购绩效评价体系,不仅是提高政府采购资金支出效率、建立政府采购激励机制的要求,也是完善我国财政资金预算管理的必要环节之一。

1. 政府采购绩效评价的基本目标

明确政府采购绩效评价的目标,是我们进行政府采购绩效评价的基础。借鉴国外经验并参考国际惯例,我国政府采购绩效评价应当围绕"3E"原则来展开,即经济性、效率性和效益性应成为政府采购绩效评价的基本目标。

2. 政府采购绩效评价的基本原则

政府采购绩效评价是一项复杂的工作,既要对可用货币来衡量的经济效益进行评价,又要对大量无法用货币度量的政治效益和社会效益进行评估。结合西方国家多年财政支出绩效评价工作的实践经验,从我国实际情况出发,在我国开展政府采购绩效评价工作必须坚持以下几项原则:

(1)全面性和特殊性相结合的原则。政府采购支出所涉及的范围广且内容杂,支出对象具有广泛性、差异性的特点。

(2)统一性和差别性相结合的原则。建立一套统一的原则、制度、程序和方法,是构建政府采购绩效评价体系所必需的。

(3)理论选择和可操作性相结合的原则。尽管西方政府采购绩效评价已经很成熟并已形成相关理论体系,但是由于政府采购支出内容和绩效表现形式的多样性以及社会政治、经济环境和传统的不同,我们不能完全照搬西方的评价体系。我们应该从我国具体的国情和政府采购评价工作水平出发,设定具有科学性、现实性和可操作性的评价体系。

(4)定量分析和定性分析相结合的原则。定量分析主要是对研究对象所包含成分的数量关系或所具备性质间的数量关系进行分析;定性分析通常用描述性语句表达有关的分析结果。

3. 政府采购绩效评价的方法

政府采购绩效评价的方法就是在具体评价过程中应该采用的工具和评价的技术规范,包括定量分析方法、定性分析方法或两者相结合。评价方法的科学性和合理性直接决定着评价结果的优劣。目前,我国对政府采购绩效进行评价的方法主要有下列几种:

(1)成本—效益分析法。又称为投入产出法,是政府采购绩效分析和评价的最基本、最常用的方法。该方法针对政府采购支出确定的目标,比较支出所产生的效益及所付出的成本,并最终判定以最小成本取得最大效益的项目是最优项目。

(2)社会功能分析法。社会功能分析法是通过比较采购所花经费和所实现的职能,衡量政府采购部门的工作质量,从而得出其绩效情况的结果。衡量工作质量不仅要看取得多少经济效益,还要看采购活动在政治和社会职能上的效果。

(3)因素分析法。因素分析法注重考察政府采购活动所需要的直接费用和间接费用,将各种费用因素尽量多地列举出来,并同时将可能产生的直接收益和间接收益列举出来,进行综合分析。

(4)最低费用选择法。最低费用选择法又称为最低投入法,这种方法主要用于在无法取得有关政府采购项目的预期收益时,分析比较项目的投入、费用或成本,并确定最低的就是最优项目。

4. 政府采购绩效评价的指标体系

就政府采购而言,其绩效可以从两个层次上来衡量,即微观绩效和宏观绩效。

微观绩效是对具体的采购行为而言的,采购花费的资金成本愈少,时间愈短,微观效率就愈高。微观绩效又分为资金效率和行政效率,资金效率是指政府采购对资金的节约程度,行政效率则一般可通过政府采购周期的长短来决定。

宏观绩效是就政府采购作为一项制度而言的,宏观绩效可具体分为规模效率、人员效率、政策效率和管理效率。其中,规模效率是指只有当政府采购在整个财政支出或国民生产总值中占有一定比重时,政府采购的节支效率才能很好地发挥出来;人员效率主要是对政府采购人员素质和人均采购额的大小进行衡量,政府采购人员的素质愈高,人均采购额愈大,人员效率也就愈高;政策效率主要是看政府采购政策是否科学,是否适用;管理效率主要是用于评价政府采购管理体制及机制是否高效。

5. 政府采购绩效评价的标准

政府采购绩效评价标准是指以一定量的有效样本为基础测算出来的标准样

本数据。该评价标准用来衡量评价对象的好坏及优劣等特征。评价标准是政府采购绩效评价体系的核心要素之一,是评价工作的基本标尺,决定着评价结果的准确性以及评价目标能否真正实现。

政府采购绩效评价标准按照可计量性可以分为定量标准和定性标准,定量标准和定性标准又可根据标准的取值基础不同,分为行业标准、计划标准、经验标准和历史标准四种;按照时效性可以分为当期标准和历史标准;按照标准形成的方法可以分为测算标准和经验标准;按照区域可以分为国际标准和国内标准。

政府采购绩效评价标准对于政府采购绩效评价的结果具有较大的影响。而且,评价标准并不是一成不变的,它会随着经济的发展和外部环境的变化而变化。因此,更新标准就成为决定政府采购管理部门评价水平高低的重要工作。

6. 政府采购绩效评价数据信息的管理

建立政府采购绩效评价体系,除了评价目标、评价原则、评价指标以及评价标准外,还必须有信息技术的支撑。在西方国家,评价机构利用先进的信息处理技术,逐步形成了规模庞大的公共支出评价数据库,为评价各类公共支出的投入水平、效益状况及效果,开展历史的、横向的分析比较,保证评价工作的顺利进行提供了技术支撑。我们应该充分借鉴国外在数据收集、处理分析和运用方面的经验,引进国外先进的信息管理系统,结合我国政府采购管理的实际情况,不断完善我国政府采购绩效评价数据库系统。

综上所述,政府采购绩效评价体系是由一系列与政府采购绩效评价相关的评价主客体、评价目标、评价原则、评价方法、评价指标体系、评价标准以及评价机构等形成的有机整体,各个有机部分的建设都会对最终评价结果的优劣产生重大影响。在政府采购活动中,绩效评价体系的构建和运行在推动相关改革,提高政府采购效率,提高政府公信力等方面都起着关键的作用,因此,应该重视和加强对政府采购绩效评价体系的研究和构建工作。

第四节 政府采购的国际经验

政府采购制度最早形成于18世纪的西方国家,已有二百多年的发展历史。英国政府在1782年建立政府采购制度,设立了皇家文具公用局,采取公开招标的形式采购办公用品;同时开始对政府采购的管理进行立法,设立专门机构具体承办政府采购,该局后来发展为物资供应部,专门采购政府各部门所需物资。

在自由资本主义阶段,市场是配置资源的绝对支配力量和方式。市场经济国家信奉"看不见的手"原理,政府基本上不参与、不干预国民经济活动,政府直接承担的公共工程和物资采购也十分有限。因此,政府采购市场并不发达和完善。

一战前后,由于政府干预经济的活动逐渐增加,政府采购主体也逐步由中央政府、地方政府向其他公共组织扩展,采购的范围也相应得到扩大。20世纪30年代,政府采购迅速发展。市场经济国家运用采购手段兴办公用事业,刺激需求。这样,政府采购制度就大范围地发展起来。二战后,政府采购的作用向外发展,各国主动运用政府采购干预经济,政府采购已成为许多发达国家公共支出管理中普遍采取的一种行之有效的手段。20世纪60年代到70年代之间,一些发展中国家大规模兴建基础设施和发展重工业,国际招标开始得到使用,同时政府采购被逐步用作保护本国工业发展的手段,使本来作为财政政策的政府采购具有了外贸政策的功能。随着全球经济一体化和贸易自由化进程的加快,1979年关税与贸易总协定签订了世界上第一个关于政府采购的协议——《政府采购协议》,并于1981年开始实施。

政府机构开始就政府采购问题进行制度建设和机构建设,标志着政府采购制度的初步形成。随着政府在国内自由市场经济的发展过程中角色的不断变化,政府采购制度的目标和作用也发生着相应地变化。同时,随着采购方式的不断改进,政府采购制度的规则也在不断更新。可见,西方国家政府采购制度起源于自由市场经济时期,但完整意义上的政府采购制度是现代市场经济发展的产物。目前,世界上许多国家和地区都建立了比较完善的政府采购法律制度来规范本国、本地区的政府采购行为,以更好地发挥政府的经济管理职能。

一、美国的政府采购制度

美国是世界上最早实行政府采购的国家之一,但它没有专门的政府采购法,只有统一的采购条例。在美国,由于涉及政府采购的相关法律约有500部,为了便于执行和操作,联邦政府综合并细化了诸多法律中的有关政府采购的规定,形成了《联邦采购条例》。除少数几家机构外,不论是国防部门还是民用机构都要统一执行该条例规定,地方各级政府的政府采购合同也要受到它的约束,相关地方政府采购法律不能违背其精神。

按照相关法律法规,美国设立了一系列机构负责政府采购的政策制定、执行和监督等。其中,联邦政府采购政策办公室与联邦总务署、国防部、航空航天局等部门负责拟定采购条例,并指导和督促各政府机构依法采购,同时还负责制定合同官的培训标准和内容。联邦总务署、各联邦机构等负责执行采购法规,依法实施采购。联邦问责署则是受理供应商抗议(投诉)的权威机构。中小企业局负责与各部门磋商,确定各部门授予中小企业合同的份额,确保实现支持中小企业的政策目标。此外,美国政府采购法律明确规定了合同官的授权范围和界限。

合同官由本部门任命并颁发资格证书,实行分级管理。级别越高,要求越高,签订政府采购合同的金额也就越高。合同官也要定期接受培训,在联邦政府一级分别由联邦采集学院和国防军需大学负责民用和国防采购的培训,而培训内容和标准则是由联邦政府采购政策办公室负责。除合同官外,每个行政机构设有一名首席采购官(通常由首席财务官兼任),他们由执政党政治指派,实行任期制,主要是对本部门实施采购管理,提供采购建议,不具体负责采购项目的管理和执行。

在采购模式上,美国联邦政府实行适度集中、分散为主的采购组织形式。除国防采购外,民用机构的集中采购部门为联邦总务署,它的采购范围是公共用房、供应服务和技术服务。分散采购部门则主要是自行开展采购活动,也可以将采购事务委托总务署承办,小部门还可以委托大部门代办。另外,州政府采购组织形式与联邦政府相似。

在美国,目前政府采购所采用的方式主要包括:(1)密封报价方式(相当于公开招标采购方式),适用于采购人可以清楚、准确和全面表述采购需求的项目。因成本较高等原因,目前在美国采购实践中不常使用。(2)协商谈判采购方式(相当于竞争性谈判),适用于需求标准不明确或评估标准(包括价格因素和非价格因素)尚未确定的采购项目。它是当前美国常用的采购方式。(3)简化方式,适用于10万美元以下的采购项目,具体形式有采购卡、框架协议等。(4)其他采购方式,指基于公开、竞争的基本采购原则,在某些特殊领域或条件下,允许在限定的供应商范围内进行有限竞争。

二、新加坡的政府采购制度

在1995年以前,新加坡主要实行集中采购;1995年5月1日,中央政府关闭了中央采购处。1997年9月,新加坡正式签署世界贸易组织的《政府采购协议》,该协议适用于新加坡所有的政府部门和25个法定机构的政府采购工作。

新加坡是一个城市型国家,没有地方政府。政府采购政策由财政部(预算署)制定,其权限来自《财务程序法案》授权以及内阁授予的权力。政府采购活动由政府的一些部、厅以及法定机构(事业单位)负责执行。审计总长负责政府采购的审计工作,确保采购政策的有效执行。财政部(预算署)则负责处理供应商的申述与仲裁事宜。

新加坡的政府采购方式包括公开招标、选择性招标和限制性招标。公开招标适用于超过15 000新元的商品和劳务,以及达到30 000新元的工程。选择性招标适用于低于15 000新元的商品和劳务,或不足30 000新元的工程,而且只针对特殊情况,如涉及机密或者敏感性的项目,那么在这种情况下,招标邀请函只发给有限的供应商。限制性招标则是在购买特别产品或只有一家供应商能够提供设备时适用,同时在紧急情况或者明显有益于公众时也可以采用这种方式。

三、韩国的政府采购制度

韩国是亚洲国家中较早实行政府采购制度的国家。在1949年,韩国就成立了外资总局,负责管理外国援助的物资,采购政府需要的国外物资。随着时间推移,政府采购管理工作不断拓宽。1961年政府机构调整时,外资总局被扩编为调达厅,直到现在。调达厅是韩国财政经济部下属的一个副部级单位,也是韩国唯一的政府采购专职机构(韩国没有实施政府采购的中介机构)。根据规定,在韩国中央部门的政府采购中,价值在30亿韩元以上的工程采购项目、5000万韩元以上的货物采购,都必须由调达厅代为进行。在地方部门政府采购中,价值在100亿韩元以上的工程采购项目、5000万韩元以上的货物采购也由调达厅代为进行。上述标准以下的采购项目,既可以由各部门自行采购,也可以委托调达厅代为采购。

在法律制度方面,《政府合同法》是韩国政府采购法群中的母法。该法于1995年颁布实施,主要规定政府采购的基本原则、实施范围和招标程序。另外,韩国注重政府采购立法与世贸组织《政府采购协议》的有关内容进行衔接。1994年签订《政府采购协议》后,韩国即根据自己的承诺对国内法进行了修改补充,强调坚持国民待遇原则和非歧视性原则。韩国的政府采购法律还规定,合同金额在2000万韩元以上时,必须采用竞争的程序授予合同。政府采购合同的签约方式被规定为四种:公开竞争合同、有限竞争合同、指名竞争合同和随意合同。

四、国际政府采购制度

国际政府采购制度的形成是伴随着国际贸易一体化的进程而逐步发展起来的。1946年起草关贸总协定时,尚未提到政府采购问题。但随着国际贸易的发展,政府采购的规模越来越大,政府每年采购的金额达数千亿美元,占到了国际贸易总额的10%以上。随着世界贸易自由的步伐进一步加快,加之政府采购又是一个规模、潜力巨大的市场,从20世纪70年代起,在多边协议的谈判中开始出现政府采购的议题。1979年东京回合多边贸易谈判在日内瓦签订了《政府采购协议》,标志着国际政府采购制度的初步形成。之后,又经几次修改,形成了现行世界贸易组织的《政府采购协议》(1996年生效)。世界贸易组织的《政府采购协议》的制定,大大促进了各经济体的政府采购市场的对外开放,也推动了各经济体对政府采购立法的步伐。

在世贸组织就政府采购的开放问题进行多边谈判的同时,一些区域性经济组织也将政府采购纳入地区贸易自由化之中。欧共体早在 1966 年就在《欧共体条约》中对政府采购做了专门规定,目的是在欧共体范围内消除贸易壁垒,促进货物、资本和人员的自由流动。后来欧盟在该条约的基础上,相继颁布了"公共服务、公共供应、公共工程、公用事业"等四部关于政府采购的实体性法律和两部程序性法律,这些公共采购领域的公共指令构成了目前欧盟独具特色的公共采购法律体系。这六部指令是适用于欧盟范围内的公共采购的主要规则。

世界银行为了保证其贷款资金的有效利用和管理贷款国的政府采购行为,于 1985 年颁布了以对招标采购的严密监管而著称的《采购指南》,并且采取了一系列监管措施,大大促进了政府采购的实践工作。现行的世界银行《采购指南》已经在世行成员国范围内对政府采购起到了约束和管理作用。

为了促进各国政府采购立法的统一和帮助正在进行政府采购立法的国家建立一个经济有效的政府采购法律体系和运行制度,联合国国际贸易法委员会自 1966 年成立以来,一直致力于通过制定国际协定或示范法等基本法律的形式,促进国际贸易法律的规范化和统一化。该委员会 1986 年决定进行政府采购立法工作,1994 年第 27 届年会上通过《采购示范法》及配套文件《立法指南》。

亚太经合组织为了促进其成员之间贸易的进一步开放,与世贸组织的《政府采购协议》接轨,也将政府采购规范列入议事日程。在 1995 年 12 月通过的《大阪行动议程》中,政府采购被列为其贸易投资自由化与便利化的 15 个具体领域之一。现在的《非约束性原则》就是亚太经合组织落实《大阪行动议程》中有关政府采购要求的阶段性成果。按照当时的预期计划,2020 年开始,政府采购非约束性原则将成为约束性原则,各成员必须统一执行。

目前,世界贸易组织的《政府采购协议》、欧盟的《政府采购指令》、世界银行的《采购指南》、联合国的《采购示范法》、亚太经合组织的《非约束性原则》这五部国际政府采购规则基本代表了国际政府采购制度的标准规范。[①]

【关键术语】

政府采购　政府采购原则　经济效率原则　管理效率原则　政府采购制度
采购代理机构　政府采购模式　政府采购方式　公开招标采购　管理审计

【复习思考题】

1. 政府采购与私人采购有什么区别?

---

① 宋丽颖主编:《政府采购》(第二版),西安交通大学出版社 2017 年版,第 242—294 页。

2. 政府采购具有哪些特点?
3. 简述政府采购的目标和原则。
4. 《中华人民共和国政府采购法》的基本框架和内容有哪些?
5. 政府采购的组织体系包括哪些机构?它们各自的职责是什么?
6. 政府采购的主要模式有哪些?
7. 政府采购的主要方式有哪些?公开招标采购又具有哪些优缺点?
8. 政府采购的一般程序有哪些?
9. 政府采购审计分为哪几类?
10. 为什么政府采购必须引进外部监督机制?如何才能确保监督机制的顺利运作?
11. 主要国际组织关于政府采购的标准规范有哪些?

【参考书目】

1. 白志远:《论政府采购政策功能在我国经济社会发展中的作用》,《宏观经济研究》2016年第3期。
2. 鲍朔望:《大数据环境下政府采购审计思路和技术方法探讨》,《审计研究》2016年第6期。
3. 财政部国库司、财政部政府采购管理办公室、财政部条法司、国务院法制办公室财金司编著:《〈中华人民共和国政府采购法实施条例〉释义》,中国财政经济出版社2015年版。
4. 贾康:《建立健全政府采购制度的意义和作用》,《中国财政》1998年第11期。
5. 李昌麒:《经济法》,清华大学出版社2008年版。
6. 李燕、朱春奎:《美国联邦政府技术采购政策的范式变迁》,《科学学研究》2016年第10期。
7. 马海涛、姜爱华主编:《政府采购管理》(第二版),北京大学出版社2016年版。
8. 孟晔编著:《公共采购国际规则研究》,中国经济出版社2019年版。
9. 宋丽颖主编:《政府采购》(第二版),西安交通大学出版社2017年版。
10. 孙景怡:《公共采购合同管理研究:美国的经验与启示》,《中央财经大学学报》2017年第5期。
11. 吴华:《政府采购实务操作:常见问题与案例分析》,中国法制出版社2018年版。
12. 肖建军、蒋瑛:《政府采购管理模式的选择》,《中国财政》1999年第3期。
13. 张堂云:《GPA规制下中国政府采购安全体系构建》,《学术论坛》2016年第7期。
14. 张幸临:《〈政府采购协定〉适用范围的最新修订及其影响》,《环球法律评论》2015年第3期。
15. 赵飞龙:《论政府采购的法律性质》,《行政法学研究》2016年第6期。
16. 赵勇、陈川生编著:《招标采购管理与监督》,人民邮电出版社2013年版。

教师反馈及教辅申请表

北京大学出版社本着"教材优先、学术为本"的出版宗旨,竭诚为广大高等院校师生服务。为更有针对性地提供服务,请您认真填写完整以下表格后,拍照发到 ss@pup.pku.edu.cn,我们将免费为您提供相应地课件,以及在本书内容更新后及时与您联系邮寄样书等事宜。

书名		书号	978-7-301-	作者	
您的姓名				职称、职务	
校/院/系					
您所讲授的课程名称					
每学期学生人数	_____人_____年级			学时	
您准备何时用此书授课					
您的联系地址					
联系电话(必填)				邮编	
E-mail(必填)				QQ	
您对本书的建议:					

我们的联系方式:

北京大学出版社社会科学编辑室

北京市海淀区成府路 205 号,100871

联系人:梁　路

电话:010-62753121 / 62765016

微信公众号:ss_book

新浪微博:@未名社科-北大图书

网址:http://www.pup.cn

更多资源请关注"北大博雅教研"